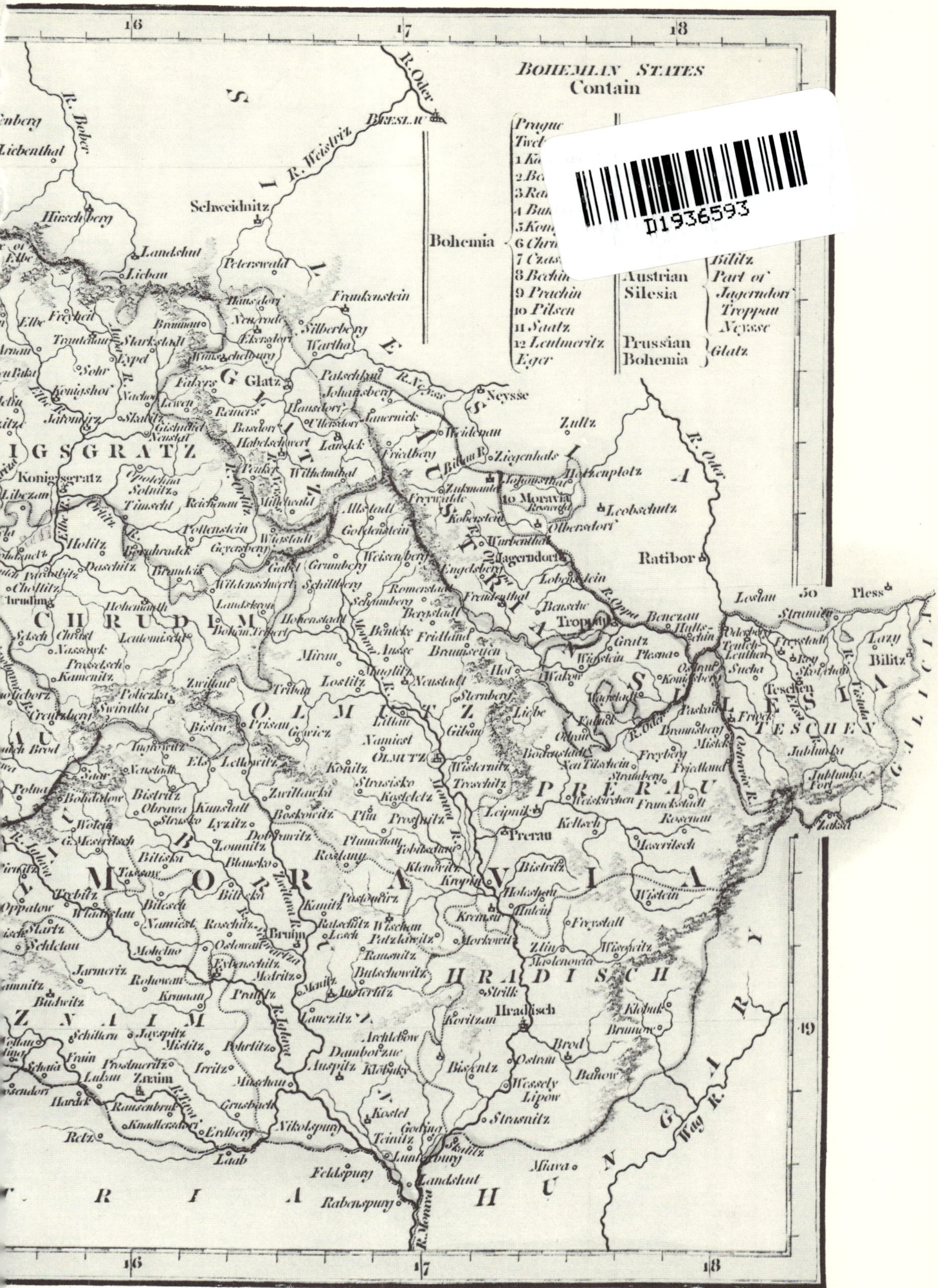


R.Wilkinson. No. 58. Cornhill.

Tyrnau

Bourne Sculp.

Fritz Peter Habel

# Dokumente zur Sudetenfrage

Fritz Peter Habel

# Dokumente zur Sudetenfrage

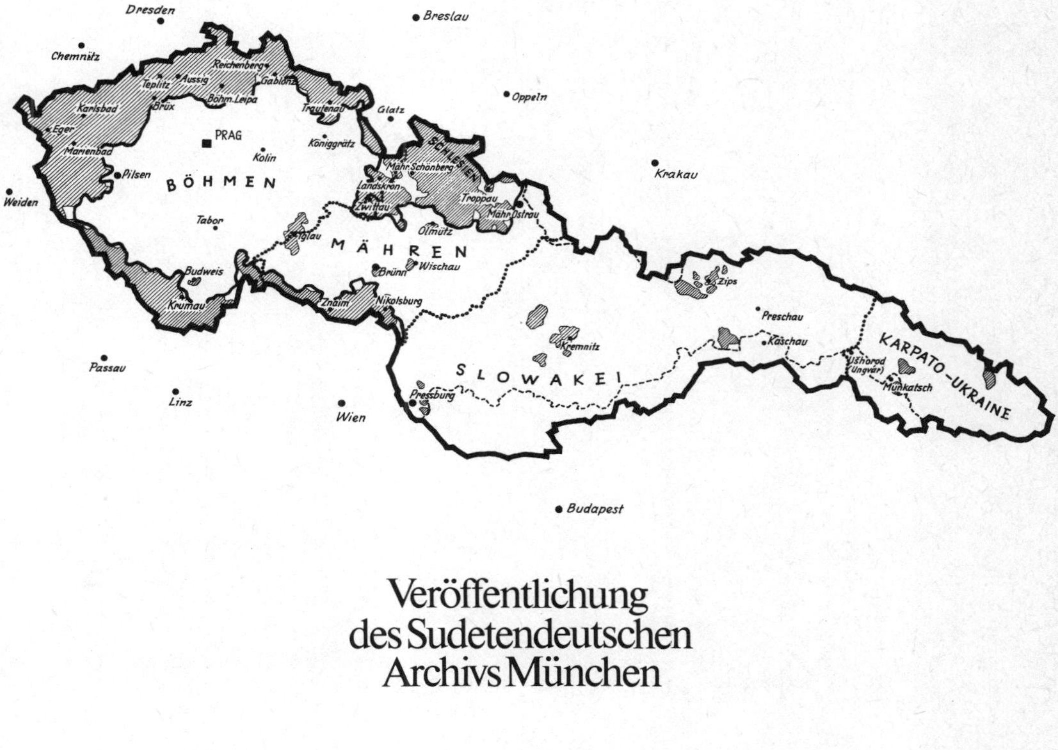


Veröffentlichung des Sudetendeutschen Archivs München

Langen Müller

Kartenskizzen Vorder- und Rückseite des Schutzumschlags mit freundlicher Genehmigung des Sudetendeutschen Rats (aus: *Die Sudetendeutsche Frage*, 2. Auflage, München 1984)

Vorsatz vorne: Archiv Langen-Müller Verlag, München
Vorsatz hinten: Mit freundlicher Genehmigung des Sudetendeutschen Archivs, München

© 1984 by Albert Langen · Georg Müller Verlag GmbH
München · Wien
Alle Rechte vorbehalten
Umschlaggestaltung: Christel Aumann, München
Herstellung: Franz Nellissen
Satz: Setzerei Janß, Pfungstadt – VIP und Linotronic
Gesetzt aus: Linotype Century Expanded (8/8½, 9/10 Punkt) und
Linotype Helvetica (7/7½, 8/8½, 9/10 Punkt)
Druck: Jos. C. Huber, Dießen
Binden: Thomas Buchbinderei, Augsburg
Printed in Germany
ISBN: 3-7844-2038-9

# Einführung

Die »Dokumentensammlung zur Sudetenfrage« erfuhr zwischen 1957 und 1962 drei Auflagen. Sie begann mit einer »hektographierten« Arbeitsunterlage der Sudetendeutschen Jugend in der SL und endete mit einer normalen Veröffentlichung, herausgegeben vom Sudetendeutschen Archiv im Verlag Robert Lerche (beide München).
Die Reaktion auf die Veröffentlichungen war gut. Ihre Zielgruppe waren nämlich vor allem solche Personen und Institutionen, die eine kurzgefaßte Zusammenstellung aller wesentlichen Einzelheiten der Sudetenfrage suchten.
Die Sammlung ist seit 1965 vergriffen und taucht nur gelegentlich in Versteigerungen historischer Fachliteratur auf.
Weiterer Bedarf, vor allem junger Menschen, hätte eigentlich schon lange eine Neuauflage erforderlich gemacht und die Ereignisse nach 1962 auch eine Ergänzung gefordert. Beides konnte aus verschiedenen Gründen erst jetzt erfolgen.
In der nunmehr vorliegenden, überarbeiteten und um bedeutende Abschnitte ergänzten 4. Auflage wurden bewährte Darstellungsweisen durch neue Aspekte ergänzt. Zur bestmöglichen Nutzung der Sammlung nachfolgend einige Hinweise:

1. Das einzelne Dokument
   Viele Dokumente mußten gekürzt werden, um einen annehmbaren Umfang der Sammlung zu erreichen. Ich bemühte mich dabei wiederum, nur sachlich begründete Schnitte durchzuführen. Es wird jedoch unvermeidbar bleiben, daß dieses Vorgehen nicht alle Benützer zufriedenstellen kann und auch der Stellenwert des einzelnen Dokuments für verschiedene Benutzer unterschiedlich sein wird.
   Es blieb auch dabei, dem Dokument die jeweilige Quelle unmittelbar anzufügen und das Dokument, falls erforderlich, durch Verweise und Erläuterungen zu kennzeichnen.
   Auch in der 4. Auflage wurde die Möglichkeit genutzt, zahlreiche Seiten Text in einer knappen Statistik/Datensammlung oder einem »Kurzbericht« zusammenzufassen. Sofern nicht klar als solche erkennbar, sind alle Erläuterungen, Zusätze und eigene Texte in *kursiver Schrift* gesetzt.

2. Die Sammlung als Arbeitsunterlage
   Die Gliederung der Sammlung wurde auf drei jeweils durchgehende chronologische Abläufe gestrafft und mit einem statistischen Anhang sowie einem »Literaturbericht« versehen. Das Inhaltsverzeichnis wurde erweitert: Über das »Wann?« und »Wer?« des Dokumentes hinaus findet man nunmehr auch das »Was?« beantwortet: In jeweils sehr kurzer Form ist eine Aussage über den Inhalt des Dokumentes versucht worden, um dem Benutzer den schnellen Zugriff zu den Dokumenten zu erleichtern. Das Verzeichnis zitierter Personen und Institutionen bietet eine weitere Möglichkeit, das Dokumentenmaterial zu sichten.

3. Inhalt

Der erste der drei chronologischen Teile, in welche die Sammlung gegliedert ist, weist in den »Allgemeinen Rechtsfragen« Dokumente nach, die nicht nur die Sudetenfrage betreffen. Im zweiten Abschnitt wird dann »Die Sudetenfrage« im engeren Sinne belegt, wobei sich die Dokumente früherer Jahrhunderte natürlich auf jeweils zeitgenössische Ausprägungen beziehen. Im dritten Kapitel sind in Auszügen einige »Alternativen« aufgeführt: Es handelt sich hier um ungelöste und oft weniger bekannte Vorgänge, die in einer Art »paralleler Logik« zur Sudetenfrage das Verhältnis zwischen Vertreibung, Recht und Gebietserwerb/Neubesiedlung in der aktuellen Diskussion unserer Zeit beleuchten.

Auch die 4. Auflage der »Dokumentensammlung zur Sudetenfrage« steht damit im vielfältigen Spannungsfeld von Wissenschaft, Recht und Politik. Die Sammlung soll durch Wiedergabe ausgewählter Schriftstücke und Äußerungen oft zeitgebundener Art aufzeigen, wie die Sudetenfrage früher und heute in Erscheinung trat und wie sie in die ewigen und weltweiten Zusammenhänge von Mehrheitsherrschaft und Menschenrecht eingeordnet werden kann. Die Sammlung strebt bei diesem Bemühen ein Optimum zwischen der sachlichen Abdeckung des Gesamtthemas und der Beschränkung des Umfangs an.

Viele Freunde haben mir bei Auswahl, Zusammenstellung und Anmerkungen in dieser Sammlung geholfen. Ich bedanke mich für diese Unterstützung. Mein besonderer Dank gilt der Sudetendeutschen Stiftung für die Förderung, dem Sudetendeutschen Archiv für die Betreuung und dem Verlag für die Herausgabe der Sammlung.

Grafing bei München, im November 1984 Fritz Peter Habel

# Inhaltsverzeichnis*



* Das nachfolgende Inhaltsverzeichnis enthält in chronologischer Gliederung auch kurze Angaben zum Inhalt der jeweiligen Dokumente und kann damit wichtige Aspekte eines Sachverzeichnisses erfüllen.
Um den Umfang trotz dieser zusätzlichen Aussage nicht zu stark auszuweiten, werden für einige öfters vorkommende Begriffe grundsätzlich Abkürzungen verwendet. Sie sind in vielen Fällen üblich, stehen stets auch für die abgewandelten Formen (z. B. europ. = europäisch, -e, -s, -r), werden bei jeweils erster Verwendung erläutert (z. B. Selbstbestimmungsrecht = **SR.**) und sind bedarfsweise auch von dem Personenverzeichnis (siehe S. 484 f.) dargestellt.

## Teil II
## Nationale Probleme in Böhmen, Mähren und (Österreichisch-)Schlesien



## Teil III
## Die Sudetenfrage
## 1. 1918–20: Die Entstehung der Sudetenfrage durch Entstehung der Tschechoslowakei

## 2. 1921–1938: Die Sudetenfrage in der (ersten) Tschechoslowakei

## 3. 1939–1945: Die Sudetenfrage im 2. Weltkrieg

## 4. 1945–1958: Die Vertreibung der Sudetendeutschen und der Neubeginn der Sudetenfrage

## 5. 1959–1974: Die Diskussionen vor und um den Prager Vertrag (1973)

## 6. 1975–1984: Die Sudetenfrage in den ’80er Jahren

Teil IV

**Alternativen**

Teil V

## Anhänge

# Ein Kurzüberblick: Von der Besiedlung bis 1918

*Vorbemerkung:*
*Die »Dokumente zur Sudetenfrage« belegen vornehmlich das 20. Jahrhundert.*
*Der nachfolgene Abriß soll wesentliche Elemente der Gesamtentwicklung bis etwa 1918 aufzeigen, um den Benutzer an die Sudetenfrage heranzuführen.**

**Völkerwanderung und Besiedlung**

Zur Zeit der Christianisierung und Kultivierung Mitteleuropas wird der böhmisch-mährische Raum um ca. 500–800 n. Chr. bei unterschiedlich eingeschätzter, aber wohl geringer germanischer Restbevölkerung in seinem fruchtbaren Kerngebiet von slawischen Stämmen besiedelt, unter denen die Tschechen eine führende Rolle erringen. Weite, landwirtschaftlich weniger ergiebige Landstriche sowie die großen bewaldeten Randgebiete sind fast menschenleer.
Die von »Ostrom«, dem heutigen Konstantinopel ausgehende Art der Christianisierung, die sich in Rußland durchsetzt, stößt in Böhmen auf die aus dem Fränkischen Großreich ausstrahlende weströmische Ausprägung. Tschechische Edle entscheiden sich für Rom (845: Taufe von 14 »Häuptlingen« in Regensburg). Der dadurch verstärkte Westkontakt zum Heiligen Römischen Reich Deutscher Nation führt zum Zivilisationsvergleich: Um Anteil an westlichen Errungenschaften (Ackerbau, Bergbau, städtische Dienstleistungen) und mächtigen Schutz gegen Bedrohung aus dem Osten und Südosten (Ungarneinfälle) zu erhalten, werden die Beziehungen ausgebaut. Zur Zeit der Herzöge aus dem Geschlecht der Přemysliden (ab ca. 900) werden die ersten deutschsprechenden Priester und Verwaltungsfachleute nach Böhmen und Mähren gerufen. Städte erhalten wichtige Funktionen: Prag ist bereits um 965 eine aus Steinen und Kalk erbaute Stadt, ein großer Handelsplatz mit den beiden Burgen Hradschin und Wysehrad. Nun wird es (973) genau wie Olmütz (1063) Bischofssitz. Brünn (1048) und Eger (1061) gehen in zeitgenössische Urkunden ein. (München sollte erst 1158, Berlin 1237 gegründet werden.) Böhmen und Mähren werden in einem allmählichen Ablauf über Tributpflichtigkeit und Belehnung seiner Fürsten zu Teilen des Reiches. Die westliche Grenzlinie dieses Reiches zieht sich um diese Zeit von Cambrai bis Marseille. Im Süden reicht das Reich bis vor die Tore von Rom und Venedig und im Osten bis zur Linie Stettin–Oderberg–Agram–Triest. Um in ihm mitwirken zu können, brauchen die böhmischen und mährischen Landesherren höhere Steuereinnahmen, die nur durch Entwicklung der natürlichen Reichtümer zu erlangen sind. Dazu werden im 11.–13. Jahrhundert deutsche Bauern und Handwerker, Bergleute und Kaufleute unter Gewährung besonderer Rechtsstellung zur Erschließung des unbesiedelten Gebietes und Erweiterung der Städte nach Böhmen und Mähren gerufen. Diese Politik ist sehr erfolgreich. Als die Přemysliden aussterben (1306) und das Haus der Luxemburger die Herrschaft in Böhmen und Mähren erhält, ist das Gebiet ein hochentwickeltes, wohlhabendes Herzland des Reiches geworden.

---

* Für eine knappe Darstellung von 1918 bis zur Gegenwart:
Vgl.: »Die Sudetendeutsche Frage«; hrsg. vom Sudetendeutschen Rat, München; 3. Aufl., 1984; 35 Seiten; (auch in englischer und französischer Sprache).

Seine erste Universität wird in Prag gegründet (1348) und aus der Staatskanzlei des Reiches in Prag geht die deutsche Schriftsprache in die Welt. Das nunmehr ganz von Deutschen aufgesiedelte Schlesien mit Breslau, Liegnitz und Cosel wird der Böhmischen Krone angegliedert (1335). Jahrhunderte des Zusammenfindens und -lebens in Mitteleuropa bringen auch allseits bewunderte Kulturleistungen, z. B. Bauwerke hervor. Zahlreiche Menschen leben in beträchtlichem Wohlstand.

## Hussitten und Habsburger

Die letzten Jahrzehnte luxemburgischer Herrschaft (bis 1437) werden von den Hussitenwirren verdunkelt. In vielen Teilen Europas gibt es zu dieser Zeit Auflehnung gegen kirchliche Mißstände; in England vorher durch Wyclif, in Deutschland später durch Luther. Von Prag aus verbreitet sich eine neue Lehre des tschechischen Magisters Jan Hus durch weite Teile Böhmens. Die meisten deutschsprechenden Menschen bleiben zwar Katholiken, aber viele tschechisch Sprechende treten zum neuen Glauben über. Hus wird vor ein kirchliches Konzil in Konstanz geladen, lehnt den Widerruf seiner Lehre ab und wird schließlich auf dem Scheiterhaufen als Ketzer verbrannt (1415), obwohl ihm der »deutsche« Kaiser Sigismund einen Geleitbrief ausgestellt hatte. Daraufhin wird aus der religiösen Streitfrage zwischen Katholiken und Hussiten sowie sozialen Spannungen eine erbitterte, bewaffnete Auseinandersetzung (1419–1436: Hussitenkriege mit Ausgreifen über den böhmisch-mährisch-schlesischen Raum). Nach deren Ende gibt es wieder Jahrzehnte friedlichen Aufbaus.
Unter dem Eindruck der Reformation (1517 Luthers Thesen, schnelles Ausstrahlen nach Böhmen) und der Türkengefahr (1529 erstmals vor Wien) beginnt die Herrschaft der Habsburger (1526). Etwa 4 Millionen Menschen in den »Böhmischen Ländern« werden dann durch die Schrecknisse des 30jährigen Kriegs (1618–1648 rd. 1,5 Millionen Tote) eher zusammengeführt. Die Überlebenden im weithin verwüsteten Land finden sich im gegenreformatorischen Frühabsolutismus wieder, der in Böhmen zusätzlich durch die kaiserlich-katholischen Sanktionen gegen protestantische Aufrührer gekennzeichnet ist. Es dauert lange, bis die Wunden des Krieges vernarben und die ersten Ansätze des Merkantilismus den Menschen zunächst bescheidenen Wohlstand in beginnenden Manufakturen (= Vorläufer von Fabriken für v. a. Glas und Tuch) erlauben. Die Türkengefahr verschwindet (1699 Schlacht von Zenta). Als Ergebnis des Siebenjährigen Krieges (1756–63) fällt der größere Teil Schlesiens an das erstarkende Preußen; in den »böhmischen Ländern spricht die Mehrzahl der Menschen nicht mehr deutsch«. Weit entfernte, plötzliche Ereignisse (1776 US-Unabhängigkeitserklärung; 1789 Französische Revolution) und räumlich nahe, tendenziell wirkende Entwicklungen (1781 Toleranzedikte Josephs II., 1770–90 Herders Schriften zur Volkskultur) markieren wichtige Elemente der Aufklärung. In den Wirren der Napoleonischen Zeit geht das Alte Reich unter (1806), das Kaisertum Österreich wird begründet.
Böhmen, Mähren und Österreichisch-Schlesien finden sich schließlich im Deutschen Bund (1815). Das alltägliche Leben vieler Menschen wird durch Fortschritte in der Medizin, allgemeinen Schulbildung, durch Ausbau von Eisenbahnen, Chausseen und Fabriken sowie die sozialen Fragen des beginnenden Arbeiterstandes gekennzeichnet.

## Ungelöste nationale Probleme mit immer stärkerer Sprengkraft

1848 wird die Polarisierung in den böhmischen Ländern zwischen Tschechen und Deutschen mindestens im Bürgertum begonnen: Die Deutschen sind in der Nationalversammlung Deutschlands in Frankfurt/Main. Viele Tschechen folgen jedoch bereits dem Ruf des tschechischen Historikers Palacky, der ein übernationales Österreich, wenn es nicht schon bestünde, gegen die russische Gefahr neu errichten möchte. Nach dem Beginn des Endes in Frankfurt treffen sich Deutsche und Tschechen aus Böhmen und Mähren im Österreichischen Reichstag in Kremsier. Beide Partner meinen, die nationalen Probleme dieser erregenden neuen Zeit durch verwaltungsmäßige Teilung der beizubehaltenden historischen Kronländer (z. B. Mähren) in deutsche und tschechische Bezirke (d. h. Deutsch-Mähren und Tschechisch-Mähren) zu erreichen und erstellen einen entsprechenden Verfassungsentwurf. Aber die Armeen der Kaiser und Könige bestimmen schließlich die politische Szene in Mitteleuropa.

1866 geht der Deutsche Bund zu Ende; die Sudetenländer werden staatsrechtlich auf Österreich verwiesen. Zwar findet ein Ausgleich zwischen den beiden Reichshälften statt und die Doppelmonarchie Österreich-Ungarn entsteht (1867). Nationalpolitisch machen sog. Ausgleiche zwischen den einzelnen Nationalitäten in der fernen Bukowina (1902) und im nahen Mähren (1905) die Möglichkeiten und Grenzen für das wichtige Böhmen deutlich; dort mißlingen zahlreiche Versuche.

Dabei werden die nationalen Probleme immer drängender. Die Bevölkerung nimmt im Zusammenhang mit der nunmehr stürmischen Industrialisierung und Intensivierung der Landwirtschaft stark zu. Um sie und mit ihnen vollzieht sich ein vielschichtiger Prozeß mit unterschiedlicher Intensität:

- Die Menschen beginnen, sich als Staatsbürger zu empfinden, die Anteil an der Politik ihrer Gemeinden, Länder und Staaten haben wollen.
- Die Menschen beginnen auch, sich mit Menschen gleicher Sprache und/oder gleichen Berufes und Standes solidarisch zu empfinden.
- Die sich derart in Gruppen gliedernden Staatsbürger beginnen darüber hinaus, sich von anderen Gruppen abzugrenzen: Der deutsche Bauer grenzt sich einerseits vom deutschen Arbeiter ab (Interessengegensatz: Der Bauer will hohe, der Arbeiter niedrige Lebensmittelpreise), um dem tschechischen Bauern näherzukommen. Andererseits entfremden sich die Bauern: Der eine ist Deutscher, der andere Tscheche.

Zunächst will nur die jeweilige Intelligenz (z. B. Lehrer, Journalisten, Rechtsanwälte) der sich entwickelnden Völker und Volksgruppen die nationalen Anliegen berücksichtigt wissen. Dann werden es immer größere Teile der Völker. Während die Deutschen in ihren Siedlungsgebieten in den Sudetenländern darüberhinaus praktisch unter sich bleiben, werden die mächtig wachsenden Städte von Tschechen aufgefüllt, die in den Gesamtländern Böhmen und Mähren ein starkes zahlenmäßiges Übergewicht gewinnen. Daraus resultieren Spannungen in deutlich sichtbarer Form: In welcher Sprache sollen z. B. Ortstafeln und Poststempel beschriftet sein, Behörden mit den Einwohnern verkehren?

Angesichts eines übernationalen Kaiserhauses und einer zwar sehr kompetenten, aber »sich durchwurstelnden« Verwaltung nehmen mitgliederstarke Verbände nach dem Prinzip von Gründung und Gegengründung (1860 großdeutscher »Turnverband«, 1862 panslawistischer »Sokol«; 1880 deutscher »Schulverein«, 1882 tschechischer »Zentraler Mütter-Schulverband«) die Streitigkeiten auf. Tschechische Initiative führt zu zwei bedeutsamen Auswirkungen der tiefgreifenden Unruhe: Die übernational gegründete und internationalistisch angelegte Sozialdemokratische Partei Österreichs zerbricht unter dem Ansturm nationaler Gefühle und wird (1897) zum bloßen Dachverband der nach Nationen gegliederten sozialdemokratischen Parteien. Im gleichen Jahr gründen dann Tschechen als logische Folgerung die erste »Nationalsozialsozialistische Partei« der Welt (auf deutscher Seite erst seit 1918: »Deutsche Nationalsozialistische Arbeiterpartei« – DNSAP).

Die Auslösung eines an sich lokalen Konfliktes zwischen Österreich und Serbien im Jahre 1914 führt zum Ersten Weltkrieg. In seinem Verlauf zerfällt Österreich-Ungarn. In den Tagen der Niederlage (1918) wird es im Zusammenwirken von Siegern und eigenen Nationalitäten buchstäblich zerlegt.

**Die Entstehung der Sudetenfrage durch Entstehung der Tschechoslowakei (= Československa Republika, ČSR)**

Für Böhmen, Mähren und (Sudeten-)Schlesien sollte die tschechische Emigration bedeutungsvoll werden. Bereits 1914/1915 waren der österreichische Reichsratsabgeordnete Professor Thomas G. Masaryk und Dr. Edvard Beneš in das westliche Ausland emigriert. Sie können dort unter Berufung auf das Selbstbestimmungsrecht der Völker in einem vielschichtigen Prozeß die Voraussetzungen für die Errichtung der ČSR schaffen. In den Staat werden einbezogen:

– Das Gesamtgebiet von Böhmen, Mähren und (Österreichisch-)Schlesien (ca. 79000 qkm). Die entgegengesetzten Wünsche der Menschen (in ca. 27000 qkm befanden sich zu ca. 95% Deutsche) blieben unberücksichtigt, weil das Territorium ab 1158 zur historischen böhmischen Krone gehört habe.
  Auf Preußisch-Schlesien, das über 400 Jahre (1335–1763) zur Böhmischen Krone gehörte, wurde jedoch kein Gesamtanspruch erhoben und nur ein kleiner Grenzstreifen – das Hultschiner Ländchen – einfach annektiert.
– Die aus dem Königreich Ungarn herausgeschnittene Slowakei (ca. 50000 qkm), die niemals zur Böhmischen Krone gehört hatte, da die (1,7 Mill.) Slowaken den Tschechen national sehr nahe stehen; ihnen wurde (Vertrag von Pittsburgh, 30. 5. 1918) Autonomie versprochen.
– Ein weiteres aus dem Königreich Ungarn herausgeschnittenes Gebiet namens Karpato-Ukraine (ca. 13000 qkm): Seine Bewohner seien rückständig und ihr Gebiet dürfe der (damals als allgemeinen Bedrohung aufgefaßten) bolschewistischen Sowjetunion nicht in die Hände fallen.
– Die aus derart unterschiedlichen Prinzipien entstandenen Grenzlinien werden darüberhinaus überall dort ohne Rücksicht auf das jeweilige Prinzip zugunsten der ČSR geändert, wo dies aus strategischen Gründen zweckmäßig erschien (Beispiel: Gebiet um den Bahnhof von Gmünd, Niederösterreich).

Die ČSR entsteht in dieser Konstruktion gegen den Willen der in ihr befindlichen über 3 Millionen Deutschen. Diese wurden zunächst als »Deutschböhmen/-mährer« und später als Sudetendeutsche bezeichnet. Sie wollen unter Berufung auf das Selbstbestimmungsrecht der Völker 1918/1919 mit Deutsch-Österreich an das sich gerade in Weimar neukonstituierende Deutsche Reich angeschlossen werden.
Die Alliierten und Assoziierten Mächte als Sieger des Ersten Weltkrieges lassen das Sudetengebiet jedoch durch tschechische Militäreinheiten besetzen (Ende 1918) und gliedern die Sudetendeutschen der ČSR, durch die Friedensverträge von Versailles (28. 6. 1919) und St. Germain (10. 9. 1919), ein. Damit entsteht die Sudetenfrage.

# Teil I

## Allgemeine Rechtsfragen und Verträge

Menschenrecht
Heimatrecht
Vertreibung
Volksgruppenrecht
Selbstbestimmungsrecht

**Das Selbstbestimmungsrecht in früheren Zeiten**[1]:

**A) Äußerung** **ca. 400 v. Chr.**
**des griechischen Historikers Thukydides:**

...
Selbstbestimmungsrecht im politischen Sinne besagt nichts anderes, als Freiheit von fremder Herrschaft ...

**B) Erklärung** **1215, 19. Juni**
**König Johanns (von England) in der »Magna Charta Libertatum«:**[2]

...
Kein freier Mann soll ... verbannt werden ... es sei denn, auf Grund eines gesetzlichen Urteils von Standesgenossen oder gemäß dem Gesetz des Landes.
...

**C) Äußerung** **1526**
**König Franz I. (von Frankreich):**

...
Es ist im Recht begründet, daß man kein Dorf oder Provinz gegen den Willen der Bevölkerung einem anderen (Staat) übergeben darf, sondern nur mit ihrer ausdrücklichen Zustimmung.
...

*Anmerkungen:*
[1] Die hier aufgeführten Belege sollen verdeutlichen, daß das Prinzip der politischen Selbstbestimmung des einzelnen Menschen und menschlicher Gemeinschaften, auch historisch gesehen, sehr alte »Wurzeln« hat: Die Selbstbestimmung ist als menschliches Grundanliegen zu bezeichnen.
Die Belege stehen »pars pro toto« für die gesamte antike und mittelalterliche Naturrechtslehre und ihre auch und gerade durch das Christentum geprägten Aussagen über Wert und Würde des Menschen als Ebenbild Gottes.
[2] D. h. Große Urkunde der Freiheiten, in der die Grundrechte der Engländer festgestellt wurden.

*Quellen:*
Zu A: Halecki, Oskar: »The Problem of Self-Determination« in »Proceedings of the *(US-)* American Philosophical Society«; Bd. 87; Princeton, 1943; S. 194.
Zu B: Stubbs, William: »Select Charters«; London, 1913; S. 285.
Zu C: Redslob, G.: »Histoire des grands principle du droit des gens« [Geschichte der großen Prinzipien des Völkerrechts]; Genf, 1923; S. 138.

**Festlegung im »Westfälischen Frieden«:** **1648, 14. Oktober**
*Stichtag für Vertreibungsrevisionen*

...
Artikel III
Gemäß diesem Grundsatz allgemeiner und uneingeschränkter Amnestie sollen alle und jede ... Bürger und Einwohner, denen aus Anlaß der Unruhen in Böhmen oder Deutschland ... irgendwelcher Nachteil oder Schaden ... zugefügt worden ist, sowohl hinsichtlich ihrer Gebiete ... als auch hinsichtlich ihrer ... Freiheiten, Rechte ... vollständig wieder in den Stand eingesetzt sein, dessen sie sich vor ihrer Entsetzung erfreut haben oder von Rechts wegen erfreuen konnten, wobei alle inzwischen erfolgten Veränderungen nicht im Wege stehen, sondern ungültig sein sollen.

...
Artikel V
Der terminus a quo[1] für die Wiederherstellung ... in weltlichen Dingen ... soll der 1. Januar 1624 sein. ... Alle inzwischen in ... Streitsachen ergangenen veröffentlichten und angeordneten Urteile, Beschlüsse, Vergleiche, Unterziehungs- oder andere Verträge ... sollen ... abgetan ... sein und alles auf den Stand des besagten Jahres und Tages zurückgeführt.
...

*Anmerkung:*
[1] Stichtag der Rechts- und Besitzstandswiederherstellung. Die Festlegung bedeutet, daß u. a. alle im 30jährigen Krieg (1618–1648) nach dem 1. 1. 1624 durchgeführten Vertreibungen ungültig sind und für die Überlebenden (bzw. die Erben der Toten) der vorhergehende Zustand wiederherzustellen ist.

*Quelle:*
Historisches Seminar der Universität Bern (Hrsg.): »Quellen zur neueren Geschichte«; Heft 12/13; o. O.; o. J.
Abgedruckt in »Das Recht auf die Heimat«; hrsg. vom Bund der Vertriebenen, Bonn, o. J. (ca. 1962); S. 19.

**Der Kongreß der (13) Vereinigten Staaten von (Nord-)Amerika:** **1776, 4. Juli**
(Die Unabhängigkeitserklärung)
*Regierungen und Zustimmung der Regierten*

...
Wir halten die Wahrheiten für selbsterweislich, daß alle Menschen gleich geboren werden und daß sie von ihrem Schöpfer mit gewissen, unveränderlichen Rechten ausgestattet wurden, zu denen Leben, Freiheit und das Streben nach Glück gehören. Um diese Rechte zu sichern, werden Regierungen zwischen Menschen eingerichtet, die ihre gerechte Macht von der Zustimmung des Regierten ableiten. Wenn irgendeine Regierungsform diese Ziele verletzt, ist es das Recht des Volkes, sie zu ändern oder abzuschaffen und eine neue Regierungsform einzurichten, deren Grundlage jene Prinzipien und Organisation der Macht sein soll, die dem Volke die beste Gewähr für seine Sicherheit und sein Glück bietet ...

*Quelle:*
Heffner, Richard O.: »A documentary History of the United States«; New York, 1952; S. 13.

**Die französische Nationalversammlung:** **1791, 3. September**
(Verfassung)
*Staatsziel ist Erhaltung der Menschenrechte*

Erklärung der Menschen- und Bürgerrechte
Da die Vertreter des französischen Volkes, als Nationalversammlung eingesetzt, erwogen haben, daß die Unkenntnis, das Vergessen oder die Verachtung der Menschenrechte die einzigen Ursachen des öffentlichen Unglücks und der Verderbtheit der Regierungen sind, haben sie beschlossen, die natürlichen, unveräußerlichen und heiligen Rechte der Menschen in einer feierlichen Erklärung darzulegen, damit diese Erklärung allen Mitgliedern der Gesellschaft beständig vor Augen ist und sie unablässig an ihre Rechte und Pflichten erinnert; damit die Handlungen der gesetzgebenden wie der ausübenden Gewalt in jedem Augenblick mit dem Endzweck jeder politischen Einrichtung verglichen werden können und dadurch mehr geachtet werden; damit die Ansprüche der Bürger, fortan auf einfache und unbestreitbare Grundsätze begründet, sich immer auf die Erhaltung der Verfassung und das Allgemeinwohl richten mögen.
Infolgedessen erkennt und erklärt die Nationalversammlung in Gegenwart und unter dem Schutze des Allerhöchsten folgende Menschen- und Bürgerrechte:
Art. 1. Die Menschen sind und bleiben von Geburt frei und gleich an Rechten. Soziale Unterschiede dürfen nur im gemeinen Nutzen begründet sein.
Art. 2. Das Ziel jeder politischen Vereinigung ist die Erhaltung der natürlichen und unveräußerlichen Menschenrechte. Diese Rechte sind Freiheit, Eigentum, Sicherheit und Widerstand gegen Unterdrückung.
. . .
Art. 4. Die Freiheit besteht darin, alles tun zu können, was einem anderen nicht schadet. So hat die Ausübung der natürlichen Rechte eines jeden Menschen nur die Grenzen, die den anderen Gliedern der Gesellschaft den Genuß der gleichen Rechte sichern. Diese Grenzen können allein durch Gesetz festgelegt werden.
. . .
Die Verfassung verbürgt als natürliche und bürgerliche Rechte . . .
Die Freiheit jedes Menschen zu gehen, zu bleiben, zu reisen, ohne verhaftet oder gefangengehalten zu werden als in den durch die Verfassung festgelegten Formen.
. . .

*Quelle:*
Franz, Günther (Hrsg.): »Staatsverfassungen«; Darmstadt, 1975; S. 303 ff.

**Gesetz** **1794, 1. Juni**
**König Friedrich Wilhelms III. (von Preußen):**
Das »Allgemeine Landrecht für die Preußischen Staaten«
*Ort der Herkunft ist eigentlicher Wohnsitz*

. . .
§ 23. Die persönlichen Eigenschaften und Befugnisse eines Menschen werden nach den Gesetzen der Gerichtsbarkeit beurteilt, unter welcher derselbe seinen eigentlichen Wohnsitz hat.

§ 24. Eine bloße Entfernung aus seiner Gerichtsbarkeit, bey welcher die Absicht, einen anderen Wohnsitz zu wählen, noch nicht mit Zuverlässigkeit erhellet, verändert die persönlichen Rechte und Pflichten dieses Menschen nicht.

§ 25. So lange jemand noch keinen bestimmten Wohnsitz hat, werden seine persönlichen Rechte und Verbindlichkeiten nach dem Ort seiner Herkunft beurtheilt.

§ 26. Ist der Ort seiner Herkunft unbekannt, oder außerhalb der Königlichen Lande, so gelten die Vorschriften des allgemeinen Gesetzbuches, oder die besonderen Gesetze seines jedesmaligen Aufenthalts, so wie nach den einen, oder den anderen, eine von ihm unternommene Handlung am füglichsten bestehen kann.

§ 27. Hat jemand einen doppelten Wohnsitz, so wird seine Fähigkeit zu handeln, nach den Gesetzen derjenigen von beyden Gerichtsbarkeiten beurtheilt, welche die Gültigkeit des Geschäfts am meisten begünstigen.

. . .

§ 34. Auch Unterthanen fremder Staaten, welche in hiesigen Landen leben, oder Geschäfte treiben, müssen nach obigen Bestimmungen beurtheilt werden.

. . .

§ 82. Die Rechte des Menschen entstehen durch seine Geburt, durch seinen Stand, und durch Handlungen oder Begebenheiten, mit welchen die Gesetze eine bestimmte Wirkung verloren haben.

§ 83. Die allgemeinen Rechte des Menschen gründen sich auf die natürliche Freyheit, sein eigenes Wohl, ohne Kränkung der Rechte eines Anderen, suchen und befördern zu können.

. . .

---

*Quelle:*
Hattenhauer, Hans (Hrsg.): »Allgemeines Landrecht für die Preußischen Staaten von 1794«; Frankfurt/Berlin, 1970; S. 52ff.

**Vertrag** [1] **1815, 8. Juni**
**zwischen souveränen Fürsten und freien Städten Deutschlands:**
(Sog. Deutsche Bundesakte [2]):
*Deutscher Bund mit Verfassungsgebot für Mitgliedstaaten* [3] *und gewissen Grundrechten der »Untertanen«* [4]

Im Namen der allerheiligsten und unteilbaren Dreieinigkeit
Die souveränen Fürsten und freien Städte Deutschlands, . . . von den Vorteilen überzeugt, welche aus ihrer festen und dauerhaften Verbindung für die Sicherheit und Unabhängigkeit Deutschlands und die Ruhe und das Gleichgewicht Europas hervorgehen würden, sind übereingekommen, sich zu einem beständigen Bunde zu vereinigen und haben zu diesem Behuf ihre Gesandten und Abgeordneten am Kongresse in Wien mit Vollmachten versehen: *(folgen die Namen).* In Gemäßheit dieses Beschlusses haben die vorstehenden Bevollmächtigten nach geschehener Auswechslung ihrer richtig befundenen Vollmachten folgende Artikel verabredet:

Art. 1. Die souveränen Fürsten und freien Städte Deutschlands, mit Einschluß I. I. M. M. des Kaisers von Österreich und der Könige von Preußen, von Dänemark und der Niederlande; und zwar der Kaiser von Österreich, der König von Preußen, beide für ihre gesamten vormals zum Deutschen Reiche gehörigen Besitzungen; der König von Dänemark für Holstein, der König der Niederlande für das Großherzogtum Luxemburg, vereinigen sich zu einem beständigen Bunde, welcher der Deutsche Bund heißen soll.

Art. 2. Der Zweck desselben ist: Erhaltung der äußeren und inneren Sicherheit Deutschlands und der Unabhängigkeit und Unverletzbarkeit der einzelnen deutschen Staaten.
...

Art. 4. Die Angelegenheiten des Bundes werden durch eine Bundesversammlung besorgt...

Art. 5. Österreich hat bei der Bundesversammlung den Vorsitz...
...

Art. 13. In allen Bundesstaaten wird eine landständische Verfassung stattfinden.
...

Art. 16. Die Verschiedenheit der christlichen Religionsparteien kann in den Ländern und Gebieten des Deutschen Bundes keinen Unterschied in dem Genuß der bürgerlichen und politischen Rechte begründen.
Die Bundesversammlung wird in Beratung ziehen, wie auf eine möglichst übereinstimmende Weise die bürgerliche Verbesserung der Bekenner des jüdischen Glaubens in Deutschland zu bewirken sei, und wie insonderheit denselben der Genuß der bürgerlichen Rechte gegen die Übernahme aller Bürgerpflichten in den Bundesstaaten verschafft und gesichert werden können; jedoch werden den Bekennern dieses Glaubens bis dahin die denselben von den einzelnen Bundesstaaten bereits eingeräumten Rechte erhalten.
...

Art. 18. Die verbündeten Fürsten und freien Städte kommen überein, den Untertanen[4] der deutschen Bundesstaaten folgende Rechte zuzusichern:
a) Grundeigentum außerhalb des Staates, den sie bewohnen, zu erwerben und zu besitzen, ohne deshalb in dem fremden Staate mehreren Abgaben und Lasten unterworfen zu sein als dessen eigene Untertanen;
b) die Befugnis 1. des freien Wegziehens aus einem deutschen Bundesstaate in den andern, der erweislich sie zu Untertanen annehmen will, auch 2. in Zivil- und Militärdienste desselben zu treten, beides jedoch nur, insofern keine Verbindlichkeit zu Militärdiensten gegen das bisherige Vaterland im Wege stehen...
...

*Anmerkungen:*
[1] Der Vertrag wurde als Artikel 53–63 Teil der Wiener Kongreßakte vom 9. 6. 1815. Damit stand die Verfassung Deutschlands unter der Garantie der Signatarmächte, zu denen Rußland, Großbritannien, Frankreich, Schweden, Spanien, Portugal und der Papst gehörten.
[2] Die »Deutsche Bundesakte« von 1815 hatte ihre Vorgeschichte und Nachwirkungen.
Zur Vorgeschichte: Mit der Wiener Kongreßakte wurde versucht, die Folgen des Ausgreifens des Kaiserreiches Frankreich aus seinem nationalen Gebiet bis nach Moskau, Dalmatien, Süditalien, Ägypten und Südspanien zu ordnen. Im Zuge dieses Ausgreifens waren die Ideen der Französischen Revolution (vgl. z. B. die französische Verfassung von 1791; S. 5), in denen sich moderne Vorstellungen über Wert und Würde des Menschen und Stellung seiner Nation integrierten, in ganz Europa bekannt und »reflektiert« worden. Charakteristisches Stichwort für die »response« (= Antwort) im deutschsprachigen Raum Europas auf diese französische »challenge« (= Herausforderung) wurden Begriff und Inhalt des sogenannten »Freiheitskrieges« gegen Napoleon 1813/14.
Die »Deutsche Bundesakte« entsprach dem dadurch entstandenen »Erwartungshorizont« in keiner Weise. Sie enthielt nichts zu Begriffen wie Reise-, Versammlungs- und Vereinsfreiheit und keine politische Vertretung des gesamten Volkes.
Zu den Nachwirkungen: Die restriktive Handhabung (z. B. Karlsbader Beschlüsse von 1819) der »Deutschen Bundesakte«, das gesteigerte bürgerliche und nationale Selbstbewußtsein von immer brei-

ter werdenden Schichten der Bevölkerung (Konsequenz auch der allgemeinen Schulpflicht) und das Verhalten der Herrscher in den meisten Mitgliedsstaaten (siehe die folgende Anmerkung) führten über eine sog. »Vor-März-(1848)-Bewegung« zu den Entwicklungen von 1848.
Diese werden für Böhmen, Mähren und Österreich-Schlesien an anderer Stelle (siehe S. 78ff.) belegt.
[3] Diese Auflage wurde zuerst in Bayern (Verfassung vom 22. 5. 1818) und anschließend auch in Württemberg und Hessen/Darmstadt erfüllt. Nur in Bayern gab es darüber hinaus ein verfassungsrechtliches Verfahren (Teil VII, § 21 der Verfassungsurkunde), wonach sich auch einzelne Personen wegen vorgeblicher Verletzung ihrer Verfassungsrechte beschweren konnten. Dieses Recht wurde in Anspruch genommen und führte zu Abhilfe.
[4] Man sollte diesen Ausdruck für 1815 anders werten, als man ihn nun 1980 werten muß.

*Quelle:*
Franz, Günther (Hrsg.): »Staatsverfassungen«; Darmstadt, 1975; S. 121ff.

## »Mantel-«Übereinkommen der Haager Landkriegsordnung (HLKO) — 1907, 18. Oktober

*Vertreibungsverbot unnötig, da*[1] ...

...

5. So lange, bis ein vollständigeres[1] Kriegsgesetzbuch fertiggestellt werden kann, halten es die Hohen Vertragsschließenden Teile[2] für zweckmäßig festzusetzen, daß in den Fällen, die in den Bestimmungen der von ihnen angenommenen Ordnung nicht einbegriffen sind, die Bevölkerung und die Kriegsführenden unter dem Schutz und der Herrschaft der Grundsätze des Völkerrechtes bleiben, wie sie sich aus den unter gesitteten Völkern feststehenden Gebräuchen, aus den Gesetzen der Menschlichkeit und aus den Forderungen des öffentlichen Gewissens ergeben.

...

*Anmerkungen:*
[1] In der HLKO wurde die Vertreibung nicht behandelt, da »zu Anfang unseres Jahrhunderts angenommen werden konnte, daß diese Praxis außer Gebrauch gekommen« sei (So Pictet u. a.: »Les Conventions de Genève du 12 aout 1949« [Die Genfer Konventionen vom 12. August 1949]; Bd. 4; Genf, 1959; S. 301).
Die HLKO wurde später durch die sog. Genfer Rotkreuzabkommen fortgeführt: Siehe S. 24.
[2] Der HLKO sind praktisch alle Staaten der Welt beigetreten.

*Quelle:*
*(Österreichisches)* »Reichsgesetzblatt«; Wien, 1910; S. 107;
abgedruckt bei Rabl, Kurt: »Das Recht auf die Heimat«; Bd. III; München, 1959; S. 188.

## Niederschrift des georgischen Politikers Josef W. Stalin[1] (»Bolschewiki«[2] im Kaiserreich Rußland): — 1913

*Das Selbstbestimmungsrecht der Nation*

...

Recht auf Selbstbestimmung, d. h. nur die Nation[3] selbst hat das Recht, ihr Schicksal zu bestimmen; niemand hat das Recht, sich in das Leben einer Nation[3] gewaltsam einzumischen ... Die Nation darf sich nach eigenem Gutdünken ... einrichten. Sie hat das Recht, zu anderen Nationen[3] in föderative Beziehungen zu treten – sich gänzlich loszutrennen. Die Nation[3] ist souverän ...

*Anmerkungen:*
[1] Hier die zeitgenössische Position Stalins.

[2] Die damalige Sozialdemokratische Partei des Kaiserreiches Rußland war v. a. über die Frage der Revolution (= Gewalt) bzw. Evolution (= demokratische Entwicklung) zur Realisierung des Parteizieles des Sozialismus zwischen 1903 und 1912 de facto zerbrochen. Die gewaltorientierten Mehrheiten (= Bolschewiki) gaben den Ton an und prägten unter Wladimir I. Lenin die spätere (und heutige) KPdSU der UdSSR.
[3] Stalin definiert diese Nation an anderer Stelle der gleichen Schrift sichtlich unter dem Einfluß mehrmonatigen Studiums der Nationalitätenprobleme Österreich-Ungarns in Wien im deutlichen Widerspruch zu sowohl den politisch wirksamen Realitäten in Westeuropa und der gesamten Herrschaftspraxis der KPdSU seit 1917: Die Nation sei »eine historisch entstandene stabile Gemeinschaft von Menschen, entstanden auf der Grundlage der Gemeinschaft der Sprache, des Territoriums, des Wirtschaftslebens und der sich in der Gemeinschaft der Kultur offenbarenden psychischen Wesensart«.

*Quelle:*
Stalin, Josef W.: »Marxismus und nationale Frage«; Moskau, 1913; S. 22;
abgedruckt bei Rabl, Kurt: »Das Selbstbestimmungsrecht der Völker«; München, 1963; S. 61.

**Rede** **1916, 27. Mai**
**des US-Präsidenten Woodrow Wilson vor der »League to Enforce Peace«:**

...
Jedes Volk hat ein Recht darauf, den Staat zu wählen, in dem es leben will.
...

*Quelle:*
Baker, Stannard/Dodd, William E. (Hrsg.): »The Public Papers of Woodrow Wilson: The New Democracy«; Bd. II; New York, 1926; S. 184.

**Rede** **1917, 22. Januar**
**des US-Präsidenten Woodrow Wilson vor dem US-Senat:**
*Völker sind kein »bewegliches Eigentum«*

...
Kein Frieden kann oder sollte erhalten bleiben, der den Grundsatz nicht anerkennt, daß die Regierungen all ihre gerechte Macht aus der Zustimmung der Regierten ableiten und daß nirgends ein Recht besteht, Völker von Staat zu Staat weiterzugeben, als ob sie bewegliches Eigentum wären.
...

*Quelle:*
Baker, Stannard/Dodd, William E. (Hrsg.): »The Public Papers of Woodrow Wilson: The New Democracy«; Bd. II; New York, 1926; S. 407.

**Die »Bolschewistische Friedensdeklaration« [1]:** **1917, 8. November**
*Ohne freie Zustimmung: Annexion*

...
Wenn irgendein Volk durch Gewalt innerhalb der Grenzen eines bestimmten Staates gehalten und entgegen seinem ausdrücklichen Wunsch ... keine Gelegenheit erhält, die Form seines staatlichen Lebens durch freie, von den Truppen des besetzten ... Staates unbeeinflußte Wahlen ... selbst zu bestimmen, dann ist die Angliederung dieses Volkes durch den stärkeren Staat Annexion; d. h. Eroberung durch Macht und Gewalt.
...

*Anmerkung:*
[1] Weitgehend vom ersten Partei- und Staatschef der UdSSR, Wladimir I. Lenin persönlich verfaßt.

*Quelle:*
Wheeler-Bennett, John: »The Forgotten Peace: Brest Litowsk 1918«; New York, 1939; S. 376.

**Botschaft** **1918, 8. Januar**
**des US-Präsidenten Woodrow Wilson an den US-Kongreß[1]:**
*Jede Nation muß in Sicherheit selbst bestimmen können*

. . .
Wir sind in den Krieg eingetreten, weil Rechtsverletzungen vorgekommen waren, die uns aufs tiefste kränkten und das Leben unseres eigenen Volkes unmöglich machten, wenn sie nicht wiedergutgemacht wurden und die Welt ein für alle Mal gegen ihre Wiederholung gesichert wurde.
Wir verlangen nichts für uns selbst: Die Welt muß jedoch auf solche Weise umgestaltet und der Fortbestand dieser Umgestaltung gesichert werden, daß man auf ihr leben kann und insbesondere muß jede friedliebende Nation, die, wie wir, nichts weiter will, als ihr Leben ungestört für sich zu führen und ihre eigenen Verfassungseinrichtungen weiterzuentwikkeln, die Sicherheit erhalten, daß sie hinfort mit den anderen Völkern der Welt auf der Grundlage des Rechts und der Billigkeit, geschützt vor Gewalt und selbstsüchtigen Angriffen, verkehren kann. Dieses Interesse wird tatsächlich von allen Völkern auf der Welt geteilt und wir unsererseits erkennen klar, daß uns unser Recht nicht eher werden kann, als bis es auch den anderen Völkern geworden ist.
. . .

*Anmerkung:*
[1] Zu den in der gleichen Botschaft enthaltenen sogenannten 14 Punkten: Siehe S. 107.

*Quelle:*
Baker, Stannard/Dodd, William E.: »The Public Papers of Woodrow Wilson: War and Peace«; Bd. I; New York, 1927; S. 155.

**Botschaft** **1918, 11. Februar**
**des US-Präsidenten Woodrow Wilson an den US-Kongreß**
*Selbstbestimmung: Zwingender Grundsatz politischen Handelns*

. . .
Selbstbestimmung ist kein bloßes Schlagwort. Sie ist ein zwingender Grundsatz des Handelns, den Staatsmänner in Zukunft nur zu ihrem Schaden mißachten können . . .
Die zu verwirklichenden Grundsätze sind die folgenden:
1. daß jeder Teil einer endgültigen Vereinbarung darauf beruhen muß, in ihm die Gerechtigkeit zur Geltung zu bringen und jenen Ausgleich zu finden, der die bestmögliche Aussicht auf dauerhaften Frieden eröffnet;
2. daß die Völker und Gebiete nicht von einer Staatshoheit zur anderen herumgeschoben werden dürfen, als handle es sich um tote Gegenstände oder um Steine in dem – wenn auch großen – nunmehr aber für alle Zeit verworfenen und beendeten Spiel um das Gleichgewicht der Kräfte;
3. daß jede Lösung einer Gebietsfrage, die durch den Krieg aufgeworfen wurde, im Interesse und zu Gunsten der betroffenen Bevölkerung, nicht aber als Teil eines bloßen Ausgleichs von Machtansprüchen rivalisierender Staaten getroffen werden muß.
. . .

---

*Quelle:*
Baker, Stannard/Dodd, William E.: »The Public Papers of Woodrow Wilson; War and Peace; Bd. I; New York, 1927; S. 177ff.

**Rede** **1918, 4. Juli**
**des US-Präsidenten Woodrow Wilson in Mount Vernon, USA:**
*Selbstbestimmung, nicht Fremdbestimmung*

. . .

2. die Regelung jeder Frage – ob sie Gebiet, staatliche Hoheitsrechte, wirtschaftliche Vereinbarungen oder politische Beziehungen betrifft – auf der Grundlage freiwilliger Annahme der Vereinbarungen durch das unmittelbar betroffene Volk, nicht aber auf der Grundlage des materiellen Interesses oder Vorteils irgendeiner Nation, die im Interesse ihres eigenen äußeren Einflusses oder seiner Herrschaft eine andere Regelung wünschen mag . . .

---

*Quelle:*
Luckau, Alma: »The German Delegation at the Paris Peace Conference«; New York, 1941; S. 323f.

**Satzung**
**des Völkerbundes:** [1] **1919, 28. Juni** [1]
*Gerichtsbarkeit, »unanwendbar gewordene Verträge«* [2]

. . .

**Art. 13** [*Schiedsgerichtsbarkeit und Gerichtsbarkeit*].
Die Bundesmitglieder kommen überein, daß, wenn zwischen ihnen eine Streitfrage entsteht, die nach ihrer Ansicht einer schiedsrichterlichen Lösung oder dem gerichtlichen Verfahren zugänglich ist und die auf diplomatischem Wege nicht zufriedenstellend geregelt werden kann, die Frage in ihrer Gesamtheit der Schiedsgerichtsbarkeit oder dem gerichtlichen Verfahren zu unterbreiten ist.
Streitfragen über die Auslegung eines Vertrages, über alle Fragen des internationalen Rechtes, über das Bestehen jeder Tatsache, welche die Verletzung einer internationalen Verpflichtung bedeuten würde, oder über Umfang und Art der Wiedergutmachung im Falle einer solchen Verletzung gelten allgemein als solche, die einer schiedsrichterlichen Lösung oder dem gerichtlichen Verfahren zugänglich sind.
Als Gericht, dem der Streitfall unterbreitet wird, wird der gemäß Artikel 14 errichtete Ständige Internationale Gerichtshof oder irgendein Gericht tätig, das von den Parteien bestimmt wird oder das in früheren Übereinkommen von ihnen vereinbart ist.
Die Bundesmitglieder verpflichten sich, den erlassenen Schiedsspruch oder die Entscheidung nach Treu und Glauben auszuführen und gegen kein Bundesmitglied, das sich dem Schiedsspruch oder der Entscheidung fügt, zum Kriege zu schreiten. Im Falle der Nichtausführung des Spruches oder der Entscheidung schlägt der Rat die Schritte vor, die ihm Wirkung verschaffen sollen.

**Art. 14** [*Ständiger Internationaler Gerichtshof*].
Der Rat wird mit dem Entwurf eines Planes zur Errichtung eines Ständigen Internationalen Gerichtshofes betraut und hat den Plan den Bundesmitgliedern zu unterbreiten. Dieser Gerichtshof befindet über alle ihm von den Parteien unterbreiteten internationalen Streitfragen. Er erstattet ferner gutachterliche Äußerungen über jede ihm vom Rate oder Bundesversammlung vorgelegte Streitfrage oder sonstige Angelegenheit.

...

Art. 19 [*Nachprüfung unanwendbar gewordener Verträge*]

Die Völkerbundsversammlung kann die Mitglieder zu gegebener Zeit einladen, unanwendbar gewordene Verträge[2] und internationale Situationen zu überprüfen, deren Aufrechterhaltung den Weltfrieden bedrohen könnte.

...

*Anmerkungen:*

[1] Die Satzung des Völkerbundes wurde in alle Pariser (Vororts-)Friedensverträge der Jahre 1919–1921 als Artikel 1–26 eingefügt.
Der erste derartige Friedensvertrag war der mit dem Deutschen Reich vom 28. 6. 1919; für weitere Bestimmungen: Siehe S. 133f. Der zweite Vertrag war der mit Österreich vom 6. 9. 1919; für weitere Bestimmungen: Siehe S. 137.

[2] Diese Festlegung wurde zur Basis angestrebter, aber nicht realisierter friedlicher Revisionsbemühungen der Friedensverträge; ein Beispiel: Siehe S. 14.

*Quelle:*

Berber, Friedrich (Hrsg.): »Völkerrecht – Dokumentensammlung. Bd. I: Friedensrecht«; München/Berlin, 1967; S. 5ff. (Hervorhebungen im Original).

## Gesetz des estnischen Parlaments: *Volksgruppenautonomie*

**1925, 3. März**

§ 1

Die Selbstverwaltungsinstitutionen der volklichen Minderheiten werden *(es folgen Bezüge zu anderen Gesetzen)* errichtet. Bei Erfüllung der Aufgaben ihres Wirkungskreises unterliegen die Institutionen der volklichen Kulturselbstverwaltung den Bestimmungen der geltenden Gesetze auf gleicher Grundlage wie die örtlichen Selbstverwaltungen.

§ 2

In den Wirkungskreis der Institutionen der Kulturselbstverwaltung der volklichen Minderheiten gehört:

a) die Organisation, Verwaltung und Überwachung der öffentlichen und privaten muttersprachlichen Lehranstalten der entsprechenden volklichen Minderheit;
b) die Fürsorge für die übrigen Kulturaufgaben der entsprechenden Minderheit und die Verwaltung der hierzu ins Leben gerufenen Anstalten und Unternehmungen.

§ 3

Die volkliche Selbstverwaltung hat das Recht, für ihre Mitglieder verbindliche Verordnungen auf den im § 2 genannten Gebieten in der im § 7 der Beilage zum Gesetz über die Einführung der Selbstverwaltung vorgesehenen Ordnung zu erlassen.

§ 4

Das öffentliche Schulnetz der volklichen Minderheit wird von dieser und der entsprechenden Kreis- oder Stadtverwaltung und der Kulturselbstverwaltung gemeinsam ausgearbeitet und auf Antrag des Unterrichtsministers von der Staatsregierung bestätigt ...

§ 5

Die Organe der volklichen Selbstverwaltung der volklichen Minderheiten sind der Kulturrat und die Kulturverwaltung der entsprechenden Nationalität. Ihr Sitz ist die Hauptstadt der Republik.

Zur Lösung und Regelung örtlicher Fragen werden vom Kulturrat örtliche Kulturkuratorien ins Leben gerufen, deren Tätigkeitsgebiet der Kreis mit den Städten ist. Mit Bestätigung der Staatsregierung kann für mehrere Kreise ein gemeinsames Kulturkuratorium ins Leben gerufen werden.

§ 6
Die finanziellen Grundlagen der volklichen Selbstverwaltung sind:
a) die laut Gesetz vom Staat überkommenen Unkosten und Verpflichtungen gegenüber den öffentlichen Elementar- und Mittelschulen;
b) die Geldsummen und andere ... Verpflichtungen der örtlichen Selbstverwaltungen ...
c) die Unterstützungssummen des Staates und der Selbstverwaltungen für Kulturzwecke;
d) öffentliche Steuern, die nötigenfalls vom Kulturrat den Mitgliedern der entsprechenden volklichen Minderheit auferlegt werden, in der Höhe und auf den Grundlagen, wie sie im Voranschlage vorgesehen sind und auf gemeinsamen Antrag des Finanz- und des Unterrichtsministers von der Staatsregierung bestätigt werden;
e) Schenkungen, Sammlungen, Stiftungen, Erbschaften und Einkommen aus eigenem Vermögen oder Unternehmungen.

...

§ 8
Als volkliche Minderheiten im Sinne dieses Gesetzes gelten das deutsche, das russische und das schwedische Volk sowie diejenigen auf estländischem Boden lebenden volklichen Minderheiten, deren Gesamtzahl nicht kleiner als dreitausend *(Personen)* ist.

§ 9
Die Zugehörigkeit zur volklichen Selbstverwaltungskörperschaft der entsprechenden nationalen Minderheit wird durch das Nationalregister festgestellt, in das sich estländische Staatsbürger der in § 8 genannten Nationalitäten aufnehmen lassen können, welche mindestens 18 Jahre alt sind. Die Kinder der registrierten Mitglieder einer volklichen Minderheit bis zum Alter von 18 Jahren gelten nach ihren Eltern als zur volklichen Minderheit gehörig. Wenn die Eltern verschiedener Nationalität sind, dann wird die Nationalität der Kinder nach gemeinsamem Wunsch der Eltern bestimmt. Wenn eine Einigung nicht erzielt wird, dann gehört das Kind zur Nationalität des Vaters. Die minderjährigen Kinder von Angehörigen der volklichen Minderheit, die das 18. Lebensjahr erreicht haben, gelten nicht als zur entsprechenden volklichen Minderheit gehörig, falls sie sich nicht im Laufe eines Jahres registriert haben.

...

§ 16
Minderheiten, die Selbstverwaltungsinstitutionen ins Leben rufen wollen, teilen dies durch ihre Volksvertreter oder ihre kulturellen Organisationen der Staatsregierung mit.

§ 17
Zur Durchführung der Wahlen zum ersten Kulturrat verpflichtet sich die Staatsregierung, ... ein spezielles Register aller stimmberechtigten Mitglieder der entsprechenden volklichen Minderheit auf Grund der den Selbstverwaltungen zur Verfügung stehenden Daten sowie von Erklärungen einzelner Staatsbürger über ihre Nationalität zusammenzustellen.

...

§ 27
Der Kulturrat beschließt vor allem, ob er auf Grund dieses Gesetzes und der auf seiner Grundlage von der Staatsregierung erlassenen Verordnungen die Selbstverwaltung verwirklichen will. Im Falle, daß mit zwei Dritteln Majorität der gesetzlichen Zahl der Mitglie-

der des Kulturrates beschlossen wird, die Selbstverwaltung ins Leben zu rufen, erklärt die Staatsregierung im Laufe von 2 Wochen nach einer entsprechenden Mitteilung des Kulturrates die Tätigkeit der Kulturselbstverwaltung der entsprechenden volklichen Minderheit für eröffnet . . .

. . .

*Quelle:*
Kraus, Hermann: »Das Recht der Minderheiten«; Berlin, 1927; S. 191ff.

**Der europäische Viermächtepakt[2]:** **1933, 15. Juli[1]**

. . .

Artikel 2:

»In Ansehung der Völkerbundssatzung, insbes. ihrer Artikel 10, 16 und 19[3], beschließen die Hohen Vertragschließenden Teile, unter sich und unter Vorbehalt der nur durch die ordentlichen Organe des Völkerbundes zu treffenden Entscheidungen alle Vorschläge hinsichtlich der Methoden und Verfahrensarten zu prüfen, die geeignet sind, diesen Artikeln gehörige Wirksamkeit[4] zu verleihen.

. . .

*Anmerkungen:*
[1] Datum der Unterzeichnung; der Vertrag wurde nicht ratifiziert.
[2] Abgeschlossen zwischen Großbritannien, Frankreich, Italien und Deutschland; die Anregung kam vom italienischen Duce Mussolini.
Die Signatarmächte des Abkommens sind identisch mit den Unterzeichnerstaaten des Münchner Abkommens vom 29. 9. 1938; zum Text: S. 232ff.
[3] Betrifft die Überprüfung unanwendbar gewordenen (Friedens-)Verträge; zum Text siehe S. 12.
[4] Bereits vor Unterzeichnung war die ČSR bemüht, das Vertragsvorhaben möglichst zu vereiteln: Am 31. 3. 1933 berichtete der Gesandte in Paris Osusky an die Prager Zentrale, der französische Außenminister Boncour habe ihm versichert, daß »Artikel 19 niemals in Wirksamkeit treten wird«.
Die Sorge der ČSR hatte folgenden Grund: Als eine der ersten Maßnahmen war vorgesehen, die deutsch-polnische Grenze umfassend zu korrigieren (v. a. durch Rückgabe Danzigs und einer ca. 10 km tiefen Landverbindung zu Ostpreußen an Deutschland).
Vgl.: Berber, Friedrich (Hrsg.): »Europäische Politik 1933–1938 im Spiegel der Prager Akten«; 2. Aufl.; Essen, 1942; S. 23.
»Documents on British Foreign Policy 1919–1939«; 2. Reihe, Bd. V; London, 1956; Nr. 37, 44.
Am 17. 2. 1933 eröffnete der Leiter der Ostabteilung des Auswärtigen Amtes darüber hinaus dem polnischen Botschafter in Berlin, daß zwar auch die neue Regierung eine Friedenspolitik betreibe und keinen Krieg wolle, aber die Linie aller bisherigen deutschen Regierungen fortsetzen werde: Keine deutsche Regierung habe die deutschen Ostgrenzen anerkannt.
Vgl.: »Documents on German Foreign Policy 1918–1945«; Reihe C, Bd. I; London, 1957; Nr. 22.
Zur Sudetenfrage: Siehe S. 170.

*Quelle:*
Berger, Walter: »Die politisch-militärischen Pakte der Nachkriegszeit im Wortlaut«; Erlangen, 1936; S. 113f.

**Vereinbarung** **1941, 14. August**
**zwischen US-Präsident Roosevelt und Premierminister Churchill**
(Sog. Atlantik Charta[1])
*Keine territorialen Änderungen ohne Selbstbestimmungsrecht*

Der Präsident der Vereinigten Staaten von Amerika[2] und der Premierminister Mr. Churchill als Vertreter der Regierung seiner Majestät im Vereinigten Königreich, die sich auf einer Zusammenkunft getroffen haben, erachten es für richtig, gewisse gemeinsame Grundsätze der nationalen Politik ihrer Länder auf die sie ihre Hoffnungen für eine bessere Zukunft der Welt gründen, bekanntzugeben:

1. Ihre Länder[3] suchen keine territoriale oder sonstige Vergrößerung.
2. Sie wünschen, daß keine territorialen Veränderungen zustande kommen, die nicht mit den frei geäußerten Wünschen der betroffenen Völker übereinstimmen.
3. Sie achten das Recht aller Völker, sich diejenige Regierungsform zu wählen, unter der sie leben wollen; und sie wünschen, daß Souveränitätsrechte und Selbstregierung denen zurückgegeben werden, denen sie gewaltsam entrissen worden sind.

...

6. Nach der endgültigen Vernichtung der nationalsozialistischen Tyrannei hoffen sie einen Frieden aufgerichtet zu sehen, der allen Nationen die Möglichkeit geben wird, in Sicherheit innerhalb ihrer Grenzen zu leben, und der die Gewähr dafür bieten wird, daß alle Menschen in allen Ländern ihr ganzes Leben lang frei von Furcht und Not leben können.

...

---

*Anmerkungen:*

[1] Zum Beitritt: Siehe S. 70.
Die Vereinbarung wurde an Bord des britischen Schlachtschiffes »Prince of Wales« auf dem nordöstlichen Atlantik getroffen.

[2] Die USA waren im Zeitpunkt der Vereinbarung völkerrechtlich ein neutraler Staat.

[3] Die USA und Großbritannien öffneten die Atlantik Charta, die am 1. 1. 1942 zu einer Art von Gründungserklärung der damaligen Kriegskoalition und späteren UNO werden sollte, ihren Verbündeten zum Beitritt. Zu diesen Verbündeten gehörte auch die Tschechoslowakei, vertreten durch ihre Exilregierung.
Deren Außenminister Jan Masaryk schrieb am 29. 8. und erklärte am 24. 9. 1941, daß die ČSR nur beitrete, wenn bei »endgültiger Interpretation und Anwendung« der Charta strategische Grenzziehungsprinzipien der Nachbarn Deutschlands (d. h. der ČSR) berücksichtigt würden.
Vgl. Beneš, Edvard: »Paměti« (Erinnerungen); Prag, 1947; S. 315.
Holborn, Louise W. (Hrsg.): »War and Peace Aims of the United Nations«; Bd. II; Boston, 1948; S. 412.

---

*Quelle:*
Jacobson, H. A.: »1939–1945. Der Zweite Weltkrieg in Chronik und Dokumenten«; Darmstadt, 1959; S. 230 f.

## Brief — 1945, 10. März

**König Ibn Sauds an Präsident Franklin D. Roosevelt:**

*Alle Völker haben Heimatrecht*

...

Alle Völker haben das natürliche Recht, in ihrer Heimat zu leben, ein Recht, das ihnen das Naturrecht verbürgt, und in jenen Grundlagen der Menschlichkeit eingeschlossen ist, die die Alliierten in der Atlantik-Charta proklamierten ...

---

*Quelle:*
Holborn, Louise W. (Hrsg.): »War and Peace Aims of the United Nations«; Bd. II; Boston, 1948; S. 1189.

**Erklärung**[1] **1945, 5. Juni**
**der Alliierten Mächte angesichts der Niederlage Deutschlands und der Übernahme der obersten Regierungsgewalt:**
*Deutschlands Grenzen später festzulegen; Aufteilung für Besatzungszwecke*

...
Die Regierungen der USA, der UdSSR und des Vereinigten Königsreiches *(d. h. Großbritannien)* sowie die Provisorische Regierung der Französischen Republik werden später die Grenzen Deutschlands oder irgendeines seiner Teile und die rechtliche Stellung Deutschlands oder irgendeines Gebietes, das gegenwärtig[2] einen Teil deutschen Territoriums bildet, festlegen.
...

*Anmerkungen:*
[1] Als eine Art von Anhang zu dieser »Declaration« machten die Alliierten Mächte am gleichen Tag u. a. folgende Feststellung (»Statement«): »Deutschland wird innerhalb seiner Grenzen, wie sie am 31. Dezember 1937 bestanden, für Besatzungszwecke in vier Zonen aufgeteilt, von denen je eine jeder der vier Mächte zugeteilt wird ...«
[2] Da die Erklärung in der Präambel und im Art. 1 auf der bedingungslosen Kapitulation der Deutschen Wehrmacht fußt, ist »gegenwärtig« der 8. Mai 1945.

*Quelle:*
US-Senat (Hrsg.): »A Decade of American Foreign Policy: Basic Documents 1941–1949«; Washington, 1950; S. 506ff.

**Die Charta der Vereinten Nationen**[1]**:** **1945, 26. Juni**
*Selbstbestimmung der Völker, Ausnahmerecht für Kriegsgegner*

...
Artikel 1
Die Vereinten Nationen setzen sich folgende Ziele:
1. den Weltfrieden und die internationale Sicherheit zu wahren und zu diesem Zweck wirksame Kollektivmaßnahmen zu treffen, um Bedrohungen des Friedens zu verhüten und zu beseitigen, Angriffshandlungen und andere Friedensbrüche zu unterdrücken und internationale Streitigkeiten oder Situationen, die zu einem Friedensbruch führen könnten, durch friedliche Mittel nach den Grundsätzen der Gerechtigkeit und des Völkerrechts zu bereinigen oder beizulegen;
2. freundschaftliche, auf der Achtung vor dem Grundsatz der Gleichberechtigung und Selbstbestimmung der Völker beruhende Beziehungen zwischen den Nationen zu entwickeln und andere geeignete Maßnahmen zur Festigung des Weltfriedens zu treffen;
3. eine internationale Zusammenarbeit herbeizuführen, um internationale Probleme wirtschaftlicher, sozialer, kultureller und humanitärer Art zu lösen und die Achtung vor den Menschenrechten und Grundfreiheiten für alle ohne Unterschied der Rasse, des Geschlechts, der Sprache oder der Religion zu fördern und zu festigen;

...

Artikel 2
Die Organisation und ihre Mitglieder handeln im Verfolg der in Artikel 1 dargelegten Ziele nach folgenden Grundsätzen:
1. Die Organisation beruht auf dem Grundsatz der souveränen Gleichheit aller ihrer Mitglieder.
2. Alle Mitglieder erfüllen, um ihnen allen die aus der Mitgliedschaft erwachsenden Rechte

und Vorteile zu sichern, nach Treu und Glauben die Verpflichtungen, die sie mit dieser Charta übernehmen.

3. Alle Mitglieder legen ihre internationalen Streitigkeiten durch friedliche Mittel so bei, daß der Weltfriede, die internationale Sicherheit und die Gerechtigkeit nicht gefährdet werden.
4. Alle Mitglieder unterlassen in ihren internationalen Beziehungen jede gegen die territoriale Unversehrtheit oder die politische Unabhängigkeit eines Staates gerichtete oder sonst mit den Zielen der Vereinten Nationen unvereinbare Androhung oder Anwendung von Gewalt.

...

Artikel 33

1. Die Parteien einer Streitigkeit, deren Fortdauer geeignet ist, die Wahrung des Weltfriedens und der internationalen Sicherheit zu gefährden, bemühen sich zunächst um eine Beilegung durch Verhandlung, Untersuchung, Vermittlung, Vergleich, Schiedsspruch, gerichtliche Entscheidung, Inanspruchnahme regionaler Einrichtungen oder Abmachungen oder andere friedliche Mittel eigener Wahl.

...

Artikel 107

Maßnahmen, welche die hierfür verantwortlichen Regierungen als Folge des Zweiten Weltkriegs in bezug auf einen Staat ergreifen oder genehmigen, der während dieses Krieges Feind eines Unterzeichnerstaats dieser Charta war, werden durch diese Charta weder außer Kraft gesetzt noch untersagt.

...

---

*Anmerkung:*

[1] Zur Ratifizierung: Siehe S. 70.

---

*Quelle:*

Berber, Friedrich (Hrsg.): »Völkerrechtliche Verträge«; München, 1973; S. 16ff.

**Statut** **1945, 8. August**

**für den »Internationalen Militärgerichtshof« in Nürnberg:**

*Vertreibung ist Verbrechen*

...

Artikel 6:

Der ... Gerichtshof ... hat das Recht, alle Personen abzuurteilen, die ... als Einzelpersonen oder als Mitglieder einer Organisation oder Gruppe eines der folgenden Verbrechen begangen haben:

...

b) Kriegsverbrechen; d. h. Verletzungen der Kriegsgesetze oder -gebräuche. Solche Verletzungen umfassen, jedoch ohne darauf beschränkt zu sein, ... Mord, Mißhandlungen oder Deportation zur Sklavenarbeit oder für irgendeinen anderen Zweck, von Angehörigen der Zivilbevölkerung von oder in besetzten Gebieten ...

c) Verbrechen gegen die Menschlichkeit; d. h. Mord, Ausrottung, Versklavung, Deportation oder andere unmenschliche Handlungen, begangen an irgendeiner Zivilbevölkerung vor oder während des Krieges, Verfolgung aus politischen, rassischen oder religiösen Gründen, begangen in Ausführung eines Verbrechens oder in Verbindung mit einem Verbrechen, für das der Gerichtshof zuständig ist, und zwar unabhängig davon, ob die

Handlung gegen das Recht des Landes verstieß, in dem sie begangen wurde oder nicht. Anführer, Organisatoren, Anstifter und Teilnehmer, die am Entwurf oder der Ausführung eines gemeinsamen Planes oder einer Verschwörung zur Begehung eines der vorgenannten Verbrechen teilgenommen haben, sind für alle Handlungen verantwortlich, die von irgendeiner Person in Ausführung eines solchen Planes begangen worden sind . . .

*Quelle:*
Taylor, Telford: »Die Nürnberger Prozesse«; Zürich, 1950; S. 143 ff.

**Erklärung** **1945, 25. Dezember**
**von Papst Pius XII.[1]:**
*Jeder Mensch hat Heimatrecht*

Im Laufe der Festlichkeiten[2] . . . gab er *(d. h. Pius XII.)* öffentliche Erklärungen ab . . . Er sagte, es sei Unrecht, jemand als schuldig zu behandeln, dem nicht eine persönliche Schuld nachgewiesen sei, nur deshalb, weil er einer bestimmten Gemeinschaft angehört habe . . . Jeder Mensch habe ein Recht auf seine angestammte Heimat, und es sei Unrecht, ihn von dort zu vertreiben, wenn er nicht durch persönliche Schuld sich dessen unwürdig gemacht habe . . .

*Anmerkungen:*
[1] Wiedergabe der Aussage des Papstes durch den Erzbischof von Köln, Josef Kardinal Frings.
[2] Erste Kardinalserhebung nach dem Zweiten Weltkrieg im Vatikan, Rom, an Weihnachten 1945.

*Quelle:*
(Keine Angaben, vermutlich Erzdiözese Köln:) »Zwei Hirtenworte des Kölner Erzbischofs Josef Kardinal Frings über seine Reisen nach Rom und London im Jahre 1946«; Köln, 1946; S. 4 f.

**Abkommen** **1946, 5. September**
**zwischen Österreich und Italien:**
*Volksgruppenrecht in Südtirol*

1. Den deutschsprachigen Bewohnern der Provinz Bozen und der benachbarten zweisprachigen Ortschaften der Provinz Trient wird vollständige Rechtsgleichheit mit den italienischsprachigen Einwohnern im Rahmen besonderer Maßnahmen zum Schutze des Volkscharakters und der kulturellen und wirtschaftlichen Entwicklung des deutschsprachigen Bevölkerungsteiles zugesichert werden. Im Einklang mit einer schon vorbereiteten oder in Vorbereitung befindlichen Gesetzgebung wird den deutschsprachigen Staatsbürgern insbesondere folgendes gewährt werden:
a) Volks- und Mittelschulunterricht in der Muttersprache;
b) Gleichstellung der deutschen und italienischen Sprache in den öffentlichen Ämtern und amtlichen Urkunden, wie auch bei den zweisprachigen Ortsbezeichnungen;
c) das Recht, die deutschen Familiennamen, die in den letzten Jahren italienisiert wurden, wiederherzustellen;
d) Rechtsgleichheit hinsichtlich der Einstellung in öffentliche Ämter, um ein angemessenes Einstellungsverhältnis zwischen den beiden Volksgruppen zu erzielen.

2. Der Bevölkerung der oben erwähnten Gebiete wird die Ausübung einer autonomen regionalen Gesetzgebungs- und Exekutivgewalt gewährt werden. Der Rahmen für die An-

wendung dieser autonomen Einrichtungen wird in Beratung auch mit einheimischen, deutschsprachigen bevollmächtigten Persönlichkeiten festgelegt werden.

3. In der Absicht, gutnachbarliche Beziehungen zwischen Österreich und Italien herzustellen, verpflichtet sich die italienische Regierung, innerhalb eines Jahres von der Unterzeichnung des vorliegenden Vertrages an:

a) in einem Geiste der Billigkeit und Weitherzigkeit die Frage der Staatsbürgerschafts-Optionen, die sich aus dem Hitler–Mussolini-Abkommen von 1939 ergeben, zu revidieren;
b) zu einem Abkommen der gegenseitigen Anerkennung der Gültigkeit gewisser akademischer Grade und Universitätsdiplome zu gelangen;
c) ein Abkommen für den freien Personen- und Güterdurchgangsverkehr zwischen Nord- und Osttirol auf dem Schienenwege und weitgehend auch auf dem Straßenwege auszuarbeiten;
d) besondere Vereinbarungen zur Erleichterung eines erweiterten Grenzverkehrs und eines örtlichen Austausches gewisser Mengen charakteristischer Erzeugnisse und Güter zwischen Österreich und Italien zu schließen.

---

*Quelle:*
»Europa-Archiv 1946/47«; Oberursel, 1948; S. 108f.

**Entschließung** **1947, 17. April**
**deutscher Völkerrechtslehrer[1]:**
*Vertreibung ist völkerrechtswidrig*

...

3. Die allgemeinen Grundsätze des in der Haager Landkriegsordnung[2] geregelten Besatzungsrechts gelten für das ganze Gebiet der Völkergemeinschaft, daher auch für Deutschland, und können durch partikularen Rechtswillen einzelner Staaten nicht außer Kraft gesetzt werden.

4. Die allgemeinen Menschenrechte, deren Verletzung die Welt dem Regime Hitler mit Recht zum Vorwurf gemacht hat und die auch sonst im Kriege, in früheren Kriegen wie im letzten, auf beiden Seiten vielfach mißachtet worden sind, bilden eine selbstverständliche Voraussetzung und daher auch einen Bestandteil des allgemeinen Völkerrechts.

5. Das Recht der persönlichen Freiheit, das zu den allgemeinen Menschenrechten gehört, umfaßt auch das Recht, in der Heimat zu leben und nicht gewaltsam aus ihr vertrieben zu werden.

6. Massenausweisungen der einheimischen Bevölkerung aus besetztem feindlichem Gebiet sind völkerrechtswidrig.

7. Wenn staatliche Rechtssätze wegen Völkerrechtswidrigkeit als nichtig oder aufgehoben behandelt werden, wie dies bezüglich der sogenannten »Nazi-Gesetze« geltendes Völkerrecht ist, so ist es völkerrechtswidrig, sie im Widerspruch hierzu für einzelne Zwecke doch als gültig zu behandeln. Daher kann z. B. die Massenausweisung von Menschen deutscher Muttersprache nicht damit begründet werden, daß diese auf Grund eines »Nazi-Gesetzes« über die Wiedervereinigung mit dem Deutschen Reich nicht die völkerrechtliche Stellung von Staatsangehörigen des Staates hätten, dem sie bisher angehörten.

...

*Anmerkungen:*
[1] Beschluß der ersten Tagung nach dem Zweiten Weltkrieg in Hamburg.
[2] Siehe S. 8.

*Quelle:*
»Jahrbuch für Internationales Recht 1954«; Hamburg, 1956; S. 185ff.

**Schreiben** **1948, 1. März**
**Papst Pius XII. an die deutschen Bischöfe:**
*Vertreibung rückgängig machen*

...
Besondere Berücksichtigung werden immer die Ostflüchtlinge verdienen, die zwangsweise und unter entschädigungsloser Enteignung aus ihrer Heimat ausgewiesen und in die deutschen Zonengebiete überführt worden sind. Wenn wir auf sie zu sprechen kommen, so beschäftigen uns hier nicht so sehr die rechtlichen, wirtschaftlichen und politischen Gesichtspunkte jenes in der Vergangenheit Europas beispiellosen Vorgehens. Über die genannten Gesichtspunkte wird die Geschichte urteilen. Wir fürchten freilich, daß ihr Urteil streng ausfallen wird. Wir glauben zu wissen, was sich während der Kriegsjahre in den weiten Räumen zwischen Weichsel und Wolga abgespielt hat. War es jedoch erlaubt, im Gegenschlag zwölf Millionen Menschen von Haus und Hof zu vertreiben und der Verelendung preiszugeben? Sind die Opfer jenes Gegenschlages nicht in ganz überwiegender Mehrzahl Menschen, die an den angedeuteten Ereignissen und Untaten unbeteiligt, die ohne Einfluß auf sie waren? Und war jene Maßnahme politisch vernünftig und wirtschaftlich verantwortbar, wenn man an die Lebensnotwendigkeiten des deutschen Volkes und darüber hinaus an die Sicherung des Wohlstandes für ganz Europa denkt? Ist es wirklichkeitsfremd, wenn wir wünschen und hoffen, es möchten alle Beteiligten zu ruhiger Einsicht kommen und das Geschehen rückgängig machen, soweit es sich rückgängig machen läßt?
...

*Quelle:*
Golombek, Otto (Hrsg.): »Pius XII. zum Problem der Vertreibung«; Köln, 1952; S. 28.

**UN-Konvention** **1948, 9. Dezember**
**zur Verhütung des Völkermordes:**

...
Die vertragsschließenden Parteien[1] treffen
in der Erwägung, daß die Generalversammlung der Vereinten Nationen mit ihrer Entschließung 96 (I) vom 11. Dezember 1946 den Völkermord zu einem Verbrechen nach Völkerrecht erklärt hat, der Geist und Ziel der Vereinten Nationen widerspricht und von der zivilisierten Welt verurteilt wird;
in der Erkenntnis, daß in allen geschichtlichen Epochen der Völkermord der Menschheit großen Schaden verursachte;
in der Überzeugung, daß zur Befreiung der Menschheit von einem so abscheulichen Übel internationale Zusammenarbeit erforderlich ist, folgende Übereinkunft:

Artikel 1
Die vertragsschließenden Parteien bekräftigen, daß der Völkermord sowohl im Frieden als im Krieg ein Verbrechen nach Völkerrecht ist; sie verpflichten sich, ihm vorzubeugen und ihn zu bestrafen.

Artikel 2
In der gegenwärtigen Übereinkunft wird unter Völkermord eine der folgenden in der Absicht begangenen Handlungen verstanden, ganz oder teilweise eine nationale, volkliche, rassische oder religiöse Gruppe als solche zu zerstören:
a) Mord an Angehörigen der Gruppe;
b) schwere Beeinträchtigung der körperlichen oder geistigen Integrität von Angehörigen der Gruppe;
c) absichtliche Unterstellung der Gruppe unter Existenzbedingungen, die ihre vollständige oder teilweise Zerstörung nach sich ziehen soll;
d) Maßnahmen zur Geburtenerschwerung innerhalb der Gruppe;
e) Zwangsverschickung von Kindern von einer Gruppe zur anderen.

Artikel 3
Der Bestrafung unterliegen folgende Handlungen:
a) Völkermord;
b) Einverständnis mit der Begehung des Völkermordes;
c) direkte und öffentliche Aufhetzung zum Völkermord;
d) Versuch des Völkermordes;
e) Mitschuld am Völkermord.

Artikel 4
Personen, die Völkermord oder irgendeine der in Art. 3 aufgezählten Handlungen begehen, unterliegen der Bestrafung, es handle sich um Regierungsmitglieder, Beamte oder Privatleute.
. . .[2]

---

*Anmerkungen:*
[1] Zur Ratifizierung: Siehe S. 70.
[2] Art. 6 und 9 der Konvention regeln das Verfahren: Antrag eines der Teilnehmerstaaten bei den »zuständigen Organen« der Vereinten Nationen und Verfahren vor einem Gericht des Landes, in dem das Verbrechen begangen wurde.

---

*Quelle:*
UN-Department of Public Information: »The Convention on Genocide«; 2. Aufl.; New York, 1952; S. 11 f.

**Allgemeine Erklärung der Menschenrechte der Vereinten Nationen:** **1948, 10. Dezember**
*»Jedermann hat das Recht . . . in sein Land zurückzukehren«*

Da die Anerkennung der allen Menschen angeborenen Würde, ihrer Gleichheit vor dem Gesetz sowie des Grundsatzes, daß es unentziehbare Rechte gibt, die Grundlage von Freiheit, Gerechtigkeit und Frieden auf der Welt bildet;
da Mißachtung und Geringschätzung von Menschenrechten zu barbarischen Handlungen geführt haben, gegen die sich das Menschheitsgewissen empört hat, und da der Aufbau einer Welt, in der jedermann Rede- und Glaubensfreiheit sowie Freiheit von Furcht oder wirtschaftlicher Bedrängnis genießt, zum höchsten Ziel menschlichen Strebens erklärt worden ist;
da die Menschenrechte durch das Mittel eines rechtstaatlichen Ordnungsgefüges geschützt werden müssen, wenn der Mensch nicht gezwungen sein soll, seine Zuflucht zu Aufruhr gegen Tyrannei und Unterdrückung zu nehmen;
. . .

da die Völker der Vereinten Nationen in ihrer Satzung den Glauben an fundamentale Menschenrechte, an Würde und Wert der menschlichen Persönlichkeit ... bekräftigt und beschlossen haben, sozialen Fortschritt und bessere Lebensbedingungen in immer größerer Freiheit zu fördern;
da sich die Mitgliedstaaten verpflichtet haben, in Zusammenarbeit mit den Vereinten Nationen die allgemeine Achtung der Menschenrechte und Grundfreiheiten sowie ihre Beobachtung zu fördern und
die gemeinsame Auffassung über jene Rechte und Freiheiten von höchster Wichtigkeit für die getreuliche Erfüllung dieser Pflicht erscheint,
verkündet die Generalversammlung der Vereinten Nationen die nachfolgende Allgemeine Erklärung über die Menschenrechte,
als gemeinsame Richtschnur für alle Völker und Staaten,
damit jeder Einzelne und jedes gesellschaftliche Organ sich diese Erklärung ständig vor Augen halte und bemüht sei, durch Belehrung und Erziehung die Achtung dieser Rechte und Freiheiten zu entwickeln und ihre tatsächliche Beobachtung und Einhaltung durch fortschrittliche innen- und zwischenstaatliche Maßnahmen zu gewährleisten, und dies nicht nur hinsichtlich der gegenseitigen Beziehungen der Völker der Mitgliedstaaten untereinander, sondern auch hinsichtlich der gegenseitigen Beziehungen zwischen den Völkern derjenigen Gebiete, die unter ihrer Herrschaft stehen.
...

Artikel 2: Alle Menschen ohne Unterschied, insbesondere ohne Rücksicht auf Abstammung, Hautfarbe, Geschlecht, Muttersprache, Glaubensbekenntnis, politische oder sonstige Überzeugung, nationale oder soziale Herkunft, Vermögen, Geburt oder andere Umstände können alle in dieser Erklärung niedergelegten Rechte und Freiheiten für sich in Anspruch nehmen.
...

Artikel 3: Jedermann hat das Recht auf Leben, Freiheit und Sicherheit der Person.
...

Artikel 5: Niemand darf ... grausamen, unmenschlichen oder demütigenden Behandlungen oder Bestrafungen ausgesetzt werden.
...

Artikel 9: Niemand darf willkürlich festgenommen, in Gewahrsam gehalten oder des Landes verwiesen werden.
...

Artikel 12: Niemand darf willkürlichen Eingriffen in sein ... Heim ... ausgesetzt werden ...
...

Artikel 13: Jedermann hat das Recht, jedes beliebige Land einschließlich seines eigenen zu verlassen sowie in sein Land zurückzukehren.
...

Artikel 15: Jedermann hat Anspruch auf eine Staatsangehörigkeit. Niemandem darf seine Staatsangehörigkeit willkürlich entzogen, noch darf jemand das Recht aberkannt werden, seine Staatsangehörigkeit zu wechseln.
...

*Quelle:*
Bertram, Wilhelm: »Menschenrechte – Internationale Dokumente«; 5. Aufl.; Bonn, 1980; S. 48ff.

**Grundgesetz** **1949, 23. Mai**
**der Bundesrepublik Deutschland:**
*Selbstbestimmungsrecht, Völkerrecht, Begriff des Deutschen*

**Präambel**
Im Bewußtsein seiner Verantwortung vor Gott und den Menschen, von dem Willen beseelt, seine nationale und staatliche Einheit zu wahren und als gleichberechtigtes Glied in einem vereinten Europa dem Frieden der Welt zu dienen, hat das Deutsche Volk in den Ländern Baden, Bayern,[1] Bremen, Hamburg, Hessen, Niedersachsen, Nordrhein-Westfalen, Rheinland-Pfalz, Schleswig-Holstein, Württemberg-Baden und Württemberg-Hohenzollern, um dem staatlichen Leben für eine Übergangszeit eine neue Ordnung zu geben, Kraft seiner verfassungsgebenden Gewalt dieses Grundgesetz der Bundesrepublik Deutschland beschlossen.
Es hat auch für jene Deutschen gehandelt, denen mitzuwirken versagt war. Das gesamte Deutsche Volk bleibt aufgefordert, in freier Selbstbestimmung die Einheit und Freiheit Deutschlands zu vollenden.[2]
. . .

Artikel 25
Die allgemeinen Regeln des Völkerrechts sind Bestandteil des Bundesrechts. Sie gehen den Gesetzen vor und erzeugen Rechte und Pflichten unmittelbar für die Bewohner des Bundesgebietes.[3]
. . .

Artikel 116
(1) Deutscher im Sinne dieses Grundgesetzes ist vorbehaltlich anderweitiger gesetzlicher Regelung[4], wer die deutsche Staatsangehörigkeit besitzt[4] oder als Flüchtling oder Vertriebener deutscher Volkszugehörigkeit oder als dessen Ehegatte oder Abkömmling in dem Gebiete des Deutschen Reiches nach dem Stande vom 31. Dezember 1937[5] Aufnahme gefunden hat.
. . .

*Anmerkungen:*
[1] Artikel 23, Satz 1 des Grundgesetzes stellte fest, daß es auch im Bereich des Landes Groß-Berlin (= Berlin-West und Berlin-Ost) gelte.
Das Genehmigungsschreiben der (damaligen) Alliierten Militärgouverneure vom 12. 5. 1949 interpretierte diese Bestimmung dahingehend, daß Berlin »keine abstimmungsberechtigte Mitgliedschaft im Bundestag oder Bundesrat erhalten« wird. Dies ist auch bis heute (1984) in der Form der Fall, daß diese Stimmen in Plenarsitzungen gesondert gezählt werden.
[2] Nachdem am 23. 10. 1955 67,7% der Wahlberechtigten des Saargebietes einen europäischen Status ihres Heimatgebietes abgelehnt hatten, einigten sich Frankreich und Deutschland am 4./5. 6. und 27. 10. 1956, den Anwendungsbereich des Grundgesetzes der Bundesrepublik Deutschland ab 1. 1. 1957 auf das Saarland auszudehnen.
[3] Dies gilt demnach auch für das Vertreibungsverbot des 4. Protokolls zur Europäischen Konvention der Menschenrechte (vom 16. 9. 1963; siehe S. 45) und das Rückkehrrecht Vertriebener des Internationalen Menschenrechtspaktes der UN (vom 19. 12. 1966; siehe S. 46f.).
[4] Feststellung durch Gesetz vom 22. 2. 1955; siehe S. 31.
[5] Da der Parlamentarische Rat, der das Grundgesetz erarbeitete, über die Staatsangehörigkeit in Österreich (Anschlußdatum: 8. 3. 1938) nicht zu befinden hatte, kann hier nur das Datum 31. 12. 1937 stehen.

*Quelle:*
Bundeszentrale für politische Bildung (Hrsg.): »Grundgesetz für die Bundesrepublik Deutschland«; Bonn, 1980; S. 19ff.

**Genfer Rotkreuzabkommen**[1] **1949, 12. August**
**über den Schutz von Zivilpersonen:**
*Vertreibungen sind verboten*

...
Artikel 49:
Zwangsweise Einzel- oder Massenumsiedlungen sowie Deportationen von geschützten Personen aus einem besetzten Gebiet ins Gebiet einer Besatzungsmacht, in das Gebiet irgendeines anderen besetzten oder unbesetzten Staates sind ohne Rücksicht auf Beweggrund untersagt.
Eine Besatzungsmacht kann jedoch die gänzliche oder teilweise Freimachung (Evakuierung) eines bestimmten Gebiets anordnen, wenn die Sicherheit der Bevölkerung oder zwingende militärische Gründe es erfordern. In keinem Fall darf eine solche Freimachung zur Umsiedlung geschützter Personen nach Gebieten außerhalb der Grenze des besetzten Gebiets führen, es sei denn, daß sich eine solche Umsiedlung aus materiellen Gründen nicht vermeiden läßt. Die evakuierte Bevölkerung ist unmittelbar, nachdem die Feindseligkeiten innerhalb des fraglichen Gebiets ihr Ende gefunden haben, zu ihren Heimstätten zurückzuführen.
Bei Durchführung von Umsiedlungen oder Freimachungen hat die Besatzungsmacht im Rahmen des Möglichen dafür zu sorgen, daß für die Aufnahme geschützter Personen angemessene Unterkünfte bereitgestellt werden und der Vollzug der Umsiedlung hinsichtlich Sauberkeit, Hygiene, Sicherheit und Verpflegung unter befriedigenden Umständen erfolgt und Mitglieder ein- und derselben Familie nicht voneinander getrennt werden.
Die Schutzmacht ist zu verständigen, sobald Umsiedlungen oder Freimachungen stattgefunden haben.
Geschützte Personen dürfen von einer Besatzungsmacht nicht in einer, den Kriegsgefahren besonders ausgesetzten Gegend zurückgehalten werden, sofern die Sicherheit der Bevölkerung oder zwingende militärische Gründe dies nicht erfordern.
Die Besatzungsmacht darf Teile ihrer eigenen Zivilbevölkerung nicht in das von ihr besetzte Gebiet deportieren oder umsiedeln.
...

*Anmerkung:*
[1] Zur Ratifizierung: Siehe S. 70.

*Quelle:*
Rabl, Kurt: »Das Recht auf die Heimat«; Bd. I; München, 1958; S. 115.

**Charta der deutschen Heimatvertriebenen**[1]**:** **1950, 5. August**
*Verzicht auf Rache und Vergeltung, Verwirklichung des Heimatrechtes*

Im Bewußtsein ihrer Verantwortung vor Gott und den Menschen, im Bewußtsein ihrer Zugehörigkeit zum christlich-abendländischen Kulturbereich,
im Bewußtsein ihres deutschen Volkstums und
in der Erkenntnis der gemeinsamen Aufgabe aller europäischen Völker

haben die erwählten Vertreter von Millionen Heimatvertriebener nach reiflicher Überlegung und nach Prüfung ihres Gewissens beschlossen, dem Deutschen Volk und der Weltöffentlichkeit gegenüber eine feierliche Erklärung abzugeben, die die Pflichten und Rechte festlegt, welche die deutschen Heimatvertriebenen als ihr Grundgesetz und als unumgängliche Voraussetzung für die Herbeiführung eines freien und geeinten Europas ansehen:

1. Wir Heimatvertriebenen verzichten auf Rache und Vergeltung. Dieser Entschluß ist uns ernst und heilig im Gedenken an das unendliche Leid, welches im besonderen das letzte Jahrzehnt über die Menschheit gebracht hat.
2. Wir werden jedes Beginnen mit allen Kräften unterstützen, das auf die Schaffung eines geeinten Europas gerichtet ist, in dem die Völker ohne Furcht und Zwang leben können.
3. Wir werden durch harte, unermüdliche Arbeit teilnehmen am Wiederaufbau Deutschlands und Europas.

Wir haben unsere Heimat verloren. Heimatlose sind Flüchtlinge auf dieser Erde. Gott hat die Menschen in ihre Heimat hineingestellt. Den Menschen mit Zwang von seiner Heimat zu trennen, bedeutet ihn im Geiste töten.

Wir haben dieses Schicksal erlitten und erlebt. Daher fühlen wir uns berufen zu verlangen, daß das Recht auf die Heimat als eines der von Gott geschenkten Grundrechte der Menschheit anerkannt und verwirklicht wird.[2]

Die Völker der Welt sollen ihre Mitverantwortung am Schicksal der Heimatvertriebenen als der vom Leid dieser Zeit am schwersten Betroffenen empfinden.

Die Völker sollen handeln, wie es ihren christlichen Pflichten und ihrem Gewissen entspricht.

Die Völker müssen erkennen, daß das Schicksal der deutschen Heimatvertriebenen, wie aller Flüchtlinge, ein Weltproblem ist, dessen Lösung höchste sittliche Verantwortung und Verpflichtung zu gewaltiger Leistung fordert.

Wir rufen Völker und Menschen auf, die guten Willens sind, Hand anzulegen ans Werk, damit aus Schuld, Unglück, Leid, Armut und Elend für uns alle der Weg in eine bessere Zukunft gefunden wird.

---

*Anmerkungen:*

[1] Die Charta wurde in Stuttgart von Vertretern der deutschen Heimatvertriebenenverbände unterzeichnet.

[2] Anläßlich des 10. Jahrestages dieser Charta wurde sie von den Vertretern der deutschen Vertriebenenverbände am 6. 8. 1960 in Stuttgart in einer Deklaration u. a. wie folgt bekräftigt und ergänzt:

»Wir bekennen uns daher heute erneut und feierlich zu den vor zehn Jahren in der Charta der deutschen Heimatvertriebenen aufgestellten Grundsätzen. Um ihrer Verwirklichung willen müssen wir heute fordern:

1. Das durch das internationale Recht und die Satzung der Vereinten Nationen verbürgte Selbstbestimmungsrecht hat für alle Völker zu gelten, also auch für das deutsche Volk. Seine Verwirklichung darf nicht Interessen anderer Staaten geopfert werden.
2. Wir erinnern ferner daran, daß die Besatzungsmächte am 5. Juni 1945 verbindlich erklärt haben, daß die Aufteilung Deutschlands in Besatzungsgebiete nicht die Wirkung einer Annexion hat. Damit haben die Mächte klargestellt, daß Deutschland nicht geteilt oder deutsches Staatsgebiet abgetrennt werden kann.
3. Die Wiederherstellung der Einheit Deutschlands ist daher nicht nur ein durch das Selbstbestimmungsrecht gesicherter Anspruch des deutschen Volkes, sondern ergibt sich auch als Folge der erwähnten Verpflichtung der Besatzungsmächte vom 5. Juni 1945.«

Bundespräsident Dr. Lübke erklärte bei dieser Veranstaltung u. a.:

»Wenn wir uns fragen, welche Aufgaben sich heute *(d. h. 1960)* für uns aus der Charta der Heimatvertriebenen ergeben, so können wir uns auch aus der Achtung vor den Rechtsgrundsätzen nicht dazu verstehen, den Akt der Vertreibung für rechtmäßig zu halten. Auch eine nun schon 15jährige Gewohnheit kann ihm nicht die rechtliche Sanktionierung geben. Die Vertreibung aus der Heimat war, ist und bleibt ein Unrecht, Unterdrückung der Freiheit und schwere Verletzung der Menschenwürde. Auf einem

fortdauernden Unrechtszustand läßt sich weder eine tragfähige Völkerverständigung noch ein geordneter und dauerhafter Frieden bauen.«
Wiedergabe nach »Bulletin des Presse- und Informationsdienstes der Bundesregierung«; Nr. 150; Bonn, 13. 8. 1960; S. 1485ff.

*Quelle:*
Sudetendeutscher Rat (Hrsg.): »Genossenschaft gleichberechtigter Völker«; München, 1956; S. 106ff. (Hervorhebungen im Original).

**(Europäische) Konvention zum Schutze der Menschenrechte und Grundfreiheiten:** **1950, 4. November**

. . .

Artikel 1 *(Schutzgarantie der Vertragsstaaten)*
Die Hohen Vertragschließenden Teile sichern allen ihrer Herrschaftsgewalt unterstehenden Personen die in Abschnitt I dieser Konvention niedergelegten Rechte und Freiheiten zu.

Abschnitt I. *Menschenrechte und Grundfreiheiten*
Artikel 2 *(Das Recht aller auf Leben)*
(1) Das Recht jedes Menschen auf das Leben wird gesetzlich geschützt. Abgesehen von der Vollstreckung eines Todesurteils, das von einem Gericht im Falle eines mit der Todesstrafe bedrohten Verbrechens ausgesprochen worden ist, darf eine absichtliche Tötung nicht vorgenommen werden.
. . .

Artikel 3 *(Verbot der Folter)*
Niemand darf der Folter oder unmenschlicher oder erniedrigender Strafe oder Behandlung unterworfen werden.

Artikel 4 *(Verbot der Sklaverei und Zwangsarbeit)*
(1) Niemand darf in Sklaverei oder Leibeigenschaft gehalten werden.
(2) Niemand darf gezwungen werden, Zwangs- oder Pflichtarbeit zu verrichten.
. . .

Artikel 5 *(Recht auf Freiheit und Sicherheit)*
(1) Jeder Mensch hat ein Recht auf Freiheit und Sicherheit. Die Freiheit darf einem Menschen nur in den folgenden Fällen und nur auf dem gesetzlich vorgeschriebenen Wege entzogen werden.
(2) Jeder Festgenommene muß unverzüglich und in einer ihm verständlichen Sprache über die Gründe seiner Festnahme und über die gegen ihn erhobenen Beschuldigungen unterrichtet werden.
. . .
(3) Jede . . . festgenommene oder in Haft gehaltene Person muß unverzüglich einem Richter . . . vorgeführt werden.

Artikel 6 *(Recht des Angeklagten auf gerichtliches Gehör)*
(1) Jedermann hat Anspruch darauf, daß seine Sache in billiger Weise öffentlich und innerhalb einer angemessenen Frist gehört wird, und zwar von einem unabhängigen und unparteiischen, auf Gesetz beruhenden Gericht, das . . . zu entscheiden hat. Das Urteil muß öffentlich verkündet werden.
(2) Bis zum gesetzlichen Nachweis seiner Schuld wird vermutet, daß der wegen einer strafbaren Handlung Angeklagte unschuldig ist.
. . .

Artikel 7 *(Keine Strafe ohne Gesetz)*
(1) Niemand kann wegen einer Handlung oder Unterlassung verurteilt werden, die zur Zeit ihrer Begehung nach ausländischem oder internationalem Recht nicht strafbar war. Ebenso darf keine höhere Strafe als die im Zeitpunkt der Begehung der strafbaren Handlung angedrohte Strafe verhängt werden.
(2) Durch diesen Artikel darf die Verurteilung oder Bestrafung einer Person nicht ausgeschlossen werden, die sich einer Handlung oder Unterlassung schuldig gemacht hat, welche im Zeitpunkt ihrer Begehung nach den allgemeinen von den zivilisierten Völkern anerkannten Rechtsgrundsätzen strafbar war.

Artikel 8 *(Gebot der Achtung der privaten Sphäre)*
(1) Jedermann hat Anspruch auf Achtung seines Privat- und Familienlebens, seiner Wohnung und seines Briefverkehrs.
. . .

Artikel 9 *(Gedanken-, Gewissens- und Religionsfreiheit)*
(1) Jedermann hat Anspruch auf Gedanken-, Gewissens- und Religionsfreiheit; dieses Recht umfaßt die Freiheit des Einzelnen zum Wechsel der Religion oder der Weltanschauung sowie die Freiheit, seine Religion oder Weltanschauung einzeln oder in Gemeinschaft mit anderen öffentlich oder privat, durch Gottesdienst, Unterricht, durch die Ausübung und Beachtung religiöser Gebräuche auszuüben.

Artikel 10 *(Recht der freien Meinungsäußerung)*
(1) Jeder hat Anspruch auf freie Meinungsäußerung. Dieses Recht schließt die Freiheit der Meinung und die Freiheit zum Empfang und zur Mitteilung von Nachrichten oder Ideen ohne Eingriffe öffentlicher Behörden und ohne Rücksicht auf Landesgrenzen ein.

Artikel 11 *(Versammlungs- und Vereinsfreiheit)*
(1) Alle Menschen haben das Recht, sich friedlich zu versammeln und sich frei mit anderen zusammenzuschließen, einschließlich des Rechts, zum Schutze ihrer Interessen Gewerkschaften zu bilden und diesen beizutreten.

Artikel 12 *(Recht der freien Wahl des Ehegatten)*
Mit Erreichung des Heiratsalters haben Männer und Frauen das Recht, eine Ehe einzugehen und eine Familie nach den nationalen Gesetzen, die die Ausübung dieses Rechts regeln, zu gründen.

Artikel 13 *(Beschwerdemöglichkeit bei Verletzung der Rechte oder Freiheiten)*
Sind die in der vorliegenden Konvention festgelegten Rechte und Freiheiten verletzt worden, so hat der Verletzte das Recht, eine wirksame Beschwerde bei einer nationalen Instanz einzulegen, selbst wenn die Verletzung von Personen begangen worden ist, die in amtlicher Eigenschaft gehandelt haben.

Artikel 14 *(Verbot der Diskriminierung)*
Der Genuß der in der vorliegenden Konvention festgelegten Rechte und Freiheiten muß ohne Unterschied des Geschlechts, der Rasse, Hautfarbe, Sprache, Religion, politischen oder sonstigen Anschauungen, nationaler oder sozialer Herkunft, Zugehörigkeit zu einer nationalen Minderheit, des Vermögens, der Geburt oder sonstigen Status gewährleistet werden.

Artikel 15 *(Einschränkung der Rechte und Freiheiten in Kriegs- und Notstandsfällen)*
(1) Im Falle eines Krieges oder eines anderen öffentlichen Notstandes, der das Leben der Nation bedroht, kann jeder der Hohen Vertragschließenden Teile Maßnahmen ergreifen, welche die in dieser Konvention vorgesehenen Verpflichtungen in dem Umfang, den die Lage unbedingt erfordert, und unter der Bedingung außer Kraft setzen, daß diese Maßnahmen nicht in Widerspruch zu den sonstigen völkerrechtlichen Verpflichtungen stehen.
...

Artikel 16 *(Beschränkung der politischen Tätigkeit von Ausländern)*
Keine der Bestimmungen der Artikel 10, 11 und 14 darf so ausgelegt werden, daß sie den Hohen Vertragschließenden Parteien verbietet, die politische Tätigkeit von Ausländern Beschränkungen zu unterwerfen.

Artikel 17 *(Regel für die Auslegung der Konvention)*
Keine Bestimmung dieser Konvention darf dahin ausgelegt werden, daß sie für einen Staat, eine Gruppe oder eine Person das Recht begründet, eine Tätigkeit auszuüben oder eine Handlung zu begehen, die auf die Abschaffung der in der vorliegenden Konvention festgelegten Rechte und Freiheiten oder auf weitergehende Beschränkungen dieser Rechte und Freiheiten, als in der Konvention vorgesehen, hinzielt.
...

---

*Anmerkung:*
Zur Ratifizierung: Siehe S. 70.

---

*Quelle:*
Europarat – Presse- und Informationsabteilung (Hrsg.): »Die europäische Konvention über Menschenrechte«; Straßburg, 1960; S. 102 ff.

**Vertrag** **1952, 26. Mai**
**zwischen der Bundesrepublik Deutschland und den Drei Mächten:**
(Sog. Generalvertrag bzw. Deutschlandvertrag)
*Rechtsvorbehalte und politische Ziele*

...
Art. 2 *Vorbehalt von Rechten.*
Im Hinblick auf die internationale Lage, die bisher die Wiedervereinigung Deutschlands und den Abschluß eines Friedensvertrages verhindert hat, behalten die drei Mächte die bisher von ihnen ausgeübten oder innegehabten Rechte und Verantwortlichkeiten in bezug auf Berlin und auf Deutschland als Ganzes einschließlich der Wiedervereinigung Deutschlands und einer friedensvertraglichen Regelung ...
...

Art. 7 *Ziele der Politik der Vertragsstaaten.*
(1) Die Unterzeichnerstaaten sind darüber einig, daß ein wesentliches Ziel ihrer gemeinsamen Politik eine zwischen Deutschland und seinen ehemaligen Gegnern frei vereinbarte friedensvertragliche Regelung für ganz Deutschland ist, welche die Grundlage für einen dauerhaften Frieden bilden soll. Sie sind weiterhin darüber einig, daß die endgültige Festlegung der Grenzen Deutschlands bis zu dieser Regelung aufgeschoben werden muß.
(2) Bis zum Abschluß der friedensvertraglichen Regelung werden die Unterzeichnerstaaten zusammenwirken, um mit friedlichen Mitteln ihr gemeinsames Ziel zu verwirklichen: Ein

wiedervereinigtes Deutschland, das eine freiheitlich-demokratische Verfassung, ähnlich wie die Bundesrepublik, besitzt und das in die europäische Gemeinschaft integriert ist.
. . .

---

*Quelle:*
Berber, Friedrich (Hrsg.): »Völkerrechtliche Verträge«; München, 1973; S. 350, 353.

**Gesetz** **1952, 14. August**
**über den Lastenausgleich in der Bundesrepublik Deutschland**
*»Kein Verzicht . . . auf . . . Rückgabe des . . . Vermögens«*

In Anerkennung der Ansprüche der durch den Krieg und seine Folgen besonders betroffenen Bevölkerungsteile auf einen die Grundsätze der sozialen Gerechtigkeit und die volkswirtschaftlichen Möglichkeiten berücksichtigenden Ausgleich von Lasten und auf die zur Eingliederung der Geschädigten notwendige Hilfe sowie
unter dem ausdrücklichen Vorbehalt, daß die Gewährung und Annahme von Leistungen keinen Verzicht auf die Geltendmachung von Ansprüchen auf Rückgabe des von den Vertriebenen zurückgelassenen Vermögens bedeutet,
hat der Bundestag mit Zustimmung des Bundesrates das nachstehende Gesetz beschlossen:
. . .

---

*Quelle:*
Bundesgesetzblatt Teil I; Bonn, 1952; S. 446.

**Erklärung** **1952, 5. Dezember**
**des (1.) Deutschen Bundestages:**
*Deutsche Grenzen müssen Heimat- und Selbstbestimmungsrecht entsprechen*

. . . In einem frei zu vereinbarenden Friedensvertrag sind die deutschen Grenzen so festzulegen, daß sie die Grundlage für einen dauerhaften Frieden bilden. Ein dauerhafter Friede kann nur gegründet werden auf die Anerkennung der allgemeinen Menschenrechte, insbesondere des Rechts der persönlichen Freiheit, von dem auch das Recht umfaßt wird, in der angestammten Heimat zu leben und über Staatsform und Staatsangehörigkeit selbst zu bestimmen . . .

---

*Quelle:*
»Protokolle des Deutschen Bundestages«; Sitzung am 5. 12. 1952; S. 723 f.

**Vertriebenengesetz** **1953, 19. Mai**
**der Bundesrepublik Deutschland:**
*Vertriebeneneigenschaft und Pflege Kulturgut*

. . .
§ 7 *Nach der Vertreibung geborene oder legitimierte Kinder*
Kinder, die nach der Vertreibung geboren sind, erwerben die Eigenschaft als Vertriebener oder Sowjetzonenflüchtling des Elternteils, dem im Zeitpunkt der Geburt oder der Legitimation das Recht der Personensorge zustand oder zusteht. Steht beiden Elternteilen das Recht der Personensorge zu, so erwirbt das Kind die Eigenschaft als Vertriebener oder So-

wjetzonenflüchtling desjenigen Elternteils, dem im Zeitpunkt der Geburt oder der Legitimation das Recht der gesetzlichen Vertretung zustand oder zusteht.

§ 8 *Heirat und Annahme an Kindes Statt*
Durch Heirat oder Annahme an Kindes Statt nach der Vertreibung wird die Eigenschaft als Vertriebener oder Sowjetzonenflüchtling weder erworben noch verloren.
. . .

§ 96 *Pflege des Kulturgutes der Vertriebenen und Flüchtlinge und Förderung der wissenschaftlichen Forschung*
Bund und Länder haben entsprechend ihrer durch das Grundgesetz gegebenen Zuständigkeit das Kulturgut der Vertreibungsgebiete in dem Bewußtsein der Vertriebenen und Flüchtlinge, des gesamten deutschen Volkes und des Auslandes zu erhalten, Archive, Museen und Bibliotheken zu sichern, zu ergänzen und auszuwerten, sowie Einrichtungen des Kunstschaffens und der Ausbildung sicherzustellen und zu fördern. Sie haben Wissenschaft und Forschung bei der Erfüllung der Aufgaben, die sich aus der Vertreibung und der Eingliederung der Vertriebenen und Flüchtlinge ergeben, sowie die Weiterentwicklung der Kulturleistungen der Vertriebenen und Flüchtlinge zu fördern. Die Bundesregierung berichtet jährlich dem Bundestag über das von ihr Veranlaßte.
. . .

---

*Quelle:*
Bundesgesetzblatt Teil I; Bonn, 1953; S. 201.

**Memorandum** **1953, 29. Mai**
**von Bundeskanzler Adenauer für US-Präsident Eisenhower:**
*Friedensrecht soll Heimatrecht berücksichtigen*

. . . Die gesamtdeutsche Regierung nimmt von Anfang an als freier und gleichberechtigter Partner an den Verhandlungen über einen Friedensvertrag teil.
In diesem Friedensvertrag sollte das Recht aller Menschen auf die Heimat Berücksichtigung finden, wie es sich aus christlichen und naturrechtlichen Grundsätzen ergibt . . .

---

*Quelle:*
»Bulletin des Presse- und Informationsamtes der Bundesregierung«, Bonn; Nr. 99 v. 31. 5. 1953.

**Verfassung** **1953, 19. November**
**des deutschen Bundeslandes Baden-Württemberg:**
*Heimatrecht ist unveräußerliches Menschenrecht*

Im Bewußtsein der Verantwortung vor Gott und den Menschen . . . hat sich das Volk von Baden-Württemberg in feierlichem Bekenntnis zu den unverletzlichen und unveräußerlichen Menschenrechten und den Grundrechten der Deutschen kraft seiner verfassunggebenden Gewalt durch die Verfassunggebende Landesversammlung diese Verfassung gegeben.
. . .

Artikel 2
1. Die im Grundgesetz für die Bundesrepublik Deutschland vom 23. Mai 1949 festgelegten

Grundrechte und staatsbürgerlichen Rechte sind Bestandteil dieser Verfassung und unmittelbar geltendes Recht.

2. Das Volk von Baden-Württemberg bekennt sich darüber hinaus zu dem unveräußerlichen Menschenrecht auf die Heimat.

...

---

*Quelle:*
»Gesetzblatt für Baden-Württemberg«; Stuttgart, 1953; Nr. 29; S. 173ff.

**Staatsangehörigkeitsgesetz der Bundesrepublik Deutschland:** **1955, 22. Februar**

...

§ 25: Das Heimatrecht der Vertriebenen und die sich aus ihm künftig ergebenden Regelungen ihrer Staatsangehörigkeit werden durch die auf Grund dieses Gesetzes abgegebenen Erklärungen nicht berührt.

...

---

*Quelle:*
»Reichs- und Staatsangehörigkeitsgesetz mit Nebenbestimmungen«; München/Berlin, 1960; S. 15.

**Rede des 1. Sekretärs der KPdSU, Nikita S. Chruschtschow, vor dem XX. Parteikongreß:** **1956, 25. Februar**

*»Kein vernünftiger Mensch« kann Vertreibungen verstehen*

...

Mit Recht wird die Sowjetunion als mustergültiger Vielvölkerstaat angesehen, weil wir in der Praxis die Gleichheit aller, in unserem großen Vaterlande freundschaftlich zusammenlebender Völker sichergestellt haben.

Um so ungeheuerlicher sind die Tatsachen, die auf Veranlassung Stalins begangen wurden und schwere Verstöße gegen grundlegende leninistische Prinzipien der Nationalitätenpolitik des Sowjetstaates darstellen. Ich meine die Massenzwangsverschickungen ganzer Völkerschaften mitsamt allen Kommunisten und Konsomolzen ohne jede Ausnahme. Diese Verschickungen waren durch keinerlei militärische Notwendigkeit gerechtfertigt.

*(Es folgt eine Aufzählung der betroffenen Volksstämme: Karatschajer, Kalmücken, Tschetschenen, Inguscheten und Balkaren.)*

Die Ukrainer entgingen diesem Schicksal lediglich deshalb, weil sie zu zahlreich sind und kein Raum vorhanden war, wohin man sie hätte verschleppen können. Sonst hätte Stalin auch sie deportiert (Gelächter).

Kein Marxist-Leninist und überhaupt kein vernünftiger Mensch kann verstehen, wie es möglich ist, ganze Völker – samt Frauen und Kindern, alten Leuten, Kommunisten und Konsomolzen – für feindselige Handlungen verantwortlich zu machen, Massenrepressalien gegen sie anzuwenden und sie wegen der Schädlingsarbeit Einzelner oder kleiner Gruppen der Not und dem Elend auszusetzen.

...

---

*Quelle:*
»Ost-Probleme«; *(Wochenzeitschrift)*; Bd. VIII; Bonn, 1956; S. 886.

**Entschließung** **1956, 20. Mai**
**der Föderalistischen Union Europäischer Volksgruppen (FUEV)**[1]**:**
Hauptgrundsätze[2] eines Volksgruppenrechts

1. Jede Volksgruppe hat ein unverletzliches und unveräußerliches Recht auf Schutz und Erhaltung ihrer Eigenart.
2. Jedermann hat das Recht, sich frei zu einer Nationalität oder Volksgruppe zu bekennen. Dieses Bekenntnis darf weder bestritten noch nachgeprüft werden.
3. Der Genuß aller bürgerlichen und politischen Rechte muß jedem Staatsbürger ohne Rücksicht auf die Zugehörigkeit zu einer Nationalität oder Volksgruppe gewährt werden.
4. Jeder Angehörige einer Volksgruppe hat das Recht, seine Sprache in Wort und Schrift frei zu gebrauchen und zu pflegen – besonders und zwar nicht nur in Schule und Kirche. Jeder Staat ist verpflichtet, dieses Recht der Volksgruppe anzuerkennen und zu schützen.
5. Jeder Angehörige einer Volksgruppe hat in mehrsprachigen Gebieten das Recht, vor allen Behörden, Vertretungskörperschaften schriftlich und mündlich in seiner Sprache unmittelbar zu verhandeln.
6. Jede Volksgruppe hat den Anspruch, sich als Körperschaft des öffentlichen Rechtes zu organisieren und hat ein Recht auf kulturelle Autonomie. Die Volksgruppen müssen an den öffentlichen Mitteln entsprechenden Anteil haben.
7. Der Bevölkerung eines Gebietes, das vorwiegend von einer Volksgruppe bewohnt ist, soll territoriale Autonomie gewährt werden.
8. Jede Volksgruppe hat das Recht auf eine angemessene Vertretung in den Parlamenten, in autonomen und Selbstverwaltungsvertretungen. Angehörige einer Volksgruppe dürfen als Mitglieder einer Behörde nicht ohne ihre Zustimmung in fremdnationale Gebiete versetzt werden.
9. Eine in ihren Rechten vom Staat beeinträchtigte Volksgruppe kann in Form einer Klage bei einem europäischen oder internationalen Gerichtshof Hilfe und Schutz verlangen. Die Ausübung dieses Klagerechtes darf kein Staat mit Sanktionen verfolgen.
10. Jedermann hat das Recht auf Freizügigkeit sowie auf das Verbleiben in seinem Heimatland und seinem Wohnsitz.
11. Die Staaten sind moralisch verpflichtet, ihre wirtschaftlichen Verhältnisse so zu organisieren, daß die Angehörigen ihrer Volksgruppen in ihrer engeren Heimat Arbeit finden können unter solchen Lebensbedingungen, daß sie nicht gezwungen sind, um eines ausreichenden Lebensunterhaltes willen in andere Gebiete desselben Staates abzuwandern.

*Anmerkungen:*
[1] Beschlossen vom 6. Kongreß in Österreich.
[2] Zur Fortentwicklung dieser Formulierungen: Siehe S. 47f.

*Quelle:*
Maschinenschriftliches Manuskript.

**Regierungserklärung** **1956, 28. Juni**
**der Bundesregierung Adenauer II:**
*Heimatrecht und Selbstbestimmungsrecht als Friedensprinzipien*

...
Die Bundesregierung hält auch ihre klare Einstellung zu der Frage der Grenzziehung im Osten unverändert aufrecht. Ich[1] lege auf diese Feststellung besonderen Wert, da eine Äu-

ßerung, die ich auf einer Pressekonferenz in London machte, zu falschen Interpretationen Anlaß gab. Die Bundesregierung hat sich niemals mit der Teilung Deutschlands abgefunden. In voller Übereinstimmung mit dem erklärten Willen des ganzen deutschen Volkes hat sie immer wieder darauf hingewiesen, daß das Deutsche Reich in seinen Grenzen von 1937 fortbesteht und daß einseitige Entscheidungen, die in den Jahren nach dem völligen Zusammenbruch getroffen wurden, vom deutschen Volk nicht anerkannt werden. Das Recht auf die Heimat und das Selbstbestimmungsrecht sind unabdingbare Voraussetzungen für die Lösung des Schicksals der in der Vertreibung oder in der Unfreiheit lebenden Menschen und Völker.

...

*Anmerkung:*

[1] Abgegeben von Außenminister Heinrich v. Brentano.

*Quelle:*

»Bulletin des Presse- und Informationsamtes der Bundesregierung«; Bonn, Nr. 118 v. 29. 6. 1956; S. 1161 ff.

**Regierungserklärung [1] — 1956, 28. September**
**der Bundesregierung Adenauer II:**
*Heimatrecht, untrennbar mit Selbstbestimmungsrecht verbunden, ist unveräußerliches Menschenrecht*

Die Bundesregierung hat stets das am 5. August 1950 in der Stuttgarter Charta der Deutschen Heimatvertriebenen [2] geforderte Recht auf die Heimat auf der Grundlage des Selbstbestimmungsrechtes der Völker als politisches Ordnungsprinzip anerkannt.
Erst jüngst hat sich die Bundesregierung erneut zu diesem Prinzip bekannt in der vom Bundesminister des Auswärtigen am 28. Juni dieses Jahres vor dem Bundestag abgegebene Regierungserklärung, in der es wörtlich heißt [3]:
»Das Recht auf die Heimat und das Selbstbestimmungsrecht sind unabdingbare Voraussetzungen des Schicksals der in der Vertreibung oder in der Unfreiheit lebenden Menschen und Völker.«
Diese Feststellung entspricht der in der Präambel des Grundgesetzes für die Bundesrepublik Deutschland v. 23. Mai 1949 enthaltenen Aufforderung an das gesamte deutsche Volk, »in freier Selbstbestimmung die Einheit und Freiheit Deutschlands zu vollenden« [4].
Die Bundesregierung ist auch bemüht, dem Prinzip des Rechtes auf die Heimat mit allen geeigneten Mitteln zu internationaler Anerkennung zu verhelfen. Das Recht auf die Heimat, das untrennbar mit dem in verschiedenen völkerrechtlichen Akten begründeten Selbstbestimmungsrecht verbunden ist, gehört zu den unverletzlichen und unveräußerlichen Menschenrechten, die als wesentlicher Ausdruck wahrer Demokratie in der gesamten freien Welt – um mit Art. 1, Abs. 2 des Grundgesetzes für die Bundesrepublik Deutschland zu reden – »die Grundlage jeder menschlichen Gemeinschaft, des Friedens und der Gerechtigkeit« bilden. Bei der internationalen Vertretung des Rechts auf die Heimat auf der Grundlage des Selbstbestimmungsrechts stützt sich die Bundesregierung insbesondere auf die im Geiste dieses Ordnungsprinzips formulierten Bestimmungen der Atlantik Charta vom 12. August 1941 [5], der Satzung der Vereinten Nationen vom 26. Juni 1945 [6], der Allgemeinen Erklärung der Menschenrechte vom 10. Dezember 1948 [7] und der Europäischen Konvention zum Schutz der Menschenrechte und Grundfreiheiten vom 4. November 1950 [8] mit ihrem Zusatzprotokoll vom 20. März 1952. [9]

*Anmerkungen:*

[1] Abgegeben durch den Staatssekretär im Auswärtigen Amt, Prof. Walter Hallstein, auf Grund fol-

gender Frage: »Erkennt die Bundesregierung das ›Recht auf die Heimat‹ auf der Grundlage des Selbstbestimmungsrechts der Völker als politisches Ordnungsprinzip an und ist sie bereit, diesem Prinzip zu internationaler Anerkennung zu verhelfen?«

[2] Zum Text siehe S. 24f.
[3] Zum Text siehe S. 32f.
[4] Zum Text siehe S. 23f.
[5] Zum Text siehe S. 14f.
[6] Zum Text siehe S. 16f.
[7] Zum Text siehe S. 21f.
[8] Zum Text siehe S. 26f.
[9] Folgende Zusatzfrage wurde gestellt: »Herr Staatssekretär, ist Ihnen bekannt, daß elf Millionen Heimatvertriebene sehnlichst auf die Verwirklichung des Rechts auf die Heimat warten? Wie stellen Sie sich die Verwirklichung dieses Rechts vor?«

Diese Frage wurde schriftlich folgendermaßen beantwortet:

»Nicht durch Anwendung von Gewalt, wie von der Bundesregierung wiederholt, so vor allem auch in der Regierungserklärung vom 28. Juni 1956 ausdrücklich betont wurde. Die Bundesregierung wird vielmehr bei jeder geeigneten Gelegenheit die beteiligten Westmächte und die Weltöffentlichkeit darauf hinweisen, daß elf Millionen Heimatvertriebene in der Bundesrepublik niemals auf die Forderung verzichtet haben, ihre Heimat in Gerechtigkeit, Frieden und Freiheit wiederzuerlangen. Sie wird ferner darauf aufmerksam machen, daß dieser Standpunkt vom ganzen deutschen Volk geteilt wird. Die Bundesregierung hofft, daß die einmütige Haltung des ganzen deutschen Volkes in der Frage des Rechts auf die angestammte Heimat die beteiligten Mächte veranlassen wird, ihm zur gegebenen Zeit, d. h. insbesondere beim Abschluß eines Friedensvertrages im Interesse der Befriedung Europas Rechnung zu tragen.«

*Quelle:*
Bundesministerium für Vertriebene, Flüchtlinge und Kriegsgeschädigte (Hrsg.): »Zehn Jahre nach der Vertreibung«; Bonn, 1956; S. 1f.

## Entschließung des Heimatpolitischen Seminars des ASSt[1]: *Definition des Heimatrechts*

**1957, 4. Mai**

1. Heimat ist der Raum in dem der Mensch lebt und leben will, und den er zum Mittelpunkt seines Wirkens in der Gemeinschaft macht. Der Mensch erwirbt Heimat durch Abstammung oder durch eigene, freie Entscheidung, wenn die bereits Heimatberechtigten des erwähnten Raumes ihre Zustimmung geben.
3. Das Heimatrecht als Recht auf Ansässigkeit in der Heimat ist die Voraussetzung für die ungestörte Ausübung der Menschenrechte. Deshalb ist das Heimatrecht unantastbar, wie jedes andere Menschenrecht.
3. Das Heimatrecht des Einzelnen wird nur dadurch garantiert, daß die Volksgruppe, der er angehört, mindestens die innere politische Gestaltung der Heimat selbst bestimmen kann.

*Anmerkung:*
[1] ASSt = Arbeitskreis Sudetendeutscher Studenten.

*Quelle:*
Eigene Aufzeichnung.

**Entschließung** **1958, 28. September**
**des »Heimatpolitischen Seminars« des ASSt:**
*Definition des Selbstbestimmungsrechts*

I. Feststellungen
1. Das Selbstbestimmungsrecht ist das Recht der Menschengruppe, innerhalb des eigenen Siedlungsraumes so zu leben, wie sie es will und alles tun zu können, was die berechtigten Interessen anderer Gruppen von Menschen nicht verletzt.
2. Das Selbstbestimmungsrecht steht jeder durch politisch wirksame, starke Gemeinsamkeiten verbundenen Gruppe von Menschen (z. B. Volksgruppe, Volk usw.) zu, die als Heimatberechtigte in geographisch geschlossenem Siedlungsraum Einrichtungen zur Erreichung politischer Ziele und Wahrnehmung von Hoheitsaufgaben besitzt oder anstrebt.

II. Anwendung auf das Sudetenproblem
1. Im böhmisch-mährischen Raum steht das Selbstbestimmungsrecht dem tschechischen Volke und der sudetendeutschen Volksgruppe zu.
2. Da zu den berechtigten Interessen anderer Gruppen von Menschen auch das Selbstbestimmungsrecht selbst gehört, bedingt das Selbstbestimmungsrecht des tschechischen Volkes die Anerkennung des Selbstbestimmungsrechts der Sudetendeutschen, das Selbstbestimmungsrecht der Sudetendeutschen die Anerkennung des Selbstbestimmungsrechtes des tschechischen Volkes.

---

*Quelle:*
Eigene Aufzeichnung.

**Entschließung**[1] **1958, 17. Oktober**
**der Parlamentarischen Versammlung des Europarates:**
*Zur gegenwärtigen Lage in Mittel- und Osteuropa*

Die Versammlung
. . .
angesichts der Tatsache, daß die fortgesetzte Unterdrückung von Völkern in Mittel- und Osteuropa den freien Nationen der Welt große Besorgnis verursacht;
angesichts der Tatsache, daß die Lage in einer Reihe von Ländern in Mittel- und Osteuropa eine Bedrohung des Weltfriedens darstellt;
in der Überzeugung, daß die Haltung des demokratischen Europas wiederholt und deutlich, Mißverständnisse ausschließend, dargelegt werden sollte,
empfiehlt[1] dem Ministerrat:
(a) Die Regierungen der Mitgliedstaaten des Europarates sollten unverzüglich eine feierliche Erklärung folgenden Inhalts abgeben:
1. Das freie Europa weist darauf hin, daß es weder die Absicht hat noch hatte, den Völkern Ost- und Mitteleuropas irgendein politisches, kulturelles oder wirtschaftliches System aufzuzwingen;
2. Es ist das einzige Anliegen des demokratischen Europas, den Völkern Ost- und Mitteleuropas das Recht auf eine freie Entscheidung darüber zu gewährleisten, unter welchem Regierungssystem sie leben wollen;
3. Diesen Völkern sollte kein Hindernis auf dem Weg zu einer derartigen Entscheidung gelegt werden.

(b) Andere Regierungen der freien Welt sollten zur Unterstützung dieser Erklärung eingeladen werden.

---

*Anmerkung:*
[1] Die Empfehlung wurde einstimmig angenommen.

---

*Quelle:*
Europarat: Dokument Nr. A 43008.

**Note** **1958, 27. November**
**der Regierung der UdSSR an verschiedene andere Regierungen:**
*Verurteilung aller Annexionen*

...
Die Sowjetunion, wie alle sozialistischen Staaten, wünscht keinerlei fremdes Gebiet zu annektieren. Sie läßt sich streng von dem Prinzip der Verurteilung aller Annexionen, d. h. fremder Gebiete, die anderen gehören oder zwangsweise Eingliederung fremder Völker leiten, ein Prinzip, das der Gründer der Sowjetunion, Lenin, von den ersten Tagen der Sowjetmacht in Rußland verkündet hat.
...

---

*Quelle:*
Ausschuß für Auswärtige Angelegenheiten des US-Senates (Hrsg.): »Documents on Germany 1944–1961«; Washington, 1961; S. 358.

**Entschließung** **1959, 27. Februar**
**der Deutschen Jugend des Ostens:**
*Grundsätze und Forderungen zur zukünftigen Ordnung eines »Europäischen Bundes«* [1]

...
I. Teilstaaten
Jedes Volk, soweit es auf geschlossenem Siedlungsraum lebt, hat Anspruch auf seinen eigenen Gliedstaat ...

II. Der Bundesstaat und seine Teilstaaten
... Änderung der Teilstaatsgrenzen durch Volksbegehren ist möglich. In jedem politischen Verwaltungsgebiet (z. B. Provinz), in dem $^1/_{10}$ der Staatsbürger einen Volksentscheid verlangen, ist ein solcher durchzuführen.
In gemischtsprachigen Gebieten müssen die Grundsätze der Personal- und Regionalautonomie zur Anwendung kommen. Die entsprechende Beteiligung des Minderheiten an Regierung und Verwaltung ist zu sichern ...

...
V. Rechtssprechung
Die Menschenrechte der »Europäischen Konvention der Menschenrechte« [2], ergänzt durch das Heimatrecht und gewisse, genau definierte Rechte nationaler Volksgruppen und Minderheiten, werden durch den Senat für Menschenrechte beim Europäischen Gerichtshof gewahrt.

VI. Verfassung
Die Verfassung des »Europäischen Bundes« muß von allen beitretenden Gliedstaaten angenommen werden.

Das Parlament kann mit 3/4-Mehrheit diese Verfassung abändern. Es muß jeweils alle 15 Jahre überprüfen, ob ihre Bestimmungen den Erfordernissen der fortgeschrittenen europäischen Entwicklung noch entsprechen. Die Vorschriften über Menschen-, Volksgruppen- und Minderheitenrechte sind unabänderbar.

---

*Anmerkungen:*
[1] Das Dokument war Arbeitsunterlage des Heimatpolitischen Ausschusses der DJO, Landesgruppe Bayern.
[2] Zum Text siehe S. 26f.

---

*Quelle:*
Eigene Aufzeichnung.

**Entschließung** **1959, 15. September**
**der Parlamentarischen Versammlung des Europarates:**
*Freie Wahlen für Völker Osteuropas*

Die Versammlung,
unter neuerlichem Hinweis auf die Tatsache, daß neun Staaten in Mittel- und Osteuropa noch immer von der Sowjetunion unterdrückt werden und ihren Völkern das Recht auf freie Meinungsäußerung verweigert wird;
unter neuerlicher Betonung des Rechts dieser Völker, über ihr Schicksal selbst zu entscheiden;
empfiehlt dem Ministerrat:

1. In jeglichen Verhandlungen des Westens mit der Sowjetunion die Rechte und Interessen dieser Völker zu wahren;
2. Keine Lösung des Europaproblems als endgültig anzusehen, bis die Völker Mittel- und Osteuropas Gelegenheit erhielten, in freien Wahlen über ihre Zukunft selbst zu entscheiden.

---

*Quelle:*
Europarat: Dokument Nr. A 49341.

**Parteitagsbeschluß** **1959, 15. November**
**der Sozialdemokratischen Partei Deutschlands:**
(Das Godesberger Parteiprogramm):
*Volksgruppenrecht unentbehrlich*

...
Die Vereinten Nationen müssen die allgemeine Weltorganisation werden, die sie ihrer Idee nach sein sollen. Ihre Grundsätze sollen allgemeinverbindlich sein. Ein Volksgruppenrecht, das im Einklang mit den von den Vereinten Nationen verkündeten Menschenrechten steht, ist unentbehrlich. Die Sozialdemokratische Partei Deutschlands vertritt das Recht aller Menschen auf ihre Heimat, ihr Volkstum, ihre Sprache und Kultur.
...

---

*Quelle:*
Parteivorstand der SPD (Hrsg.): »Das Godesberger Programm«; Bonn, o. J.; S. 27.

**Rede** **1960, 5. März**
**des UdSSR-Ministerpräsidenten Chruschtschow:**
*Selbstbestimmungsrecht durch Volksentscheid realisieren*

...
Unser Standpunkt beruht auf der Lenin'schen Nationalitätenpolitik, die verkündet, daß jedes Volk ein Recht auf Selbstbestimmung hat, daß die nationalen Fragen in Übereinstimmung mit dem Willen der Völker gelöst werden müssen. Wir halten die Forderungen ... für richtig, dem Volk die Möglichkeit zu geben, daß es seinen Willen durch Befragung, durch Volksentscheid unter freiheitlichen Verhältnissen bekunde und sich entscheide, ob es in den Grenzen ... verbleiben, einen selbständigen neuen Staat gründen oder sich ... wiedervereinigen will. Diese Forderung ist durchaus berechtigt, sie entspricht den Prinzipien der Charta der Vereinten Nationen ... Wir sind dessen gewiß, daß der gesunde Menschenverstand über kurz oder lang siegen und diese Streitfrage, die jetzt Besorgnis erregt, auf friedlichem Wege im Interesse des ... Volkes, im Interesse des Friedens ihre Lösung finden wird ...

---

*Quelle:*
»Bulletin des Presse- und Informationsamtes der Bundesregierung«; Bonn; Nr. 192 v. 12. 10. 1960; S. 1853.

**Entschließung** **1960, 25. August**
**der »World Assembly of Youth« (WAY)[1, 2]:**
*Gegen Massenvertreibungen*

Die 8. Ratsversammlung der WAY, in Accra (Ghana) vom 10.–25. 8. 1960 zusammengetreten,
...
beschloß
...
der UN und ihren Hilfs- und angeschlossenen Organisationen die Dringlichkeit rascher Inkraftsetzung jener Grundsätze der Erklärung der Menschenrechte[3] darzulegen, die jedermann gegen Zwangsmaßnahmen schützen und jegliche Maßnahme inner- oder zwischenstaatlicher Art verhindern, welche zu Massenwanderungen von Völkern unter direktem oder indirektem Zwang führen könnten,
...
(und)
jede Bemühung tatkräftig zu unterstützen, die darauf gerichtet ist, bestehende Garantien gegen die Verletzung von Menschenrechten zu verstärken, und soweit nötig, neue Garantien zu schaffen sowie insbesondere jegliche Maßnahme zu verhindern, die dazu bestimmt oder geeignet ist, Massenzwangswanderungen oder Beschränkungen des Freizügigkeitsrechts hervorzurufen.
...

---

*Anmerkungen:*
[1] In der WAY (Weltjugendring) waren 1960 die Spitzenverbände der Jugend aus über 50 Ländern der Welt zusammengeschlossen.
[2] Antragsteller: Großbritannien und Deutschland; der Antrag wurde einstimmig angenommen.
[3] Siehe S. 21ff.

---

*Quelle:*
Eigene Aufzeichnung.

**Entschließung Nr. 1514** **1960, 14. Dezember**
**der 15. Vollversammlung der Vereinten Nationen [1, 2]:**
*Definition des Selbstbestimmungsrechtes*

Die Generalversammlung
...
überzeugt, daß alle Völker ein unveräußerliches Recht auf völlige Freiheit, Ausübung ihrer Gebietshoheit und Unverletzlichkeit ihres angestammten Gebietes besitzen,
verkündet feierlich die Notwendigkeit, dem Kolonialismus in all seinen Formen und Spielarten ein rasches und endgültiges Ende zu machen und erklärt dazu:
1. Die Unterwerfung von Völkern unter Fremdherrschaft und ihre Ausbeutung ist gleichbedeutend mit der Leugnung menschlicher Grundrechte, widerspricht der UN-Satzung [3] und hindert die Förderung des Weltfriedens und weltweiter Zusammenarbeit.
2. Allen Völkern steht das Selbstbestimmungsrecht zu; kraft dieses Rechts bestimmen sie frei über ihren politischen Status und verfolgen frei ihre wirtschaftliche und kulturelle Entwicklung. [4]

...

4. Bewaffnetes Vorgehen oder Unterdrückung jeder Art, die gegen ein unabhängiges Volk gerichtet sind, haben aufzuhören, um jedem solchen Volk die Möglichkeit zu geben, sein Recht auf völlige Unabhängigkeit in Frieden und Freiheit geltend zu machen; die Unverletzlichkeit seines angestammten Gebiets ist zu respektieren.

...

6. Jeder Versuch zur teilweisen oder völligen Zerstörung der nationalen und territorialen Einheit eines Landes ist unvereinbar mit den in der UN-Satzung zum Ausdruck gebrachten Grundsätzen und Zielen.
7. Alle Staaten sollen die Bestimmungen der UN-Satzung, der allgemeinen Erklärung der Menschenrechte und der vorliegenden Erklärung auf der Grundlage der Gleichheit, der Nichteinmischung in die inneren Angelegenheiten aller Staaten und der Respektierung der souveränen Rechte aller Völker und der Unverletzlichkeit ihrer Gebiete getreulich und genau beachten.

---

*Anmerkungen:*
1 Zur Zitierweise:
Ähnlich der englischen Art der Datumschreibung werden die Entschließungen der UN-Generalversammlungen z. B. mit 1514/XV beziffert. Zur Erleichterung der Übersicht wird in dieser Sammlung grundsätzlich so betitelt, daß es für obige Unterlage heißt: »Entschließung Nr. 1514 der 15. UN-Generalversammlung«. In Kurzfassungen wird berichtet von und verwiesen auf die UN GV 15/1514.
2 Abstimmungsergebnis: 89 Ja, 0 Nein, 9 Enthaltungen.
3 Siehe S. 16f.
4 Abs. 2 wurde später in die Internationalen Menschenrechtspakte aufgenommen; siehe S. 46.

---

*Quelle:*
»Bulletin des Presse- und Informationsamtes der Bundesregierung«; Bonn; Nr. 240 v. 23. 12. 1960; S. 2327.

**Entschließung** **1961, 28. April**
**der Parlamentarischen Versammlung des Europarates:**
*Rechte nationaler Minderheiten*

Die Versammlung,
unter neuerlichem Hinweis auf ihre Empfehlung 234, in der der Abschluß eines zweiten Protokolls zur Europäischen Konvention der Menschenrechte vorgeschlagen wurde;

unter Berücksichtigung der Tatsache, daß in mehreren Mitgliedstaaten des Europarates nichtherrschende Gruppen *(von Menschen)* im Bewußtsein leben, einer nationalen Minderheit anzugehören;
feststellend, daß bereits Artikel 14 der *(Europäischen)* Konvention der Menschenrechte [1] Angehörigen einer nationalen Minderheit ein gewisses Maß an Schutz bietet, indem er sie gegen Einschränkung der Ausübung der von der Konvention gewährleisteten Rechte und Freiheiten schützt;
in der Meinung, daß die Gemeinschaftsanliegen der nationalen Minderheiten befriedigt werden sollten, soweit sie sich mit den lebenswichtigen Interessen der Staaten vereinbaren lassen, denen sie angehören;
...
empfiehlt dem Ministerrat:

1. Der Ausschuß von Regierungsexperten, der bereits mit der Untersuchung der Probleme im Zusammenhang mit der Europäischen Konvention der Menschenrechte beauftragt worden ist, sollte angewiesen werden, in das 2. Protokoll der Konvention einen Artikel, der auf dem anliegenden Text basiert, oder einen ähnlichen Text einzuschließen [2], um nationalen Minderheiten bestimmte Rechte zu garantieren, die nicht von der Konvention und deren 1. Protokoll abgedeckt werden;
2. Der Entwurf des Protokolls, den der Expertenausschuß vorbereitet, sollte vor Unterzeichnung durch die Regierungen der Mitgliedstaaten der Versammlung zur Beurteilung vorgelegt werden.

Entwurf
eines Artikels zum Schutz von nationalen Minderheiten, der in das 2. Protokoll der *(Europäischen)* Konvention zum Schutz der Menschenrechte und Grundfreiheiten eingeschlossen werden sollte:

Artikel ...
Angehörigen einer nationalen Minderheit darf das Recht nicht verweigert werden, gemeinsam mit den anderen Mitgliedern ihrer Gruppe, und, so weit es mit der öffentlichen Ordnung vereinbar ist, ihr eigenes kulturelles Leben auszuüben, ihre eigene Sprache zu benützen, ihre eigenen Schulen zu unterhalten und in der von ihnen gewählten Sprache unterrichtet zu werden oder ihren eigenen Glauben zu bekennen und auszuüben.

---

*Anmerkungen:*
[1] Zum Text: Siehe S. 27.
[2] Diese Empfehlung wurde nicht realisiert. Weitere Anträge zu diesem Thema im (ab 1979) Europäischen Parlament (der EG-Staaten): Siehe S. 64ff.

---

*Quelle:*
Europarat: Dokument Nr. 72 A 62073.

**Entschließung** **1961, 21. Oktober**
**der »Europäischen und Weltforschungsgesellschaft für Flüchtlingsfragen« (AER/AWR):**
*Thesen zum Heimatrecht*

I.
Das Recht, am ordnungsmäßig erworbenen Wohnsitz unbehelligt ansässig zu bleiben, solange der eigene Wille in Freiheit darauf gerichtet ist, wird als grundsätzlich unverletzlich anerkannt.

II.

Der Wohnsitz gilt als ordnungsmäßig erworben:

1. wenn es sich um einen Inländer (Staatsangehörigen) handelt:
   a) beim Erwerb kraft Freizügigkeitsrecht in den Schranken etwaiger, zum Schutz sprachlicher, religiöser oder ethnischer Gruppen geltender Gesetze und Abkommen (ursprünglicher Wohnsitz);
   b) bei Verbleib am Wohnsitz derjenigen Person, der die elterliche Gewalt oder Obsorge für den Betreffenden zustand oder zusteht (abgeleiteter Wohnsitz), soweit der Wohnsitz seitens des Gewalthabers ebenfalls ordnungsmäßig, d. h. kraft Freizügigkeitsrecht oder durch Ableitung von einem ordnungsmäßig Berechtigten erworben wurde;
2. wenn es sich um einen Nicht-Inländer (Ausländer oder Staatenlosen) handelt: bei ursprünglichem oder abgeleitetem Wohnsitz in Verbindung mit einer ausdrücklichen oder stillschweigenden Aufenthaltserlaubnis und dem gleichzeitigen Fehlen eines völkerrechtmäßigen Ausweisungsgrundes.

III.

Der Verbleib am ordnungsmäßig erworbenen Wohnsitz ist unbehelligt, wenn die in der Allgemeinen Erklärung vom 10. Dezember 1948[1] oder vergleichbaren internationalen Erklärungen und Abkommen umschriebenen Grund-, Menschen- und Freiheitsrechte durch Gesetz und in Wirklichkeit gewährleistet sind.
Er ist nicht unbehelligt, wenn begründete Besorgnis besteht, daß diese Rechte oder die durch die staatliche Gesetzgebung anderweit umschriebene Stellung des Einzelnen oder bestimmter Personengruppen durch staatliche Organe oder mit ihrer Duldung auf unzulässige Weise beeinträchtigt werden (Diskriminierung).

IV.

Der Entzug des Rechts auf Verbleib am ordnungsmäßig erworbenen Wohnsitz erscheint nur zulässig:

1. wenn es sich um einen Inländer handelt: auf Grund eines Gesetzes,
   a) das auf Fälle beschränkt ist, in denen der Entzug der persönlichen Freiheit im Zusammenhang mit einer, in rechtsstaatlicher Form vor sich gehenden Strafverfolgung oder Strafvollstreckung angeordnet werden darf oder das den Schutz von Leib und Leben bei Elementarkatastrophen oder die Abwehr unmittelbar drohender Gefahren für die Volksgesundheit bezweckt und das
   b) eng auszulegen ist und gegen die Wegweisung vom ordnungsmäßig erworbenen Wohnsitz wie bei der Verletzung von Menschenrechten und Grundfreiheiten den Rechtsweg eröffnen muß;
2. wenn es sich um einen Nicht-Inländer (Ausländer oder Staatenlosen) handelt:
   a) bei Wegweisung vom ordnungsmäßig erworbenen Wohnsitz, die nicht mit der Ausweisung aus dem Staatsgebiet verbunden ist: unter den gleichen Voraussetzungen wie bei Inländern;
   b) bei Wegweisung vom ordnungsmäßig erworbenen Wohnsitz, verbunden mit der Ausweisung aus dem Staatsgebiet: bei Nichterneuerung einer befristeten Aufenthaltserlaubnis oder bei Vorhandensein eines völkerrechtmäßigen Ausweisungsgrundes.

V.

Wechselt der Inhaber der für ein Gebiet maßgebenden öffentlichen Gewalt – gleichgültig, ob kraft Übergangs der Staatshoheit, kraft kriegsvölkerrechtlicher Besatzungsbefugnis oder aus einem anderen Titel –, so sind die Einwohner des Gebiets, die bisher die Rechtsstellung von Inländern hatten, auch weiterhin als solche anzuerkennen; ihr Recht auf unbehelligte

Ansässigkeit am rechtmäßig erworbenen Wohnsitz ist uneingeschränkt zu gewährleisten. Einzige Ausnahme von dieser Regel ist der Fall des Überganges der Staatshoheit auf einen neuen, rechtmäßigen Inhaber, wenn im Einzelfall eine vertraglich vereinbarte Optionsbefugnis aus freien Stücken in Anspruch genommen wird und hiermit die ebenfalls vertraglich vereinbarte Pflicht zur Abwanderung verbunden ist.

VI.
Das Verlassen des ordnungsmäßig erworbenen Wohnsitzes wegen begründeter Furcht vor Diskriminierung (s. o. Abschn. III Abs. 2), insbesondere aus begründeter Furcht vor Verfolgungen wegen der Abstammung, des Glaubensbekenntnisses, der Zugehörigkeit zu einer ethnischen Gruppe oder gesellschaftlichen Schicht, der wirklichen oder gemutmaßten Überzeugung wird dem unrechtmäßigen Entzug des Rechts auf unbehelligte Ansässigkeit am ordnungsmäßig erworbenen Wohnsitz gleichgeachtet.

VII.
Der unrechtmäßige Entzug des Rechts auf unbehelligte Ansässigkeit am ordnungsmäßig erworbenen Wohnsitz begründet Ansprüche auf Wiedergutmachung (freiwillige Rückkehr; Ersatz erlittener Verluste an Sachen oder vermögenswerten Rechten, wobei insbesondere der Grundsatz anzuwenden ist, daß der bösgläubige Erwerb vom Konfiskator nicht vor solchen Ansprüchen schützt).
»Rückkehr« erschöpft sich nicht in der bloßen Anwesenheit am früheren Wohnsitz; vielmehr richtet sich der diesbezügliche Anspruch auf die unbehelligte Anwesenheit dortselbst (s. o. Abschn. III).

VIII.
Die gesellschaftliche und wirtschaftliche Einordnung einer unrechtmäßigerweise entheimateten Person an ihrem Flucht- oder Zufluchtsort hat keinen Einfluß auf das Bestehen ihrer Ansprüche im Sinne des Abschn. VII; doch muß der Anspruchsberechtigte sich anrechnen lassen, was er zufolge seiner Entheimatung von dritter Seite als Schadensersatz empfangen hat.
Das Rücktrittsrecht des Dritten gegen denjenigen, der die Entheimatung angeordnet oder geduldet hat oder bei ihrer Durchführung behilflich war, bleibt vorbehalten.

*Zusätzliche Erklärung*
Der Rechtsausschuß der AER/AWR erklärt, daß jegliche Maßnahme, die obigen Regeln widerspricht, mit dem Entwicklungsstand des Völkerrechts als unvereinbar zu betrachten ist, wie er sich namentlich auf Grund der Allgemeinen Erklärung der Menschenrechte v. 10. Dezember 1948[1], die deshalb als völkerrechtlich besonders bedeutungsvoll anzusehen ist, weil sie als authentische Interpretation des Begriffs »Menschenrechte« im Sinn der Satzung der Vereinten Nationen (insbesondere ihrer Art. 1[2] und 55) gelten kann, sowie seit dem Abschluß der vier Genfer Konventionen vom 12. August 1949[3] ergeben hat.
Infolgedessen sind sowohl Einzelpersonen wie auch Personengruppen gegen jedwede zwangsweise Entfernung oder Vertreibung von ihrem rechtmäßig erworbenen Wohnsitz zu schützen.

---

*Anmerkungen:*
[1] Zum Text: Siehe S. 21ff.
[2] Zum Text: Siehe S. 16.
[3] Zum Text: Siehe S. 24.

---

*Quelle:*
»Deutscher Ostdienst«; *(Informationsdienst des »Bundes der Vertriebenen«)*; Bonn; Jg. 3 (1961); Nr. 45/46; S. 20.

**Erklärung deutscher Völkerrechtler[1] zum Recht auf die Heimat:** **1961, 28./29. Oktober**

I.
In jüngster Vergangenheit wurden in verschiedenen Gebieten der Welt Völker und Volksgruppen aus ihren alten Wohnsitzen vertrieben. Diese Gewaltakte stehen in klarem Widerspruch zu leitenden Grundsätzen des modernen Staats- und Völkerrechts.

II.
Die Vertreibung von Völkern oder von ethnischen, rassischen und religiösen Gruppen stellt eine flagrante Verletzung des Selbstbestimmungsrechtes dar. Das Selbstbestimmungsrecht ist in der Satzung der Vereinten Nationen als leitendes Ordnungsprinzip[2] anerkannt; es ist dadurch und ebenso durch die Staatenpraxis der letzten Jahrzehnte zu einem allgemein verbindlichen Grundsatz des Völkerrechts geworden. Es ist das Recht der Völker und Bevölkerungsgruppen, über ihren politischen, wirtschaftlichen, sozialen und kulturellen Status frei zu bestimmen.[3] Hierbei werden die Völker nicht als fluktuierende Massen, die aus politischen, wirtschaftlichen, polizeilichen oder ähnlichen Erwägungen von einem Gebiet in ein anderes geschoben werden dürfen, sondern als seßhafte Gemeinschaften, die mit ihrem Siedlungsgebiet fest verbunden sind, aufgefaßt. Das Selbstbestimmungsrecht schließt daher ein Vertreibungsverbot ein. Auch einem besiegten Volk kann das Selbstbestimmungsrecht nicht verweigert werden.

III.
Das Kriegsvölkerrecht enthält das Verbot der Deportation der Bevölkerung eines besetzten Gebietes durch die Besatzungsmacht. Schon auf der Haager Friedenskonferenz von 1907 bestand hierüber Einmütigkeit.[4] Art. 49 des Genfer Abkommens vom 12. 8. 1949[5] über den Schutz der Zivilbevölkerung in Kriegszeiten hat daher nicht neues Recht geschaffen, sondern bestehendes Recht kodifiziert.
Aufmerksam zu machen ist auch auf Art. 49, Abs. 6, wonach eine Besatzungsmacht Teile ihrer eigenen Zivilbevölkerung nicht in ein von ihr besetztes Gebiet deportieren oder umsiedeln darf.

IV.
Nach modernem Völkerrecht darf kein Staat seine eigenen Staatsangehörigen aus dem Staatsgebiet ausweisen oder ihnen die Einreise dorthin verwehren.
Dieses Verbot gilt auch beim Wechsel der Gebietshoheit. In diesem Fall darf der Wohnbevölkerung, soweit sie bisher die Rechtsstellung von Inländern hatte, die Staatsangehörigkeit des Erwerberstaates nicht vorenthalten werden. Dadurch wird sie vor der Vertreibung über die neu festgelegte Grenze ins Ausland geschützt.

V.
Die Frage, ob Vertreiberstaaten und Aufnahmestaaten durch Staatsverträge in völkerrechtlich zulässiger Weise Bevölkerungsverschiebungen vornehmen dürfen, kann nicht durch den Hinweis auf das Potsdamer Abkommen beantwortet werden. Denn das Potsdamer Abkommen vom 2. 8. 1945, das in Art. XIII[6] eine humane Durchführung der unter souveräner Verantwortung der Vertreiberstaaten schon mehrere Monate vorher in voller Breite begonnenen Vertreibung der Deutschen aus Polen, aus der Tschechoslowakei und aus Ungarn anordnete, wurde von den Besatzungsmächten – Großbritannien, Sowjetunion und Vereinigten Staaten – beschlossen. Die darin enthaltene Auflage, die vertriebenen Deutschen aufzunehmen, bedeutet daher keine völkerrechtliche Anerkennung der Vertreibung durch Deutschland, das nicht Partner dieses Abkommens gewesen ist.

VI.
Das Völkerrecht fordert von den Staaten die Respektierung eines menschenrechtlichen Mindeststandards.
Auch Deportationen innerhalb eines Staatsgebiets verletzen die Grundlage einer modernen Staatsordnung, die durch die fortschreitende Anerkennung der allgemeinen Menschenrechte gekennzeichnet ist.
Massendeportationen eigener Staatsangehöriger innerhalb des Staatsgebiets sind z. B. 1956/57 in der UdSSR als verfassungsrechtlich unzulässig und den Grundsätzen marxistisch-leninistischer Nationalitätenpolitik widerstreitend angesehen[7] und für einen Teil der Betroffenen rückgängig gemacht worden.

VII.
Für die Rechtsstellung, die sich aus den angeführten Grundsätzen des Staats- und Völkerrechts für Völker, Bevölkerungsgruppen und deren Angehörige ergibt, hat sich die Bezeichnung »Das Recht auf die Heimat« eingebürgert. Dieses Recht ist also in positiven Vorschriften des zeitgenössischen Staats- und Völkerrechts und in den Allgemeinen Menschenrechten begründet. Seine Verletzung ist ein völkerrechtliches Delikt.
Jedes Verbot – und daher auch das Verbot von Zwangsumsiedlungen und Massendeportationen – schützt einen vom Rechtsbewußtsein der Menschen als wertvoll und erhaltungswürdig empfundenen Zustand. Demjenigen, dem die Aufrechterhaltung eines solchen Zustandes zugute kommt, steht gegenüber rechtswidrigen Eingriffen in diesen Zustand grundsätzlich ein Unterlassungsanspruch oder – wenn Eingriffe erfolgt sind – ein Anspruch auf Wiedergutmachung zu. Ein solcher Wiedergutmachungsanspruch stellt sich im vorliegenden Fall als Anspruch auf Erlaubnis und Ermöglichung der Rückwanderung (Naturalrestitution), in zweiter Linie als Schadensersatzanspruch dar . . .

---

*Anmerkungen:*
[1] Feststellungen einer Tagung von Völkerrechtlern (u. a. Prof. Böhmert, Kiel; Prof. Klein, Münster; Prof. Laun, Hamburg; Prof. Meissner, Kiel; Prof. Menzel, Kiel; Prof. Peters, Köln; Prof. Raschhofer, Würzburg; Prof. Rogge, München) und Kirchenvertretern.
[2] Siehe S. 16f.
[3] Siehe S. 46f.
[4] Siehe S. 8.
[5] Siehe S. 24.
[6] Siehe S. 290f.
[7] Siehe S. 8ff., 31, 36, 38.

---

*Quelle:*
»Deutscher Ostdienst«; *(Informationsdienst des »Bundes der Vertriebenen«)*; Bonn; Jg. 3 (1981); Nr. 45/46; S. 19.

**Enzyklika** **1963, 11. April**
**Papst Johannes XXIII. »Pacem in Terris«:**
*Heimat- und Auswanderungsrecht*

. . .
Jedem Menschen muß das Recht zugestanden werden, innerhalb des Staates seinen Wohnsitz zu behalten oder zu ändern, ja, es muß ihm auch unbedingt erlaubt sein, sofern gerechte Gründe dazu raten, in andere Staaten auszuwandern und dort seinen Wohnsitz aufzunehmen.
. . .

*Quelle:*
Katholische Nachrichten-Agentur (Hrsg.): »Pacem in Terris«; Bonn, 1963; S. 15.

**Protokoll Nr. 4 zur** **1963, 16. September**
**(Europäischen) Konvention**
**zum Schutze der Menschenrechte und Grundfreiheiten [1, 2]:**
*Vertreibungsverbot*

Die Unterzeichnerregierungen, die Mitglieder des Europarates sind,
- entschlossen, Maßnahmen zur kollektiven Gewährleistung gewisser Rechte und Freiheiten zu treffen, die in Abschnitt I der am 4. November 1950 in Rom unterzeichneten Konvention zum Schutze der Menschenrechte und Grundfreiheiten [3] (im folgenden als »Konvention« bezeichnet) und in den Artikeln 1 bis 3 des am 20. März 1952 in Paris unterzeichneten ersten Zusatzprotokolls zur Konvention noch nicht enthalten sind,
- haben folgendes vereinbart:

Artikel 2
(1) Jedermann, der sich rechtmäßig im Hoheitsgebiet eines Staates aufhält, hat das Recht, sich dort frei zu bewegen und seinen Wohnsitz frei zu wählen.
(2) Jedermann steht es frei, jedes Land, einschließlich seines eigenen, zu verlassen.
(3) Die Ausübung dieser Rechte darf keinen anderen Einschränkungen unterworfen werden als denen, die gesetzlich vorgesehen und in einer demokratischen Gesellschaft durch das öffentliche Interesse gerechtfertigt sind.

Artikel 3
(1) Niemand darf aus dem Hoheitsgebiet des Staates, dessen Staatsangehöriger er ist, durch eine Einzel- oder eine Kollektivmaßnahme ausgewiesen werden.
(2) Niemand darf das Recht entzogen werden, in das Hoheitsgebiet des Staates einzureisen, dessen Staatsangehöriger er ist.

Artikel 4
Kollektivausweisungen von Ausländern sind nicht zulässig.
. . .

*Anmerkungen:*
[1] Zur Ratifizierung: Siehe S. 70.
[2] Das Vertreibungsverbot des Protokolls geht wesentlich auf die Bundesrepublik Deutschland zurück. Der (1.) Deutsche Bundestag beschloß am 10. 6. 1952:
»Die Bundesregierung wird ersucht, innerhalb des Europarates auf den Abschluß einer Zusatzkonvention zu der Konvention zum Schutze der Menschenrechte und Grundfreiheiten hinzuwirken, durch die das Recht auf die Heimat, die Freizügigkeit und das politische Asylrecht für jedermann und gegenüber allen totalitären Gefahren sichergestellt wird. Der Bundestag empfiehlt den deutschen Mitgliedern in der Beratenden Versammlung des Europarates, im gleichen Sinne tätig zu werden.«
[3] Zum Text: Siehe S. 26f.

*Quelle:*
Bertram, Wilhelm: »Menschenrechte – Internationale Dokumente«; 5. Aufl.; Bonn, 1980; S. 84f.

**UN-Konvention** [1]: **1966, 19. Dezember**
**Internationaler Pakt über bürgerliche und politische Rechte:**
*Selbstbestimmungsrecht, Vertreibungsverbot für Ausländer, Minderheitenrecht*

...
TEIL I
Artikel 1
(1) Alle Völker haben das Recht auf Selbstbestimmung. Kraft dieses Rechts entscheiden sie frei über ihren politischen Status und gestalten in Freiheit ihre wirtschaftliche, soziale und kulturelle Entwicklung.[2]

...
TEIL II
Artikel 2 *(Rechtsgarantie)*
Artikel 3 *(Gleichberechtigung von Mann und Frau)*
Artikel 4 *(Notstandsregelung)*
Artikel 5 *(Keine Rechte denen, die diese Rechte abschaffen wollen)*

TEIL III
Artikel 6 *(Recht auf Leben)*
Artikel 7 *(Folterverbot)*
Artikel 8 *(Sklavereiverbot)*
Artikel 9 *(Verhaftete vor den Richter)*
Artikel 10 *(Menschenwürde des Verhafteten)*
Artikel 11 *(Keine Haft wegen Nichterfüllung eines Vertrages)*

Artikel 12
(1) Jedermann, der sich rechtmäßig im Hoheitsgebiet eines Staates aufhält, hat das Recht, sich dort frei zu bewegen und seinen Wohnsitz frei zu wählen.
(2) Jedermann steht es frei, jedes Land einschließlich seines eigenen zu verlassen.
(3) Die oben erwähnten Rechte dürfen nur eingeschränkt werden, wenn dies gesetzlich vorgesehen und zum Schutz der nationalen Sicherheit, der Sittlichkeit oder der Rechte und Freiheiten anderer notwendig ist und die Einschränkungen mit den übrigen in diesem Pakt anerkannten Rechten vereinbar sind.
(4) Niemand darf willkürlich das Recht entzogen werden, in sein eigenes Land einzureisen.

Artikel 13
Ein Ausländer, der sich rechtmäßig im Hoheitsgebiet eines Vertragsstaates aufhält, kann aus diesem nur aufgrund einer rechtmäßig ergangenen Entscheidung ausgewiesen werden, und es ist ihm, sofern nicht zwingende Gründe der nationalen Sicherheit entgegenstehen, Gelegenheit zu geben, die gegen seine Ausweisung sprechenden Gründe vorzubringen und diese Entscheidung durch die zuständige Behörde oder durch eine oder mehrere von dieser Behörde besonders bestimmte Personen nachprüfen und sich dabei vertreten zu lassen.

Artikel 14 *(Gleichheit vor dem Gericht)*

Artikel 15
(1) Niemand darf wegen einer Handlung oder Unterlassung verurteilt werden, die zur Zeit ihrer Begehung nach inländischem oder nach internationalem Recht nicht strafbar war. Ebenso darf keine schwerere Strafe als die im Zeitpunkt der Begehung der strafbaren Handlung angedrohte Strafe verhängt werden. Wird nach Begehung einer strafbaren

Handlung durch Gesetz eine mildere Strafe eingeführt, so ist das mildere Gesetz anzuwenden.
(2) Dieser Artikel schließt die Verurteilung oder Bestrafung einer Person wegen einer Handlung oder Unterlassung nicht aus, die im Zeitpunkt ihrer Begehung nach den von der Völkergemeinschaft anerkannten allgemeinen Rechtsgrundsätzen strafbar war.

Artikel 16 *(Jedermann ist überall rechtsfähig)*
Artikel 17 *(Verbot rechtswidriger Eingriffe)*
Artikel 18 *(Recht auf Gedanken; Gewissens- und Religionsfreiheit)*
Artikel 19 *(Recht auf Meinungsfreiheit)*

Artikel 20
(1) Jede Kriegspropaganda wird durch Gesetz verboten.
(2) Jedes Eintreten für nationalen, rassischen oder religiösen Haß, durch das zu Diskriminierung, Feindseligkeit oder Gewalt aufgestachelt wird, wird durch Gesetz verboten.

Artikel 21 *(Recht auf Versammlungsfreiheit)*
Artikel 22 *(Recht auf Vereinigungs- und Gewerkschaftsfreiheit)*
Artikel 23 *(Recht der Familie auf ihren Schutz)*
Artikel 24 *(Rechte des Kindes)*
Artikel 25 *(Recht auf Teilnahme an öffentlichen Angelegenheiten)*
Artikel 26 *(Gleichheit vor dem Gesetz)*

Artikel 27
In Staaten mit ethnischen, religiösen oder sprachlichen Minderheiten darf den Angehörigen solcher Minderheiten nicht das Recht vorenthalten werden, gemeinsam mit anderen Angehörigen ihrer Gruppe ihr eigenes kulturelles Leben zu pflegen, ihre eigene Religion zu bekennen und auszuüben oder sich ihrer eigenen Sprache zu bedienen.
. . .

*Anmerkungen:*
[1] Zur Ratifizierung: Siehe S. 70.
[2] Der Artikel 1 ist völlig gleichlautend auch im »Internationalen Pakt über wirtschaftliche, soziale und kulturelle Rechte« der UN vom 19. 12. 1966 als Artikel 1 enthalten.

*Quelle:*
Bertram, Wilhelm (Hrsg.): »Menschenrechte – Internationale Dokumente«; 5. Aufl.; Bonn, 1980; S. 132ff.

**Entschließung** **1967, 22. Mai**
**der Föderalistischen Union Europäischer Völkergruppen (FUEV)**[1]**:**
Hauptgrundsätze eines Volksgruppenrechtes

1. Jedermann hat das Recht, sich frei zu einer nationalen Minderheit bzw. Volksgruppe zu bekennen. Die Staaten sind verpflichtet, die politischen und sozialen Voraussetzungen für ein freies Bekenntnis zu schaffen. Dieses Bekenntnis darf weder bestritten noch nachgeprüft werden.
2. Der Genuß aller bürgerlichen und politischen Rechte muß jedem Staatsbürger ohne Rücksicht auf die Zugehörigkeit zu einer nationalen Minderheit bzw. Volksgruppe gewährt werden.
3. Jeder Angehörige einer nationalen Minderheit bzw. Volksgruppe hat das Recht, seine

Sprache in Wort und Schrift frei zu gebrauchen und zu pflegen. Hierzu gehört auch das Recht auf Unterricht und kirchliche Betreuung einschließlich Religionsunterricht in seiner eigenen Sprache. Jeder Staat ist verpflichtet, dieses Recht der nationalen Minderheit bzw. Volksgruppe anzuerkennen und zu schützen.

4. Jeder Angehörige einer nationalen Minderheit bzw. Volksgruppe hat das Recht, im Heimatgebiet vor allen Vertretungskörperschaften, Gerichten und Behörden schriftlich und mündlich in seiner Sprache unmittelbar zu verhandeln.
5. Auch jeder Angehörige einer nationalen Minderheit bzw. Volksgruppe hat das Recht auf Freizügigkeit sowie auf Verbleiben in der angestammten Heimat. Angehörige einer nationalen Minderheit bzw. Volksgruppe dürfen als öffentliche Bedienstete nicht ohne ihre Zustimmung in fremdnationale Gebiete versetzt werden.
6. Jede nationale Minderheit bzw. Volksgruppe hat ein unverletzliches und unveräußerliches Recht auf Schutz, Erhaltung und Entwicklung ihrer Eigenart. Dieses Recht ist allgemein und nicht auf solche Gruppen beschränkt, die durch internationale Verträge anerkannt sind.
7. Jede nationale Minderheit bzw. Volksgruppe hat das Recht, sich zu organisieren. Sie hat das Recht auf kulturelle Autonomie einschließlich Selbstverwaltung von Schule und im Bereiche der Kirche. Die nationalen Minderheiten bzw. Volksgruppen müssen an den öffentlichen Mitteln für diese Zwecke angemessenen Anteil haben. Auch hat jede nationale Minderheit bzw. Volksgruppe das Recht, daß ihr eine angemessene Zeit im Rundfunk und Fernsehen eingeräumt wird.
8. Der Bevölkerung eines Teilgebietes eines Staates, das vorwiegend von einer nationalen Minderheit bzw. Volksgruppe bewohnt ist, sollen territoriale Selbstverwaltung und regionale Gesetzgebungsbefugnis gewährt werden. Ein entsprechender Anteil an den öffentlichen Mitteln des Domizilstaates soll der Selbstverwaltung gesichert sein.
9. Jede nationale Minderheit bzw. Volksgruppe hat das Recht auf eine angemessene Vertretung in den Parlamenten sowie in allen Gesetzgebungs- und Verwaltungskörperschaften. Sperrklauseln dürfen gegen nationale Minderheiten bzw. Volksgruppen nicht angewandt werden.
10. Hat eine nationale Minderheit bzw. Volksgruppe Domizil in einem Staat, der einem Staatenbund mit übernationalen Behörden angeschlossen ist, soll die nationale Minderheit bzw. Volksgruppe in den Vertretungen des Staatenbundes Recht auf eine angemessene Vertretung haben.
11. Die Organisationen der nationalen Minderheiten bzw. Volksgruppen sind berechtigt, sowohl die Interessen der Volksgruppen als auch ihrer Organisationen und die ihrer einzelnen Angehörigen zu vertreten. Eine in ihren Rechten vom Staat beeinträchtigte nationale Minderheit bzw. Volksgruppe kann bei nationalen, europäischen oder internationalen Gerichtshöfen Hilfe und Schutz verlangen.
12. Die Staaten und die Staaten-Zusammenschlüsse haben die wirtschaftlichen Verhältnisse so zu gestalten, daß die Angehörigen der nationalen Minderheiten bzw. Volksgruppen in ihrer engeren Heimat Arbeit finden können und nicht gezwungen sind, um eines ausreichenden Lebensunterhaltes willen in andere Gebiete desselben Staates abzuwandern. Auch darf die wirtschaftliche Entwicklung und Industrialisierung nicht dazu benutzt werden, den Siedlungsraum einer nationalen Minderheit bzw. Volksgruppe durch andersnationale Arbeitskräfte zu überfremden.

*Anmerkungen:*
[1] Beschlossen vom 17. Kongreß in Dänemark.
[2] Zu einem Vorläufer dieser Formulierungen: Siehe S. 32.

*Quelle:*
Maschinenschriftliches Manuskript.

**UN-Konvention** **1968, 26. November**[1]
**über die Nichtverjährung von Kriegsverbrechen**
**und Verbrechen gegen die Menschlichkeit**[2]**:**
*Vertreibung ist unverjährbares Verbrechen*

Die Vertragsstaaten der vorliegenden Konvention
...
feststellend, daß keine der feierlichen Deklarationen, Verträge oder Konventionen, die sich auf die Verfolgung und Bestrafung von Kriegsverbrechen und Verbrechen gegen die Menschheit beziehen, Vorsorge für eine zeitliche Begrenzung treffen,
erwägend, daß Kriegsverbrechen und Verbrechen gegen die Menschlichkeit zu den schwersten Verbrechen des Völkerrechts gehören,
überzeugt, daß wirksame Bestrafung von Kriegsverbrechen und Verbrechen gegen die Menschlichkeit ein bedeutsames Element bei der Verhinderung solcher Verbrechen, beim Schutz der Menschenrechte und der grundlegenden Freiheiten, bei der Förderung des Vertrauens und der Zusammenarbeit zwischen Völkern und bei der Stärkung des internationalen Friedens und der Sicherheit ist,
...
sind wie folgt übereingekommen:
Artikel 1:
Keine gesetzliche Begrenzung soll für die folgenden Verbrechen erfolgen, ungeachtet des Zeitpunkts, an dem sie begangen wurden:
a) Kriegsverbrechen, wie sie in der Charta des Internationalen Gerichtshofes in Nürnberg vom 8. August 1945[3] definiert sind und durch die Resolutionen 3 (I) vom 13. Februar 1946 und 95 (I) vom 11. Dezember 1946 der UN-Vollversammlung bestätigt wurden, insbesondere die schweren Übertretungen, die in den Genfer Konventionen von 1949[4] zum Schutz der Kriegsopfer aufgezählt sind;
b) Verbrechen gegen die Menschheit/Menschlichkeit, sei es, daß sie in Kriegszeiten oder in Friedenszeiten begangen wurden, wie sie in der Charta des Internationalen Gerichtshofes von Nürnberg vom 8. August 1945[3] definiert sind und durch die Resolutionen 3 (I) vom 13. Februar 1946 und 95 (I) vom 11. Dezember 1946 der UN-Vollversammlung bestätigt wurden, die Vertreibung durch bewaffneten Angriff oder Okkupation und unmenschliche Handlungen, die sich aus der Apartheid-Politik ergeben, sowie das Verbrechen des Völkermords, wie es in der Konvention von 1948 über die Verhinderung und Bestrafung des Verbrechens des Völkermordes[5] definiert wird, auch wenn solche Handlungen keine Verletzung des heimischen Rechts des Landes darstellen, in dem sie begangen worden sind.

Artikel 2:
Wenn irgendeines der im Art. 1 erwähnten Verbrechen begangen worden ist, sollen die Bestimmungen dieser Konvention auf die Vertreter der Staatsautorität und private Individuen Anwendung finden, die als Haupttäter oder Komplizen an einem dieser Verbrechen teilnehmen oder direkt zu dessen Begehung anstiften oder die dazu konspirieren, ungeachtet des Ausmaßes der Vollendung und der Tatsache, ob Vertreter der Staatsautorität deren Begehung dulden.

Artikel 3:
Die Vertragsstaaten verpflichten sich, alle notwendigen heimischen Maßnahmen legislativer oder anderer Art zu ergreifen, um in Übereinstimmung mit dem Völkerrecht die Auslieferung der Personen, auf die in Art. 1 Bezug genommen wird, möglich zu machen.

Artikel 4:
Die Vertragsstaaten der vorliegenden Konvention verpflichten sich in Übereinstimmung mit ihren jeweiligen verfassungsmäßigen Verfahren, jede gesetzliche oder andere Maßnahme zu treffen, die notwendig ist, damit keine gesetzlichen oder andersartigen Begrenzungen für die Verfolgung und Bestrafung der Verbrechen angewendet werden, auf die in den Art. 1 und 3 Bezug genommen ist, und daß, wo Begrenzungen bestehen, sie aufgehoben werden.
...

---

*Anmerkungen:*
[1] Datum der Verabschiedung in der Vollversammlung; dort Entschließung 23/2391. Abstimmungsergebnis: 58 Ja, 7 Nein, 36 Enthaltungen.
[2] Zur Ratifizierung: Siehe S. 70.
[3] Zum Text siehe S. 17f.
[4] Zum Text siehe S. 24.
[5] Zum Text siehe S. 20f.

---

*Quelle:*
»Archiv der Gegenwart«; Bonn vom 7. 12. 1968.

**Entschließung Nr. 2548[1]** **1969, 11. Dezember**
**der 24. Vollversammlung der Vereinten Nationen:**
*Durchführung der Deklaration über die Unabhängigkeit von Kolonialgebieten und -völkern:*
*Vertreibung ist in Kolonialgebieten verboten*

Die Generalversammlung,
an ihre Deklaration über die Gewährung der Unabhängigkeit für Kolonialgebiete und -völker erinnernd, die in der Entschließung Nr. 15-1514 vom 14. Dezember 1960[2] enthalten war,
...
1) bestätigt ihre Entschließung Nr. 15-1514[2] und alle ihre anderen Entschließungen zur Frage der Entkolonialisierung;
...
5) bestätigt die Anerkennung der Legitimität des Kampfes der Kolonialvölker, ihr Recht auf Selbstbestimmung und Unabhängigkeit auszuüben, stellt mit Befriedigung den Fortschritt fest, den nationale Befreiungsbewegungen durch ihren Kampf und durch Wiederaufbauprogramme in den Kolonialgebieten erreicht haben und fordert alle Staaten auf, ihnen moralische und materielle Unterstützung zu geben;
...
9) verurteilt politische Vorgehensweisen gewisser Kolonialmächte in Gebieten unter ihrer Herrschaft, durch welche ... die planmäßige Einschleußung fremder Einwanderer bei gleichzeitiger Austreibung, Verdrängung und Umsiedlung der eingesessenen Einwohner in andere Gebiete erfolgt;
...

---

*Anmerkungen:*
[1] Abstimmungsergebnis: 78 Ja, 5 Nein, 16 Enthaltungen; Bundesrepublik Deutschland: Enthaltung.
[2] Zum Text siehe S. 39.

---

*Quelle:*
United Nations – General Assembly – Twenty-Forth Session: »Resolutions adopted without reference to a Main Commitee«; S. 5f.
Inhaltsangabe in »Archiv der Gegenwart« vom 14. Mai 1970; S. 15467f.

**Die Staaten Europas u. a.:** **1975, 1. August**
**Schlußakte der Konferenz über Sicherheit und Zusammenarbeit (KSZE)[1]:**
*Menschenrechte*

Die Konferenz über Sicherheit und Zusammenarbeit in Europa, die am 3. Juli 1973 in Helsinki eröffnet und vom 18. September 1973 bis zum 21. Juli 1975 in Genf fortgesetzt wurde, fand ihren Abschluß in Helsinki am 1. August 1975 durch die Hohen Vertreter Belgiens, Bulgariens, Dänemarks, der Deutschen Demokratischen Republik, der Bundesrepublik Deutschland, Finnlands, Frankreichs, Griechenlands, des Heiligen Stuhls, Irlands, Islands, Italiens, Jugoslawiens, Kanadas, Liechtensteins, Luxemburgs, Maltas, Monacos, der Niederlande, Norwegens, Österreichs, Polens, Portugals, Rumäniens, San Marinos, Schwedens, der Schweiz, Spaniens, der Tschechoslowakei, der Türkei, Ungarns, der Union der Sozialistischen Sowjetrepubliken, des Vereinigten Königsreichs, der Vereinigten Staaten von Amerika, Zyperns.
...

Fragen der Sicherheit in Europa
...

a) Erklärung über die Prinzipien, die die Beziehungen der Teilnehmerstaaten leiten
...

I. Souveräne Gleichheit, Achtung der der Souveränität innewohnenden Rechte
Die Teilnehmerstaaten werden gegenseitig ihre souveräne Gleichheit und Individualität sowie alle ihrer Souveränität innewohnenden und von ihr umschlossenen Rechte achten, einschließlich insbesondere des Rechtes eines jeden Staates auf rechtliche Gleichheit, auf territoriale Integrität sowie auf Freiheit und politische Unabhängigkeit. Sie werden ebenfalls das Recht jedes anderen Teilnehmerstaates achten, sein politisches, soziales, wirtschaftliches und kulturelles System frei zu wählen und zu entwickeln sowie sein Recht, seine Gesetze und Verordnungen zu bestimmen.
Im Rahmen des Völkerrechts haben alle Teilnehmerstaaten gleiche Rechte und Pflichten. Sie werden das Recht jedes anderen Teilnehmerstaates achten, seine Beziehungen zu anderen Staaten im Einklang mit dem Völkerrecht und im Geiste der vorliegenden Erklärung zu bestimmen und zu gestalten, wie er es wünscht. Sie sind der Auffassung, daß ihre Grenzen, in Übereinstimmung mit dem Völkerrecht, durch friedliche Mittel und durch Vereinbarung verändert werden können. Sie haben ebenfalls das Recht, internationalen Organisationen anzugehören oder nicht anzugehören, Vertragspartei bilateraler oder multilateraler Verträge zu sein oder nicht zu sein, einschließlich des Rechtes, Vertragspartei eines Bündnisses zu sein oder nicht zu sein; desgleichen haben sie das Recht auf Neutralität.

II. Enthaltung von der Androhung oder Anwendung von Gewalt
Die Teilnehmerstaaten werden sich in ihren gegenseitigen Beziehungen sowie in ihren internationalen Beziehungen im allgemeinen der Androhung oder Anwendung von Gewalt, die gegen die territoriale Integrität oder politische Unabhängigkeit irgendeines Staates gerichtet oder auf irgendeine andere Weise mit den Zielen der Vereinten Nationen und mit der

vorliegenden Erklärung unvereinbar ist, enthalten. Die Geltendmachung von Erwägungen zur Rechtfertigung eines gegen dieses Prinzip verstoßenden Rückgriffs auf die Androhung oder Anwendung von Gewalt ist unzulässig.
Die Teilnehmerstaaten werden sich dementsprechend jeglicher Handlung enthalten, die eine Gewaltandrohung oder eine direkte oder indirekte Gewaltanwendung gegen einen anderen Teilnehmerstaat darstellt. Sie werden sich gleichermaßen jeglicher Gewaltmanifestation, die den Zweck hat, einen anderen Teilnehmerstaat zum Verzicht auf die volle Ausübung seiner souveränen Rechte zu bewegen, enthalten. Sie werden sich ebenso in ihren gegenseitigen Beziehungen jeglicher gewaltsamen Repressalie enthalten.
Keine solche Androhung oder Anwendung von Gewalt wird als Mittel zur Regelung von Streitfällen oder von Fragen, die zu Streitfällen zwischen ihnen führen können, verwendet werden.

III. Unverletzlichkeit der Grenzen
Die Teilnehmerstaaten betrachten gegenseitig alle ihre Grenzen sowie die Grenzen aller Staaten in Europa als unverletzlich und werden deshalb jetzt und in der Zukunft diese Grenzen nicht in Frage stellen.
Dementsprechend werden sie sich auch jeglicher Forderung oder Handlung enthalten, sich eines Teiles oder des gesamten Territoriums irgendeines Teilnehmerstaates zu bemächtigen.

IV. Territoriale Integrität der Staaten
Die Teilnehmerstaaten werden die territoriale Integrität eines jeden Teilnehmerstaates achten.
Dementsprechend werden sie sich jeder mit den Zielen und Grundsätzen der Charta der Vereinten Nationen unvereinbaren Handlung gegen die territoriale Integrität, politische Unabhängigkeit oder Einheit eines jeden Teilnehmerstaates enthalten, insbesondere jeder derartigen Handlung, die eine Androhung oder Anwendung von Gewalt darstellt.
Die Teilnehmerstaaten werden ebenso davon Abstand nehmen, das Territorium eines jeden anderen Teilnehmerstaates zum Gegenstand einer militärischen Besetzung oder anderer direkter oder indirekter Gewaltmaßnahmen unter Verletzung des Völkerrechts oder zum Gegenstand der Aneignung durch solche Maßnahmen oder deren Androhung zu machen. Keine solche Besetzung oder Aneignung wird als rechtmäßig anerkannt werden.

V. Friedliche Regelung von Streitfällen
...

VI. Nichteinmischung in innere Angelegenheiten
Die Teilnehmerstaaten werden sich ungeachtet ihrer gegenseitigen Beziehungen jeder direkten oder indirekten, individuellen oder kollektiven Einmischung in die inneren oder äußeren Angelegenheiten enthalten, die in die innerstaatliche Zuständigkeit eines anderen Teilnehmerstaates fallen.
Sie werden sich dementsprechend jeder Form der bewaffneten Intervention oder der Androhung einer solchen Intervention gegen einen anderen Teilnehmerstaat enthalten.
Sie werden sich gleichermaßen unter allen Umständen jeder militärischen wie auch politischen, wirtschaftlichen oder sonstigen Zwangsmaßnahme enthalten, die darauf gerichtet ist, ihrem eigenen Interesse die Ausübung der Rechte eines anderen Teilnehmerstaates, die dessen Souveränität innewohnen, unterzuordnen und sich damit Vorteile irgendwelcher Art zu verschaffen.
Dementsprechend werden sie sich unter anderem der direkten oder indirekten Unterstützung terroristischer Tätigkeiten oder subversiver oder anderer Tätigkeiten enthalten, die

auf den gewaltsamen Umsturz des Regimes eines anderen Teilnehmerstaates gerichtet sind.

VII. Achtung der Menschenrechte und Grundfreiheiten, einschließlich der Gedanken-, Gewissens-, Religions- oder Überzeugungsfreiheit
Die Teilnehmerstaaten werden die Menschenrechte und Grundfreiheiten einschließlich der Gedanken-, Gewissens-, Religions- oder Überzeugungsfreiheit für alle ohne Unterschied der Rasse, des Geschlechts, der Sprache oder der Religion achten.
Sie werden die wirksame Ausübung der zivilen, politischen, wirtschaftlichen, sozialen, kulturellen sowie der anderen Rechte und Freiheiten, die sich alle aus der dem Menschen innewohnenden Würde ergeben und für seine freie und volle Entfaltung wesentlich sind, fördern und ermutigen.
In diesem Rahmen werden die Teilnehmerstaaten die Freiheit des Individuums anerkennen und achten, sich allein oder in Gemeinschaft mit anderen zu einer Religion oder einer Überzeugung in Übereinstimmung mit dem, was sein Gewissen ihm gebietet, zu bekennen und sie auszuüben.
Die Teilnehmerstaaten, auf deren Territorium nationale Minderheiten bestehen, werden das Recht von Personen, die zu solchen Minderheiten gehören, auf Gleichheit vor dem Gesetz achten; sie werden ihnen jede Möglichkeit für den tatsächlichen Genuß der Menschenrechte und Grundfreiheiten gewähren und werden auf diese Weise ihre berechtigten Interessen in diesem Bereich schützen.
Die Teilnehmerstaaten anerkennen die universelle Bedeutung der Menschenrechte und Grundfreiheiten, deren Achtung ein wesentlicher Faktor für den Frieden, die Gerechtigkeit und das Wohlergehen ist, die ihrerseits erforderlich sind, um die Entwicklung freundschaftlicher Beziehungen und der Zusammenarbeit zwischen ihnen sowie zwischen allen Staaten zu gewährleisten.
Sie werden diese Rechte und Freiheiten in ihren gegenseitigen Beziehungen stets achten und sich einzeln und gemeinsam, auch in Zusammenarbeit mit den Vereinten Nationen, bemühen, die universelle und wirksame Achtung dieser Rechte und Freiheiten zu fördern.
Sie bestätigen das Recht des Individuums, seine Rechte und Pflichten auf diesem Gebiet zu kennen und auszuüben.
Auf dem Gebiet der Menschenrechte und Grundfreiheiten werden die Teilnehmerstaaten in Übereinstimmung mit den Zielen und Grundsätzen der Charta der Vereinten Nationen und mit der Allgemeinen Erklärung der Menschenrechte handeln. Sie werden ferner ihre Verpflichtungen erfüllen, wie diese festgelegt sind in den internationalen Erklärungen und Abkommen auf diesem Gebiet, soweit sie an sie gebunden sind, darunter auch in den Internationalen Konventionen über die Menschenrechte.

VIII. Gleichberechtigung und Selbstbestimmungsrecht der Völker
Die Teilnehmerstaaten werden die Gleichberechtigung der Völker und ihr Selbstbestimmungsrecht achten, indem sie jederzeit in Übereinstimmung mit den Zielen und Grundsätzen der Charta der Vereinten Nationen und den einschlägigen Normen des Völkerrechts handeln, einschließlich jener, die sich auf die territoriale Integrität der Staaten beziehen.
Kraft des Prinzips der Gleichberechtigung und des Selbstbestimmungsrechts der Völker haben alle Völker jederzeit das Recht, in voller Freiheit, wann und wie sie es wünschen, ihren inneren und äußeren politischen Status ohne äußere Einmischung zu bestimmen und ihre politische, wirtschaftliche, soziale und kulturelle Entwicklung nach eigenen Wünschen zu verfolgen.
Die Teilnehmerstaaten bekräftigen die universelle Bedeutung der Achtung und der wirksamen Ausübung der Gleichberechtigung und des Selbstbestimmungsrechts der Völker für die Entwicklung freundschaftlicher Beziehungen zwischen ihnen sowie zwischen allen Staa-

ten; sie erinnern auch an die Bedeutung der Beseitigung jeglicher Form der Verletzung dieses Prinzips.

. . .

Zusammenarbeit in humanitären und anderen Bereichen

. . .

1) Menschliche Kontakte

a) Kontakte und regelmäßige Begegnungen auf der Grundlage familiärer Bindungen

Um die weitere Entwicklung von Kontakten auf der Grundlage familiärer Bindungen zu fördern, werden die Teilnehmerstaaten Gesuche auf Reisen wohlwollend prüfen mit dem Ziel, Personen zu erlauben, in ihr Territorium zeitweilig und, wenn gewünscht, regelmäßig einzureisen oder aus ihm auszureisen, um Mitglieder ihrer Familien zu besuchen.

Gesuche auf zeitweilige Besuchsreisen zum Zweck von Begegnungen mit Mitgliedern ihrer Familien werden ohne Unterschied hinsichtlich des Herkunfts- oder Bestimmungslandes behandelt werden; bestehende Bestimmungen hinsichtlich Reisedokumente und Visa werden in diesem Geiste angewendet werden. Die Ausstellung und Ausgabe solcher Dokumente und Visa werden innerhalb vernünftiger Fristen erfolgen; Dringlichkeitsfälle – wie ernste Erkrankung oder Todesfall – werden mit Vorrang behandelt werden. Sie werden die Schritte unternehmen, welche notwendig sein können, um zu gewährleisten, daß die Gebühren für amtliche Reisedokumente und Visa annehmbar sind.

Sie bestätigen, daß die Einreichung eines Gesuchs betreffend Kontakte auf der Grundlage familiärer Bindungen zu keiner Veränderung der Rechte und Pflichten des Gesuchstellers oder seiner Familienmitglieder führen wird.

b) Familienzusammenführung

Die Teilnehmerstaaten werden in positivem und humanitärem Geist Gesuche von Personen behandeln, die mit Angehörigen ihrer Familie zusammengeführt werden möchten, unter besonderer Beachtung von Gesuchen dringenden Charakters – wie solchen, die von kranken oder alten Personen eingereicht werden.

Sie werden Gesuche in diesem Bereich so zügig wie möglich behandeln.

Sie werden, wo notwendig, die im Zusammenhang mit diesen Gesuchen erhobenen Gebühren verringern, um sicherzustellen, daß sie gemäßigt sind.

Gesuche betreffend Familienzusammenführung, denen nicht stattgegeben wird, können auf entsprechender Ebene erneut eingereicht werden; sie werden von den Behörden des Aufenthaltslandes beziehungsweise des Aufnahmelandes in angemessen kurzen Zeitabständen von neuem geprüft; unter diesen Umständen werden Gebühren nur im Falle der Genehmigung des Gesuchs erhoben.

Personen, deren Gesuchen betreffend Familienzusammenführung stattgegeben wurde, können ihr Haushaltsgut und ihre persönliche Habe mitführen oder versenden; zu diesem Zwecke werden die Teilnehmerstaaten alle in den bestehenden Vorschriften enthaltenen Möglichkeiten nutzen.

Solange Angehörige derselben Familien nicht zusammengeführt sind, können Begegnungen und Kontakte zwischen ihnen entsprechend den Modalitäten für Kontakte auf der Grundlage familiärer Bindungen stattfinden.

. . .

Die Teilnehmerstaaten . . . bestätigen, daß die Einreichung eines Gesuches betreffend Familienzusammenführung zu keiner Veränderung der Rechte und Pflichten des Gesuchstellers oder seiner Familienmitglieder führen wird.

. . .

c) Eheschließung zwischen Bürgern verschiedener Staaten
*(werden wohlwollend geprüft)*

d) Reisen aus persönlichen und beruflichen Gründen
*(umfassende Möglichkeiten sollen entwickelt werden)*

e) Verbesserung der Bedingungen für den Tourismus
*(sollen gefördert werden)*

f) Begegnungen der Jugend
*(sollen erweitert werden)*

g) Sport
*(Austausch ist zu fördern)*

h) Erweiterungen der Kontakte
*(Tagungen und Gruppenreisen sind zu erleichtern)*

2) Information

. . .

a) Verbesserung der Verbreitung von, des Zugangs zu und des Austausches von Information

   i) Mündliche Information
   *(Förderung von Vorträgen u. ä.)*

   ii) Gedruckte Information
   *(Verbreitung gedruckter Veröffentlichungen aus anderen Teilnehmerstaaten soll erleichtert werden)*

   iii) Gefilmte und gesendete Information
   *(Einfuhr durch* »unmittelbar betroffene/kompetente Organisationen und Firmen« *ist zu fördern/zu erleichtern)*

b) Zusammenarbeit im Bereich der Information
*(soll gefördert werden)*

c) Verbesserung der Arbeitsbedingungen für Journalisten
*(soll erfolgen)*

3) Zusammenarbeit und Austausch im Bereich der Kultur

. . .

*Anmerkung:*
[1] Zum Beitritt: Siehe S. 70.

*Quelle:*
Volle/Wagner: »KSZE«; Bonn, 1976; S. 237ff.

**Gemeinsame Erklärung** **1977, 5. April**
**des Europäischen Parlaments, des Europäischen Rates**
**und der Europäischen Kommission:**
*Achtung der Grundrechte*

1. Das Europäische Parlament, der Rat und die Kommission unterstreichen die vorrangige Bedeutung, die sie der Achtung der Grundrechte beimessen, wie sie insbesondere aus den Verfassungen der Mitgliedstaaten sowie aus der Europäischen Konvention zum Schutz der Menschenrechte und Grundfreiheiten[1] hervorgehen.
2. Bei der Ausübung ihrer Befugnisse und bei der Verfolgung der Ziele der Europäischen Gemeinschaften beachten sie diese Rechte und werden dies auch in Zukunft tun.

*Anmerkung:*
[1] Zum Text: Siehe S. 26ff.

*Quelle:*
Bernhardt, Rudolf: »Grundrechte im Rahmen der europäischen Gemeinschaft« in: »Menschenrechte«; Berlin, 1982; S. 83.

**Resolution** **1979, 4. März**[1]
**der Sudetendeutschen Landsmannschaft und des Sudetendeutschen Rates**[2]**:**
*Schaffung eines internationalen Minderheiten- und Volksgruppenrechts*

*Legitimiert durch*
- ihre geschichtliche Erfahrung im Vielvölkerstaat der österreichisch-ungarischen Monarchie;
- ihr Schicksal im Mehrvölkerstaat der Ersten Tschechoslowakischen Republik;
- die völkerrechtswidrige Vertreibung aus ihrer angestammten Heimat in Böhmen, Mähren und Sudetenschlesien;
- ihre Leistung beim Wiederaufbau eines freiheitlich-demokratischen Rechtsstaats in der Bundesrepublik Deutschland;
- ihr Eintreten für die Menschenrechte, die Anerkennung des Selbstbestimmungsrechts der Völker und Volksgruppen sowie des Rechts auf die Heimat

stellen die Bundesversammlung der Sudetendeutschen Landsmannschaft und der Sudetendeutsche Rat für die sudetendeutsche Volksgruppe fest:

1. Die Anerkennung der individuellen Menschenrechte, insbesondere die nur formelle staatsbürgerliche Gleichstellung und das Verbot der Diskriminierung Einzelner als Angehörige einer ethnischen Minderheit oder Volksgruppe, sind für sich allein keine Garantien gerechter Behandlung und Erhaltung ihrer Eigenart.
2. Die Mißachtung der Rechte von Minderheiten und Volksgruppen war unter anderem Ursache, Anlaß oder Vorwand für gewaltsame innerstaatliche und internationale Aktionen, auch für den Ausbruch des Ersten und Zweiten Weltkrieges.
3. Die Mißachtung der Rechte von Minderheiten und Volksgruppen führte in vielen Fällen zu ihrer Entnationalisierung und Vertreibung.
4. Ungelöste Minderheiten- und Volksgruppenprobleme erzeugen immer wieder Konfliktherde und führen zu Terror und bewaffneten Auseinandersetzungen, zum Beispiel
   - im Nahen Osten durch Verweigerung des Rechts auf die Heimat für die Palästinenser und Mißachtung der Existenzrechte Israels,
   - in Afrika durch den untauglichen Versuch der bloßen Machtverschiebung von einer Bevölkerungsgruppe auf eine andere, ohne Rücksicht auf die Lebensinteressen einzelner Minderheiten und Volksgruppen,
   - in Europa überall dort, wo das Prinzip des Föderalismus oder Regionalismus mißachtet wird.
5. Die Verletzung der Menschenrechte der heute noch in Ost- und Mitteleuropa lebenden Millionen Deutschen, ist insbesondere dadurch gekennzeichnet, daß ihnen Minderheiten- oder Volksgruppenrechte vorenthalten werden. Die angestammte Heimat wird ihnen dadurch zur Fremde. Sie sehen sich deshalb veranlaßt, sie zu verlassen, um als freie Deutsche leben zu können.

Die Bundesversammlung der Sudetendeutschen Landsmannschaft und der Sudetendeutsche Rat erinnern daran, daß es in der Geschichte Vorbilder und Vorschläge für Regelungen des Zusammenlebens von Volksgruppen oder von Minderheiten mit dem Mehrheitsvolk in einem Staate gibt, wie etwa
- den Verfassungsentwurf des Kremsierer Reichstages 1848[3],

- die Paulskirchenverfassung vom 28. März 1849 (§ 188)[4],
- Art. 19 des österreichischen »Staatsgrundgesetzes vom 21. 12. 1867[5] über die allgemeinen Rechte der Staatsbürger« (»Alle Volksstämme des Staates sind gleichberechtigt«),
- das »Brünner Programm« der österreichischen Sozialdemokraten aus dem Jahre 1899[6] (»Österreich ist umzubilden in einen Nationalitäten-Bundesstaat«),
- den »Mährischen Ausgleich« vom 27. November 1905[7] (getrennte Kurien und Kombination von Gruppen- und Personal-Rechten durch entsprechende Verfassung, Wahl-, Sprachen- und Schulgesetze).

Die Bundesversammlung der Sudetendeutschen Landsmannschaft und der Sudetendeutsche Rat weisen ferner darauf hin, daß in verschiedenen Staaten – wenn auch unterschiedlich praktiziert – Regelungen von Rechten für Minderheiten und Volksgruppen bestehen, so z. B.

- das Südtirol-Abkommen aus dem Jahre 1946[8] zwischen der Republik Italien und der Republik Österreich mit dem 1969 ausgehandelten Paket innerstaatlicher Regelungen Italiens für Südtirol (Südtirol-Paket),
- das Volksgruppengesetz der Republik Österreich vom 7. Juli 1976,
- die Erklärung der Regierung der Bundesrepublik Deutschland vom 29. März 1955 zur dänischen Minderheit,
- die Erklärung der Dänischen Regierung vom 29. März zur deutschen Minderheit in Dänemark,
- die Verfassung der Sozialistischen Föderativen Republik Jugoslawiens vom 21. Februar 1974.

Die Bundesversammlung der Sudetendeutschen Landsmannschaft und der Sudetendeutsche Rat bedauern, daß das internationale Recht kein allgemeines Schutzsystem für Minderheiten und Volksgruppen sowie keinen konkreten Schutz vor Entnationalisierung und Vertreibung kennt. Ansatzpunkte für die Entwicklung eines solchen Schutzsystems sind jedoch vorhanden, so etwa

- die Konvention über die Verhütung und Bestrafung des Völkermords vom 9. Dezember 1948[9],
- Artikel 2 der Allgemeinen Erklärung der Menschenrechte vom 10. Dezember 1948[10], wonach die Rechte und Freiheiten aus dieser Erklärung ohne Diskriminierung unter anderem wegen Rasse, Sprache oder nationaler Herkunft beansprucht werden können,
- Artikel 14 der Europäischen Konvention zum Schutze der Menschenrechte und Grundfreiheiten vom 4. November 1950[11], der den Genuß der Rechte und Freiheiten dieser Konvention ohne Unterschied z. B. der Rasse, Sprache, nationalen Herkunft oder Zugehörigkeit zu einer nationalen Minderheit gewährleistet,
- Artikel 3 und 4 des 4. Zusatzprotokolls zur Europäischen Konvention zum Schutze der Menschenrechte und Grundfreiheiten vom 16. September 1963[12], in denen die Freizügigkeit gewährleistet und ein Verbot von Kollektivausweisungen ausgesprochen wird,
- das Internationale Übereinkommen zur Beseitigung jeder Form von Rassendiskriminierung vom 21. Dezember 1965,
- die Artikel 1 des Internationalen Paktes über wirtschaftliche, soziale und kulturelle sowie über staatsbürgerliche und politische Rechte vom 16. Dezember 1966[13], in denen das Recht auf Selbstbestimmung der Völker grundsätzlich anerkannt wird,
- Artikel 27 des Internationalen Paktes über staatsbürgerliche und politische Rechte vom 16. Dezember 1966[14], der vorschreibt, daß Angehörigen von Minderheiten nicht das Recht entzogen werden darf, in Gemeinschaft mit anderen Angehörigen ihrer Gruppe ihre eigene Kultur zu pflegen, sich zu ihrer eigenen Religion zu bekennen und sie auszuüben oder sich ihrer eigenen Sprache zu bedienen,
- die Arbeit der Unterkommission der Vereinten Nationen zur Verhinderung von Diskriminierung und zum Schutze der Minderheiten,

- die politischen Aussagen in der Schlußakte der Konferenz über Sicherheit und Zusammenarbeit in Europa in Helsinki vom 1. August 1975[15], in deren Prinzip VII das Recht zur Ausübung der Religion in der Gemeinschaft mit anderen ebenso anerkannt ist, wie in dem sogenannten Korb III das Recht von Personen, die zu Minderheiten gehören, auf Gleichheit vor dem Gesetz und Schutz ihrer Menschenrechte, Grundfreiheiten und berechtigten Interessen sowie die Pflege der Kultur ermöglicht werden soll.

Angesichts dieser Voraussetzungen halten die Bundesversammlung der Sudetendeutschen Landsmannschaft und der Sudetendeutsche Rat die Schaffung eines international anerkannten und geschützten Minderheiten- und Volksgruppenrechts
- zur Verwirklichung der Menschenrechte für Minderheiten und Volksgruppen,
- zur Gewährleistung des Friedens und der Sicherheit innerhalb der Staaten und zwischen den Staaten sowie
- zu Erfüllung eines Höchstmaßes an Gerechtigkeit

für möglich und dringend geboten.

Ein solches Minderheiten- und Volksgruppenrecht muß von folgenden Prinzipien getragen sein[16]:

1. Garantie des Gruppenstatus und von Grundrechten der Minderheiten und Volksgruppen durch Anerkennung
   - des Rechts auf die Existenz einer Volksgruppe, insbesondere als nationale oder kulturelle Einheit,
   - des Rechts des Einzelnen, sich frei zu einer Volksgruppe zu bekennen,
   - des Rechts auf die Heimat für die Volksgruppe,
   - des Rechts auf freie wirtschaftliche, soziale und kulturelle Entwicklung sowie
   - des Rechts auf Autonomie in einem von der Volksgruppe bewohnten Gebiet oder als Personalverband,

   und ein Verbot
   - der Entnationalisierung,
   - der Vertreibung oder Zwangsumsiedlung,
   - des Entzugs der Staatsangehörigkeit und der Diskriminierung wegen Zugehörigkeit zu einer Minderheit oder Volksgruppe.
2. Gewährleistung des Rechts auf angemessene Mitwirkung im Staate durch
   - Bildung eigener politischer Parteien oder Beteiligung an allgemeinen politischen Parteien,
   - Vertretung in den Parlamenten und Volksvertretungen aller Ebenen ohne Behinderung durch Sperrklauseln oder Vorschriften über Grundmandate, so daß gegebenenfalls eine Mindestzahl von Mandaten einzuräumen ist,
   - Vetorecht in allen Angelegenheiten, die für die Existenz und Erhaltung der Volksgruppe Bedeutung haben und
   - Bildung von Beiräten für die Angelegenheiten der Minderheit oder Volksgruppe.
3. Einräumung des Rechts auf Selbstbestimmung durch
   - freie Wahlen,
   - weitgehende Gesetzgebungs- und Verwaltungsautonomie, insbesondere in Angelegenheiten der Kultur, Erziehung, Sprache, Religion und Information (z. B. in Presse und Rundfunk) sowie in Angelegenheiten der wirtschaftlichen und sozialen Entwicklung,
   - gegebenenfalls Selbstregierung.
4. Gewährleistung des Rechts auf
   - Gebrauch der Muttersprache u. a. in den Volksvertretungen, vor Verwaltungsbehörden und Gerichten, zumindest im Siedlungsgebiet der Minderheit oder Volksgruppe,
   - Ortsbezeichnung in der Sprache der Volksgruppe,
   - Familien- und Vornamen nach Sprache und Überlieferung der Volksgruppe.

5. Gewährleistung des Anspruchs auf eigene Schulen, Hochschulen, berufsbildende Schulen und Einrichtungen, Kindergärten sowie Schulaufsichtsorgane.
6. Gesetzliche Festlegung des Anspruchs auf Förderung von Maßnahmen und Vorhaben zur Erhaltung und Sicherung des Bestandes der Volksgruppe, ihrer Kultur, ihres Volkstums sowie ihrer Eigenart und ihrer Rechte.
7. Gewährleistung
   - des Zugangs zu allen öffentlichen Ämtern und
   - der Einstellung als öffentlich Bediensteter oder Angehöriger der Polizei bzw. bewaffneten Macht im Gebiet der Volksgruppe.
8. Sicherstellung der entsprechenden Beteiligung an den öffentlichen Finanzen, an der internationalen Vertretung des Staates im Verhältnis zu anderen Staaten und in den Organen internationaler Organisationen.

Die Einhaltung dieser Prinzipien eines Minderheiten- und Volksgruppenrechts ist sicherzustellen durch
- internationale Konventionen auf weltweiter oder regionaler Ebene,
- ein internationales Rechtsschutzsystem, das der Minderheit oder Volksgruppe als solcher sowie dem einzelnen Angehörigen ein Beschwerde- und Klagerecht einräumt,
- Erstreckung der internationalen Schiedsgerichtsbarkeit und Gerichtsbarkeit auf Angelegenheiten des Minderheiten- und Volksgruppenrechts und
- Sanktionen bei Verletzung von Rechten der Volksgruppen und Minderheiten sowie bei Verletzung des Verbots der Entnationalisierung und der Vertreibung.

Die Sudetendeutsche Landsmannschaft und der Sudetendeutsche Rat appellieren an
- die Parlamente und Regierungen der Bundesrepublik Deutschland und ihrer Länder,
- die politischen Parteien,
- die Kirchen und Religionsgemeinschaften sowie
- die internationalen Zusammenschlüsse, insbesondere die Vereinten Nationen, den Europarat, und die Europäische Gemeinschaft,

alsbald ein international anerkanntes Minderheiten- und Volksgruppenrecht zu schaffen. Dieser Appell richtet sich insbesondere an die Jugend der Völker.

*Anmerkungen:*

[1] Es handelt sich um den 60. Jahrestag des 4. März 1919; siehe dazu S. 128f.

[2] Die Resolution wurde in einer Erklärung erläutert. Erklärung und Resolution wurden der Öffentlichkeit vorgelegt.

[3] Zum Text siehe S. 87f.

[4] Zum Text siehe S. 88.

[5] Zum Text siehe S. 90.

[6] Zum Text siehe S. 93.

[7] Zum Inhalt siehe S. 96.

[8] Zum Text siehe S. 18f.

[9] Zum Text siehe S. 20f.

[10] Zum Text siehe S. 21f.

[11] Zum Text siehe S. 26f.

[12] Zum Text siehe S. 45.

[13] Zum Text siehe S. 46.

[14] Zum Text siehe S. 47.

[15] Zum Text siehe S. 51ff., hier S. 53.

[16] Die nachfolgenden Prinzipien 1 bis 8 gingen in einen Vorschlag des 27. Kongresses der »Föderalistischen Union Europäischer Volksgruppen (FUEV)« (Apenrade, Dänemark; 14.–16. 9. 1979) ein. Zeitlich parallel dazu wurden sie in eine Entschließung des Europäischen Parlaments (vom 20. 2. 1980; siehe S. 64) übernommen.

*Quelle:*
Mehrseitiges, gedrucktes Faltblatt, Format DIN A4.

**Die UN: Entwurf eines internationalen Abkommens zum Schutz nationaler oder ethnischer Gruppen oder Minderheiten**[1, 2]**:** **1979**

Die Teilnehmerstaaten des vorliegenden Abkommens
im Hinblick darauf, daß die Vollversammlung der UNO in ihrer Entschließung Nr. 3–217 C erklärt hat, gegenüber dem Geschick von Minderheiten nicht gleichgültig zu sein;
im Hinblick auf Art. 27 des Internationalen Abkommens über bürgerliche und politische Rechte[3], der den Schutz bestimmter Merkmale von Personen vorsieht, die zu ethnischen, religiösen oder sprachlichen Minderheiten gehören;
...
begrüßend Art. 1 der Menschenrechtspakte[3], die allen Völkern das Recht auf Selbstbestimmung zuerkennen und seine Anwendung auf alle, unter fremder Besetzung und kolonialer Herrschaft stehenden Völker;
im Hinblick auf regionale Regelungen über Menschenrechte, insbesondere auf Art. 14 des Europäischen Abkommens zum Schutz der Menschenrechte und Grundfreiheiten[4], die für jedermann, der einer nationalen Minderheit angehört, den Genuß der in diesen Regelungen anerkannten Menschenrechte und Grundfreiheiten gewährleistet;
...
einigen sich über die nachfolgenden Abschnitte und Einzelbestimmungen, die damit zu Bestandteilen der Menschenrechte und Grundfreiheiten werden:

Abschnitt I: Allgemeine Grundsätze
Art. 1: Jede nationale oder ethnische Gruppe oder Minderheit hat ... das unabdingbare Recht darauf, als nationale, ethnische und kulturelle Einheit anerkannt zu werden; ...
Art. 2: Nationale[5] Gruppen ... haben das unabdingbare Recht auf ethnische und kulturelle Identität und auf Selbstbestimmung im Rahmen des vorliegenden Abkommens.
Art. 3: Jeder Angehörige einer nationalen[5] Gruppe hat ... Anspruch auf Gebrauch seiner eigenen Sprache ... in allen gesellschaftlichen, wirtschaftlichen oder ähnlichen Beziehungen und in der Öffentlichkeit.
Art. 4: Nationale[5] Gruppen können ihre wirtschaftliche, gesellschaftliche und kulturelle Entwicklung frei verfolgen und dürfen im Zusammenhang mit einer unmittelbar oder mittelbar hierauf gerichteten Tätigkeit nicht diskriminiert werden ...
Art. 6: Ohne berechtigten Grund und die Zustimmung der Betroffenen dürfen weder der physische Charakter noch die demographische Zusammensetzung eines Gebiets, in dem nationale[5] Gruppen ansässig sind, verändert werden.
Art. 7: Eine Politik der künstlichen oder zwangsweisen Assimilierung darf der Staat weder führen noch begünstigen oder unterstützen.
Art. 8: Gegen nationale[5] Gruppen gerichtetes Genocidium ist ein Verbrechen gegen die Menschlichkeit.
Art. 9: Massenvertreibungen von Angehörigen nationaler[5] Gruppen gelten als Genocidium; die unfreiwillige Aussiedlung von Angehörigen nationaler Gruppen innerhalb der Staatsgrenzen oder über sie hinweg sind unter keinerlei Begründung gestattet.
Art. 10: Das Recht, sich der Mehrheit der Staatsbevölkerung zu assimilieren, darf keinem Inländer verwehrt werden.

Abschnitt II: Die Anerkennung von Gruppen, die Verhinderung ihrer Diskriminierung sowie allgemeine Schutzmaßnahmen
Art. 11: ... Eine nationale Gruppe im Sinn des vorliegenden Abkommens gilt als vorhanden, wenn eine Anzahl von Inländern des betreffenden Staates, die sich gegenüber der Gesamtzahl der Staatsbevölkerung in der Minderheit befinden, keine führende Stellung inne-

haben und ethnische oder sprachliche Eigenheiten aufweisen, die sie von der übrigen Bevölkerung unterscheiden und ferner ein auf Bewahrung ihrer Kultur, Traditionen oder Sprache gerichtetes Solidaritätsbewußtsein wenn auch nur mittelbar erkennen lassen und endlich eine angemessene Vertretung besitzen, ihre rechtliche Anerkennung als nationale oder ethnische Gruppe oder Minderheit beanspruchen.

...

Art. 12: ... Im Genuß von Menschenrechten, insbesondere solcher, die durch die UNO-Menschenrechtspakte gewährleistet sind, dürfen Angehörige einer ... Gruppe nicht diskriminiert werden, ...

Angehörige einer ... Gruppe dürfen außerhalb des Wohngebiets der Gruppe nicht zum Wehrdienst herangezogen werden, außer im Krieg oder bei öffentlichen Notständen, in denen keine Gruppeninteressen auf dem Spiel stehen.

Art. 13: Der Schutz einer nationalen [5] Gruppe kann auf innerstaatlicher oder internationaler Ebene geregelt werden. Art und Ausmaß des Schutzes hängen vom frei ausgedrückten Willen der ... Gruppe, von ihrer geographischen Verteilung und von den völkerrechtlichen Verbindlichkeiten des betreffenden Staates ab.

Auf innerstaatlicher Ebene wird der Schutz hauptsächlich gewährt durch

a) das Selbstbestimmungsrecht, wie es in der UNO-Erklärung über die Völkerrechtsgrundsätze für freundschaftliche Beziehungen und die Zusammenarbeit der Staaten gemäß der UNO-Satzung (Vollvers.-Entschl. Nr. 2625 [XXV]) umschrieben ist;
b) die Kulturautonomie;
c) die Sprachautonomie;

...

Abschnitt III: Das Selbstbestimmungsrecht

Art. 14: Das Selbstbestimmungsrecht einer nationalen [5] Gruppe wird verwirklicht, indem sie

a) sich aus dem gegebenen Staat frei mit dem Ziel löst, einen eigenen unabhängigen Staat zu bilden oder sich mit Zustimmung dieses Staates mit einem anderen Staat zu verbinden oder zu verschmelzen;
b) sich frei in eine andere Rechtslage begibt (z. B. Territorialautonomie, Selbstverwaltung, Personalautonomie oder irgendeine andere Regelung innerhalb des unmittelbar betroffenen Staates) oder indem sie
c) innerhalb des unmittelbar betroffenen Staates frei in eine Regional- oder Lokalautonomie mit oder ohne Gesetzgebungsbefugnis übergeht.

Art. 15 [1]: Selbstbestimmung im Sinn des Art. 14 Buchst. a) kann nur solchen nationalen Gruppen zuerkannt werden, deren Gebiet an einen anderen Staat grenzt oder von ihm durch das Meer oder einen Meeresarm geschieden ist und wenn sich die Mehrheit der Bevölkerung des betreffenden Gebiets in freier Abstimmung dafür ausgesprochen hat; der Staat darf den freien Willensausdruck mit dem Ziel, das Selbstbestimmungsrecht in Anspruch zu nehmen, nicht behindern ...

Abschnitt IV: Andere Autonomieformen

Art. 17: Jede nationale [5] Gruppe hat das Recht auf Wahrung ihrer eigenen Kulturgüter (Archive, Museen, Büchereien, Denkmäler, Theater, Orchester, kulturelle Einrichtungen jeder anderen Art) und auf ihre Verwaltung in Form einer Kulturautonomie. Jede ... Gruppe hat das Recht auf Ausdrucksfreiheit und daher das Recht auf eine eigene Presse und einen eigenen Informationsdienst.

Art. 18: Eine nationale [5] Gruppe hat im Rahmen bestehender Abmachungen über Wellenbereiche und -längen das Recht auf eigene Fernseh- und Rundfunkkanäle, um Programme in eigener Sprache zu angemessenen Zeiten zu senden.

Art. 19: Zur Kulturautonomie gehört ferner ein Gefüge von Unterrichtsanstalten aller Ebenen; der Unterricht ist in der Gruppensprache zu erteilen. Jedes Kind der Gruppe hat Anspruch auf diesen Unterricht, soweit die Erziehungsberechtigten dies wünschen. Die Lehrpläne haben die Gruppenbedürfnisse sowie die Grundsätze der Staatsverfassung zu berücksichtigen ...
Art. 20, 1: Die Sprachautonomie besteht in der Erleichterung des Gebrauchs der Muttersprache vor Verwaltungsbehörden und Gerichten. Gehört mehr als ein durch Vereinbarung zwischen dem Staat und den Vertretern der ... Gruppe vereinbarter Hundertsatz der Bewohner eines Gerichts- oder Verwaltungsbezirks einer oder mehreren nationalen oder ethnischen Gruppen an, so sind ihre Sprachen als Amtssprachen anzuerkennen. Bezirksgrenzen dürfen nicht so gezogen werden, daß die Geltendmachung dieses Rechts unmöglich wird. Wenn eine Sprachautonomie besteht, müssen topographische Aufschriften zwei- oder mehrsprachig sein.
2: Die Sprachautonomie sollte vor allem bezüglich der persönlichen Freiheitsrechte, des Anspruchs auf ein ordnungsmäßiges Gerichtsverfahren und in allen Angelegenheiten der öffentlichen Wohlfahrt beachtet werden.
3: Erforderlichenfalls soll der Staat die Möglichkeit eröffnen, bei der Besetzung von Dienstposten ethnische Merkmale insbesondere in Gegenden zu berücksichtigen, in denen die Gruppensprache als Amtssprache anerkannt ist. In Wohngebieten der Gruppe soll ein zwischen dem Staat und den Vertretern der Minderheit vereinbarter Hundertsatz der Posten im Staats-, Provinzial- und Kommunaldienst für Gruppenangehörige offen stehen.
Art. 21: Das Recht nationaler[5] Gruppen darauf, Unternehmerverbände und Gewerkschaften auf ethnischer Grundlage zu errichten, über die Anwendung des Grundsatzes, wonach bei Besetzung von Dienstposten keine Diskriminierung stattfinden darf, zu wachen und Dienstposten für dazu geeignete Gruppenangehörige offen zu halten, muß auf jeden Fall gewährleistet werden.

Abschnitt V: Gruppenvertretung und Gruppenverhalten
Art. 22, 1: Nationale[5] Gruppen können von politischen Parteien oder von Verbänden mit kultur- oder gesellschaftspolitischer Zielsetzung vertreten werden.
2: Diese Parteien oder Verbände müssen demokratische, nach dem Repräsentativprinzip gebildete und handelnde Organe besitzen, die in regelmäßigen Zeitabständen kraft freier Wahl bestimmt werden. In jedem Fall sind für die Berufung dieser Organe die Grundsätze entsprechend anzuwenden, die für die Ernennung, Bestallung oder Wahl sowie für die Dauer der Amtszeit bezüglich der Hauptorgane des Staates oder seiner führenden Partei gelten.
Art. 23: Der Staat ist verpflichtet, ansässige[5] nationale Gruppen bei Erfüllung von Aufgaben, die mit Wahrung und Entwicklung ihrer Wesensmerkmale zusammenhängen, materiell und insbesondere finanziell zu unterstützen. In Bundesstaaten gilt dies auch für die Bundesländer.
...
Art. 26: Die Gruppenvertreter sind befugt, die Interessen ihrer Gruppe gegenüber zwischenstaatlichen Organisationen zu vertreten und, wenn die Verletzung individueller Rechte oder gemeinschaftlicher Interessen durch die öffentliche Gewalt behauptet wird, namens der Mitglieder ihrer Gruppe Petitionen vorzulegen.
...
Art. 28: Nationale oder ethnische Minderheiten oder Gruppen sind dem Staat, dem sie angehören, insoweit zur Loyalität verpflichtet, als die Staatsbehörden die im vorliegenden Abkommen enthaltenen Grundsätze ihrerseits beachten und das Ihre tun, um ihre Beachtung zu gewährleisten. Wegen einer politischen Tätigkeit im Zusammenhang mit der Vertretung oder dem Schutz nationaler oder ethnischer Gruppeninteressen oder Einzelrechte

dürfen Gruppenangehörige keinesfalls benachteiligt, diskriminiert oder ausgebürgert werden.

. . .

Abschnitt VI: Zwischenstaatliche Anwendungsregeln

Art. 30: Die Teilnehmerstaaten des vorliegenden Abkommens verpflichten sich, ihr Recht binnen zweier Jahre nach dem Inkrafttreten (des Abkommens) den darin enthaltenen Grundsätzen anzupassen.

. . .

Art. 32: Die Teilnehmerstaaten des vorliegenden Abkommens werden einen Hochkommissar zum Schutz der Rechte nationaler[5] Gruppen bestellen; . . .

. . .

Abschnitt VIII: Regionale Abmachungen

Art. 34: Die Bestimmungen der Art. 13, Art. 14, Buchst. c), Art. 18–20 und Art. 22–26 erfordern in den verschiedenen Weltgegenden besondere Anwendungsformen. Diese Bestimmungen sollen entweder durch zwei- oder durch mehrseitige Vereinbarungen durchgeführt werden.[6]

. . .

Abschnitt IX: Schlußbestimmungen

. . .

Art. 36: Durch das Inkrafttreten des vorliegenden Abkommens verlieren völkerrechtliche oder innerstaatliche Bestimmungen, die für nationale Gruppen günstiger sind, ihre Wirksamkeit nicht.

. . .

---

*Anmerkungen:*

[1] Der Entwurf basiert u. a. auf der Vorlage Jugoslawiens an die UN vom Februar 1978 für eine Deklaration der Vollversammlung über »Rechte von Personen, die nationalen, ethnischen, religiösen und sprachlichen Minderheiten angehören«.
Der Entwurf wurde vom MdEP Coppieters am 8. 7. 1980 im Europäischen Parlament (vgl. Dok. EG/EP/80–81; Nr. 1–298/80) eingebracht und vorgeschlagen, ihn »als Basis für die Abfassung einer Europäischen Charta für den Schutz der Rechte von Völkern und Minderheiten zu verwenden«.

[2] Der Entwurf wurde vom Internationalen Institut für Nationalitätenrecht und Regionalismus (INTEREG), München, vorgelegt. Das Institut vertreten u. a. die Professoren Felix Ermacora und Theodor Veiter sowie Josef Stingl.

[3] Zum Text siehe S. 46f.

[4] Zum Text siehe S. 26f.

[5] An diesen Stellen heißt es regelmäßig (vergleichbar der Formulierung in Abschnitt I, Art. 1, Satz 1) »nationale Gruppe oder Minderheit«. Der leichteren Lesbarkeit wegen wurde durchgehend auf »nationale Gruppe« verkürzt; die entsprechenden Auslassungen sind nicht gekennzeichnet, um andere Verkürzungen deutlich hervortreten zu lassen.

[6] Ein entsprechender Entwurf für Europa wurde von INTEREG erarbeitet.

---

*Quelle:*
Internationales Institut für Nationalitätenrecht und Regionalismus – INTEREG (Hrsg.): »Volksgruppenrecht und Minderheitenschutz«; München, 1978; S. 54ff.

**Entschließung** **1979, 20. Februar**
**des Europäischen Parlaments**[1]**:**
*Europäische Konvention der Rechte der Volksgruppen und Minderheiten*

Das Europäische Parlament
- stellt fest, daß die Volksgruppen und sprachlichen Minderheiten in den verschiedenen Regionen innerhalb der Europäischen Gemeinschaft sehr unterschiedlich behandelt werden, so daß es nicht selten zu großen Spannungen und zu scharfen Protesten kommt, was innerhalb eines modernen Rechtsstaates leicht vermieden werden könnte;
- in der Überzeugung, daß der Schutz dieser Volksgruppen und sprachlichen Minderheiten in ihrer Sprache, Kultur und in ihren Traditionen nicht nur ein Recht ist, sondern eine Bereicherung der europäischen Zivilisation darstellt;
- in Anbetracht der Tatsache, daß zum Schutze und zur Förderung von Volksgruppen und sprachlichen Minderheiten schon Ansatzpunkte vorhanden sind, die in verschiedenen Erklärungen und Konventionen, angefangen von der Allgemeinen Erklärung der Menschenrechte vom 10. Dezember 1948[2], bis zu den politischen Aussagen in der Schlußakte der Konferenz über Sicherheit und Zusammenarbeit in Europa in Helsinki vom 1. August 1975[3], enthalten sind, jedoch eine eigentliche Charta der Rechte der Volksgruppen und sprachlichen Minderheiten immer noch fehlt;
- in Kenntnis der Tatsache, daß die Föderalistische Union europäischer Volksgruppen (FUEV) auf ihrem 27. Kongreß in Apenrade vom 14. bis 16. September 1979 dringend eine Europäische Konvention zum Schutze der Volksgruppen und sprachlichen Minderheiten in Europa vorschlägt, welche nach ihren Zielvorstellungen folgende Grundsätze enthalten muß:
  . . .[4]
- angesichts der Notwendigkeit, in diesem Bereiche klare und für alle daran Interessierte gleiche Regelungen zu treffen,

1. beauftragt (das Europäische Parlament) die Kommission,

eine Konvention der Rechte und sonstigen Schutzbestimmungen zugunsten der Volksgruppen und sprachlichen Minderheiten innerhalb der Europäischen Gemeinschaft zu erarbeiten, damit dieselbe dann den Regierungen der einzelnen Mitgliedsstaaten zur Genehmigung unterbreitet werden kann;
diese Konvention möglichst in Zusammenarbeit mit der FUEV und mit ähnlichen Vertretungen sprachlicher Minderheiten auszuarbeiten und auf jeden Fall auf der Grundlage der oben angeführten Grundsätze;
bevor die Konvention an die Regierungen der einzelnen Mitgliedsstaaten weitergeleitet wird, darüber das Gutachten des Europäischen Parlaments einzuholen;

2. ersucht

die Präsidentin, diese Resolution dem Ministerrat und der Kommission der Europäischen Gemeinschaften zu übermitteln.[5]

---

*Anmerkungen:*
[1] Der Antrag wurde eingebracht von u. a. den MdEP Dalsass und von Hassel.
[2] Zum Text siehe S. 21 f.
[3] Zum Text siehe S. 51 ff.
[4] Es folgen die Prinzipien 1 bis 8 der FUEV-Entschließung (vom 16. 9. 1979); siehe S. 59.
[5] Zur jüngsten Entwicklung ist zu vermerken:
a) Mit Antrag vom 28. 9. 1979 wurde von einer Reihe von Mitgliedern des Europäischen Parlaments (unter anderem Gaetano Arfè) die Ausarbeitung einer »Charta der Rechte ethnischer Minderheiten« gefordert.
Vgl. Dokument 1-371/79; PE 59835.

b) Ein weiterer Antrag vom 16. 10. 1979 verlangte »eine Charta der in der Gemeinschaft bestehenden Regionalsprachen und -kulturen«.
Vgl. Dokument 1-371/79; PE 60833.

c) Schließlich wurde am 15. 2. 1980, »gestützt auf eine entsprechende Dokumentation, die Anerkennung der Minderheiten wie der ethnischen, kulturellen und sprachlichen Gruppen in der (Europäischen) Gemeinschaft« gefordert.
Vgl. Dokument 1-794/79; PE 63240.

d) Zu den Forderungen nach Charten gab es am 16. 3. 1981 einen Bericht des Kulturausschusses, Berichterstatter Gaetano Arfè (vgl. Dokument 1-965/80; PE 70179), mit konkreten Vorschlägen, den das Europäische Parlament am 15./16. 3. 1981 debattierte.
Vgl. Sitzungsprotokolle in Dokumenten 74858 und 74859.

e) Mit einem wesentlichen Aspekt des Volksgruppen- und Minderheitenrechts befaßte sich auch die Parlamentarische Versammlung des Europarates. Sie schlug dem Ministerrat mit Empfehlung 928/1981 am 7. 10. 1981 vor, durch die Regierungen der Mitgliedsstaaten für das Gebiet von Minderheiten prüfen zu lassen:
Neben den üblichen Ortsnamen auch die Bezeichnungen der Originalsprache des Gebiets zu verwenden;
die Vorschul- und Grundschulausbildung der Kinder mit gesprochenen Dialekten bzw. standardisierten Formen der Muttersprache zu beginnen (Beispiel: Elsaß);
standardisierte Muttersprachenformen auch in höheren Schulen, den Massenmedien und in autonomen Einrichtungen der Volksgruppen zu verwenden.
Vgl.: Europarat Dokument Nr. I 18661.

f) In einem Entwurf zur »Verfassung der Europäischen Union« vom 29. 9. 1983 (vgl. Dokument 2-653/83) wurden zunächst zahlreiche »Grundrechte und Grundfreiheiten« europäischer Bürger aufgezählt. Es fehlte jedoch der Bezug auf die in allen vorgesehenen Vertragsstaaten gültige »Europäische Konvention der Menschenrechte und Grundfreiheiten« (vom 4. 11. 1950; siehe S. 26ff.) und dem Vertreibungsverbot im 4. Protokoll (vom 16. 9. 1963; siehe S. 45).
Zum Volksgruppenrecht wurden u. a. folgende Bestimmungen vorgesehen:
»Artikel 14:
Rechte der Volksgruppen und ihrer Zugehörigen
1. Die Volksgruppen und sprachlichen Minderheiten stehen unter dem besonderen Schutz der Union.
2. Jeder Unionsbürger hat das Recht, sich frei zu einer Volksgruppe zu bekennen und die Sprache und die Kultur der Volksgruppe zu pflegen.
3. Ein Unionsgesetz regelt die Anerkennung und den Gruppenstatus.

. . .

Artikel 45:
Unionsregionalrat
1. Die Union garantiert die Gemeindeautonomie. Der Mindestgehalt der autonomen Rechte wird durch ein Organgesetz geregelt.
2. Die Gemeinden können sich zu Regionalverbänden zusammenschließen, deren Status durch das Organgesetz geregelt wird. Die Regionalverbände können Unionsstaatsgrenzen überschreiten. Bei ihrer Bildung sind der bereits vorhandene föderale Aufbau, die gleiche ethnische, kulturelle oder geschichtliche Vergangenheit und die gemeinsamen wirtschaftlichen Interessen zu beachten.
3. Die Regionalverbände bilden einen Regionalrat. Dieser hat das Recht, aus seiner Mitte drei Mitglieder in den Unionsregionalrat zu entsenden.
4. Der Unionsregionalrat ist die Vertretung der Regionalverbände auf Unionsebene. Um gleichzeitig auch die Vertretung der verschiedenen Gruppen des wirtschaftlichen und sozialen Lebens auf Unionsebene zu sichern, kooptieren die Regionalvertreter aus einer von der Unionsregierung vorgelegten Vorschlagsliste eine Anzahl von Mitgliedern, die der Hälfte der von den Regionalverbänden in den Unionsregionalrat entsandten Mitglieder entspricht.

Artikel 46:
Befugnisse des Unionsregionalrats
1. Der Unionsregionalrat hat einen Sitz in Luxemburg.
2. Er tritt jährlich zweimal für eine Woche zu einer Vollsitzung zusammen.
3. Der Unionsregionalrat hat das Gesetzesinitiativrecht; er kann zu Unionsgesetzen Stellung nehmen.
4. Der Unionsregionalrat verhandelt öffentlich.

. . .«

g) In dem vom Europäischen Parlament am 14. 2. 1984 mit großer Mehrheit verabschiedeten »Entwurf eines Vertrages zur Gründung der Europäischen Union« (vgl. »Amtsblatt der Europäischen Gemeinschaften«; Nr. C 277; Brüssel, 17. 10. 83; S. 95ff.) blieben Menschen-, Minderheiten- und Volksgruppenrechte sowie Regionen unerwähnt.
h) Dazu ist die Entschließung der Teilnehmer der Europakundgebung des 35. Sudetendeutschen Tages (9. 6. 1984) zu beachten; siehe S. 425f.

---

*Quelle:*
Europäische Gemeinschaften – Europäisches Parlament: »Sitzungsdokumente«; Dokument 1-790/79; PE 63238 (Ausgabe in deutscher Sprache); vervielfältigte Unterlage.

## Entschließung Nr. 124[1, 2] der 35. Vollversammlung der Vereinten Nationen: *»Internationale Zusammenarbeit zur Verhütung neuer Flüchtlingsströme«*

**1980, 11. Dezember**

Die Generalversammlung,
in großer Sorge über die zunehmenden Flüchtlingsströme in vielen Teilen der Welt,
zutiefst beunruhigt über das menschliche Leid von Millionen Männern, Frauen und Kindern, die aus ihrer Heimat fliehen oder gewaltsam vertrieben werden und in anderen Ländern Zuflucht suchen,
in Bekräftigung des Rechts der Flüchtlinge wieder dorthin in ihre Heimatländer zurückzukehren, von wo sie gekommen sind,
. . .
in Anbetracht dessen, daß Flüchtlingsströme neben dem Leid, das sie über einzelne Menschen bringen, auch der gesamten internationalen Gemeinschaft große politische, wirtschaftliche und soziale Belastungen auferlegen können, deren Auswirkungen auf Entwicklungsländer mit begrenzten eigenen Hilfsquellen besonders verheerend sind,
in Anbetracht dessen, daß massive Flüchtlingsströme nicht nur die innere Ordnung und Stabilität gesamter Regionen gefährden und so zu einer Bedrohung für den Weltfrieden und die internationale Sicherheit werden können,

1. verurteilt nachdrücklich alle Politiken und Praktiken unterdrückerischer und rassistischer Regime sowie Aggression, Fremdherrschaft und fremde Besatzung, die die Hauptursachen für die umfangreichen Flüchtlingsströme überall in der Welt sind und die unmenschliches Leid mit sich bringen;
2. bittet alle Mitgliedsstaaten, dem Generalsekretär ihre Stellungnahmen und Vorschläge für eine internationale Zusammenarbeit zur Verhütung neuer Flüchtlingsströme und zur Erleichterung der Rückkehr rückkehrwilliger Flüchtlinge zuzuleiten;
3. ersucht den Generalsekretär, der Generalversammlung zur weiteren Prüfung und gründlichen Untersuchung auf ihrer sechsunddreißigsten Tagung zusammen mit den auf ihrer fünfunddreißigsten Tagung hierzu vorgebrachten Äußerungen über die Auffassungen, Stellungnahmen und Vorschläge der Mitgliedstaaten über alle weiteren Beiträge zu dieser Frage zu berichten, die ihm unter Umständen von anderen Organen der Vereinten Nationen zugehen;
4. beschließt die Aufnahme des Punkts »Internationale Zusammenarbeit zur Verhütung neuer Flüchtlingsströme« in die vorläufige Tagesordnung ihrer sechsunddreißigsten Tagung.

---

*Anmerkungen:*
[1] Diese Entschließung ging auf eine Anregung der Bundesrepublik Deutschland zurück.
[2] Abstimmungsergebnis: 116 Ja, 14 Nein, 14 Enthaltungen; Bundesrepublik Deutschland: Ja.

*Quelle:*
»United Nations- General Assembly- Thirtyfifth Session- Agenda Item 122« (Vervielfältigte Unterlage).

**Die Staaten Europas** **1983, 6. September**
**Abschlußdokument des 2. Folgetreffens in Madrid der Konferenz über Sicherheit und Zusammenarbeit in Europa:** [1]

*Menschenrechte*

...

6. Die Teilnehmerstaaten bestätigen, daß sie sich der direkten oder indirekten Unterstützung terroristischer Tätigkeiten oder subversiver oder anderer Tätigkeiten enthalten werden, die auf den gewaltsamen Umsturz des Regimes eines anderen Teilnehmerstaates gerichtet sind. Dementsprechend werden sie sich unter anderem der Finanzierung, Ermutigung, Schürung oder Duldung solcher Tätigkeiten enthalten.

...

8. Sie betonen, daß alle Teilnehmerstaaten in der Schlußakte die universelle Bedeutung der Menschenrechte und Grundfreiheiten anerkennen, deren Achtung ein wesentlicher Faktor für den Frieden, die Gerechtigkeit und das Wohlergehen ist, die ihrerseits erforderlich sind, um die Entwicklung freundschaftlicher Beziehungen und der Zusammenarbeit zwischen ihnen sowie zwischen allen Staaten zu gewährleisten.

9. Die Teilnehmerstaaten unterstreichen ihre Entschlossenheit, die wirksame Ausübung der Menschenrechte und Grundfreiheiten, die sich alle aus der dem Menschen innewohnenden Würde ergeben und für seine freie und volle Entfaltung wesentlich sind, zu fördern und zu ermutigen, und ständige und spürbare Fortschritte in Übereinstimmung mit der Schlußakte zu sichern, mit dem Ziel einer weiteren und stetigen Entwicklung auf diesem Gebiet in allen Teilnehmerstaaten, ungeachtet ihres politischen, wirtschaftlichen und sozialen Systems.
Sie unterstreichen gleichfalls ihre Entschlossenheit, ihre Gesetze und Vorschriften im Bereich der zivilen, politischen, wirtschaftlichen, sozialen, kulturellen und anderer Menschenrechte und Grundfreiheiten zu entwickeln; sie betonen ebenfalls ihre Entschlossenheit, die wirksame Ausübung dieser Rechte und Freiheiten zu gewährleisten.
Sie erinnern an das Recht des Individuums, seine Rechte und Pflichten auf dem Gebiet der Menschenrechte und Grundfreiheiten zu kennen und auszuüben, wie in der Schlußakte festgelegt, und werden in ihren jeweiligen Ländern die notwendigen Maßnahmen zur wirksamen Gewährleistung dieses Rechts ergreifen.

...

11. Sie unterstreichen auch die Bedeutung ständiger Fortschritte bei der Gewährleistung der Achtung und des tatsächlichen Genusses der Rechte von Personen, die nationalen Minderheiten angehören, sowie beim Schutz ihrer legitimen Interessen, wie dies in der Schlußakte vorgesehen ist.

...

Menschliche Kontakte [2]
1. Die Teilnehmerstaaten werden Gesuche in bezug auf Kontakte und regelmäßige Begegnungen auf der Grundlage familiärer Bindungen, auf Familienzusammenführung und auf Eheschließung zwischen Bürgern verschiedener Staaten wohlwollend behandeln und im gleichen Geiste über sie entscheiden.

2. Sie werden über diese Gesuche bei Familienbegegnungen in Dringlichkeitsfällen so zügig wie möglich, bei Familienzusammenführung und Eheschließung zwischen Bürgern verschiedener Staaten im Normalfall innerhalb von sechs Monaten und bei anderen Familienbegegnungen innerhalb allmählich kürzer werdender Fristen entscheiden.

3. Sie bestätigen, daß die Einreichung oder erneute Einreichung von Gesuchen in diesen Fällen zu keiner Veränderung der Rechte und Pflichten der Gesuchsteller oder ihrer Familienmitglieder unter anderem hinsichtlich Beschäftigung, Wohnung, Aufenthaltsstatus, Familienunterstützung, Zugang zu Leistungen auf sozialem oder wirtschaftlichem Gebiet oder in der Bildung sowie jedweder anderer sich aus den Gesetzen und Vorschriften des betreffenden Teilnehmerstaates ergebenden Rechte und Pflichten führen wird.

4. Die Teilnehmerstaaten werden die notwendigen Informationen über die von Gesuchstellern in diesen Fällen zu befolgenden Verfahren und über die einzuhaltenden Vorschriften geben sowie auf Ersuchen des Gesuchstellers die einschlägigen Formulare zur Verfügung stellen.

5. Sie werden, wo notwendig, im Zusammenhang mit diesen Gesuchen erhobene Gebühren, einschließlich derjenigen für Visa und Pässe, allmählich verringern, um sie auf eine im Verhältnis zum durchschnittlichen Monatseinkommen in dem betreffenden Teilnehmerstaat angemessene Höhe zu bringen.

6. Gesuchsteller werden von der getroffenen Entscheidung so zügig wie möglich in Kenntnis gesetzt. Im Falle einer Ablehnung werden die Gesuchsteller auch von ihrem Recht auf erneute Einreichung von Gesuchen nach angemessen kurzen Zeitabständen in Kenntnis gesetzt.

7. Die Teilnehmerstaaten bekräftigen ihre Verpflichtung, die Bestimmungen hinsichtlich diplomatischer und anderer offizieller Missionen und konsularischer Stellen anderer Teilnehmerstaaten, welche in einschlägigen multilateralen oder bilateralen Konventionen enthalten sind, in vollem Umfang durchzuführen und das normale Funktionieren jener Missionen zu erleichtern. Der Zugang von Besuchern zu diesen Missionen wird unter gebührender Berücksichtigung der erforderlichen Sicherheitsbedürfnisse dieser Missionen gewährleistet.

. . .

*Anmerkungen:*

[1] Zum Text der KSZE-Beschlüsse vom 1. 8. 1975: Siehe S. 51 ff.

[2] Der Inhalt und Detaillierungsgrad dieser Festlegungen, die in Madrid acht Jahre nach den sinngemäß identischen Beschlüssen von Helsinki erforderlich wurden, macht im Umkehrschluß deutlich, daß die Ausgangsbestimmungen von 1975 erwartungsgemäß nur wenig bewirkten.

*Quelle:*

»Bulletin des Presse- und Informationsamtes der Bundesregierung«; Bonn; Nr. 88 v. 12. 9. 1983; S. 815 ff.

**Kurzbericht –** **1942–1978**
**Internationale Verträge und Abkommen –**
**Daten für ausgewählte Staaten:**
*Ratifizierung bzw. Beitritt*

*Vorbemerkung:*
*Die nachfolgend aufgeführten internationalen Vereinbarungen haben völkerrechtlich unterschiedliche Bedeutung und Zustimmungsbedürftigkeit:*

*Verträge (= V.) treten in Kraft, nachdem sie in für die einzelnen Staaten verschiedenen Verfahren ratifiziert wurden.*
*Abkommen (= A.) treten für den jeweiligen Staat nach Beitritt in Kraft.*
*Die nachfolgend aufgeführten ausgewählten Vertragspartner haben hinsichtlich der Legitimität ihrer Staatsorgane unterschiedlichen Charakter, was als bekannt vorausgesetzt wird:*

| DIE ABKOMMEN | | | DIE STAATEN | | | | | | TEXT-BELEGE: Siehe Seite … |
|---|---|---|---|---|---|---|---|---|---|
| Kurzbezeichnung | Abschluß-datum | V.? A.? | UdSSR | VR Polen | ČS(S)R | DDR | BR Deutsch-land | Öster-reich | |
| Atlantikcharta | 1941, 14. 8. | A. | 1942, 1. 1. | 1942, 1. 1. | 1942, 1. 1. | | | | 14 f. |
| UN-Charta | 1945, 26. 6. | V. | 1945, 24. 10. | 1945, 24. 10. | 1945, 24. 10. | 1973, 18. 9. | 1973, 18. 9. | 1955, 14. 12. | 16 f. |
| UN-Konv. Völkermord | 1948, 9. 12. | V. | 1954, 1. 8. | 1951, 12. 2. | 1951, 31. 3. | 1973, 25. 6. | 1955, 22. 2. | 1958, 17. 6. | 20 f. |
| Genfer Rotkreuz-abkommen | 1949, 12. 8. | V. | 1954, 10. 11. | 1955, 26. 5. | 1951, 19. 6. | 1957, 30. 5. | 1955, 3. 3. | 1954, 27. 2. | 24 |
| Europ. MR-Konvention | 1950, 4. 11. | V. | | | | | 1953, 3. 9. | 1958, 3. 9. | 26 ff. |
| 4. Protokoll Europ. Konvention | 1963, 16. 9. | V. | | | | | 1968, 1. 6. | 1969, 16. 9. | 45 |
| UN-Pakt bürgerliche und polit. Rechte | 1966, 29. 12. | V. | 1976, 23. 3. | 1977, 18. 6. | 1976, 23. 3. | 1976, 23. 3. | 1976, 23. 3. | 1978, 10. 12. | 46 f. |
| (UN) Konv. Nichtverjährbarkeit von Kriegsverbrechen | 1968, 26. 11. | V. | 1970, 11. 11. | 1970, 11. 11. | 1970, 11. 11. | 1973, 25. 6. | | | 49 f. |
| Schlußakte Helsinki | 1975, 1. 8. | A. | ← jeweils 1975, 1. 8. → | | | | | | 51 ff. |

*Quellen:*
Bundesministerium der Justiz (Hrsg.): »Völkerrechtliche Vereinbarungen und Verträge mit der DDR«; Bonn, 1981; eigenes Archivmaterial.

# Teil II

# Nationale Probleme in Böhmen, Mähren und (Österreichisch-)Schlesien

**Herzog Sobieslaw I. von Böhmen:** **ca. 1176**
**Freiheitsbrief für die Prager Deutschen**
*»Wißt, daß die Deutschen freie Leute sind!«*

1. Ich, Sobieslaus, Herzog der Böhmen [1], tue allen Gegenwärtigen und Zukünftigen kund, daß ich in meine Gnade und meinen Schutz nehme die Deutschen, die in der Prager Vorburg wohnen, und es beliebt mir, daß diese Deutschen, so wie sie von den Böhmen durch die Volkszugehörigkeit verschieden sind, auch von den Böhmen und von ihrem Gesetz oder ihrer Gewohnheit geschieden sein sollen.
2. Ich räume also diesen Deutschen ein, nach dem Gesetz und Rechte der Deutschen zu leben, das sie seit der Zeit meines Großvaters, des Königs Wratislaus [1], gehabt haben.
3. Einen Pfarrer, den sie nach ihrem Belieben für ihre Kirche [2] auswählen mögen, räume ich ihnen ein und einen Richter. In ähnlicher Weise soll auch der Bischof ihrem Verlangen keineswegs widersprechen.
4. Wegen Diebstahls . . . sollen sie mit sieben Händen schwören.
5. Zu keiner Heerfahrt sollen sie ziehen, außer wenn für das Vaterland zu kämpfen wäre.
6. Wenn der Herzog außerhalb Böhmens auf einer Heerfahrt ist, dann sollen die Deutschen Prag bewachen mit zwölf Schilden bei jedem Tore.
7. Über Tötung zu richten steht dem Fürsten zu, und zwar sollen dem Fürsten für einen Totschlag zehn Talente Pfennige Regensburger Münze gezahlt werden oder die rechte Hand des Töters oder es werde nach Gnade beigelegt.
8. Wer den Frieden unter ihnen gebrochen hat, der Schuldige zahle dem Fürsten zehn Talente.
9. Wenn ein Böhme mit einem Deutschen eine Rechtssache hat, die mit Zeugen bewiesen werden soll, da habe der Böhme gegen den Deutschen zwei Deutsche und einen Böhmen, alle getreu.
10. In ähnlicher Weise wenn ein Deutscher mit einem Böhmen eine Rechtssache hat, dann habe der Deutsche gegen den Böhmen zwei Böhmen und einen Deutschen, aber getreue.
11. Ähnliches gilt von Romanen [3] und Juden.
12. Weiters, wenn ein Böhme oder Romane [3] oder wer immer einen Deutschen beschuldigt hat, dann soll der oberste Kämmerer [4] einen Boten an den Richter der Deutschen senden und der Richter der Deutschen wird diese Sache richten, und da steht dem Kämmerer nichts weiter zu.
13. Und ich räume den Deutschen auch ein, daß sie frei seien von Gästen, Fremden und Ankömmlingen. Wißt, daß die Deutschen freie Leute sind!
14. Jeder Ankömmling oder Gast, von welchem Land er kommt, der mit den Deutschen in der Gemeinde wird wohnen wollen, soll das Gesetz und die Gewohnheiten der Deutschen haben.

15. Wenn eine gestohlene Sache bei einem Deutschen ist, soll sie in Gegenwart des Richters der Deutschen herausgenommen werden.
16. Wenn der Dieb ein Deutscher ist, dann wird der Fürst über ihn richten.
17. Wenn ein Dieb in der Nacht ergriffen wird, wird er gehängt. Wenn er bei Tag ergriffen wird, wird er öffentlich ausgestäupt und wird die Gemeinde abschwören; wenn er nachher ergriffen wird, wird er gehängt.
18. Was immer die Deutschen tun, so werden sie nicht gefangengenommen, noch in den Kerker gesetzt, wenn sie Bürgen oder ein eigenes Haus haben.
19. Welcher Sache immer die Deutschen schuldig oder beklagt sein werden, so sollen ihre Kinder und Ehefrauen keinerlei Schaden oder Bedrängnis erleiden.
20. Wenn jemand nachts durch die Siedlungen der Deutschen gegangen wäre und keine Fackel gehabt hätte, wenn der getötet wird, sind die Deutschen unschuldig.
21. Wenn falsches oder zerbrochenes Geld in der Truhe eines Deutschen gefunden worden wäre, ist der schuldig, dessen die Truhe ist. Würde es aber im Hofe oder im Hause gefunden, ist der unschuldig, dessen das Haus oder der Hof ist, wegen der übelwollenden und mißgünstigen Menschen, die solches in Häuser oder Höfe hineinzuwerfen pflegen.
22. Wenn ein gestohlenes Pferd bei einem Deutschen erkannt worden wäre, dann wird der, der das Pferd erkennt, vorher schwören, daß er die Sache dieblich verloren habe; dann wird der Deutsche schwören, stehend in einem Kreise, der mit dem Schwert auf der Erde gezogen ist, daß er das Pferd oder die Sache nicht gestohlen habe, sondern gekauft, und daß er den Verkäufer oder dessen Haus nicht kenne.
23. Nirgends sollen die Deutschen schwören als vor der Kirche des heiligen Petrus[2], es sei denn des Fürsten Auftrag.
24. Wenn eine heimliche Schenke im Haus eines Deutschen entdeckt worden wäre, dann soll der Herr des Hauses gefangengenommen werden, in Gegenwart des Richters der Deutschen oder seines Boten, und niemand anderer.

*Anmerkungen:*

[1] Basis der Rechtsstellung der Prager Deutschen waren die Festlegungen König Wratislaws II. (1061–1092), die Sobieslaw II. (1173–1178) in diesem Dokument bestätigte.
[2] Die (in Ziff. 23 genannte) deutsche Pfarrkirche St. Peter.
[3] Vermutlich: Aus den Niederlanden gekommene Wallonen.
[4] Zugleich einer der obersten Richter.

*Quelle:*

Schober, Karl: »Quellenbuch zur Geschichte der österreichisch-ungarischen Monarchie«; Bd. I; Wien, 1886; S. 302ff.

**Gesetz** **1627**
**Kaiser Ferdinands II.[1]:**
**Verneuerte Landesordnung für Böhmen:**
*Gleiche sprachliche Rechte für Tschechen und Deutsche*

...

Und da wir in unserem Erbkönigreich Böhmen die deutsche und böhmische[2] Sprache in gleicher Weise bewahren und fortpflanzen wollen, sollen die Schriften entweder in deutscher oder böhmischer Sprache eingebracht werden; und zwar so, daß der Beklagte, wenn es bekannt ist, daß er der deutschen Sprache nicht kundig, auf die Anklage in böhmischer, wenn er aber der böhmischen Sprache nicht kundig, in deutscher Sprache, wenn er von Geburt weder ein Deutscher noch ein Böhme ist, in einer der beiden Sprachen (so wie hier auf den Blättern angedeutet) antworten kann; der Prozeß soll in ein und derselben Sprache zu Ende geführt werden; in einem solchen Prozeß, gleich, ob er nach dem Landesrecht oder

beim Landgericht geführt wird, soll in keiner anderen Sprache etwas eingegeben, verhandelt oder durchgeführt werden.
Während nun wegen der Dinge, die in böhmischer Sprache eingebracht werden, keine eigenen Vorschriften notwendig sind, sollen beim Landgericht jederzeit mindestens drei Unteramtleute, die der deutschen Sprache am besten kundig, sich der deutschen Schriften annehmen, und das erledigen, was zu dem Prozeß gehört, so Ausstellung der Vorladungen, Prüfung der Zeugen und dergleichen. Auch wenn vielleicht ein Zweifel auftauchte und deswegen zur besseren Weiterführung des Prozesses eine Aussage zu machen ist, so sollen sie vor die Unteramtleute dieses Landgerichtes geschickt werden: Dann sollen sie dies ihren Amtskollegen mitteilen und es ihnen deutlich vorbringen und es vortragen, und wenn sie sich in dieser Auseinandersetzung einigten, diesen ganzen Bescheid den Parteien schriftlich oder mündlich geben.
Wie aber früher die Beschickung und Vorladung bei dem Landgericht in eigene Aufzeichnungen eingetragen wurde, so sollen nun deren zwei geführt werden: In dem einen sollen die deutschen, in dem anderen die böhmischen Dinge registriert werden. Ebenso soll es auch mit den Amtsbüchern, in die die Zeugnisse eingeschrieben werden, gehalten werden, und immer soll ein vereidigter Beamter da sein, der die deutschen Zeugnisse aufschreibt, auch wenn sie im Original in der böhmischen Sprache beiliegen sollten. In der gleichen Weise soll es auch umgekehrt mit den böhmischen Angelegenheiten gehalten werden.
Wenn nun der Kläger die Wahl hat, in welcher Sprache er lieber klagen wolle, falls er beider Sprachen kundig und dies auch bekannt ist, so soll er sich nach seines Gegners Wissen erkundigen, falls dies nicht bekannt ist, ehe er mit ihm etwas beginnt; wenn er aber zweifelt, ob er beide Sprachen kennt, soll er ihn in seiner Muttersprache anreden, damit er sich nicht selbst aufhält. Und da es sich oft ereignen könnte, daß die Schriften in der einen Sprache geschrieben und dann in der anderen bei den Gerichten eingebracht und den Parteien vorgelegt werden: so wollen wir die gnädigste Verordnung erlassen, daß in jedem Kreis beeidete Dolmetscher eingesetzt sind (deren sich die Parteien bedienen können, ohne daß sie jedoch an diese gebunden sind). Die Schriften sollen auch immer in doppelter Ausfertigung eingebracht werden; ein Exemplar soll bei dem Landgericht verbleiben, das andere der Gegenpartei zukommen.
Obwohl es bisher so verordnet und erlassen, auch immer so gehalten wurde, daß alle Einverleibungen und Einschreibungen, die entweder in die größere oder die kleinere, wie in die Kauf-, Pfand- und Ladungs- oder Gedächtnistafel geschrieben wurden, in der böhmischen Sprache eingeschrieben wurden, so setzen wir dies doch außer Kraft, vor allem deswegen, weil nach der Niederwerfung der Rebellion der größere Teil der Landgüter mit Ausländern, besonders Deutschen, besetzt wurde, denen es von uns gnädiglichst gestattet wurde, sich hier anzukaufen; und verordnen dagegen, daß es einem jeden frei stehe, seine Kontrakte, Testamente und dergleichen, in einer der beiden Sprachen, der deutschen wie der böhmischen, nach Belieben zu setzen.
. . .

*Anmerkungen:*
[1] Diese Regelung für das Gerichtswesen ist hier zur leichteren Lesbarkeit in die Sprache unserer Zeit übertragen worden.
[2] Hier und im folgenden ist mit »böhmisch« tschechisch gemeint.
Zu dieser begrifflich/politischen Frage siehe auch S. 76, 81ff., 98ff.

*Quelle:*
Fischel, Alfred: »Das österreichische Sprachenrecht«; 2. Aufl.; Brünn, 1910; S. 10ff.

**Anordnung** **1763, 9. Juli**
**Kaiserin Maria Theresias an die Gubernien[1] von Böhmen und Mähren:**
*Deutschsprachige Beamte müssen tschechisch lernen*

Liebe, Getreue! Demnach wir bishero wahrgenommen, wie sowol in unserem Erb-Königreich Böheimb als in dem Markgraftumb Mähren die bei dem größten Teil derer Landes-Inwohner übliche böheimbische[2] Sprache dermaßen in Abgang gerate, daß die meisten Vorsteher und Beambten derselben ganz unkündig, ja selbst bei unseren dasigen Landes- und oberen Justizstellen ingleichen bei denen städtischen Magistraten sich an dieser Sprache fähigen Subjectis ein großer Abmangel äußeret, mithin zur Beförderung unseres Dienstes, dann Aufrechthaltung der Ordnung und Justiz ohnumbgänglich nötig sein will, diese so weit verfallene Sprache wiederumb emporzubringen:
Als ergehet hiemit unser gnädigster Befehl an Euch im Lande kundzumachen, daß fürohin die Eltern ihre Söhne fleißiger in der böhmischen Sprache unterrichten lassen, die Studien-Kommission aber durch den Directorem humeniorum[3] besonders darauf invigiliren solle, damit die Jugend in denen kleineren Schulen zu Übersetzung böhmischer Argumenten angewiesen und verhalten, folgsamb diese Sprache möglichster Dingen wiederumb in aufrechten Gang gebracht und erhalten, andurch also zur Besetzung deren Rats-Stühlen, Ämbter, Kanzleien und höheren Stellen immerdar tüchtige in teutsch und böhmischer Sprache wohlgeübte Subjecta nachgeziegelt werden mögen, als worauf Ihr auch Eueres Orts feste Hand zu halten und zu denen erledigten Dienststellen ohne besonderer Ursach und caeteris paribus[4] keine andere als solche Subjecta, welche böhmisch reden und schreiben[5], in Vorschlag zu bringen habet.

---

*Anmerkungen:*
1 »Gubernien« können als Vorläufer von Landesregierungen verstanden werden.
2 Hier und im folgenden stets tschechisch gemeint.
3 Sind etwa als Leiter der philosophischen und philologischen Studien in höheren Lehranstalten anzusprechen.
4 d. h. bei sonst gleichen Voraussetzungen.
5 d. h. außer deutsch, dessen Kenntnis selbstverständlich ist, auch tschechisch verstehen.

---

*Quelle:*
Fischel, Alfred: »Das österreichische Sprachenrecht«; 2. Aufl.; Brünn, 1910; S. 26f.

**Gesetz** **1781**
**Kaiser Josephs II.**
(Sog. Toleranz[1]patent):
*Kein Unterschied der Religion*[1]

Seine römisch kaiserl. apostol. Majestät, überzeuget einerseits von der Schädlichkeit alles Gewissenszwanges und andererseits von dem großen Nutzen, der für die Religion und den Staat aus einer wahren kristlichen Toleranz entspringet, haben allergnädigst folgende Maaßregeln festgesetzet und sämmtlichen Behörden zur genauesten unverbrüchlichsten Nachachtung vorgeschrieben. Nämlich
erstens, daß den Akatholischen, das ist augspurgischen und helvetischen Confessions-Verwandten, so wie den Graecis non unitis, wo deren, nämlich der Protestanten und non unitorum eine genugsame Anzahl vorhanden und es nach den Kräften derselben thunlich ist, das exercitium religionis privatum allenthalben selben ohne Rücksicht, ob es jemals gebräuchlich gewesen oder nicht, von nun an gestattet sey.
Zweytens ist diesem exercitio privato kein anderer Verstand zu geben, als daß den Prote-

stanten und non unitis für ihre Betthäußer und Kirchen kein Geläut, keine Thürme und kein Eingang, der eine Kirche vorstellte, eingestanden, sonst aber ihnen selbe, wo sie wollten, zu erbauen und alle Ausübung ihres Gottesdienstes sowohl in denselben, als auch außer solchen bey Kranken, wo immer sich diese befinden mögen, vollkommen freygelassen werden soll . . .
Viertens wollten Seine Mayestät diesen sämmtlichen Religionsverwandten auch in jenen Ländern und Städten, wo selbe der Religion wegen der Possessionen und des Incolats[2], des Bürger- und Meisterrechts, der akademischen Würden und der Civil-Dienste bisher nicht fähig waren, künftig eines und das andere per viam dispensationis allemal ohne Anstand ertheilen.
Fünftens seyen dieselben in keinem Falle zu einer anderen Eidesformel als zu derjenigen, die ihren Religionsgrundsätzen gemäß ist, oder zu Beywohnung der Umgänge oder Functionen der dominanten Religion, wenn sie nicht selbst wollten, zu verhalten.
Sechstens, soll bey Wahlen und Dienstvergebungen, so wie es bey dem militari mit vieler Frucht und ohne mindesten Anstand geschiehet, keineswegs auf den Unterschied der Religion, sondern auf Rechtschaffenheit und Fähigkeit der Competenten, dann ihren kristlichen und moralischen Lebenswandel lediglich der genaue Bedacht genommen werden.
. . .

*Anmerkungen:*
[1] Die hier für Religionsfragen belegte Toleranz (deren Ablehnung in früheren Zeiten z. B. zum Dreißigjährigen Krieg 1618–1648 führte) ist für allgemeine (und damit auch für nationale) Toleranzfragen von erheblicher Bedeutung.
[2] Incolat = Berechtigung, eine staatliche Beamtenstellung anzustreben.

*Quelle:*
Maaß, Ferdinand: »Der Josephinismus«; Wien, 1953; S. 278f.

**Theodor Schacht: Schulbuch** 1841[1]
**Böhmen und Mähren in Oestreich und Deutschland**

. . .
Deutschland
Es liegt zwischen 45 und 55° der Breite und ist 11600 □ M.[2] groß; hievon haben Oestreich und Preußen 6912 inne, also über die Hälfte. Die Zahl der Bewohner ist nahe an 39 Millionen, worunter 350000 Juden[3] . . .
Natürliche Abtheilung[4] . . .
Seehöhe verschiedener Thäler und Ebenen . . .
Klima und Production[5] . . .
Geschichtliches. Woher das deutsche Volk stammt, wissen wir nicht. Soweit geschichtliche Kenntnisse reichen, war es in unserem Lande einheimisch, mit eigener Sprache, Einrichtungen und Bräuchen, die es gegen die Römer zu vertheidigen verstand . . .
Seit 843 regieren eigene Könige Deutschlands, die gar bald, indem sie in Italien mächtig wurden, sich nach dem Beispiel Karls des Großen in Rom die Kaiserkrone aufsetzten. Dies deutsche Kaiserreich dauerte fast 1000 Jahre bis in die neueste Zeit . . .
Wie aber die deutsche Kraft sich im Jahre 1813[6] das französische Joch ermannt, den Ruhm des deutschen Namens wiederhergestellt hat, ist noch im frischen Angedenken. Nun traten die Fürsten zusammen, nicht um das Kaiserthum, das keine Kraft besaß, wieder einzurichten, sondern um eine Einigung anderer und festerer Art zu schaffen; sie stifteten 1815 einen Deutschen Bund[7] mit gemeinschaftlichem Kriegsheer unter gemeinschaftlichem Feldherren. Der Bundestag, d. h. Versammlung der Abgeordneten aller regierenden Bun-

desglieder, wurde zu Frankfurt angeordnet, und festgesetzt, daß in allen Bundesstaaten Landstände seien sollten.

...

Der Deutsche kann sich also seines großen Vaterlandes freuen. Unser Volk steht jetzt von neuem geordnet, machtvoll und gerüstet gegen das Ausland da, und wird an Talent, Fleiß, Wissen und Kunst von keiner anderen Nation übertroffen.
Der Deutsche Bund besteht aus 38 Staaten.
a) Im Norden: Preußen, ...
b) Im Süden: Oestreich, ...

...

Kaiserthum Oestreich

...

Die von der Natur mit Producten der Gebirge u. Ebenen, unter verschiedenen Klimaten, reich ausgestatteten Länder dieses Kaiserthums sind
a) die zum deutschen Bund gehörenden, nemlich ...
5) Böhmen; es ist mit dem Gebiet der Oder–Elbe beinah einerlei. Die schönsten und mildesten Landstriche sind die nördlichen. Die meisten Bewohner reden einen slawischen Dialect, an den Grenzen u. in den bedeutendsten Städten sind Deutsche einheimisch. Prag an der Moldau, schön gelegen, wohlhabend, mit mehr als 112000 E. ohne die Garnison. Universität und polytechnisches Institut. Reichenberg nahe der Lausitz an der Neiße mit 12000 E. Kleiner sind die Städte Eger, Pilsen, Budweis u. a.
Karlsbad, Töplitz, Marienbad sind wichtige Gesundbrunnen.
6) Mähren, zw. Böhmen und Ungarn, Hauptfluß ist die March od. Morawa. Brünn wohlhabende Stadt mit 37000 E. und der Bergfeste Spielberg. Olmütz Festung. Der nordwestliche Theil Mährens heißt östreichisch Schlesien, worin Troppau.

...

*Anmerkungen:*

[1] Die meinungsbildende Ausstrahlung dieser Art von Quelle ist auch darin zu sehen, daß um 1850 die Schulpflicht, die an sich gesetzlich bereits früher eingeführt worden war (z. B. in Österreich 1777, in Bayern 1804), breitere Bevölkerungskreise zu erfassen begann. Um 1890 waren nur noch ca. 5% der über 6 Jahre alten Menschen in Böhmen und Mähren/Schlesien völlige Analphabeten.
Vgl. »Österreichisches statistisches Handbuch«; Jg. XII; Wien, 1894; S. 8.

[2] D. h. Quadratmeilen; 1 (deutsche) Meile ca. 7,5 km, d. h. 1 Quadratmeile ca. 56 km².

[3] Zur bürgerlichen Gleichstellung der Juden durch die »Deutsche Bundesakte« vom 8. 6. 1815: Siehe S. 6f.

[4] Geographische Beschreibung.

[5] Praktisch nur Landwirtschaft; in den Städten auch Handwerk.

[6] Sog. Befreiungskrieg gegen Napoleon I. Siehe auch S. 7f.

[7] Siehe S. 6f.

*Quelle:*
Schacht, Theodor: »Kleine Schulgeographie«; Mainz, 1841; S. 78ff., (Hervorhebungen im Original).

**Petition** **1848, 11. März**
**von Deutschen und Tschechen aus Prag[1] an Kaiser Ferdinand:**
*Gleichstellung der Sprachen*

...

4. Sicherstellung der böhmischen[2] Nationalität in allen Kronländern Böhmens und vollkommene Gleichstellung beider, der böhmischen wie deutschen Sprache in Schule und Amt.

. . .

8. Zeitgemäße Änderung und Erweiterung der böhmischen Landesverfassung unter Garantie der Vertretung aller städtischen Grundbesitzinteressen durch freigewählte Verordnete und Anbahnung des Verbandes von Böhmen, Mähren und Schlesien zu gemeinsamer Ständeversammlung.

. . .

*Anmerkungen:*

[1] Die Prager Bevölkerung setzte sich im Jahre 1848 wie folgt zusammen: 66046 Deutsche, 36687 Tschechen (davon ca. 50% mit deutscher Schulbildung).
Vgl. Bohmann, Alfred: »Bevölkerungsbewegungen in Böhmen 1847–1947«; München, 1958; S. 148.

[2] D. h. tschechisch.

*Quelle:*
Redlich, Josef: »Das österreichische Staats- und Verfassungsproblem«; Bd. I; Leipzig, 1920; S. 113.

## Petition von Tschechen aus Prag an Kaiser Ferdinand: 1848, 25. März

*Böhmisches Staatsrecht*

. . .

1. Unauflösliche Vereinigung sämtlicher zur böhmischen Krone gehörenden Länder in bezug auf ihre innere Autonomie.
2. Völlige Gleichstellung der böhmischen[1] und deutschen Nationalität in allen Lehr- und Verwaltungsfragen dieser Länder.
3. Eine alle Interessen des Landes umfassende Volksvertretung auf breitester Grundlage der Wahlfähigkeit.
4. Ein eigenes verantwortliches Ministerium für die inneren Angelegenheiten dieser Länder mit den Zentralbehörden in Prag.

. . .

*Anmerkung:*

[1] D. h. tschechischen.

*Quelle:*
Fischel, Alfred: »Materialien zur Sprachenfrage in Österreich«; Brünn, 1902; S. 51f.

## Petition in Wien lebender Deutscher[1] aus den böhmischen Ländern an Kaiser Ferdinand: 1848, 9. April

*Deutsches Sprachgebiet, Anschluß an Deutschland*

. . .

1. Wir protestieren gegen jede Absonderung Böhmens, Mährens und Schlesiens von den übrigen österreichischen deutschen Ländern und deren Interessen, welche offenbar durch das Verlangen nach einem eigenen verantwortlichen Ministerium in Prag beabsichtigt wird.
2. Wollen wir uns auch mit den übrigen österreichischen deutschen Ländern an Deutschland anschließen[2].
3. Wir protestieren gegen jede Beeinträchtigung unserer deutschen Nationalität in den genannten Ländern, mithin

a) gegen Einführung der slawischen Sprache in den Volksschulen deutscher Ortschaften;
b) gegen das Einführen derselben als Unterrichtssprache in den ordentlichen Lehrgegenständen in den jetzt bestehenden Gymnasien und Realschulen;
c) sprechen wir uns aus für die Aufrechterhaltung des deutschen Elementes bei der Prager Hochschule;
d) für die Wahrung der deutschen Sprache bei der Volksvertretung dieser Länder;
e) für die Nichtausschließung solcher Beamten in bloß deutschen Gegenden, welche der böhmischen Sprache nicht mächtig sind.

4. Protestieren wir feierlich gegen jede einseitige Besetzung öffentlicher Ämter und Bedienstungen bloß durch Eingeborene, indem dann die übrigen Provinzen Österreichs sich zu denselben Schritten gezwungen sehen müßten und dadurch das schöne und feste Band der österreichischen Monarchie faktisch zerrissen wäre.

...

*Anmerkungen:*

[1] Zu den Verfassern gehörte auch Ludwig von Löhner; siehe S. 84.

[2] Wofür die Petenten eintraten, wird aus dem Wahlprogramm für Frankfurt deutlich. Dort heißt es unter anderem (vgl. Sieber, Ernst: »Ludwig von Löhner«; München 1965; S. 85):

»2. Unteilbarkeit der Monarchie, eine gemeinsame Verfassung – jedenfalls für die zum Deutschen Bund gehörigen Länder Österreichs.
3. Keinen Widerspruch in unserer Verfassung mit der im Aufbau begriffenen allgemeinen deutschen Reichsverfassung.
4. Gleiche Berechtigung aller Nationalitäten innerhalb ihrer Gebiete.
...
8. Freieste Gemeindeverfassung mit selbständiger Verwaltung.«

*Quelle:*

Kaindl, Raimund: »Der Völkerkampf und Sprachenstreit in Böhmen im Spiegel der zeitgenössischen Quellen«; Wien, 1927; S. 45f.

**Brief** **1848, 11. April**
**von Franz Palacky[1] an den Fünfziger-Ausschuß des Frankfurter Parlaments[2]:**
*Deutschland, Böhmen und Österreich*

...

Der ausgesprochene Zweck Ihrer Versammlung ist, einen deutschen Volksbund an die Stelle des bisherigen Fürstenbundes[3] zu setzen, die deutsche Nation zu wirklicher Einheit zu bringen, das deutsche Nationalgefühl zu kräftigen und Deutschlands Macht dadurch nach innen und außen zu erhöhen.[4] So sehr ich auch dieses Bestreben und das ihm zugrunde liegende Gefühl achte und eben weil ich es achte, darf ich mich daran nicht beteiligen. Ich bin kein Deutscher, fühle mich wenigstens nicht als solcher ...

Ich bin Böhme[5] slawischen Stammes und habe mit all dem Wenigen, was ich besitze und was ich kann, mich dem Dienste meines Volkes ganz und für immer gewidmet ...

Der zweite Grund, der mir verbietet, an Ihren Beratungen teilzunehmen, ist der Umstand, daß ... Sie notwendigerweise darauf ausgehen wollen und werden, Österreich als selbständigen Kaiserstaat unheilbar zu schwächen, ja ihm unmöglich zu machen – einen Staat, dessen Erhaltung, Integrität und Kräftigung eine hohe und wichtige Angelegenheit nicht meines Volkes allein, sondern ganz Europas, ja der Humanität und Civilisation selbst ist und sein muß.

Wahrlich, existierte der österreichische Kaiserstaat nicht schon längst, man müßte im Interesse Europas, im Interesse der Humanität selbst sich beeilen, ihn zu schaffen[6].

...

*Anmerkungen:*
[1] Böhmischer Historiker.
[2] Palacky war vom Fünfziger-Ausschuß des Vorparlaments eingeladen worden, an den Vorbereitungen der Parlamentsarbeit in Frankfurt mitzuarbeiten.
[3] Gemeint: Der Deutsche Bund, zu seiner Verfassung: Siehe S. 6f.
[4] Zum zeitgenössischen Begriffsinhalt unter besonderer Berücksichtigung Böhmens und Mährens: Siehe S. 77f.
[5] Zum zeitgenössischen Verständnis des Begriffes: Man beachte die Darstellung in der sog. »Befreiungshalle« (gemeint: Befreiung von der Herrschaft des französischen Kaisers Napoleon I. im Jahre 1813) in Kelheim bei Regensburg:
Geplant: 1836 von König Ludwig I. (von Bayern); Errichtet: 1842 bis 1863.
Gewidmet: Den »deutschen« Stämmen; Symbol je Stamm: Große Frauenfigur.
Darstellung: Die Figur für »Böhmen« steht zwischen »Franken« und »Thüringen«.
Zu früheren Ausprägungen des Begriffsverständnisses: Siehe S. 74ff.
[6] Palackys Einschätzung Österreichs war auf zwei Motive zurückzuführen:
- Abscheu vor der zaristischen Universalmonarchie in Rußland;
- Hoffnung, daß Österreich die »eigentliche rechtliche und sittliche Grundlage seiner Existenz« erkenne: »Den Grundsatz der vollständigen Gleichberechtigung und Gleichbeachtung aller unter seinem Scepter vereinigten Nationalitäten und Confessionen.«

*Quelle:*
Palacky, Franz: »Gedenkblätter«; Prag, 1874; S. 149ff.

**Verfassungsentwurf** **1848, 26. April**
**der Frankfurter Nationalversammlung:**
*Gleichberechtigung der Sprachen*

...
§ 1
Die dem bisherigen Deutschen Bunde gehörigen Lande ... bilden fortan ein Reich.

...
§ 25
...
5. Gewährleistet wird die Freiheit volkstümlicher Entwicklung auch nichtdeutscher Volksstämme durch Gleichberechtigung ihrer Sprache in Rücksicht auf Unterricht und innere Verwaltung.
...

*Quelle:*
Schössler, Wilhelm: »Das Revolutionsjahr«; Wien, 1880; S. 107ff.

**Antrag**[1] **1848, 27. Mai**
**des Abgeordneten Titus Marek in der Frankfurter Nationalversammlung:**
*Gleichberechtigung der Sprachen*

Deutschland erklärt hiermit durch seine Vertreter feierlich
1. daß es zur Unterdrückung irgendeiner Nation nie die Hand bieten wird,
2. daß all jenen Staatsbürgern eines mit Deutschland verbundenen Staates, welche nicht zum deutschen Volksstamm gehören, alle Rechte als deutsche Staatsbürger zukommen und daß ihnen die Aufrechterhaltung und Achtung ihrer Nationalität garantiert sei.
3. Die deutsche Sprache ist zwar Staatssprache, jedoch soll in allen Kreisen, wo der größere Teil eine andere Sprache als die deutsche spricht, diese andere Sprache sowohl in Communalangelegenheiten, im Unterricht als auch als Gerichtssprache eingeführt werden.

*Anmerkung:*
[1] Auf Grund des Verfassungsentwurfes vom 26. 4. 1848; siehe vorhergehenden Beleg.

*Quelle:*
Wigard, Franz: »Stenographische Berichte über die Verhandlungen der deutschen constituierenden Nationalversammlung zu Frankfurt am Main«; Bd. I; o. O., 1848; S. 118.

**Beschluß** **1848, 31. Mai**
**der Frankfurter Nationalversammlung:**
*Gleichberechtigung nichtdeutscher Sprachen gebietsabhängig*

Die Verfassungsgebende deutsche Nationalversammlung erklärt[1] feierlich:
Daß sie in vollem Maße das Recht anerkenne, welches die nichtdeutschen Volksstämme auf deutschem Bundesboden[2] haben, den Weg ihrer volkstümlichen Entwicklung ungehindert zu gehen, und in Hinsicht auf das Kirchenwesen, den Unterricht, die Literatur und die innere Verwaltung und Rechtspflege sich der Gleichberechtigung ihrer Sprache, soweit deren Gebiete reichen, zu erfreuen, wie es sich denn auch von selbst versteht, daß jedes der Rechte, welche die im Bau begriffene Gesamtverfassung dem deutschen Volk gewährleisten wird, ihnen gleichmäßig zusteht.
Das fortan einige und freie Deutschland ist groß und mächtig genug, um den in seinem Schoß gewachsenen andersredenden Stämmen eifersuchtslos in vollem Maße gewähren zu können, was Natur und Geschichte ihnen zuspricht; und niemals soll auf seinem Boden weder der Slawe, noch der dänisch redende Nordschleswiger, noch der italienisch redende Bewohner Süddeutschlands, noch wer sonst, uns angehörig, in fremder Zunge spricht, zu klagen haben, daß ihm seine Stammesart verkümmert werde oder die deutsche Bruderhand sich ihm entziehe, wo es gilt.

*Anmerkungen:*
[1] Der Beschluß geht auf den Antrag des Abgeordneten Marek zurück; siehe vorhergehenden Beleg.
[2] Im Jahre 1848 wurden Böhmen, Mähren und Österreichisch-Schlesien als Teile des künftigen parlamentarisch-demokratischen deutschen Staates angesehen.
1848 wurde das o. a. Gebiet in 68 Wahlkreise aufgeteilt. Trotz der kurzen Vorbereitungszeit entsandten 47 (d. h. 70%) der Wahlkreise Abgeordnete zu den Frankfurter Beratungen (Vgl.: Namier, L. B.: »1848: The Revolution of the Intellectuals«; London, 1944; S. 132ff.).
Es waren hierunter z. B. die Abgeordneten folgender rein tschechischer Wahlkreise: Teltsch, Tischnowitz, Ung. Brod und Ung. Hradisch.

*Quelle:*
Wigard, Franz: »Stenographische Berichte über die Verhandlungen der deutschen constituierenden Nationalversammlung zu Frankfurt am Main«; Bd. I; o. O., 1848; S. 183.

**Gründungserklärung**[1] **1848, 8. Juni**
**des »Konstitutionellen Vereins« in Teplitz (Nordböhmen):**
*»Volksgruppenrecht« im mit Deutschland verbundenen Österreich*[1]

Das Recht der freien Vereinigung ist eines der herrlichsten und wichtigsten Rechte des freien Staatsbürgers, welches in Österreich durch die neue konstitutionelle Verfassung gewährt und garantiert ist. In diesem Bewußtsein ist eine Anzahl von Männern der deutschen Stadt Teplitz zusammengetreten zu einem Vereine, dem, weil er der Sache des Vaterlandes, der konstitutionellen Freiheit gewidmet sein soll, der Name: konstitutioneller Verein in Teplitz gegeben wurde.
Die Mitglieder des Vereins sind als treue Anhänger der konstitutionellen Monarchie von der

Überzeugung beseelt, daß eine innige und feste Verbindung der einzelnen Länderteile des österreichischen Kaiserstaates für den Fortbestand, für die Kraft und das Ansehen desselben, für die Autorität des Landesfürsten unerläßlich – jede Separierung aber oder Lockerung des Länderverbandes verderbenbringend sei.
Unverbrüchliches Festhalten an unsern vielgeliebten Kaiser und König – an ein mächtiges, einiges Österreich ist daher die Losung des Vereins.
Die Mitglieder des Vereins bekennen sich zu der Überzeugung, daß nur in der vollkommensten Gleichberechtigung und der freien volkstümlichen Entwicklung der sämmtlichen Nationalitäten Österreichs, namentlich der deutschen und slavischen in Böhmen, d. i. in der Gleichberechtigung der Sprache, in der Kirche, beim Unterricht, in der Literatur, in der innern Verwaltung und Rechtspflege – und besonders in der friedlichen Verwirklichung dieser Gleichstellung das Heil der Gesammtmonarchie und der einzelnen Ländertheile gefunden werden könne. Die Aufgabe des Vereins soll daher sein, diese Gleichberechtigung zu wahren und zu fördern, dagegen aber auch Übergriffen kräftig entgegen zu treten.
Die Mitglieder des Vereins gehen von der Überzeugung aus, daß Österreich in seinen deutschen Elementen die kräftige Stütze finde vor äußerer Gefahr und innerem Zerfall, daß Österreich kein Slavenreich werden dürfe, sondern so wie es ist, bleiben, und in einer kräftigen Verbindung mit Deutschland Macht und Festigkeit nach innen und außen gewinnen müsse.
. . .

---

*Anmerkung:*
[1] Die Grundgedanken dieser Erklärung sind repräsentativ für das zeitgenössische politische Wollen der meisten Deutschen.

---

*Quelle:*
Rönnefarth, Helmuth: »Die Sudetenkrise in der internationalen Politik«; Bd. II; Wiesbaden, 1961; S. 45.

**Rede** **1848, 1. Juli**
**des Abgeordneten Ignaz Kuranda in der Frankfurter Nationalversammlung:**
*Die Tschechen wollen Vorherrschaft*

. . .
Ich war als Abgeordneter des Fünfziger-Ausschusses in Prag, um dort mit der czechischen Partei über die Wahlen zu unterhandeln. Ich sprach bei dieser Gelegenheit mehrmals mit Palazky.[1] Dieser brachte unter seiner Argumentation eine große Menge Dinge vor, die teils von revolutionärem, teils von geschichtlichem Standpunkte ausgingen; ich bat ihn, er möchte entweder mit geschichtlichen Gründen oder mit revolutionären, welche die geschichtlichen aufheben, die Ansprüche Deutschlands bekämpfen. Dieses Durcheinanderwerfen zweier ganz entgegengesetzter Gesichtspunkte[2], dieses Hinüberhüpfen vom revolutionären Standpunkt auf den historischen, vom historischen wieder auf den revolutionären ist eine Hauptursache, weshalb eine solche nicht unbeabsichtigte Verwirrung in diese Frage kommt . . .
Jetzt handelt es sich nicht mehr darum, daß die Czechen gleiche Rechte besitzen sollen mit den Deutschen! Es handelt sich um ihre Oberherrschaft! Unsere Wahlen wurden als nicht berechtigt ausgeschrien, unsere Farben wurden insultiert, unsere Vereine wurden gesprengt, unsere Presse eingeschüchtert und terrorisiert. Es handelt sich darum, daß wir Deutsche fortan bloß als Eingewanderte[3], als geduldete Fremdlinge betrachtet werden sollen; es handelt sich hier nicht mehr etwa darum, dem deutschen Element zum Sieg über das czechische zu verhelfen, es handelt sich nur um Verteidigung desselben gegen slavische Tyranneigelüste . . .

*Anmerkungen:*
[1] Zur Person: Siehe S. 80f.
[2] Diese gedankliche Struktur war auch 1918 zu beobachten: Die Staatsführung der ČSR forderte das Territorium der böhmischen Länder aus geschichtlichen und das der Slowakei aus revolutionären Gründen.
[3] Siehe S. 117f.

*Quelle:*
Wigard, Franz: »Stenographischer Bericht über die Verhandlungen der deutschen constituierenden Nationalversammlung zu Frankfurt a. M.«; Bd. I; o. O., 1848; S. 664f.

## Antrag 1848, 26. Juli
## des Abgeordneten Ludwig v. Löhner im österreichischen Reichstag in Wien:
*Schaffung nationaler Kreise in Österreich*

. . .

1. In den durch die Konstitution vereinigten Ländern hören von nun an die Institute der Provinzialstände und Gouverneurschaften sowie die Regierungsgremien auf.
2. Die Kreiseinteilung verbleibt, wird jedoch mit Bezug auf die natürlichen, geographischen und ethnographischen Grenzen einer Revision unterzogen.[1]
3. Die Feststellung und Gliederung der bürgerlichen Ordnung nach allen ihren verschiedenen Kreisen aus dem doppelten Standpunkt, einerseits der überall notwendigen Selbstregulierung, andererseits einer starken Kontrollgewalt wird verwirklicht:
   a) einmal durch Organisierung der freien Stadt- und Landgemeinden, des Kreisrates, dann des Reichstages nach den Grenzen ihrer Kompetenz;
   b) durch ihre gleichlaufende Gliederung der Exekutivgewalt, als: Orts(Gemeinde-)Vorstand, Kreisvorstand (Hauptmann), Ministerium.

. . .

*Anmerkung:*
[1] »Später führte Löhner diesen Plan des ›nationalen Föderalismus‹ noch näher aus. Allen Volksstämmen sei innerhalb ihrer Wohnsitze die volle Autonomie einzuräumen, da nur auf diese Weise das gleiche Recht aller verwirklicht und die Herrschaft des einen über den anderen beseitigt werden könnte. Die historisch gewordenen Ländergrenzen dürfen kein Hindernis auf diesem Wege sein. Es seien daher neue Kronländer oder Nationsgebiete nach den Sprachgrenzen zu bilden und innerhalb dieser wäre die betreffende Sprache als ausschließliche Geschäfts- und Unterrichtssprache einzuführen. Österreich sollte ein Nationalitäten-Bundesstaat oder Föderativstaat werden, der aus folgenden fünf Nationalstaaten bestünde:
1. Deutschösterreich: aus Niederösterreich und Oberösterreich, Salzburg, Nordtirol, Vorarlberg, dem Villacher und Klagenfurter Kreis Kärntens (bis zur Drau), dem Troppauer Kreis Schlesiens und den deutschen Teilen von Steiermark, Böhmen und Mähren; Verwaltungssprache deutsch.
2. Tschechischösterreich: aus den tschechischen Teilen Böhmens und Mährens und dem Teschener Kreis Schlesiens; Verwaltungssprache tschechisch.
3. Polnischösterreich.
4. Slavonischösterreich.
5. Italienischösterreich.«

Vgl. Kaindl, Raimund: »Der Völkerkampf und Sprachenstreit in Böhmen«; Wien, 1927; S. 47.

*Quelle:*
Sieber, Ernst: »Ludwig von Löhner«; München, 1965; S. 136.

**Erklärung** **1848, 31. August**
**der Vertreter zahlreicher deutschböhmischer Städte**
**in Teplitz (Nordböhmen):**
*National abgegrenzte Gebiete*

...
1. Die deutschredende Bevölkerung in Böhmen lehnt unbedingt jede Verschmelzung mit den Tschechen in der Provinzialvertretung und Verwaltung ab.
2. Wir verlangen für die am Reichstage vertretenen Provinzen Österreichs die Aufhebung der Provinzialgrenzen, Provinzialgubernien und Provinziallandtage.
3. Wir verlangen:
   a) Eine möglichst freie, auf Selbstverwaltung gegründete Gemeindeverfassung mit Gemeinderäthen und direkten Wahlen.
   b) Die Einteilung der auf dem Reichstage vertretenen Provinzen in Reichskreise auf der Grundlage der Sprachgrenzen mit dem Ministerium unmittelbar unterstehenden Kreishauptleuten – an deren Seite von den Gemeinden gewählte Kreisräte stehen.

...

---

*Quelle:*
Sieber, Ernst: »Ludwig von Löhner«; München, 1965; S. 141f.

**Petition** **1848, 30. September**
**des Zentralvereins der Deutschen in Böhmen**
**an Kaiser Ferdinand:**
*Gebiete national abgrenzen*

...
1. Daß bei Bestimmung der Gerichtsbezirke dahin gesehen werde, daß sie nach der Sprache genau geschieden und dem deutschen Bezirke keine tschechischen, ebenso dem tschechischen Bezirke keine deutschen Anteile zugewiesen werden;
2. Daß in deutschen Bezirken nur deutsche Richter und Beamte vorzugsweise angestellt und nur bei Abgang befähigter deutscher Individuen tschechische Kandidaten aufgenommen werden;
3. Daß umgekehrt dieser Modus auch in tschechischen Bezirken gehandhabt werde;

...

---

*Quelle:*
Kaindl, Raimund: »Völkerkampf und Sprachenstreit in Böhmen«; Wien, 1927; S. 47f.

**Artikel** **1849, 12. Januar**
**von Karl Marx:**
*Charakterisierung der Tschechen*

...
Die Erbärmlichkeit des Czechentums wird immer großartiger. Die Slovanska Lipa [1] von Prag will die alten Hussitenzeiten wieder heraufbeschwören und gleicht darin der Frankfurter Gesellschaft mit ihrem Kaiser aus dem Kyffhäuser.
In der Neujahrsnacht feierte diese Slovanska Lipa auf der Sophieninsel eine Beseda [2], auf welcher sich die Herren Czechen wie die Urbären benommen haben sollen. Für diejenigen, welche wie ich, Prag aus persönlichem Aufenthalte kennen, wird dies s. g. slavisch-demo-

kratische Verhalten um so lächerlicher, als eben dasselbe Prag seiner Wahrheit nach deutsch ist, und von dort das Czechenthum als eine besondere Volksmacht erst neuerdings gleichsam erfunden hat. Sämtliche Herren Czechen sprechen in der Regel besser deutsch als czechisch, wovon man sich à l' évidence schon im Reichstag überzeugen kann. Die meisten dieser Herren sind weiter nichts als Kreaturen à la Palacky und Rieger[3], die sich mit antideutschem Insektengifte auffüllen, und nichts können, als dem Absolutismus in die Hände arbeiten.

...

*Anmerkungen:*

[1] D. h. »Slawische Linde« = Namen eines tschechischen Vereins.

[2] D. h. Unterhaltungszusammenkunft.

[3] Tschechische Politiker.

*Quelle:*

»Neue Rheinische Zeitung«; Nr. 193 v. 12. 1. 1849;
abgedruckt bei Urban, Rudolf: »Marx und Engels über die tschechische Frage«, in: »Donauraum« *(Monatszeitschrift)*; Salzburg; Bd. VII (1962), Nr. 1; S. 23 (Hervorhebung im Abdruck).

**Antrag** **1849, 23. Januar**
**des Abgeordneten Franz Palacky[1]**
**im Verfassungsausschuß des österreichischen Reichstags**
**in Kremsier (Mähren):**
*Nationale Kreise*

...

Wir müssen Österreich so konstruieren, daß die Völker gern in Österreich existieren; das sei die uns leitende Idee. Die verschiedenen hier geltend gemachten Ideen lassen sich dann befriedigen, wenn man der Geschichte und Ethnographie Rechnung trägt und einen Terminus der Konvenienz findet, also nationalhistorische Ländergruppen, dann als kleinere nationale Abteilungen, die Reichskreise, annimmt ...

Ich beantrage folgende Ländergruppen: 1. deutschösterreichische, 2. böhmische, 3. polnische, 4. illyrische, und 5. italienische Länder; für die hier[2] nicht repräsentierten Länder wäre dann die Einteilung in: 6. südslawische, 7. madjarische und 8. wallachische Länder. Ich rechne nun zu der ersten Österreich ob und unter der Enns, Steiermark, Kärnten, Salzburg, Deutsch-Tirol, Vorarlberg, dann Deutsch-Böhmen, Mähren und -Schlesien ...

*Anmerkungen:*

[1] Die Ähnlichkeit der Vorschläge Palackys mit denen Löhners (siehe S. 84) ist beachtlich.

[2] D. h. im österreichischen Reichstag.

*Quelle:*

Springer, Anton: »Protokolle des Verfassungs-Ausschusses im Österreichischen Reichstag 1848–1849«; Bd. I; Leipzig, 1885; S. 26.

**Kaisertum Österreich:** **1849, 7. März**[1]
**Der »Entwurf der Constitutionsurkunde nach den Beschlüssen des Verfassungsausschusses«:**
*Historische Länder und nationale Kreise*

1. Das Staatsgebiet und dessen Eintheilung.
§ 1. Das Kaiserthum Österreich ist eine untheilbare constitutionelle Erbmonarchie.
§ 2. Die Länder des Kaiserreiches, für welche diese Constitution zu gelten hat, sind:
1. Das Königreich Böhmen,
...
10. das Herzogthum Schlesien,
11. die Markgrafschaft Mähren, ...
§ 3. ... Böhmen *(wird)* in neun, Mähren in vier ... Kreise getheilt. Die Abgrenzung dieser Kreise wird mit möglichster Rücksicht auf Nationalität durch ein Reichsgesetz festgestellt ...
...
§ 5. Jedem Reichslande bleibt die Autonomie innerhalb der durch diese Constitution festgesetzten Schranken und die Integrität seines Gebietes gesichert.
...
§ 21[1]. Alle Volksstämme des Reiches sind gleichberechtigt. Jeder Volksstamm hat ein unverletzliches Recht auf Wahrung und Pflege seiner Nationalität überhaupt und seiner Sprache insbesondere.
Die Gleichberechtigung aller landesüblichen Sprachen in Schule, Amt und öffentlichem Leben wird vom Staate gewährleistet.
...
§ 114. Zur selbständigen gesetzgebenden Gewalt der Landtage gehören:
1. Das Landesfinanzwesen: a) die Verfügung mit den Landesfonds und Landesgütern, b) die Landesauflagen zur Deckung der Landesausgaben, c) das Landesschuldenwesen, d) die Festsetzung des jährlichen Landesbudgets, e) die Abnahme, Prüfung und Erledigung der Landesrechnungen.
2. Politische Landesangelegenheiten: a) die Beförderung der Künste und Wissenschaften, b) die Überwachung der frommen Stiftungen, c) Armenwesen, die Kranken- und Humanitätsanstalten, d) Gesinde-, Feuerlösch- und Bauordnungen.
3. Staatswirtschaftliche Angelegenheiten: a) die Hebung der Urproduction, des Gewerbefleißes und des Verkehrs im Innern des Landes; b) die Errichtung von Sparkassen, Leihanstalten und Hypothekenbanken; c) das Landescommunicationswesen durch Straßen und Kanäle, dann Flußregulierungen und sonstige Wasserbauten; d) öffentliche Bauten zu Landeszwecken.

§ 115. Der Landtag hat ferner innerhalb der durch Reichsgesetze festgesetzten Beschränkungen zu regeln:
1. das Unterrichts- und Volkserziehungswesen,
2. die Cultus- und Kirchlichen Angelegenheiten,
3. die Landespolizei in allen im § 114 nicht aufgeführten Zweigen.

§ 116. Der Landtag hat ferner alle jene inneren Angelegenheiten zu regeln, welche ihm durch Reichsgesetze zugewiesen werden.
...
§ 125. In den Wirkungsbereich der Kreistage gehören:
1. Gemeindeangelegenheiten, und zwar:
   ...
   d) die Entscheidung über Heimatsrechte und verweigerte Aufnahme eines Staatsbür-

gers in den Gemeindeverband. Gegen die Entscheidung des Kreises in Gemeindeangelegenheiten ist keine Berufung zulässig.

. . .

§ 126. Außerdem wird dem Kreistage, wenn er es im Interesse des Kreises für nothwendig findet, innerhalb der Schranken der Reichs- und Landesgesetze zur Regelung und Verwaltung überlassen:

a) Volksunterrichts- und Erziehungswesen mit dem Recht der Bestimmung der Unterrichtssprache und der Sprachgegenstände, jedoch mit gleich gerechter Beachtung der Sprachen des Kreises;

. . .

*Anmerkungen:*

[1] Stand des Entwurfes bei Auflösung des Reichstages durch Militär.

[2] Diese Bestimmung wurde in die österreichische Verfassung (vom 21. 12. 1867) in präzisierter Form übernommen, siehe S. 90.

*Quelle:*

Springer, Anton: »Protokolle des Verfassungs-Ausschusses im Österreichischen Reichstag 1848–1849«; Bd. I; Leipzig, 1885; S. 365ff.

Bernatzik, Edmund: »Die österreichischen Verfassungsgesetze mit Erläuterungen«; Wien, 1911; S. 142.

**Die Verfassung des Deutschen Reiches:** **1849, 28. März**

. . .

§ 1. Das Deutsche Reich besteht aus dem Gebiete des bisherigen Deutschen Bundes.

. . .

§ 2. Hat ein deutsches Land mit einem nichtdeutschen Lande das selbe Staatsoberhaupt [1], so soll das deutsche Land eine von dem nichtdeutschen Lande getrennte eigene Verfassung, Regierung und Verwaltung haben. In die Regierung und Verwaltung des deutschen Landes dürfen nur deutsche Staatsbürger berufen werden.

Die Reichsverfassung und Reichsgesetzgebung hat in einem solchen deutschen Lande dieselbe verbindliche Kraft wie in den übrigen deutschen Ländern.

§ 3. Hat ein deutsches Land mit einem nichtdeutschen Lande dasselbe Staatsoberhaupt [1], so muß dieses entweder in seinem deutschen Lande residieren, oder es muß auf verfassungsmäßigem Wege in demselben eine Regentschaft niedergesetzt werden, zu welcher nur Deutsche berufen werden dürfen.

. . .

§ 188. Den nicht deutsch redenden Volksstämmen Deutschlands ist ihre volkstümliche Entwicklung gewährleistet, namentlich die Gleichberechtigung ihrer Sprachen, soweit deren Gebiete reichen, in dem Kirchenwesen, dem Unterrichte, der inneren Verwaltung und der Rechtspflege.

. . .

*Anmerkung:*

[1] Diese Bestimmungen bezogen sich natürlich v. a. auf Österreich (wegen Ungarn), aber auch auf Hannover (wegen Großbritannien), Holstein (wegen Dänemark) und Luxemburg (wegen der Niederlande).

*Quelle:*

Franz, Günther (Hrsg.): »Staatsverfassungen«; Darmstadt, 1975; S. 140, 166.

**Niederschrift:** **1860**
**von Karl Marx:**
*»Böhmen liegt mitten in Deutschland«*

... Böhmen russisch! Aber Böhmen liegt mitten in Deutschland, durch Schlesien von Russisch-Polen, durch das von Vogt [1] russificirte Mähren von dem durch Vogt russificirten Galizien und Ungarn getrennt. So erhält Rußland ein Stück deutsches Bundesgebiet von 50 deutschen Meilen Länge und 25 bis 35 Meilen Breite. Es schiebt seine Westgrenze um volle 65 deutsche Meilen nach Westen vor. Da nun von Eger bis Lauterburg im Elsaß, in grader Linie, nur 45 deutsche Meilen sind, so wäre Norddeutschland durch den französischen Keil einerseits, und noch weit mehr den russischen andrerseits, von Süddeutschland vollständig getrennt, und die Theilung Deutschlands wäre fertig. Der directe Weg von Wien nach Berlin ginge durch Rußland, ja selbst der directe Weg von München nach Berlin. Dresden, Nürnberg, Regensburg, Linz wären unsere Grenzstädte gegen Rußland; unsere Stellung gegenüber den Slawen wäre im Süden wenigstens dieselbe, wie vor Karl dem Großen (während Vogt im Westen uns nicht erlaubt, bis zu Louis XV. zurückzugehen), und wir könnten tausend Jahre aus unsrer Geschichte ausstreichen ...
Für den russischen Panslavisten Vogt, der Böhmen zu seiner Verfügung hat, kann da keine Frage sein, wo die natürliche Grenze des slavischen Reichs ist. Sie geht von Meseritz direct auf Lieberose und Lübben, von da südlich von dem Druchbruch der Elbe durch die böhmischen Grenzberge und folgt weiter der West- und Südgrenze Böhmens und Mährens. Was weiter östlich ist, ist slavisch; die paar deutschen Enclaven und sonstige Eindringlinge auf slavisches Gebiet können der Entwicklung des großen slavischen Ganzen nicht länger im Wege stehen; ohnehin haben sie kein Recht da wo sie sind. Dieser ›panslavistische Zustand‹ einmal hergestellt, so findet sich von selbst, daß im Süden eine ähnliche Rectification der Grenzen nöthig ist. Hier hat sich ebenfalls ein deutscher Keil unberufen zwischen Nord- und Südslaven eingedrängt, das Donauthal und die steirischen Alpen besetzt. Vogt kann diesen Keil nicht dulden, und so annexirt er consequenterweise Oestreich, Salzburg, Steiermark und die deutschen Teile von Kärnthen an Rußland. Daß bei dieser Herstellung des slavisch-russischen Reiches nach den erprobtesten Grundsätzen des ›Nationalitätenprinzips‹ auch die paar Magyaren und Rumänen nebst verschiedenen Türken an Rußland fallen ... zur Strafe dafür, daß sie sich zwischen die Nord- und die Südslaven drängen, hat Vogt bereits Oestreich zum Trotz entwickelt.
Wir Deutschen verlieren bei dieser Operation – weiter nichts als Ost- und Westpreußen, Schlesien, Theile von Brandenburg und Sachsen, ganz Böhmen, Mähren und das übrige Oestreich außer Tyrol (wovon ein Theil dem italienischen ›Nationalitätenprinzip‹ zufällt) – und unsere nationale Existenz in den Kauf!
...

---

*Anmerkung:*
[1] Der Autor befaßt sich mit dem Vorschlag des Naturwissenschaftlers und Politikers Carl Vogt (1817–1895), der den Sozialismus ablehnte und neue Grenzen in Europa auf geschichtlich-stammlicher Basis vorschlug, die u. a. Böhmen und Mähren dem Kaiserreich Rußland zuwiesen.

---

*Quelle:*
Marx, Karl: »Herr Vogt«; London, 1860; Neudruck: Leipzig, 1927; S. 81f.

**Gesetz des Kaisertums Österreich**[1]**:** **1863, 3. Dezember**
*Regelung der Heimatverhältnisse*

§ 1. Das Heimatrecht in einer Gemeinde[2] gewährt in derselben das Recht ungestörten Aufenthalts.
. . .

*Anmerkungen:*
[1] Zur Fortgeltung dieses Gesetzes in der Tschechoslowakei nach 1919: Siehe S. 149.
[2] Zum Nachweis des Heimatrechts stellte die Gemeinde dem Heimatberechtigten einen »Heimatschutz« aus. Faksimilierter Abdruck eines Originals in: Friemel, Hilda (Hrsg.): »Saubsdorf«; Nürnberg, 1980; S. 324.

*Quelle:*
*(Österreichisches)* »Reichsgesetzblatt«; Wien, 1863; Nr. 105.

**Die Verfassung**[1] **1867, 21. Dezember**
**des Kaisertums Österreich:**
*Volksgruppenrecht*

. . .
Artikel 19:
Alle Volksstämme des Staates sind gleichberechtigt und jeder Volksstamm hat ein unverletzliches Recht auf Pflege und Wahrung seiner Nationalität und Sprache.
Die gleiche Berechtigung aller landesüblichen Sprachen in Schule, Amt und öffentlichem Leben wird vom Staat anerkannt. In den Ländern, in welchen mehrere Volksstämme wohnen, sollen die öffentlichen Unterrichtsanstalten derart eingerichtet sein, daß ohne Anwendung eines Zwangs zur Erlernung der zweiten Landessprache jeder dieser Volksstämme die erforderlichen Mittel zur Ausbildung in seiner Sprache erhält.
. . .

*Anmerkung:*
[1] Die Verfassung wurde von der Regierung oktroyiert (= erlassen).

*Quelle:*
Turegg, K. E.: »Minderheitenrecht«; Köln, 1950; S. 131.

**Gründungsprogramm**[1] **1897**[2]
**der Tschechischen Nationalsozialistischen Partei:**

. . .
Wir wollen sowohl als Mitglieder der Arbeiterklasse als auch als eine Nation in Freiheit leben[3] . . .
Wir wollen, daß die tschechische Nation als unabhängiges und gleiches Mitglied der europäischen Nationen lebt und nicht als unterdrückte Nation, die in Ketten schmachtet . . .

*Anmerkungen:*
[1] Es handelt sich um die erste Partei der Welt, die »national« und »sozialistisch« in ihren Parteinamen aufnahm. Sie trat ab März 1918 als »Tschechoslowakische Sozialistische Partei« auf und wurde 1920 zur »Tschechoslowakischen Nationalsozialistischen Partei« (später: prominentes Mitglied Dr. Edvard Beneš).

[2] Erst über 20 Jahre später, am 5. Mai 1918, folgte der Tschechischen Nationalsozialistischen Partei in der Namensgebung die »Deutsche Nationalsozialistische Arbeiterpartei« in Österreich (DNSAP). Zum Programm: Siehe S. 108f.
Nach Ende des 1. Weltkrieges im Jahre 1918 existierte in München eine kleine, rechts stehende politische Splittergruppe namens »Deutsche Arbeiterpartei«, die nach dem 22. 2. 1920 zur »Nationalsozialistischen Deutschen Arbeiterpartei« (NSDAP) wurde. Einer ihrer damaligen Sprecher, Adolf Hitler, verkündete am 24. 2. 1920 das als unabänderlich bezeichnete Parteiprogramm, in dem es an herausragender Stelle u. a. hieß:
»Wir fordern den Zusammenschluß aller Deutschen auf Grund des Selbstbestimmungsrechtes der Völker zu einem Groß-Deutschland. Wir fordern die ... Aufhebung der Friedensverträge von Versailles und St. Germain«. Vgl. Maser, Werner: »Die Frühgeschichte der NSDAP«; Frankfurt/M., 1965; S. 211, 223, 273f., 468f.
Sowohl die Tschechische/Tschechoslowakische wie auch die Deutsche Nationalsozialistische Partei (in Österreich) waren jedoch von der NSDAP Hitlers mindestens durch dessen Rassenprogramm deutlich verschieden.
Entsprechend ist daher das Bekenntnis des Vorsitzenden der tschechoslowakischen Nationalsozialisten, Václav Klofáč zu werten, der am 20. 11. 1938 im Prager Parteiorgan »České Slovo« (Tschechisches Wort) schrieb: »Der Nationalsozialismus ist bei uns entstanden. Wir haben an ihm über vierzig Jahre gebaut, er hat in unseren Verhältnissen viel erreicht, aber er wurde nie zur entscheidenden Macht, wie in Deutschland. Deutschland und seinen Nationalsozialismus können wir nicht einholen, wir müssen ihm nun voreilen. Der Nationalsozialismus hat uns in Deutschland in der Praxis übertroffen ... Er ist an der Macht und dient nicht der Unterdrückung.«
Methodisch in der sachlich unzulässigen Inanspruchnahme aktuell »positiver« (und später sehr negativ) wirkender Aspekte ähnlich: Konrad Henleins Bekenntnis von 1941, daß er stets Nationalsozialist war und dies nur verleugnete: Siehe S. 239f.

[3] In diesem programmatischen Satz wird das Kernproblem Mittel- und Osteuropas um 1900 deutlich: Die Verbindung gravierender sozialer Probleme (v. a. der Arbeiterschaft) mit nationalen Anliegen der erstarkenden Völker.

---

*Quelle:*
Exekutivkomitee der Tschechoslowakischen Nationalsozialistischen Partei (Hrsg.): »Half a Century of Struggle Against Marxism – Who are the Czechoslovak National Socialists?«; o. O.; o. J. (vermutlich: USA, um 1968); S. 6.

## Politisches Programm deutscher Parteien[1] in Österreich:

**1899, 20. Mai**

(Sog. Pfingstprogramm)
*»Volksgruppenrecht« in Österreich*

1. Nationale Abgrenzung.
Die nationale Abgrenzung der Gerichtssprengel ist, ausgehend von der Ortschaft (wenn nötig, durch Teilung der Gemeinden), derart vollständig durchzuführen, daß, abgesehen von den infolge der ethnographischen Verhältnisse unausweichlich bleibenden gemischten Gebieten[2], zu jedem Gerichtssprengel nur Ortschaften einer und derselben Nationalität zugeteilt werden. Auf Grund der national abgegrenzten Gerichtssprengel haben sich aufzubauen die national abzugrenzenden Verwaltungsgebiete und die Wahlbezirke für den Landtag, Reichsrat und für die anderen Vertretungskörper.
Es sind national abgegrenzte Kreise zu bilden mit Kreisämtern und Kreisvertretungen[3] ...
2. Organisation der Behörden und Verwaltung.
Die obersten staatlichen Gerichts- und Verwaltungsbehörden im Lande haben aus einer deutschen und einer tschechischen Abteilung zu bestehen ... deutschen Verwaltungsgebieten und den diesen übergeordneten Abteilungen der Landesbehörden sind nur Beamte deutscher Nationalität anzustellen.
3. Sprachenfrage.
Die deutsche Sprache ist als innere und äußere Amtssprache aller Staatsbehörden in den

deutschen Verwaltungsgebieten sowie bei den deutschen Abteilungen der Landesbehörden zu bestimmen. In den gemischten Gebieten sowie in der Landeshauptstadt Prag samt den Vororten hat die vollständig paritätische Behandlung beider Sprachen einzutreten.

4. Kurien[4].

Die Abgeordneten der Städte, Handelskammern und der Landgemeinden werden in nationale Kurien eingeteilt. Diesen Kurien wird ein Vetorecht bei Änderung der Landesordnung, Landtagswahlordnung und der Gemeindeordnung sowie in allen, ein wichtiges nationales Interesse eines der beiden Volksstämme betreffenden Angelegenheiten in der Weise eingeräumt, daß in diesen Angelegenheiten gegen das Veto einer Kurie ein endgültiger Landtagsbeschluß nicht zustande kommen kann.

5. Die Bedeckung der Schulauslagen ist in der Art zu trennen, daß für jede Nationalität ein selbständiges Budget zur Bestreitung der Unterrichtszwecke aufgestellt wird . . .

7. Die Frage des Gebrauches der Landessprachen bei den autonomen[5] Behörden ist nach folgenden Grundsätzen zu ordnen:

a) Die bisherige Schwierigkeit bezüglich der Berücksichtigung der Sprache der Minorität in Gemeinde, Bezirk (Kreis) wird durch die nationale Abgrenzung der beiden Sprachgebiete nahezu ganz behoben.

b) Jede autonome Behörde in Böhmen hat (mit Ausnahme der Landeshauptstadt) ihre innere und äußere Amtssprache selbst festzusetzen und kann, wenn sie eine der beiden Landessprachen ausschließlich als ihre Amtssprache erklärt, nicht gezwungen werden, in einer anderen Sprache Eingaben anzunehmen, Verhandlungen zu führen oder Geschäfte zu erledigen . . .

8. In den gemischten Gebieten sowie in der Landeshauptstadt samt Vororten sind Minoritätsschulen zu errichten, wenn die gesetzlich erforderliche Anzahl von Kindern der anderen Nationalität vorhanden ist, wobei jedoch auf dem Wege der Gesetzgebung Bestimmungen zu treffen sind, wonach bei der Errichtung beziehungsweise Erweiterung von Minoritätsschulen nur die seit einer gewissen Zeit ortsansässige Bevölkerung zu berücksichtigen ist. Die Kosten dieser Minoritätsschulen werden, unbeschadet der bereits von der Gemeinde erfüllten Verpflichtungen, vom Landesschulfonds der betreffenden Nationalität bestritten. In den reinsprachigen Gebieten bedarf es zur Errichtung einer Minoritätsschule außerdem der Zustimmung der Gemeinde.

---

*Anmerkungen:*

[1] Es handelte sich um die sog. »bürgerlichen Parteien« (d. h. ohne die Sozialdemokraten). Die Radikalen und Alldeutschen beteiligten sich nicht.

[2] »Gemischtes Gebiet« wurde z. B. im Sprachgesetzentwurf von Ministerpräsident Körber v. 8. 5. 1900 verstanden als: »Jeder Bezirk, . . . in dem die Minderheit der anderssprachigen Bewohner 20 Prozent der gesammten Bevölkerung erreicht oder übersteigt.« Nach jeder zweiten Volkszählung Anpassung an neue Verhältnisse unter Beibehaltung der 20%-Grenze.
Vgl. Fischel, Alfred: »Materialien zur Sprachenfrage in Österreich«; Brünn, 1902; S. 188.

[3] Ähnlich den schon 1849 vorgesehenen Kreistagen; siehe S. 87.

[4] Kurie: Hier die Zusammenfassung von Abgeordneten.

[5] Behörden der Gemeinden und Kreise.

---

*Quelle:*
Fischel, Alfred: »Materialien zur Sprachenfrage in Österreich«; Brünn, 1902; S. 37f.

**Das Nationalitätenprogramm der österreichischen Sozialdemokratie:** [1] **1899, 18. September**
*Ziel: Demokratischer Nationalitätenbundesstaat*

Da die nationalen Wirren in Österreich jeden politischen Fortschritt und jede kulturelle Entwicklung der Völker lähmen, da diese Wirren in erster Linie auf die politische Rückständigkeit unserer öffentlichen Einrichtungen zurückzuführen sind und da insbesondere die Fortführung des nationalen Streites eines jener Mittel ist, durch die die herrschenden Klassen sich ihre Herrschaft sichern und die wirklichen Volksinteressen an jeder kräftigen Äußerung hindern,
erklärt der Parteitag:
Die endliche Regelung der Nationalitäten- und Sprachenfrage in Österreich im Sinne des gleichen Rechts und der Gleichberechtigung und Vernunft ist vor allem eine kulturelle Forderung, daher im Lebensinteresse des Proletariats gelegen;
sie ist nur möglich in einem wahrhaft demokratischen Gemeinwesen, das auf das allgemeine, gleiche und direkte Wahlrecht gegründet ist [2], in dem alle feudalen Privilegien im Staate und in den Ländern beseitigt sind, denn erst in einem solchen Gemeinwesen können die arbeitenden Klassen, die in Wahrheit die den Staat und die Gesellschaft erhaltenden Elemente sind, zu Worte kommen; die Pflege und Entwicklung der nationalen Eigenart aller Völker in Österreich ist nur möglich auf Grundlage des gleichen Rechts und unter Vermeidung jeder Unterdrückung, daher muß vor allem anderen jeder bürokratisch-staatliche Zentralismus ebenso wie die feudalen Privilegien der Länder bekämpft werden.
Unter diesen Voraussetzungen, aber auch nur unter diesen, wird es möglich sein, in Österreich an Stelle des nationalen Haders nationale Ordnung zu setzen, und zwar unter Anerkennung folgender leitender Grundsätze:

1. Österreich ist umzubilden in einen demokratischen Nationalitätenbundesstaat.
2. An Stelle der historischen Kronländer werden national abgegrenzte Selbstverwaltungskörper gebildet, deren Gesetzgebung und Verwaltung durch Nationalkammern, gewählt auf Grund des allgemeinen, gleichen und direkten Wahlrechts, besorgt wird.
3. Sämtliche Selbstverwaltungsgebiete einer und derselben Nation bilden zusammen einen national einheitlichen Verband, der seine nationalen Angelegenheiten völlig autonom besorgt.
4. Das Recht der nationalen Minderheiten wird durch ein eigenes, vom Reichsparlament zu beschließendes Gesetz, gewahrt.
5. Wir erkennen kein nationales Vorrecht an, verwerfen daher die Forderung einer Staatssprache; wie weit eine Vermittlungssprache nötig ist, wird das Reichsparlament bestimmen.

Der Parteitag als das Organ der internationalen Sozialdemokratie in Österreich spricht die Überzeugung aus, daß auf Grundlage dieser leitenden Sätze eine Verständigung der Völker möglich ist;
er erklärt feierlich, daß er das Recht jeder Nationalität auf nationale Existenz und nationale Entwicklung anerkennt;
daß aber die Völker jeden Fortschritt ihrer Kultur nur in enger Solidarität miteinander, nicht in kleinlichem Streit gegeneinander erringen können, daß insbesondere die Arbeiterklasse aller Zungen im Interesse jeder einzelnen Nation wie im Interesse der Gesamtheit an der internationalen Kampfgenossenschaft und Verbrüderung festhält und ihren politischen und gewerkschaftlichen Kampf in einheitlicher Geschlossenheit führen muß.

---

*Anmerkungen:*
[1] Angenommen auf dem Brünner Gesamtparteitag.
Dieses Programm ist vor dem Hintergrund allgemeiner nationaler Polarisierung (z. B. 1882: Teilung

der Prager Universität in eine deutsche und eine »böhmische« = tschechische Universität) auch in der an sich internationalen Sozialdemokratie in Österreich zu sehen.
Auf dem Parteitag in Wien (1891) hatte ein tschechischer Delegierter bereits ausgeführt: »Der Internationalismus hat nur für ökonomische Probleme eine Daseinsberechtigung, vielleicht mitunter auch für politische und kulturelle; in nationalen Fragen bleibt er toter Buchstabe, kennt doch jeder Bürger nur seine eigene Nationalität«.
Auf dem Prager Kongreß (1896) verlangten die Tschechen die Schaffung nationaler Gruppen, was ihnen 1897 auf dem Kongreß von Wien-Wimberg zugestanden wurde. Seit diesem Zeitpunkt konnte man von einer »Föderation« von sechs unabhängigen Parteien sprechen: Den deutschen, den tschechischen, den polnischen, den südslawischen, den ruthenischen und den italienischen Sozialdemokraten. Sie waren nun noch durch eine Exekutive und einen jährlicher Gesamtparteitag (z. B. in Brünn) verbunden sowie durch die Verpflichtung für die 14 sozialistischen Abgeordneten, sich als einheitliche Partei zu verhalten.
Vgl. Droz, Jacques: »Geschichte des Sozialismus von 1875–1918«; Bd. IV; Frankfurt/M., 1975; Ullstein Buch 3143; S. 113.
[2] Realisiert auf der Ebene des Gesamtstaates im Jahre 1907, sonst erst 1918/19.

*Quelle:*
Bauer, Otto: »Die Nationalitätenfrage und die Sozialdemokratie«; 2. Aufl.; Wien, 1924; S. 527.

**Kurzbericht:** **1901/1903**
**Von den Deutsch-Böhmen und -Mährern zu den »Sudetendeutschen«**
*Beitrag zur Entstehung des Begriffes »Sudetendeutsch«*

*1. 1848/49*
*Der sudetendeutsche Politiker Franz Jesser erwähnte*[1], *daß ihm* »im Jahre 1927 ein Zitat aus einer Rede eines deutsch-böhmischen Abgeordneten des Frankfurter Parlaments von 1948/49 bekannt[2] geworden sei, welches das Wort ›sudetisch‹ oder ›Sudetenland‹ enthalten habe«.

*2. 1898*[3]
*Franz Jesser*[3] *berichtete auch:*
»Gelegentlich einer Aussprache mit Dr. Josef Tschan[4] – wir behandelten gerade die Beobachtung, daß jetzt auch die Tschechen und Slowaken aus Mähren und der Slowakei dem böhmischen Arbeitsmarkte zuwanderten – fiel uns beiden auf, daß wir immer ›die Deutschen aus Böhmen, Mähren und Schlesien‹ sagen mußten, wenn wir unsere Landsleute benennen wollten, ein gemeinsamer Name fehlte also. ›Da haben es die Deutschen in den Alpenländern besser‹, meinte Tschan. ›Sie haben ihren Sammelnamen: Alpendeutsche.‹ ›Das könnten wir doch auch machen‹, antwortete ich improvisierend. ›Das System unserer Gebirge wird in der Geologie und Geographie ja ohnehin ‘das sudetische’ genannt, so könnten wir doch ‘Sudetenländer’ und ‘Sudetendeutsche’ sagen.‹ Von hier aus nahm diese Bezeichnung ihren Ausgang.«

*3. 1901*
*Für dieses Jahr ist die Verwendung des Begriffes* »die Deutschen in den Sudetenländern« belegt.[5]

*4. 1903*
*In diesem Jahr erschien ein Artikel*[6] *mit dem Titel* »Zweiteilung?«, *in dem in Gegenüberstellung folgende Aussagen gemacht wurden:* »Die Alpendeutschen sind zufrieden und friedlich, die Sudetendeutschen sind mißtrauisch und halten sich zur Abwehr bereit, da sie von einem Frieden nichts merken...
Die Sudetenländer sind trotz des deutsch-tschechischen Zwistes rüstig fortgeschritten und

haben sich auf dem Gebiete des Verkehrswesens, des Gewerbefleißes, des Unterrichts usw. rüstig fortentwickelt. In den Alpenländern zeigte sich dagegen Stillstand, ja Rückgang infolge starker Auswanderung.«

---

*Anmerkungen und Quellen:*

[1] »Sudetenland« (Vierteljahresschrift); München; Bd. VI (1964)/2; S. 144.

[2] Entsprechende Nachforschungen verliefen bisher ergebnislos.

[3] Als Wanderlehrer des Bundes der Deutschen in Nordböhmen tätig.
Vgl.: Hess, Arthur: »Franz Jesser – Volkstumskampf und Ausgleich im Herzen Europas«; Nürnberg, 1983; S. 37.

[4] Vertrauensmann des Bundes der Deutschen in Bilin (Nordböhmen); später Abgeordneter der Deutschradikalen Partei.

[5] »Der Deutsche Volksbote« (deutsch-böhmische Wochenzeitung); Prag; Nr. 43 v. 27. 10. 1901; abgedruckt bei Pscheidt, Edgar: »80 Jahre ›Sudetendeutsch‹?«, in: »Mitteilungen des Sudetendeutschen Archivs«; Nr. 73; München, 1983; S. 1–3.

[6] Ungezeichnet; stammt »mit an Sicherheit grenzender Wahrscheinlichkeit« (so Pscheidt; a. a. O.) von Franz Jesser. Deswegen wird der Artikel auch in den Erinnerungen Jessers faksimiliert wiedergegeben.
Vgl.: Hess: a. a. O.; S. 183.

## Programm[1] der »Deutschen Arbeiterpartei in Österreich« (DAP)[2]

**1904, 15. August**

*Einheitlich organisiertes Österreich in gemeinsamem Zollgebiet mit dem Deutschen Reich*

Die Deutsche Arbeiterpartei erstrebt die Hebung und Befreiung der arbeitenden deutschen Volksschichten aus dem Zustande ihrer heutigen wirtschaftlichen, politischen und kulturellen Unterdrückung. Sie geht hierbei von der Überzeugung aus, daß der Arbeiter nur innerhalb der natürlichen Grenzen seines Volkstums sich gegenüber den übrigen Volksklassen der Kulturgemeinschaft zur vollen Geltung seiner Arbeit und Intelligenz emporringen kann.
Wir verwerfen die internationale Organisation, weil sie den vorgeschrittenen Arbeiter durch den niedriger stehenden erdrückt und vollends in Österreich jeden wirklichen Fortschritt der deutschen Arbeiterklasse unterbinden muß.
Die Deutsche Arbeiterpartei steht auf dem Standpunkte, daß eine Besserung der wirtschaftlichen und sozialen Zustände nur erreichbar ist durch berufsgenossenschaftliche Organisation, daß die zielbewußte, positive Reformarbeit die heutigen unhaltbaren Verhältnisse der Gesellschaft überwinden kann und das soziale Aufsteigen der Arbeiterschaft sichert.
. . .

I. Die Erfüllung der kulturellen Aufgaben des österreichischen Staates wird durch die sogenannten Staatsfragen immer wieder unmöglich gemacht. Die Lösung dieser Fragen ist nur derart möglich, daß Österreich ein einheitlich organisierter Staat und damit lebensfähig werde.
Deshalb fordern wir:
. . .
3. Gesetzliche Erklärung der deutschen Staatssprache in Österreich; die deutsche Sprache ist demnach die ausschließliche Sprache des Heeres, der Vertretungskörper und öffentlichen Ämter; Anstellung deutscher Beamter und Richter im deutschen Sprachgebiete.

II. Auf politischem Gebiete fordert die Deutsche Arbeiterpartei die freie Entwicklung des Volkswesens durch:

1. Einführung des allgemeinen, gleichen und direkten Wahlrechtes; nationale Abgrenzung der Wahlkreise; gesetzliche Wahlpflicht; Proportional-Wahlsystem; strenge Bestrafung von Wahlmißbräuchen; Abschaffung des Herrenhauses.
2. Durchgreifende Erweiterung der politischen Selbstverwaltung.
3. Festsetzung der Gesetzgebungsperioden mit drei Jahren.
4. Freies Vereins- und Versammlungsrecht; Rede- und Pressefreiheit;

...

Auf wirtschaftlichem und sozialpolitischem Gebiete ist zunächst folgendes anzustreben:
1. Schaffung eines gemeinsamen Zollgebietes mit dem Deutschen Reiche.

...

*Anmerkungen:*
[1] Beschlossen in Trautenau (Nordböhmen).
[2] Die Partei war Vorgängerin der »Deutschen Nationalsozialistischen Arbeiterpartei« (DNSAP) des Jahres 1918; zu deren Programm: Siehe S. 108f.

*Quelle:*
Ciller, Alois: »Deutscher Sozialismus in den Sudetenländern und der Ostmark«; Hamburg, 1944; S. 180ff. (Hervorhebungen im Original).

**Gesetze** [1] **1905, November**
**des österreichischen Kronlandes Mähren:**
(Der sog. Mährische Ausgleich)
*»Volksgruppenrecht«*

Die Deutschen gaben ihre bisherige Mehrheit im Landtage auf, aber es geschah unter Bedingungen, daß die tschechische Majorität im Landtag nicht in Versuchung geraten konnte, die ihnen gegenüberstehenden Deutschen zu bedrücken. Das deutsche Pfingstprogramm von 1899 [2] erscheint in dem Punkte der nationalen Sonderung der Landtagswahlen (ethnographisch gesonderte Wahlbezirke) verwirklicht. Wahlkurien, das Erfordernis qualifizierter Präsenzziffern und Mehrheiten bei wichtigen national-politischen Angelegenheiten, die nationale Sonderung des Schulwesens, einschließlich der Teilung des Landesschulrates, das den deutschen Mitgliedern des Landesausschusses vorbehaltene Entscheidungsrecht in gewissen Fragen und anderes sichern die Deutschen des Landes vor den ärgsten Ausschreitungen einer nationalen angriffslustigen Landtags-Majorität. Die Regelung des Gebrauches beider Landessprachen bei den autonomen Behörden hat die Gleichberechtigung und Gleichwertigkeit beider Nationalitäten zur Grundlage. Gemeindevertretungen und Straßenausschüsse bestimmen selbst ihre Amts- oder Geschäftssprache. In der anderen Landessprache abgefaßte Eingaben sind anzunehmen, werden aber in der Regel in der eigenen Amtssprache erledigt. Der Landesausschuß gebraucht beide Landessprachen als Amtssprache und verkehrt in der Regel mit den Gemeinden in ihrer Amtssprache; sonst richtet sich die Erledigung nach der Sprache der Eingabe. Mit den Staatsbehörden verkehren Gemeinde- und Straßenausschüsse in ihrer Amtssprache.

*Anmerkungen:*
[1] Die Ausgleichsbestimmungen (v. a. neue Landesordnung, Landtagswahlordnung, Sprachordnung, Schulbehördenordnung) können wegen ihres Umfangs nicht wiedergegeben werden.
Deshalb wird der Inhalt in einer zeitgenössischen Zusammenfassung wiedergegeben.
[2] Zum Text siehe S. 91f.

*Quelle:*
Fischel, Alfred: »Der nationale Ausgleich in Mähren« in: »Österreichisches Staatswörterbuch«; Bd. III; Wien, 1910; S. 512ff.

**Programm** **1916, Februar**
**im tschechischen Exil:**
**»Das großdeutsche Mitteleuropa oder ein unabhängiges Böhmen?«**

*(Der Verfasser stellt zunächst dar, daß den großdeutschen Bestrebungen das tschechische Volk entgegenstehe. Er beschreibt sodann den vorgeschlagenen tschechischen Staat:)*

Die möglichen Formen der Unabhängigkeit des tschechischen Staates
Der tschechische Staat aus dem tschechischen Volk (Böhmen, Mähren, Schlesien) und der Slowakei (Nordteil von Ungarn) zusammengesetzt, wäre ungefähr viermal so groß wie Belgien. Mit fast 13 Millionen Einwohnern würde er den achten Platz unter den zivilisierten Staaten Europas einnehmen.
Den tschechischen Staat könnte man sich, dem monarchischen Prinzip folgend, in verschiedenen Formen vorstellen:
a) Die russische Dynastie ist die populärste.
b) Man könnte einen Fürsten aus einem anderen alliierten Volk wählen (England, Italien).
c) Personalunion mit Groß-Serbien.
Die Erfahrungen mit fremden Dynastien und die Rolle, die ausländische Fürsten nicht nur in Rumänien, Griechenland, Bulgarien und Albanien, sondern auch in Montenegro spielten, war nicht sehr attraktiv. Deswegen wird die republikanische Regierungsform, die zunächst nur von den Radikalen vorgeschlagen wurde, mehr und mehr in Erwägung gezogen.
In diesem Falle wäre der Einfluß Frankreichs vorherrschend. Zusammenfassend: Die Schaffung des tschechischen Staates ist nicht anders möglich, als mit Hilfe der Alliierten.
. . .
*(Der Verfasser weist sodann auf die politische Bedeutung von Mitteleuropa hin und bezeichnet das Gebiet der kleinen Völker als Gefahrenzone.)*
. . .

Das Nationalprinzip: Die Bedeutung nationaler Minderheiten
Seit dem 18. Jahrhundert ist das Nationalprinzip ein fundamentales Element der Existenz der Staaten. Italien und Deutschland wurden im Namen dieses Prinzips vereinigt; jetzt verlangen auch die anderen, Tschechen, Polen und Jugoslawen, die Freiheit, so zu handeln. Das Nationalprinzip wird heute nicht mehr absolut gesehen, deswegen spielt die Rolle nationaler Minderheiten eine so große Rolle. Alle, auch kleine Staaten, mit Ausnahme Montenegros, haben nationale Minderheiten. Deutschland hat die dänische, französische, polnische und lausitzische Minderheit. Das unabhängige Böhmen, Polen und Groß-Serbien werden auch ihre nationalen Minderheiten haben.

Der Charakter von Österreich-Ungarn: Die Gewalt als System
Stets herrscht die Mehrheit; das ist das Prinzip der parlamentarischen Mehrheit, ein natürliches und übliches Prinzip. Das ist jedoch nicht so in Österreich, wo die deutsche Minderheit die nichtdeutsche Mehrheit unterdrückt und gleicherweise in Ungarn, in dem die ungarische Minderheit die nichtungarische Mehrheit beherrscht. Österreich-Ungarn – das ist die organisierte, dauernde und systematische Gewalt.
. . .
*(Der weitere Gedankengang des Verfassers geht aus den Zwischenüberschriften hervor.)*
. . .

Österreich-Ungarn aufrechtzuerhalten oder zu helfen, heißt für den König von Preußen zu arbeiten

...
Der wunde Punkt Deutschlands: Österreich-Ungarn und der Osten
...
Böhmen bildet zusammen mit Polen und Groß-Serbien eine natürliche Barriere gegen die Ziele des Großdeutschen Preußens
...
Die antigermanische Barriere und die Alliierten
...
Böhmen und Frankreich
...
Der politische Plan der Alliierten und das allgemeine Kriegsziel: Die Rechte der kleinen Nationen
...
Gegen das großdeutsche Mitteleuropa müssen die Alliierten das freie Mitteleuropa stellen
...
Die Bedeutung des Friedenszieles im gegenwärtigen Krieg
...
Es ist erforderlich, daß die Alliierten ihre Entscheidung erklären, Österreich-Ungarn zu zerschlagen und die Tschechen, die Polen und die Jugoslawen zu befreien
...
Die Schlüsselstellung Frankreichs
...

---

*Anmerkung:*
[1] Verschiedene Personen, die während des 1914 begonnenen Ersten Weltkriegs in das (»feindliche«) Ausland emigrierten.

---

*Quelle:*
Anonymus (vermutlich Edvard Beneš:) »L'Europe Centrale Pangermanique ou une Bohême Indépendante?« [Das großdeutsche Mitteleuropa oder ein unabhängiges Böhmen?] (*Als* »Vertraulich« *gekennzeichnete Druckschrift*); Paris, Februar 1916; S. 6ff.

**Buch:** **1916, 1. Juli**
**»Das böhmische [1, 2] Volk«:**
*Zum Selbstverständnis und zur Selbstdarstellung* [3]

Vorwort
Durch diese Schrift holen die Böhmen nach, was ihnen für die Repräsentation in der Fremde über ihr Volk, über dessen Siedelungen, über deren physischen Vorzüge, über deren materielle Stärke und geistigen Kräfte mangelte. Konnte auch das Thema, aus Gründen äußerer Natur, nicht vollauf ausgeschöpft und ausgeführt werden, so werden dennoch die für dieses Werk eigens gelieferten Darstellungen der gestellten Aufgabe entsprechen. Sie werden die nichtböhmische Öffentlichkeit in objektiver Weise über das böhmische Volk und die Hauptrichtungen seiner Kultur belehren und solchermaßen zum Verständnis und zur richtigen Wertung unserer Nation seitens Jener beitragen, die der böhmischen Sprache nicht mächtig sind.
Eines wird sicherlich aus allen, in diesem Sammelwerk aufgenommenen Essays klar hervorgehen: daß das böhmische Volk, wenn auch gering an Zahl, jenen körperlich hochentwikkelten westeuropäischen Völkern beizuzählen ist, die an den Fortschritten der Weltkultur einen beträchtlichen Anteil haben, auf den sie vor anderen Völkern hinweisen, auf den sie stolz sein können und den zu übersehen oder gar leugnen zu wollen ein Akt der größten Un-

gerechtigkeit wäre. Dem böhmischen Volke liegt es wohl ferne, zu verlangen, unrichtig und über das Verdienst eingeschätzt zu werden. Allein, gleichwie ein jedes Volk überhaupt, würde es als das schreiendste Unrecht empfinden, wollte man totschweigen oder ihm absprechen, was es für die Fortschritte der menschlichen Kultur geleistet hat, und wenn es als Volk unterschätzt, ignoriert und unverstanden bliebe.
Wird das vorliegende Buch bewirken, daß man in den unserer Sprache nicht kundigen Kreisen über das böhmische Volk gerecht und so urteile, wie es vermöge seiner Leistungen auf dem Gebiete der materiellen, geistigen und sittlichen Aufklärungsarbeit verdient, dann hat es seinen Zweck erfüllt.

PRAG, den 1. Juli 1916.

Die Siedelungsgebiete und Statistik der Böhmen.
Das böhmische Volk entstand aus jenen westslavischen Stämmen, die offenbar auf ihrer Wanderung von Norden her sich allmählich in den Gegenden niedergelassen hatten, welche innerhalb der habsburgischen Monarchie die jetzigen Länder der böhmischen Krone und die Slovakei in Ungarn bilden und von denen aus ihre Ausstrahlungen in südlicher Richtung bis tief hinter die Donau reichten.
Am Beginne des historischen Zeitalters grenzten die Böhmen bloß im Westen an die Deutschen gleichwie andere Slaven, die sich nördlich und südlich von ihnen angesiedelt hatten. Damals bildete nicht ihr Gebiet, beiweitem umfangreicher als das gegenwärtige, jenen tiefen Ausläufer([4]: *mehrere Worte*) in das deutsche Sprachgebiet wie dies jetzt der Fall ist. Diese Änderung in der internationalen Position der Böhmen ist die Folge der tiefeingreifenden und weitausholenden Veränderungen der nationalen Verhältnisse in der historischen Zeit. Während sich im Westeuropa seit dem Ende der großen Völkerwanderung die Sprachgrenzen zwischen Romanen und Germanen nur in einem verhältnismäßig geringen Maße verschoben haben, sehen wir an dem ethnographischen Bilde Mitteleuropas im östlichen Grenzgebiete der germanischen Welt zahlreiche und eindringliche Veränderungen. ([4]: *mehrere Zeilen*)
Nur im Osten eröffnete sich dem böhmischen Volke die Möglichkeit einer Berührung mit der nichtdeutschen Welt. Gerade auf dieser Seite jedoch hörten die Interessen der Böhmen auf oder wurden wesentlich geschwächt, nachdem der slovakische Zweig[5] in der ersten Hälfte des 19. Jahrhunderts seine Mundart zu einer eigenen Schriftsprache ausgestaltet und sich zu einem selbständigen Volke zu entwickeln begonnen hatte. Diese Abtrennung der ungarischen Slovaken war darum für die Stellungen der Böhmen von weitreichendem Einflusse, der mit dem Verluste von 2 Millionen Seelen allein nicht erschöpft erscheint.
Das Ergebnis der erwähnten historischen Ereignisse besteht nun darin, daß kein Volk in Europa – die kleinen Splitter früherer großer Volksstämme ausgenommen – eine so eigenartige Stellung einnimmt wie das böhmische. Seine Siedelungen sind jetzt in das Gebiet deutscher Siedelungen eingekeilt, das sie von drei Seiten einschließt. Auf einer sehr kurzen Strecke bloß kommt die Sphäre der böhmischen Interessen an jene der polnischen heran. Der Interessenkonflikt mit dem nächstnachbarlichen slovakischen Volke[5] ist durch die politischen Grenzen ausgeschlossen.
Auf dem längsten Teile seiner Sprachgrenzen gerät das böhmische Volk mit dem deutschen in Berührung, das auch auf andere Weise in das böhmische Gebiet hineinreicht. ([4]: *mehrere Zeilen*)
Nahezu das gesamte Gebiet des böhmischen Volkes befindet sich in der habsburgischen Monarchie. Einige kleine Bruchteile und Auswanderer der modernen Zeit abgerechnet, lebt das ganze böhmische Volk innerhalb der Gemarkungen dieses Reiches. Daraus ergibt sich, daß seine Schicksale aufs Engste mit den Schicksalen des habsburgischen Kaiserstaates verknüpft sind, daß die böhmische Frage nicht von dem österreichischen Problem losgelöst

werden kann. Außer den Böhmen (die Slovaken miteinbezogen) sind in gleicher Weise nur noch die Slovenen und Magyaren mit Österreich verbunden, deren Siedelungen über die Reichsgrenzen fast gar nicht hinausreichen. Daraus folgt wiederum von selbst der Anwert der Böhmen für die österreichische Monarchie, ([4]: *ca. zwei Zeilen*)
Das böhmische Sprachgebiet befindet sich, bis auf kleine Ausnahmen, in der böhmischen Gruppe der österreichischen Länder: in Böhmen, Mähren und Schlesien. Da die Deutschen ([4]: *zwei Zeilen*) so hat die Entwicklung der nationalen Verhältnisse in der Vergangenheit der böhmischen Länder zur Folge, daß den Böhmen deren Innengebiet geblieben ist, während die Grenzgürtel, die östliche, die mährische und die schlesisch-ungarische Grenze ausgenommen, jetzt dem deutschen Gebiete angehören.
Diese Zone der deutschen Siedelungen an den Grenzen ist naturgemäß nicht überall gleich breit. Stellenweise ist sie sehr eingeengt. Böhmische Ortschaften reichen manchenorts bis an die Landesgrenze, ja überschreiten sie sogar.
Am weitesten nach Westen sind die böhmischen Siedelungen[6] bis an die bayerische Grenze beim Čerchov-Berge (hinter Taus) vorgeschoben. Von hier läuft die böhmische Sprachgrenze einerseits in nordöstlicher, andererseits in südöstlicher Richtung. Das deutsche Gebiet entlang der böhmisch-sächsischen Grenze ist einer der größten deutschen Sprengel in den böhmischen Ländern. Die deutschen Siedelungen dringen auf dieser Seite am weitesten ins Innere Böhmens und sind die meistbevölkerten. Die Hauptmacht der Deutschen in Böhmen strömt gerade aus diesen Gegenden.
An der Iser-Quelle erreicht die böhmische von Taus aus nordöstlich in verschiedenen Schlingen und Bogen sich windende böhmisch-deutsche Grenze wieder, bei Gablonz a. d. N., die Reichsgrenze. Dann umspannt sie, mit einer Wendung nach Südost und Ost, das deutsche Gebiet des Riesengebirges. Hinter Nachod läuft die nationale Grenze nach Preußen hinüber, wo in der Glatz 11 Ortschaften zum böhmischen Sprachgebiet gehören. Sie kehrt nach Böhmen zurück, umfaßt das Adler-Gebirge, wo ein schmaler Grenzstreifen deutsch ist, hinter Landskron betritt sie Mähren, wo sie im Zickzack eine im ganzen bis hinter Neutitschein reichende Richtung bis ziemlich tief unter die nördliche Landesgrenze Mährens nimmt, so daß das deutsche nordmährische Gebiet und der damit verbundene ganze westliche deutsche Teil des Troppauer Umreises an Umfang gleich hinter dem deutschen Gebiete in Nordwestböhmen rangiert. Hinter Neutitschein macht sie neuerdings Kehrt und läuft dann nordwärts, so daß der östliche Teil des Troppauer Umkreises (östlich von Troppau) böhmisch ist, hinter Troppau überschreitet sie wiederum die Reichsgrenze und zieht sich bis Ratibor. Im Ratiborer und Leobschützer Kreise in Preußisch-Schlesien haben wir eine ziemlich umfangreiche böhmische Gegend, die sich den böhmischen Siedelungen in Österreichisch-Schlesien anschließt.
In der Nähe von Ratibor werden an Stelle der Deutschen die Polen Nachbarn der Böhmen und die böhmisch-polnische Grenze läuft von hier ab in südöstlicher Richtung gegen Oderberg bis an die schlesisch-ungarische Grenze, so daß der westliche Teil des österreichischen Teschener Umkreises böhmisch ist.
Auf der südlichen Seite läuft die Sprachengrenze zunächst Bayern zu vom Čerchov-Berge in südöstlicher Richtung, so daß der Böhmerwald, allerdings in ungleicher Breite, dem deutschen Sprachgebiete angehört, bei Wittingau berührt sie abermals die Landesgrenze, ja einige Ortschaften bei Gmünd in Niederösterreich gehören dem böhmischen Sprachgebiete an. Nachher läuft die böhmisch-deutsche Sprachgrenze bis hinter Neuhaus hinüber, worauf sie sich ostwärts wendet und die mährisch-niederösterreichische Landesgrenze entlang sich fortbewegt, bei Brünn am tiefsten in das Innere des Landes dringend, bis sie bei Lundenburg wieder an der Landesgrenze zu Ende geht, ja sie überschreitet, denn hinter Lundenburg gibt es in Nieder-Österreich einige böhmische Dörfer.
So haben wir die Grenze des böhmischen zusammenhängenden Sprachgebietes nur in den markantesten Zügen gezogen. Es füllt Mittel- und Ostböhmen, Mähren mit Ausnahme des

nördlichen und südlichen Grenzgebietes, den östlichen Umkreis Troppaus und den westlichen Teschens und die oben angeführten kleinen Gebietteile außerhalb Böhmens.
In den böhmischen Ländern, die zusammen ein Ausmaß von 79.316 km², also etwas weniger als das Königreich Bayern haben, entfällt auf das zusammenhängende böhmische Gebiet innerhalb der beschriebenen Grenzen, die anderssprachigen, deutschen, Inseln darin miteingerechriet im ganzen 52.424 km².
([4]: *mehrere Zeilen*) Und da entfällt noch von jenen 52.424 km² eine beträchtliche Fläche auf die deutschen Sprachinseln im böhmischen Gebiete. Die größte darunter ist das sog. Schönhengsterland an der böhmisch-mährischen Grenze, das einen Flächeninhalt von 1.130 km² aufweist und in dem sich die Städte Landskron, Zwittau, Mährisch-Trübau, Müglitz und ([4]: *mehrere Worte*) Hohenstadt befinden. Die zweite der Größe nach ist die Iglauer Insel, ebenfalls an der böhmisch-mährischen Grenze, national schon stark gemischt (362 km²). Außer diesen beiden gibt es noch einige kleinere, nicht ganz rein deutsche, sondern gemischte Inseln, denen jedoch eine große Wichtigkeit der Umstand verleiht, das sie sich um große, wichtige Städte mit deutscher Verwaltung befinden. Es sind dies die Brünner Insel, die Olmützer, die Reste der Budweiser Insel in Böhmen, die Insel der deutschen bei Wischau, bei Konitz (Brodeker-Insel) in Mähren und dann einige einzelne Orte. Zu diesen können wir einige Städte in Mähren und Schlesien nicht zählen, die sich in deutschen Händen befinden und von Deutschen, ([4]: *mehrere Worte*) beherrscht werden, wie Lundenburg, Göding, Leipnik u. a., deren Bevölkerung kernböhmisch oder doch böhmischen Ursprunges ist.
Nach Abrechnung der eigentlich deutschen Inseln wird unser tatsächliches, böhmisches Sprachgebiet in den böhmischen Ländern auf 50.711 km² herabgesetzt[7], auf eine Fläche also, die kleiner ist als das Königreich Böhmen.
. . .
Wieviele Seelen das böhmische Volk zählt, können wir ganz genau nicht feststellen. In einigen von ihm bewohnten Ländern gibt es keine nationale Statistik, ([4]: *eine Zeile*) Wir können uns jedoch dessen ungeachtet allgemeine Informationen über die Stärke der Böhmen verschaffen, weil deren größter Teil seine Wohnsitze in einem Staate hat.
In der österreichischen Hälfte der österreichisch-ungarischen Monarchie wurden zuletzt, im J. 1910 6,435.983 Einwohner »mit böhmischer Umgangssprache« gezählt, was 23% der Gesamtbevölkerung ausmacht. Die faktische Zahl der Böhmen ist viel höher, ([4]: *mehrere Zeilen*).
Auf diese Tatsache allein gestützt können wir die Zahl der österreichischen Böhmen auf ungefähr 6¾ Millionen Seelen erhöhen. Würden wir die Einwohner böhmischen Ursprungs mitzählen, die zum Teile ihr nationales Bewußtsein bereits eingebüßt haben oder, sei es aus nationaler Flauheit, sei es aus allzugroßer wirtschaftlicher Abhängigkeit, sich zur böhmischen Umgangssprache nicht bekannt haben, so können wir getrost bis zu 7 Millionen hinaufsteigen.
Halten wir uns jedoch bloß an die amtliche Statistik! Wir ersehen daraus, welche Bedeutung dem böhmischen Volke für die Monarchie zukömmt und wie berechtigt und begründet die Grundforderung der gesamten böhmischen Politik ist, die österreichisch-ungarische Monarchie möge als ein Nationalitätenstaat ausgestaltet werden, in der alle Nationen einander gleichgestellt wären. Für die Hegemonie eines Volksstammes fehlt das wesentlichste: die ziffermäßige Stärke.
In diesem Betrachte sind die böhmisch-nationalen Bestrebungen sehr fest auf der nationalen Schichtung der Bewohnerschaft des gesamten Reiches fundiert. Diese Schichtung ist nach den Resultaten der letzten Volkszählung vom J. 1910 die nachfolgende:

| | | in Österreich | in Ungarn | in Bosnien u. d. Herzegowina | im Reiche |
|---|---|---|---|---|---|
| Slaven | Böhmen | 6,435.983 | 67.113[8] | 7.065 | 6,510.161 |
| | Slovaken | — | 1,967.970 | 482 | 1,968.452 |
| | Polen | 4,967.984 | 26.836 | 10.975 | 5,005.793 |
| | Ukrainer | 3,518.854 | 472.587 | 7.631 | 3,998.872 |
| | Serbokroaten | 783.334 | 2,939.633<br>109.450[8] | 1,822.564 | 5,655.281 |
| | Slovenen | 1,252.940 | 98.961[8] | 3.108 | 1,354.989 |
| | Deutsche | 9,950.266 | 2,007.635 | 22.968 | 12,010.669 |
| Romanen | Italiener | 768.622 | 27.682[8] | 2.662 | 798.366 |
| | Rumänen | 275.115 | 2,969.032 | 608 | 3,226.755 |
| | Magyaren | 10.974 | 10,050.575 | 6.663 | 10,067.992 |

Von den Völkern der österreichisch-ungarischen Monarchie hat nicht nur keines allein die Mehrheit, aber auch das von ihnen zahlreichste, die Deutschen, erreichen nicht ein Viertel. Unter 51.6 Millionen Einwohnern der österreichisch-ungarischen Monarchie gibt es nur 12 Millionen Deutsche, also ein klein wenig über ein Fünftel und alle anderen Völker stehen ihnen an Zahl nach.

Nach der amtlichen Statistik leben im Reiche etwas über 6½ Millionen Böhmen, daher ein volles Achtel, in Wirklichkeit jedoch ungefähr 7 Millionen, d. i. etwa 13.6%. An Zahl rangieren sie gleich hinter den Deutschen und Magyaren. Dieser gibt es de facto weniger als ihrer gezählt wurden.

Zählen wir zu den Böhmen deren engste Volkgenossen, die ungarischen Slovaken, so erreichen sie mit ihnen an Zahl beinahe das ungarische Volk. Daraus ergibt sich nun die Bedeutung des böhmischen Volkstammes für das Reich von selbst.

In Cisleithanien ist der beiweitem größte Teil der Böhmen in den böhmischen Ländern angesiedelt. Außerhalb der Grenzen dieser Länder wohnen nach den amtlichen Angaben bloß 2¼% der österreichischen Böhmen u. z. zum größten Teile in Nieder-Österreich, wo man ihrer das letztemal 122.329 zählte, d. i. 3.75% der gesamten Bevölkerung. In Wirklichkeit müßten wir diese Ziffer verdreifachen, ja vervierfachen, um die tatsächliche Ziffer der niederösterreichischen Böhmen, zumindest der Abstammung nach, Böhmen zu erhalten.

Den Kern der böhmischen Siedelungen bildet Böhmen, wo fast ⅔ (65.9%) aller Böhmen wohnen. Amtlich wurden ihrer 4,241.918 d. h. 63.2 der Bevölkerung des Landes gezählt. 36.8% der Bewohner Böhmens entfallen auf die Deutschen. Das böhmischeste Land ist jedoch Mähren. Von dessen Einwohnern haben 71¾%, in absoluter Zahl 1,868.971 die böhmische Umgangssprache eingetragen und nur 27.6 die deutsche. In Wirklichkeit ist der Anteil der Böhmen an der mährischen Bevölkerung höher, da viele Böhmen, namentlich im Ostrauer und Brünner Gebiete sich als Deutsche eingeschrieben haben. Das gleiche geschah von Seite der böhmischen Minoritäten in Böhmen. In Schlesien wurden das letztemal 180.348 Böhmen gezählt (24.3%), während die Deutschen 43.9% der schlesischen Bevölkerung ausmachen. Darunter ist ein Teil, im Ostrau-Karwiner Revier, polnischer Abstammung.

. . .

*Anmerkungen:*

[1] Für die Beurteilung der Sudetenfrage ist auch das tschechische Selbstverständnis bedeutungsvoll. Zu einem seiner wichtigsten Elemente, das auch in der Eigendarstellung gegenüber Dritten beträchtliches Gewicht erreichte, gehörte (und gehört) die Gleichsetzung von Böhmen und Tschechen, für die es in der tschechischen Sprache nur ein einziges Wort gibt. Konsequenz: Der in deutscher Sprache aussagefähige Satz »Eger ist eine böhmische, aber keine tschechische Stadt« ist in tschechischer Sprache sinnvoll nicht wiederzugeben.

[2] Die begriffliche Unterscheidung von »böhmisch« und »tschechisch« ist ein zeitüberdauerndes Pro-

blem, das oft zu Mißverständnissen führte und beträchtliche politische Bedeutung hat. Dazu einige Beiträge z. T. skurriler Art:

a) *Zu Belegen vor* **1916:** Siehe S. 76, 81ff.

b) Am 2. 11. **1918** erschien in der ČSR ein Gesetz, »mit welchem die Kundmachung der Gesetze und Verordnungen geregelt wird«. Der offizielle deutschsprachige Text von § 1 lautete:
»Die Gesetze und Verordnungen werden in der ›Sammlung der Gesetze und Verordnungen des čechoslovakischen Staates‹ gültig verlautbart. Diese Sammlung erscheint in böhmischer Sprache. Überdies erscheint diese Sammlung auch im slovakischen Wortlaut. Authentisch ist der böhmische Text.«
Vgl.: Epstein, Leo: »Studienausgabe der Verfassungsgesetze der Tschechoslowakischen Republik«; Reichenberg, 1923; S. 3f., S. 516.

c) Am 28. 9. **1919** verbot das Innenministerium der ČSR mit Erlaß den Gebrauch der Bezeichnung »Deutsch-Böhmen«. Zuwiderhandelnden wurde Geldstrafe oder Arrest angedroht.
Vgl.: Hemmerle, Rudolf: »Sudetenland-Lexikon«; Mannheim, 1984; S. 108.

d) Ab **1919** wurde die Nomenklatur um den offiziellen deutschsprachigen Begriff »čechoslovakisch« ergänzt; siehe S. 143.

e) Am 17. 7. **1984** informierte die bayerische »Ebersberger Zeitung« über ein Treffen der »Eghalanda Gmoi« und bezeichnete die Egerländer als »gebürtige Tschechen«.
Nach zahlreichen Hinweisen hieß es am 18. 7. 1984 unter der Überschrift »Böhmen sind Deutsche« u. a.: »Selbstverständlich sind die Egerländer als gebürtige Böhmen Deutsche.«

[3] Die hier folgenden Auszüge entstammen einer reich ausgestatteten Darstellung von fast 250 Seiten, die viele Aspekte des »böhmischen« (jeweils gemeint: tschechischen) Volkes von der »Kriegstüchtigkeit« über den »Anteil an der Entwicklung der Mathematik und der Naturwissenschaften« bis zum »böhmischen Geldwesen« behandeln.

[4] Im Original sind deutlich sichtbare Leerstellen enthalten. Diese könnten auf die österreichische Zensur (das Buch erschein im Ersten Weltkrieg) zurückzuführen sein.
Um diese Leerstellen von den Kürzungen des Bearbeiters deutlich zu unterscheiden, werden sie gesondert markiert.
Eine Lesehilfe zum Verständnis: ([4]: *mehrere Worte*) bedeutet: Hier Leerstelle im Umfang mehrerer Worte.

[5] Diese tschechische Sicht der Slowaken erscheint beachtenswert. Sie werden als Zweig der Tschechen gesehen, die sich zum eigenen Volk entwickeln, mit dem ein Interessenkonflikt wegen der politischen Grenzen (des Jahres 1916: Böhmen und Mähren/Schlesien im österreichischen, die Slowakei im ungarischen Teil des Kaiserreiches Österreich) ausgeschlossen ist.
Man kann nicht umhin, diese Feststellung der Entwicklung des tschechisch-slowakischen Verhältnisses nach 1918 ohne politische Grenze zwischen beiden Völkern gegenüberzustellen.

[6] Die nachfolgende Darstellung der deutsch-tschechischen Sprachgrenze im Jahre 1916 aus tschechischer Sicht, insgesamt als zutreffend zu bezeichnen, wird im Buch durch eine Karte verdeutlicht.

[7] Ein Umkehrschluß aus diesen Zahlen ergibt, daß (79316 minus 52424 bzw. 50711) tschechischerseits ca. 29500 km als deutsches und rund 27000 km als geschlossenes deutsches Sprachgebiet anerkannt werden.
Siehe dazu S. 468.

[8] An dieser Stelle im Original ein Sternchen, das in einer Fußnote wie folgt erläutert wird: »Im Jahre 1900, die entsprechenden Ziffern nach der letzten Volkszählung sind noch nicht bekanntgemacht.«

---

*Quelle:*
Boháč, Antonín: »Siedelungsgebiete und Statistik der Böhmen« in »Das böhmische Volk«; hrsg. von Zdeněk Tobolka; Prag, 1916; S. 1ff.

# Teil III

## Die Sudetenfrage

1. 1918–1920:
   Die Entstehung der Sudetenfrage
   durch Entstehung
   der Tschechoslowakei

2. 1920–1938:
   Die Sudetenfrage
   in der (ersten) Tschechoslowakei

3. 1939–1945:
   Die Sudetenfrage im 2. Weltkrieg

4. 1945–1958:
   Die Vertreibung der Sudetendeutschen
   und der Neubeginn der Sudetenfrage

5. 1959–1974:
   Die Diskussionen vor und um den Prager Vertrag

6. 1975–1984:
   Die Sudetenfrage in den 80'er Jahren

# 1. 1918–1920: Die Entstehung der Sudetenfrage durch Entstehung der Tschechoslowakei

**Botschaft** **1918, 8. Januar**
**des US-Präsidenten Woodrow Wilson an den Kongreß der USA:**
(Sog. »14 Punkte«)
*Kriegsziele* [1]

1. Die Friedensverträge müssen in aller Öffentlichkeit verhandelt und geschlossen werden. Hinfort darf es keine geheimen internationalen Vereinbarungen mehr geben. Diplomatische Verhandlungen sind freimütig und im Angesicht der Öffentlichkeit zu führen.
. . .
6. Das gesamte russische Gebiet ist zu räumen und alle, Rußland betreffenden Fragen sind so zu ordnen, daß die bestmögliche und möglichst unbehinderte Zusammenarbeit mit allen anderen Völkern der Welt erreicht wird, um Rußlands unbehinderte und unbehelligte Selbstbestimmung in politischer Entwicklung und staatlicher Politik sowie die vorbehaltlose Aufnahme dieses neu eingerichteten Staatswesens in den Kreis der freien Völker zu erwirken . . .
. . .
9. Die italienischen Grenzen sollen entsprechend klar erkennbarer Volkstumslinien berichtigt werden.[2]
10. Den Völkern Österreich-Ungarns, deren Platz wir im Kreis der Nationen gefestigt und gesichert sehen wollen, ist die Möglichkeit zu unbehinderter autonomer Entwicklung einzuräumen.[3]
11. Rumänien, Serbien und Montenegro müssen geräumt, die besetzten Gebiete wiederhergestellt werden. Serbien muß einen freien und gesicherten Zugang zum Meer erhalten. Die gegenseitigen Beziehungen der Balkanstaaten sind auf Grund freundschaftlicher Vereinbarung gemäß den geschichtlichen Linien von Staatszugehörigkeit und Volkstum zu ordnen . . .
. . .
13. Ein unabhängiger polnischer Staat ist zu errichten, der die von unstreitig polnischer Bevölkerung bewohnten Gebiete umfassen soll; ein unbehinderter und gesicherter Zugang zum Meer, seine politische und wirtschaftliche Unabhängigkeit und die Unantastbarkeit seines Gebiets sind durch internationale Verträge zu gewährleisten.
14. Auf Grund besonderer, dazu bestimmter Verträge muß ein allgemeiner Staatenbund zwecks gegenseitiger Gewährleistung der politischen Unabhängigkeit sowie der Unantastbarkeit der Gebiete[4] gebildet werden, der große und kleine Staaten in gleicher Weise umfassen soll.
. . .

---

*Anmerkungen:*
[1] Zu den allgemeinen Friedensprinzipien: Siehe S. 9ff.

[2] Bezieht sich u. a. auf Südtirol.
[3] Zur späteren Interpretation die Note vom 18. 10. 1918; siehe S. 111.
[4] Führte zum Völkerbund und Art. 19 seiner Satzung; siehe S. 11f.

*Quelle:*
Baker, Stannard/Dodd, William E.: »The Public Papers of Woodrow Wilson: War and Peace«; Bd. I; New York, 1927; S. 156f.

**Parteigrundsätze**[1] **1918, 5. Mai**
**der Deutschen Nationalsozialistischen Arbeiterpartei**[2] **(DNSAP) Österreichs:**
*Ziel: Das »demokratische, soziale Deutsche Reich«*

a) Grundsätzliche Erklärung
Die Deutsche Nationalsozialistische Arbeiterpartei erstrebt die Hebung und Befreiung der arbeitenden deutschen Volksschichten aus wirtschaftlicher, politischer und geistiger Unterdrückung und ihre volle Gleichberechtigung auf sämtlichen Gebieten völkischen und staatlichen Lebens.
Sie bekennt sich rückhaltlos zur Kultur- und Schicksalsgemeinschaft des gesamten deutschen Volkes und geht dabei von der Überzeugung aus, daß sich der Schaffende nur innerhalb der natürlichen Grenzen des Volkstums zur vollen Geltung seiner Arbeit und Verstandeskraft durchringen kann.
Sie verwirft daher den Zusammenschluß auf allvölkischer Grundlage als widernatürlich. Eine Besserung der wirtschaftlichen und gesellschaftlichen Zustände ist vielmehr nur durch Zusammenfassung aller Schaffenden auf dem Boden des eigenen Volkstums erreichbar . . .

b) Staatsrechtliche und völkische Forderungen
1. Zusammenfassung des gesamten deutschen Siedlungsgebietes in Europa zum demokratischen, sozialen Deutschen Reiche. Tatkräftigster Schutz aller von unserem Volke bewohnten und von fremden Völkern beherrschten Gebiete.
2. Gesetzliche Erklärung der deutschen Sprache als Staatssprache im gesamten Deutschen Reiche.

c) Freiheitliche Forderungen
Die Deutsche Nationalsozialistische Arbeiterpartei fordert die freie Entwicklung des Volkswesens durch:
1. Gleichheit und Allgemeinheit des Wahlrechtes in Land- und Gemeinde nach vorheriger völkischer Sicherstellung, Schaffung von zweiten Kammern auf Grundlage der Berufsvertretung.
2. Durchgreifende Erweiterung der Selbstverwaltung.
3. Freies Vereins- und Versammlungsrecht, Rede- und Pressefreiheit, Abschaffung des unpersönlichen Strafverfahrens, Freigabe des fliegenden Schriftenhandels (Kolportage).
4. Schutz gegen jede Behinderung in Ausübung staatlicher Rechte, namentlich gegen die Ausnützung des Lohn- und Dienstverhältnisses zur Einschränkung des persönlichen Selbstbestimmungsrechtes.
5. Bekämpfung jeder Parteiherrschaft, insbesondere durch Einführung der Volksabstimmung (Referendums) für alle einschneidenden Gesetze in Reich, Staat und Land, Schaffung eines Volksheeres.

d) Wirtschaftliche und soziale Forderungen
. . .
e) Forderungen der Arbeitnehmerschaft
. . .

f) Forderungen für den Gewerbestand

. . .

g) Forderungen für die Landwirtschaft

. . .

h) Auf kulturellem Gebiete fordert die Partei

. . .

*Anmerkungen:*

[1] Beschlossen auf einem Parteitag »der Sudeten- und Alpenländer« in Wien, der auch den Parteinamen festlegte. Vorgängerin der Partei war die DAP: Siehe S. 95f.

[2] Zur früheren tschechischen Gründung einer Partei gleichen Namens: Siehe S. 90f.

*Quelle:*

Ciller, Alois: »Deutscher Sozialismus in den Sudetenländern und der Ostmark«; Hamburg, 1944; S. 180ff. (Hervorhebungen im Original).

**Vereinbarung**[1] **1918, 30. Mai**

**von v. a. Vertretern der in die USA emigrierten Tschechen und Slowaken:**

(Sog. Pittsburger Vertrag)[2]

*Slowakei wird in der Tschechoslowakei autonom*[3]

Die Vertreter der slowakischen und tschechischen Organisationen in den Vereinigten Staaten, der Slowakischen Liga, der tschechischen nationalen Vereinigung und des Verbandes tschechischer Katholiken berieten in Anwesenheit des Vorsitzenden des tschechisch-slowakischen Nationalrates, Prof. Masaryk, über die tschechoslowakische Frage und über unsere nunmehrigen Programmerklärungen und beschlossen wie folgt:

Wir genehmigen das politische Programm zum Zwecke der Vereinigung der Tschechen und Slowaken in einem selbständigen Staate der böhmischen Länder und der Slowakei.

Die Slowakei wird ihre eigene Administrative besitzen, ihr Parlament[3] und ihre Gerichte.

Slowakisch wird die Amtssprache in Schulen, Ämtern und im öffentlichen Leben überhaupt sein.

Der tschechoslowakische Staat wird eine Republik sein, seine Konstitution eine demokratische.

. . .

Weitere einzelne Bestimmungen über die Einrichtung des tschechoslowakischen Staates bleiben nach Befreiung der Tschechen und der Slowaken ihren rechtsgültigen Vertretern vorbehalten.

*Anmerkungen:*

[1] Die Vereinbarung wurde von 17 Slowaken und 12 Tschechen (unter ihnen Prof. Masaryk) unterschrieben.

[2] Mit der Vereinbarung erreichten Prof. Masaryk und seine Kollegen über die Unterstützung der in die USA emigrierten Slowaken eine wichtige Voraussetzung für die Unterstützung der politischen Ziele der Tschechoslowaken durch die USA.

[3] Diese Vereinbarung wurde erst 1938 realisiert.

*Quelle:*

Vetter, Theodor: »Nationale Autonomie«; Wien, 1938; S. 240f. (Hervorhebung im Original).

**Note** **1918, 9. August**
**der britischen Regierung an den tschechoslowakischen Nationalrat[1]:**
*Diplomatische Anerkennung[2, 3]*

Gleich von Beginn des Krieges hat sich das tschechoslowakische Volk dem gemeinsamen Feinde mit allen ihm zu Gebote stehenden Mitteln entgegengestellt. Die Tschechoslowaken haben eine bedeutende Armee aufgestellt, welche auf drei verschiedenen Kriegsschauplätzen kämpft und welche die deutsche Invasion in Rußland und Sibirien[4] aufzuhalten versuchte.
Mit Rücksicht auf diese Bemühungen zur Erreichung der Unabhängigkeit betrachtet Großbritannien die Tschechoslowaken als verbündete Nation und anerkennt die drei tschechoslowakischen Armeen als einheitliche verbündete und kriegführende (belligerent) Armee, welche im regelrechten Kriege gegen Österreich-Ungarn und Deutschland steht.
Großbritannien anerkennt auch das Recht des tschechoslowakischen Nationalrates, als obersten Organes der tschechoslowakischen Interessen und gegenwärtigen Repräsentanten der kommenden tschechoslowakischen Regierung, die höchste Autorität über diese verbündete Armee auszuüben.

---

*Anmerkungen:*
1 Organisation der emigrierten Tschechen und Slowaken mit Wirkungszentren in den USA, Großbritannien, Frankreich, Italien und Rußland/UdSSR.
Am 26. 9. 1918 konstituierte sich eine vorläufige tschechoslowakische Regierung mit Sitz in Paris: T. G. Masaryk Präsident, Ministerpräsident und Finanzminister; Edvard Beneš Außen- und Innenminister; Milan Štefánik Kriegsminister.
2 Die diplomatische Anerkennung einer Exilregierung war 1918 zumindest ungewöhnlich.
3 Es folgten die Anerkennungen durch die USA (2. 9.), Frankreich (28. 9.) und Italien (3. 10.).
4 Gemeint: Die aus Überläufern und entlassenen Kriegsgefangenen zusammengestellten sog. Legionen, u. a. in Rußland/UdSSR.

---

*Quelle:*
Epstein, Leo: »Studienausgabe der Verfassungsgesetze der Tschechoslowakischen Republik«; Reichenberg, 1923; S. 23f. (Hervorhebung im Original).

**Erklärung** **1918, 6. Oktober**
**der deutschen Abgeordneten des österreichischen Reichsrats:**
*Forderung des Selbstbestimmungsrechtes*

...
Wir erkennen das Selbstbestimmungsrecht der slawischen und romanischen Nationen Österreichs an und nehmen das gleiche Recht für das deutsche Volk Österreichs in Anspruch ...
Wir sind bereit, mit den Vertretern des teschechischen und des südslawischen Volkes auf dieser Grundlage über die Umwandlung Österreichs in eine Föderation freier nationaler Gemeinwesen zu verhandeln. Lehnen die Vertreter der slawischen Nationen diese Verhandlungen ab, so erklären wir, daß sich das deutsche Volk in Österreich mit allen Mitteln dagegen wehren wird, daß seine staatsrechtliche Stellung oder diejenige eines seiner Teile über seinen Kopf hinweg durch die Staatsgewalt oder das Schwert eines fremden Eroberers bestimmt wird. Jedem solchen Versuch gegenüber wird das deutsche Volk in Österreich sein unbeschränktes Selbstbestimmungsrecht mit allen Mitteln verteidigen.
...

*Quelle:*
Epstein, Leo: »Studienausgabe der Verfassungsgesetze der Tschechoslowakischen Republik«; Reichenberg, 1923; S. 52.

**Manifest** **1918, 17. Oktober**
**Kaiser Karls:**

... Österreich soll dem Willen seiner Völker gemäß zu einem Bundesstaat werden, in dem jeder Volksstamm auf seinem Siedlungsgebiet sein eigenes staatliches Gemeinwesen bildet...

*Quelle:*
Epstein, Leo: »Studienausgabe der Verfassungsgesetze der Tschechoslowakischen Republik«; Reichenberg, 1923; S. 50.

**Note**[1] **1918, 18. Oktober**
**der US-Regierung an die österreich-ungarische Regierung:**
*Die Tschechoslowakei hat Selbstbestimmungsanspruch*

... Der Präsident hält es für seine Pflicht, der österreichisch-ungarischen Regierung mitzuteilen, daß er auf ihre heutigen Anträge[1] nicht eingehen kann im Hinblicke auf einige Ereignisse von größter Bedeutung, welche seit der Rede vom 8. Jänner 1. J. eingetreten sind und welche den Standpunkt und die Verantwortlichkeit der Regierung der Vereinigten Staaten wesentlich geändert haben. Unter den 14 Friedenspunkten, die der Präsident formulierte, kam der folgende vor: »Den Völkern Österreich-Ungarns, deren Platz unter den Nationen wir geschützt und gesichert zu sehen wünschen, soll die Möglichkeit zu autonomer Entwicklung gewährt werden.«[2]
Seit dieser Satz in dem Kongreß der Vereinigten Staaten ausgesprochen wurde, hat die Regierung der Vereinigten Staaten anerkannt[3], daß der Kriegszustand zwischen den Tschechoslowaken und dem deutschen sowie dem österreichisch-ungarischen Kaiserreiche besteht, und daß der tschechoslowakische Nationalrat eine de facto kriegführende Regierung ist, ausgestattet mit der Vollmacht, die militärischen und politischen Angelegenheiten der Tschechoslowaken zu leiten...
Der Präsident ist daher nicht in der Lage, die bloße »Autonomie« dieser Völker als eine Grundlage für den Frieden anzuerkennen, und ist gezwungen, darauf zu bestehen, daß sie und nicht er Richter darüber sein sollen, welche Aktion auf seiten der österreichisch-ungarischen Regierung die Bestrebungen und die Auffassung der Völker von ihren Rechten und von ihrer Bestimmung als Mitglieder der Familie der Nationen befriedigen wird.[4]

*Anmerkungen:*
[1] Die Note war die Antwort auf eine Note der österreich-ungarischen Regierung vom 4. 10. 1918, in der auf der »Grundlage« der Erklärungen US-Präsident Wilsons vom v. a. 8. 1. und 12. 2. 1918 um Waffenstillstand und Frieden gebeten wurde.
[2] Siehe S. 107.
[3] Siehe S. 110.
[4] Auf Grund dieser Erklärung der USA trat die österreich-ungarische Regierung mit Note vom 27. 10. 1918 bedingungslos in Verhandlungen ein.

*Quelle:*
Epstein, Leo: »Verfassungsgesetze der Tschechoslowakischen Republik«; Reichenberg, 1923; S. 11 (Hervorhebungen im Original).

**Erklärung** **1918, 18. Oktober**
**der (provisorischen) Regierung des tschechoslowakischen Staates:**
*(Unabhängigkeitserklärung)*
*Tschechoslowakei auf der Basis der Demokratie und Freiheit*

In diesem ersten Augenblick . . ., in dem die Habsburger die Föderalisierung des Reiches . . . versprechen[1], . . . erlassen wir, der tschechoslowakische Nationalrat . . . diese Erklärung unserer Unabhängigkeit.
Wir tun dies auf Grund unseres Glaubens, daß kein Volk gezwungen werden sollte, unter einer Herrschaft zu leben, die es nicht anerkennt[2], und auf Grund unseres Wissens und unserer festen Überzeugung, daß sich unser Volk in einer habsburgischen Schein-Föderation nicht frei entwickeln kann, die nur eine neue Form der entnationalisierenden Bedrückung ist, unter welcher wir in den drei vergangenen Jahrhunderten gelitten haben. Wir betrachten die Freiheit als erste Vorbedingung der Föderalisierung und glauben, daß die freien Völker von Mittel- und Ost-Europa leicht miteinander Bündnisse schließen können, wenn sie es für erforderlich halten.
Wir geben diese Erklärung auf Grund unseres historischen und natürlichen Rechtes ab. Wir sind seit dem 7. Jahrhundert ein unabhängiger Staat gewesen und sind als unabhängiger Staat[3], bestehend aus Böhmen, Mähren und Schlesien, im Jahre 1526 mit Österreich und Ungarn in ein Abwehr-Bündnis gegen die Türkei eingetreten. Wir haben in diesem Bündnisse niemals freiwillig unsere Rechte als unabhängiger Staat aufgegeben. Die Habsburger brachen ihren Vertrag mit unserem Volke, indem sie *(in)* ungesetzlicher Weise unsere Rechte schmälerten und die Verfassung unseres Staates verletzten, welche aufrechtzuhalten sie sich verpflichtet hatten, und deshalb weigern wir uns, noch länger einen Teil Österreich-Ungarns – in welcher Form immer – zu bilden.
Wir fordern das Recht Böhmens auf Vereinigung mit seinen slowakischen Brüdern in der Slowakei, die, einst ein Teil unseres Nationalstaates[3], später von unserem Nationalkörper abgetrennt und vor fünfzig Jahren in den ungarischen Staat der Magyaren einverleibt wurde, die durch ihre unglaubliche Gewalttätigkeit und die skrupellose Bedrückung der ihnen unterworfenen Völker jedes moralische und menschliche Recht darauf verwirkt haben, jemand anderen zu regieren als sich selbst.
. . .
Wir nehmen die Ideale der modernen Demokratie an, und werden sie beibehalten, da sie durch Jahrhunderte hindurch die Ideale unseres Volkes gewesen sind. Wir nehmen die amerikanischen Grundsätze an, so wie sie von dem Präsidenten Wilson festgelegt wurden: die Prinzipien der befreiten Menschheit, der tatsächlichen Gleichheit der Nationen und der Regierungen, die alle ihre gerechte Macht von der Zustimmung der Regierten herleiten.[2]
. . .
Wir werden nur die Hauptprinzipien der Verfassung der tschechoslowakischen Nation kennzeichnen. Die endgültige Entscheidung über die Verfassung selbst fällt den rechtmäßig gewählten Vertretern des befreiten und vereinten Volkes zu.[4]
. . .
Die R e c h t e d e r M i n d e r h e i t sollen durch v e r h ä l t n i s m ä ß i g e V e r t r e t u n g gewahrt werden, n a t i o n a l e M i n d e r h e i t e n s o l l e n g l e i c h e R e c h t e g e n i e ß e n. Die Regierung soll eine parlamentarische Form haben und die Grundsätze der Initiative und des Referendum anerkennen. Das stehende Heer soll durch eine Miliz ersetzt werden.[5]
. . .
Die Demokratie hat die theokratische Autokratie aus dem Felde geschlagen. Der Militarismus ist überwunden, die Demokratie ist siegreich; auf der Grundlage der Demokratie wird die Menschheit reorganisiert werden. Die Mächte der Finsternis haben dem Siege des Lichtes gedient – das ersehnte Zeitalter der Menschlichkeit beginnt zu tagen.

WIR GLAUBEN AN DEMOKRATIE, WIR GLAUBEN AN FREIHEIT, AN FREIHEIT FÜR IMMERDAR!
Gegeben zu Paris, den 18. Oktober 1918.[6]

Professor Thomas G. Masaryk,
Ministerpräsident und Finanzminister.
General Dr. Milan R. Štefánik,
Minister der nationalen Verteidigung.
Dr. Eduard Beneš,
Minister des Äußeren und des Inneren.

---

*Anmerkungen:*
[1] Gemeint: Das Manifest Kaiser Karls v. 17. 10. 1918; zum Text: Siehe S. 111.
[2] Deutliche Formulierungsanleihe bei der US-Unabhängigkeitserklärung vom 4. 7. 1776; siehe S. 4.
[3] Begriffswahl und Behauptung sind aus dem politischen Zweck der Erklärung zu begründen.
[4] Tatsächlich waren es dann die nach österreichischem Recht gewählten Vertreter der Tschechen und einige Slowaken, die über die Verfassung entschieden; siehe S. 162.
[5] Die Verfassung vom 29. 2. 1920 sah weder Volksbegehren und Volksentscheid, noch eine Miliz vor; zum Text: Siehe S. 146.
[6] Das Unabhängigkeitsmanifest des Prager Nationalausschusses vom 28. 10. 1918 enthielt außer einem dringenden Aufruf zu Ruhe und Ordnung praktisch keine politischen Aussagen. Das Datum seiner Abgabe wurde später zum Staatsgründungsvertrag der ČSR erklärt.

---

*Quelle:*
Epstein, Leo: »Studienausgabe der Verfassungsgesetze der Tschechoslowakischen Republik«; Reichenberg, 1923; S. 29 ff. (Hervorhebungen im Original).

## Beschluß der Provisorischen Nationalversammlung für Deutsch-Österreich:

**1918, 21. Oktober**

*Forderung nach Selbstbestimmungsrecht und territoriale Präzisierung*

Das deutsche Volk in Österreich ist entschlossen, seine künftige staatliche Ordnung selbst zu bestimmen, einen selbständigen deutsch-österreichischen Staat zu bilden und seine Beziehungen zu den anderen Nationen durch freie Vereinbarungen mit ihnen zu regeln.
Der deutsch-österreichische Staat beansprucht die Gebietsgewalt über das ganze deutsche Siedlungsgebiet, insbesondere aber auch in den Sudetenländern[1]. Jeder Annektion von Gebieten, die von deutschen Bauern, Arbeitern oder Bürgern bewohnt werden[1], durch andere Nationen wird sich der deutsch-österreichische Staat widersetzen.
Die provisorische Nationalversammlung[2] beansprucht das Recht, bis zum Zusammentritt der Konstituierenden Nationalversammlung das deutsche Volk in Österreich bei den Friedensverhandlungen zu vertreten, Verhandlungen mit den anderen Nationen über die Übertragung der Verwaltung an die neuen Nationalstaaten und über die Neugestaltung der Beziehungen zwischen den Nationen zu führen und eine Gesetzgebungs- und -vollzugsgewalt einzurichten.

---

*Anmerkungen:*
[1] Zum Umfang des Gebietes und seiner Bevölkerung: Siehe Gesetz v. 12. 11. 1918, S. 115.
[2] Zusammenschluß aller 1910 gewählten Abgeordneten des österreichischen Reichsrates aus deutschsprachigen Wahlkreisen Österreichs.

---

*Quelle:*
Epstein, Leo: »Studienausgabe der Verfassungsgesetze der Tschechoslowakischen Republik«; Reichenberg, 1923; S. 52 f.

**Entschließung** **1918, 29. Oktober**
**der deutsch-böhmischen[1] Abgeordneten des österreichischen Reichsrats:**
*Deutsch-Böhmen[1] erklärt sich zur Provinz Deutsch-Österreichs*

Wir, vom deutschen Volk Böhmens auf Grund des allgemeinen, gleichen und unmittelbaren Wahlrechts erwählten Abgeordneten, haben uns zu dieser vorläufigen Landesversammlung vereinigt, um auf Grund des allgemein anerkannten Selbstbestimmungsrechts der Völker und der Beschlüsse der deutsch-österreichischen Nationalversammlung in unserem Siedlungsgebiet eine geordnete Verwaltung aufzurichten und so unser Volk vor Fremdherrschaft und wirtschaftlichem Elend zu bewahren ... Im Namen des von ihr vertretenen Volkes und Gebietes erklärt die Landesversammlung Deutschböhmen als eigenberechtigte[2] Provinz des Staates Deutschösterreich, erkennt bis zur endgültigen Ordnung der Verfassung die ... deutsch-österreichische Nationalversammlung als ihre einzige und höchste gesetzgebende Körperschaft, die von ihr eingesetzten Behörden als ihre übergeordneten Behörden an und erklärt die Beschlüsse der deutsch-österreichischen Behörden für sich selbst, wie für das vom Landtag vertretene Volk und Gebiet ohne Vorbehalt für bindend. Die Provinz Deutschböhmen steht somit zu gleichen Rechten und Pflichten den übrigen Ländern Deutsch-Österreichs zur Seite und gelobt, deren Schicksal mit unverbrüchlicher Gemeinschaft und Treue zu teilen ...
Bestrebt, das Selbstbestimmungsrecht Deutschböhmens zu wahren, ohne berechtigte Ansprüche der Tschechen abzulehnen, beauftragt der Landtag den Landeshauptmann, sich über die Einrichtung einer besonderen vorläufigen Verwaltung in den offenkundig gemischtnationalen Gemeinden des Landes bis zur endgültigen Ordnung der Verhältnisse mit den Vertretern des tschechischen Volkes[3] ins Einvernehmen zu setzen.

*Anmerkungen:*
[1] Sachlich gleichlautende Erklärungen geben auch die Abgeordneten der anderen sudetendeutschen Gebiete ab.
[2] In anderen Quellen findet man statt »als eigenberechtigte« die Formulierung »zur eigenberechtigten« Provinz.
[3] Zu den Ergebnissen dieser Bemühungen: Siehe S. 164f.

*Quelle:*
Epstein, Leo: »Studienausgabe der Verfassungsgesetze der Tschechoslowakischen Republik«; Reichenberg, 1923; S. 55.

**Gesetz** **1918, 11. November[1]**
**der provisorischen Nationalversammlung von Deutsch-Österreich:**
*»Über Staats- und Regierungsform«*

Art. 1: Deutschösterreich ist eine demokratische Republik[2] ...
Art. 2: Deutschösterreich ist ein Bestandteil der Deutschen Republik[3] ...
...

*Anmerkungen:*
[1] Am 12. 11. 1918 einstimmig gebilligt.
[2] Die Erklärung war durch den persönlichen Verzicht Kaiser Karls vom 11. 11. 1918 auf Thron und Anteil an Staatsgeschäften legitim.
[3] Zur Aufnahme Deutsch-Österreichs in der Deutschen Republik (d. h. dem Deutschen Reich): Siehe S. 124ff.

*Quelle:*
»Wiener Zeitung« *(Tageszeitung)*; Nr. 261 v. 11. 11. 1918.

**Gesetz** **1918, 22. November**
**der provisorischen Nationalversammlung von Deutsch-Österreich:**
*»Über Umfang, Grenzen und Beziehungen des Staatsgebietes«* [1]

§ 1.
Die Republik Deutsch-Österreich übt die Gebietshoheit über das geschlossene Siedlungsgebiet der Deutschen innerhalb der bisher im Reichsrate vertretenen Königreiche und Länder aus.
Die Republik umfaßt:
Die Länder Österreich unter der Enns einschließlich des Kreises Deutschsüdmähren[2] und des deutschen Gebietes um Neubistritz, Österreich ob der Enns einschließlich des Kreises Deutschsüdböhmen[2], Salzburg, Steiermark und Kärnten mit Ausschluß der geschlossenen jugoslawischen Siedlungsgebiete, die Grafschaft Tirol mit Ausschluß des geschlossenen italienischen Siedlungsgebietes, Vorarlberg, Deutschböhmen und Sudetenland[2], sowie die deutschen Siedlungsgebiete von Brünn, Iglau und Olmütz.
. . .

---

*Anmerkungen:*
[1] In einer Staatserklärung vom gleichen Tage wurde für weitere Gebiete festgestellt:
a) Das einheitliche Wirtschaftsgebiet um Mährisch-Ostrau sollte von Deutsch-Österreich, der Tschechoslowakei und Polen zum »zwischenstaatlichen Verwaltungsgebiet« gemacht werden; dies erfolgte nach 1919 nicht.
b) Den geschlossenen deutschen Siedlungsgebieten der (bis 1918: ungarischen) Komitate Preßburg, Wieselburg, Ödenburg und Eisenburg sollte »das gleiche Selbstbestimmungsrecht zuerkannt werden, das nach wiederholten Erklärungen der ungarischen Regierung allen anderen Völkern Ungarns eingeräumt ist.«
Diesem Wunsch wurde durch die Abtretung des Burgenlandes (ohne Ödenburg) im Jahre 1921 in gewissem Umfang Rechnung getragen.
[2] Das geschlossene Sudetengebiet (ohne die erwähnten Sprachinseln) umfaßte 26 537 qkm mit 3 288 000 Einwohnern, davon 3 061 500 (= 93 %) Deutsche.
Vgl. Bohmann, Alfred: »Das Sudetendeutschtum in Zahlen«; München, 1959; S. 7.

---

*Quelle:*
Epstein, Leo: »Studienausgabe der Verfassungsgesetze der Tschechoslowakischen Republik«; Reichenberg, 1923; S. 62 ff.

**Programm** **1918, Dezember**
**der »Bayerischen Volkspartei«:**

. . . Den Anschluß unserer deutschen Brüder in Böhmen und in den deutsch-österreichischen Ländern an den deutschen Staatenbund begrüßen und fördern wir auf das allerwärmste . . .

---

*Quelle:*
Pfeiffer, Anton: »Gedankenwelt und Tätigkeit der Bayerischen Volkspartei«; München, 1922; S. 6.

**Note** **1918, 13. Dezember**
**der deutsch-österreichischen Regierung**
**an die Alliierten und Assoziierten Hauptmächte:**
*Vorschlag: Volksabstimmung für die Sudetendeutschen* [1]

Aus einer Mitteilung der tschechoslowakischen Regierung ist zu ersehen, daß die alliierten Mächte angeblich die Absicht haben, die großen, zusammenhängenden Gebiete Böhmens und Mährens, die von mehr als drei Millionen Deutschen bewohnt werden, dem tschechoslowakischen Staat einzuverleiben.
Über den deutschen Charakter der in Rede stehenden Gegenden kann kein Zweifel obwalten. Ihre Bevölkerung hat bei verschiedenen Gelegenheiten ihren heißen Wunsch zu erkennen gegeben, ihre Freiheit aufrechtzuerhalten und vom tschechoslowakischen Staat unabhängig zu bleiben. Dieser Wunsch hat vor allem in einhelligen Erklärungen der auf Grund allgemeinen Wahlrechts erwählten Abgeordneten Ausdruck gefunden.
Sollten die alliierten Mächte in dieser Hinsicht jedoch Zweifel hegen, so schlägt die deutsch-österreichische Regierung vor, die Lage unverzüglich durch eine, unter neutraler Aufsicht stattfindende Volksabstimmung, die nicht nur unter Gewährleistung freier Stimmabgabe, sondern auch unter Inachtnahme anderer Garantien stattfinden müßte, zu klären. In jedem Fall ersucht die deutsch-österreichische Regierung die alliierten Mächte, über das Schicksal der fraglichen Bevölkerung nicht anders als auf Grund des Ergebnisses einer solchen Volksabstimmung entscheiden zu wollen.
. . .

*Anmerkung:*
[1] Der Vorschlag wurde mehrfach gemacht, aber niemals beantwortet.

*Quelle:*
»Papers relating to the Foreign Relations of the United States 1919 – The Paris Peace Conference«; Bd. II; Washington, 1942; S. 379.

**Äußerung** **1918, 14. Dezember**
**des tschechoslowakischen Staatspräsidenten Thomas G. Masaryk:**

*(Masaryk)* . . . sagte außerdem, daß im sogenannten Deutschböhmen, das zum größten Teil von Deutschen bewohnt wird, von deutscher Seite ernsthafter Widerstand gegen die tschechische Regierung vorbereitet werde. Er sei nicht bereit, diese Leute Deutschland zu überlassen, da sie hervorragende Arbeiter . . . seien . . .

*Quelle:*
Bonsal, Stephen: »Suitors and Suppliants«; New York, 1946; S. 148.

**Note** **1918, 20. Dezember**
**der tschechoslowakischen Regierung**
**an die Alliierten und Assoziierten Hauptmächte:**
*Bitte um Vollmacht zur Besetzung (auch) des Sudetengebietes*

. . . Die Regierung der tschechoslowakischen Republik ist . . . der Meinung, daß folgende zwingenden und kategorischen Maßnahmen zu treffen sind:
1. Der Regierung in Prag, welche die einzige Regierung Mitteleuropas ist, die als verbün-

dete Regierung anerkannt ist, muß gestattet werden, auf ihrem eigenen Staatsgebiet Ordnung zu machen[1];
2. Die Grenzen des Gebiets, auf das sie ein Anrecht besitzt, sind im Einvernehmen mit den Alliierten und den Vereinigten Staaten festzulegen, und sie muß ermächtigt werden, ihre Autorität in einer Weise zur Geltung zu bringen, welche die Fortdauer der oben gekennzeichneten beklagenswerten Lage unmöglich macht;
3. Diese Maßnahmen können selbstverständlich vorläufigen Charakter tragen, denn es steht ausschließlich der Friedenskonferenz zu, endgültige Entscheidungen in dieser Sache zu treffen. Es ist jedoch unbedingt erforderlich, in der Zwischenzeit zwecks Herstellung stabiler Verhältnisse einige Schritte zu ergreifen, die im folgenden Absatz umschrieben werden:

Die Alliierten täten gut, eine Erklärung folgenden Inhalts abzugeben: »Der tschechoslowakische Staat soll die innerhalb der geschichtlichen Grenzen Böhmens, Mährens, Österreichisch-Schlesiens ... lebenden Völker organisieren und regieren. Diese vorläufige Entscheidung ist von der Friedenskonferenz, welche die Frage endgültig zu regeln berufen ist, später nachzuprüfen. Für den gegenwärtigen Zeitpunkt aber haben sich die deutschen Bewohner und die angrenzenden Regierungen der oben angegebenen Regelung zu fügen.«[2] ...

*Anmerkungen:*

[1] Die von der tschechoslowakischen Regierung verlangte Ermächtigung zur Besetzung der sudetendeutschen Gebiete wurde ihr von den Regierungen Frankreichs, Italiens und Großbritanniens erteilt, nicht hingegen von der Regierung der Vereinigten Staaten von Amerika, die der tschechoslowakischen Regierung am 4. Januar 1919 lediglich eine Empfangsbestätigung zur obigen Note zugehen ließ (Wortlaut: a. a. O.; S. 384).

[2] Auf Protestnoten der deutsch-österreichischen Regierung gegen die Besetzung erklärten Frankreich, Großbritannien und Italien am 20. 12. 1918, 7. und 8. 1. 1919, »daß der tschechoslowakische Staat bis zur Entscheidung des Friedenskongresses die Grenzen der historischen Provinzen Böhmen, Mähren und Österreichisch-Schlesien ... inne haben müsse«.
Vgl. Epstein, Leo: »Studienausgabe der Verfassungsgesetze der Tschechoslowakischen Republik«; Reichenberg, 1923; S. 70f.

*Quelle:*
»Papers relating to the Foreign Relations of the United States: 1919 – The Paris Peace Conference«; Bd. II; Washington, 1942; S. 379.

## Regierungserklärung des tschechoslowakischen Staatspräsidenten Thomas G. Masaryk: *Sudetengebiet »bleibt unser«*

**1918, 23. Dezember**

... Was die Deutschen Böhmens betrifft, so ist unser Programm seit langem bekannt. Die von den Deutschen bewohnten böhmischen Gebietsteile sind und bleiben unsere. Wir haben diesen Staat gegründet, wir haben ihn erhalten und verteidigt, und wir sind es auch, die ihn jetzt aufs neue errichten ...
... Ich wiederhole: wir haben diesen Staat erkämpft, und die staatsrechtliche Stellung unserer Deutschen, die einst als Immigranten und Kolonisten hierhergekommen sind, ist damit ein für allemal festgelegt. Wir haben ein gutes Recht auf die Reichtümer unseres gesamten Landes ...

*Quelle:*
Peroutka, František: »Budování států« [Der Aufbau des Staates]; Bd. I; Prag, 1934; S. 473.

**Presseinterview** **1919, 10. Januar**
**des tschechoslowakischen Staatspräsidenten Thomas G. Masaryk:**
*Sudetendeutsche »im letzten Jahrhundert« eingewandert; nunmehr »rasche Entgermanisierung«*

... Unsere geschichtlichen Grenzen stimmen mit den ethnographischen Grenzen ziemlich überein. Nur die Nord- und Westränder des böhmischen Vierecks haben infolge der starken Einwanderung während des letzten Jahrhunderts eine deutsche Mehrheit. Für diese Landesfremden wird man vielleicht einen gewissen modus vivendi schaffen, und wenn sie sich als loyale Bürger erweisen, ist es sogar möglich, daß ihnen unser Parlament, zumindest auf dem Gebiet des öffentlichen Unterrichts, irgendeine Autonomie bewilligt. Im übrigen bin ich davon überzeugt, daß eine sehr rasche Entgermanisierung dieser Gebiete vor sich gehen wird ...

---

*Quelle:*
»Le Matin« [Der Morgen], *(französische Tageszeitung)*; Paris, 10. 1. 1919.

**Note** **1919, Januar**
**des tschechoslowakischen Außenministers Edvard Beneš**
**an die Delegationen der Pariser Friedenskonferenz:**
(»Memoire III«)
*Sudetendeutsche sollen und wollen in der Tschechoslowakei bleiben*

I. Die grundsätzliche Frage
Das Problem der Deutschen in Böhmen schien lange Zeit eine besonders schwierige Frage zu sein. Man führte es oft als Argument gegen die Lebensfähigkeit des tschechoslowakischen Staates an, der zuviel Feinde innerhalb seiner Grenzen hätte ... Die Tschechoslowaken beanspruchen, daß die Gebiete, wo diese Bevölkerung siedelt, innerhalb der Grenzen ihres Nationalstaates verbleiben, indem sie zu dem Zwecke der Errichtung der Tschechoslowakischen Republik das große Prinzip des Rechtes der Völker anrufen, ihr Schicksal selbst zu bestimmen.

II. Die Statistik
... Das Problem der Deutschen besteht nur für Böhmen. In Mähren leben die Deutschen zerstreut, und es gibt nirgends geschlossene, durchaus deutsche Massen. In Schlesien stellt sich das Problem anders. Die Tschechoslowaken verlangen ganz Österreichisch-Schlesien, weil ihr Staat eine möglichst lange Grenze mit Polen braucht ...
Schlußfolgerung: Dieses Beispiel der österreichischen Statistiken beweist:
1. Daß die Zahl der Deutschen in Böhmen, die sich nach den deutschen Statistiken auf 2467724 beliefe, um 800000 bis eine Million vermindert werden muß, und zwar wegen der systematischen Fälschungen der österreichischen Zählungen ...
2. daß überall in diesen Gegenden die tschechische Bevölkerung mit der deutschen Bevölkerung vermischt lebt, und daß es fast keine Bezirke gibt, die wirklich deutsch wären;
3. daß sich in diesen Gegenden, wenn man für alle Wahlen das allgemeine Stimmrecht einführte, das Aussehen dieser Gegenden von heute auf morgen ändern würde;
4. daß die deutschen Bevölkerungen entlang der Grenzen Böhmens in drei verschiedene geographische Gruppen zerfallen, die keine genügenden Kommunikationen und keine gemeinsamen wirtschaftlichen Interessen haben. Die drei Gruppen können wegen ihrer geographischen Lage verwaltungsmäßig keine autonome Provinz bilden. Aus denselben Gründen können sie nicht wieder an Deutsch-Österreich angeschlossen werden. Blieben

sie nicht bei Böhmen, müßten sie an Deutschland angegliedert werden. Diese Lösung aber würde sehr schwere Unzukömmlichkeiten mit sich bringen, und man kann ihr mehrere Gründe entgegenstellen (wirtschaftliche, strategische, politische Gründe, ja selbst demokratische Grundsätze), die allesamt für das Verbleiben dieser sogenannten deutschen Gebiete bei der tschechoslowakischen Republik sprechen.

III. Wirtschaftliche Gründe

...

Schlußergebnis: Die wirtschaftlichen Gründe widersetzen sich einer Trennung der sogenannten deutschen Gebiete Böhmens von Böhmen. Würde man diese durchführen, so wäre

1. der tschechoslowakische Staat in seinem wirtschaftlichen Leben ungemein getroffen und liefe Gefahr, ein Satellit von Deutschland zu werden;
2. wären eben diese deutschen wirtschaftlichen Gebiete zugrunde gerichtet.

IV. Strategische Gründe

...

Schlußergebnisse:

1. Die natürlichen Grenzen, die Böhmen von Deutschland trennen, sind für Böhmen aus strategischen Gründen unerläßlich; dies hat die Geschichte im Überflusse bewiesen.
2. Trennt man diese Gebiete von Böhmen ab, so setzt man Böhmen in seiner Gesamtheit der Begehrlichkeit der Deutschen aus und bereitet dem wirtschaftlichen und politischen Imperialismus der Deutschen ein neues Tätigkeitsfeld.

V. Politische Gründe

...

Es muß auch in Erwägung gezogen werden, daß die Deutschen in Böhmen nur Kolonisten oder Abkömmlinge von Kolonisten sind. Während langer Jahrhunderte riefen die verschiedenen regierenden Geschlechter die deutschen Kolonisten nach Böhmen, um die Einkünfte des königlichen Schatzes zu vermehren.

Mit Beginn des 19. Jahrhunderts, der Epoche ihres nationalen Wiederauflebens haben sich die Tschechen wieder aufgerafft und trotz der Anstrengungen der Dynastie und der Regierungen fast das ganze Land zurückerobert. Die sogenannten deutschen Städte haben sich rasch in tschechische Städte verwandelt. Die jetzt deutschen Gebiete sind der letzte Rest der Position der deutschen Kolonisten in Böhmen ... Man muß bedenken, daß Prag vor sechzig Jahren das Aussehen einer deutschen Stadt hatte, daß in den letzten zwanzig Jahren eine beträchtliche Zahl deutscher Städte in die Hände der Tschechen gefallen sind und daß diese Städte heute sozusagen keinen einzigen Deutschen mehr haben. Es hat sich tatsächlich eine umgekehrte Kolonisation vollzogen ...

Schlußergebnisse:

1. Die Deutschen haben sich in Böhmen künstlich festgesetzt als Kolonisten oder als Beamte und Bureaukraten, als gelehriges Element einer gewalttätigen Germanisation, das von den Wiener Regierungen klug vorbereitet und geschickt gebraucht worden ist.

...

VI. Ausblicke

Es ist absolut notwendig, genau zu wissen, wie die Deutschen in dem tschechoslowakischen Staat werden behandelt werden. Die Tschechoslowakische Republik ist, eintretenden Falles, nicht nur bereit, das gesamte, durch die Friedenskonferenz zugunsten der Minderheiten eingeführte internationale Recht anzunehmen, sondern sie ist auch noch bereit, über ein solches Recht hinauszugehen und den Deutschen alle Rechte zu geben, die ihnen zukommen. Die Tschechoslowakische Republik wird ein absolut demokratischer Staat sein:

a) alle Wahlen werden nach dem allgemeinen, gleichen und direkten Wahlrecht vor sich gehen;
b) alle Ämter werden allen Staatsbürgern zugänglich sein;
c) die Sprache der Minderheiten wird überall zugelassen sein;
d) das Recht, ihre eigenen Schulen, ihre Richter und ihre Gerichtshöfe zu haben, wird niemals irgendeiner Minderheit bestritten werden.

Hinzugefügt muß noch werden, daß die Tschechen . . . keineswegs daran denken, der deutschen Bevölkerung beispielsweise ihre Schulen, ihre Universitäten, ihre technischen Schulen . . . zu unterdrücken.

Um zusammenzufassen: Die Deutschen würden in Böhmen dieselben Rechte haben, wie die Tschechoslowaken. Die deutsche Sprache würde die zweite Landessprache werden und man würde sich niemals irgendeiner schikanösen Maßnahme gegen den deutschen Bevölkerungsteil bedienen. Das Regime würde ähnlich sein wie in der Schweiz.

. . .

Schlußergebnisse:
1. Alle Traditionen der Tschechoslowakei lassen den Schluß zu, daß die neue Republik die Deutschen in keinerlei Weise unterdrücken wird, die sich eines Regimes der Freiheit und der Gerechtigkeit erfreuen werden.
2. Dies hat die letzte Revolution in Böhmen dargetan, die den Deutschen die vollkommenste Sicherheit verbürgt hat.

VII. Die Meinung des Deutschen Böhmens über den tschechoslowakischen Staat

Die wirtschaftlichen und politischen Gründe, die wir zugunsten unseres Gesichtspunktes angerufen haben, sind so triftig, daß sich die Deutschen Böhmens selbst darüber Rechenschaft ablegen.

*(Es folgen:*
*a) ein im wesentlichen gefälschtes Zitat aus einer Prager deutschen Zeitung,*
*b) ein durch wesentliche Kürzungen sinnverkehrtes Zitat einer anderen Prager Zeitung,*
*c) ein Bericht über eine deutsche Versammlung im Egerland, die niemals stattfand.)*

Angesichts dieser Lage bemühen sich gewisse intellektuelle deutsche Kreise Böhmens, die immer progermanistische Agitatoren gewesen sind, nach Leibeskräften zu schreien, um die Stimmen der vernünftigen Deutschen zu ersticken, die die Wirklichkeit sehen und bei Böhmen zu bleiben vorziehen. Diese pangermanistischen Kreise (Intellektuelle, Beamte, Lehrer, Professoren, Angestellte verschiedener Unternehmungen) berufen sich auf die Grundsätze des Präsidenten Wilson, schicken ihm Botschaften, verlangen die Anwendung des Selbstbestimmungsrechtes der Völker usw., schlagen also Lärm gegen die Tschechen, vor denen sie sich fürchten, weil sie sie jahrhundertelang mißhandelt haben; auch wollen sie auf diese Weise die anderen Klassen der deutschen Bevölkerung zum Widerstand gegen den neuen Staat bewegen. In Wirklichkeit könnten wir schon viele Erklärungen anführen, sei es aus der deutschen Bauernschaft, sei es aus dem deutschen industriellen Bürgertum, sei es von den deutschen Arbeitern Böhmens, die sich über die Notwendigkeiten Rechenschaft geben und ihre Einverleibung in den tschechoslowakischen Staat ruhig und furchtlos hinnehmen.

Schlußergebnis: Aus den Dokumenten, die wir angeführt haben, ergibt sich:
1. Daß die Deutschen Böhmens kein geeignetes organisiertes und in der Richtung auf ein bestimmtes Ziel geleitetes Element darstellen;
2. daß sie keine Führer haben, denen die Masse der Bevölkerung Vertrauen entgegenbrächte, und daß es in Böhmen keine auf realen Grundlagen beruhende Volksbewegung gibt, die berechtigt wäre, das Rechtsprinzip über ihr Schicksal selbst zu bestimmen und anzurufen:
3. daß im Gegenteil jene Deutschen Böhmens, die derzeit imstande sind, eine politische

Idee klar auszudrücken, gutwillig oder gezwungen erklären, daß die wirtschaftlichen Interessen die Deutschen Böhmens dazu treiben, den tschechoslowakischen Staat einem Großdeutschland vorzuziehen, und daß die Vereinigung Deutschböhmens mit Deutschland eine Illusion ist.

VIII. Beschluß
Wir haben viele Argumente gegen die Trennung der Deutschen Böhmens von der tschechoslowakischen Republik angeführt. Zugunsten der gegenseitigen These können wir nur ein einziges Argument anführen: das ist das in seinen letzten Konsequenzen angewandte Nationalitätenprinzip, wo die Sprache als Kriterium gilt. Wir achten das Nationalitätenprinzip, aber wir glauben nicht, daß es dort angewandt werden dürfte, wo es die Unabhängigkeit einer anderen Nation bedroht. Da müssen Opfer gebracht werden zugunsten jenes, welcher es verdient und der die genügende Garantie für seine Ehrenhaftigkeit und Friedensliebe bietet, besonders in einem Falle, wie es der der Tschechoslowaken und der der Deutschen ist. Wir stellen einfach die These auf: Denen, die daran interessiert sind, kommt es zu, die Argumente zu prüfen und die Entscheidung zu fällen.

*Anmerkung:*
Ein Versuch, die im »Memoire III« enthaltenen, zahlreichen Fehler richtig-, bzw. Widersprüche gegenüberzustellen, würde den Rahmen dieser Sammlung sprengen.

*Quelle:*
Hassinger, Hugo: »Die Tschechoslowakei«; Wien/Leipzig/München, 1925; S. 582–603.

**Die 10 Gebote für das tschechische Volk**[2]**:** **1919, Februar**[1]

Wir rufen
in einer für die Zukunft unseres Staates äußerst wichtigen Zeit das gesamte tschechoslowakische Volk auf, indem wir den alten, aber guten und gesunden Wahlspruch »Gleiches zu Gleichem« beleben und zur vollen Geltung bringen wollen; dieser Wahlspruch umfaßt nachstehende 10 Gebote:

1. Unterstützt ausschließlich nur tschechische Geschäfte, Gewerbe und Industrien, verlangt überall tschechische Erzeugnisse, bezieht alle Bedürfnisse ausschließlich nur in Geschäften und Handlungen, von denen ihr schon im vorhinein überzeugt seid, daß die Eigentümer rein tschecho-slowakischer Nationalität sind und ihre Einkäufe nur in tschechischen Fabriken besorgen!
2. Wählt eueren Arzt, eueren Rechtsvertreter, den Hauslehrer usw. nur aus tschechoslowakischen Kreisen und stellt deren nationale Reinheit sicher, indem ihr euch nicht mit einem oberflächlichen Urteile begnügt.
3. Verhandelt in allen Geschäften und Ämtern nur in euerer Muttersprache, verlangt nur tschechische Aufschriften und Drucksorten, korrespondiert nur teschechisch und beharrt auf tschechischer Antwort; deutsche Zuschriften und Offerten sendet zurück!
4. Kauft und leset tschechische Bücher, pflegt tschechische Musik und Kunst, tschechische und slowakische Eigenheiten, besucht nur tschechische Theater und Konzerte! Erlernet vollkommen eine der Sprachen der uns verbündeten Völker, pflegt deren Literatur, befaßt euch mit ihrer Kunst und Musik, reist in ihre Länder und macht euch mit ihrem Volke und ihrer Kultur bekannt!
5. Vermeidet die deutsche Art des Denkens, der Benennungen und Bezeichnungen; löscht die Spuren der deutschen Kultur aus euerem Leben, aus euerer Häuslichkeit, euerer Wohnung und eueren Unterhaltungen! Leset keine deutschen Unterhaltungszeitungen

und Bücher, vollendet euere Studien auf Grundlage französischer und englischer Lehrbücher, befreit euch aus der Atmosphäre der deutschen Wissenschaft und der deutschen Kunst!
6. Versichert euch ausschließlich nur bei tschechischen Versicherungsanstalten.
7. Besuchet und empfehlet nur tschechische Kaffeehäuser, Gasthäuser und Unterhaltungslokale; verlangt überall die ausschließliche Benützung unserer Sprache bei allen Aufschriften und der Bedienung, verlangt überall tschechische und unserer Verbündeten Zeitungen und lehnt deutsche illustrierte Zeitungen ab!
8. Besucht tschechische Bäder und Sommerfrischen, wandert durch die schöne Slowakei und Lausitz, sprecht auf der Reise nicht deutsch und zwingt in der Fremde zur Achtung für unsere Sprache und Volk! Fahrt zum Vergnügen weder nach Wien noch nach Berlin oder in andere deutsche Städte und Gegenden, besuchet die Bäder am Baltischen Meere nicht.
9. Wählet eure Freunde, Stammtischgäste und Bekannte nur aus Personen, deren tschechische Gesinnung unzweifelhaft ist! Pfleget keine Verbindungen mit Angehörigen uns feindlicher Nationen; führt die Reinigung unseres nationalen Lebens in der Familie, der Gesellschaft, in den Ämtern und der Öffentlichkeit durch!
10. Organisiert euch in unseren politischen Parteien und Vereinen, sorget dafür, daß in unseren Organisationen nicht uns feindliche Elemente vorkommen!

Tschechoslowakische Frauen!
Führt alle diese Grundsätze genau und dauernd durch, übt in jeder Richtung eure nationale und patriotische Pflicht!

---

*Anmerkungen:*
1 Die hier wiedergegebene Fassung ist die geringfügig abgewandelte (»unser Staat« sowie an einigen Stellen »tschecho-slowakisch«) Neufassung eines Aufrufes aus dem Jahre 1900.
2 Der Aufruf im Jahre 1900 und aus dem Februar 1919 nennt keinen Verfasser.

---

*Quelle:*
Gierach, Emil: »Katechismus für die Sudetendeutschen«; Eger 1920; S. 24.

**Parteiprogramme** **1919, Februar/Juni**[1]
**des »Bundes der Landwirte« (BdL):**
*Selbstbestimmungsforderung*

I) BUND DER LANDWIRTE (DEUTSCHBÖHMENS)
POLITISCHE PARTEI ZUR WAHRUNG LÄNDLICHER INTERESSEN
PROGRAMM *(FEBRUAR 1919)*

1. Anerkennung der bestehenden republikanischen Staatsform.
2. Volles und uneingeschränktes Selbstbestimmungsrecht sowohl bezüglich der inneren Organisation als bezüglich der Stellung nach außen.
3. Geordnete im gegenseitigen Einvernehmen der neu entstandenen Staaten durchzuführende Liquidation des österreichisch-ungarischen Staates auf wirtschafts- und finanzpolitischem Gebiete, d. i. insbesondere gerechte Aufteilung aller Lasten des alten Staates, gleichmäßige Sicherung aller Gläubiger des letzteren, insbesondere der Besitzer von Kriegsanleihen.

. . .

## II) BUND DER LANDWIRTE, DEUTSCHE BAUERNPARTEI FÜR MÄHREN PARTEI-PROGRAMM *(JUNI 1919)*

Allgemeine Grundsätze
Die deutsche Bauernpartei »Bund der Landwirte« ist eine nationale Partei, welche sich die energische Vertretung der nationalen und wirtschaftlichen Interessen des gesamten deutschen Landvolkes zum Ziele setzt.
...
Völkische Belange
Die deutsche Bauernpartei »Bund der Landwirte« verlangt das volle und uneingeschränkte Selbstbestimmungsrecht aller Nationen und insbesondere des deutschen Volkes, und zwar sowohl hinsichtlich der inneren Organisation, als auch bezüglich der Stellung nach außen. Sie steht auf dem Standpunkte, daß deutsche Interessen nur durch Deutsche vertreten werden können und fordert die Beseitigung des jüdischen Einflusses auf allen Gebieten des öffentlichen Lebens.[2]
Die deutsche Bauernpartei »Bund der Landwirte« verlangt die Zusammenfassung aller zusammenhängenden Gebiete zu einem einheitlichen deutschen Nationalstaate, während sie für die außerhalb des geschlossenen Gebietes wohnenden Deutschen vollständige Autonomie in jeder Hinsicht fordert. Diese Autonomie darf nicht nur eine politische sein, sondern muß auch auf das wirtschaftliche Gebiet übergreifen und insbesondere wird sie dafür eintreten, daß deutsche Steuergelder nur für deutsche Zwecke verwendet werden. Der deutschen Sprache ist die ihr gebührende Stellung einzuräumen und deutsche Belange dürfen nur von deutschen Beamten, Richtern, Lehrern und Priestern vertreten werden. Die deutsche Bauernpartei »Bund der Landwirte« bekämpft jede nationale Unterdrückung und fordert aus diesem Grunde für die gemischtsprachigen Gebiete die Vertretung nach dem Verhältniswahlrecht.
Insoweit deutsche Gebiete vorübergehend fremden Nationalstaaten unterworfen werden, müssen national einheitliche deutsche Gerichtsbezirke, Bezirkshauptmannschaften und allenfalls Kreise geschaffen werden und es müssen für die kulturellen Bedürfnisse die gewählten Vertreter dieser nationalen Kreise zu einem einheitlichen nationalen Vertretungskörper zusammengefaßt werden. Das Reichsparlament hat ebenso wie die Landesvertretungen in solchen Gebieten aus nationalen Kurien zu bestehen und ein Gesetz darf nur dann vom Staatsoberhaupt sanktioniert werden, wenn es in getrennter Beratung von den nationalen Vertretungskörpern des Reiches gleichlautend beschlossen wurde. Auf diese Weise und dadurch, daß in allen Regierungszentralen auch Beamte, die der nationalen Minderheit angehören, selbst leitende Stellen erlangen können, und daß weiter auch am Präsidentenstuhle die Vertreter der einzelnen Nationen abwechselnd erscheinen, soll jede nationale Vergewaltigung hintangehalten werden.
Um das deutsche Volk nicht in wirtschaftliche Knechtung zu bringen, verlangt die deutsche Bauernpartei »Bund der Landwirte«, daß die Kriegsschulden, insbesondere der alten österreichisch-ungarischen Monarchie auf die einzelnen Nationalstaaten entsprechend ihrer wirtschaftlichen Leistungsfähigkeit aufgeteilt und daß Kriegsentschädigungen dem Deutschen Reiche und Deutschösterreich nicht auferlegt bzw. die auferlegten Entschädigungen wieder aufgehoben werden.
Mit allergrößter Schärfe wird die deutsche Bauernpartei »Bund der Landwirte« jeden Vertrag bekämpfen, der deutsche Gebiete in wirtschaftliche Abhängigkeit von anderen Nationalstaaten bringt.
...
Politischer Teil
Die deutsche Bauernpartei »Bund der Landwirte« verurteilt den Kampf der politischen Parteien innerhalb des deutschen Volkes und verlangt aus diesem Grunde die Abschaffung

der Parteiparlamente, die durch Parlamente der Berufsgruppen zu ersetzen sind. Auf diese Weise soll die vielfach fehlende Fach- und Sachkenntnis gegenüber der Schlagwortpolitik zur Geltung kommen.
Wir verlangen das allgemeine, gleiche und direkte Wahlrecht mit verhältnismäßiger Vertretung und stehen hinsichtlich der Verhältniswahl auf dem Standpunkte der freien Liste, weil die gebundene Liste den Parteikastengeist begünstigt und den Wähler zum Stimmvieh erniedrigt.
. . .

*Anmerkungen:*
[1] Der kurze Zeitabstand zwischen den beiden Belegen – nur wenige Monate – läßt es trotz der grundsätzlich historischen Abfolge dieser Sammlung zu, sie unmittelbar aneinandergereiht wiederzugeben und damit den Vergleich zu erleichtern.
Von der »republikanischen Staatsform« Deutsch-Österreichs im Rahmen der Deutschen Republik von Weimar im Februar 1919 führt eine bemerkenswerte Linie zu den »vorübergehend fremden Nationalstaaten unterworfenen . . . deutschen Gebieten« des Juni 1919.
Zur weiteren Entwicklung: Siehe S. 144f.
[2] Diese Formulierung ist aus damaliger Zeit und darf nicht mit späteren Maßstäben gewertet werden.
Freilich gilt gerade für den vorliegenden Sachzusammenhang die bittere Anklage (vom 17. 9. 1898) der sudetendeutschen Antisemiten durch den Bauernbefreier Hans Kudlich: »Wenn ein deutscher Jude in die Versammlung kommt, geht Ihr hinaus oder schmeißt den deutschen Juden hinaus! . . . Wenn Troppau und Schlesien in fünfzig Jahren tschechisch sind, seid an diesem Wandel nur Ihr schuld!«
Vgl. Krommer/Reimann: »Hans Kudlichs politisches Testament«; London, 1944; S. 68.

*Quelle:*
Linz, Norbert: »Der Bund der Landwirte in der Ersten Tschechoslowakischen Republik«; München, 1982; S. 323ff.

**Rede** **1919, 6. Februar**
**des Reichspräsidenten[1] Friedrich Ebert (SPD)**
**bei der Eröffnung der Weimarer Nationalversammlung:**
*Begrüßung von Deutsch-Österreich im Deutschen Reich*

. . . Wir können auch nicht darauf verzichten, die ganze deutsche Nation im Rahmen eines Reichs zu einigen. Unsere deutsch-österreichischen Brüder haben auf ihrer Nationalversammlung bereits am 12. November vorigen Jahres sich als Teil der großdeutschen Republik erklärt.[2] Jetzt hat die deutsch-österreichische Nationalversammlung erneut unter stürmischer Begeisterung uns ihren Gruß entboten und die Hoffnung ausgesprochen, daß es unserer und ihrer Nationalversammlung gelingen wird, das Band, das die Gewalt 1866 zerrissen hat, wieder neu zu knüpfen. Deutsch-Österreich müsse mit dem Mutterland für alle Zeiten vereinigt werden.

Meine Damen und Herren!
Ich bin sicher, im Namen der gesamten Nationalversammlung zu sprechen, wenn ich diese historische Kundgebung aufrichtig und voll Freude begrüße und sie mit gleicher herzlicher Brüderlichkeit erwidere. Unsere Stammes- und Schicksalsgenossen dürfen versichert sein, daß wir sie im neuen Reich der deutschen Nation mit offenen Armen und Herzen willkommen heißen.[3] Sie gehören zu uns und wir gehören zu ihnen.
Ich darf wohl auch die Erwartung aussprechen, daß die Nationalversammlung die künftige Reichsregierung ermächtigt, baldigst mit der Regierung des deutsch-österreichischen Freistaates über den endgültigen Zusammenschluß zu verhandeln. Dann soll kein Grenzpfahl mehr zwischen uns stehen. Dann wollen wir sein ein einig Volk von Brüdern . . .

*Anmerkungen:*
1 Im Zeitpunkt der Rede »Vorsitzender des Rates der Volksbeauftragten«; am 11. 2. 1919 von der Nationalversammlung zum Reichspräsidenten gewählt.
2 Siehe S. 114.
3 Eine Analyse dieser Aussage muß ihr einen sehr hohen Verbindlichkeitsgrad zuordnen.
Die von Friedrich Ebert am 6. 2. 1919 eröffnete Nationalversammlung (Wahldatum: 19. 1. 1919) setzte sich im Bezug auf ihre Meinung zum Anschluß Deutsch-Österreichs (und damit auch des Sudetengebietes) an das Deutsche Reich wie folgt zusammen:

| | Stimmen | | Meinung |
|---|---|---|---|
| | abs. | % | |
| Sozialdemokraten | rd. 13,8 Mio | 45,5 | Siehe diesen und den nächsten Beleg |
| Zentrum (incl. BVP) | rd. 6,0 Mio | 19,7 | D. Ö. wird »aufs herzlichste« begrüßt |
| Demokraten | rd. 5,6 Mio | 18,5 | D. Ö. wird »willkommen geheißen« |
| Deutschnationale | rd. 3,1 Mio | 10,3 | Name der Partei drückt Meinung aus |
| Deutsche Volkspartei | rd. 1,3 Mio | 4,4 | Nichts gegenteiliges bekannt |
| Andere Parteien | rd. 0,5 Mio | 1,6 | Nichts gegenteiliges bekannt |
| | | 100 | |

Friedrich Ebert drückte daher die Meinung von mindestens ca. 85% der Abgeordneten aus.

*Quelle:*
Hohlfeld, Johannes (Hrsg.): Dokumente der deutschen Politik und Geschichte von 1848 bis zur Gegenwart«; Bd. III; Berlin, o. J.; S. 14.

## Antrittsrede des Präsidenten der Weimarer Nationalversammlung Eduard David (SPD):

**1919, 7. Februar**

*Wiedervereinigung mit Deutsch-Österreich Herzenssache des ganzen deutschen Volkes*

...

Zu diesem deutschen Land und Volk gehört auch der deutsch-österreichische Bruderstamm. Die Begeisterung, mit der alle Kundgebungen auf seinen Wiederanschluß hier aufgenommen worden sind, legt Zeugnis ab, wie sehr diese Wiedervereinigung dem ganzen deutschen Volke Herzenssache ist. Ich gebe mich der Hoffnung hin, die Vertreter Deutsch-Österreichs in nicht allzu ferner Zeit als Kollegen in unserer Mitte willkommen heißen zu dürfen ...

*Quelle:*
Hohlfeld, Johannes (Hrsg.): »Dokumente der deutschen Politik und Geschichte von 1848 bis zur Gegenwart«; Bd. III; Berlin, o. J.; S. 16.

## Gesetzentwurf des Reichsinnenministers Prof. Hugo Preuß:

**1919, Februar**

*Einbau der sudetendeutschen und deutsch-österreichischen Gebiete in die Weimarer Republik*

...

Bis sich die neuen deutschen Freistaaten gebildet haben, entsenden folgende Gebiete des Reiches Abgeordnete in das Staatenhaus[1]:

...

2. Schlesien, bestehend aus der Provinz Schlesien, dem Regierungsbezirk Posen, dem Sudetenland[2] und Ostböhmen, mit $7^1/_2$ Millionen Einwohnern, 8 Abgeordnete.

...

7. Obersachsen, bestehend aus dem ehemaligen Königreich Sachsen, dem Regierungsbezirk Merseburg und dem Regierungsbezirk Magdeburg ohne die Altmark, Anhalt und den südlich angrenzenden Teilen von Deutschböhmen (etwa von Reichenberg bis Saaz) mit annähernd 8 Millionen Einwohnern, 8 Abgeordnete.

...

12. Bayern, bestehend aus dem ehemaligen Königreich Bayern ohne die Pfalz sowie dem Egerland und den südlich davon angrenzenden Teilen Deutschböhmens mit 7 Millionen Einwohnern, 7 Abgeordnete.

...

15. Deutschösterreich, bestehend aus Tirol, Nieder- und Oberösterreich ohne Wien, Steiermark, Deutsch-Kärnten und Salzburg mit 5 Millionen Einwohnern, 5 Abgeordnete.
16. Wien mit 2 Millionen Einwohnern, 2 Abgeordnete ...

---

*Anmerkungen:*

[1] Gemeint ist hiermit – bei Ansatz von Begriffen der derzeitigen Bundesrepublik Deutschland – eine Art von direkt gewähltem Bundesrat.

[2] Unter »Sudetenland« verstand man 1919 die deutschen Teile Nordmährens und Österreichisch-Schlesiens.

---

*Quelle:*

Preuß, Hugo (aus dem Nachlaß herausgegeben von Gerhard Anschütz): »Reich und Länder«; Berlin, 1928; S. 163f.

**Antrag[1]** **1919, 21. Februar**
**in der Deutschen Nationalversammlung:**
*Deutsche des Reiches und Österreichs bilden untrennbare Einheit*

Die Nationalversammlung wolle beschließen: die Nationalversammlung nimmt mit lebhafter Genugtuung von den Beschlüssen Kenntnis, mit denen die Vertreter der Stämme Deutschösterreichs ihre Zugehörigkeit zu dem deutschen Gesamtvolk bekundet haben.[2] Sie bestätigt den deutschösterreichischen Brüdern, daß über die bisherigen staatlichen Grenzen hinweg die Deutschen des Reiches und Österreichs eine untrennbare Einheit bilden, und spricht die zuversichtliche Hoffnung aus, daß durch die von den Regierungen einzuleitenden Verhandlungen die innere Zusammengehörigkeit bald in festen staatlichen Formen einen von allen Mächten der Welt anerkannten Ausdruck finden wird.

---

*Anmerkungen:*

[1] Eingebracht von den Parteien USPD, SPD, Zentrum, Demokraten, Deutsche Volkspartei und Deutschnationalen; einstimmig gebilligt.

[2] Siehe S. 114.

---

*Quelle:*

Michaelis/Schraepler (Hrsg.): »Ursachen und Folgen«; Bd. III; Berlin, 1958; S. 288.

**Telegramm** **1919, 23. Februar**
**der Landesversammlung des Sudetenlandes[1]**
**an die Deutsche Nationalversammlung:**
*Laßt uns in unserem Abwehrkampf nicht allein!*

Die Landesversammlung von Sudetenland[1], welche 675000 Deutsche vertritt und durch die tschechische Unterdrückung an ihrem öffentlichen Wirken verhindert ist, entbietet der Deutschen Nationalversammlung ihren innigsten Gruß. Sie ersehnt den Zeitpunkt, da zwischen Sudetenland und dem großen deutschen Vaterlande die Grenzpfähle entfernt werden und die Deutschen hüben und drüben in einem Reiche vereint sind, so wie sie bis jetzt in Sprache, Sitte und im Geiste ein Volk gebildet haben. Wir bitten unsere Brüder, uns in unserem Abwehrkampfe gegen die tschechische Raubgier nicht allein zu lassen.

---

*Anmerkung:*
[1] Unter »Sudetenland« verstand man 1919 die deutschen Teile Nordmährens und Österreich-Schlesiens.

---

*Quelle:*
Michaelis/Schraepler (Hrsg.): »Ursachen und Folgen«; Bd. III; Berlin, 1958; S. 327.

**Vereinbarung** **1919, 2. März**
**der Deutschen Reichsregierung und der Deutsch-Österreichischen Regierung:**
*Modalitäten des Zusammenschlusses des Deutschen Reiches und Deutsch-Österreichs*

Als Ergebnis der Verhandlungen[1], die zwischen deutschen und deutsch-österreichischen Vertretern in der Zeit vom 27. Februar bis zum 2. März 1919 in Berlin stattgefunden haben, stellen die Unterzeichneten, nämlich: 1. der deutsche Reichsminister des Auswärtigen Graf Brockdorff-Rantzau und 2. der deutsch-österreichische Staatssekretär für auswärtige Angelegenheiten Dr. Bauer, folgendes fest:
Artikel I. Staatsrechtlich-politische Vereinbarungen
§ 1. Die Deutsche Reichsregierung und die Deutsch-Österreichische Regierung sind übereingekommen, mit tunlichster Beschleunigung über den Zusammenschluß des Deutschen Reiches und Deutsch-Österreichs einen Staatsvertrag abzuschließen . . .
§ 3. Der Zusammenschluß soll auf der Grundlage erfolgen, daß Deutsch-Österreich als selbständiger Gliedstaat in das Reich eintritt . . .
. . .
Artikel VI. Stellung der Stadt Wien
§ 18. Über die Anerkennung der Stadt Wien als zweiter Hauptstadt des Reiches besteht Einverständnis . . .

---

*Anmerkung:*
[1] Über die Verhandlungen wurde die Öffentlichkeit informiert. Die »Norddeutsche Allgemeine Zeitung« vom 3. 3. 1919 berichtete offiziös u. a. (Vgl. »Schulthess' Europäischer Geschichtskalender«; Bd. 1; 1919; S. 157):
»Mit Ermächtigung der beiderseitigen Kabinette haben in Weimar Besprechungen des deutsch-österreichischen Staatssekretärs für Äußeres Dr. Bauer mit dem Reichspräsidenten *(d. h. Friedrich Ebert)* und mit Mitgliedern der Deutschen Reichsregierung über den von beiden Seiten angestrebten Zusammenschluß Deutsch-Österreichs mit dem Deutschen Reich stattgefunden. Die politische Aussprache wurde in Berlin mit dem Reichsminister Graf Brockdorff-Rantzau fortgesetzt und abgeschlossen. Sodann trat man unter seinem Vorsitz in kommissarische Verhandlungen über Einzelfragen ein.
Der Zusammenschluß soll sich danach, nach Abschluß der Verhandlungen über die Einzelfragen, durch einen Staatsvertrag vollziehen, der beiden Nationalversammlungen zur Genehmigung vorzulegen

wäre. Nach Ratifikation des Vertrages soll die Durchführung des Zusammenschlusses durch Reichsgesetze erfolgen, bei deren Beratung und Verabschiedung deutsch-österreichische Vertreter in den gesetzgebenden Körperschaften des Deutschen Reiches bereits mitwirken würden.
*(Die Besprechungen behandelten Zoll-, Verkehrs-, Währungs- und Reparationsprobleme sowie die Angleichung des Rechtssystems, der sozialen Gesetzgebung und des Unterrichtswesens.)*
Endlich wurde die künftige Stellung der Stadt Wien, die den Rang einer zweiten Reichshauptstadt erhalten soll, besprochen und hierbei von den Vertretern des Reiches weitgehendes Entgegenkommen zugesagt.
Die Aussprache führte zur Einigung in den grundsätzlichen Fragen und zur Feststellung des weiteren formalen Vorganges durch Verhandlungen in paritätischen Fachkommissionen.«

---

*Quelle:*
Miksch, Leo: »ČSR/ČSSR: Das Nationalitätenproblem der Tschechoslowakei«; Stuttgart, 1975; S. 11f.

## Aufruf der deutsch-böhmischen Landesregierung:

**1919, 4. März**[1]

Heute[1] wird in Wien die erste Sitzung des Volkshauses der deutsch-österreichischen Republik eröffnet.[2] Alle Stämme Österreichs sind dort vertreten. Nur Deutschböhmen ist mit Gewalt zu stummem Schweigen verurteilt. Schweigend, aber nicht stumm, richten wir heute Auge und Herz nach Wien, wo das freie Deutschösterreich zum ersten Mal die Vertreter des Volkes versammelt. Unsere Feier am heutigen Tag ist eine flammende Anklage gegen die Gewalt, mit der man unser Recht zu brechen sucht. Wir feiern den heutigen Tag durch eine allgemeine Arbeitsruhe . . .
So wollen wir heute in Stadt und Land zu Tausenden an den Kundgebungen teilnehmen, die sich gegen die Vergewaltigung unseres Rechts richten. In ernster, schicksalsschwerer Stunde ergeht der Ruf an euch alle. Kommt alle[3] aber bewahrt Ruhe und Ordnung![4] . . .

---

*Anmerkungen:*
[1] Am gleichen 4. 3. 1919 etwa um 16.00 Uhr informierte Edvard Beneš den Unterausschuß für Grenzfragen des Ausschusses für tschechoslowakische Fragen der Friedenskonferenz von St. Germain über die Meinung der Sudetendeutschen zur Tschechoslowakei.
Das Sitzungsprotokoll verzeichnet folgende Versicherung Benešs': Die Sudetendeutschen wollen in die Tschechoslowakei. Die gegenteiligen Bemühungen seien nichts anderes als »eine künstliche Aufregung, die der Überzeugung der großen Mehrheit der Deutsch-Böhmen niemals entsprochen habe. In Wahrheit seien 99% von ihnen für eine Vereinigung ihres Landes mit Böhmen *(d. h.: für den Verbleib der Sudetengebiete in der Tschechoslowakei)*. Sie würden jedoch von ein paar Aufwieglern terrorisiert und wagten nicht, dies auszusprechen.«
Vgl.: Rabl: a. a. O.; S. 163.
[2] Die Wahl fand am 12. 2. 1919 statt; die Sudetendeutschen durften sich nicht beteiligen.
[3] Faksimilierte Wiedergabe eines Aufrufes »Sämtlicher politischer Parteien des Sudetenlandes« in Ute Reichert-Flöge (Hrsg.): »Unter dem weißblauen Schild«; München, 1984; S. 31.
Die von der Landesregierung ausgegebene Generalstreikparole ist vollständig befolgt worden, da auch die sudetendeutsche Arbeiterschaft Trägerin der Selbstbestimmungsforderung war.
[4] Die Kundgebungen wurden von den tschechischen Besatzungstruppen im Sudetenland an einigen Orten mit Waffengewalt zersprengt. Dabei waren insgesamt 54 Tote – unter ihnen ein Achtzigjähriger, zwei Knaben von 14 und je einer von 13 und 11 Jahren – und 104 Verletzte zu beklagen.
Die »Neue Zürcher Zeitung« berichtete am 7. 3. 1919:
»Die Ereignisse in Deutschböhmen und die Akte tschechischer Brutalität gegen die deutschböhmischen Demonstranten erregen die größte Erbitterung. Nachdem schon vorgestern in Karlsbad, Reichenberg, Eger, Außig, Sternberg, Brüx, Mies und Neutitschein das tschecho-slowakische Militär mit Salvenfeuer und Bajonetten gegen die deutsche Bevölkerung gewütet hatte, die sich am Tag des Zusammentritts der deutschösterreichischen Nationalversammlung zu durchaus friedlichen Kundgebungen für das Selbstbestimmungsrecht der Deutschen Böhmens zusammengefunden hatte, haben gestern tschecho-slowakische Soldaten in Kanden und Karlsbad neuerdings Grausamkeiten gegen Deutsche verübt.

In Kanden wurden 17 Personen getötet, 30 schwer und 80 leicht verwundet. Auch in Karlsbad wurden neuerdings zwei Deutsche erschossen. Die Anzahl der Todesopfer der tschechischen Raserei in Sternberg beläuft sich auf 14. Es ist zweifellos, daß die tschechische Regierung beabsichtigt, die Betätigung ihrer Gewalt- und Schreckensherrschaft auf das äußerste zu treiben und vor der Anwendung schlimmster Gewaltmittel nicht zurückschreckt. Die Wirkung dieser unbeschreiblichen Gewalttaten kann selbstverständlich nur die sein, daß sich das Verhältnis zwischen Deutschböhmen und der tschechischen Regierung unversöhnlich gestaltet, und daß seit den Schießereien jede Möglichkeit einer Verständigung ausgeschlossen erscheint. Die Erbitterung in Deutschböhmen hat nicht nur die bürgerliche Bevölkerung, sondern auch alle sozialdemokratischen Arbeiterkreise ergriffen und wird nach diesem Blutvergießen nicht mehr schwinden. Es ist ausgeschlossen, daß Deutschböhmen sich nunmehr unter das tschechische Joch fügen wird, und die tschechische Regierung irrt, wenn sie glaubt, den Widerstand der dreieinhalb Millionen Deutschböhmen mit terroristischen Mitteln unterdrücken zu können . . .«

---

*Quelle:*
Rabl, Kurt: »Das Ringen um das sudetendeutsche Selbstbestimmungsrecht«; München 1958; S. 59.

**Bericht und Vorschläge** **1919, 10. März**
**des Mitglieds des US-»Regierungsausschusses zur Vorbereitung des Friedens«, Professor Coolidge, an die US-Delegation bei der Friedenskonferenz in Paris:**
*Anschluß von Sudetengebieten an Deutschland*

. . .
Würde man den Tschechoslowaken das ganze Gebiet zuerkennen, das sie beanspruchen, so wäre das nicht nur eine Ungerechtigkeit gegenüber vielen Millionen Menschen, die nicht unter tschechische Herrschaft gelangen wollen, sondern es wäre auch für die Zukunft des neuen Staates gefährlich und vielleicht verhängnisvoll . . .
Das Blut, das am 4. März geflossen ist, als tschechische Soldaten in mehreren Städten auf die deutsche Menge feuerten, ist – obwohl es im Vergleich zu den Opfern, deren Zeugen wir geworden sind, nur ein Tropfen ist – auf eine Art und Weise vergossen worden, die nur schwer verziehen werden kann . . .
Betrachtet man die Grenzen Böhmens und Mährens der Reihe nach, so bin ich der Ansicht, daß

a) im Süden Nieder- und Oberösterreich so weit als möglich bis zur jetzigen ethnischen Grenzlinie . . . auszudehnen wäre,
b) dem Bezirk Eger, der nicht zum ursprünglichen Böhmen gehört, die Vereinigung mit Bayern gestattet werden sollte, wenn er dies wünscht,
c) im Fall des großen, reichen Nordböhmen ist die Frage viel schwieriger. Von Sachsen ist es durch natürliche Hindernisse getrennt; es ist von großem wirtschaftlichen Wert und sein Verlust wäre für die Tschechoslowaken ein schwerer Schlag. Wenn andererseits – was offensichtlich der Fall ist – der Wunsch nach einer Trennung von Böhmen mit überwältigender Mehrheit laut wird, so ist die Rechtmäßigkeit dieses Anspruchs nicht zu bestreiten. Wird er erfüllt, so sollte man in Zweifelsfällen zu tschechischen Gunsten entscheiden. Wird er nicht erfüllt, so müßte dem Gebiet von Eger eine größtmögliche Ausdehnung gegeben und auch noch andernorts Modifikationen im Rahmen des Möglichen durchgeführt werden.
d) Das sog. »Sudetenland« *(d.h. Nordmähren und Sudetenschlesien)* kann leicht von Böhmen und Mähren abgetrennt werden. Unglücklicherweise hat es keine Verbindung mit Österreich oder dem übrigen Deutschböhmen. Es könnte als Kleinstaat innerhalb der neuen deutschen Republik bestehen oder mit Preußisch-Schlesien verbunden werden.

. . .

*Quelle:*
»Papers relating to the Foreign Relations of the United States 1919 – The Paris Peace Conference«; Bd. XII; Washington, 1947; S. 271ff.

**Entscheidung** **1919, 19. März**
**des Tschechoslowakischen Obersten Verwaltungsgerichtes:**
*Die tschechoslowakische Nation*

Aus dem Charakter des tschechoslowakischen Staates als Nationalstaat, der nach dem allgemeinen Grundsatz des der tschechoslowakischen Nation zustehenden Selbstbestimmungsrechts begründet worden ist – welcher Grundsatz im Gesetz vom 28. Oktober 1918[1], Slg. Nr. 11, ausgesprochen wurde –, geht als Rechtsfolge logisch hervor, daß die tschechische (slowakische) Sprache jene Sprache ist, in welcher der Staat und seine Organe ihren Willen kundtun und Recht üben ...
Die Angehörigen anderer Volksstämme, die in das Gebiet des Staates einbezogen wurden, können dem Staat gegenüber hinsichtlich ihrer nationalen Rechte keine höheren Ansprüche stellen, als daß ihnen insoweit, als der nationale Staat diese Rechte gewähren kann, ohne seinen nationalen Charakter zu verlieren, die Möglichkeit eingeräumt wird, ihr eigenes nationales Leben zu führen und ihre eigene Sprache zu gebrauchen. Dieser Anspruch *(des tschechoslowakischen Staates)* ... hat seine gesetzliche Grundlage in Art. 19 des Staatsgrundgesetzes vom 21. Dezember 1867,[2] RGBl. Nr. 142 ...

*Anmerkungen:*
[1] Siehe S. 113.
[2] Die Basis von 1867 (siehe S. 90) ist deutlich weiterentwickelt worden.

*Quelle:*
Bohuslav, J.: »Sbírka nálezu Nejvyššího Správního Soudu« [Sammlung der Entscheidungen des Obersten Verwaltungsgerichts]; Bd. I; Prag, 1920; S. 557f. (Hervorhebungen im Original).

**Erklärung** **1919, 21. März**
**des Verfassungsausschusses der Deutschen Nationalversammlung:**
*Regierungsbesprechungen beschleunigen, um Abgeordnete Deutsch-Österreichs an der Verfassung zu beteiligen*

Der Verfassungsausschuß der verfassunggebenden Nationalversammlung begrüßt es als bedeutsamen Fortschritt auf dem Wege zur Vereinigung zwischen dem Deutschen Reiche und Deutsch-Österreich, daß zwei Regierungsvertreter aus Deutsch-Österreich an seinen Verhandlungen teilnehmen. Er erwartet, daß die Besprechungen der beiden Regierungen so rasch durchgeführt werden, daß auch Abgeordnete Deutsch-Österreichs an den Verhandlungen der Nationalversammlung über die Verfassung des Gesamtreiches noch teilnehmen können. Wir zweifeln nicht, daß die deutsche Reichsregierung der Zustimmung des ganzen Volkes sicher ist, wenn sie bei den Abmachungen auf die besonderen wirtschaftlichen Schwierigkeiten Deutsch-Österreichs Rücksicht nimmt.

*Quelle:*
Michaelis/Schraepler (Hrsg.): »Ursachen und Folgen«; Bd. III; Berlin, 1958; S. 289.

**Diskussion** **1919, 1. April**
**im Rat der Außenminister[1]:**
*Volksabstimmungen im Sudetengebiet unmöglich, da sonst der tschechische Staat sehr klein werden würde*

*Der Amerikaner Lansing schlug vor, das Egerland und den Rumburger Zipfel Deutschland zu überlassen, da sie von Deutschen bewohnt seien[2]. Die drei anderen Delegierten lehnten ab. Lansing schlug daraufhin für Rumburg eine Volksabstimmung vor. Der französische Vertreter Laroche erwiderte,* »man könne eine Volksabstimmung in einem einzelnen Teil des Gebietes nicht vorschlagen, ohne sie auch den übrigen *(Sudeten-)*Deutschen zu gestatten. Wenn das aber erfolge, würde der tschechoslowakische Staat auf einen sehr begrenzten Umfang zurückgeführt[3] . . . Schließlich könne das von Herrn Lansing vorgeschlagene Verfahren dazu führen, daß ganz Böhmen sich für Vereinigung mit Deutschland entscheide, um nicht von den *(Sudeten-)*Deutschen getrennt zu werden«.
. . .

---

*Anmerkungen:*
1 der Hauptalliierten USA, Großbritannien, Frankreich und Italien.
2 Siehe den Bericht von Professor Coolidge auf S. 129f.
3 Man sollte das Geflecht von Rechtsprinzipien und Machtpositionen sowie daraus resultierender Unlogik und unausgesprochenen Vorbehalten beachten, das durch Laroche, der Außenminister Cambon vertrat, nur angedeutet wurde:
a) Der tschechoslowakische Staat war nicht nur eine Manifestation des Selbstbestimmungsrechtes der Tschechen, sondern mindestens ebenso sehr eine Planungsgröße alliierter Generalstäbe, die im Augenblick des Friedensschlusses 1919 bereits an den nächsten Krieg mit Deutschland dachten bzw. denken mußten. Dazu brauchte der potentielle Alliierte ČSR den entsprechenden territorialen Umfang.
Beneš machte diese Interessenparallelität zwischen der ČSR und v. a. Frankreich den Generälen in Paris mehrfach schriftlich deutlich.
Vgl. Hölzle, Emil: »Der Osten im Ersten Weltkrieg«; Leipzig, 1944; S. 193f.
b) Für den slowakischen Teil der tschecho-slowakischen Staatsnation war eine Autonomie mit eigenem Parlament vereinbart worden (am 30. 5. 1918; siehe S. 109).
Weder durften die Slowaken diese Autonomie erhalten, da dies die vom Selbstbestimmungsstandpunkt unbefriedigende Lage der Sudetendeutschen deutlich hervorgehoben hätte, noch umgekehrt die Sudetendeutschen eine Volksabstimmung, da sonst der slowakische Druck nach Autonomie so verstärkt worden wäre, daß er die Tschechoslowakei zerlegt hätte.

---

*Quelle:*
Miller, D. H.: »My Diary at the Conference of Paris«; Bd. XVI; New York, 1926; S. 11ff.

**Note** **1919, 20. Mai**
**des Tschecho-Slowakischen Delegierten Edvard Beneš**
**an die Friedenskonferenz in Paris:**
*Aus der ČSR wird »eine Art Schweiz« werden*

1. Es ist die Absicht der Tschecho-Slowakischen Regierung, den Staat so zu organisieren, daß sie als Grundlage der Rechte der Nationalitäten die Grundsätze annimmt, die in der Verfassung der Schweizerischen Eidgenossenschaft Anwendung gefunden haben, d. h. sie hat die Absicht, aus der ČSR eine Art Schweiz zu machen, wobei sie natürlich die besonderen Verhältnisse in Böhmen in Betracht zieht.
2. *Wahlen nach dem Proportionalsystem*
3. Die Schulen werden im ganzen Staatsgebiet vom Staat aus öffentlichen Mitteln erhalten

werden, und es werden für die verschiedenen Nationalitäten Schulen in allen Gemeinden errichtet werden, in denen die gesetzlich festgelegte Zahl von Kindern die Notwendigkeit der Errichtung solcher Schulen beweist.

4. Alle öffentlichen Ämter, in denen grundsätzlich die beiden Sprachen gleichberechtigt sein sollen, werden den verschiedenen Nationalitäten, die in der Republik leben, offenstehen.
5. Die Gerichte werden gemischte Gerichte sein und Deutsche werden das Recht haben, vor den höchsten Gerichten in ihrer eigenen Sprache zu verhandeln.
6. Die örtliche Verwaltung (der Gemeinden und »Bezirke«) wird in der von der Mehrheit der Bevölkerung gebrauchten Sprache geführt werden.
7. *In der Tschecho-Slowakei gibt es keine religiöse Frage*
8. Die offizielle Sprache wird das Tschechische sein und der Staat wird im Ausland der Tschecho-Slowakische Staat heißen; aber in der Praxis soll Deutsch die zweite Landessprache sein und soll in der Verwaltung, vor den Gerichten und im Zentralparlament gleichberechtigt neben dem Tschechischen gebraucht werden. Es ist die Absicht der tschecho-slowakischen Regierung, die Wünsche der Bevölkerung in der Praxis und im täglichen Gebrauch zu befriedigen, jedoch der tschecho-slowakischen Sprache und dem tschecho-slowakischen Element eine gewisse Sonderstellung einzuräumen.
9. Anders ausgedrückt: Der gegenwärtige Zustand, in dem die Deutschen ein überwältigendes Übergewicht hatten, wird bestehen bleiben.[1] Es werden lediglich die Vorrechte, die die Deutschen genossen, auf ihr richtiges Verhältnis zurückgeführt werden[1] (z. B. die Zahl der deutschen Schulen eingeschränkt werden, da sie überflüssig sein werden). Es wird ein äußerst liberales Regime sein, das demjenigen der Schweiz stark gleichen wird.

---

*Anmerkung:*
[1] Dieser Widerspruch, der vom Standpunkt Beneš' außerdem als Unlogik bezeichnet werden, ist nie aufgeklärt worden.

*Quelle:*
Miller, D. H.: »My Diary at the Conference of Paris«; Bd. XIII; New York, 1926; S. 69f.

**Mantelnote bzw. Anlage der deutschen Gegenvorschläge zum ersten Entwurf des Versailler Vertrages:** **1919, 29. Mai**
*Selbstbestimmungsrecht für die Sudetendeutschen*

... Auch die Deutschland zugemutete Abtretung der Handelsstadt Memel steht in keinerlei Zusammenhang mit einem solchen Selbstbestimmungsrecht der Völker. Dasselbe gilt von der Tatsache, daß Millionen von Deutschen in Deutsch-Österreich der von ihnen erstrebte Anschluß an Deutschland verweigert wird und weitere Millionen an unseren Grenzen wohnender Deutscher gezwungen werden sollen, beim neugebildeten Tschecho-Slowakischen Staate zu bleiben ...
... Deutschland verlangt, daß das Selbstbestimmungsrecht auch zugunsten der Deutschen in Österreich und Böhmen geachtet wird.
...

---

*Quelle:*
Brockdorff-Rantzau, Ulrich Graf v.: »Dokumente und Gedanken um Versailles«; Berlin, 1925; S. 82, 104.

**Note** **1919, 15. Juni**
**der deutsch-österreichischen Delegation[1] in St. Germain:**
*Volksabstimmung für die Sudetendeutschen*

. . .
Im Vertrauen auf dieses Versprechen[2] erlaubt sich die Delegation, den verbündeten und assoziierten Hauptmächten nachstehenden Vorschlag[3] zu unterbreiten:
Durch eine Volksabstimmung[3], die in den deutschen Gebieten der Sudeten gemeindeweise unter neutraler Kontrolle in Abwesenheit der tschechischen Truppen und nach einem noch zu bestimmenden Verfahren stattfinden wird, wird festgestellt werden, welchem Staat diese deutsche Bevölkerung anzugehören wünscht.
. . .

*Anmerkungen:*
[1] Die Denkschrift wurde von der deutsch-österreichischen Friedensdelegation eingebracht. Die Verfasser waren:
Rudolf Lodgman von Auen (Deutschböhmen); Josef Seliger (Deutschböhmen); Roland Freissler (Sudetenland); Hieronymus Oldofredi (Deutschsüdmähren); Alfred Klement (Deutschsüdböhmen).
[2] Die Denkschrift bezog sich hierbei auf ein Versprechen des US-Präsidenten Wilson, daß »die Großmächte in vollem Bewußtsein die ganze Verantwortung für den Frieden und die Herrschaft der Gerechtigkeit übernommen« hätten.
[3] Zu den Gründen der Siegermächte, eine Volksabstimmung in der ČSR nicht zuzulassen: Siehe S. 131.

*Quelle:*
»Bericht über die Tätigkeit der deutsch-österreichischen Friedensdelegation in St. Germain: Beilage 379 der Drucksachen der Konstituierenden Nationalversammlung Deutschösterreichs«; Bd. I; Wien, 1919; S. 93ff.

**Friedensvertrag[1]** **1919, 28. Juni**
**von Versailles[2]:**
*Sudetendeutsche in die ČSR*

. . .[3]
Artikel 80: Deutschland erkennt die Unabhängigkeit Österreichs innerhalb der durch Vertrag zwischen diesem Staat und den alliierten und assoziierten Hauptmächten festzusetzenden Grenzen an und verpflichtet sich, sie unbedingt zu achten.

Abschnitt VII. Tschecho-Slowakei
Artikel 81. Deutschland erkennt, wie die alliierten und assoziierten Mächte es schon getan haben, die vollständige Unabhängigkeit der Tschecho-Slowakei an, die das autonome Gebiet der Ruthenen südlich der Karpathen mit einbegreift. Es erklärt sein Einverständnis mit der Abgrenzung dieses Staates, wie sie durch die alliierten und assoziierten Hauptmächte und die anderen beteiligten Staaten erfolgen wird.

Artikel 82. Die Grenze zwischen Deutschland und der Tschecho-Slowakei bildet die alte Grenze zwischen Österreich-Ungarn und dem Deutschen Reich, so wie sie am 3. August 1914 bestand.

Artikel 83. Deutschland verzichtet zugunsten der Tschecho-Siowakei auf alle Rechte und Ansprüche auf den folgendermaßen umschriebenen Teil des schlesischen Gebiets:
. . .[4]

Artikel 86. Die Tschecho-Slowakei ist damit einverstanden, daß die alliierten und assoziierten Hauptmächte in einem mit ihr zu schließenden Vertrag die Bestimmungen aufnehmen, die sie zum Schutze der Interessen der nationalen, sprachlichen und religiösen Minderheiten in der Tschecho-Slowakei für notwendig halten[5] . . .

*Anmerkungen:*

[1] Der sog. »Westliche Friedensplan« der USA, Großbritanniens und Frankreichs des Jahres 1960 bezeichnete den Vertrag von Versailles als einen »aufgezwungenen Diktatfrieden«.
Vgl. »Bulletin des Presse- und Informationsamtes der Bundesregierung«; Nr. 208; Bonn, 5. 11. 60; S. 2007.

[2] Zwischen den Siegermächten des Ersten Weltkrieges und dem Deutschen Reich.

[3] Hier auch Art. 19; siehe S. 12.

[4] Es folgt die Beschreibung der Grenze des sog. Hultschiner Ländchens.

[5] Zum Text des Minderheitenschutzvertrages (vom 10. 9. 1919): Siehe S. 138ff.

*Quelle:*
Hohlfeld, Johannes (Hrsg.): »Dokumente der deutschen Politik und Geschichte von 1848 bis zur Gegenwart«; Bd. III; Berlin, o. J.; S. 41ff.

**Verfassung des Deutschen Reiches:** **1919, 14. August**

*Anschluß Deutschösterreichs (und der Sudetengebiete) in der Weimarer Verfassung*

. . .

Artikel 61. Im Reichsrat hat jedes Land mindestens eine Stimme. Bei den größeren Ländern entfällt auf 700000 Einwohner eine Stimme. Ein Überschuß von mindestens 350000 Einwohnern wird 700000 gleichgerechnet. Kein Land darf durch mehr als zwei Fünftel aller Stimmen vertreten sein.

Deutschösterreich[1] erhält nach seinem Anschluß an das Deutsche Reich das Recht der Teilnahme am Reichsrat[2] mit der seiner Bevölkerung entsprechenden Stimmenzahl. Bis dahin haben die Vertreter Deutschösterreichs beratende Stimme.

Die Stimmenzahl wird durch den Reichsrat nach jeder allgemeinen Volkszählung neu festgesetzt.

. . .

Artikel 178. . . . Die Bestimmungen des am 28. Juni 1919 in Versailles unterzeichneten Friedensvertrags[3] werden durch die Verfassung nicht berührt.

. . .

*Anmerkungen:*

[1] Zum Protest der Alliierten gegen Abs. 2 des Art. 61: Siehe nachstehenden Beleg.

[2] Siehe dazu den Entwurf von Reichsinnenminister Preuß; S. 125f.

[3] Siehe vorhergehenden Beleg.

*Quelle:*
Franz, Günther (Hrsg.): »Staatsverfassungen«; 3. Aufl.; Darmstadt, 1975; S. 203, 225.

**Note** **1919, 2. September**
**der Alliierten und Assoziierten Mächte**
**an die Deutsche Reichsregierung:**
*Protest gegen Anschluß*

Die Verbündeten und Assoziierten Mächte haben von der deutschen Verfassung vom 11. August 1919 Kenntnis genommen. Sie stellen fest, daß die Bestimmungen des Art. 61, Abs. 2[1] eine förmliche Verletzung des Art. 80[1] des in Versailles am 28. Juni 1919 unterzeichneten Friedensvertrages enthalten. Diese Verletzung ist doppelter Art:

1. Indem Art. 61 die Zulassung Österreichs zum Reichsrat ausspricht, stellt er diese Republik den das Deutsche Reich bildenden »Deutschen Ländern« gleich – eine Gleichstellung, die mit der Achtung der österreichischen Unabhängigkeit nicht vereinbar ist.
2. Indem er die Teilnahme Österreichs am Reichsrat zuläßt und regelt, schafft der Art. 61 ein politisches Band zwischen Deutschland und Österreich und eine gemeinsame politische Betätigung in vollkommenem Widerspruch mit der Unabhängigkeit Österreichs.

Die Verbündeten und Assoziierten Mächte erinnern daher die deutsche Regierung an den Art. 178[1] der deutschen Verfassung, wonach die Bestimmungen des Vertrages von Versailles durch die Verfassung nicht berührt werden können und fordern die deutsche Regierung auf, die gehörigen Maßregeln zu treffen, um diese Verletzung unverzüglich durch Kraftloserklärung[2] des Art. 61, Abs. 2 zu beseitigen. Unter Vorbehalt weiterer Maßregeln für den Fall der Weigerung und auf Grund des Vertrages selbst (namentlich des Art. 429) erklären die Verbündeten und Assoziierten Mächte der deutschen Regierung, daß diese Verletzung ihrer Verpflichtungen in einem wesentlichen Punkte die Mächte zwingen wird, unmittelbar die Ausdehnung ihrer Besatzung auf dem rechten Rheinufer zu befehlen, falls ihre gerechte Forderung nicht innerhalb 14 Tagen, vom Datum der vorliegenden Note gerechnet, erfüllt ist.

---

*Anmerkungen:*
[1] Siehe vorhergehenden Beleg.
[2] Die »Kraftloserklärung« ist nicht erfolgt: Die Reichsregierung erklärte (5. 9. 1919) den Alliierten, daß der Anschluß im Sinne Art. 61, Abs. 2 der Verfassung erst erfolgen werde, wenn entsprechend Art. 19 des Versailler Vertrages die Genehmigung des Völkerbundes zur Änderung von Art. 80 des Versailler Vertrages vorliege. Auf nochmaliges Drängen der Alliierten entstand schließlich eine Protokollnotiz (22. 9. 1919), in der die »Ungültigkeit« von Art. 61, Abs. 2 erklärt wurde. Diese erlangte jedoch im deutschen Rechtssystem keine Gesetzeskraft und schon gar nicht verfassungsändernden Charakter. Die Alliierten gaben sich damit zufrieden.

---

*Quelle:*
Hohlfeld, Johannes (Hrsg.): »Dokumente der deutschen Politik und Geschichte von 1848 bis zur Gegenwart«; Bd. III; Berlin, o. J.; S. 94.

**Note** **1919, 2. September**
**der Alliierten und Assoziierten Mächte**
**an die deutsch-österreichische Friedensdelegation:**
*Weshalb die Sudetendeutschen in die ČSR sollen*

...

Im Laufe der letzten Hundert Jahre war die tschechische Nation allmählich der Rechte entkleidet worden, die ihr durch eine lange Reihe von feierlichen Akten, kaiserlichen Reskripten und Beschlüssen der souveränen Landtage eingeräumt worden waren. Während ihre Unabhängigkeit durch ein Regime der Unterordnung eingeschränkt wurde, hatte sie den

Gedanken ihrer Selbständigkeit zu wahren gegen die Germanisationsbestrebungen, die von den von Deutschen bewohnten Gebieten ausgingen.
Die tschechische Nation hat, verletzt und bedroht, Gerechtigkeit bei den alliierten und assoziierten Mächten gesucht. Diese haben sie in ihre vollen Rechte wieder einsetzen wollen. Sie haben sich deshalb dahin geeinigt, den alten tschechischen Provinzen der böhmischen Krone nach Möglichkeit ihre historischen Grenzen zu wahren. Sie waren der Ansicht, daß die deutschsprechende Bevölkerung, welche die Randgebiete dieser Provinzen bewohnt, mit der tschechischen Bevölkerung vereinigt bleiben sollte, um mit ihr an der Entwicklung der nationalen Einheit mitzuarbeiten, deren solidarische Glieder sie kraft der Geschichte sind.
. . .

*Quelle:*
Epstein, Leo: »Studienausgabe der Verfassungsgesetze der Tschechoslowakischen Republik«; Reichenberg, 1923; S. 74.

**Erklärung**[1] **1919, 6. September**
**der Nationalversammlung der Republik Deutsch-Österreich:**
*Rechtsverwahrung gegen Verweigerung des Selbstbestimmungsrechtes für die Sudetendeutschen*

Die Nationalversammlung der Republik Deutsch-Österreich erhebt vor aller Welt feierlich ihren Protest dagegen, daß der Friedensvertrag von St. Germain[2] unter dem Vorwande, die Unabhängigkeit Deutsch-Österreichs zu schützen, dem deutsch-österreichischen Volke sein Selbstbestimmungsrecht nimmt, ihm die Erfüllung seines Herzenswunsches, seine wirtschaftliche, kulturelle und politische Lebensnotwendigkeit, die Vereinigung Deutsch-österreichs mit dem deutschen Mutterland, verweigert . . .
In schmerzlicher Enttäuschung legt sie Verwahrung ein gegen den leider unwiderruflichen Beschluß der alliierten und assoziierten Mächte, 3½ Millionen Sudetendeutsche von den Alpendeutschen, mit denen sie seit Jahrhunderten eine politische und wirtschaftliche Gemeinschaft bilden, gewaltsam loszureißen, ihrer nationalen Freiheit zu berauben und unter die Fremdherrschaft eines Volkes zu stellen, das sich in demselben Friedensvertrag als ihr Feind bekennt . . .
Dennoch bleibt ihr *(d. h. der Nationalversammlung)* keine Wahl, weil unser Land in der Versorgung mit Nahrungsmitteln, Kohlen und industriellen Rohstoffen wie in der Wiederherstellung seines Kredits und seiner Währung von den Großmächten abhängt.
Dieser Zwangslage muß die Nationalversammlung leider Rechnung tragen, obschon sie den Frieden von St. Germain für national ungerecht, politisch verhängnisvoll und wirtschaftlich undurchführbar hält. Politisch und national muß sie die Verantwortung den Mächten überlassen . . .

*Anmerkungen:*
[1] Einstimmige Erklärung anläßlich der (durch Drohung mit Truppeneinmarsch) erzwungenen Annahme des Vertrages von St. Germain.
[2] Zum Text: Siehe nachfolgenden Beleg.

*Quelle:*
»Stenographische Protokolle über die Sitzungen der Konstituierenden Nationalversammlung der Republik Österreich«; Bd. I; Wien, 1919; S. 770 ff.

**Friedensvertrag von St. Germain:** **1919, 10. September**
*Sudetendeutsche in der ČSR*

...[1]

II. Teil
Artikel 27. Die Grenzen Österreichs werden folgendermaßen festgelegt:
...
6) Mit dem tschechoslowakischen Staat
*Es folgen detaillierte Festlegungen, die die historische Grenze zwischen (Nieder-/Ober-) Österreich und der Slowakei bzw. Böhmen und Mähren mehrmals zugunsten des tschechoslowakischen Staates verändern. Markantes Beispiel:* ... wobei die Stadt Gmünd bei Österreich, der Bahnhof und die Eisenbahnwerkstätten von Gmünd (Wolfshof) und die Gabelung der Eisenbahnstrecken Gmünd–Budweis und Gmünd–Wittingau beim tschechoslowakischen Staat verbleiben ...
...

Artikel 53. Österreich anerkennt, wie es bereits die alliierten und assoziierten Mächte getan haben, die vollständige Unabhängigkeit der Tschechoslowakei an, die das autonome Gebiet der Ruthenen südlich der Karpathen mit einbegreift.

Artikel 54. Österreich verzichtet für seinen Teil zugunsten der Tschechoslowakei auf alle Rechte und Ansprüche auf die Gebiete der ehemaligen österreichisch-ungarischen Monarchie, die jenseits der Grenzen Österreichs, wie sie in Artikel 27 des II. Teiles festgesetzt sind, liegen, und gemäß dem gegenwärtigen Vertrag als Teile der Tschechoslowakei anerkannt sind.
...

Artikel 57. Die Tschechoslowakei ist damit einverstanden, daß die alliierten und assoziierten Hauptmächte in einen mit ihr zu schließenden Vertrag die Bestimmungen aufnehmen, die sie zum Schutze der Interessen der nationalen, sprachlichen und religiösen Minderheiten in der Tschechoslowakei für notwendig erachten und genehmigt diese Bestimmungen[2].
...

Artikel 88. Die Unabhängigkeit Österreichs ist unabänderlich, es sei denn, daß der Rat des Völkerbundes ihrer Abänderung zustimmt. Daher übernimmt Österreich die Verpflichtung, sich – es sei denn, mit Zustimmung des erwähnten Rates – jeder Handlung zu enthalten, die mittelbar oder unmittelbar oder sonstwie, vor allem aber durch Teilnahme an den Angelegenheiten einer anderen Macht seine Unabhängigkeit gefährden könnte.
...

*Anmerkungen:*
1 Hier auch Art. 19; siehe S. 12.
2 Zum Text des Minderheitenschutzvertrages vom 10. 9. 1919: Siehe nachfolgenden Beleg.

*Quelle:*
Epstein, Leo: »Studienausgabe der Verfassungsgesetze der Tschechoslowakischen Republik«; Reichenberg, 1923; S. 99 ff.

**Vergleich und Analyse:** **1919, 10. September**[1]

**ČSR-Verpflichtungen aus dem Minderheitenschutzvertrag**[2] **und Übernahme in die ČSR-Verfassung**[3]**:**

*Zahlreiche Einschränkungen*[1]

*Vorbemerkung:*

*Zur Erleichterung der Übersicht werden nachfolgend unter Herausarbeitung der Unterschiede gegenübergestellt: Einschlägige Textteile des*

- »Vertrages zwischen den Alliierten und Assoziierten Hauptmächten einerseits, der tschechoslowakischen Regierung andererseits«, abgeschlossen in St. Germain am 10. 9. 1919; und der
- ČSR-Verfassung vom 29. 2. 1920.

| 1. **Der Minderheitenschutzvertrag** vom 10. 9. 1919:[2] | 2. **Die entsprechenden Bestimmungen der ČSR-Verfassung** vom 29. 2. 1920:[3, 4] | 3. **Einschränkungen**[1]**:** |
|---|---|---|
| Artikel 1.[1]<br>Die Tschechoslowakei verpflichtet sich, daß die in den Artikeln 2 bis 8 dieses Kapitels enthaltenen Bestimmungen als Grundgesetz[5] anerkannt werden, daß kein Gesetz, keine Verordnung und keine Amtshandlung mit diesen Bestimmungen in Widerspruch oder Gegensatz stehe und daß kein Gesetz, keine Verordnung und keine Amtshandlung ihnen gegenüber Geltung haben solle. | – | *Nichtübernahme v. a. bezüglich der Amtshandlungen.* |
| Artikel 2.<br>Die Tschechoslowakei verpflichtet sich, allen Einwohnern ohne Unterschied der Geburt, Staatsangehörigkeit, Sprache, Rasse oder Religion vollen und ganzen Schutz von Leben und Freiheit zu gewähren.<br>Alle Einwohner der Tschechoslowakei werden berechtigt sein, öffentlich und privat jede Art Bekenntnis, Religion oder Glauben frei zu | § 106.<br>. . .<br>Alle Einwohner der čechoslovakischen[6] Republik genießen innerhalb der gleichen Grenzen wie die Staatsbürger dieser Republik auf ihrem Gebiete den vollen und unbedingten Schutz ihres Lebens und ihrer Freiheit, ohne Rücksicht darauf, welcher Abstammung, Staatsangehörigkeit, Sprache, Rasse oder | *Beachtenswerte Differenzierung zwischen Einwohnern und Staatsbürgern* |

| | | |
|---|---|---|
| üben, insofern diese Übung nicht mit der öffentlichen Ordnung oder mit den guten Sitten unvereinbar ist.<br>. . . | Religion sie sind. Abweichungen von diesem Grundsatz sind nur zulässig, soweit es das Völkerrecht erlaubt.<br>. . . | *Durch das »Völkerrecht erlaubte« Abweichungen.* |
| Artikel 7.<br>Alle tschechoslowakischen Staatsbürger ohne Unterschied der Rasse, der Sprache oder Religion werden vor dem Gesetz gleich sein und dieselben bürgerlichen und politischen Rechte genießen. | § 128.<br>(1) Alle Staatsbürger der čechoslovakischen Republik sind vor dem Gesetze vollkommen gleich und genießen die gleichen bürgerlichen und politischen Rechte, ohne Rücksicht auf ihre Rasse, Sprache oder Religion. | |
| Die Verschiedenheit der Religion, des Glaubens oder Bekenntnisses darf keinem tschechoslowakischen Staatsbürger beim Genusse der bürgerlichen und politischen Rechte und namentlich bei der Zulassung zu öffentlichen Diensten, Ämtern und Würden oder bei der Ausübung irgendeines Gewerbes oder Berufes hinderlich sein. | (2) Der Unterschied in Religion, Glauben, Bekenntnis und Sprache bildet innerhalb der Grenzen der allgemeinen Gesetze für keinen Staatsbürger der čechoslovakischen Republik ein Hindernis, insbesondere nicht für den Zutritt in den öffentlichen Dienst, zu Ämtern und Würden oder für die Ausübung irgend eines Gewerbes oder Berufes. | *»allgemeine Gesetze«* |
| Den tschechoslowakischen Staatsbürgern wird keinerlei Beschränkung im freien Gebrauche irgendeiner Sprache im Privat- oder Geschäftsverkehr, in Angelegenheiten der Religion, der Presse oder öffentlicher Kundgebungen jedweder Art oder in öffentlichen Versammlungen auferlegt werden. | (3) Die Staatsbürger der čechoslovakischen Republik können innerhalb der Grenzen der allgemeinen Gesetze im Privat- und Handelsverkehre, in Religionsangelegenheiten, in der Presse und in allen Veröffentlichungen oder in öffentlichen Volksversammlungen welche Sprache immer frei gebrauchen. | *»allgemeine Gesetze«*<br>*»Volksversammlungen« statt »Versammlungen«* |
| | (4) Hierdurch werden jedoch die Rechte nicht berührt, die den Staatsorganen in diesen Richtungen auf Grund der geltenden oder künftig zu erlassenden Gesetze aus Gründen der öffentlichen Ordnung und der staatlichen Sicherheit sowie der wirksamen Aufsicht zukommen. | *Hinzufügung einer bedeutenden Einschränkung* |

| 1. **Der Minderheitenschutzvertrag** vom 10. 9. 1919:[2] | 2. **Die entsprechenden Bestimmungen der ČSR-Verfassung** vom 29. 2. 1920:[3, 4] | 3. **Einschränkungen**[1]: |
|---|---|---|
| Unbeschadet der Einführung einer offiziellen Sprache durch die tschechoslowakische Regierung wird den tschechoslowakischen Staatsangehörigen anderer Zunge als der tschechischen angemessene Möglichkeit des mündlichen und schriftlichen Gebrauches ihrer Sprache vor Gericht geboten werden. | § 129.<br>Die Grundsätze des Sprachenrechtes in der čechoslovakischen Republik bestimmt ein besonderes Gesetz[7], das einen Bestandteil dieser Verfassungsurkunde bildet. | *In § 2 des Sprachengesetzes vom 29. 2. 1920:*[7] *Nur in solchen Gerichtsbezirken (etwa: Landkreisen), in denen die Personengruppe laut letzter Volkszählung mindestens 20% umfaßt.* |
| Artikel 8.<br>Die zu den ethnischen, religiösen oder sprachlichen Minderheiten gehörigen tschechoslowakischen Staatsangehörigen werden rechtlich und tatsächlich dieselbe Behandlung und die gleichen Bürgschaften genießen wie die übrigen tschechoslowakischen Staatsangehörigen. Insbesondere werden sie das gleiche Recht haben, humanitäre, religiöse oder soziale Anstalten, Schulen und andere Erziehungsanstalten auf eigene Kosten zu errichten, zu leiten und zu beaufsichtigen, mit dem Rechte, in diesen ihre Sprache frei zu gebrauchen und ihre Religion frei zu üben. | § 130<br>Insoweit den Staatsbürgern nach den allgemeinen Gesetzen das Recht zusteht, auf eigene Kosten humanitäre, religiöse und soziale Anstalten, Schulen und andere Erziehungsanstalten zu gründen, zu leiten und zu verwalten, sind die Staatsbürger ohne Rücksicht auf Nationalität, Sprache, Religion und Rasse einander gleich und können in diesen Anstalten frei ihre Sprache gebrauchen und ihre Religion ausüben. | *Satz 1: Nichtübernahme*<br><br>*Satz 2: »allgemeine Gesetze«* |
| Artikel 9.<br>Was das öffentliche Unterrichtswesen anlangt, wird die tschechoslowakische Regierung in Städten und Bezirken, in denen ein beträchtlicher Bruchteil tschechoslowakischer Staatsangehöriger anderer als tschechischer Zunge ansässig ist, angemessene Möglichkeit bieten, um den Kindern dieser | § 131<br>In den Städten und Bezirken, in denen ein beträchtlichen Bruchteil[8] von čechoslovakischen Staatsbürgern anderer als der čechoslovakischen Sprache ansässig ist, wird den Kindern dieser čechoslovakischen Bürger im öffentlichen Unterrichte innerhalb der Grenzen der allgemeinen Unterrichtsordnung an- | *»allgemeine Unterrichtsordnung«* |

| | | |
|---|---|---|
| tschechoslowakischen Staatsangehörigen den Unterricht in ihrer eigenen Sprache zu verbürgen. Diese Bestimmung wird jedoch die tschechoslowakische Regierung nicht hindern, den Unterricht der tschechischen Sprache zum Pflichtgegenstande zu machen. | gemessene Gelegenheit gewährleistet, Unterricht in ihrer eigenen Sprache zu erhalten, wobei der Unterricht der čechoslovakischen Sprache als Pflichtgegenstand festgesetzt werden kann. | |
| In Städten und Bezirken, in denen ein beträchtlicher Bruchteil tschechoslowakischer Staatsangehöriger ansässig ist, die ethnischen, religiösen oder sprachlichen Minderheiten angehören, wird diesen Minderheiten ein angemessener Anteil am Genusse und an der Verwendung der nach dem Staatsvoranschlag und nach Gemeinde- oder anderen öffentlichen Voranschlägen aus öffentlichen Fonds für Erziehungs-, religiöse oder humanitäre Zwecke ausgeworfenen Beträge gewährleistet. | § 132<br>Soweit in den Städten und Bezirken, in denen ein beträchtlicher Bruchteil[8] von čechoslovakischen Staatsbürgern ansässig ist, die religiösen, nationalen und sprachlichen Minderheiten angehören, bestimmte Beträge aus öffentlichen Fonds nach dem Staatsvoranschlag, den Gemeinde- oder anderen öffentlichen Voranschlägen für die Erziehung, Religion oder Humanität verwendet werden sollen, wird diesen Minderheiten innerhalb der Grenzen der für die öffentliche Verwaltung geltenden allgemeinen Vorschriften ein angemessener Anteil am Genusse und an der Verwendung gewährleistet. | *»angemessen«*<br>*»bestimmt«*<br><br>*»Für die öffentliche Verwaltung geltende allgemeine Vorschriften«* |
| –[9] | § 133<br>Die Durchführung der Grundsätze der §§ 131 und 132 und insbesondere die Abgrenzung des Begriffes »beträchtlicher Bruchteil« wird besonderen Gesetzen[8] vorbehalten. | |
| –[9] | § 134<br>Jegliche Art gewaltsamer Entnationalisierung ist unerlaubt. Die Nichtbeachtung dieses Grundsatzes kann das Gesetz[10] als strafbare Handlung erklären. | |

| 1. **Der Minderheitenschutzvertrag** vom 10. 9. 1919:[2] | 2. **Die entsprechenden Bestimmungen der ČSR-Verfassung** vom 29. 2. 1920:[3, 4] | 3. **Einschränkungen**[1]: |
|---|---|---|
| Artikel 14<br>Die Tschechoslowakei stimmt zu, daß die Vorschriften der Kapitel I und II, soweit sie Angehörige einer Rassen-, religiösen oder sprachlichen Minderheit betreffen, Verpflichtungen von internationalem Interesse begründen und unter die Garantie des Völkerbundes gestellt werden. Sie dürfen ohne die Zustimmung der Mehrheit des Rates des Völkerbundes nicht abgeändert werden . . .<br>Die Tschechoslowakei stimmt zu, daß jedes Mitglied des Rates des Völkerbundes das Recht haben soll, die Aufmerksamkeit des Rates auf jede begangene oder drohende Verletzung irgendeiner dieser Verpflichtungen zu lenken,[11] und daß der Rat in einer Weise vorgehen und solche Weisungen erteilen könne, die unter den obwaltenden Umständen geeignet und wirksam erscheinen werden.[12]<br>Die Tschechoslowakei stimmt weiter zu, daß jede Meinungsverschiedenheit, die über eine diese Artikel betreffende Rechts- oder Tatfrage zwischen der tschechoslowakischen Regierung und irgendeiner der alliierten und assoziierten Hauptmächte oder jeder anderen Macht, welche Mitglied des Rates des Völkerbundes ist, entstünde, als ein Streitfall internationalen Charakters im Sinne des Artikels 14[13] der Völkerbundssatzung anzusehen ist. Die tschechoslowakische Regierung stimmt zu, daß jeder derartige Streitfall, | | |

wenn es der andere Teil verlangt, dem ständigen Internationalen Gerichtshof unterbreitet werde, dessen Entscheidung endgültig sein und dieselbe Kraft und Wirksamkeit haben wird wie eine Entscheidung nach Artikel 13[13] dieser Satzung.

...

*Anmerkungen und Quellen:*

[1] Die zahlreichen Unterschiede sind praktisch nur Einschränkungen und stehen damit bereits im Widerspruch zu Artikel 1 des Minderheitenschutzvertrages.

[2] Quelle: Epstein, Leo: »Studienausgabe der Verfassungsgesetze der Tschechoslowakischen Republik«; Reichenberg, 1923; S. 251 ff.

[3] Quelle: Epstein: a. a. O.; S. 130 ff.

[4] Zu anderen Festlegungen der ČSR-Verfassung vom 29. 2. 1920: Siehe S. 146.

[5] Formal wurde diese Auflage grundsätzlich durch die Aufnahme gewisser – und sei es im Wesensgehalt eingeschränkter – Festlegungen in die ČSR-Verfassung (= Grundgesetz) bzw. das Sprachengesetz vom 29. 2. 1920, das Verfassungsrang hatte (siehe S. 147) erfüllt.
Der Begriff Grundgesetz beinhaltet jedoch, daß der Rechtsakt regelmäßig nur durch eine qualifizierte Mehrheit (z. B. 2/3 oder 3/4) der jeweils Stimmberechtigten durchgeführt werden kann. Damit will man erreichen, daß für Verfassungs-, bzw. Grundgesetze durch Mitwirkung möglichst vieler Betroffener eine erhöhte Akzeptanz sichergestellt ist. Die Wahl des Begriffes Grundgesetz an dieser Stelle des Minderheitenschutzvertrages deutet sehr direkt auf diese Absicht hin.
Der ČSR-Verfassungsgeber hat diesen Sinn der Auflage umgangen; er legte die Stimmberechtigten für die Verabschiedung von Verfassung und Sprachen-(grund-)Gesetz am 29. 2. 1920 willkürlich fest (nur ein Teil der Staatsbürger, v. a. die Tschechen, wurden durch Personen vertreten, die kein Mandat für die Verfassungsgebung besaßen). Das Arbeitsergebnis wurde auch später demokratisch nicht qualifiziert (z. B. durch eine nachträgliche Volksabstimmung), sondern umgekehrt durch die – für eine ordentliche Verfassung durchaus übliche – Bestimmung abgesichert, daß 3/5 Mehrheit (siehe S. 146) zur Änderung erforderlich sei.

[6] Um im zeitgenössischen Eindruck zu bleiben, wird hier die von der ČSR-Regierung mit »*č*echoslo*v*akisch« festgelegte, offizielle deutschsprachige Schreibweise verwendet.
Vgl.: Steinmetz, Ernst: »Landes- und Staatskunde der čechoslovakischen Republik«; Böhmisch-Leipa, 1935; S. 5.

[7] Zum Text: Siehe S. 147 ff.

[8] Festlegung im Sprachengesetz vom 29. 2. 1920. Zum Text: Siehe S. 147 ff.

[9] Keine vergleichbare Bestimmung.

[10] Ein derartiges Gesetz wurde nie beschlossen.
Auch deswegen bezog sich ein Teil der sog. Volksschutzgesetze der SdP (vom 27. 4. 1937) auf diese Verfassungsbestimmung. Zum Text dieser Vorschläge: Siehe S. 192 ff.

[11] In dieser Bestimmung liegt eine wichtige Rechtsbasis für die zahlreichen Petitionen an den Völkerbund: Siehe S. 155 ff.

[12] An dieser Stelle wird die Möglichkeit eröffnet, auch die Festlegungen des Art. 19 der Völkerbundssatzung (zum Text: siehe S. 12) in die Debatte zu bringen.

[13] Zum Text: Siehe S. 11.

**Rede** **1919, 24. September**
**des deutsch-österreichischen Präsidenten Karl Seitz (SPÖ)**
**anläßlich der Verabschiedung der sudetendeutschen Regierungen und Vertretungen in Wien:**
*Durch Gewaltfrieden geraubtes Selbstbestimmungsrecht wird von der Entwicklung wiedergebraucht*

. . .
Was nur irgend geschehen konnte, um dem deutschen Volke in den Sudetenländern sein geheiligtes Recht auf Selbstbestimmung zu wahren und durchzusetzen, das haben seine berufenen, von seinem Vertrauen getragenen Vertreter mit einer Pflichttreue, die bis zur Selbstentäußerung ging, getan; wenn diesem Werke nicht der angestrebte Erfolg wurde, so liegt das an der höheren Gewalt, der wir uns beugen müssen. Aber ist auch das staatsrechtliche Band, das die deutschen Sudetenländer mit der Republik Deutsch-Österreich vereinigt hat, zerschnitten, unzerreißbar sind die Bande des Blutes, der Sprache, der Kultur und Sitte, die das deutsche Volk südlich und nördlich der Thaya verbinden. Daher bin ich auch überzeugt, daß die unaufhaltsame Entwicklung der Völker und Staaten in Europa auch unseren Brüdern in den Sudetenländern eines Tages das Selbstbestimmungsrecht wiederbringen wird, welches ihm die Gewaltfrieden von Versailles und St. Germain geraubt haben. Staaten werden und vergehen, davon sind wir lebende Zeugen. Die Völker aber bleiben und auch davon legen unsere Tage ein unbestreitbares Zeugnis ab: Völker, welche die Willkür zerstückt und erniedrigt hat, erheben sich wieder. Wir hoffen, ja wir wissen es: Noch ist die deutsche Sache nicht verloren!

---

*Quelle:*
Epstein, Leo: »Studienausgabe der Verfassungsgesetze der Tschechoslowakischen Republik«; Reichenberg, 1923; S. 76f.

**Das Parteiprogramm** **1920, Januar**[1]
**des »Bundes der Landwirte« (BdL):**
*Selbstbestimmungsrecht des deutschen Volkes in den Sudetenländern*

Der konstituierende Reichsparteitag des Bundes der Landwirte (Politische Partei des deutschen Landvolkes) beschließt:
Der Bund der Landwirte ist die politische Organisation des deutschen Landvolkes in den Sudetenländern und der Slowakei.
Aus der schweren Not des Krieges heraus entstanden, soll er alle ehrlich schaffenden Stände auf dem Lande umfassen und dem deutschen Landvolke den gebührenden Einfluß im Staate und öffentlichen Leben sichern.
Der Bund der Landwirte soll auch der Damm sein, an dem sich die volksschädlichen Gewalten brechen.
Der Bund der Landwirte ist eine nationale Partei, ist auf demokratisch-freiheitlicher Grundlage aufgebaut und steht auf dem Boden einer wahrhaft christlich-deutschen Weltanschauung.
. . .
In allen nationalen Angelegenheiten wird der Bund der Landwirte in Fühlung mit den übrigen deutschen Parteien treten und geschlossen mit ihnen vorgehen. Der Zusammenschluß aller deutschen Parteien in Lebensfragen des deutschen Volkes ist notwendig und muß bedingungslos erhalten werden.
Aus diesen Erwägungen und Bestrebungen ergeben sich für den Bund der Landwirte folgende

Parteigrundsätze

Staatsrechtliche Forderungen

1. Wir fordern das volle und uneingeschränkte Selbstbestimmungsrecht des deutschen Volkes in den Sudetenländern und der Slowakei.
2. Wir anerkennen die republikanische Staatsform, verlangen aber, daß sie allen Staatsbürgern gleiche Rechte gebe und daß die Staatsbürger sich selbst durch freie Wahl in die gesetzgebende Versammlung regieren. Die Staatsgewalt soll einzig durch diese gewählte gesetzgebende Versammlung eingesetzt werden und ihr allein verantwortlich sein.
   Diese gewählte gesetzgebende Versammlung hat alle bisher erlassenen Gesetze zu überprüfen von dem Standpunkte ausgehend, daß die bisherige Staatsgewalt lediglich vorübergehende Befugnisse haben konnte und daher die dauernde Regelung erst der gewählten gesetzgebenden Versammlung vorbehalten sein muß.
3. Alle Volksstämme der Republik sollen als gleichberechtigte und vollgültige Glieder des Staates anerkannt und ihnen der zu ihrem Bestande und ihrer kulturellen Entwicklung erforderliche Einfluß auf die Staatsgewalt gesichert und daher die entsprechende Vertretung in der Regierung eingeräumt werden. Dieses Recht der Volksstämme ist in der Verfassung festzulegen und durch Gesetze näher auszuführen.

Forderung der Selbstverwaltung

4. Den Gemeinden ist die Selbstverwaltung ihrer Angelegenheiten in möglichst weitem Umfange sicherzustellen.
5. Innerhalb des Siedlungsgebietes eines jeden Volksstammes verlangen wir die volle Selbstverwaltung in allen nationalen, innerpolitischen, wirtschaftlichen, sozialen und kulturellen Angelegenheiten des Verwaltungsbezirkes. Zu diesem Zwecke sind die Verwaltungsbezirke national einheitlich zu gestalten.
   Als öffentliche Angestellte im Verwaltungsbezirke dürfen nur Angehörige desselben Volksstammes wirken.
   Die höheren Verwaltungskörper sind auf dem Grundsatze entscheidender Mitwirkung der vom Volke hiezu gewählten Vertreter unter staatlicher Leitung umzugestalten, wobei auch die nationaleinheitliche Bildung dieser Verwaltungsgebiete durchzuführen ist. Zwischen Verwaltungsbezirk und Staatsregierung soll nur ein Verwaltungskörper eingeschaltet und diesem weitgehendste Machtbefugnisse gegeben werden (Abgliederung).

Minderheitsschutz

6. Der Schutz der sprachlichen Minderheiten ist in Verfassungsgesetze durch die erste gewählte gesetzgebende Versammlung auszusprechen und durch besondere Gesetze näher auszuführen. Der im Friedensvertrage festgesetzte völkerrechtliche Minderheitsschutz ist noch nicht genügend, bedarf daher noch einer Erhöhung und Ausgestaltung. Das Schutzgesetz hat vom Schutz der sprachlichen Minderheiten in der Gemeinde auszugehen und ist auch in den Bezirken und höheren Verwaltungskörpern durchzuführen.

. . .

*Anmerkung:*

[1] Zu Programmen des BdL aus dem Jahre 1919: Siehe S. 122ff.

*Quelle:*

Linz, Norbert: »Der Bund der Landwirte in der Ersten Tschechoslowakischen Republik«; München, 1982; S. 333f.

**Verfassung**[1] **1920, 29. Februar**
**der Tschechoslowakei:**
*Staatsbasis: Selbstbestimmung; Staatsgebiet: Unteilbar*

Wir, die čechoslovakische[2] Nation, haben in der Absicht, die vollkommene Einheit der Nation zu festigen, eine gerechte Ordnung in der Republik einzuführen, die ruhige Entwicklung der čechoslovakischen Heimat zu sichern, das allgemeine Wohl aller Bürger dieses Staates zu fördern und die Segnungen der Freiheit den künftigen Geschlechtern sicherzustellen, in unserer Nationalversammlung am 29. Feber 1920 die Verfassung für die čechoslovakische Republik angenommen, deren Wortlaut folgt.
Hiebei erklären wir, die čechoslovakische Nation, bemüht sein zu wollen, daß diese Verfassung und alle Gesetze unseres Landes in gleicher Weise im Geiste unserer Geschichte wie im Geiste der im Losungsworte Selbstbestimmung[1] enthaltenen modernen Grundsätze durchgeführt werden, denn wir wollen uns der Gesellschaft der Völker als gebildetes, friedliebendes, demokratisches und fortschrittliches Mitglied angliedern.
...

§ 3[3] 1. Das Gebiet der čechoslovakischen Republik bildet ein einheitliches und unteilbares Ganzes, dessen Grenzen nur durch ein Verfassungsgesetz (Art. I Einf.-Ges.)[4] geändert werden können.
...

§ 22 1. Die Mitglieder der Nationalversammlung[5] ...
...
3. In der ersten Sitzung des Hauses, an der sie teilnehmen, leisten sie folgende Angelobung: »Ich gelobe, der čechoslovakischen Republik treu zu sein und die Gesetze zu beobachten und mein Mandat nach bestem Wissen und Gewissen auszuüben«[6] Die Verweigerung des Gelöbnisses oder ein Gelöbnis mit Vorbehalt hat ohneweiters den Verlust des Mandates zur Folge.
...

§ 91 Die Zusammensetzung und den Wirkungskreis der autonomen Verbände regeln besondere Gesetze.[7,8]

§ 92 Inwieweit der Staat für den durch gesetzwidrige Ausübung der öffentlichen Gewalt verursachten Schaden haftet, bestimmt ein Gesetz.[7,8]
...[9]

§ 113 ... 3. Ein Verein kann bloß aufgelöst werden, wenn durch seine Tätigkeit das Strafgesetz oder die öffentliche Ruhe und Ordnung verletzt wurde.[10]
...[11]

*Anmerkungen:*
1 Die Verfassung wurde weder durch ein gewähltes Parlament noch durch einen Volksentscheid der Bürger dieses Staates angenommen; zur Beurteilung dieses Tatbestandes: Siehe S. 162.
2 Siehe dazu S. 143.
3 Diese Bestimmung sollte in der Diskussion nach den Grenzänderungen im Zusammenhang mit dem Vertrag von München (29. 9. 1938) von tschechoslowakischer Seite herangezogen werden: Siehe S. 235, 237f.
4 § 1 Ziff. 2 des Einführungsgesetzes der Verfassung der ČSR verwies auf § 33 der Urkunde: Sie legte hierfür 3/5-Mehrheit aller Mitglieder in Abgeordnetenhaus und Senat fest.
5 Die Abgeordneten.

[6] Eine derartige Bestimmung für Abgeordnete einer parlamentarischen Demokratie ist als zumindest ungewöhnlich zu bezeichnen; der Ausdruck, »die Gesetze zu beobachten« meint im heutigen Sprachgebrauch »zu beachten«.
[7] Auf diese Bestimmungen bezogen sich später sie sog. Volksschutzgesetze der SdP vom 27. 4. 1937; siehe S. 192ff.
[8] Ein solches Gesetz wurde nie beschlossen.
[9] Hier folgten u. a. Bestimmungen aus dem sog. Minderheitenschutzvertrag vom 10. 9. 1919. Zum Vergleich mit den Festlegungen in der (hier dargestellten) Verfassung vom 29. 2. 1920: Siehe S. 138ff.
[10] Basis für die Auflösung der DNP und DNSPAP im Jahre 1933; siehe S. 179f.
[11] Weitere Verfassungsbestimmungen (zum Minderheitenschutz): Siehe S. 192ff.

*Quelle:*
Epstein, Leo: »Studienausgabe der Verfassungsgesetze der Tschechoslowakischen Republik«; Reichenberg, 1935; S. 3f., 130ff.

**Gesetz (mit Verfassungsrang) der Tschechoslowakei: Grundsätze des Sprachenrechts** **1920, 29. Februar**

*Die staatliche offizielle čechoslovakische Sprache gebrauchend erfolgen Amtshandlungen in tschechisch oder slowakisch*

§ 1: Die čechoslovakische Sprache ist die staatliche offizielle Sprache der Republik (Art. 7 des zu St. Germain en Laye am 10. September 1919 unterschriebenen Vertrages zwischen den alliierten und assoziierten Hauptmächten und der Tschechoslowakei)[1]. Sie ist daher insbesondere die Sprache,

1. in der mit Vorbehalt dessen, was in §§ 2 und 5 festgesetzt wird, . . . die Amtstätigkeit aller Gerichte, Behörden, Anstalten, Unternehmungen und Organe der Republik vor sich geht und deren Kundmachungen und äußere Bezeichnungen erfolgen,
2. in welcher der Haupttext der Staats- und Banknoten abgefaßt ist,
3. die die Wehrmacht als Kommando- und Dienstsprache gebraucht; im Verkehre mit der dieser Sprache unkundigen Mannschaft kann auch deren Muttersprache gebraucht werden.

Die näheren Vorschriften über die Verpflichtung der Staatsbeamten und Bediensteten der staatlichen Anstalten und staatlichen Unternehmungen zur Kenntnis der čechoslovakischen Sprache werden durch Verordnung geregelt.

§ 2: Bezüglich der nationalen und sprachlichen Minderheiten (1. Hauptstück des Vertrages von St. Germain[1]) gelten folgende Bestimmungen:

Die Gerichte, Behörden und Organe der Republik, deren Wirksamkeit sich auf einen Gerichtsbezirk erstreckt, in dem nach der letzten Volkszählung wenigstens 20 Prozent Staatsbürger derselben, jedoch einer anderen als der čechoslovakischen Sprache wohnen, sind verpflichtet, in allen Angelegenheiten, deren Erledigung ihnen auf Grund dessen, daß ihr Wirkungskreis sich auf diesen Bezirk erstreckt, zusteht, von den Angehörigen der Sprache dieser Minderheit Eingaben in dieser Sprache anzunehmen und die Erledigung dieser Eingaben nicht bloß in čechoslovakischer Sprache, sondern auch in der Sprache der Eingaben herauszugeben. Sofern im Gebiet einer Gemeinde mehrere Bezirksgerichte errichtet sind, gilt die ganze Gemeinde als ein einziger Gerichtsbezirk.

. . .

Unter den gleichen Bedingungen ist der öffentliche Ankläger verpflichtet, die Strafanklage gegen einen Beschuldigten anderer Sprache auch in dieser Sprache, beziehungsweise nur in dieser Sprache zu erheben.

Die öffentliche Gewalt setzt fest, in welcher Sprache in diesen Fällen die Verhandlung stattfindet.

Geht keine Eingabe der Partei voraus, so ist ihr bei Vorhandensein der übrigen Bedingun-

gen des Abs. 2 nach denselben Grundsätzen die Erledigung auch in ihrer, beziehungsweise nur in ihrer Sprache, sofern diese bekannt ist, zuzustellen, andernfalls auf ihr Verlangen. In den Bezirken mit einer nationalen Minderheit im Sinne des Abs. 2 ist bei den Kundmachungen der staatlichen Gerichte, Behörden und Organe und bei deren äußeren Bezeichnungen auch die Sprache der nationalen Minderheit zu gebrauchen.
§ 3: Die autonomen Behörden, Vertretungskörper und alle öffentlichen Körperschaften im Staate sind verpflichtet, in čechoslovakischer Sprache erfolgte mündliche und schriftliche Eingaben anzunehmen und sie zu erledigen[2]. In ihren Versammlungen und Beratungen kann diese Sprache stets gebraucht werden; in dieser Sprache erfolgte Anträge und Anregungen müssen Gegenstand der Verhandlung werden[2]. Die Sprache der öffentlichen Kundmachungen und äußeren Bezeichnungen der autonomen Behörden wird von der staatlich-öffentlichen Gewalt festgesetzt[2].
§ 4: Die staatliche, offizielle Sprache gebrauchend, amtieren die Behörden in jenem Gebiet der Republik, das vor dem 28. Oktober 1918 zu den im Reichsrate vertretenen Königreichen und Ländern[3] oder zum Königreich Preußen[4] gehört hat, in der Regel tschechisch, in der Slowakei in der Regel slowakisch.
Eine slowakische amtliche Erledigung einer tschechischen Eingabe oder eine tschechische amtliche Erledigung einer slowakischen Eingabe gilt als Erledigung, die in der Sprache der Eingabe erfolgt ist.
§ 5: Der Unterricht in allen für die Angehörigen der nationalen Minderheiten errichteten Schulen erfolgt in deren Sprache, ebenso werden die für sie errichteten kulturellen Institutionen in dieser Sprache verwaltet (Art. 9 des Vertrages von St. Germain)[1].
. . .
§ 7: Streitigkeiten über den Sprachengebrauch bei den staatlichen Gerichten, Behörden, Anstalten, Unternehmungen und Organen, sowie bei den autonomen Behörden und öffentlichen Körperschaften erledigen die zuständigen staatlichen Aufsichtsorgane[5] als Angelegenheiten der staatlichen Verwaltung abgesondert von der Angelegenheit, in der sie entstanden sind.
§ 8: Die nähere Durchführung dieses Gesetzes erfolgt durch eine Verordnung der staatlich-öffentlichen Gewalt, die im Geiste dieses Gesetzes auch den Sprachengebrauch für die autonomen Behörden, Vertretungskörper und öffentlichen Korporationen (§ 3) sowie für jene Behörden und öffentlichen Organe regelt, deren Wirksamkeit sich auf kleinere Sprengel als es ein Gerichtsbezirk ist, erstreckt, oder die keinen besonderen Sprengel besitzen.
Die Verordnung hat auch Vorschriften darüber zu enthalten, was zur Erleichterung des amtlichen Verkehrs mit Parteien, die der Sprache, in der bei dem betreffenden Gerichte, der Behörde oder dem Organ im Sinne dieses Gesetzes amtiert wird, unkundig sind, sowie zum Schutze der Parteien gegen Rechtsnachteile vorzukehren ist, die ihnen aus der Unkenntnis der Sprache erwachsen könnten.
Durch die Verordnung können auch für die Dauer der ersten fünf Jahre[2] vom Tage des Wirksamkeitsbeginnes dieses Gesetzes die im Interesse einer ungestörten Verwaltung notwendigen Ausnahmen von seinen Bestimmungen zugelassen werden.
Endlich hat die Verordnung auch die zum Zwecke der Sicherstellung seiner erfolgreichen Durchführung notwendigen Vorschriften zu enthalten[2].
§ 9: Dieses Gesetz tritt mit dem Tage der Kundmachung in Wirksamkeit. Durch dasselbe werden alle Sprachenvorschriften aufgehoben, die vor dem 28. Oktober 1918 in Kraft standen.
Mit dem Vollzuge dieses Gesetzes sind alle Minister betraut.

---

*Anmerkungen:*
[1] Zum Text: Siehe S. 139.
[2] Durch diese Bestimmungen wurde von jedem Gemeindeangestellten im geschlossenen deutschen

Sprachgebiet innerhalb von fünf Jahren die Kenntnis der tschechischen Sprache verlangt. Schikanöse Sprachprüfungen mit zahlreichen Entlassungen langjähriger Beschäftigter und deren erzwungener Ersatz durch zweisprachige Personen, regelmäßig Tschechen, waren die Folge. Siehe auch Graphiken.
[3] Gemeint: Das Kaisertum Österreich.
[4] Gemeint: Das »Hultschiner Ländchen«; zur Erläuterung siehe S. 157.
[5] Bisher waren dafür Verwaltungsgerichte zuständig.

*Quelle:*
Epstein, Leo: »Studienausgabe der Verfassungsgesetze der Tschechoslowakischen Republik«; Reichenberg, 1935; S. 246ff.
(Um das Verständnis zu erleichtern, wurde die Ausdrucksweise in zwei Fällen dem heutigen Sprachgebrauch angenähert.)

## Gesetz (mit Verfassungsrang) der Tschechoslowakei — 1920, 19. April

...
§ 13
Die bisherigen Bestimmungen[1] über Erwerb[2] und Verlust des Heimatrechts[3] bleiben ... in Geltung.
...

*Anmerkungen:*
[1] Zum Text des hier genannten österreichischen Gesetzes vom 3. 12. 1863: Siehe S. 90.
[2] Eine wichtige Konsequenz:
»Zwischen dem Heimatrecht in einer Gemeinde der Republik und der Staatsbürgerschaft besteht ein enges Verhältnis, eines bedingt das andere, so daß ein Ausländer, der die čechoslovakische Staatsbürgerschaft erwerben will, zunächst nachzuweisen hat, daß ihm von einer Gemeinde des Staates die Aufnahme in ihren Gemeindeverband zugesagt wurde. Wenn ihm dann der Staat die Staatsbürgerschaft gegeben hat, muß ihm diese Gemeinde das Heimatrecht verleihen.«
Vgl. Steinitz, Ernst: »Landes- und Staatskunde der Čechoslovakischen Republik«; Böhm. Leipa, 1933; S. 210.
[3] Ein »Heimatschein« vom 11. 11. 1935, der ausdrücklich das österreichische Gesetz vom 3. 12. 1863 als Rechtsgrundlage angibt, ist faksimiliert wiedergegeben in: Friemel, Hilda (Hrsg.): »Saubsdorf«; Nürnberg, 1980, S. 325.

*Quelle:*
»Sammlung der Gesetze und Verordnungen der Čechoslovakischen Republik«; Prag, 1920; Nr. 236.

## Staatsrechtliche Erklärung des Deutschen parlamentarischen Verbandes[2] im Tschechoslowakischen Parlament[1]: — 1920, 1. Juni[1]

*»Niemals aufhören, die Selbstbestimmung zu fordern«*

Der Vertrag, welchen die Čechoslovakische Republik, die dabei aber nur durch Angehörige des tschechischen Volkes vertreten war, mit den Alliierten und assoziierten Hauptmächten am 10. September 1919 abgeschlossen hat[3], geht von den Erwägungen aus, daß sich die Völker Böhmens, Mährens und eines Teiles von Schlesien sowie das Volk der Slowakei aus freiem Willen entschlossen haben, sich zu vereinigen und sich tatsächlich zu einem dauernden Bunde zur Schaffung eines einheitlichen, souveränen und unabhängigen Staates unter dem Namen »Čechoslovakische Republik« vereinigt haben.
Demgegenüber stellen wir fest: Die Deutschen Böhmens, Mährens und Schlesiens und die Deutschen der Slowakei hatten niemals den Willen, sich mit den Tschechen zu vereinigen

und einen Bund zur Schaffung einer čechoslovakischen Republik zu bilden. Dagegen haben die in den deutschen Sudetengebieten gewählten österreichischen Reichsratsabgeordneten als berufene Vertreter ihrer Heimat in Ausführung des allgemeinen Volkswunsches, wie er in ungezählten Volksversammlungen und Gemeindebeschlüssen unzweifelhaft zum Ausdruck gekommen ist, nach dem Zerfalle Österreichs ausdrücklich erklärt, sich an Deutschösterreich und zwar als Deutschböhmen, Sudetenland, Deutschmähren und Böhmerwaldgau anzuschließen. Die Čechoslovakische Republik ist daher das Ergebnis eines einseitigen tschechischen Willensaktes und hat diese Gebiete widerrechtlich und mit Waffengewalt besetzt.
Die deutschen Sudetenländer sind in der Tat um ihren Willen niemals befragt worden und das Ergebnis der Friedensverträge ist daher mit Beziehung auf sie die Sanktionierung eines Gewalt-, aber niemals eines Rechtszustandes. Wir verwerfen daher die Fabel vom rein tschechischen Staate und von der »čechoslovakischen Nation«, sowie von der »čechoslovakischen Sprache« [3] als mit den Tatsachen handgreiflich im Widerspruch stehend. Wir werden niemals die Tschechen als Herren anerkennen, niemals uns als Knechte in diesem Staat fügen. Unrecht kann auch durch tausendjährige Übung niemals Recht werden, insolange es nicht von den Betreffenden selbst auf Grund freier Entschließung anerkannt wurde und wir verkünden demnach feierlich, daß wir niemals aufhören werden, die Selbstbestimmung unseres Volkes zu fordern, daß wir dies als den obersten Grundsatz aller unserer Maßnahmen und unseres Verhältnisses zu diesem Staate, den gegenwärtigen Zustand aber als unwürdig und mit den Grundsätzen moderner Entwicklung unvereinbar betrachten. Dies als Vermächtnis jenen zu hinterlassen, welche nach uns kommen werden, halten wir für unsere heilige Pflicht.

---

*Anmerkungen:*
[1] Die Erklärung wurde am 1. 6. 1920 vom Abgeordneten Rudolf Lodgman von Auen im Abgeordnetenhaus und am 9. 6. 1920 durch Senator Moritz Vetter-Lilie im Senat abgegeben.
[2] Der Verband umfaßte 41 sudetendeutsche Abgeordnete des BDL, des DCV, des DNP und der DNSAP.
Zur Stellungnahme der Sozialdemokraten: Siehe nachfolgenden Beleg.
[3] Zum Text: Siehe S. 138ff.

---

*Quelle:*
»Stenographische Protokolle der Sitzungen des Abgeordnetenhauses der Nationalversammlung der Čechoslovakischen Republik«; Bd. I; Prag, 1920; S. 28ff.

**Rede** **1920, 2. Juni**
**des Abgeordneten Josef Seliger (DSAP) vor dem Abgeordnetenhaus im Tschechoslowakischen Parlament:**
*»Am Selbstbestimmungsrecht unverrückbar und unverbrüchlich festhalten«*

... Ich habe im Auftrag meines Klubs [2] folgende Erklärung abzugeben:
Als unter dem Druck einer der größten Umwälzungen der Geschichte die österreichisch-ungarische Monarchie zerfiel, haben wir deutschen Sozialdemokraten die Befreiung der Nationen aus den jahrhundertealten Fesseln nationaler Unterdrückung freudig begrüßt. Wir anerkannten ohne Vorbehalt und ohne Einschränkung das Recht aller slawischen und romanischen Nationen, ihre eigenen nationalen Staaten zu gründen und nahmen dasselbe Recht in gleichem Maß für unser Volk in Anspruch, indem wir uns mit allen anderen Vertretern des deutschen Volkes in dem Willen und dem Beschlusse einigten, die deutschen Siedlungsgebiete des alten Österreich zu einem deutsch-österreichischen Staat zusammenzufassen.

... Die siegreichen Ententemächte haben durch den Gewaltfrieden von Versailles und St. Germain auch das deutsche Volk in den Sudetenländern der nationalen Fremdherrschaft unterworfen und es gegen seinen Willen und gegen den einmütigen Beschluß seiner berufenen Vertreter in den tschechoslowakischen Staat gezwungen.
In der Stunde, da wir das Parlament der čechoslovakischen Republik betreten, ... erklären wir deutschen Sozialdemokraten feierlichst, daß wir an dem Selbstbestimmungsrecht unseres Volkes unverrückbar und unverbrüchlich festhalten (Beifall aller deutschen Abgeordneten) und daß wir entschlossen sind, auch auf dem Boden dieses neuen Nationalitätenstaates unseren großen geschichtlichen Kampf aufzunehmen ...
...
Meine Herren! Sie haben ein Sprachengesetz[3] beschlossen. Wir sind sehr dafür, daß Regeln festgestellt werden, die im Amtsverkehr, bei Gericht usw. die Anwendung der Sprache bestimmen. Aber dieses Sprachengesetz ist keine Regelung, sondern es ist ein Diktat (Zustimmung aller deutschen Abgeordneten). Sie haben dieses Gesetz in einer Weise geschaffen, daß es zu einer Gefährdung, zu einer Schmälerung nicht nur des sprachlichen, sondern des materiellen Rechtes der deutschen Bürger dieses Staates wird (lauter Beifall aller deutschen Abgeordneten).
Es wird bei anderer Gelegenheit noch darüber zu reden sein, wie Sie deutsche Arbeiter, deutsche Angestellte, deutsche Beamte behandelt haben, wie Sie sie gemaßregelt, von ihren Arbeitsplätzen verjagt[4] und von ihren Posten versetzt haben – nur aus dem Grunde, weil sie (und noch dazu zu einer Zeit, wo Ihnen die Macht über das Gebiet, in dem wir siedeln, noch gar nicht zugesprochen war) sich für das Selbstbestimmungsrecht ihres Volkes eingesetzt haben.
...
... Der Herr Ministerpräsident ... beruft sich darauf, daß dieser Staat[5] von der Entente anerkannt wurde – noch während des Krieges und dann nach dem Krieg. Es scheint mir, daß darin etwas liegt, was für die Politik des tschechischen Volkes von außerordentlicher Bedeutsamkeit ist. Denn wenn man sich auf den Willen der Entente beruft, so gibt man zu, daß die Quelle der Entstehung dieses Staates außerhalb des Staates liegt und nicht im Staate selbst (Zurufe seitens deutscher Abgeordneter). Wenn es so ist, daß Ihr Staat so, wie er besteht, eben auf Grund des Willens der Entente besteht, wie er im Gewaltfrieden von Paris[5] verankert ist, dann ergibt sich eine Zwangslage – für Sie und für uns ...
... Wir sind durchdrungen von der Überzeugung, daß die Beseitigung dieses Gewaltfriedens eine geschichtliche Notwendigkeit ist, die sich erfüllen wird und muß, weil nicht nur wir und Sie unter ihm nicht friedlich zusammenleben, sondern in ganz Europa die Völker nicht miteinander leben können (Zurufe deutscher Abgeordneter).
Und ich sage, meine Herren: ich würde nicht so reden wie der Herr Ministerpräsident. Denn das bedeutet ja, daß Sie das Schicksal dieses Staates an das Schicksal des Gewaltfriedens von Versailles und St. Germain[6] geknüpft haben ... Wie aber, meine Herren, wenn dieser Gewaltfriede – und das ist keine Utopie – eines Tages zerbricht? (Beifall der deutschen Abgeordneten) und wenn die mit so vieler Kunst aufrechterhaltene Macht der Entente, wie wir sie heute sehen, zusammenstürzt? Was dann kommen wird, weiß ich nicht, aber ich sage mir: wenn ich Tscheche wäre und nicht eingesponnen in die Enge Ihrer Gedankenwelt – wie sich das ja leider aus manchen Umständen ergibt –, so würde ich mich als Tscheche fragen: Wäre es nicht viel vorteilhafter, wäre es nicht eine viel sicherere Zukunft dieses Staates, wenn man aufbauen würde ... auf dem gemeinschaftlichen Willen aller Völker, die diesen Staat bewohnen? ...
Die Lage ist doch so: Dieser Friede von Versailles und St. Germain[6] hat kein europäisches Problem gelöst (Beifall aller deutschen Abgeordneten). Er hat alle Probleme, die durch den Krieg und in der vorausgegangenen Entwicklung aufgeworfen waren, vergewaltigt! ... Was ist dieser Gewaltfriede? Er ist nichts anderes als die Ablösung des alten Gewaltsy-

stems, beruhend auf der Kongreßakte von 1815 und dem ersten Versailler Frieden des Jahres 1871, durch ein neues Gewaltsystem, gegründet auf den Friedensschlüssen von St. Germain und Versailles[5] im Jahre 1920. Ein neues Gewaltsystem hat ein altes abgelöst, und wie jene alten Systeme Imperien geschaffen haben zu dem Zweck, diese Gewaltsysteme aufrechtzuerhalten, so hat auch dieser neue Gewaltfriede[6] solche Imperien geschaffen ... Und von diesem Verrat am Selbstbestimmungsrecht droht der Demokratie in Europa der Tod. Denn alles, was jetzt geschehen wird, ist ausgelöst durch diesen Gewaltfrieden,[6] ist eine allgemeine Bedrohung der Demokratie in ganz Europa, und zwar sehr hart an den Grenzen dieses Staates (Gelächter). Sie sollen nicht lachen, meine Herren (Beifall bei den deutschen Abgeordneten – Lärm) ... Aber wie dieser Verrat am Selbstbestimmungsrecht eine Bedrohung der Demokratie in ganz Europa ist, so ist er auch zur Bedrohung und Gefahr der Demokratie in Ihrem eigenen Staat geworden ... Sie werden ein unglückliches Volk sein, solange Sie nicht begreifen, daß Demokratie nur unter Gleichen möglich ist – nicht aber zwischen Herren und Knechten.
Ich will ... Ihnen klarmachen, welch enger, unlösbarer Zusammenhang besteht zwischen Demokratie und Freiheit und dem Selbstbestimmungsrecht der Völker (Beifall aller deutschen Abgeordneten). Wenn Sie das nicht begreifen, dann ist Ihr Staat, dann sind Sie mit Unglück geschlagen (Beifall aller deutschen Abgeordneten) ...

*Anmerkungen:*
1 Zur Begründung der gesonderten Stellungnahme der Sozialdemokraten: Siehe S. 166.
2 Zeitgenössische Bezeichnung für »Fraktion«. Zur Stärke: Siehe S. 475.
3 Vom 29. Februar 1920; siehe S. 147f.
4 Zu Zahlen: Siehe S. 473.
5 Gemeint: Die Tschechoslowakei.
6 Die Friedensverträge von Versailles (28. Juni 1919) und St. Germain (10. September 1919); zum Text: Siehe S. 133f., 137.

*Quelle:*
»Stenographische Berichte über die Sitzungen des Abgeordnetenhauses der Nationalversammlung der Čechoslovakischen Republik«; Bd. I; Prag, 1920; S. 61ff.

**Rede** **1920, 10. Juni**
**des Abgeordneten Franz Křepek (BdL)**
**vor dem Abgeordnetenhaus im tschechoslowakischen Parlament:**
*Die Tschechen haben vorgezeichnet, wie man sich gegen die Tschechoslowakei zu verhalten hat*

..
Sie *(der Redner wendet sich an die tschechoslowakischen Mitglieder des Hauses)* haben sich in diesem alten Österreich bedrückt gefühlt. Sie haben dem Staat vorgeworfen, daß er Ihnen Ihre nationale Entwicklung als Volk vornenthalte, daß er Ihnen Ihre politische Freiheit nicht in jenem Maße gebe, wie es den Bedürfnissen Ihrer Nation entspreche.
Sie haben diesen Vorwurf erhoben, diese nationalen und politischen Forderungen zu Ihrem Programm gemacht und dieses Programm dadurch vertreten, daß Sie als Krönung Ihrer Forderungen die Aufrichtung eines eigenen Staates verlangt haben, als Sie noch österreichische Bürger waren.
Und als im Weltkrieg Not und Gefahr über diesen Staat hereinbrach, haben Sie diesem Programm nicht etwa abgeschworen, sondern Ihre fähigsten Köpfe ins Ausland geschickt, um mit dem Feind zu verhandeln. Sie haben diesem Staat im Innern planmäßig die Mittel zur Kriegsführung versagt und dadurch zu seiner Zertrümmerung beigetragen. Das alles haben Sie getan, weil Sie zu Ihren nationalen Rechten und Freiheiten gelangen wollten.

Und nun haben Sie Ihren eigenen Staat errichtet und uns mit Hilfe der siegreichen Westmächte in diesem Staat festgehalten und heute stehen wir in unserer nationalen Bedrängnis genau dort, wo Sie einst gestanden sind. Sehen Sie denn nicht, das Sie uns ein Beispiel gegeben haben, daß man nur nachzuahmen braucht? Sie haben dem deutschen Volk förmlich vorgezeichnet, wie man sich gegen einen solchen Staat zu verhalten hat!
(Zustimmung und Beifall der deutschen Abgeordneten)
. . .

*Quelle:*
»Stenographische Protokolle der Sitzungen des Abgeordnetenhauses der Nationalversammlung der Čechoslowakischen Republik«; Bd. I; Prag, 1920; S. 254.

# 2. 1920–1938: Die Sudetenfrage in der (ersten) Tschechoslowakei

**Kurzbericht:** **1920–1931**[2]
**Die sudetendeutschen Petitionen**[1] **an den Völkerbund**
*Keine Änderung beklagter Sachverhalte*

| lfd. Nr. | Datum | Verfasser der Petition | Gegenstand der Petition | Behandlung durch den Völkerbund | Änderung der beklagten Sachlage durch den Völkerbund |
|---|---|---|---|---|---|
| 1 | 1920 | Die Abgeordneten und Senatoren des »Deutschen parlamentarischen Verbandes«[3] | Verletzungen der Minderheitenschutzbestimmungen | ? | nein |
| 2 | Herbst 1921 | Arbeitsausschuß der Hultschiner[5] | Bitte um Selbstbestimmungsrecht | ? | nein |
| 3 | April 1922 | Die deutschen Abgeordneten | wie Ziffer 1 | intern[4] | nein |
| 4 | 4. August 1922 | Der »Deutsche parlamentarische Verband«[3] | Ergänzung zu Ziffer 3 | intern[4] | nein |
| 5 | 5. August 1922 | Reichsverband heimatliebender Hultschiner[5] | Forderung einer Volksabstimmung | ? | nein |
| 6 | 1922 | Deutsche Liga in der Tschechoslowakei für den Völkerbund | Verfahrensfragen des Minderheitenschutzes | ? | nein |
| 7 | Aug./Sept. 1922 | 1200 Vertreter deutscher Verbände, Gewerkschaften, Städte, Bezirke, Gemeinden und höherer Lehranstalten | Durchführung der ts. Bodenreform | intern[4] | nein |
| 8 | 4. Sept. 1922 | Verband deutscher Selbstverwaltungskörper | Verstaatlichung der Grenzwälder | intern[4] | nein |
| 9 | September 1922 | Deutsche Großgrundbesitzer | Gewaltsame Entnationalisierung durch ts. Bodenreform | intern[4] | nein |
| 10 | Januar 1923 | Deutsche Abgeordnete | Verletzungen der Minderheitenschutzbestimmungen | ? | nein |
| 11 | März 1924 | Bürgermeister von 6 sudetendeutschen Kurorten[6] | Ts. Gesetzentwurf zur Verstaatlichung und Einführung ts. Sprachenverordnungen in Heilbädern | intern[4] | nein |

| lfd. Nr. | Datum | Verfasser der Petition | Gegenstand der Petition | Behandlung durch den Völkerbund | Änderung der beklagten Sachlage durch den Völkerbund |
|---|---|---|---|---|---|
| 12 | Oktober 1924 | Vertreter von 13 deutschen politischen und ständischen Organisationen | Ts. Bodengesetzgebung | intern [4] | nein |
| 13 | Januar 1925 | Bürgermeister von 6 sudetendeutschen Kurorten [6] | Ergänzungen zu Ziffer 11 | ? | nein |
| 14 | 19. Sept. 1925 | Minderheitenausschuß der deutschen Parteien | Beschlagnahme des Kurortes Karlsbad | ? | nein |
| 15 | Oktober 1925 | Bürgermeister von 6 sudetendeutschen Kurorten [6] | wie Ziffer 14 | ? | nein |
| 16 | 19. Januar 1926 | Der Abt des Stiftes Tepl, Dr. Gilbert Helmer | wie Ziffer 14 | intern [4] | nein |
| 17 | 4. Februar 1926 | Deutsche Abgeordnete und Senatoren | Ungenügende Finanzierung einer deutschen Hochschule | intern [4] | nein |
| 18 | 26. April 1926 | Der Abt des Stiftes Tepl, Dr. Gilbert Helmer | wie Ziffer 14 | ? | nein |
| 19 | 9. Sept. 1926 | Deutsche Abgeordnete und Senatoren | wie Ziffer 17 | intern [4] | nein |
| 20 | 4. Februar 1927 | Reichsverband heimatliebender Hultschiner [5] | Forderung des Selbstbestimmungsrechtes | ? | nein |
| 21 | 2. Februar 1930 | Ortsgruppe Bottrop *(d. h. im Deutschen Reich)* des Reichsverbandes heimatliebender Hultschiner [5] | Protest gegen Einbeziehung in Tschechoslowakei | [7] | nein |
| 22 | 23. März 1930 | 1200 Hultschiner [5] | wie Ziffer 21 | ? | nein |
| 23 | 1. Februar 1931 | Reichsverband heimatliebender Hultschiner [5] | wie Ziffer 21 | ? | nein |
| 24 | 4. Februar 1931 | Ortsgruppe Ratibor *(d. h. im Deutschen Reich)* des Reichsverbandes heimatliebender Hultschiner [5] | wie Ziffer 21 | ? | nein |

*Anmerkungen:*
[1] Rechtliche Basis für diese Positionen war Art. 14 des Minderheitenschutzvertrages vom 10. 9. 1919; siehe S. 142f.
[2] Verwendete Quelle erfaßt nur den Zeitraum bis 1931.
[3] Zum Umfang dieser Vereinigung: Siehe S. 475f., 490.
[4] a) »intern« bedeutete in der Regel folgenden Ablauf:
1. Die Bittschrift wurde der tschechoslowakischen Regierung zur Kenntnis gegeben, die zum Thema Bemerkungen machte.
2. Das gesamte Material wurde dann vom Generalsekretär des Völkerbundes entweder allen Mitgliedern oder nur den Mitgliedern des Rates des Völkerbundes zur Kenntnis gegeben.

b) Keine der sudetendeutschen Petitionen wurde jemals vor irgendeinem Organ des Völkerbundes verhandelt.
[5] Hultschiner: Einwohner des Hultschiner Ländchens (316 km²; ca. 50000 Einwohner), Teil von Preußisch-Schlesien, das nach dem Vertrag von Versailles am 1. 2. 1920 an die ČSR abgetreten wurde. Am 4. 5. 1920 wurde von den tschechoslowakischen Behörden wegen der allgemeinen Ablehnung der neuen Herrschaft der militärische Ausnahmezustand verhängt.
Vgl. Bohmann, Alfred: »Das Sudetendeutschtum in Zahlen«; München, 1958; S. 9, 23.
[6] Karlsbad, Marienbad, Franzensbad, Teplitz-Schönau, Joachimsthal, Johannisbad.
[7] Mitteilung an den Verfasser, daß die Petition nicht annahmefähig sei.

*Quelle:*
Truhart, Herbert von: »Völkerbund und Minderheitenpetitionen«; Wien/Leipzig, 1931; S. 68ff.

## Artikel des tschechoslowakischen Politikers Rudolf Raše (Nationalsozialist)[1]:

**1921, 14. April**

*Schrittweise Eroberung deutscher Städte*

. . . Wem der Boden gehört, dem gehört das Land. Deshalb kommt es darauf an, den Boden in die Hand zu bekommen.
Budweis war keine nur deutsch angestrichene Stadt, sondern eine alte deutsche Stadt[2], die schrittweise erobert werden mußte. In 50jähriger Arbeit wurde diese Stadt in eine tschechische verwandelt.
Für die Zukunft kann man nur eines tun: Boden und Immobilien erwerben, dort Handwerker, Ärzte und Advokaten ansiedeln. Die Banken sollen Minderheiten-Garantiefonds gründen, welche zur Sicherung tschechischer Unternehmungen im deutschen Sprachgebiet bestimmt sind . . .

*Anmerkungen:*
[1] Erschienen in der Zeitschrift seiner Partei »Čas« [Zeit]. Der Beleg steht für zahlreiche ähnliche Stimmen; siehe S. 188.
Zur Interpretation dieses Vorgehens als natürlichem, soziologischen Vorgang: Siehe S. 189.
[2] Budweis hatte folgende Entwicklung genommen:
1857: ca. 14800 Einwohner, ca. 12000 Deutsche (= ca. 80%)
1880: ca. 23100 Einwohner, ca. 13000 Deutsche (= ca. 50%)
1921: ca. 35000 Einwohner, ca. 6700 Deutsche (= ca. 19%).

*Quelle:*
Hassinger, Hugo: »Die Tschechoslowakei«; Wien/Leipzig/München, 1925; S. 160f.

**ČSR-Gesetz** **1923, 19. März**
**zum Schutz der Republik**[1]:
*Darstellung der Entstehung der ČSR = Aufwiegelung = Vergehen = Bestrafung: bis 2 Jahre Gefängnis*

I. Hauptstück: Anschläge auf die Republik

§ 1 Anschläge
Wer versucht ... mit Gewalt einem fremden Staate das Gebiet der Republik einzuverleiben oder einen Teil davon loszureißen, wird wegen Verbrechens mit schwerem Kerker von fünf bis zu zwanzig Jahren, bei besonders erschwerenden Umständen mit lebenslangem schwerem Kerker bestraft.

§ 2 Vorbereitung von Anschlägen
Wer sich mit jemandem zu Anschlägen auf die Republik vereinigt, wer zu demselben Zwecke mit einer fremden Macht oder mit fremden, namentlich militärischen oder finanziellen Faktoren in unmittelbare oder mittelbare Verbindung tritt, ... wird wegen Verbrechens mit schwerem Kerker von einem bis zu fünf Jahren, bei besonders erschwerenden Umständen mit schwerem Kerker von fünf bis zu zehn Jahren bestraft.

§ 3 Gefährdung der Sicherheit der Republik
1. Wer die Republik mit dem Vorsatze, sie zu schädigen, der Gefahr eines Krieges oder einer feindseligen Handlung einer fremden Macht oder eines bewaffneten Überfalles aussetzt oder eine solche Gefahr erhöht, wird wegen Verbrechens mit schwerem Kerker von fünf bis zu zehn Jahren, bei besonders erschwerenden Umständen mit schwerem Kerker von zehn bis zu zwanzig Jahren oder auf Lebenszeit bestraft.

...

3. Wer zu dem unter Z. 1 oder 2 angeführten Zwecke sich mit jemandem vereinigt oder mit einer fremden Macht oder mit fremden, namentlich militärischen oder finanziellen Faktoren in unmittelbare oder mittelbare Verbindung tritt, wird wegen Verbrechens mit schwerem Kerker von sechs Monaten bis zu fünf Jahren bestraft.

II. Hauptstück: Schädigung der Republik und Angriffe auf verfassungsmäßige Faktoren

§ 4 Verräterei
...

§ 5 Verrat eines Staatsgeheimnisses
...

§ 6 Militärischer Verrat
...

III. Hauptstück: Bedrohung des Friedens in der Republik

§ 13 Unerlaubte Bewaffnung
...

§ 14 Störung des allgemeinen Friedens
1. Wer öffentlich oder vor mehreren Leuten oder wer mehrere Leute gegen den Staat we-

gen seiner Entstehung[2], gegen seine Selbständigkeit, verfassungsmäßige Einheitlichkeit oder demokratisch-republikanische Form aufwiegelt, wird wegen Vergehens mit strengem Arrest von einem Monate bis zu zwei Jahren bestraft.

2. Wer öffentlich zu Gewalttätigkeiten oder anderen feindseligen Handlungen gegen einzelne Gruppen der Bevölkerung wegen ihrer Nationalität, Sprache, Rasse, Religion oder Konfessionslosigkeit aufreizt, wird wegen Vergehens mit strengem Arrest von einem Monate bis zu einem Jahre bestraft.
3. Wer öffentlich zum Hasse gegen einzelne Gruppen der Bevölkerung wegen ihrer Nationalität, Sprache, Rasse, Religion oder Konfessionslosigkeit aufreizt, wird wegen Vergehens mit Arrest von vierzehn Tagen bis zu sechs Monaten bestraft.
4. Wer öffentlich zu Gewalttätigkeiten oder anderen feindseligen Handlungen gegen eine Einzelperson wegen ihrer Nationalität, Sprache, Rasse, Religion oder Konfessionslosigkeit aufreizt, wird wegen Vergehens mit Arrest von acht Tagen bis zu drei Monaten bestraft.
5. Ebenso wird bestraft, wer öffentlich in roher oder verhetzender Weise die Republik, eine Nation oder eine nationale Minderheit derart schmäht, daß es die Würde der Republik herabsetzen oder den allgemeinen Frieden in der Republik oder ihre internationalen Beziehungen bedrohen kann.

. . .

§ 14a)

Wer öffentlich oder vor mehreren Leuten oder wer mehrere Leute zu Gewalttätigkeiten, feindseligen Handlungen oder zum Hasse gegen einzelne Gruppen der Bevölkerung oder gegen Einzelpersonen deshalb aufreizt, weil sie Anhänger der demokratisch-republikanischen Staatsform oder der demokratischen Ordnung der Tschechoslowakischen Republik sind, wird wegen Vergehens mit Arrest von acht Tagen bis zu drei Monaten bestraft.

§ 15 Aufforderung zur Nichterfüllung gesetzlicher Verpflichtungen oder zu strafbaren Handlungen

1. Wer zur massenweisen Nichterfüllung öffentlichrechtlicher Verpflichtungen, die durch ein Gesetz auferlegt sind, auffordert, wird wegen Vergehens mit strengem Arrest von vierzehn Tagen bis zu einem Jahre bestraft.

. . .

§ 16 Billigung strafbarer Handlungen

1. Wer öffentlich ein Verbrechen oder ein Vergehen lobt oder ausdrücklich billigt oder auf andere Weise seine Zustimmung zum Ausdrucke bringt, wer öffentlich den Täter wegen einer solchen Tat lobt oder feiert, wer ohne vorheriges Einvernehmen mit dem Täter ihn in wie immer gearteter Weise für eine solche Handlung belohnt oder ihm, um dadurch die Zustimmung zu seiner Tat kundzugeben, Ersatz für die Geldstrafe oder eine andere ihm durch Urteil des Strafgerichtes auferlegte Zahlung gewährt oder in derselben Absicht öffentlich für eine solche Geldstrafe oder für den Ersatz sammelt, wird wegen Vergehens mit Arrest von acht Tagen bis zu einem Jahre bestraft.
2. Handelt es sich um ein in den §§ 1, 2, 7 oder 8 angeführtes Verbrechen, so wird der Schuldige wegen Verbrechens mit Kerker von sechs Monaten bis zu drei Jahren bestraft.

. . .

§ 17 Staatsfeindliche Vereinigungen

1. Wer eine geheime Organisation gründet, deren Zweck es ist, die Selbständigkeit, die verfassungsmäßige Einheitlichkeit oder die demokratisch-republikanische Form des Staates zu untergraben, wer in Kenntnis des Zweckes einer solchen Vereinigung ihr bei-

tritt, zu ihr in Beziehungen tritt, an ihrer Tätigkeit in wie immer gearteter Weise teilnimmt, sie oder ihre Mitglieder in ihren umstürzlerischen Bestrebungen materiell oder in anderer wie immer gearteter Weise unterstützt, wird wegen Vergehens mit strengem Arrest von einem Monate bis zu zwei Jahren bestraft.
Eine geheime Organisation ist auch eine solche, die, während sie in Wirklichkeit den im Abs. 1 angeführten Zweck hat, einen anderen Zweck vorschützt.
...

§ 26 Nichtbeseitigung oder Errichtung unerlaubter Denkmäler

1. Die politische Behörde (staatliche Polizeibehörde) kann die Beseitigung von Denkmälern, Inschriften und anderen Gedenkzeichen, die an einem öffentlichen Orte oder derart angebracht sind, daß sie von einem öffentlichen Orte gesehen werden können, auftragen, wenn sie staatsfeindlichen Charakters sind oder einem Mitgliede der Familien, die in Österreich, Ungarn oder Österreich-Ungarn oder im Deutschen Reiche geherrscht haben, oder einem Mitgliede der Dynastien, die im Jahre 1914 auf dem Boden des Deutschen Reiches geherrscht haben, errichtet wurden.
   Dieselbe Behörde kann auch die Errichtung solcher Denkmäler, Inschriften und Gedenkzeichen für die Zukunft untersagen.
   Als Denkmäler oder Gedenkzeichen gelten namentlich auch Büsten, Tafeln, Bilder, Wappen und Abzeichen.
   Unter einem öffentlichen Orte werden im Sinne dieser Bestimmung Plätze, Gassen, öffentliche Wege, Anlagen, öffentliche Sammlungen, Bäder, Schulen, Schank- und Vergnügungslokalitäten und andere öffentlich zugängliche Räume und Lokalitäten verstanden.
2. Wenn derjenige, dem die Beseitigung eines solchen Denkmals, einer solchen Inschrift oder eines solchen Gedenkzeichens rechtskräftig aufgetragen wurde, dem Auftrage in der festgesetzten Frist nicht nachkommt, wer trotz des Verbotes ein neues derartiges Denkmal, eine Inschrift oder ein Gedenkzeichen errichtet, wird von der politischen Behörde (staatlichen Polizeibehörde) wegen Übertretung mit Geldbuße bis zu 10000 Kč oder mit Arrest bis zu drei Monaten oder mit beiden Strafen bestraft...

...

§ 38 Verfolgung von Ausländern

Nach diesem Gesetze wird auch ein Ausländer bestraft, der sich im Auslande einer der in den §§ 1 bis 9 und im § 17 angeführten strafbaren Handlungen schuldig gemacht hat.
...

*Anmerkungen:*

[1] In interessanter Form mischen sich Tatbestände, die in jedem Staat der Welt verfolgt werden (z. B. Militärischer Verrat, § 6) mit Besonderheiten, die einen Eindruck von den Sorgen der ČSR vermitteln (z. B. Denkmalsbestimmung, § 26).

[2] Die ČSR dürfte der einzige Staat der Welt gewesen sein, gegen den man durch Darstellung seiner Entstehung »aufwiegeln« konnte und sich dadurch strafbar machte.

*Quelle:*

Sander, Fritz: »Die politische Gesetzgebung der Tschechoslowakischen Republik in den Jahren 1932–1934«; Reichenberg, 1935; S. 320ff.

**Denkschrift** **1923, 21. Mai**
**der Deutschen Sozialdemokratischen Arbeiterpartei (DSAP)**
**in der ČSR an den Internationalen Sozialistenkongreß in Hamburg:**
*Forderung nach nationaler Autonomie*

...

I. Der tschechoslowakische Staat

1. Die Nationalstaatenbildung im allgemeinen

...

Die Auflösung der drei großen, halbmittelalterlichen Reiche der Romanow, der Habsburger und der osmanischen Sultane in Nationalstaaten war das Ergebnis geschichtlicher Entwicklung. Daß sie auf Schwierigkeiten in der territorialen Abgrenzung der Siedlungsgebiete stoßen und in allen Neustaaten nationale Minderheiten zurücklassen müsse, war zu befürchten. Wie schmerzlich diese Tatsache ist, wie sehr sie die kulturelle Entwicklung dieser Minderheiten verkümmert, wie hart sie insbesondere proletarische Minderheiten trifft, die nebst ihrer kulturellen Verkümmerung noch sozial durch ihre Hilflosigkeit beeinträchtigt werden, das können die glücklicheren Proletariate, die in ihrem geschlossenen und unbestrittenen einheitlichen Nationalstaat wohnen und arbeiten, nicht wissen, ja kaum ahnen. Darum war den Volksmassen ganz Mittel- und Osteuropas die bekannte Wilsonsche Botschaft [1] eine glückliche Verheißung. Es sollte das Selbstbestimmungsrecht der Völker verwirklicht, es sollte über Landgebiete nicht durch die Intrigen der Geheimdiplomatie entschieden werden, kein Land und Volk sollte wider den Willen seiner Bewohner gezwungen werden, einem fremden Staatsverband anzugehören. Zunächst erkannten in diesen Sätzen Wilsons wohl alle Sozialdemokraten ihr eigenes Programm wieder und es war zu erwarten, daß alle sozialdemokratischen Parteien Mittel- und Osteuropas ihre gesamten Kräfte aufbieten, um die friedliche Lösung des Grenzproblems mit den Methoden der Demokratie zu verwirklichen, daß sie den Bestrebungen der Diktatoren des Friedens, die sich in Paris vereinigten, um Europa neu zu vermessen, den Bestrebungen, im Osten einen Imperialismus der Kleinvölker aufzurichten zur Stützung des Imperialismus der großen im Westen, mit aller Tatkraft entgegenwirken.
Wie weit das anderwärts geschehen oder nicht geschehen ist, haben wir nicht zu beurteilen. Wir haben nur über die Vorgänge in der Tschechoslowakei zu berichten.

2. Der angebliche tschechoslowakische Nationalstaat
Die tschechischen Machthaber beanspruchten von der ersten Stunde an für den neuen Staat nicht bloß das Wohngebiet der Tschechen, sondern das Gebiet des alten böhmischen Königreiches, das seine Unabhängigkeit im Jahre 1526 – also etwa zur Zeit der Entdeckung Amerikas – verloren hatte, und forderten dazu noch das Gebiet der Slowakei, das seit 896 unter Ungarn gestanden hatte. Sie machten das sogenannte historische Staatsrecht geltend und behandelten die Deutschen, die in ihrem Wohngebiet schon länger seßhaft sind als die Angelsachsen auf dem Boden der Vereinigten Staaten – als fremde Eindringlinge.
Es fällt uns nicht ein, den Streit um das historische Staatsrecht der böhmischen Königskrone hier heranzuziehen. Wir wollen bloß zeigen, was dieser historische Anspruch für die Gegenwart bedeutet.
Auf dem Boden der Tschechoslowakei wohnen teils in Zerstreuung, teils in geschlossenen Siedlungsgebieten an Deutschen allein auf Grund der amtlichen, von den Minoritäten heftig angefochtenen und durch die Wahlergebnisse in hohem Grade erschütterten Volkszählung 3123448 [2] Menschen. Die Zahl dieser Deutschen, die man allgemein als Sudetendeutsche [2] (zur Unterscheidung von den Alpendeutschen) bezeichnet, beträgt daher

mehr als die Bevölkerung Dänemarks mit 2,940.979
mehr als die Bevölkerung Norwegens mit 2,611.287

| | | | |
|---|---|---|---|
| mehr als die Bevölkerung | Livlands | mit | 1,000.000 |
| mehr als die Bevölkerung | Litauens | mit | 1,750.000 |
| fast soviel als die Bevölkerung | Finnlands | mit | 3,301.000 Einwohnern. |

Wenn die Friedensverträge auf Kleinvölker der angeführten Art Rücksicht nehmen und sie sogar würdig und fähig befinden, selbständige politische Gemeinwesen zu begründen: mit welchem Recht kann man diesem Gebiet die Selbstbestimmung und schon gar die Selbstverwaltung absprechen, wie kann man ein Staatswesen, dessen stärkste Minderheit in Wirklichkeit 3½ Millionen Menschen umfaßt und das daneben noch drei andere Minderheitsvölker umschließt, zu einem Nationalstaat machen wollen?

. . .

*(Es folgt eine Darstellung der Ergebnisse der Volkszählung in der ČSR vom 15. 2. 1921.[2])*

. . .

Im Staatsgebiet wäre[3] jeder vierte Bewohner ein Deutscher und entfallen auf fünf nationale Tschechen rund zwei Deutsche, und wenn alle anderen Nationen berücksichtigt werden, auf 54 nationale Tschechen 46 Nichttschechen. Niemand kann ein solches ethnisches Gebilde einen Nationalstaat nennen. Zu diesem Konglomerat von Völkern kommt noch die Bevölkerung von Karpathorußland, welches Land der Regierung von Prag unterstellt wurde. Die Republik, welche unter dem Prätext eines Nationalstaates begründet worden ist, stellt sich somit als ein typischer Nationalitätenstaat dar, der selbstverständlich alle Schwierigkeiten des alten Österreich-Ungarn wieder birgt.
Wie ist nun dieser Nationalitätenstaat aufgebaut worden? Am 28. Oktober 1918[4] erfolgte in Prag der Umsturz; an die Stelle der alten regierenden Gewalten trat der Nationalausschuß (Národní výbor), welcher in seinem Gesetz vom selben Tage, Nr. 11 SdG. V., sich zum Vollstrecker der staatlichen Souveränität machte. Er war nur aus Vertretern der tschechischen Parteien – unter Hinzuziehung einiger Slowaken – zusammengesetzt und blieb es auch nach seiner Erweiterung auf 256 und später auf 270 Mitglieder, da er sich Nationalversammlung nannte. Von dieser Versammlung wurde sowohl die Verfassung[5], das Sprachenrecht[6], das Gesetz über die Gau- und Bezirksverfassung und die parlamentarische Geschäftsordnung festgesetzt, ohne daß die Vertreter der anderen Nationen (mehr als ein Drittel der Bevölkerung) auch nur dazu geladen wurden. Selbst das Zentralorgan der tschechischen Sozialdemokratie, »Právo Lidu«, bezeichnete am 23. Dezember 1919 diese Nationalversammlung als eine »Diktatur der tschechischen Parteien«, und der Chefredakteur dieses Blattes, Abgeordneter Stivin, gab am 28. Februar 1920 in diesem Blatte seinen Befürchtungen Ausdruck, daß die wichtigsten Verfassungsgesetze durch eine nichtgewählte Körperschaft geschaffen wurden und daß die Bürger der nichttschechischen Nationen davon vollständig ausgeschlossen wären.
Trotzdem wird in der Einleitung zur Verfassungsurkunde[7] gesagt, »daß diese Verfassung und alle Gesetze unseres Landes im Geiste der Geschichte gleich wie im Geiste der modernen Grundsätze, welche in dem Losungswort der Selbstbestimmung enthalten sind, durchgeführt werden müssen«.
Die Verfassungsgesetze tragen demgemäß durchaus den Stempel des nationalen Diktats. Während es im Artikel VII des Friedensvertrages von Saint-Germain[8] heißt: ». . . keinem tschechoslowakischen Staatsangehörigen werden im freien Gebrauch irgendeiner Sprache im Privat- oder Geschäftsverkehr, in Angelegenheit der Presse oder irgendeiner Art von Veröffentlichungen oder in öffentlichen Versammlungen Beschränkungen auferlegt werden«, schränkt § 128, Absatz 4[8], dieses Recht folgendermaßen ein: »Hiedurch werden jedoch die Rechte nicht berührt, die den Staatsorganen in diesen Richtungen auf Grund der geltenden oder künftig zu erlassenden Gesetze aus Gründen der öffentlichen Ordnung und der staatlichen Sicherheit sowie der wirksamen Aufsicht zukommen.« Der Motivenbericht des Verfassungsausschusses rechtfertigt diesen Widerspruch wie folgt: »Im privaten und

Handelsleben und bei religiösen Übungen ist der Sprachengebrauch vollkommen frei, handelt es sich aber um Druckschriften und öffentliche Versammlungen, kann die Staatsverwaltung in ihrer Verantwortlichkeit für die Ordnung und Sicherheit des Staates zweckmäßige Verordnungen herausgeben, damit die notwendige Aufsicht erledigt werde. Selbstverständlich, wenn in einem bestimmten Falle der Gebrauch einer bestimmten Sprache verboten werden sollte, wird sich niemand ihrer bedienen dürfen.« Der Bericht ist verfaßt vom Realisten Dr. Boucek und trägt die Unterschrift des damaligen tschechischen sozialdemokratischen Justizministers Dr. Meißner.
Während die Tschechen jahrzehntelang die Festsetzung einer Staatssprache im alten Österreich bekämpft haben und durch die deutschen Sozialdemokraten in ihrem 1899 gemeinsam mit den Sozialdemokraten der anderen Nationen beschlossenen Nationalitätenprogramm ausdrücklich erklärten: »Wir anerkennen kein nationales Vorrecht, verwerfen daher die Forderung einer Staatssprache«[9], bestimmt der § 1 des Gesetzes vom 29. Februar 1920: »Die tschechoslowakische Sprache ist die staatliche offizielle Sprache der Republik.«[10] Dadurch wird versucht, dem Staate das Gepräge eines Nationalstaates zu geben. . . .

3. Ein Staat der Gewaltherrschaft
Erst nachdem alle Verfassungsgesetze und eine Unzahl von anderen Gesetzen in Kraft getreten waren, wurden im April 1920, anderthalb Jahre nach Gründung des Staates, die Wahlen ins Abgeordnetenhaus durchgeführt, wobei von 285 Abgeordneten 73 Deutsche[11] und 8 Ungarn gewählt wurden. In den polnischen und karpathorussischen Gebieten des Staates sind die Wahlen jedoch bis heute – viereinhalb Jahre nach der Begründung des Staates – überhaupt nicht durchgeführt worden, so daß die Angehörigen dieser zwei Nationen aller konstitutionellen Rechte beraubt sind. Trotzdem haben die Wahlen in die Nationalversammlung ebenso wie die Volkszählung vom Februar 1921 die Fiktion vom Nationalstaat zerstört.
Obwohl also schon die Wahlen bewiesen hatten, daß es sich in der Tschechoslowakei um einen von mehreren Nationen bewohnten Staat handelt, wurde die Politik der nationalen Alleinherrschaft fortgesetzt, eine Koalition aller tschechischen Parteien übte ein Regime der Gewalt aus, die Vertreter der nichttschechischen Nationen wurden nicht zu einer Revision der Verfassung herangezogen, sondern die diktierte Verfassung rücksichtlos durchgeführt – zur Verwaltung des Staates wurden fast nur tschechische Beamte berufen.
Am furchtbarsten aber traf die deutsche Arbeiterschaft die Verfolgung der deutschen Schulen durch die tschechoslowakische Regierung. Bis zum Sommer 1922 wurden insgesamt 193 deutsche Schulen und 1783 deutsche Schulklassen aufgelassen.[12] Das deutsche Schulwesen ist die Beute der Vorsitzenden der Landesschulräte, welche willkürlich Schulen sperren, wenn diese nicht mindestens 40 Schüler haben. Das gilt aber nur für die deutschen Schulen; für tschechische Schulzwecke hat man am 5. April 1919 ein Gesetz geschaffen, wonach der Unterrichtsminister das Recht hat, öffentliche Schulen auch für eine kleinere Anzahl von Kindern zu errichten. Auf Grund dieses Gesetzes wurden auch tatsächlich zahllose tschechische Schulen errichtet. Im Jahre 1922 wurden im Budget an Investitionen für tschechische Schulen 134975000 č. K[13] oder 98 Prozent aller Beträge bestimmt, für die deutschen Schulen 3025000 č. K oder 2 Prozent. Ende 1919 gab es 7278 deutsche Schulklassen und 387278 deutsche Schulkinder, das ergibt eine durchschnittliche Zahl von 51.5 deutschen Kindern pro Klasse. Dagegen gab es 705819 tschechische Kinder und 13919 Klassen, zuzüglich 491 Minderheitsschulklassen, das ergibt 48.9 tschechische Schüler pro Klasse. Trotzdem also in den tschechischen Schulen auf eine Klasse weniger Schüler entfallen als in den deutschen, werden ununterbrochen deutsche Schulen und deutsche Schulklassen gesperrt – für tschechische Kinder wird aber beispielweise sogar für fünf Kinder (Chvelatitz, Bezirk Znaim), ja für zwei Kinder (Firschau in Mähren) eine Schule errichtet. Ja in demselben Orte werden

Deutsche und Tschechen ungleich behandelt. So wurde in Titnei bei Dauba eine tschechische Schule für 17 Kinder errichtet, die deutsche Schule mit 24 Kindern aufgelassen, in Tereschau bei Brünn eine tschechische Schule für 16 Kinder errichtet, die deutsche mit 31 Kindern aufgelassen. Unzählige Fälle lassen sich noch aufzählen, aus denen man sieht, wie brutal der tschechoslowakische Staat die Schulen der Minderheitsnationen behandelt. Ebenso wie die Deutschen wurden die Magyaren und die Polen behandelt. Tausende Schulkinder dieser Nationen wachsen ohne Unterricht in ihrer Muttersprache auf.

...

Den Gipfelpunkt nationaler und sozialer Unterdrückung bildet das sogenannte »Gesetz zum Schutze der Republik«.[14] Dieses Gesetz bedeutet einen schweren Angriff auf die Grundlagen staatsbürgerlicher Freiheit. Nach diesem Gesetz kann jede Obstruktion im Parlament als Verbrechen erklärt und mit lebenslänglichem Kerker bestraft werden. Besonders aufreizend ist aber die Unterdrückung der Preßfreiheit, die in dem Gesetz vorgesehen ist und eine besondere Spezialität der tschechoslowakischen Republik geworden ist. Jeder Redakteur, »der gegen den Staat ... aufwiegelt«, kann mit strengem Gefängnis bis zu einem Jahre bestraft werden. Jedes oppositionelle Wort wird dadurch unmöglich gemacht. Aber der Redakteur kann nicht nur eingesperrt, die Zeitung kann auch eingestellt werden – gegen welche Einstellung gar kein Rechtsmittel besteht. Auch das Schwurgericht, diese Errungenschaft der bürgerlichen Revolution, kann in den meisten Fällen ausgeschaltet werden. Jedes freie Wort soll unmöglich gemacht werden, im Staate soll die Ruhe des Friedhofes herrschen! Die Tschechen versuchen dieses Gesetz mit dem deutschen Gesetz zum Schutze der Republik zu rechtfertigen[15] ...

Obwohl das tschechische Volk selbst jahrhundertelang unter nationaler Fremdherrschaft gelitten hat, wiederholt es jetzt das gleiche Experiment an anderen, ohne daran glauben zu wollen, daß es zu demselben Scheitern verurteilt ist ...

II. Die tschechische Sozialdemokratie

1. Die tschechische Sozialdemokratie vor dem Kriege

...

2. Die tschechische Sozialdemokratie nach dem Kriege

Als der Zusammenbruch da war, im Oktober 1918, war es die deutsche Sozialdemokratie in Österreich, welche, von der Notwendigkeit der Bildung der Nationalstaaten überzeugt, den Deutschen eine einheitliche Republik »Deutschösterreich« aufzurichten unternahm und jeder anderen Nation das gleiche Recht, sich endlich frei auf nationaler Basis einzurichten, mutig zugestand. Anders faßte die tschechische Sozialdemokratie ihre Aufgabe auf. Mit ihrer Bildung brachen die tschechischen Legionen in deutsches Gebiet, welches frei für Deutschösterreich optiert hatte, ein, um es mit Waffengewalt zu unterwerfen.

In jener kritischen Zeit, am 12. Oktober 1918, hat das Aktionskomitee des tschechoslowakischen sozialdemokratischen Rates, unterschrieben von dessen heute im Amt befindlichen Ministern Bechyně, Franke, Stříbrný, von Stivín und Šmeral einen Aufruf erlassen, der die Aufschrift trägt: »Die tschechischen Proletarier an die deutsche Arbeiterschaft Nordböhmens« und der bekundet:

»Indem wir für uns das nationale Selbstbestimmungsrecht bis zur äußersten Konsequenz des selbständigen tschechoslowakischen Staates verlangen, anerkennen wir dieses Recht der Selbstbestimmung auch für euch und wir sind der Ansicht, daß die Vertreter des tschechischen und des deutschen Volkes in dieser geschichtlichen Zeit einzig und allein dazu berufen sind, im Vertragswege für die Zukunft über das gegenseitige Verhältnis der beiden Nationen zu entscheiden.«

Noch waren die Traditionen der Vergangenheit und das Vorbild der deutschen Sozialdemokratie Österreichs in der tschechischen Sozialdemokratie lebendig. Aber als einen Monat später[16] der anerkannte, inzwischen verewigte Führer der deutschen Arbeiterschaft Böhmens, unser unvergeßlicher Josef Seliger, nach Prag kam, um vorbehaltlich der Beschlüsse der späteren Friedensverträge wenigstens ein einstweiliges friedliches Abkommen für die deutschen Landesteile zu erreichen und Blutvergießen zu vermeiden, da antwortete ihm ein bourgeoiser Vertreter[16] des inzwischen eingesetzten allnationalen Ausschusses der Tschechen in Gegenwart des Sozialdemokraten Dr. Soukup: »Mit Rebellen verhandeln wir nicht.«[16]. Die tschechische Sozialdemokratie war in Gefolgschaft ihrer Bourgeoisie geraten, machte sich den tschechischen Imperialismus zu eigen und unterließ es, mit den deutschen Sozialdemokraten auch nur zu verhandeln.

Im Gegensatz dazu haben die deutschen Sozialdemokraten Österreichs am 21. Oktober 1918 eine Erklärung beschlossen, die besagt:

»Wir entbieten in dieser Stunde unseren brüderlichen Gruß unseren slawischen und romanischen Genossen und beglückwünschen sie dazu, daß ihre Völker der Verwirklichung des Selbstbestimmungsrechtes endlich nahestehen; wir erkennen dieses Selbstbestimmungsrecht ohne Vorbehalt und Einschränkung an, wir fordern es aber ebenso ohne Vorbehalt und ohne Einschränkung auch für unser deutsches Volk.«

Die Zweite Internationale hat, um die Verwirrung innerhalb der Bruderparteien zu bannen und einheitliche Richtlinien für ihr Verhalten bei den bevorstehenden Friedensschlüssen zu gewinnen, im Frühjahr 1919 eine Konferenz nach Bern berufen, welche beschloß:

»Den zutage tretenden Tendenzen, die Grenzen der Staaten unter Ausnützung der durch den Krieg geschaffenen Machtverhältnisse festzusetzen, stellt die Internationale sozialistische Konferenz folgende Grundsätze gegenüber, indem die Konferenz fordert:

1. zweifellose Geltung des Rechtes der Völker, ihr Schicksal und ihre staatliche Zugehörigkeit innerhalb des Völkerbundes selbst zu bestimmen;
2. in den strittigen Gebieten Entscheidung über die Zugehörigkeit durch Volksabstimmung unter Kontrolle des Völkerbundes, der in letzter Instanz entscheidet.

Die Konferenz protestiert gegen jeden Versuch, diese Grundsätze zu verfälschen und verwirft deshalb:

1. die Festsetzung der Grenzen nach strategischen Gesichtspunkten;
2. gewaltsame oder verschleierte Annexion auf Grund sogenannter historischer Ansprüche oder angeblicher ökonomischer Notwendigkeiten;
3. die Schaffung von vollzogenen Tatsachen durch vorgreifende militärische Besetzung strittiger Gebiete.«

Bei dieser Konferenz waren auch die Delegierten der tschechischen Sozialdemokratie vertreten; diese gaben noch einmal eine beruhigende Erklärung ab:

». . . Für beide Nationalitäten in der tschechoslowakischen Republik – und vor allem für die künftigen Kämpfe – in den proletarischen Schichten wäre es am vorteilhaftesten, wenn sich die Sudetendeutschen aussprechen würden. Die Befürchtungen vor einer Vergewaltigung sind unbegründet. (!) Die tschechoslowakischen sozialistischen Parteien verbürgen den Deutschen volle und gleiche Staatsbürgerrechte, politische und sprachliche Entwicklungsfreiheit. (!) Sie sind gewillt, mit dem deutschen Proletariat zusammenzuarbeiten, um die tschechoslowakische Republik zu einer modernen Institution auszugestalten, in welcher jede Nationalität über ihre speziellen Angelegenheiten selbst entscheiden wird.

Bern, am 7. Februar 1919.

R. Bechyně, A. Hampl, Dr. Franke, R. Tayerle, A. Němec.«

Aber inzwischen hatte die tschechische Sozialdemokratie in der Konstituierenden Nationalversammlung zu Prag ihren Posten an der Seite ihrer imperialistischen Bourgeoisie bezogen und billigte von dieser Stunde an jede Gewaltmaßregel, der nicht etwa bloß die deutsche Bourgeoisie in Böhmen, sondern vor allem die deutschen Arbeiter ausgesetzt waren. Für sie gab es offenbar Pflichten der Internationalität nicht mehr.

3. Die tschechische Sozialdemokratie im tschechischen Nationalstaat

Von Stunde an beschloß sie jene Verfassungsgesetze, von denen wir im früheren Abschnitt gemeldet haben, ohne Bedenken mit. Ohne alle Bedenken stellte sie die nationale Gemeinschaft mit ihrer Bourgeoisie jeder Rücksicht auf die Arbeiter der anderen Nationen voran und verweigerte den letzteren das Selbstbestimmungsrecht in jeder Form. Als das erste gewählte Parlament zusammentrat, hielten die deutschen Sozialdemokraten sich frei, um eine Verständigung mit den tschechischen zu ermöglichen, sie lehnten den Eintritt in die »deutsche Einheitsfront« ab.[17] Im Namen ihres Klubs haben die Genossen Seliger und Czech den Antrag zur Verfassungsreform eingebracht, durch den den Nationalitäten die Autonomie gewahrt werden sollte (5. Juni 1920). Dieser Verfassungsantrag wurde kurzweg über Antrag und mit den Stimmen der tschechischen Sozialdemokratie im Initiativausschuß begraben, er kam also nicht einmal zur parlamentarischen Verhandlung, geschweige denn zur Annahme . . .

Es ist unbestreitbar, daß diese Zustände allmählich alle beteiligten Völker mit chauvinistischer Leidenschaft erfüllen müssen, die seit jeher der Vorbote kriegerischer Auseinandersetzungen gewesen, und daß in dieser Atmosphäre die Arbeiterbewegung von ihren ureigenen sozialen Zielen abgelenkt, zerrissen und in Wirrsale gestürzt werden muß.

Trotz der widrigen Erfahrungen von vier Jahren gaben die deutschen Sozialdemokraten die Hoffnung auf eine Annäherung nicht auf. Am 7. November haben sie einen Dringlichkeitsantrag eingebracht, der die Einsetzung eines 24gliedrigen Ausschusses verlangt, welcher Gesetzentwürfe über die Regelung der nationalen Verhältnisse und besonders über die rechtliche Stellung der im Staate lebenden Nationalitäten auszuarbeiten und binnen drei Monaten dem Hause vorzulegen hätte. Einen ähnlichen Antrag haben die Sozialdemokraten aller Nationen, also auch die tschechischen Sozialdemokraten, im alten Österreich im Jahre 1909 eingebracht, das »Právo lidu« [18] hat selbst die Ähnlichkeit beider Anträge zugegeben. Als erstes Blatt trat gegen diesen Antrag das »Právo lidu« auf. Tag für Tag fiel es über den Antrag her . . .

4. Gründe und Folgen dieser Politik

. . .

Es wird zum Dogma gemacht, daß dieser Staat, der nur zu 65 Prozent von Tschechen und Slowaken bewohnt wird, das alleinige Eigentum der tschechischen Nation sei und bleiben müsse, daß alle anderen Eindringlinge, Kolonisten, Fremde sind. Es wird von allen anderen Völkern verlangt, auf ihr Selbstbestimmungsrecht zu verzichten und sich loyal auf den Boden dieses Nationalstaates zu stellen, als ob ein Volk jemals und irgendwo in der Welt auf sich selbst verzichtet hätte oder verzichten könnte. Dieses heuchlerische Gerede von der mangelnden Loyalität der anderen Nationen, das den Vorwand zu ihrer Entrechtung bieten soll, richtet sich von selbst. Übrigens hat keine einzige Nation, so wie es die Tschechen im alten Österreich lange Zeit getan hatten, eine Politik der Abstinenz geübt. Insbesondere die Deutschen haben überall an den Wahlen teilgenommen, arbeiten in den Gemeindevertretungen mit den tschechischen Behörden zusammen, arbeiten im Parlament trotz der widrigsten Geschäftsordnungsschikanen mit, zahlen die Steuern, stellen die Soldaten und rechnen mit der Tatsache der gegebenen Machtverhältnisse. Trotzdem unternimmt die Republik nicht das geringste, um jene staatlichen Institutionen zu schaffen, auf die die unterworfenen Völker nicht verzichten können. Daß die tschechische Bourgeoisie eine solche Politik betreibt, konnte man voraussehen. Aber daß die tschechische Sozialdemokratie an Regierungen teilnimmt, die diese Politik offensichtlich führen, das ist einfach unfaßbar.

. . . Wir beantragen daher[19]:

Der internationale Sozialistenkongreß wolle eine Untersuchungs- und Vermittlungskommission einsetzen, welche die politischen Zustände und das Verhalten der sozialdemokratischen Parteien in der Tschechoslowakei prüfen und nach Feststellung der Tatsachen jene

Maßregeln anwenden soll, die geeignet sind, die Zusammenarbeit des Proletariats dieses Landes auf der Basis aufrichtiger Internationalität, voller Anerkennung des nationalen Prinzips des Selbstbestimmungsrechtes der Völker und der Notwendigkeit des gemeinsamen Klassenkampfes aller Proletarier wieder sicherzustellen.

III. Die Forderungen der deutschen Sozialdemokratie in der Tschechoslowakei

...

Wir fordern von der tschechischen Sozialdemokratie:

1. daß sie den nationalen Chauvinismus und Imperialismus der tschechoslowakischen Bourgeoisie gemeinsam mit allen sozialdemokratischen Parteien des Landes bekämpfe;
2. daß sie sich auf den Boden der sozialistischen Forderung des Selbstbestimmungsrechtes der Völker stelle, das von uns gemeinsam mit ihr in Brünn[9] erarbeitete nationale Programm verwirkliche, unsere auf unseren Parteitagen in Teplitz und Karlsbad aufgestellten Forderungen prüfe und vor allem das Versprechen einlöse, das sie auf dem internationalen Kongreß in Bern im Jahre 1919 vor den sozialistischen Vertretern aller Länder in feierlicher Weise in ihrer Erklärung abgegeben hat. Wir fordern von den tschechischen Sozialdemokraten kein Titelchen eines Rechtes mehr für uns, als wir seinerzeit im alten Österreich ihnen zu geben bereit waren ...

*Anmerkungen:*

[1] Siehe S. 10ff.
[2] Siehe S. 468.
[3] Nach heutigem Sprachgebrauch müßte es statt »wäre« heißen »ist«.
[4] Zur Unabhängigkeitserklärung: Siehe S. 112f.
[5] Zum Text: Siehe S. 138ff., 146f.
[6] Zum Text: Siehe S. 147ff.
[7] Siehe S. 146.
[8] Es handelt sich um Artikel 7 des Minderheitenschutzvertrages vom 10. 9. 1919 (siehe S. 139f.; die Unterschiede der jeweiligen Übersetzung aus dem Französischen verändern den angesprochenen Sinngehalt nicht).
[9] Siehe S. 91f.
[10] Gemeint ist das ČSR Sprachengesetz vom 29. 2. 1920; siehe S. 147ff.
[11] Siehe S. 475f.
[12] Dieses Vorgehen setzte sich auch nach 1923 fort.
[13] *Č*echoslovakische *K*ronen; Währung der ČSR.
[14] Vom 19. 3. 1923; siehe S. 158ff.
[15] Am 18. Juli 1922 vom Deutschen Reichstag nach der Ermordung der Politiker Erzberger (26. August 1921) und Rathenau (24. Juni 1922) beschlossen.
Vergleichbare Anlässe gab es in der ČSR nicht.
[16] Es handelt sich mit hoher Wahrscheinlichkeit um ein Gespräch am 4. 11. 1918: Der hier unbenannt gebliebene »bourgeoise Vertreter« wäre dann der tschechoslowakische Politiker Dr. Alois Rašín (Nationaldemokrat). Zu seinen Äußerungen in diesem Gespräch gehört auch: »Das Selbstbestimmungsrecht ist eine schöne Phrase – jetzt aber, da die Entente gesiegt hat, entscheidet die Gewalt!«
Vgl. Hofbauer/Strauss: »Josef Seliger«; Prag, 1930; S. 125.
Neuere Literatur zweifelt an der Richtigkeit der Wiedergabe des Gesprächs.
Vgl. Zessner, Klaus: »Josef Seliger und die nationale Frage in Böhmen«; Stuttgart (Verlag Seliger Archiv), 1976; S. 121ff.
[17] Zum Text der daher zwei staatsrechtlichen Erklärungen der Sudetendeutschen im Juni 1920: Siehe S. 149ff. dieser Sammlung.
[18] D. h. »Volksrecht«; Zeitung der tschechischen Sozialdemokraten.
[19] In sehr langen Beratungen des Organisationskomitees des Kongresses stellte es sich als unmöglich heraus, sich »wenigstens vorläufig auf eine gemeinsame Formel über das, was unmittelbar zu geschehen habe, (zu) einigen«. Es wurde daher eine Kommission gebildet.

*Quelle:*
Fotokopie eines gedruckten, zeitgenössischen Denkschriftoriginals; o. O.; o. J.; 26 Seiten.

**Der V. Kongreß der Komintern[1]:** **1923, Juni**

*1. Feststellung des Generalsekretärs Manuilski:*
Der tschechoslowakische Staat hat deutsche Industriegebiete mit 3,7 Millionen deutscher Menschen annektiert.

*2. Kongreßbeschluß:*
. . . daß es eine tschechoslowakische Nation nicht gibt *(in der Tschechoslowakei jedoch zahlreiche Minderheiten leben, und demzufolge die Kommunistische Partei der Tschechoslowakei[2] die Aufgabe habe),* hinsichtlich dieser Minderheiten das Selbstbestimmungsrecht der Völker zu proklamieren und in die Tat umzusetzen, einschließlich des Rechtes, sich voneinander zu trennen.
. . .

*Anmerkungen:*
[1] Komintern = Zentralstelle/Führungseinrichtung der Kommunistischen Parteien aller Staaten 1919–1943.
[2] Zur Erledigung: Siehe S. 176f.

*Quelle:*
Büro der Komintern (Hrsg.): »La Question Nationale et Coloniale« [Die nationale und koloniale Frage]; Paris, 1924; S. 211, 432.

**Memorandum[1]** **1925, 13. Januar**
**von Außenminister Gustav Stresemann (DVP):**
*Volksgruppenschutz und Grenzrevision*

. . . Diese außerordentlich gefährdete Lage der deutschen Minderheiten in Europa im Zusammenhang mit der unschätzbaren Bedeutung, welche sie im Falle ihrer Erhaltung für das Deutsche Reich politisch, kulturell und wirtschaftlich erlangen können, zwingt das Reich dazu, alles zu tun, um sie im Kampfe um die Erhaltung ihres Deutschtums zu unterstützen und hierbei kein Mittel unversucht zu lassen, auch dann, wenn die Wirksamkeit der Hilfe nicht mit voller Sicherheit vorauszusehen ist und der erhoffte Erfolg langsam eintreten kann . . .
Die Schaffung eines Staates, dessen politische Grenze alle deutschen Volksteile umfaßt, die innerhalb des geschlossenen deutschen Siedlungsgebietes in Mitteleuropa leben und den Anschluß an das Reich wünschen[2], ist das ferne Ziel deutschen Hoffens, die schrittweise Revision[3] der politisch und wirtschaftlich unhaltbarsten Grenzbestimmungen der Friedensdiktate (polnischer Korridor, Oberschlesien) das nächstliegende Ziel der deutschen Außenpolitik . . .

*Anmerkungen:*
[1] Aus einem vertraulichen Memorandum für oberste Behörden des Deutschen Reiches.
[2] Zur Konferenz von Locarno im Oktober 1925 brachte der tschechoslowakische Außenminister Beneš einen Vertragsentwurf mit, nach dem Deutschland die Unverletzlichkeit der deutsch-tschechoslowakischen Staatsgrenze garantieren sollte. Die unter Leitung Stresemanns stehende deutsche Delegation lehnte es ab, die Grenzgarantie auch nur zu diskutieren.
[3] In der Sitzung des Völkerbundsrates am 6. März 1929 wies Stresemann darauf hin, daß kein ein-

ziger politischer Zustand für alle Ewigkeit unbeweglich festgelegt werden könnte. Dieser Gedanke sei sogar in der Satzung des Völkerbundes enthalten.
Gemeint war damit Art. 19; siehe S. 12.

*Quelle:*
Höltje, Christian: »Die Weimarer Republik und das Ostlocarno-Problem«; Würzburg, 1958; S. 84, 101, 102, 104.

**Bericht** [1] **1925, 6. November**
**der ČSR-Gesandtschaft in Berlin an das Außenministerium in Prag:**
Tagung der »Deutschen Wacht« in Passau am 28. Oktober 1925.
*Unterstützung der sudetendeutschen Bemühungen im Deutschen Reich*

Eine von der Deutschen Wacht in der Grenzstadt Passau abgehaltene, gegen die Tschechoslowakei gerichtete Tagung wurde absichtlich am 28. Oktober, dem tschechoslowakischen Staatsfeiertag [2], veranstaltet. Anwesend waren:
1. Lt. Regierungsrat Hoffmann von der Reichszentrale für Heimatdienst, Berlin.
2. Regierungsrat Hasteiger von der Bayrischen Zentrale für Heimatdienst, München.
3. Ex-Bundesminister General Wächter von der Sudetendeutschen Landsmannschaft in Wien.
   Prof. Dr. Knoll und Sekretär Alois Ciller von der Reichsarbeitsstelle der gleichen Organisation in Berlin, Major Vogel von der Breslauer, Dr. Leibl und Generalsekretär Fiebinger von der Berliner Ortsgruppe.
4. Baron Wrangel aus Berlin vertrat den Deutschen Schutzbund.
5. Oberstleutnant Hörl aus Regensburg und Dr. Badendiek aus Berlin vertraten den Verein für das Deutschtum im Ausland.

Zahlreiche Vertreter bayrischer Behörden und Mitglieder der bayrischen Zweige der vorerwähnten Organisationen nahmen gleichfalls an der Tagung teil.
. . .
Sekretär Rückel aus Passau sprach über die guten Beziehungen der sudetendeutschen Irredentisten zur bayrischen Bevölkerung. Die Bayrische Volkspartei (Wittelsbacher Partei) bringt ihnen freundschaftliches Verständnis entgegen, so daß auch die bayrischen Behörden die Separatistenbewegung unterstützen.
Es war auffällig, daß auch fünf katholische Priester die Tagung besuchten.
Rückel berichtete dann über einen von der Passauer Ortsgruppe des SH [3] angeregten Besuch des Böhmerwaldes durch Mitglieder des Bayrischen Landtages. Dabei konnte Rückel 20 Mitglieder des Bayrischen Parlaments persönlich begrüßen. Er vermittelte diesen Vertretern des großbayrisch denkenden Teils der *(bayrischen)* Bevölkerung den Zugang zu den künftigen bayrischen Bezirken Eger und Böhmerwald. Seine *(d. h. Rückels)* Rede über die noch nicht befreiten Brüder auf der anderen Seite des »Bayrischen Waldes« sei von den bayrischen Landtagsmitgliedern ebenso begeistert aufgenommen worden, wie weitere Reden von ihm und MdL Mayer vor dem ständigen *(bayrischen)* Landtagsausschuß für Auslandsdeutsche [4] . . .
Die Tagung leitete der Oberbürgermeister von Passau, Weiss, der die Teilnehmer namens der Stadt begrüßte.

*Anmerkungen:*
[1] Der Bericht steht pars pro toto für zahlreiche Nachrichten, mit denen die große Sympathie breiter Kreise der deutschen Öffentlichkeit für die Sudetendeutschen in der Zeit der Weimarer Repbulik vor 1933 belegt werden kann.
Auf der Basis zahlreicher »Hilfsvereine für Deutsch-Böhmen« der Jahre 1919 bis 1921 entwickelte sich

der »Sudetendeutsche Hilfsverein«, aus dem 1925 der »Sudetendeutsche Heimatbund« (SH) wurde. In loser Abstimmung mit vielen anderen Organisationen (vor allem dem »Verein für das Deutschtum im Ausland«) wurden zahlreiche öffentlichkeitswirksame Veranstaltungen durchgeführt.
Ein Beispiel: Der »Hochschulring Deutscher Art« organisierte am 15. 2. 1925 eine Straßensammlung in München, um Geld zur Unterstützung von »Sudetendeutschland« zu sammeln. Dabei wurden Flugblätter mit folgendem Text verteilt:
»Die Annexion Sudetendeutschlands durch die Tschechoslowakei ist eine dauernde Gefahr für den Frieden in Europa. Durch die gewaltsame Eingliederung Sudetendeutschlands in die ČSR ist dort eine deutsche Anschlußbewegung entstanden. Die Reichsdeutschen müssen diese Anschlußbewegung unterstützen, da die Sudetendeutschen unsere verfolgten Brüder sind, die dafür leiden, daß sie Deutsche sind.«
Die Terminologie dieses Aufrufes war repräsentativ für das Denken aller Schichten der deutschen Bevölkerung. So nannte der »Österreichisch-Deutsche Volksbund« in Berlin unter dem Vorsitz von Reichstagspräsident Paul Löwe (SPD) seine Zeitschrift »Österreich-Deutschland« im Untertitel »Überparteiliches Zentralorgan der Anschlußbewegung«.
Verbunden mit den klaren Aussagen von Reichsaußenminister Stresemann (siehe S. 168f.) ergibt sich folgendes Bild: Die Weimarer Republik sah die sudetendeutsche Frage nicht als inner-tschechoslowakische Angelegenheit an. Sie betrachtete vielmehr auch das Sudetenproblem als einen zu gegebener Zeit zu lösenden Teil der deutschen Frage.

[2] Wegen Errichtung der ČSR am 28. 10. 1918; siehe S. 113.
[3] Gemeint: Der »Sudetendeutsche Heimatbund«.
[4] Einen derartigen Ausschuß hat es – mindestens Mitte 1924 – jedoch nicht gegeben.
Vgl. das »Verzeichnis der Ausschüsse und deren Mitglieder nach dem Stande vom 9. Juli 1924« in den »Verhandlungen des Bayer. Landtags. Stenographische Berichte 1924/25«; Bd. I; München, 1924.

---

*Quelle:*
Gajan, Koloman/Kváček, Robert (Hrsg.): »Germany and Czechoslovakia 1918–1945«; Prag, 1965, S. 64ff.

## Staatsrechtliche Erklärung deutscher Parteien[1] im tschechoslowakischen Parlament: *Erneuerung der Selbstbestimmungsforderung*

**1925, 18. Dezember**

Als gewählte Vertreter des sudetendeutschen Volkes erneuern wir im Namen des Bundes der Landwirte, der Deutschen Christlichsozialen Volkspartei, der Deutschen Nationalsozialistischen Arbeiterpartei und der Deutschen Gewerbepartei bei Beginn der zweiten Session in feierlicher Weise die Erklärung, die wir am 1. und 4. Juni 1920 im Parlament abgegeben haben.[2] Gleichzeitig erstrecken wir den Protest gegen die Verletzung des Selbstbestimmungsrechtes des deutschen Volkes auf das Hultschiner Land, Ostschlesien und die ehemals niederösterreichischen Gebiete. Wir erklären neuerlich, die Friedensverträge von Versailles, St. Germain und Trianon als Rechtsquellen nicht anzuerkennen.
Die während des siebenjährigen Bestandes des tschechoslowakischen Staates gemachten Erfahrungen haben gezeigt, daß sein nationalstaatlicher Aufbau und sein einseitig nationalistisches Regierungssystem für die ihm einverleibten Völker unerträglich sind. Wir klagen dieses System an, seinem Wesen und seiner Absicht nach unserem Volke schweres Unrecht und unermeßlichen Schaden zugefügt zu haben. Wir erblicken in der inneren Unwahrheit dieses Regierungssystems die Wurzel aller Übel, an denen dieses Staatswesen krankt. Wir sehen darin vor allem ein mit der Sicherheit und Wohlfahrt des sudetendeutschen Volkes unvereinbarliches Prinzip. Fest auf dem Boden unserer angestammten Heimat stehend, erklären wir, dieses System und seine Auswirkung rücksichtlos gemeinsam bekämpfen zu wollen. Diesen gemeinsamen Kampf werden wir führen, bis das erlittene Unrecht wieder gutgemacht und in allen staatlichen Einrichtungen der Tatsache Rechnung getragen ist, daß die Grenzen dieses Staates mehrere gleich zu wertende und gleichberechtigte Völker umfassen.

Zwangsweise einverleibt in einen national gemischten Staat, erklären wir, unbeschadet des grundsätzlichen Festhaltens an dem Rechte der nationalen Selbstbestimmung, unsere Gleichberechtigung in Sprache, Arbeitsplatz, Schule und Scholle als unser innerpolitisches Ziel.
Das Recht, unsere Sprache im Verkehr mit den Behörden und im öffentlichen Leben überhaupt zu gebrauchen, wurde weit unter das aus dem natürlichen und öffentlichen Recht fließende Maß herabgedrückt. Aber nicht einmal die spärlichen, der deutschen Bevölkerung durch Verfassung[3] und Sprachengesetz[4] gewährleisteten Rechte finden bei den staatlichen Behörden gebührende Beachtung.
Die wirtschaftliche Gesetzgebung ist durchwegs auf die nationale Umschichtung wirtschaftlicher Klassen und Werte gerichtet. Die Praxis der Verwaltung trachtet bei jeder sich bietenden Gelegenheit zugunsten des Staatsvolkes nationalpolitische und nationalwirtschaftliche Vorteile zu erpressen. Aus den Staatsbetrieben wurden erst in letzter Zeit wieder Tausende deutscher Beamten, Angestellter und Arbeiter entlassen[5] und gleich den deutschen Kriegsbeschädigten rücksichtslos dem bittersten Elend preisgegeben. Dafür wurde das deutsche Siedlungsgebiet mit tschechischen Beamten, Angestellten und Arbeitern überschwemmt[5], die zumeist der deutschen Sprache gar nicht mächtig sind und einen dauernden Herd politischer Beunruhigung bilden.
Tausende deutscher Schulen und Schulklassen[5] wurden in den letzten Jahren gesperrt und dadurch die Bildungsmöglichkeit unseres Volkes insbesondere in seinen auf die Volksschulbildung angewiesenen Schichten auf ein Mindestmaß herabgedrückt. Dagegen wurden auf Staatskosten zahllose unnötige tschechische Schulen im deutschen Siedlungsgebiet errichtet und deutsche Kinder durch allerhand Zwangsmaßnahmen diesen Schulen zugeführt.
Gleich unserem kulturellen wurde auch unser materieller Besitzstand auf allen Gebieten, vor allem aber durch die unter der Herrschaft der Bodengesetze unternommene gewaltsame Wälderverstaatlichung und die Entnationalisierung unseres Bodens[5] sowie durch die gewissenlose Entwertung der Kriegsanleihe auf das schwerste geschädigt . . .
Darum wollen wir in geschlossener Einheit kämpfen für die staatsrechtliche Anerkennung der vollen Gleichberechtigung unseres Volkes für seine eigene Schulverwaltung, für die Gleichberechtigung seiner Sprache, für die deutsche Scholle und für den deutschen Arbeitsplatz. Damit wollen wir den nationalen Besitz unseres Volkes schützen und ihm durch die Beseitigung des herrschenden Systems der einseitigen nationalen Gewalt den Weg zur freien Entwicklung bahnen.

*Anmerkungen:*
[1] Abgegeben durch den Abg. Spina (BdL).
[2] Zum Text: Siehe S. 149f.
[3] Zum Text: Siehe S. 138f.
[4] Zum Text: Siehe S. 147f.
[5] Zu den statistischen Angaben: Siehe S. 163f., 471.

*Quelle:*
Jung, Rudolf: »Die Tschechen«; Berlin, 1938; S. 241.

**Bekenntnis der sudetendeutschen katholischen Jugend:** **1926, Mai**
(Sog. Freiwaldauer[1] Beschlüsse)
*Vorstellungen »zur grundsätzlichen und praktischen nationalen Friedensarbeit«*

Der Weltkrieg ist beendet. Die Friedensverträge sind unterzeichnet. Der Friede unter den Menschen und Völkern aber ist nicht eingekehrt. Gewitterschwüle lastet über den Völkern der Welt.

Der Rassendünkel benebelt nach wie vor die Gemüter. Nationaler Chauvinismus entrechtet und unterdrückt nationale Minderheiten. Unterdrückte völkische Minderheiten sehen nur die Verletzung ihrer Eigenrechte und predigen die Irredenta. Der Militarismus bedroht ständig den europäischen Frieden. Der Zündstoff für neue kriegerische Verwicklungen wächst von Tag zu Tag.
Der Schöpfer Himmels und der Erde hat die Völkereigenarten in seinem Schöpfungsplane grundgelegt. Durch ihn wurden wir in die Lebensgemeinschaft und Schicksalsgemeinschaft des deutschen Volkes hineingeboren. Er hat uns unsere deutsche Eigenart auf den Lebensweg mitgegeben. Wir haben somit die Pflicht und das Recht als deutsche Menschen zu leben, unsere deutsche Eigenart zu pflegen und zu entfalten und auszuwirken in der deutschen Kultur. Es ist unser gutes Recht und unsere heilige Pflicht, für die Sicherstellung aller Bedingungen der Existenz und des Wachstums unseres Volkes zu arbeiten. Neben dem deutschen Volke aber haben auch alle die anderen Völker, die Tschechen und die Franzosen und die Italiener und die Polen usw. das gleiche Recht wie wir Deutschen auf Leben und Eigenart und Kultur und nationalen Besitz. Die Achtung und das Verständnis für diese Lebensrechte fremder Völker sind zugleich der wirksamste Schutz für die Erhaltung und Entwicklung des eigenen Volkstums.
. . .
Wir Sudetendeutschen leiden schwer unter dem heute herrschenden nationalen Chauvinismus der Tschechen. Unser nationaler Besitz ist gefährdet. Die Sicherheit des Arbeitsplatzes des realen Besitzes und damit des Lebens ist uns genommen. Unsere völkischen Rechte werden ständig durch Übergriffe bedroht. Die sudetendeutsche Politik ist nahezu machtlos. Die Wiedergeburt unserer sudetendeutschen Volksgemeinschaft im Geiste Jesu Christi und die moralische Eroberung des tschechischen Volkes für Anerkennung und Schutz der deutschen Lebensnotwendigkeiten müssen darum die beiden Grundpfeiler sein, auf denen wir das Werk unserer nationalen Friedensarbeit aufbauen.
Grunderfordernis einer erfolgreichen Führung des Kampfes gegen den tschechischen Chauvinismus ist die radikale Bekämpfung des nationalen Chauvinismus in unserer eigenen Brust. Sodann müssen wir alles daransetzen, um den tschechischen Hetzern auch den letzten Schein einer Berechtigung ihres nationalen Vernichtungskampfes aus den Händen zu winden. Wir wollen uns klar zu werden suchen über all das, was in unserem eigenen Verhalten den tschechischen Nationalisten berechtigten Anlaß geben könnte zu ihrem immer neuen Mißtrauen. Tschechischer Chauvinismus kann deutscherseits leicht wachgerufen werden durch die mit unserer Zugehörigkeit zum großen deutschen Weltkulturvolke so schnell sich einschleichende völkische Überhebung und durch kränkende Mißachtung des kleineren tschechischen Volkes. Der tschechische Chauvinismus kann gefördert werden durch das einem bedrängten Minderheitsvolke ob der eigenen Not so naheliegende Nur-Betonen der eigenen Volksrechte und das damit verbundene Übersehen der berechtigten fremden Forderungen. Er wird genährt durch jede agitatorische Übertreibung des erlittenen Unrechtes.
Wir wollen nach besten Kräften tschechisch lernen, wollen Einblick gewinnen in das tschechische Geistesleben. – Durch Nachdenken über die Tschechen, Einfühlen in ihre seelische Verfassung und selbstloses Durchleben der sie zum nationalen Kampfe drängenden Beweggründe wollen wir den ersten Schritt tun zur nationalen Verständigung.
Dem Staate gegenüber bekennen wir uns zur Staatslehre Leo XIII.[2] Auf dem Boden des Staates wollen wir uns mit allen sittlich erlaubten Mitteln unser gutes Recht erkämpfen. Wir wollen unbedingt wahrhaftig sein im völkischen Abwehrkampfe. Wir wollen mit ganz reinen Händen kämpfen. Allein sind wir gegenwärtig zu schwach, um uns durchsetzen zu können. Der Kampf um unsere Menschenrechte und um unsere Volksrechte aber ist ein Menschheitskampf, für den es die gesamte gesittete Kulturwelt zu gewinnen gilt, vor allem aber die edel, gerecht und vernünftig denkenden Tschechen. Mit diesen müs-

sen wir Verbindung suchen und finden. Wir müssen feurige Kohlen sammeln auf den Häuptern unserer Feinde. Die volle ganze Verständigung fertig zu bringen und dauernd zu sichern, vermag doch nur die konsequente christliche Feindesliebe.
Immer dringender tut es not, daß wir jungen Sudetendeutschen uns abkehren von der protestantisch-preußisch-kleindeutschen (fälschlich »großdeutschen«) Gesinnung. Wir wollen vielmehr zurückkehren zu der aus dem katholischen Gottes- und Kirchengedanken (Gedanken vom Reiche Gottes auf Erden), der synthetischen Veranlagung unseres Volkes und seiner zentralen geographischen Lage im Herzen Europas herauswachsenden übervölkischen Idee, die ein Jahrtausend in unserem Volke lebendig war und den christlichen Völkerbund des Mittelalters trug. Wir wollen mithelfen, ein innerlich großes deutsches Volk aufzurichten, das aufs Neue das Vertrauen der Völker ringsum gewinnt und zum völkerverbindenden Friedenshorte Europas wird. Der alte großdeutsche Gedanke feiert gegenwärtig Auferstehung in den Bestrebungen zur Schaffung der »Vereinigten Staaten Europas«. Aufgabe der katholischen Jugend ist es, diese »Paneuropa«-Bestrebungen durch das Christentum zu läutern und zu vertiefen und weiterzutragen, auf daß durch ein erneuertes Europa der »Friede Christi im Reiche Christi« seiner vollen Verwirklichung nähergebracht werde.
. . .

I. Pflege der Friedensgesinnung
1. Der Bundestag des Reichsbundes der katholischen deutschen Jugend zu Freiwaldau verpflichtet alle Gruppen, die päpstlichen Rundschreiben und Dekrete in ihre Büchereien einzustellen, sie in Vorträgen, Lesungen und Aussprachen gründlich durchzuarbeiten und zum lebendigen Gemeingut aller Kameraden zu machen. Die Hauptstelle wird in Hinkunft im Jugendsturme auf die päpstlichen Kundgebungen hinweisen und den einzelnen Jugendbünden an die Hand gehen bei der Beschaffung guter und billiger Ausgaben der päpstlichen Enzykliken.
. . .
5. Der Bundestag beschließt in allen sudetendeutschen Landschaften Führertage abzuhalten mit den Themen: a) Rassenkunde, b) Das großdeutsche Jahrtausend, c) Die nationale Frage, d) Unsere völkische Verständigungsarbeit e) Vom Genfer Völkerbunde zum christlichen Völkerbunde Benedikt XV.[3]

II. Praktische Verständigungsarbeit
6. Der Reichsbund empfiehlt allen Kameraden die Erlernung der tschechischen Sprache und wird sich bemühen, die Organisation des Tschechisch-Unterrichtes in seinen Gruppen tatkräftig zu unterstützen.
. . .
9. Der Bundestag bittet alle Gruppenleitungen inständig, zur Bekämpfung der die nationalen Leidenschaften aufwühlenden Schlagworte, Verdrehungen und Übertreibungen die innerhalb ihres Heimatbereiches vorkommenden offensichtlichen nationalen Übergriffe wahrheitsgetreu und völlig sicher schriftlich festzuhalten und an die Hauptstelle weiterzuleiten, zu einer um so wirksameren Verteidigung unserer gottgegebenen völkischen Rechte.

III. Wir und der Staat
10. Für unsere Stellung zum Staate sind die Grundsätze maßgebend, wie sie sich aus den Lehren der katholischen Kirche ergeben und wie sie insbesondere in den Kundgebungen Leo XIII.[2], auf die unsere hochwürdigsten Herren Bischöfe in ihren Hirtenbriefen wiederholtemale hingewiesen haben, klargelegt sind. Diese sagen vor allem:
. . .

c) »Bleibt die Gerechtigkeit unverletzt, so steht es den Völkern frei, jene Regierungsform bei sich einzuführen, die entweder ihrem Charakter, oder den Gewohnheiten und Sitten der Vorfahren mehr angemessen ist und entspricht. Ohne weiters kann daher auch zugegeben werden, daß die zur Leitung des Staates zu Berufenden in bestimmten Fällen und auf Grund gewisser gesetzlicher Bestimmungen durch den Willen und nach dem Gutachten des Volkes gewählt werden können.« Enc. Diuturnum *(illud vom 29. 6. 1881).*
d) »Ist die frühere Regierung verdrängt worden, wenn auch mit Gewalt und unter Verletzung des Rechtes, so wird wegen der sonstigen unvermeidlichen Anarchie durch das höchste und entscheidende Kriterium des Gemeinwohles, die Pflicht auferlegt, den neugebildeten Regierungen aufrichtigen Sinnes zu gehorchen.« Enc. Inter graviss.
e) »Wo die Staatsgewalt einen derartigen Druck auf die Bürgerschaft ausübt, daß diese schwer leidet unter ungerechter Gewalt oder der Kirche die ihr gebührende Freiheit versagt, da ist es erlaubt, nach einer andern Verfassung des Staates zu streben, welche eine freie Bewegung gestattet. Denn dann geht das Streben nicht nach jener maßlosen und schlechten Freiheit, sondern nur nach einer Erleichterung im Interesse aller, und zwar allein deswegen, damit die Möglichkeit nicht genommen ist, das Gute zu tun dort, wo für das Böse zügellose Freiheit besteht.« Enc. Libertas *(praestantissimum vom 20. 6. 1888).*

---

*Anmerkungen:*
[1] Stadt in Nordmähren.
[2] Enthalten v. a. in den weiter unten wiedergegebenen Enzykliken (d. h. Rundschreiben des Papstes an alle Bischöfe).
[3] Vgl. den Text der Enzyklika »Pacem dei mundus« (Das Geschenk Gottes ist der Frieden) vom 23. 5. 1920.

---

*Quelle:*
Ernst Nittner (Hrsg.): »Dokumente zur Sudetendeutschen Frage 1916–1967«; München, 1967; S. 94 ff. (Hervorhebungen im Original).

## Presseerklärung (sudeten-)deutscher Mitglieder der tschechoslowakischen Regierung[1]

**1928, 16. Mai**

*Gründe und Grenzen des sog. Aktivismus*

Wenn in der internationalen Öffentlichkeit und insbesondere bei einzelnen Völkerbundmitgliedern der Eindruck entstanden sein sollte, daß die bloße Teilnahme deutscher Parteien an der tschechoslowakischen Regierung[1] bereits die Lösung der hiesigen, äußerst schwierigen Minderheitenfrage bedeute, so ist dies wohl ... auf unzureichende Informationen oder Mißverständnisse zurückzuführen. Unsere Regierungsteilnahme ist unserem Willen zur Mitarbeit am Staat und einer besonderen innenpolitischen Lage[2] entsprungen. Sie kann in nationalpolitischer Hinsicht zwar als bedeutsamer Ansatz zu einer Lösung, aber durchaus nicht als endgültige Lösung betrachtet werden. Daher sind unseres Erachtens weder Minderheitenschutzverträge noch wesentliche Verbesserungen des Verfahrens in der Minderheitenfrage beim Völkerbund überflüssig geworden. Wenn wir auch hoffen, daß es gelingen kann, das hiesige Nationalitätenproblem bei einigem guten Willen allmählich innenpolitisch zu lösen, so hängt dies vor allem vom Entgegenkommen des tschechischen und slowakischen Volkes ab. Da man die Entwicklung in so schwierigen Fragen nie mit Sicherheit voraussagen kann, ist eine entsprechend verbesserte, weitgehende Garantie des Minderheitenrechtsschutzes durch den Völkerbund stets geboten ...

*Anmerkungen:*
[1] Abgegeben durch die Minister Mayer-Harting (DCV) und Spina (BdL), deren Parteien (zur Bedeutung: Siehe S. 475f.) im Oktober 1925 in die tschechoslowakische Regierung eingetreten waren.
Zur nationalpolitischen Begründung dieses Schritts hatte der Abgeordnete Windirsch (BdL) am 16. 10. 1925 im Abgeordnetenhaus des tschechoslowakischen Parlaments u. a. erklärt: »Zum ersten Mal seit dem Bestand des Staates sieht das sudetendeutsche Volk Vertreter in der Regierung. Bei diesem bedeutungsvollen geschichtlichen Anlaß, den wir als Auswirkung der geänderten politischen Situation betrachten, wurde mir die Ehre zuteil, ernst und der Verantwortung bewußt, namens des Bundes der Landwirte, der Deutschen Christlichsozialen Volkspartei und der Deutschen Gewerbepartei zu erklären, daß wir an der parlamentarischen Arbeit dieser Regierung in positivem Sinn teilzunehmen entschlossen sind. Wenn von unserer Seite diese Zusage erfolgt, so leitet uns hierbei das Bestreben, durch unsere Mitarbeit im Staat dem ganzen deutschen Volk dienlich zu sein . . . Wenn wir uns zu gemeinsamer Arbeit eingefunden haben, so bewegt uns hierzu aber auch die gebieterische Notwendigkeit der Sicherung des Lebens, das heute für weite Schichten der Bevölkerung durch kritische Verhältnisse mannigfacher Art gefährdet ist. Wir erwarten vom heutigen Regime, daß ehrliche Initiative und gute Führung der Staatsgeschäfte völkische Not lindern und beseitigen und jene Aufgaben lösen werden, die aus wirtschaftlichen, sozialen und kulturellen Gründen auf erprobten Grundlagen zu bereinigen sind. Wir wollen dabei mithelfen.
An der Regierung liegt es jedoch, unsere Bereitwilligkeit zur Mitarbeit durch ihr Verhalten unserem Volk gegenüber zu rechtfertigen. Dazu ist vor allem nötig die wirkliche Abkehr von den alten Methoden des Unrechts und die Rückkehr zur Gerechtigkeit. Nur auf diesem Weg werden wir uns zu gemeinsamer Arbeit finden, deren Ziel die wirkliche Demokratie ist, und nur so einen Parlamentarismus erreichen, der erst die wahre Konsolidierung bewirkt.
Bei unserem Beginnen stützen wir uns auf das Verständnis und den Willen des größten Teils des sudetendeutschen Volkes.«
Vgl. »Stenographische Protokolle der Sitzungen des Abgeordnetenhauses der Nationalversammlung der Čechoslovakischen Republik«; 2. Wahlperiode, 43. Sitzungs; Prag, 1926; S. 74.
[2] Es erschien erforderlich, eine parlamentarische Mehrheit für die Erhöhung der Getreidezölle und die Einführung staatlicher Priesterbesoldung aus daran interessierten Parteien zusammenzubringen.

*Quelle:*
»Nation und Staat – Deutsche Zeitschrift für das europäische Minoritätenproblem«; Wien; Jg. 2 (1929); S. 681f.

## Programm der sudetendeutschen Nationalsozialisten (DNSAP)[1]: **1930, 28. Oktober**

*Territorialautonomie gefordert*

Die sudetendeutschen Nationalsozialisten sagen dem zentralistischen Regierungssystem der Tschechoslowakischen Republik entschlossen Kampf an.
Sie fordern die Beseitigung der zentralistischen Verwaltung des Tschechoslowakischen Staates und seine Ersetzung durch ein System der territorialen nationalen Selbstverwaltung, die den Sudetendeutschen das Recht bringt, alle Fragen der Verwaltung, der Schule und sozialen Aufgaben, die heute den tschechischen Landesvertretungen und Landesbehörden übertragen sind, in Zukunft vom sudetendeutschen Landtag und von der sudetendeutschen Landesbehörde erfüllt werden.
Der Parteitag[1] verweist darauf, daß nach dem Friedensvertrag und dem § 3 der Verfassung dem karpathorussischen Volke ein eigenes gesetzgebendes Parlament, mit eigenem Landespräsidenten und eigener Verwaltung garantiert wurde. Dieses autonome Parlament ist zur Beschlußfassung über Gesetze in der Angelegenheit der Sprache, des Unterrichtes, der Religion und der lokalen Verwaltung ausdrücklich berufen. Die Tschechoslowakei wird diese Bestimmungen des Friedensvertrages und der Staatsverfassung, die sie bisher verletzte und ignorierte, erfüllen müssen.

Die Sudetendeutschen fordern für sich das gleiche Recht auf nationale und soziale Selbstverwaltung. Sie fordern daher:
ihren sudetendeutschen Landtag,
ihren sudetendeutschen Landespräsidenten
ihre sudetendeutsche Hauptstadt,
ihr sudetendeutsches Landesgebiet, kurz:
das sudetendeutsche Gebiet für die Sudetendeutschen!
Gestützt auf das klare Recht der Gleichheit aller Staatsbürger, wie sie der § 128 der Staatsverfassung[2] sichert, erheben sie ihre Forderungen nach gleicher Behandlung aller Völker dieses Staates.
Sie sagen Kampf an allen Regierungen, die ihnen ihr Recht auf volle nationale Selbstverwaltung verweigern.
Sie sagen Kampf an allen Parteien, die Verfälscher des Autonomiegedankens oder Ablenker von dem Wege der nationalen Selbstverwaltung sind.
Sie sagen Kampf an den Gleichgültigen, den Lauen und Faulen.
Sie rufen alle ihrer Verpflichtung vor Volk und Zukunft bewußten Volksgenossen auf.
Es gilt den Endkampf um unsere Heimat, um Schule, Scholle, Sprache und Arbeitsplatz!

*Anmerkungen:*
[1] Beschlossen und veröffentlicht anläßlich des Parteitages in Freiwaldau (Nordmähren).
[2] Zum Text: Siehe S. 139.

*Quelle:*
Krebs, Hans: »Kampf in Böhmen«; Berlin, 1937; S. 232.

**Der VI. Parteitag** **1931, 7.–11. März**
**der Kommunistischen Partei der Tschechoslowakei (KPTs.)[1]:**
*Selbstbestimmung bis zur Loslösung*

1. *Stellungnahme*

...

Der VI. Parteitag der KPTs. erklärt die Solidarität des Proletariats der Tschechoslowakei mit dem Kampf der deutschen Proletarier für ein Sowjetdeutschland. Diesen Kampf werden wir aktiv unterstützen durch den Kampf für die Sowjetmacht in der Tschechoslowakei, durch den Kampf für das Selbstbestimmungsrecht bis zur Loslösung für jene Teile der deutschen Nation, welche auf dem Gebiet der Tschechoslowakei leben ...

2. Hauptlosungen

...

23. Für die gegenwärtige Phase des Kampfes um die Befreiung der unterdrückten Nationen aus dem nationalen und sozialen Joch in der Tschechoslowakei stellt die Kommunistische Partei der Tschechoslowakei folgende Hauptthesen auf:
Gegen die Besetzung des deutschen Teiles von Böhmen ... durch die imperialistische tschechische Bourgeoisie und deren Räumung von Organen der tschechischen Okkupationsmacht.
...
Für das Selbstbestimmungsrecht der Nationen bis zur Lostrennung vom Staate.
...
Gegen die obligatorische Staatssprache,

Gegen die rückschrittlichen Sprachgesetze und für freie Verwendung der nichttschechischen Sprachen im amtlichen Verkehr und im öffentlichen Leben.
Gegen die nationalistische Schulpolitik der tschechischen Bourgeoisie in den besetzten Gebieten. Anstelle der tschechisierten Schulen eine genügende Anzahl von Schulen in der Muttersprache.
Gegen die Säuberung des staatlichen Apparates und der staatlichen Unternehmungen von Angehörigen der unterdrückten Nationen.
Gegen die nationale Unterdrückung in der Armee.
...
Kampf dem bürgerlich-sozialfaschistischen Betrug mit der Losung »Kulturautonomie«.
Kampf dem Betrug mit der Losung »Autonomie« ... im deutschen Teil von Böhmen.
Kampf dem imperialistischen Betrug mit der tschechoslowakischen Staatsidee.
...

*Anmerkung:*
[1] Zur Vorgeschichte: Siehe auch S. 168.

*Quellen:*
»Internationale Presse-Korrespondenz« *(deutschsprachiges Organ der Komintern)*; Nr. 23 vom 10. 3. 1931.
»Protokol VI. Rádného Sjezdu KSČ 1931« [Protokoll des 6. ordentlichen Parteitages der KPTs. 1931]; o. J.; S. 302 (Hervorhebungen im Original).

**Rede** **1931, 27. März**
**des tschechoslowakischen Abgeordneten Václav Kopecky (KPTs.)**
**vor dem Abgeordnetenhaus im tschechoslowakischen Parlament:**
*Alle Deutschen, auch die Sudetendeutschen, in einen Staat*

...
Wir tschechischen[1] Kommunisten ... erklären ..., daß wir ... das Selbstbestimmungsrecht bis zur Abtrennung[2] der vom tschechischen Imperialismus unterdrückten Teile des deutschen Volkes[3] bis zur letzten Konsequenz wahren und durchsetzen werden.
Wir erklären weiter, daß wir in gleicher Entschlossenheit das Recht schützen und durchsetzen werden, alle Teile des deutschen Volkes in einem Staat zu vereinigen.[4]
...

*Anmerkungen:*
[1] Im Original: »česky« = »tschechischen«, aber auch »böhmischen«. Da es sich bei den tschechoslowakischen Kommunisten um die einzige übernationale Partei der ČSR handelte, erhält die Übersetzung – unter Berücksichtigung des Sachinhalts der Rede – einen zwangsläufig mehrdeutigen Charakter, auf den hingewiesen werden sollte.
[2] D. h. des Sudetengebietes von der Tschechoslowakei und Anschluß an Deutschland.
[3] D. h. der Sudetendeutschen.
[4] Eine beachtenswerte Übereinstimmung der Kommunistischen Partei der Tschechoslowakei (KPTs.) mit dem Parteiprogramm der NSDAP vom 24. 2. 1920. Zum Text: Siehe S. 91.

*Quelle:*
Brouček, Miloslaw: »Československá Tragedie« [Die tschechoslowakische Tragödie]; o. O., 1956; S. 119.

**Erklärung** **1932, 7. April**
**deutscher Fraktionen[1] des Abgeordnetenhauses**
**im tschechoslowakischen Parlament:**
*Verfolgungen der Sudetendeutschen*

Seit Monaten unternehmen politische Staatsorgane durch Verhöre, Hausdurchsuchungen und Verhaftungen Eingriffe in die Rechte deutscher Staatsbürger; die tschechische Presse bringt täglich unkontrollierte und unkontrollierbare Nachrichten über angebliche hochverräterische oder geheimbündlerische Tätigkeit im deutschen Lager; jede Verdächtigung oder anonyme Anzeige wird zum Ausgangspunkt eines Verfahrens gemacht, das sich oft monatelang hinzieht, ohne daß in der tschechischen Öffentlichkeit verzeichnet würde, daß die anhängigen Fälle fast durchwegs zur Einstellung der Verfahren führen.
Dieses, noch von keiner verantwortlichen Stelle gerügte Verfahren der Behörden und ihrer einzelnen Organe sowie die Verhetzung durch die tschechische Presse hat die politische und nationale Atmosphäre vergiftet und die schwachen Versuche, ein auf ethische und rechtliche Grundsätze aufgebautes Zusammenleben der Völker dieses Staates herbeizuführen, zum Stillstand gebracht.
Indem wir gegen diese neue Welle des Mißtrauens und der Verfolgungen aufs entschiedenste Einspruch einlegen, erklären wir, daß wir dieses Vorgehen als gegen das deutsche Volk, nicht nur gegen einzelne deutsche Volksangehörige gerichtet ansehen und daher durch diese Eingriffe der politischen Verwaltung und die Übergriffe ihrer Organe uns in unserer Gesamtheit getroffen fühlen müssen. Der Umfang und die Rücksichtslosigkeit dieser Verfolgungen zwingen uns, diese Verfolgungen und ebenso das durch sie heraufbeschworene Unrecht als eine gemeinsame sudetendeutsche Angelegenheit anzusehen . . .
Wir verlangen unter gleichzeitiger Verurteilung der Methoden der politischen Verwaltung, insbesondere des Spitzelsystems, daß dem gegenwärtigen aufpeitschenden und unhaltbaren Zustand ein Ende bereitet werde, damit endlich eine gewisse Beruhigung eintritt, die um so mehr notwendig ist, als die Bevölkerung ohnedies genug unter der trostlosen Wirtschaftslage leidet.
Das Vorgehen bei den Untersuchungen könnte den Schluß gestatten, daß es eine Einschüchterung der deutschen Bevölkerung und die Zerreißung der kulturellen Bande mit dem deutschen Gesamtvolk bezweckt. Demgegenüber erklären wir, daß nichts imstande ist, uns von der auf dem Naturrecht beruhenden deutschen Kulturgemeinschaft loszureißen. Wir nehmen für unser Volk unter allen Umständen die gleichen Rechte in Anspruch, die das tschechische Volk heute für sich in Anspruch nimmt und früher in Anspruch genommen hat und die alle anderen Völker für sich ebenfalls fordern, nämlich: den ständigen Kulturaustausch mit dem Gesamtvolk.

*Anmerkung:*
[1] Alle Fraktionen mit Ausnahme der Sozialdemokraten.

*Quelle:*
»Stenographische Protokolle der Sitzungen des Abgeordnetenhauses der Nationalversammlung der Čechoslovakischen Republik«; 3. Wahl-, 6. Sitzungsperiode; Prag, 1932; S. 31 f.

**Aufruf Konrad Henleins** **1933, 1. Oktober**
**zur Gründung der »Sudetendeutschen Heimatfront« (SHF):**
*Die SHF bekennt sich zu Demokratie und Volkstum*

...

Die »Sudetendeutsche Heimatfront« erstrebt die Zusammenfassung aller Deutschen in diesem Staate, die bewußt auf dem Boden der Volksgemeinschaft und der christlichen Weltanschauung stehen.
Sie bekennt sich zur deutschen Kultur- und Schicksalsgemeinschaft und erblickt ihre Hauptaufgabe in der Sicherung und dem Ausbau unseres Volksbesitzstandes: unseres Heimatbodens, unserer kulturellen Einrichtungen, unserer Wirtschaft und unseres Arbeitsplatzes.
Sie fordert eine gerechte Lösung der sozialen und wirtschaftlichen Fragen aller Stände. Im besonderen erblickt sie in der wirtschaftlichen und sozialen Sicherung des Arbeiters eine der wichtigsten Voraussetzungen für die Erhaltung unserer Volkskraft. Die ›Sudetendeutsche Heimatfront‹ wird auf dem Boden, auf den uns das Schicksal gestellt hat, unter Anerkennung des Staates, bei Einsatz aller gesetzlich zulässigen Mittel an der Erreichung dieses Zieles arbeiten.
Sie bekennt sich zu den demokratischen Grundforderungen vor allem der Gleichberechtigung der Kulturvölker und erblickt in dem friedlichen Ausbau dieser Grundlagen – unter voller Achtung der Volkspersönlichkeiten – die sichtbarste Gewähr für eine gedeihliche Entwicklung der Völker und Staaten des mitteleuropäischen Raumes.
Die »Sudetendeutsche Heimatfront« wird auf ständischer Grundlage aufgebaut, um die restlose Erfassung aller Volksgenossen zu ermöglichen und dadurch die volle Entfaltung aller seiner geistigen und wirtschaftlichen Kräfte sowohl innerhalb seines Standes als des Volksganzen zu gewährleisten.
In der einheitlichen Vertretung aller politischen, kulturellen, sozialen und wirtschaftlichen Belange entscheidet nur das Wohl des gesamten Volkes.
Arbeiter, Bürger und Bauern!
Schließt die Reihen! Alle Arbeit gilt unserer Heimat!

---

*Quelle:*
Jahn, Rudolf: »Konrad Henlein spricht«; Karlsbad, 1937; S. 9ff.

**Entscheidung** **1933, 7. Oktober**
**der tschechoslowakischen Regierung:**
*Verbot der DNSAP und der DNP in der Tschechoslowakei*

Prag. Die Regierung hat am Mittwoch die Deutsche Nationalsozialistische Arbeiterpartei und die Deutsche Nationalpartei aufgelöst. Die Auflösung der DNSAP erfolgte 24 Stunden nach dem Beschluß des Parteivorstandes in Aussig, sich freiwillig aufzulösen.
Die amtliche Mitteilung über die Auflösung der beiden Parteien, die am Donnerstag Vormittag herausgegeben wurde, hat folgenden Wortlaut:
»Am gestrigen Tage wurde die Tätigkeit der Zentrale der Deutschen Nationalsozialistischen Arbeiterpartei und die Tätigkeit aller Orts-, Bezirks-, Kreis- und Landesorganisationen dieser Partei amtlich eingestellt und verboten, da alle Bestrebungen der Deutschen Nationalsozialistischen Arbeiterpartei nach Durchführung ihres territorialen Programms [1] die Vereinigung aller Deutschen schon begriffsmäßig in sich die Zeichen der Gewalt einschließen und sowohl das Strafgesetz als auch die öffentliche Ruhe und Ordnung im Sinne des § 113 der Verfassungsurkunde [2] verstoßen und da deren gesetzwidrige Existenz der öffent-

lichen Ordnung und Ruhe und der öffentlichen Sicherheit widerspricht. Aus dem gleichen Grunde wurde auch die Tätigkeit der Deutschen Nationalpartei eingestellt und verboten, welche das öffentliche Bestreben kundgegeben hat, sich mit der Deutschen Nationalsozialistischen Arbeiterpartei zu verschmelzen.«
Wie einer halbamtlichen Äußerung entnommen werden kann, sei die Regierung entschlossen, die Demokratie mit den äußersten Mitteln zu verteidigen. Die Entwicklung der Verhältnisse in einigen Nachbarstaaten, heißt es hier, habe insbesondere in den deutschen Teilen der Republik gewisse Zersetzungserscheinungen gezeitigt, die den aktivistischen Parteien nicht nur ernstliche Sorge bereiten, sondern auch ihre weitere ersprießliche Arbeit für den Staat gefährden. Dem Parlament soll eine Reihe von Anträgen zugehen, die den festen Willen der Regierung bekunden, ihre Autorität zum Schutze der Demokratie in die Waagschale zu werfen.
Befürchtungen, daß es sich hierbei um die gewaltsame Unterdrückung der politischen Parteien überhaupt handeln könnte, seien unbegründet. Die Regierung könne und müsse jedoch von den politischen Parteien verlangen, daß sie sich als Träger der Staatsidee bekennen. Sie erwartet von ihnen, gleichgültig, ob sie sich im Regierungslager oder in der Opposition befinden, daß sie sich vorbehaltlos auf den Boden des Staates stellen, daß sie bedingungslos für die Einheit und Unteilbarkeit des Staates und für dessen Sicherung nach innen und außen eintreten, diese Grundsätze loyal bekennen und sich bereit erklären, am Wohl des Staates mitzuarbeiten. Dieses offene Bekenntnis gelte nicht nur für die Regierungsparteien, sondern auch für die Opposition, unbeschadet der konstruktiven Kritik, die sie im Rahmen des gemeinsamen Zieles jeder Zeit ungehindert ausüben könne, sofern auch ihr als letzte Etappe die gesunde Entwicklung des Staates im Innern und nach außen vorschwebt.
Die Regierung werde mit äußerster Entschlossenheit zum Ausdruck bringen, daß die Demokratie im Rechte ist, wenn sie sich gegen Anarchie, Zersetzung und umstürzlerische Bewegung zur Wehr setzt.
Aus diesem Grunde werde sie den politischen Parteien die Frage vorlegen müssen, ob sie sich ohne jeden Vorbehalt für diesen Staat und für dessen gesunde Entwicklung und für Zusammenarbeit ausspreche. Fällt die Antwort negativ aus, dann ergeben sich die zutreffenden Maßnahmen von selbst ...

*Anmerkungen:*
[1] Zum Autonomieprogramm der DNSAP: Siehe S. 175f.
[2] Zum Text: Siehe S. 146.

*Quelle:*
Krebs, Hans: »Kampf in Böhmen«; Berlin, 1938; S. 170 (dort verkleinertes Faksimile aus sudetendeutscher Zeitschrift; Hervorhebung im Original).

## Bericht des britischen Gesandten in Prag, Sir Joseph Addison, an sein Außenministerium:

**1934, 3. März**

*Die ČSR ist ein Staat, »der von Tschechen für Tschechen regiert wird«*

... Wenn man ein künstliches Gebilde erhalten will, verlangt dies künstliche Unterstützung und so wird jedermann mit einer gewissen Beobachtungsgabe die außerordentlich schwierige Lage feststellen können, in welche dieser Staat *(d. h. die Tschechoslowakei)* durch seine bloße Existenz kommen mußte: Ärgerliche Grenzen, ein mächtiger Nachbar[1] auf drei Seiten, der seine Vernichtung wünscht und zwei weitere Nachbarn[2], die die Tschechoslowakei aus tiefstem Herzen verachten und den gleichen Wunsch haben. Außerdem hat sie

ausgedehnte Landgrenzen, an denen hauptsächlich Volksgenossen leben, die – ob zu Recht oder zu Unrecht – sehr illoyal sind und nichts anderes wünschen, als das Verschwinden dieses Staates in seiner derzeitigen Konstruktion.
Für einen Engländer, der in englischen Begriffen denkt, wäre es nun an der Zeit, einzuwenden, daß man den augenblicklichen Zustand der Spannung hätte vermeiden können, wenn man eine weise Politik der Beschwichtigung gegenüber den Minderheiten innerhalb der Staatsgrenzen betrieben hätte . . . Für den Realisten bleibt die Tatsache, daß die Tschechoslowakei ihre Minderheiten nicht befriedigt hat . . . Durch eine angemessene Behandlung der Minderheiten wäre nämlich die tschechische Minderheitsherrschaft verschwunden, die der Kern des Staatsaufbaues ist . . .
Die Lage ist unerfreulich und die herrschende Schicht der Tschechen kann eigentlich nichts tun, um diese unerfreuliche Lage zu ändern. Deswegen mußte sie schließlich zur Erkenntnis kommen, daß Unterstützung für sie nur von außerhalb des Staates kommen kann. Diese Erkenntnis hat zu einem weiteren beunruhigenden Verdacht geführt: nämlich, daß solche Unterstützung nicht in der einzig brauchbaren Form kommen wird. Diese einzig brauchbare Form wäre nämlich die Androhung, Gewalt zur Aufrechterhaltung des jetzigen Zustandes anzuwenden, eines Zustandes, der lebenswichtig zum Fortbestehen der Tschechoslowakei als unabhängiger souveräner Staat ist, der von Tschechen für Tschechen regiert wird . . .

*Anmerkungen:*
[1] Gemeint: Das Deutsche Reich
[2] Gemeint: Polen und Ungarn

*Quelle:*
»Documents on British Foreign Policy«; 2. Reihe, Bd. VI; London, 1957; S. 514ff.

**Rede** **1934, 21. Oktober**
**des sudetendeutschen Politikers Konrad Henlein (SHF)**[1]**:**
*Verhältnis zur ČSR, Abgrenzung zum Nationalsozialismus*

. . . Angesichts aller tatsächlichen und gewollten Mißverständnisse können wir nur neuerlich erklären, daß wir die bisherige sudetendeutsche Politik weder im allgemeinen, noch die Politik im Sinne einer der alten Parteien im besonderen fortzusetzen gewillt sind . . . Uns geht es um die Einigung des Deutschtums in diesem Staate im Sinne echter und lebendiger Volksgemeinschaft und um seinen Einsatz als notwendiges staatskonservatives Aufbauelement bei gleichzeitiger Wahrung unserer naturgegebenen Rechte . . . Es geht uns um eine Politik, die auf den gegebenen Tatsachen aufbaut und nach der ehrlichen Übereinstimmung der staatlichen Notwendigkeiten mit den eigenen völkischen Lebensnotwendigkeiten sucht im Geiste der Würde und der Verantwortung . . .
Wir haben dem Staate gegeben, was des Staates war und haben bis heute alle unsere Pflichten als Staatsbürger treu und ehrlich erfüllt. Um so mehr erwarten wir mit vollem Recht, daß endlich der Staat uns in vollem Maße gibt, was unser ist. Kein vernünftiger Tscheche kann von uns verlangen, daß wir unser Volkstum verleugnen. Schon oft habe ich erklärt, und ich erkläre es nochmals: Wir waren Deutsche, wir sind Deutsche, und wir werden in alle Zukunft Deutsche bleiben.
. . .
Es entspricht . . . unserer grundsätzlichen Überzeugung, daß sowohl Faschismus wie Nationalsozialismus an den Grenzen ihrer Staaten die natürlichen Voraussetzungen ihres Daseins verlieren und daher auf unsere besonders gearteten Verhältnisse nicht übertragbar sind . . .

Gegenüber dem reichsdeutschen Nationalsozialismus stehen wir nicht an, grundsätzliche Vorbehalte zu bekunden ...
Trotz gewisser kritischer Vorbehalte gegenüber der liberalen Epoche, deren Versagen heute außer Zweifel steht, muß ich aber eines nachdrücklich unterstreichen: Daß wir nie und nimmer auf die Libertät, d. i. auf die vorbehaltlose Achtung der Persönlichkeitsrechte als einer grundsätzlichen Haltung bei der Bestimmung der Beziehung der Menschen im allgemeinen und der Beziehungen zwischen Staatsbürger und Behörden im besonderen verzichten werden ...
Aus diesen Feststellungen ergeben sich die fundamentalen Unterschiede, die uns vom Nationalsozialismus unterscheiden.
...
Endlich kann ich in diesem Zusammenhang die sog. Revisionsfrage nicht unerwähnt lassen. Ich kann mich damit begnügen, offen und unzweideutig zu erklären, daß wir an irgendeiner Revision der Grenzen auch nicht das geringste Interesse haben.
... Das Ziel mitteleuropäischer Politik kann deshalb weder die Revision noch die Antirevision sein; weder das Bestreben, Grenzen zu errichten, noch Grenzen zu verändern, sondern ausschließlich das Bestreben, die Grenzen als trennende Mauern unwirksam zu machen.
...
Man muß sich aber doch über das Eine im Klaren sein, daß letzten Endes – und gerade vom Standpunkt der Demokratie! – ein Staat nur dann als konsolidiert betrachtet werden kann, wenn er sich auf die freiwillige und aus der inneren Überzeugung kommende Überzeugung seiner Bürger zu stützen vermag. Bajonette und Zwangsmaßnahmen haben auf die Dauer noch keinen Staat gesichert ...
Im politischen Leben ist es möglich, vorübergehend durch Argumente zu überzeugen. Massen dauernd zu binden, setzt jedoch praktische Ergebnisse voraus als Rechtfertigung einer Politik – praktische Ergebnisse, die ich letztlich nicht auf Grund meines guten Willens, sondern nur auf Grund der Einsicht der tschechoslowakischen Staatsführung werde aufweisen können. Deshalb bleibt ihr allein die Verantwortung für das Gelingen eines Versuchs, den wir aufrichtig und ohne Hintergedanken gewagt haben.
Wir sind gern bereit, anzuerkennen, daß die Tschechoslowakei jener Staat ist, in dem Tschechen und Slowaken die gesicherte staatliche Grundlage ihres völkischen Lebens gefunden haben. Aber das Bedürfnis eines Volkes, sich auszuleben, muß seine unverrückbaren und unüberschreitbaren Grenzen in den Grundsätzen der Ethik und Humanität finden, auf die man sich tschechischerseits immer wieder beruft. Daß wir Sudetendeutsche die Unantastbarkeit unseres Lebensraumes und unseres Volksbodens, unserer Lebensrechte, unseres kulturellen und wirtschaftlichen Besitzstandes, unseres Arbeitsplatzes fordern – das werden auch unsere tschechischen Mitbürger verstehen: denn diese Forderungen sind so primitive Selbstverständlichkeiten, daß jedes Volk Verachtung treffen würde, wenn es nicht bereit wäre, diese Güter mit allen Mitteln zu bewahren.
...
Das Sudetendeutschtum bietet offen und ehrlich die Hand zum Frieden. Wer sie ausschlägt, muß dafür die Verantwortung übernehmen, wie sich die Zukunft dann entwickeln wird ...

---

*Anmerkung:*
[1] Vor ca. 50.000 Zuhörern, einer für damalige Verhältnisse sehr hohe Zahl, in Böhmisch-Leipa (Nordböhmen).

---

*Quelle:*
Jahn, Rudolf: »Konrad Henlein spricht«; Karlsbad, 1937; S. 22ff.

**Ablaufbericht:** **1935, 19. Mai**
**Von der SHF zur »Sudetendeutschen Partei« (SdP);**
**das Wahlergebnis 1935, seine Bedeutung und Wertung:**

... Im Jahre 1935 konnte die tschechische Regierung die fälligen Parlamentswahlen nicht mehr länger hinausschieben und setzte diese auf den 19. Mai ... fest.

...

Bis zum letzten Augenblick *(vor der Wahl)* wiegte Dr. Beneš sich selbst in der Hoffnung oder spiegelte diese den anderen deutschen Regierungsparteien vor, er werde noch in letzter Minute das Verbot der Sudetendeutschen Heimatfront durchsetzen. Dieses Vorhaben lehnte Staatspräsident Masaryk ab und stellte sich auf den Boden der Verfassung. Nach diesem Mißerfolg versuchte die Regierung, auf einem anderen Wege die SHF tödlich zu treffen. Alle ihre propagandistischen Vorbereitungen zur Wahl waren abgeschlossen. Da teilte am 19. April der Vizepräsident der Landesbehörde Böhmen, Dr. Graf Boos-Waldeck, den Vertretern der SHF, Dr. Neuwirth und Dr. Sebekovsky, den Regierungsbeschluß mit: Die Sudetendeutsche Heimatfront habe unverzüglich ihren Namen in »Sudetendeutsche Partei, Vorsitzender Konrad Henlein« zu ändern, ebenso ihre von schwarz-rot-schwarz in »Blauweiß« geänderten Farben durch »Rot-Weiß« zu ersetzen, keinerlei Parteidrucksachen einschließlich der Mitgliedskarten und sonstiges Wahlmaterial dürften ohne vorgenannte Änderung verwandt werden. Auch solche Schikanen beeinflußten die Wahl nicht; ...
Mit 1249497 Stimmen bei einer deutschen Gesamtbevölkerung von knapp 3,5 Millionen war die Sudetendeutsche Partei (SdP) nicht nur die stärkste Gruppe *(der Sudetendeutschen)* [1], sondern überhaupt die stärkste Partei in der ČSR geworden ... Mit 44 Mandaten, einem Sitz weniger als die tschechischen Agrarier [2], zog die »Partei einer nationalen Minderheit« ins Parlament ein. 25 besaß sie im Senat ... Das tschechische Nationalstaatsdogma war durch solchen Ausgang nachhaltig erschüttert, und die Welt, seit der Rede von Böhmisch-Leipa [3] aufmerksam geworden, mußte plötzlich erkennen, daß in der ČSR mehrere Nationen wohnten.[4]

*Anmerkungen:*
[1] Zum Gesamtverhältnis der Stimmabgabe: Siehe S. 475f.
[2] Das ČSR-Wahlrecht war nicht vollproportional. Deswegen entsprach das Stimmenverhältnis nicht exakt dem Mandatsverhältnis im Parlament.
[3] Siehe vorhergehenden Beleg.
[4] Auf Grund des Wahlergebnisses bot Henlein in einem Telegramm vom 20. Mai 1935 an ČSR-Staatspräsident T. G. Masaryk den Regierungseintritt der SdP an. Dieses Telegramm wurde niemals beantwortet. Grund für diese Zurückhaltung der ČSR-Führung könnte ihre Lagebeurteilung gewesen sein. Sie ist einem Rundtelegramm des ČSR-Außenministers Beneš vom 22. 5. 1935 an die wichtigsten ČSR-Botschaften im Ausland zu entnehmen:
»Das Ergebnis der Wahlen ist folgendermaßen zu beurteilen:
Die deutsche Bevölkerung ist desorientiert, die Henleinpartei ist nicht irredentisch, und es wäre ein Fehler, sie als irredentisch zu beurteilen und zu erklären. Aber die deutsche Bevölkerung erlag einer im tschechischen Lager abgelehnten Ideologie.
Sonst ändert sich nichts, weder an dem Regime noch an der Struktur des Staates. Die künftige Regierung wird aus den bisherigen vier tschechoslowakischen Parteien zusammengesetzt sein ... In der Regierung werden alle bisherigen drei deutschen aktivistischen Parteien verbleiben, was ungefähr ein Drittel der deutschen Abgeordneten bedeutet.
Henlein wird in der Opposition sein. Seine Partei besteht aus einem solchen Konglomerat, daß sie bald auseinanderfallen wird. Schließlich werden als solider Henleinblock etwa 25 Abgeordnete übrigbleiben, was der wirklichen Lage entsprechen würde.«
Vgl.: Berber, Fritz (Hrsg.): »Europäische Politik 1933–1938 im Spiegel der Prager Akten«; Essen, 1941; S. 49.

*Quelle:*
Rönnefarth, Helmuth: »Die Sudetenkrise in der internationalen Politik«; Wiesbaden, 1961; S. 140f.

**Reden**[1] **1936, 26. April**
**der sudetendeutschen Abgeordneten Gustav Hacker (BdL), Hans Schütz (DCV) und Wenzel Jaksch (DSAP):**
*Das Sudetendeutschtum zwischen Staats- und Sprachgrenze*

1. Hacker[2]

...

Der deutsche Aktivismus hält sich für berufen, in einer Zeit, in welcher das Staatsverteidigungsgesetz verabschiedet wird, durch welches dem Staate gegeben wird, was des Staates ist, alle verantwortlichen Staatsmänner darauf aufmerksam zu machen, daß es das Lebensrecht unseres deutschen Volkes verlangt, gesetzliche Maßnahmen zu treffen, welche den Bestand des deutschen Volkes in der Tschechoslowakei sicherstellen und geeignet sind, jeden Versuch nationalen Unrechtes auszuschalten.

Das ist eine unabweichliche und unveräußerliche Forderung des deutschen Aktivismus, der sich dauernd bereit erklärt, ein friedliches und glückliches Zusammenleben der Völker zu garantieren, dessen Wille zum Ausgleich und zur Gerechtigkeit nicht in Zweifel zu ziehen ist und dessen Aktionsfähigkeit allerdings auch von der Bereitschaft der Gerechtigkeit auf der anderen Seite abhängig ist.

Weil wir nicht wollen, daß der deutsche Aktivismus, zu dem sich heute ein Großteil der Sudetendeutschen bekennt, scheitert, darum liegt uns an der Erklärung von der Begrenzung des Aktivismus durch dauerndes Unverständnis für seine berechtigten nationalpolitischen Forderungen. Diese Erklärungen sind ebenso ernst, wie die Lage, die wir zur Besserung, zur Gerechtigkeit und zum Frieden der Völker und unseres Staates führen wollen ...

2. Schütz[3]

...

Den Sudetendeutschen war beim Verfassungswerk die subjektive Mitwirkung, die Anerkennung der Volkspersönlichkeit, versagt.

Der jahrhundertlange Streit zwischen Deutschen und Tschechen ging um die Fragestellung »Ich Herr« oder »Du Herr«.

Die neue Formel aber, die die Existenz dieses Landes, das unsere gemeinsame Heimat ist, einzig und allein sicherstellen kann, heißt: »Ich Herr und Du Herr.«

Die in der Verfassung vorgesehene Gleichberechtigung aller Bürger kann das nationale Problem nicht befriedigend lösen.

So wie die europäische Ordnung nur aufrecht erhalten werden kann, wenn ihr Fundament die Gleichberechtigung ist, so kann die Ordnung in einem Nationalitätenstaat nur dauernd gesichert werden, wenn die soziale und nationale Gleichberechtigung verbürgt ist.

Soziale Revolutionen sind die Folge gesellschaftlicher Unterdrückung. Kriege und Aufruhr aber werden aus nationalem Unrecht geboren. Wer Revolution, Krieg und Aufruhr verhindern will, muß die Quelle des sozialen und nationalen Unrechtes verstopfen.

Es ist heute kein Zweifel, daß auf weite Strecken wirtschaftliche Not und soziales Unrecht in nationaler Ungerechtigkeit ihre Wurzel haben. Der Staat verlangt mit Recht, daß alle Bürger ohne Unterschied und ohne Hintergedanken die Staatsgrenze bejahen.

Der sudetendeutsche Schicksalsraum liegt zwischen der Staatsgrenze und der Sprachgrenze.

Vom tschechischen Volk müssen wir daher die Anerkennung der Sprachgrenze[4] ebenso fordern, wie der Staat von allen Völkern die Respektierung der Staatsgrenzen fordert.

Die Forderung nach Anerkennung des Lebensraumes der Sudetendeutschen enthält keine Spitze gegen die tschechischen Mitbürger, welche seit Generationen dort zu Hause sind. Aber in einer Zeit schwerster und drückendster Wirtschaftsnot bisherige deutsche Arbeitsplätze aus welchen Motiven immer tschechischen Landsleuten in die Hände zu spielen, heißt den sudetendeutschen Aktivismus bei lebendigem Leibe ans Kreuz schlagen . . .

3. Jaksch[5]

. . .

Im Ringen um ihre nationalen Rechte sind die deutschen Arbeiter auf die Bundesgenossenschaft der deutschen Bauern, Handwerker und Intelligenzschichten angewiesen.
Besonders im deutschen aktivistischen Lager ist eine engere Zusammenarbeit notwendig.
Das Volk habe keine Ahnung, an welchem Abgrund es vorbeigeht.
Henleins Marsch führt auf den Weißen Berg des sudetendeutschen Schicksals. Seine Politik ist die des nationalen Selbstmordes.
Wir treten ihr entgegen, nicht nur im Interesse der Demokratie und des Sozialismus, sondern auch im Lebensinteresse des Volkes. Es gilt die Sudetendeutschen vor Rückschlägen zu bewahren, die größer sein würden als die Katastrophe der Hussitenzeit oder des Dreißigjährigen Krieges.
Die Frage Krieg oder Frieden bedeutet für die Sudetendeutschen eine innere Entscheidung auf Tod und Leben.
Gestützt auf die eigene Kraft, nehmen wir den Kampf um die Korrektur des unglücklichen Wahlergebnisses vom 19. Mai[6] auf. Das Kampfterrain wird jedoch von den Richtlinien der Staatspolitik aus gemessen.
Der Grad der Einsicht des tschechischen Volkes bestimmt die Stärke unserer sittlichen Waffen.
So stehen wir vor der Aufgabe einer neuen Auseinandersetzung mit den Grundgesetzen der tschechischen Politik.
Abgeordneter Jaksch sieht das Haupthindernis erfolgreicher nationaler Zusammenarbeit darin, daß sich der tschechoslowakische Nationalstaatsbegriff nicht mit dem Umfang des Staatswesens deckt. Die Grundfragen des nationalen Zusammenlebens wurden seit 1918 entweder einseitig beantwortet oder sie sind ungelöst geblieben. So geht der nationale Kleinkrieg auf allen Fronten weiter und verpestet die innenpolitische Atmosphäre. Die tschechische Formel, daß die Verpflichtung der Minderheitsverträge erfüllt wurde[7], kann uns nicht befriedigen.
Die Sudetendeutschen sind keine Minderheit im ethnographischen Sinne, sondern ein durchgebildeter Volkskörper.
Seit Jahrhunderten sind sie Träger eines politischen Sonderschicksals. Wer uns als Minderheit abtun will, bedenke, daß in Europa mehrere Völker von geringerer Zahl ihren eigenen Staat besitzen.
Die tschechische Politik ist erkrankt an der Unterschätzung der inneren Staatsprobleme. Unzählige Verträge wurden nach außenhin abgeschlossen, während nach innen nicht die bescheidenste nationalpolitische Vereinbarung getroffen werden konnte.
Es ist unmöglich, im Donauraum die föderalistische Initiative zu ergreifen und zu Hause an einem starren Zentralismus festzuhalten. Die Überspannung des zentralistischen Prinzips führt zu einer unerträglichen Bürokratisierung des ganzen öffentlichen Lebens.
Aus den Reihen der tschechischen Agrarpartei kommt der Ruf nach regionaler Auflockerung und gleichzeitig werden den Deutschen ihre letzten Sektionen bei den Landeskulturräten und in der Pensionsversicherung streitig gemacht.
Neben der legalen gibt es hierzulande eine illegale Nationalitätenpolitik. Offiziell werden die Deutschen als gleich unter Gleichen bezeichnet. Inoffiziell sind die nationalen Kampfvereine als Hüter der Ungleichheit tätig.
Die deutsche Sozialdemokratie hat im Grenzgebiet ein positives Verhältnis zu den historischen tschechischen Minderheiten gesucht und zumeist auch gefunden.
Sie steht aber im schärfsten Widerspruch zu dem Geist jener Minderheitsorganisationen[8],

die in jedem Deutschen einen Staatsfeind sehen. Wer den letzten deutschen Briefträger oder Eisenbahner ausrotten will, ist ein Totengräber der Staatsgesinnung im Grenzgebiet.
Vom staatspolitischen Standpunkt aus gesehen ist es heller Wahnsinn, in die übervölkerten Krisengebiete immer neuen Menschenzuzug zu lenken.
Dadurch werden in der deutschen Bevölkerung die Krisenstimmungen immer mehr auf nationales Gebiet verschoben.
Es scheint, daß die meisten tschechischen Politiker die Warnung vom 19. Mai[8] nicht verstanden haben.
Nach dem Wahltag wurden Stimmen der Erkenntnis laut, daß den Deutschen gegenüber schwere Fehler begangen wurden.
Die praktischen Folgerungen sind aber ausgeblieben, und es wurde im Gegenteil die Politik der kleinlichen Nadelstiche fortgesetzt. Die forcierte nationale Durchdringungspolitik in den Grenzgebieten richtet sich in der ersten Linie gegen den staatstreuen deutschen Arbeiter und Angestellten.
Unsere berechtigten Beschwerden sind bisher an einer Mauer des Totschweigens abgeprallt.
Wir müssen aussprechen, was ist; die tschechische Politik steht vor der inneren Entscheidung, ob in ihrer Staatskonzeption für die Sudetendeutschen Platz ist oder nicht.
Dieser Entscheidung kann sie nicht ausweichen.
Es ist die folgenschwerste Entscheidung der tschechischen Politik seit 1918, ob sie Verständigung mit den deutschen Aktivisten sucht, oder die Dinge treiben läßt, bis die Lebensinteressen der Völker den reaktionären faschistischen Spekulationen zum Opfer fallen. Auch Frankreich hat zu spät für die Weimarer Demokratie optiert[9].
Die deutsche sozialistische Arbeiterschaft fordert in nationaler Beziehung nicht mehr, als sie in dem gemeinsamen Brünner Nationalitätenprogramm vom Jahre 1899[10] für die nichtdeutschen Völker Österreichs gefordert hat.
Nicht die Gleichberechtigung der Bürger bringt die Lösung, sondern der Kern des nationalen Problems besteht darin, ob die qualitative Gleichberechtigung der Völker gesichert werden kann. Wir erklären ganz offen, daß die Benachteiligung der Deutschen im öffentlichen Dienst, in der Sprachenfrage und in der ganzen Verwaltung einen Grad erreicht hat, der allgemein als unhaltbar empfunden wird.
Das Schweizer Beispiel zeigt, daß gerade die stärkste Nation des Völkerstaates mit weiser Mäßigung vorangehen müßte.
. . .

---

*Anmerkungen:*
[1] Die Reden waren abgesprochen.
Vgl. »Hans Schütz« in »Abgeordnete des Deutschen Bundestages«; Bd. 2; Boppard, 1983; S. 200.
[2] Bei der Versammlung der Saazer Hopfenverkehrsgesellschaft in Saaz, Nordwestböhmen.
[3] Vor einer Konferenz von Vertrauensleuten christlicher Gewerkschaften in Gießhübel, Nordmähren.
[4] Siehe S. 188.
[5] Vor einer Versammlung sozialdemokratischer Vertrauensleute in Bodenbach, Nordböhmen.
[6] Gemeint sind die Parlamentswahlen vom 19. 5. 1935; zu den Ergebnissen: Siehe S. 183, 475f.
[7] Gemeint ist sowohl der Minderheitenschutzvertrag vom 10. 9. 1919 (Zum Text: Siehe S. 138ff.) an sich als auch die ČSR-Behauptung, ihn erfüllt zu haben.
[8] Gemeint: Tschechische, staatlich geförderte Organisationen und Verbände, welche Unterwanderung des sudetendeutschen Gebiets mit Tschechen betrieben.
[9] Gemeint: Die Wähler im Deutschen Reich liefen auch deswegen Hitlers NSDAP in großen Scharen zu, weil Frankreich dem Deutschen Reich in Fragen der Gleichberechtigung und Abrüstung zu spät zu wenig zugestand.
[10] Zum Text: Siehe S. 93.

*Quelle:*
»Deutscher Nachrichtendienst« *(Gemeinsame Publikation deutscher Parteien in der ČSR)*; Prag; Jg. 11; 28. 4. 1936.

**Forderungen**[1] **1936, 26. Juni**[1]
**der Deutschen Christlichsozialen Volkspartei (DCV):**
*Regierungseintritt an Schritte zur Gleichberechtigung gebunden*

I. Politische Wünsche
1. In den Bezirksvertretungen und in den Bezirksausschüssen soll der Einfluß der Beamten zurückgedrängt werden. Ohne Novellierung des Gesetzes durchführbar.
2. Die fortgesetzten Persekutionen wegen kleinlicher politischer Vergehen und die unwürdige Behandlung politischer Untersuchungshäftlinge schädigt den Staatsgedanken.
3. Wenn in Bezirksvertretungen und Landesvertretungen neue Bezirksvertreter und Landesvertreter zu ernennen sind, erheben wir auf diese Stellen in erster Linie Anspruch.

...

II. Nationale Wünsche
A. Schule
1. In jenen Orten, wo sich nach dem dreijährigen Durchschnitt mindestens 15 schulpflichtige deutsche Kinder befinden, müssen diese Kinder eine deutsche Volksschule erhalten (Privatschule oder staatliche Minderheitsschule).

...

3. Die beiden deutschen Technischen Hochschulen in Prag und Brünn sollen weiter bestehen bleiben.
4. Die künftigen Landesschulräte und Bezirksschulräte müssen national getrennt bleiben.
5. Im Schulministerium oder im Ministerratspräsidium möge eine Abteilung für Minderheiten geschaffen werden.

...

B. Anteil an der Staatsverwaltung
9. Neuanstellungen im Staatsdienst (auch im Heer) erfolgen nach dem nationalen Schlüssel.
10. Wir verlangen deutsche Vizepräsidenten in der Brünner Landesbehörde und in den Finanzlandesdirektionen Prag, Brünn und Troppau. Ernennung hoher deutscher Beamten in den Zentralbehörden.

C. Wirtschaft
11. In den Notstandsgebieten sind durch bodenständige Formen und einheimische Arbeiter weit mehr Notstandsarbeiten durchzuführen als bisher.
12. Bei der Vergebung von Staatslieferungen und Investitionen ist der nationale Schlüssel einzuhalten.

...

D. Entnationalisierung, Volkszählung, Radio
17. Im Sinne des Antrags Dr. Luschka (Druck 186 ex 1936) verlangen wir die baldige Vorlage eines Durchführungsgesetzes zum § 134 der Verfassungsurkunde (Verbot der Entnationalisierung).[2]

18. Novellierung des Volkszählungsgesetzes (Nr. 256 ex 1920) in der Weise, daß zur Mitwirkung und Kontrolle auch Organe der Gemeinde herangezogen werden.
19. Wir verlangen einen deutschen Sender.

III. Religiöse Wünsche
1. Im Sinne unserer Forderungen sind die Habrmanschen Verordnungen zu revidieren.
2. Auch in den neuen Landesschulräten sollen die Religionsgemeinschaften vertreten sein.
3. Dem Hilfsverband der deutschen katholischen Erziehungs- und Bildungsanstalten (Sitz Leitmeritz) ist eine entsprechende Subvention zu bewilligen.

IV. Schluß
1. Die gemeinsamen nationalen Forderungen sollen im geeigneten Zeitpunkt von Vertretern der Deutschen Christlichsozialen, der Sozialdemokraten und des Bundes der Landwirte gemeinsam dem Regierungschef vorgetragen werden.
2. Um eine öffentliche Rechtfertigung für unseren Regierungseintritt zu erlangen, möge der Ministerpräsident womöglich in einer Regierungserklärung den Standpunkt der deutschen Parteien zur Geltung bringen.

*Anmerkungen:*
[1] Am 26. 6. 1938 dem tschechoslowakischen Ministerpräsidenten Milan Hodža überreicht.
[2] Zum Text: Siehe S. 141f.

*Quelle:*
Zajiček, Erwin: »Zwei Dokumente zur Geschichte des sudetendeutschen Aktivismus« in: »Umbruch in Mitteleuropa«; München, 1960; S. 3f.

**Leitartikel** **1936, 15. August**
**einer tschechoslowakischen, nationalsozialistischen Zeitschrift:**
*Das Ziel[1] tschechoslowakischer Politik*

... Das Grenzlerproblem ist die Besiedlung dieses Drittels[2] mit Leuten aus unserem Volke, ist die Hinausschiebung[3] der heutigen Sprachengrenze bis an die tatsächlichen Landesgrenzen, ist die Erbauung eines vollkommen unüberwindlichen und verläßlichen Geschlechtes und unseres Blutes ...

*Anmerkungen:*
[1] Es gab zahlreiche ähnliche Stimmen; siehe auch S. 157.
[2] Gemeint: Ein Drittel von Böhmen und Mähren, d. h. das Sudetengebiet.
[3] Zur Interpretation dieser Politik als natürlichem Vorgang: Siehe S. 189.

*Quelle:*
»Obrana Narodná« [Nationale Verteidigung]; *(Zeitschrift der tschechoslowakischen Nationalsozialisten)*; Prag, 15. 8. 1936;
Wiedergabe in Rönnefarth, Helmuth: »Die Sudetenkrise in der internationalen Politik«; Wiesbaden, 1961; S. 161.

**Äußerung** **1936, 11. November**
**des ČSR-Ministerpräsidenten Milan Hodža (Agrarier)[1]:**

... Von der Autonomie und vollen Gleichberechtigung der Deutschen wollen wir in keiner Richtung sprechen ...

*Quelle:*
Göttinger Arbeitskreis (Hrsg.): »Sudetenland«; Kitzingen/Main, 1954; S. 90.

**Äußerungen** **1936, 18. Dezember**
**des tschechoslowakischen Staatspräsidenten Edvard Beneš:**
*Tschechisierung der Sudetendeutschen auf vielen Wegen ist natürlicher, unaufhaltsamer Prozeß*

*Im Jahre 1936 hatten Prof. Albrecht Haushofer*[1] *und Graf Trautmannsdorf vom Deutschen Auswärtigen Amt zwei längere Unterredungen mit Präsident Beneš in Prag, um wegen eines deutsch-tschechoslowakischen Nichtangriffspaktes zu sondieren.* »Als Voraussetzung war allerdings die Kulturautonomie der Sudetendeutschen angenommen.«[2]
*Dr. Beneš*[3] *berichtete über das Gespräch wie folgt: Haushofer und Trautmannsdorf hätten unter Kulturautonomie verstanden* »die Einführung des Schweizer Systems der Kantonalisierung des Landes[4], so daß in einigen Gebieten nur die tschechische Sprache und in anderen nur die deutsche Sprache gelehrt[5] werden würde. Ich[6] wies die Unanwendbarkeit dieses Systems für die Tschechoslowakei nach. Ich erläuterte die historische Entwicklung in der Schweiz und wie andererseits in Österreich[7] sich alles gegen dieses Verfahren entwikkelte. Jetzt leben Hunderttausende unseres Volkes im deutschen Gebiet und Tausende von Deutschen in den tschechischen Gebieten, eigentlich Hunderttausende. Abgesehen davon wies ich darauf hin, daß die Tschechisierung nicht über die Erziehung erfolge, da dies eine lediglich wirtschaftliche Frage sei. Das deutsche Gebiet ist stärker industrialisiert, weswegen die Bevölkerung aus den agrarisierten, wirtschaftlich schwächeren tschechischen Regionen unabwendbar einströmen müsse. Dagegen könne man nichts tun.«
*Trautmannsdorf und Haushofer stellten auch die Hauptfrage,* »ob die ganze tschechoslowakische Nationalitätenpolitik nicht dazu führe, daß Tschechen ins deutsche Gebiet eindrängen, es unterwanderten und durchsetzten, dadurch das deutsche Gebiet schrittweise einengten und die Deutschen nach Deutschland trieben«.[8]
»Ich[6] stellte fest, daß diese Besorgnis einerseits übertrieben sei, andererseits auf realen zuzugebenden Tatsachen fuße, die jedoch entweder mißverstanden werden oder zum politischen Gebrauch verdreht würden. Ich stellte nochmals offen fest, daß ich nichts verbergen oder die Tatbestände anders darstellen wolle, als sie sind: Es ist Tatsache, daß sich unter der Republik vieles zu Gunsten der Tschechen und gegen die Deutschen gewendet habe, daß die sogenannte ›Tschechisierung‹ auf vielen Wegen durchgeführt werde und daß dieser Prozeß weitergehen werde. Sie[9] sollten sich darüber keinen Illusionen hingeben, denn das ist der eigentliche Kernpunkt. Es ist ein natürlicher[10], moderner, soziologischer, politischer und wirtschaftlicher Prozeß, der nicht aufgehalten werden kann, weil er tiefe Wurzeln in den Lebensbedingungen und der ganzen Entwicklung unseres Staates habe und demzufolge hinzunehmen sei.«[3]

*Anmerkungen und Quellen:*
[1] 1945 von den Nationalsozialisten in Berlin erschossen.
[2] Vgl. die Erklärung von Graf Trautmannsdorf in Čelovsky, Boris: »Das Münchner Abkommen 1938«; Stuttgart, 1958; S. 96.
[3] Gajan, Koloman und Kváček, Robert (Hrsg.): »Germany and Czechoslovakia 1918–1945«; Prag, 1965; S. 104.
[4] Zu entsprechenden Zusagen Beneš' aus dem Jahre 1919: Siehe S. 131f.
[5] Gemeint vermutlich auch: Offiziell verwendet.
[6] D. h. Beneš.
[7] Gemeint: Österreich vor 1918.
[8] Zusammenfassung aus Beneš, Edvard: »Paměti [Erinnerungen]«; Prag, 1947; S. 29, und Gajan/Kváček.

[9] D. h. die deutschen Gesprächspartner.
[10] Zum Einfluß des Staates über den Einsatz auch von Staatsbediensteten: Siehe S. 474.

**Memorandum**[1] **1937, 27. Januar**
**der (sudeten-)deutschen Regierungsparteien**[2]
**an ČSR-Ministerpräsident Milan Hodža (Agrarier):**
*Forderungen*[3] *zur Verbesserung der Lage der Sudetendeutschen*

Um der Verständigung der Völker unseres Staates zu dienen und damit eine Grundlage für die friedliche Zusammenarbeit aller Nationen zu schaffen, überreichen die deutschen Koalitionsparteien folgende, aus den Lebensbedürfnissen des deutschen Volkes dieses Staates erwachsenen Forderungen:

1. Arbeitsbeschaffung
Organisierung des Investitionsdienstes unter Berücksichtigung der wirtschaftlichen und sozialen Interessen der gesamten Bevölkerung. In diesem Sinne Zuteilung der Staatsaufträge nach den Bedürfnissen aller Nationen des Staates unter besonderer Berücksichtigung der durch die Wirtschaftskrise betroffenen Gebiete.
Gesetzliche Sicherung der Heranziehung der örtlichen Arbeiter und Angestellten zu den in ihrem Lokalbereich durchzuführenden öffentlichen Arbeiten.

2. Öffentlicher Dienst
Sicherung der Anstellungs- und Vorrückungsmöglichkeiten für die Angehörigen aller Nationen sowohl für den Bereich des öffentlichen Dienstes als auch der öffentlichen Betriebe. All dies nach Maßgabe des Anteils jeder Nation an der Gesamtbevölkerung des Staates. Sicherung der Bedürfnisse der nationalen Siedlungsgebiete durch Bestellung von öffentlichen Angestellten und Arbeitern derselben Volkszugehörigkeit. Beschränkung der Sprachprüfungen auf den faktischen Bedarf und dies wieder unter Bedachtnahme auf den für den Prüfungsbewerber in Betracht kommenden Dienst. Abschaffung aller Prüfungswiederholungen nach erfolgter Anstellung, Einräumung von Erleichterungen bei der Ablegung der Prüfung. – Beschaffung der notwendigen Prüfungs- und Dienstbehelfe.

3. Jugendfürsorge
Ausbau der Jugendfürsorge nach dem Grundsatz: Jedem Kind den Fürsorger (Vormund), die Pflegestelle und die Schutzkörperschaft seiner Nation. Gesetzliche Regelung der sozialen und gesundheitlichen Fürsorge für das Kind und die Jugend durch Sicherung ihrer Betreuung durch die eigene Nation. Gesetzliche und finanzielle Fundierung der bestehenden Fürsorgeeinrichtungen und ihrer erforderlichen Ausgestaltung.

4. Schule und Kultur
Gesetzliche Sicherung des Unterrichts für jedes Kind in der Sprache seiner Nation. Sicherstellung einer genügenden Zahl von gut ausgestatteten und leicht erreichbaren Schulen aller Stufen für die Kinder jeder Nation.[4] Ausbau der Schulorganisation unter Anknüpfung an die bestehende und unter Weiterausgestaltung derselben nach den kulturellen Notwendigkeiten jeder Nation und zwar sowohl innerhalb der Schulbehörde als auch der Schulräte in allen ihren Gliederungen und Instanzen.
Finanzielle Sicherung der bestehenden Kultur- und Volksbildungseinrichtungen, sowie ihrer den Bedürfnissen jeder Nation Rechnung tragenden Ausgestaltung.

5. Sprache
Anpassung des Sprachgebrauches nach den für den Verkehr mit den Gerichten, Behörden, Ämtern und öffentlichen Betrieben bestehenden Notwendigkeiten und Interessen der Bevölkerung.
Regelung des Sprachgebrauches der öffentlich-rechtlichen Korporationen nach ähnlichen Gesichtspunkten. Dementsprechende Ergänzung der sprachrechtlichen Normen unter gleichzeitiger Nutzbarmachung aller in den bestehenden Gesetzen vorgesehenen Erleichterungsmöglichkeiten . . .

6. Parlament
Ermöglichung der Ausübung der parlamentarischen Funktionen, wie etwa des Berichterstatters, durch die Angehörigen aller Nationen des Staates. Schaffung der notwendigen Sprachenerleichterungen.
Ausdehnung der vom Parlament beigestellten Übersetzungen auf alle parlamentarischen Materialien und insbesondere auch auf den Motivenbericht der Regierungsvorlagen.

7. Parlamentarische Beschwerdekommission
Errichtung einer parlamentarischen Beschwerdekommission zur Entgegennahme aller sich aus der Nichteinhaltung der vorstehend beantragten Normen ergebenden Beschwerden.

---

*Anmerkungen:*
[1] Man beachte, daß fast zwanzig Jahre nach dem Minderheitenschutzvertrag (vom 10. 9. 1919; siehe S. 138ff.) derartige Forderungen nötig waren.
[2] Sozialdemokratische Partei und Christlichsoziale Volkspartei sowie Bund der Landwirte; zur Bedeutung der Parteien: Siehe S. 475f.
Prominente Vertreter der drei Parteien (darunter Wenzel Jaksch, Hans Schütz und Gustav Hacker) überreichten die Unterlage.
[3] Als Antwort auf diese Forderungen – die ČSR-Regierung faßte am 18. 2. 1937 einen entsprechenden Beschluß – notierte der sudetendeutsche Minister (ohne Geschäftsbereich) der tschechoslowakischen Regierung, Erwin Zajíček, (DCV) in einem »Gedächtnisprotokoll« eines Empfangs bei Ministerpräsident Milan Hodža am 12. 2. 1937 u. a. (vgl. a. a. O.):
»Punkt 1 (Arbeitsbeschaffung), Punkt 2 (öffentlicher Dienst), Punkt 3 (Jugendfürsorge) sind unbestritten.
Punkt 4 (Schule und Kultur) ist für Dr. Hodža unbestritten, muß aber ebenso wie Punkt 5 (Sprache) Gegenstand der Diskussion im politischen Kabinett sein.
Punkt 6 (Parlament) und Punkt 7 (Beschwerdekomission) sollen vor allem von den Präsidien der beiden Kammern besprochen werden.
Punkt 1: Darüber wird in dem beim Ministerratspräsidium zu errichtenden Investitionskomitee beraten.
Punkt 2: Die hier enthaltenen Forderungen sind am wichtigsten. Das, was durchgeführt werden soll, muß eventuell im Sturme genommen werden.
Für die Forderung nach Neuaufnahme Deutscher stimmt der Ministerpräsident mit beiden Händen. . . .
Punkt 4: Im Budget des Schulministeriums müssen (intern) etwa 20 % der Ausgaben für die Deutschen reserviert werden.
Punkt 5: Der Ministerpräsident warnt uns, darauf zu bestehen, daß diesbezügliche Gesetze geändert werden. Die tschechische Opposition würde einen derartigen Sturm entfachen, daß dann unsere Forderungen nicht durchdringen würden.«
[4] Siehe die Forderung der Christlichsozialen Volkspartei vom 26. 6. 1936:
In jenen Orten, wo sich nach dem dreijährigen Durchschnitt mindestens 15 schulpflichtige Kinder befinden, müssen diese Kinder eine deutsche Volksschule erhalten (Privatschule oder staatliche Minderheitsschule).«

---

*Quelle:*
Zajiček, Erwin: »Zwei Dokumente zur Geschichte des Sudetendeutschen Aktivismus« in: »Umbruch in Mitteleuropa«; München, 1960; S. 6ff.

**Gesetzentwürfe der Sudetendeutschen Partei zum Volksschutz**[1]**:** **1937, 27. April**
*Personalautonomie*

A. Gesetz zum Schutze der Volkstumsrechte durch Bildung von Verbänden öffentlichen Rechtes (Volksschutzgesetz)

I. Hauptstück: Zweck und Grundlage des Verbandes

§ 1

Zur rechtlichen Sicherung und praktischen Wirksamkeit des durch die Verfassung verbürgten Grundsatzes der Gleichheit der Staatsbürger und Völker werden im Sinne des § 91 der Verfassungsurkunde[2] Verbände öffentlichen Rechtes durch Zusammenfassung der Staatsbürger gleicher Volkszugehörigkeit geschaffen. Ihre Wirksamkeit wird durch dieses Gesetz bestimmt.

§ 2

Dem Verbande gehören alle in dem betreffenden nationalen Kataster eingetragenen Staatsbürger an. Die Anlegung und Einrichtung der nationalen Kataster regelt ein besonderes Gesetz.

II. Hauptstück: Wesen, Rechte und Pflichten des Verbandes.

§ 3.

1. Der Verband ist die rechtliche Organisation der Staatsbürger gleicher Volkszugehörigkeit und als solcher Person des öffentlichen Rechtes.
2. Er erhält seinen Namen nach der Volkszugehörigkeit der in ihm organisierten Staatsbürger.

§ 4

Der Verband hat als Körperschaft das Recht und die Pflicht:

1. für die Pflege und Entwicklung der völkischen Eigenart sowie für die Erhaltung und Förderung des kulturellen, sozialen und wirtschaftlichen Besitzstandes seines Volkstums Sorge zu tragen;
2. die nationalen Interessen seines Volkstums nach dem Grundsatz der Gleichberechtigung gegenüber der Regierung, den übrigen staatlichen Organen, den staatlichen und staatlich kontrollierten Unternehmungen, Anstalten und Fonds und den Organen der Selbstverwaltungskörper wahrzunehmen;
3. seine Angehörigen vor Übergriffen, Ungesetzlichkeiten und Verletzungen des Grundsatzes der Gleichheit vor dem Gesetze sowie bei der Geltendmachung ihrer Ansprüche zu schützen;
4. Ansprüche auf Schadenersatz im Sinne des § 92 der Verfassungsurkunde[2] und auf Grund des hiezu erlassenen Durchführungsgesetzes geltend zu machen;
5. den gleichberechtigten Anteil der in ihm organisierten Staatsbürger gleicher Volkszugehörigkeit sowohl als Gesamtheit als auch der Einzelpersonen an den Leistungen des Staates, seiner Unternehmungen und Einrichtungen sowie an den zur Förderung des allgemeinen Wohles getroffenen Maßnahmen zu sichern;
6. Fragen des Volkslebens, des Schul- und Bildungswesens, der Volkskultur, der sozialen Beziehungen, der Volksgesundheit und der übrigen Interessen der Gesamtheit wie der einzelnen Staatsbürger gleicher Volkszugehörigkeit im übertragenen Wirkungskreis zu regeln;
7. Zwangsverbände sozialer, wirtschaftlicher und kultureller Art zu gründen und bereits bestehende heranzuziehen;

8. gesetzliche oder freiwillige Organisationen kultureller, wirtschaftlicher, sozialer und humanitärer Art zur Mitarbeit heranzuziehen und
9. in den Fällen der Zahl 7 und 8 die Statuten dieser Zwangsverbände, gesetzlichen oder freiwilligen Organisationen im Einklang mit den Interessen seines Volkstums festzulegen.

III. Hauptstück: Bildung des Verbandes.

§ 5.

1. Der Verband wird durch Beschluß einer gründenden Versammlung jener Mitglieder der Nationalversammlung (des Abgeordnetenhauses und des Senates) gebildet, die sich . . . zur betreffenden Volkszugehörigkeit bekannt haben.

. . .

IV. Hauptstück: Organe des Verbandes.

§ 6.

Organe des Verbandes sind:

1. Der Vorstand.
2. Der Sprecher.
3. Der Stellvertreter des Sprechers.

§ 7.

1. Der Vorstand besteht aus den Mitgliedern der Nationalversammlung (des Abgeordnetenhauses und des Senats), die sich . . . zur betreffenden Volkszugehörigkeit bekannt haben.
2. Die Mitgliedschaft im Vorstand ist gesetzliche Pflicht.

§ 8.

1. Der Vorstand wählt den Vorsitzenden des Vorstandes, den Sprecher und seinen Stellvertreter, nimmt das Gelöbnis des Sprechers und seines Stellvertreters entgegen (§ 14), macht Gebrauch von seinem Rechte gemäß § 17, genehmigt den Voranschlag und Rechnungsabschluß.
2. Der Vorstand und seine Mitglieder haben die Pflicht, den Sprecher bei der Erfüllung seiner Aufgaben zu unterstützen.

§ 14.

Der Sprecher und der Stellvertreter des Sprechers leisten nach der Wahl vor dem Vorstande das Gelöbnis in die Hand des Vorsitzenden des Vorstandes, die Verfassung und die Gesetze zu beachten und in ihrem Rahmen für das Wohl des Staates und ihres Volkstums zu sorgen.

. . .

§ 19.

1. Der Sprecher übt die nach § 4 dem Verbande zustehenden Rechte und Pflichten aus.
2. Er hat insbesondere das Recht:
   a) in ständiger Verbindung mit der Regierung und ihrem Vorsitzenden dahin zu wirken, daß im Interesse der im betreffenden nationalen Kataster eingetragenen Staatsbürger der Grundsatz der Gleichheit faktisch wirksam werde;
   b) die Regierung, Behörden, staatliche oder staatlich kontrollierte Unternehmungen, Anstalten und Fonds oder Organe eines Selbstverwaltungskörpers auf alle Tatbestände aufmerksam zu machen, die diesem Grundsatze widersprechen;
   c) an die Regierung Beschwerden zu richten, wenn dieser Grundsatz durch Verwaltungsanordnungen allgemeiner Art (Rechtsverordnungen, Verwaltungsverordnun-

gen, Erlässe), durch Maßnahmen oder Handlungen einer Verwaltungsbehörde, von staatlichen oder staatlich kontrollierten Unternehmungen, Anstalten und Fonds oder einem Organe eines Selbstverwaltungskörpers gefährdet oder verletzt wird.

d) gegen Bescheide oder Verfügungen der Behörden und Organe des Staates, . . . die ordentlichen oder außerordentlichen Rechtsmittel einschließlich der Beschwerde an das Oberste Verwaltungsgericht zu erheben, wenn er in den angefochtenen Akten eine Verletzung oder Gefährdung des Grundsatzes der Gleichheit erblickt . . .;
e) rechtliche und sachliche Gutachten zu geplanten Gesetzen und Verordnungen abzugeben, die . . . die Interessen der durch den Verband repräsentierten Gesamtheit oder einzelner Gruppen der Staatsbürger gleicher Volkszugehörigkeit berühren . . .;
f) in dem durch § 4 gekennzeichneten Wirkungskreis unmittelbar Anträge bei der Regierung, den Verwaltungsbehörden, staatlichen oder staatlich kontrollierten Unternehmungen, Anstalten und Fonds und den Organen der Selbstverwaltungskörper einzubringen;
g) die notwendigen Verhandlungen im Sinne des § 4, Zahl 6 und 7, zu führen, um die Übernahme übertragener Wirkungskreise durch den Verband einzuleiten, vorzubereiten und durchzuführen;
h) Vorschläge zu erstatten, die geeignet sind, die Zusammenarbeit der Völker im Staate zu fördern.

. . .

B. Gesetz, betreffend die Volkszugehörigkeit der Staatsbürger und die nationalen Kataster.

§ 1.

1. Jeder Staatsbürger der Tschechoslowakischen Republik, welcher an dem gemäß § 14 festzusetzenden Stichtage das 18. Lebensjahr erreicht hat, hat das Recht und die Pflicht des Bekenntnisses seiner Zugehörigkeit zu dem Volke, dem er von Geburt angehört.
2. Die Ehegattin ist bezüglich ihres Bekenntnisses vom Bekenntnisse des Ehegatten unabhängig.
3. Das Bekenntnis der Volkszugehörigkeit darf nicht willkürlich erfolgen.

§ 2.

1. Eheliche oder ihnen gleich gehaltene Kinder, welche das 18. Lebensjahr noch nicht erreicht haben, folgen, sofern beide Eltern dem gleichen Volke angehören, der Volkszugehörigkeit der Eltern.
2. Bei national gemischten Ehen folgen die Kinder der Volkszugehörigkeit des Vaters, es sei denn, daß sich die Eltern über die Bestimmung der Volkszugehörigkeit ihrer Kinder oder einzelner derselben in dem Sinne geeinigt haben, daß diese der Volkszugehörigkeit der Mutter folgen. Diese Einigung der Eltern ist schriftlich nachzuweisen. Eine solche Einigung kann nur bis zum vollendeten 6. Lebensjahr der Kinder erfolgen und innerhalb dieses Zeitraumes von jedem Elternteil widerrufen werden.
3. Uneheliche Kinder folgen der Volkszugehörigkeit der Mutter.

. . .

§ 3.

1. Eine andere Volkszugehörigkeit als die nach den § 1 und 2 kann nur dann einbekannt werden, wenn der betreffende Staatsbürger seine Muttersprache weder in der Familie noch im Haushalte spricht und die Sprache des beabsichtigten Bekenntnisses vollkommen beherrscht.

. . .

§ 4.

1. Nach der Eintragung in einen nationalen Kataster ist die Volkszugehörigkeit unwiderruflich.
2. Jeder in einen nationalen Kataster Eingetragene erhält bei seiner ersten Eintragung unter Berücksichtigung der Bestimmungen des § 2, Absatz 2, einen Ausweis über seine Volkszugehörigkeit, der bei der Anmeldung in den Kataster des jeweils neuen Wohnsitzes zugleich mit einer Abmeldebescheinigung vorgelegt werden muß.

...

§ 15: Der zentrale Nationalkataster.

1. Die Staatsbürger gleicher Volkszugehörigkeit werden für das ganze Staatsgebiet in ihrem zentralen Nationalkataster zusammengefaßt.

...

5. Die zentralen Nationalkataster werden beim Statistischen Staatsamte geführt.

...

C. Gesetz, betreffend den Schutz gegen jede Art von Entnationalisierung. Schutz der nationalen Zugehörigkeit der Staatsbürger

§ 1.

1. Wer einen Staatsbürger durch Bedrohen mit Nachteilen oder Versprechen oder Gewährung von Vorteilen oder durch Ausnützung der wirtschaftlichen, sozialen oder sonstigen Abhängigkeit dieses Staatsbürgers oder seiner Angehörigen veranlaßt,
   a) dauernd oder zeitweise sich zu einer anderen Nationalität zu bekennen,
   b) aus einer Organisation oder Vereinigung, deren Geschäftssprache die Sprache seiner Volkszugehörigkeit ist, auszutreten und außerdem einer gleichen oder ähnlichen Organisation oder Vereinigung mit anderer Geschäftssprache beizutreten,
   c) im Verkehr mit Behörden und Organen des Staates, Gerichten, staatlichen oder staatlich kontrollierten Unternehmungen, Anstalten und Fonds oder Organen der territorialen Interessenselbstverwaltung eine andere als seine Muttersprache zu gebrauchen, sofern dies nicht durch die geltenden Rechtsvorschriften geboten ist, macht sich unbeschadet der Strafbarkeit der Handlung nach anderen Strafbestimmungen eines Vergehens schuldig und wird mit Arrest von 14 Tagen bis zu 6 Monaten bestraft.
2. Ist der Täter ein öffentlicher Angestellter oder ein Funktionär beziehungsweise ein Angestellter der territorialen oder Interessenselbstverwaltung, so ist die Strafe verschärfter Arrest in der Dauer von einem Monat bis zu einem Jahr.

§ 2: Schutz der Erziehung in der Sprache der Volkszugehörigkeit

1. Wer einen Staatsbürger durch Bedrohung mit Nachteilen oder Versprechen oder Gewährung von Vorteilen oder Ausnützung der wirtschaftlichen, sozialen oder sonstigen Abhängigkeit dieses Staatsbürgers oder seiner Angehörigen veranlaßt, seine Kinder in Schulen mit einer anderen Unterrichtssprache als der Sprache ihrer Volkszugehörigkeit zu schicken, wird wegen Vergehens mit Arrest von 14 Tagen bis zu 6 Monaten bestraft.
2. Ist der Täter ein öffentlicher Angestellter (vor allem eine Lehrperson oder ein Seelsorger) oder ein Funktionär beziehungsweise ein Angestellter der territorialen oder Interessenselbstverwaltung, so ist die Strafe verschärfter Arrest in der Dauer von einem Monat bis zu einem Jahr.

§ 3: Schutz des Besitzstandes

1. Wer durch Bieten eines unangemessenen Entgeltes oder Bedrohen mit Nachteilen oder Versprechen oder Gewährung von Vorteilen einen Staatsbürger bestimmt,

a) sein Eigentumsrecht an einer Liegenschaft einem andersnationalen Staatsbürger oder einer Vereinigung von solchen zu übertragen, an seiner Liegenschaft solchen Personen oder Vereinigungen Bestandrechte einzuräumen oder solchen Personen oder Vereinigungen zur Benützung zu überlassen,
b) seinen Gewerbebetrieb oder sein Unternehmen oder Anteile an beiden an andersnationale Staatsbürger oder eine Vereinigung von solchen zu veräußern, wird dann, wenn die Liegenschaft, der Gewerbebetrieb oder das Unternehmen seit mindestens 30 Jahren zum gleichen nationalen Besitzstand gehört, wegen Vergehens mit Arrest von 14 Tagen bis zu 6 Monaten bestraft.

2. Ist der Täter ein öffentlicher Angestellter oder ein Funktionär beziehungsweise ein Angestellter der territorialen oder Interessenselbstverwaltung, so ist die Strafe verschärfter Arrest in der Dauer von einem Monat bis zu einem Jahr.

§ 4: Schutz des Arbeitsplatzes

1. Wer durch Bedrohen mit Nachteilen oder Versprechen oder Gewährung von Vorteilen, insbesondere durch Ausnützung der wirtschaftlichen, sozialen oder sonstigen Abhängigkeit einen Arbeitgeber oder seine Organe bestimmt, einen Arbeitnehmer wegen seiner nationalen Zugehörigkeit zu entlassen oder Arbeitnehmer einer anderen nationalen Zugehörigkeit in seine Dienste aufzunehmen, wird dann, wenn diese Arbeitsplätze seit wenigstens 20 Jahren zum gleichen nationalen Besitzstand gehören, wegen Vergehens mit Arrest von 14 Tagen bis zu 6 Monaten bestraft.
2. Ist der Täter ein öffentlicher Angestellter (vor allem ein Gewerbeinspektor oder Angestellter einer Arbeitsvermittlungsstelle) oder ein Funktionär beziehungsweise ein Angestellter der territorialen oder Interessenselbstverwaltung, so ist die Strafe verschärfter Arrest in der Dauer von einem Monat bis zu einem Jahr.

§ 5: Vereinigungen zu gesetzwidrigen Zwecken

1. Wer Vereinigungen gründet oder das Tätigkeitsgebiet von bestehenden Vereinigungen zu dem Zwecke mißbraucht, den Besitzstand des eigenen Volkes auf Kosten des seit wenigstens 30 Jahren bestehenden Besitzstandes eines anderen zu vergrößern, wird wegen Vergehens mit Arrest von 14 Tagen bis zu 6 Monaten bestraft.
2. Ist der Täter ein öffentlicher Angestellter oder ein Funktionär beziehungsweise ein Angestellter der territorialen oder Interessenselbstverwaltung, so ist die Strafe verschärfter Arrest in der Dauer von einem Monat bis zu einem Jahr.
3. Als eine solche Vereinigung ist auch jene anzusehen, die einen anderen Zweck vorschützt, tatsächlich aber den im Absatz 1 angeführten Zweck ausschließlich oder neben anderen Zwecken verfolgt.

...

D. Gesetz zur Verwirklichung des Grundsatzes der Gleichberechtigung in allen Zweigen des öffentlichen Dienstes

§ 1.

Jeder öffentliche Angestellte ist verpflichtet, bei Ausübung seiner Amtstätigkeit die Grundsätze der Gleichberechtigung im Sinne der § 106 und 128 der Verfassungsurkunde[3] einzuhalten.

...

E. Gesetz über die Haftung des Staates und anderer öffentlich-rechtlicher Verbände für Schäden, die durch ihre Organe bei Ausübung der Amtswirksamkeit verursacht werden

§ 1.
Wenn infolge der Verletzung von Rechtspflichten durch staatliche Organe bei Ausübung ihrer Wirksamkeit und daher durch eine gesetzwidrige Ausübung der öffentlichen Gewalt ein Schaden verursacht wird und die zulässigen Rechtsmittel dagegen keine Abhilfe gewähren, so kann der Geschädigte den Ersatz des Schadens vom Staate im Wege der Klage bei den ordentlichen Gerichten begehren.
. . .

*Anmerkungen:*
[1] Die nachfolgenden fünf Gesetzentwürfe der SdP wurden im tschechoslowakischen Parlament an die Ausschüsse verwiesen und verblieben dort.
Die Auffassung der ČSR-Staatsführung, die sich besonders gegen die Pflicht zur Erklärung unveränderbarer Volkszugehörigkeit wandte, ist einer offiziösen Quelle zu entnehmen:
Vgl. Sobota, Emil: »Národnostní autonomie v Ceskoslovensku?« [Nationale Autonomie in der Tschechoslowakei?] in der Reihe »Narodnostní otázky« [Nationale Fragen]; Hrsg. von der Tschechoslowakischen Gesellschaft für das Studium von Nationalitätenfragen; Nr. 11; Prag, 1938.
Zum Inhalt der SdP-Entwürfe beachte man die Ähnlichkeiten, aber auch die Unterschiede zum
a) estnischen Volksgruppenrecht vom 3. 3. 1925; siehe S. 12ff.;
b) Karlsbader Programm der SdP vom 24. 4. 1938; siehe S. 210;
c) IV. Plan der tschechoslowakischen Regierung vom 5. 9. 1938; siehe S. 214ff.
[2] Zum Text: Siehe S. 146.
[3] Zum Text: Siehe S. 138f.

*Quelle:*
Veiter, Theodor: »Nationale Autonomie«; Wien/Leipzig 1938; S. 275ff.

## Äußerungen von Führer und Reichskanzler Adolf Hitler in einer Konferenz[1]: 1937, 5. November
*Niederwerfung der von den Westmächten abgeschriebenen Tschechei*

. . .
Zur Verbesserung unserer militär-politischen Lage müsse in jedem Fall einer kriegerischen Verwicklung unser 1. Ziel sein, die Tschechei und gleichzeitig Österreich niederzuwerfen, um die Flankenbedrohung eines etwaigen Vorgehens nach Westen auszuschalten. Bei einem Konflikt mit Frankreich sei wohl nicht damit zu rechnen, daß die Tschechei am gleichen Tage wie Frankreich uns den Krieg erklären würde. In dem Maße unserer Schwächung würde jedoch der Wille zur Beteiligung am Kriege in der Tschechei zunehmen, wobei ihr Eingreifen sich durch einen Angriff nach Schlesien, nach Norden oder nach Westen bemerkbar machen könne.
Sei die Tschechei niedergeworfen, eine gemeinsame Grenze Deutschland–Ungarn gewonnen, so könne eher mit einem neutralen Verhalten Polens in einem deutsch-französischen Konflikt gerechnet werden. Unsere Abmachungen mit Polen behielten nur so lange Geltung als Deutschlands Stärke unerschüttert sei, bei deutschen Rückschlägen müsse ein Vorgehen Polens gegen Ostpreußen, vielleicht auch gegen Pommern und Schlesien in Rechnung gestellt werden.
Bei Annahme einer Entwicklung der Situation, die zu einem planmäßigen Vorgehen unsererseits in den Jahren 1943/45 führe, sei das Verhalten Frankreichs, Englands, Italiens, Polens, Rußlands voraussichtlich folgendermaßen zu beurteilen:
An sich glaube der Führer, daß mit hoher Wahrscheinlichkeit England, voraussichtlich aber auch Frankreich die Tschechei bereits im Stillen abgeschrieben und sich damit abgefunden hätten, daß diese Frage eines Tages durch Deutschland bereinigt würde . . . Naturgemäß sei eine Abriegelung im Westen in jedem Fall während der Durchführung unseres Angriffs

gegen die Tschechei und Österreich notwendig. Hierbei sei zu berücksichtigen, daß die Verteidigungsmaßnahmen der Tschechei von Jahr zu Jahr an Stärke zunähmen und daß auch eine Konsolidierung der inneren Werte der österreichischen Armee im Laufe der Jahre stattfände. Wenn auch die Besiedelung insbesondere der Tschechei keine dünne sei, so könne die Einverleibung der Tschechei und Österreichs den Gewinn von Nahrungsmitteln für 5–6 Millionen Menschen bedeuten unter Zugrundelegung, daß eine zwangsweise Emigration aus der Tschechei von zwei, aus Österreich von einer Million Menschen zur Durchführung gelange. Die Angliederung der beiden Staaten an Deutschland bedeute militär-politisch eine wesentliche Entlastung infolge kürzerer, besserer Grenzziehung, Freiwerdens von Streitkräften für andere Zwecke und der Möglichkeit der Neuaufstellung von Truppen bis in Höhe von etwa 12 Divisionen, wobei auf 1 Million Einwohner eine neue Division entfalle.
Von der Seite Italiens sei[en] gegen die Beseitigung der Tschechei keine Einwendungen zu erwarten, wie dagegen seine Haltung in der österreichischen Frage zu bewerten sei, entziehe sich der heutigen Beurteilung und sei wesentlich davon abhängig, ob der Duce noch am Leben sei.

...

Trete *(die)* Lahmlegung Frankreichs durch einen Bürgerkrieg ein, so sei infolge Ausfall des gefährlichsten Gegners, die Lage jederzeit zum Schlag gegen die Tschechei auszunutzen.

...

Wenn Deutschland diesen Krieg[2] zur Erledigung der tschechischen und österreichischen Frage ausnutze, so sei mit Wahrscheinlichkeit anzunehmen, daß England – im Kriege mit Italien liegend – sich nicht zu einem Vorgehen gegen Deutschland entschließen würde. Ohne die englische Unterstützung sei eine kriegerische Handlung Frankreichs gegen Deutschland nicht zu erwarten.
Der Zeitpunkt unseres Angriffs auf die Tschechei und Österreich müsse abhängig von dem Verlauf des italienisch-englisch-französischen Krieges gemacht werden und läge nicht etwa gleichzeitig mit der Eröffnung der kriegerischen Handlungen dieser drei Staaten ...

---

*Anmerkungen:*
[1] Zu dieser Konferenz, an der außer Hitler der Kriegsminister v. Blomberg, die Oberbefehlshaber von Heer, Marine und Luftwaffe v. Fritsch, Raeder und Göring sowie der Außenminister v. Neurath teilnahmen, kündigte Hitler zur Lösung des deutschen Raumproblems kriegerische Maßnahmen vor allem in Osteuropa bis spätestens 1943/45 an.
Die Niederschrift der Besprechung wurde von Oberst Hoßbach gefertigt, der zur Widerstandsbewegung gegen das NS-Regime gehörte.
[2] Hitler unterstellt hier den Fall, daß sich aus dem spanischen Bürgerkrieg (1936–1939) eine kriegerische Verwicklung zwischen Italien und Spanien einerseits und England und Frankreich andererseits ergeben könnte; er skizziert das ihm dann vorschwebende Verhalten.

---

*Quelle:*
»Akten zur deutschen auswärtigen Politik 1918–1945«; Reihe D, Bd. I; Baden-Baden, 1950; S. 25ff. (Eckige Klammer und Hervorhebung im Original).

**Bericht** **1937, 19. November**
**des sudetendeutschen Politikers Konrad Henlein[1] (SdP)**
**an Adolf Hitler:**
*»Aktuelle Fragen der deutschen Politik in der Tschechoslowakischen Republik«*

*(Die Unterlage stellt zunächst die »grundsätzlich und praktisch antideutsche Konzeption« der Tschechoslowakei dar:)*
6. Während zur Zeit der Errichtung der Tschechoslowakei ein geschlossenes deutsches

Siedlungsgebiet in Böhmen, Mähren und Schlesien bestand, ist seit 1918 dieses Gebiet planmäßig mit Angehörigen des tschechischen Volkes durchsetzt worden mit dem Erfolge, daß heute in jeder sudetendeutschen Stadt und Gemeinde sich eine tschechische Volkszelle und Position befindet. Damit soll nachträglich jene Fiktion von einem nur »verdeutschten und gemischten Randgebiet« unterbaut werden, die auf Grund der lügenhaften Mémoires Benesch's[2] die Voraussetzung für das Vertragswerk von S. Germain war.
Das System der tschechischen Durchdringungspolitik ist folgendes: In alle staatlichen und unter staatlichem Einfluß stehenden Behörden, Ämter, Anstalten und Betriebe im sudetendeutschen Gebiet – Verwaltung, Gerichtswesen, Steueramt, Post, Eisenbahn, Gendarmerie, Polizei, Finanzwache, Verwaltung der staatlichen Wälder und Güter, Tabakregie usw. – wurden und werden Tschechen mit möglichst kinderreichen Familien versetzt. Durch die Bodenreform wurden ganze tschechische Dörfer im sudetendeutschen Siedlungsgebiet errichtet. Dieses tschechische Element, unterstützt durch tschechische Garnisonen, zieht tschechische Handwerker und Kaufleute nach sich. Für den Nachwuchs müssen Volks-, Mittel- und Fachschulen gebaut werden, deren Lehrer und Professoren die Antreiber und Führer in den tschechischen Eroberungsverbänden werden und die in den örtlichen Výbors (tschechisch-nationale Kampfausschüsse) jene Nebenregierungen bilden, die die lokalen staatlichen Behörden beherrschen, ihre Weisungen von den Prager Zentralämtern erhalten und deren antideutsche Tendenz und Arbeit vom Regime restlos gedeckt und gefördert wird.
*(Der Bericht schildert sodann die Abwehr der Sudetendeutschen gegen diese Entwicklung, die sich in der SdP konzentriert habe. Die Partei habe für die* »Neuordnung Europas im Sinne des Nationalsozialismus und der Politik des Reiches« *bereits Beiträge erbracht, die im einzelnen aufgeführt werden. Dabei stand und stehe sie vor verschiedenen Problemen:)*

3. Die SdP muß ihr Bekenntnis zum Nationalsozialismus als Weltanschauung und als politisches Prinzip tarnen. Als Partei im demokratisch-parlamentarischen System der Tschechoslowakei muß sie sich nach außen, in mündlichen und schriftlichen Äußerungen, in Kundgebungen und in der Presse, im Parlament, in ihrem eigenen Aufbau und bei der Organisation des Sudetendeutschtums der demokratischen Terminologie und demokratisch-parlamentarischer Methoden bedienen. Sie kann deshalb nichteingeweihten reichsdeutschen Kreisen als zwiespältig und unverläßlich erscheinen. Diese Zwiespältigkeit ist aber solange nicht zu vermeiden als:
die Notwendigkeit einer legalen Partei besteht und
der Bestand einer solchen in der Tschechoslowakei das Bekenntnis zur Demokratie voraussetzt.
Die Zwiespältigkeit im äußeren Bild der SdP wird vertieft durch den Umstand, daß sie innerlich nichts mehr ersehnt als die Einverleibung des sudetendeutschen Gebietes, ja des ganzen böhmisch-mährisch-schlesischen Raumes in das Reich, daß sie aber nach außen hin für die Erhaltung der Tschechoslowakei und die Integrität seiner Grenzen eintreten und versuchen muß, ein real erscheinendes innerpolitisches Ziel für ihren politischen Kampf herauszustellen.
Trotzdem sich die Führung der SdP schon auf Grund der reichen geschichtlichen Erfahrung des Sudetendeutschtums von vornherein klar war, daß eine Verständigung zwischen Deutschen und Tschechen in der Tschechoslowakei nicht möglich ist, mußte auf der ersten politischen Großkundgebung der SdP in Böhmisch Leipa 1934[3] die Verständigung als realpolitisches Ziel aufgestellt werden und 1937 die sogenannten »Volksschutzgesetze«[4] in Richtung der Forderung einer sudetendeutschen Autonomie eingebracht werden. Nur so war es möglich, die Tschechen vor der Welt in Unrecht zu setzen und die Aufrollung der sudetendeutschen Frage vor den Garantiemächten des Minderheitsschutzvertrages von St. Germain, vor allem aber gegenüber England, propagandistisch einzuleiten ...

Die SdP ist sich aber heute darüber klar, daß es im Hinblick auf die im ersten Teil unserer Darstellung aufgezeigte Entwicklung immer schwerer wird, ein innerpolitisches Ziel herauszustellen, das als realpolitisches Ziel auch nur mit dem Scheine der Verwirklichbarkeit vor ernsthaften ausländischen Betrachtern, geschweige denn vor der sudetendeutschen Anhängerschaft vertreten werden kann. Es ist realpolitisch sinnlos geworden, für eine Autonomie des sudetendeutschen Gebietes einzutreten, weil gerade dieses Gebiet zum Betonwall und Festungsgürtel des tschechoslowakischen Staates gemacht worden ist. Selbstverständlich muß, wenn dieser Betonwall in den deutschen Gebieten als Tatsache der weiteren Öffentlichkeit in Europa bekannt ist, auch die weitere propagandistische Vertretung des Autonomie-Zieles für die Partei dadurch immer schwieriger werden.

. . .

Wie bereits dargestellt wurde, wird es für die SdP immer schwerer ein innerpolitisches Ziel als Kampf- und Arbeitsziel der Bewegung herauszustellen, das auch nur den Anschein der Verwirklichung in sich trägt.

Die Entwicklung bringt mit sich:

daß jene Auffassung im Sudetendeutschtum verstärkt wird, die davon ausgeht, daß es unter den angeführten Voraussetzungen immer sinnloser wird, die Mühen der Kleinarbeit, die Schwierigkeiten der innersudetendeutschen Aufbauarbeit und die Gefahren des politischen Alltagskampfes auf sich zu nehmen und daß jene Kreise in ihrer Haltung gestärkt werden, die die Auffassung durchzusetzen versuchten, daß die Zeit illegaler Arbeit gekommen ist.

*(Die SdP sei bedroht, da die Prager Regierung ihr entgegenwirke und dabei auch radikale Tendenzen unterstütze:)*

Diese Absichten der tschechischen Regierung werden durch folgende Tatsachen unterstützt:

Oppositionelle Elemente in und außerhalb der SdP behaupten offen oder lassen in planmäßiger Flüsterpropaganda durchblicken, daß sie »Beziehungen« zu Reichsstellen haben oder daß sie beauftragt seien, im Sudetendeutschtum und vor allem gegenüber der SdP eine weltanschauliche oder politische Funktion auszuüben – Feststellungen, durch die sie sich auch in ihrer oppositionellen Tätigkeit gegen die SdP zu legitimieren versuchen.

Die SdP-Führung ist solchen Methoden gegenüber machtlos, weil sie mit Rücksicht auf den heiklen und vertraulichen Charakter der Angelegenheit, aber auch aus Verantwortung für das Reich mit Gegenargumenten nicht ankämpfen kann, ohne der tschechischen Regierung die Möglichkeit des Zugriffes auf alle Beteiligten in die Hand zu geben.

Die Darstellung der Lage und politischen Problematik des Sudetendeutschtums und der SdP geschah um aufzuzeigen:

. . .

3. Die dringende Notwendigkeit einer grundsätzlichen Beratung[5] zwischen Reichsführung und Volksgruppenführung über die Fortführung der Politik der SdP.

. . .

---

*Anmerkungen:*

[1] Der Verfasser dieses Berichtes, der unter Henleins Namen herausging, ist nicht zweifelsfrei ermittelt worden.

[2] Zum Text des »Memoire III«: Siehe S. 118ff.

[3] Zur Rede: Siehe S. 181f.

[4] Zum Text: Siehe S. 192ff.

[5] Diese Beratung erfolgte am 28. 3. 1938. Zum Ergebnis: Siehe S. 209.

*Quelle:*

»Akten zur deutschen auswärtigen Politik 1918–1945«; Reihe D, Bd. II; Baden-Baden, 1950; S. 41ff. (Hervorhebungen im Original).

**Rede** **1938, 20. Februar**
**Adolf Hitlers vor dem Deutschen Reichstag:**
*Österreich und das Sudetenland sind nicht allein*

... Allein zwei der an unseren Grenzen liegenden Staaten[1] umschließen eine Masse von über zehn Millionen Deutschen. Sie waren bis 1866 mit dem deutschen Gesamtvolk noch in einem staatsrechtlichen Bund vereinigt. Sie kämpften bis 1918 im großen Krieg Schulter an Schulter mit dem deutschen Soldaten des Reiches. Sie sind gegen ihren eigenen Willen durch die Friedensverträge[2] an einer Vereinigung mit dem Reiche verhindert worden. Dies ist an sich schmerzlich genug.

Über eines aber darf in unseren Augen kein Zweifel bestehen: Die staatsrechtliche Trennung vom Reich kann nicht zu einer volkspolitischen Rechtlosmachung führen, das heißt die allgemeinen Rechte einer völkischen Selbstbestimmung, die übrigens in den 14 Punkten Wilsons[3] als Voraussetzung zum Waffenstillstand feierlich uns zugesichert worden sind, können nicht einfach mißachtet werden deshalb, weil es sich hier um Deutsche handelt. Es ist auf die Dauer für eine Weltmacht von Selbstbewußtsein unerträglich, an ihrer Seite Volksgenossen zu wissen, denen aus ihrer Sympathie oder Verbundenheit mit dem Gesamtvolk, seinem Schicksal und seiner Weltauffassung fortgesetzt schwerstes Leid zugefügt wird.

Wir wissen genau, daß es eine alle befriedigende Grenzziehung in Europa kaum gibt. Allein um so wichtiger wäre es, unnötige Quälereien von nationalen Minoritäten zu vermeiden, um nicht zum Leid des politischen Getrenntseins auch noch das Leid der Verfolgung wegen der Zugehörigkeit zu einer bestimmten Volksgruppe hinzuzufügen ...

Denn es soll nicht bestritten werden, daß, solange Deutschland selbst ohnmächtig und wehrlos war, es viele dieser fortgesetzten Verfolgungen der deutschen Menschen an unseren Grenzen einfach hinnehmen mußte. Allein so wie England seine Interessen über einen ganzen Erdkreis hin vertritt, so wird auch das heutige Deutschland seine, wenn auch um so viel begrenzteren Interessen zu vertreten und zu wahren wissen. Und zu diesen Interessen des deutschen Reiches gehört auch der Schutz jener deutschen Volksgenossen, die aus eigenem nicht in der Lage sind, sich an unseren Grenzen das Recht einer allgemeinen menschlichen, politischen und weltanschaulichen Freiheit zu sichern.

...

*Anmerkungen:*
[1] Gemeint: Österreich und die ČSR.
[2] Von Versailles (vom 28. 6. 1919; Text: Siehe S. 133f.) und St. Germain (vom 6. 9. 1919; Text: Siehe S. 137).
[3] Zum Text: Siehe S. 107.

*Quelle:*
Domarus, Max (Hrsg.): »Hitler: Reden und Proklamationen 1932–1945«; Bd. I, Halbbd. 2; Wiesbaden, 1973; S. 801f.

**Regierungserklärung** **1938, 4. März**
**des ČSR-Ministerpräsidenten Milan Hodža (Agrarier):**
*Für die Deutschen in der ČSR ist nur die ČSR zuständig*

...

Der Herr Reichskanzler[1] hat in seiner Rede vom 20. Feber[2] auf die Tatsache hingewiesen, daß in »zwei Staaten an den deutschen Grenzen« zehn Millionen Angehörige der deutschen Nation leben. Es ist ein historisches Faktum, daß in der Tschechoslowakei mehr als drei Millionen Einwohner deutscher Nationalität ihre Heimat haben. Die Tschechoslowakei gehört zu jenen Ländern, wo auf ganzen großen Gebieten eine Bevölkerung verschiedenen nationalen Ursprungs einander durchdringt. Die Friedenskonferenz konnte daher sicherlich nicht anders, als auch nach dem Weltkriege die vielhundertjährige Situation bestätigen. Es ist einfach eine Selbstverständlichkeit, wenn die Tschechoslowakei – und zwar in vollem Bewußtsein der Tragweite dieser Erklärung – betont, daß ihre Grenzen absolut unantastbar sind. Auch der deutsche Reichskanzler hat keine Zweifel daran erweckt, denn er selbst erklärte direkt: Wir wissen gut, daß es in Europa kaum Grenzen gibt, welche allseits befriedigen könnten. Es ergibt sich jedoch eine andere Frage. Der Herr Reichskanzler erklärte, daß zu den Interessen des Deutschen Reiches auch der Schutz jener fremdstaatlichen Bürger deutscher Nationalität gehört, die aus eigener Kraft nicht im Stande sind, sich innerhalb der Grenzen anderer Staaten das Recht auf allgemein menschliche, politische und weltanschauliche Freiheit zu sichern. Wie wir glauben, braucht man die Erklärung des deutschen Reichskanzlers nicht auf die Tschechoslowakei zu beziehen, und zwar aus dem sehr einfachen Grunde, weil man von den Bürgern deutscher Nationalität in der Tschechoslowakei gewiß nicht sagen kann, daß sie aus eigener Kraft nicht im Stande wären, sich das Recht auf allgemein menschliche, politische und weltanschauliche Freiheit zu sichern. Dies schon aus dem Grunde, weil, wie aus dem Begriff der staatlichen Souveränität hervorgeht, der tschechoslowakische Staat für die Sicherung aller nationalen, bürgerlichen Rechte und der Gewissensfreiheit gesorgt hat, sorgt und sorgen wird, in verständnisvoller Zusammenarbeit der Bürger aller Nationalitäten. Im Hinblick darauf jedoch, daß der Herr Reichskanzler von zehn Millionen Deutschen, die sich in zwei Staaten zu den deutschen Grenzen befinden, gesprochen hat, kann trotzdem die Anschauung entstehen, daß der Herr Reichskanzler den Schutz seines Reiches auch im Hinblick auf die Deutschen in der Tschechoslowakei meint. Ein in diesem Sinne formulierter Standpunkt würde einen Eingriff in die inneren Angelegenheiten unseres Staates bedeuten.

. . .

Die Heimat der seit altersher auf dem Gebiete unseres Staates ansässigen deutschen Bevölkerung liegt im tschechoslowakischen Staate. Es ist daher die Aufgabe dieses, einzig und ausschließlich dieses Staates vom ersten Tage seiner Erneuerung an, sein Verhältnis zu dieser Bevölkerung so zu regeln, daß sie selbst die ewige Wahrheit erfühle und erlebe, daß ihre ewige Heimat in der Tschechoslowakei ist. Diese jetzt bereits durch eine Reihe von Jahren folgerichtig und ehrlich gelöste Aufgabe hat die Tschechoslowakische Republik einerseits deshalb auf sich genommen, weil eine gerechte nationale Politik für unser Volk eine völlige Selbstverständlichkeit ist, andererseits deshalb, weil unser Volk sich selbst aus eigenem Willen und auf Grund seiner Souveränität durch das Verfassungsgesetz eine Rechtsordnung geschaffen hat, die diesem Zwecke und gleichzeitig jener internationalen Verpflichtung entspricht, die wir in dem in St. Germain am 10. September 1919 abgeschlossenen Minderheitenvertrag[3] übernommen haben.

. . .

*Anmerkungen:*
[1] Adolf Hitler.
[2] Zum Text: Siehe vorhergehenden Beleg.
[3] Zum Text: Siehe S. 138ff.

*Quelle:*
Orbis Verlag (Hrsg.): »Die neue Situation Europas und die Tschechoslowakei«; Nr. 24 der *(offiziösen)* Reihe »Tschechoslowakische Quellen und Dokumente«; Prag, 1938; S. 29ff.

**Kurzbericht:** **1938**
**Meinung [1, 2] zur Sudetenfrage:**
*Das Sudetengebiet: Man kann es auch nach einem für Deutschland verlorenen Krieg von Deutschland nicht wieder abtrennen*

*a) Der britische Botschafter in Prag, Sir Basil Newton am 15. März 1938 in einem Brief an seinen Außenminister Lord Halifax in London:*
»Sollte Krieg kommen . . . können wir lediglich darauf hoffen, nach einem langwierigen Kampf einen Zustand wiederherzustellen, der sich bereits als unannehmbar erwiesen und nach seiner Wiederherstellung neuerlich als nicht haltbar erweisen würde.«
*b) Der britische Außenminister Lord Halifax im Beisein des Premierministers Neville Chamberlain am 29. April 1938 in London zum französischen Ministerpräsidenten Eduard Daladier und Außenminister Georges Bonnet:*
»Wir müssen uns die Frage stellen, ob – selbst am Ende eines siegreichen Krieges – es möglich sein wird, den tschechoslowakischen Staat in seiner derzeitigen Form wiederherzustellen.«
*c) Der britische Premierminister Neville Chamberlain (etwa) am 10. Mai 1938 in London bei einem Essen vor prominenten Gästen:*
»Selbst wenn ein deutscher Angriff auf die Tschechoslowakei zurückgeschlagen werden würde, könnte der tschechoslowakische Staat in seiner derzeitigen Form nicht weiterbestehen.«
*d) Der britische Botschafter in Prag, Sir Basil Newton am 4. September 1938 zum tschechoslowakischen Staatspräsidenten, Edvard Beneš in Prag:*
»Was ich ihm deutlich einprägen wollte, war dies: Wie günstig auch immer das Ergebnis dieses Krieges sein möge, es wäre mehr als zweifelhaft, ob die Tschechoslowakei in ihrer derzeitigen Form . . . wiederhergestellt werden könnte. Dr. Beneš schien durch meine Darlegungen schmerzlich beeindruckt zu sein.«
*e) Der britische Botschafter in Berlin, Sir Nevile Henderson am 10. September 1938 in Nürnberg zu deutschen Gesprächspartnern:*
»Selbst wenn Deutschland besiegt würde, müßten nach seiner *(Hendersons)* Auffassung in einem Friedensvertrag die sudetendeutschen Gebiete Deutschland gegeben werden, wenn der ewigen Unruhe in Europa ein Ende gemacht werden solle.«
*f) Der britische Außenminister Lord Halifax im Beisein des Premierministers Neville Chamberlain am 18. September 1938 in London zum französischen Ministerpräsidenten Eduard Daladier und Außenminister Georges Bonnet:*
● *nach der britischen Aufzeichnung:*
»Bei der Friedenskonferenz, die dem Krieg folgen wird, könne er (Halifax) sich nicht vorstellen, daß die daran beteiligten Staatsmänner die heutigen Grenzen der Tschechoslowakei bestätigen würden.
● *Nach der französischen Aufzeichnung:*
»Es ist ganz offensichtlich, daß beim Abschluß eines neuen Friedensvertrages die Grenzen der Tschechoslowakei nicht so gezogen werden würden, wie sie derzeit sind.«
*g) Der britische Außenminister Lord Halifax über seinen Botschafter in Prag, Sir Basil Newton an die tschechoslowakische Regierung, der dies am 27. September abends übermittelt wurde:*
»Die tschechoslowakische Regierung muß klar erkennen, daß . . . es ohne Rücksicht auf den Ausgang *(eines allgemeinen Krieges)* keine Möglichkeit gibt, der Tschechoslowakei ihre heutigen Grenzen zurückzugeben.«

---

*Anmerkungen:*
[1] Weitere Stimmen dieser Art sind belegbar.

[2] Beachtenswert erscheint die hier dargestellte Entwicklung der Meinung über den Zeitablauf von der Möglichkeit über das Infragestellen bis zur klaren Unmöglichkeit, das Sudetengebiet bei der Tschechoslowakei zu belassen.
Es ist zu vermuten, daß dies nach 1938 für Beneš ein wichtiges Motiv wurde, die Sudetendeutschen aus der Tschechoslowakei zu vertreiben, um dadurch das Sudetengebiet behalten zu können.

---

*Quellen:*
Zu a): »*D*ocuments on *B*ritish *F*oreign *P*olicy« (DBFP); 3. Reihe, Bd. I; London, 1949; S. 55f.
Zu b): DBFP; 3. Reihe, Bd. I; S. 214.
Zu c): »New York Times« vom 14. 5. 1938; Wiedergabe in Wheeler-Bennett: »Munich-Prologue to Tragedy«; New York, 1948, S. 39. 2. Aufl., 1963: S. 52.
Zu d): DBFP; 3. Reihe, Bd. II; S. 226.
Zu e): »Akten zur deutschen auswärtigen Politik«; Reihe D, Bd. II; Baden/Baden, 1950; S. 619.
Zu f): DBFP; 3. Reihe, Bd. II; S. 385. »Documents diplomatiques français«; 2. Reihe, Bd. XI; Paris, 1977; S. 321.
Zu g): DBFP; 3. Reihe, Bd. II; S. 571.
In englischer Originalfassung auch in dem (sonst deutschsprachigen) »Das Abkommen von München 1938«; Hrsg. von Václav Král; Prag, 1968; S. 232.

**Aufzeichnung** **1938, 18. März**
**des britischen Innenministers Sir Samuel Hoare (Kons.):**

... Heute informierten uns Südafrika und Kanada, daß sie sich uns in einem Krieg, der gewisse Deutsche daran hindere, sich ihrem Vaterland wieder anzuschließen, nicht anschließen würden ...

---

*Quelle:*
Hoare, Samuel: »Nine Troubled Years«; London, 1954; S. 323.

**Erklärungen** **1938, 22.–25. März**
**verschiedener sudetendeutscher Parteien:**
*Anschluß an die SdP*

*A) Der Bund der Landwirte (BdL)* [1]
Die bereits seit einigen Monaten zwischen der SdP und dem Bund der Landwirte geführten Verhandlungen gelangten am 22. März zum glücklichen Abschluß. Daraufhin ließ der Vorsitzende des Bundes der Landwirte, Gustav Hacker, dem Präsidenten der Republik, der Regierung und der Presse das folgende Kommuniqué zugehen:
»1. Der BdL tritt mit dem heutigen Tage aus der Regierung aus. Der im Jahre 1926 begonnene Versuch [2], im Wege der Mitarbeit in der Regierung zu einer nationalen Befriedigung im Staate und zur Sicherstellung der Lebensrechte der sudetendeutschen Volksgruppe zu gelangen, ist gescheitert. Ebenso hat die Politik, die mit dem Regierungsbeschluß vom 18. Februar 1937 [3] eingeleitet wurde, versagt.
2. Der BdL gliedert sich zur Gänze in die Sudetendeutsche Partei unter Führung Konrad Henleins ein. Die Entwicklung der letzten Zeit erfordert die einheitliche Ausrichtung und den geschlossenen Einsatz aller Volkskräfte.
Prag, am 22. März 1938 Gustav Hacker.«

...
*B) Die Deutsche Gewerbepartei* [4]
Am gleichen Tage veröffentlichte die Deutsche Gewerbepartei folgende Kundmachung:

»Herr Alois Stenzl, der von der Reichsparteileitung der Deutschen Gewerbepartei zum bevollmächtigten Sprecher der Partei bestimmt wurde, veröffentlicht nachstehende Erklärung:
Als Bevollmächtigter für die Deutsche Gewerbepartei erkläre ich mit heutigem Tage die Deutsche Gewerbepartei für aufgelöst. Die Entwicklung der letzten Zeit hat eindeutig erwiesen, daß der Kampf des Sudetendeutschtums um seine Zukunft und Existenz nur geschlossen und unter einheitlicher Führung siegreich durchgefochten werden kann. Lage und Schicksal unserer deutschen Handwerker und Kaufleute sind abhängig von dem Ausfall des nationalpolitischen Ringens um unsere politischen, kulturellen und wirtschaftlichen Rechte. Ich fordere die Angehörigen meiner Partei auf, sich in der Sudetendeutschen Partei unter der Führung Konrad Henleins einzugliedern.
Prag, 22. März 1938 Alois Stenzl.«

*C) Die Deutsche Christlichsoziale Volkspartei (DCV)* [1]
Am 24. März fand die Entwicklung des Sudetendeutschtums ihren Abschluß. An diesem Tage gab die Leitung der Christlichsozialen Partei das nachstehende Kommuniqué heraus:
»Die Reichsparteileitung der Deutschen Christlichsozialen Volkspartei hat in ihrer Sitzung am 24. März 1938 einmütig beschlossen:
Die innen- und außenpolitische Lage erfordert unter Wahrung unserer weltanschaulichen Einstellung eine einheitliche Vertretung der Lebensrechte unserer deutschen Volksgruppe im Staate. Daher beauftragt die Reichsparteileitung auf Grund der zwischen der DCV und der SdP getroffenen Vereinbarungen die Mitglieder des Parlamentarischen Klubs der Abgeordneten und Senatoren der DCV, dem Parlamentarischen Klub der Abgeordneten und Senatoren der SdP beizutreten. Wir tragen damit der Enttäuschung Rechnung, welche das Versagen der Februar-Richtlinien [3] in der gesamten sudetendeutschen Bevölkerung ausgelöst hat, so daß das bisherige System des Aktivismus scheitern mußte.
Die DCV scheidet mit dem heutigen Tage aus der Parlamentsmehrheit aus und beruft ihren Vertreter aus der Regierung ab. Die Reichsparteileitung der DCV verfügt, daß die Tätigkeit aller ihr unterstehenden Organe und Gliederungen der Partei ruht. In der einheitlichen Kampffront werden die Abgeordneten und Senatoren der DCV zusammen mit ihren deutschen Volksgenossen die gemeinsamen Forderungen aller Sudetendeutschen – die grundsätzliche Regelung des deutsch-tschechischen Verhältnisses im Wege der Gesetzgebung – mit allen gesetzlichen Mitteln verfechten in der sicheren Erwartung, daß die Einigkeit den ersehnten Erfolg endlich herbeiführt.«

*D) Die Wertung dieser Entwicklung durch die SdP*
*Konrad Henlein nimmt Stellung.*
Am 25. März trat unter dem Vorsitz Konrad Henleins der politische Ausschuß der SdP zu einer Sitzung zusammen, in der Henlein ausführte:
»...
Der Vollzug der endgültigen Vereinheitlichung und Ausrichtung der gesamten sudetendeutschen Volkskräfte auf einen einzigen politischen Willen und auf eine einzige, nunmehr von der gesamten Volksgruppe anerkannte Führung beschließt endgültig die Epoche eines sudetendeutschen Bruderkampfes im Zeichen der Schwäche und Entmachtung. Er konzentriert den Willen von nunmehr 1600000 deutschen Wählerstimmen auf ein politisches Ziel und schafft diesem Willen durch eine Volksvertretung von insgesamt 81 Parlamentariern [5], die von nun an die weitaus stärkste Partei des Staates repräsentieren, den sichtbaren Ausdruck. Er setzt den Schlußstein hinter eine Entwicklung, die wir vorausgesehen, gewollt und mit allen unseren Kräften gestaltet haben.
Es ist künftighin ausgeschlossen, den deutschen Willen zur Ordnung, Rechtlichkeit und Mitgestaltung für politische Konzeptionen zu mißbrauchen, die einer endgültigen Lösung

des Nationalitätenproblems ausweichen und die Ideologie des Nationalstaates durch die Anwendung einer ausgeklügelten politischen Taktik durchsetzen wollen. Das Abkommen vom 18. Februar[3], das den letzten Versuch dieser Art dargestellt hat, ist endgültig gescheitert ... Die beiden letzten deutschen Splitterparteien – die deutsche Sozialdemokratie und die deutschdemokratische Freiheitspartei – die sich als einzige neben unserer gewaltigen Einheitsbewegung ein erbärmliches Scheindasein bewahrt haben, betrachten wir nicht mehr als zugehörig zur sudetendeutschen Volksgruppe. Vor allem die deutsche Sozialdemokratie, die nicht nur jede Bindung dem Volke gegenüber, sondern vor allem jede Beziehung zum sudetendeutschen Arbeitsmenschen verloren hat, kann dem deutschen Bestande innerhalb dieses Staates nicht mehr zugezählt werden ...
Es ist Sache des tschechischen Volkes, diese Tatsache zur Kenntnis zu nehmen und nach ihr zu handeln. Es ist Aufgabe der Staatsführung, der neugeschaffenen Lage durch radikale Umstellungen in ihrer bisherigen Politik gerecht zu werden. In jeder echten Demokratie führen strukturelle Veränderungen im politischen Gefüge des Staates, wenn sie sich im Ausmaß der letzten Ereignisse im deutschen Lager vollziehen, zu ebenso selbstverständlichen wie notwendigen Konsequenzen.
Ich fordere daher aus Gründen, deren Berechtigung ebensosehr durch die Interessen des Staates wie durch die Interessen des tschechischen Volkes gegeben sind, fürs erste die Ausschreibung von politischen Wahlen in allen gesetzgebenden und verwaltenden Körperschaften unseres Staates. Nach Recht und Gesetz soll allen Staatsbürgern, vor allem aber dem Sudetendeutschtum, Gelegenheit geboten werden, zu den Ereignissen der letzten Wochen Stellung zu nehmen.
Ich erhebe diese Forderung, weil ich der gesamten Welt, vor allem aber dem tschechischen Volke beweisen will, daß die Konzentration des Sudetendeutschtums keine Angelegenheit des Augenblickes war, daß sie weder durch Zwang noch Terror herbeigeführt wurde, sondern daß sie die Willensentscheidung der ganzen Volksgruppe ist, der in freier Wahl die Möglichkeit gegeben werden muß, die gefallenen Entscheidungen in einwandfreiester Form zu bestätigen.
...«

---

*Anmerkungen:*
1 Zur politischen Bedeutung dieser Parteien, ausgedrückt in Abgeordneten, siehe S. 475f.
2 Gemeint: Der sog. Aktivismus. Zu Belegen dafür: Siehe S. 170ff.
3 Siehe S. 191.
4 Eine sachlich gleiche Erklärung gab am 24. 3. 1938 auch die Deutschsoziale Partei ab.
5 55 (von 300) Abgeordneten und 26 Senatoren.

---

*Quelle:*
»Nation und Staat. Deutsche Zeitschrift für das europäische Minoritätenproblem«; Jg. 9 (1938), Nr. 6; (Wien, März); S. 354ff.

**Bericht** **1938, 23. März**
**des ČSR-Botschafters in Berlin, Vojtěch Mastny, an sein Außenministerium:**
*Hinweise zur aktuellen[1] Meinung der französischen und britischen Regierung*

Kulturautonomie für die Sudetendeutschen genügt nicht mehr[2]
Wenn ich daran denke, wie stark verbreitet im Ausland die Theorie ist, daß den Deutschen bei uns tatsächlich Unrecht getan wird (diese These haben namentlich England bzw. seine Diplomaten in Berlin und Prag angenommen), dann ist es in der jetzigen Situation eine unerläßliche Notwendigkeit, daß es möglichst schnell zu einem Ausgleich mit unseren Deutschen kommt. Dabei muß man sich nach meiner Ansicht zwei grundsätzliche Dinge klarmachen. Vor allem, daß hier unter einem Ausgleich mit den Deutschen, wie es schon seit mehr als

zwei Jahren ganz offenbar ist und worauf ich ständig von neuem aufmerksam gemacht habe, ein Ausgleich mit den Henleinleuten zu verstehen ist, und zweitens, daß es nicht eigentlich darum geht, ob den Deutschen bei uns Gerechtigkeit widerfährt, sondern darum, ob sie bei uns zufrieden sind. Die erste Voraussetzung ist jetzt durch den Zusammenschluß der deutschen Parteien in der Tschecho-Slowakei[3] praktisch gegeben.[4]
Was den Umfang der Konzessionen an die Sudetendeutschen betrifft, müssen wir daran erinnern, daß bei einem Vergleich mit früheren Ansichten auch in Kreisen nüchterner Deutscher jetzt nach dem Anschluß Österreichs die Forderungen ziemlich gewachsen sind. Es ist wahr, daß Baron Neurath[5] selbst in den vorausgegangenen Unterredungen, aber auch in der letzten Unterredung, nur von gewissen Konzessionen der Kulturautonomie sprach. Ich bezweifle sehr, daß der Reichskanzler[6] eine solche Formulierung billigen würde, und fürchte, daß der neue Außenminister Ribbentrop den deutschen Standpunkt viel radikaler formulieren wird. Der französische Botschafter[7], der früher als ich selbst unverhüllt ein direktes Geständnis darüber erhielt, wie man sich hier in Deutschland die Lösung eines Ausgleichs vorstellt, machte mich darauf aufmerksam, daß er dadurch überrascht sei, zu sehen, wie auch ernsthafte Faktoren – keine radikalen – extreme Forderungen nach einer Umwandlung der Tschecho-Slowakei in einen neuen Staat schweizerischer Verfassung stellen, und sonst einen Zerfall unserer Republik zugunsten Deutschlands, Polens und Ungarns voraussagen.
Nachdem ich zur Grundlage meines Berichtes die Ansichten des französischen Botschafters genommen habe, schließe ich mit der Anführung der Ansicht des englischen Botschafters.[8] Die Grundlage seiner persönlichen Ansicht ist ungefähr folgende: England ist ein guter Freund der Tschecho-Slowakei und wird sich immer bemühen, ihr zu nützen; aber es kann sich nicht direkt zu einer Garantie verpflichten ...
Frankreich machte einen Fehler dadurch, daß es die Tschecho-Slowakei gegen Deutschland aufhetzte und von einer Übereinkunft mit ihm abhielt, die für sie die beste und eigentlich einzige politische und wirtschaftliche Lösung ist. Die kleine Tschecho-Slowakei mit ihren großen Minderheiten kann sich für eine weite Zukunft nicht anders halten als durch Erfassung dieser Situation, der Harmonisierung ihres Verhältnisses zu Deutschland, ebenso wie zu Frankreich. Es ist der Tschecho-Slowakei durch zwanzig Jahre nicht gelungen, die Fragen ihrer Minderheiten zu lösen. Durch eine solche dauernde Last bedroht die Tschecho-Slowakei ernsthaft ihre Zukunft; die Deutschen in der Republik haben bisher ihre Rechte nicht erhalten. England hat darüber ernsthafte Informationen, Henderson selbst hat die Verhältnisse in Karlsbad und anderswo kennengelernt. Die Deutschen müssen in irgendeiner Form eine Autonomie erhalten. Warum nicht lieber rechtzeitig das schweizerische System mit einer eventuellen Änderung der Benennung des Staates nach dem Beispiel Jugoslawiens durchführen? Die Autonomie wünschen ja nicht nur die Deutschen, sondern auch die übrigen Minderheiten und namentlich die Slowaken. Wenn die Tschecho-Slowakei in Wirklichkeit ein Nationalstaat wäre, könnte die Stellung Englands zu ihr entschiedener sein. So aber bleibt die Tschecho-Slowakei eine Sorge Europas. Das sind ungefähr die Ansichten des englischen Botschafters.

---

*Anmerkungen:*
1 Am 12./13. 3. 1938: Anschluß Österreichs an das Deutsche Reich.
2 Den Inhalt des Mastny-Berichtes insgesamt zutreffend zusammenfassender Vorsatz des Herausgebers der Quelle.
3 Der Herausgeber der Quelle verwendet in seinem Werk durchgehend diese deutsche Schreibweise. Sie dürfte der Schreibweise des Autors Mastny nicht entsprechen.
4 Siehe den vorhergehenden Beleg.
5 Am 5. 2. 1938 als Außenminister durch Joachim v. Ribbentrop abgelöst.
6 D. h. Adolf Hitler.
7 Gemeint ist André François-Poncet.

[8] Gemeint ist Sir Nevile Henderson.

*Quelle:*
Berber, Fritz (Hrsg.): »Europäische Politik 1933–1938 im Spiegel der Prager Akten«; 2. Aufl.; Essen, 1942; S. 98f.

**Rundfunkrede** **1938, 28. März**
**des ČSR-Ministerpräsidenten Milan Hodža (Agrarier):**
*Ankündigung eines »Minoritätenstatuts«*

... Der Vorsitzende der Regierung von Großbritannien[1] hat in seiner Rede vom 24. März ein ganz außerordentliches Interesse für die Minderheiten-Politik der Regierung an den Tag gelegt. Er sagte u. a.: »Was die Tschechoslovakische Republik anlangt, scheint es der Regierung seiner Majestät, daß jetzt der Augenblick gekommen ist, da alle diplomatischen Mittel im Interesse des Friedens angewendet werden sollten. Die britische Regierung hat gerne zur Kenntnis genommen und unterschätzt in keiner Richtung die definitive Versicherung, die von der deutschen Regierung über ihren Standpunkt gegeben wurde. Andererseits hat sie mit Dank vermerkt, daß die Regierung der Tschechoslovakischen Republik praktische Schritte vorbereitet, die im Rahmen der tschechoslovakischen Verfassung gemacht werden können und die den verständigen Wünschen der deutschen Minderheit entsprechen würden. Ihrerseits wird die Regierung Seiner Majestät immer bereit sein, jegliche Hilfe, die in ihrer Macht steht, durch welche Mittel immer, die ihr zur Lösung aller Fragen geeignet erscheinen würden, welche Schwierigkeiten zwischen der deutschen und der tschechoslovakischen Regierung bewirken könnten, zu gewähren.«
Es muß vor allem betont werden, daß dieses Interesse des britischen Ministerpräsidenten für unsere Minderheitenpolitik eine feste international-rechtliche Basis, und zwar in dem Vertrage über den Minderheitenschutz hat, der am 10. September 1919 in St.-Germain-en-Laye[2] unterzeichnet worden ist. Die Tschechoslovakei hat somit die Erklärung des Vorsitzenden der britischen Regierung mit Freude zur Kenntnis genommen.
Ich weiß und begreife auch vollkommen, daß bei uns viele mit der Minderheitenpolitik nicht übereinstimmen, wie wir sie am 18. Feber 1937[3] ergänzt haben. Sogar die ehemaligen deutschen Aktivisten hielten sich für verpflichtet, ihr Lücken und Unzulänglichkeiten vorzuwerfen. Doch ist es überaus interessant, das Organ der deutschen Christlichsozialen zu lesen, in welchem gerade im Zeitpunkt ihres Eintritts in die Opposition am 25. März d. J. ausdrücklich erklärt wurde, daß »es auch heute Geltung hat, daß seit dem 18. Februar 1937 wertvolle Erfolge erzielt wurden, welche tausenden Volksgenossen Beschäftigung, Arbeit, Brot und Hilfe wiedergebracht haben«.
...
Heute ist es an der Zeit, in einem einheitlichen gesetzgebenden Akt alle schon gültigen Minderheitenmaßnahmen, ob sie nun in der Verfassungsurkunde oder dem Sprachengesetz und in einer ganzen Reihe von legislativen und administrativen Teilmaßnahmen enthalten sind, zu einem systematischen Ganzen zusammenzufassen. Wir behaupten mit Recht, daß wir in der Tschechoslovakei den relativ vollkommensten Komplex der Minderheitenrechte geschaffen haben. Weil wir jedoch aus ihnen noch kein kodifiziertes System gemacht haben, kann böser Wille in der uninformierten Welt den Eindruck hervorrufen, daß die Minderheiten bei uns nicht frei atmen können und wenn sie es können – so erst seit dem 18. Februar 1937.
Es ist also ein Gebot der Zweckmäßigkeit und der Ordnung, das wertvolle Werk unserer Minderheitenpolitik auch in formaler Hinsicht zu vollenden. Darum berät die tschechoslovakische Regierung über ein Minoritätenstatut der Republik.[4] Wir werden damit der Pro-

paganda ein Ende bereiten, die von so vielen Seiten gegen unseren guten Willen und gegen unsere ehrliche Arbeit geführt wird.

. . .

*Anmerkungen:*

[1] D. h. Sir Nevile Chamberlain.

[2] Zum Text: Siehe S. 138ff.

[3] Siehe S. 191.

[4] Diese Arbeiten wurden der Beginn der verschiedenen »Pläne« der ČSR-Regierung; zum IV. (letzten) Plan: Siehe S. 214ff.

*Quelle:*

Orbis Verlag (Hrsg.): »Die neue Situation Europas und die Tschechoslowakei«; Nr. 24 der *(offiziösen)* Reihe »Tschechoslowakische Quellen und Dokumente«; Prag, 1938; S. 11ff.

**Protokoll** **1938, 28. März**
**einer Unterredung zwischen dem sudetendeutschen Politiker Konrad Henlein (SdP) und Adolf Hitler:**
*Forderungen der Sudetendeutschen und Begründungen für Vorgehen*

Bei der nahezu dreistündigen Besprechung war außer dem Führer noch anwesend der Stellvertreter des Führers, Reichsminister Heß, der Außenminister von Ribbentrop und Obergruppenführer Lorenz. Der Führer erklärte, daß er beabsichtige, das tschechoslowakische Problem in nicht allzu langer Zeit zu lösen. Er könne es nicht mehr dulden, daß Deutsche drangsaliert würden oder auf Deutsche geschossen würde. Er erklärte Henlein, daß er wisse, wie beliebt dieser sei, und daß er der berechtigte Führer des Sudetendeutschtums wäre und auf Grund seiner Beliebtheit und Volkstümlichkeit die Dinge meistern würde. Auf den Einwand Henleins, daß er, Henlein, nur ein Ersatz sein könne, erwiderte Hitler: Ich stehe zu Ihnen, Sie sind auch morgen mein Statthalter. Ich dulde nicht, daß Ihnen innerhalb des Reiches von irgendeiner Stelle Schwierigkeiten gemacht werden.

Die Tendenz der Anweisung, die der Führer Henlein gegeben hat, geht dahin, daß von seiten der Sudetendeutschen Partei Forderungen gestellt werden sollen, die für die tschechische Regierung unannehmbar sind. Henlein beabsichtigt, trotz der günstigen Lage durch die österreichischen Ereignisse, nichts zu überspitzen, sondern nur die alten Forderungen auf Selbstverwaltung und Wiedergutmachung am Parteitag (23./24. April 1938)[1] zu stellen. . . . Das Reich wird von sich aus nicht eingreifen. Für die Ereignisse sei zunächst Henlein selbst verantwortlich. Es müsse aber eine enge Zusammenarbeit erfolgen. Henlein hat dem Führer gegenüber seine Auffassung folgendermaßen zusammengefaßt: Wir müssen also immer so viel fordern, daß wir nicht zufriedengestellt werden können.[2] Diese Auffassung bejahte der Führer.

*Anmerkungen:*

[1] Zu den Ergebnissen: Siehe den folgenden Beleg.

[2] Zu dieser Formulierung heißt es in der Niederschrift einer Unterredung mit Außenminister von Ribbentrop am 29. 3. 1938: »Gefährlich erschiene es, sich frühzeitig mit Zusagen der Tschechoslowakischen Regierung abzufinden, die einerseits gegenüber dem Ausland den Anschein erwecken könnten, als ob eine Lösung gefunden sei, und andererseits die Sudetendeutschen selbst nur teilweise befriedigen würden. Vorsicht sei vor allem auch deshalb am Platze, weil man nach der bisherigen Erfahrung den Zusicherungen Beneschs und Hodzas kein Vertrauen schenken könnte.«

*Quelle:*

»Akten zur deutschen auswärtigen Politik 1918–1945«; Reihe D, Bd. II; Baden-Baden, 1950; S. 158, 163.

**Die SdP:** **1938, 24. April**
**Karlsbader Programm [1,2]:**
*Allgemeine Personalautonomie und Territorialautonomie in festzustellendem Gebiet*

1. Herstellung der vollen Gleichberechtigung der deutschen Volksgruppe mit dem tschechischen Volk;
2. Anerkennung der sudetendeutschen Volksgruppe als Rechtspersönlichkeit zur Wahrung dieser gleichberechtigten Stellung im Staate;
3. Feststellung und Anerkennung des sudetendeutschen Siedlungsgebiets;
4. Aufbau einer sudetendeutschen Selbstverwaltung im sudetendeutschen Siedlungsgebiet in allen Bereichen des öffentlichen Lebens, soweit es sich um die Interessen und Angelegenheiten der deutschen Volksgruppen handelt;
5. Schaffung gesetzlicher Schutzbestimmungen für jene sudetendeutschen Staatsangehörigen, die außerhalb des geschlossenen Siedlungsgebiets ihrer Volksgruppe leben;
6. Beseitigung des dem Sudetendeutschtum seit dem Jahr 1918 zugefügten Unrechts und Wiedergutmachung der ihm durch dieses Unrecht entstandenen Schäden;
7. Anerkennung und Durchführung des Grundsatzes: Im deutschen Gebiet deutsche öffentliche Angestellte;
8. Volle Freiheit des Bekenntnisses zum deutschen Volkstum und zur deutschen Weltanschauung.

---

*Anmerkungen:*
[1] Verkündet auf einem Parteitag in Karlsbad.
[2] a) Der tschechoslowakische Ministerpräsident Milan Hodža war von der SdP bereits am 11. 4. 1938 über das Programm informiert worden.
Er erklärte »nach längerer Überlegung (insbesondere zu Punkt 8), daß er vom Standpunkt der Verfassung dagegen keinen Einwand erhebe«.
Vgl. »Akten . . .«; S. 186f.
b) Der tschechoslowakische Außenminister Kamil Krofta meinte am 26. 4. 1938 zum englischen Gesandten in Prag, Sir Basil Newton, über die tschechoslowakische Haltung zu den einzelnen Punkten:
Zu 1: »bereits angenommen«;
Zu 2: »unannehmbar«;
Zu 3: »abgeschlossene Siedlungsgebiete seien unzulässig«;
Zu 4: keine Stellungnahme, da »er nicht wisse, wie weit das gehen solle«;
Zu 5: »vorhanden«;
Zu 6: »unpraktisch«;
Zu 7: »nicht schwierig, wenn es nicht heißen solle, daß im deutschen Gebiet ›nur‹ deutsche öffentliche Angestellte sein sollten«.
Zu 8: »sehr weitreichend und gefährlich . . .«.
Vgl. »Documents on British Foreign Policy«; 3. Reihe, Band 1; London, 1949; S. 187.

---

*Quelle:*
»Akten zur deutschen auswärtigen Politik 1918–1945«; Reihe D, Bd. II; Baden-Baden, 1950; S. 192.

**Weisungen [1] Adolf Hitlers** **1938, 20./30. Mai**
**an die Deutsche Wehrmacht:**
*»Es liegt nicht in meiner Absicht – Es ist mein unabänderlicher Entschluß«*

*A) Der Entwurf für die »Weisung Grün« vom 20. Mai [2]:*
1. Politische Voraussetzungen
Es liegt nicht in meiner Absicht, die Tschechoslowakei ohne Herausforderung schon in nächster Zeit durch eine militärische Aktion zu zerschlagen, es sei denn, daß eine unab-

wendbare Entwicklung der politischen Verhältnisse innerhalb der Tschechoslowakei dazu zwingt oder die politischen Ereignisse in Europa eine besonders günstige und vielleicht nie wiederkehrende Gelegenheit dazu schaffen.

...

*B) Die nachfolgenden Ereignisse:*
*Die ČSR-Führung erhielt am 19. Mai Nachrichten über deutsche Truppenbewegungen in Bayern und Sachsen gegen die ČSR. Obwohl die Zuverlässigkeit dieser Nachrichten nicht sofort überprüft werden konnte, ignorierte Dr. Beneš die Erklärung der deutschen Regierung[3], die Nachrichten seien grober Unfug. Unter seinem Vorsitz beschloß ein ČSR-Ministerrat in Anwesenheit hoher Offiziere am 20. Mai um 15.00 Uhr die Teilmobilmachung. Es wurde behauptet, Dr. Beneš habe damit die Gemeindewahlen (am 22. und 29. 5., sowie 12. 6. 1938)[4] beeinflussen wollen.[5]*
*Sicher ist lediglich, daß spätere Recherchen die Haltlosigkeit der Nachrichten über den angeblichen deutschen Aufmarsch ergaben. Darüber hinaus ist verbürgt, daß die in aller Welt versandte Mitteilung über die ČSR-Teilmobilmachung sowie die nicht erfolgende deutsche Invasion als Zurückweichen des deutschen Diktators vor der entschlossenen Handlungsweise der ČSR-Staatsführung aufgefaßt wurde. Diese Reaktion soll Hitler beträchtlich beeindruckt haben.*
*Er verwarf den Entwurf vom 20. 5. (siehe oben) und unterzeichnete*

*C) Die Neufassung der »Weisung Grün« vom 30. Mai:*[6]
1. Politische Voraussetzungen.
Es ist mein unabänderlicher Entschluß, die Tschechoslowakei in absehbarer Zeit durch eine militärische Aktion zu zerschlagen. Den politisch und militärisch geeigneten Zeitpunkt abzuwarten oder herbeizuführen, ist Sache der politischen Führung. Eine unabwendbare Entwicklung der Zustände innerhalb der Tschechoslowakei oder sonstige politische Ereignisse in Europa, die eine überraschend günstige, vielleicht nie wiederkehrende Gelegenheit schaffen, können mich zu frühzeitigem Handeln veranlassen. Die richtige Wahl und entschlossene Ausnützung eines günstigen Augenblicks ist die sicherste Gewähr für den Erfolg. Dementsprechend sind die Vorbereitungen unverzüglich zu treffen.

...

*Anmerkungen:*
[1] Die Weisungen waren streng geheim.
[2] Der Entwurf war am 21. 4. 38 von Hitler angefordert worden und sollte die Lage nach dem Anschluß Österreichs berücksichtigen. Zu den Planungsvorstellungen Hitlers: Siehe S. 197f.
[3] Vgl. »Akten zur deutschen auswärtigen Politik 1918–1945«; Serie D, Bd. II; Baden-Baden 1950; S. 234ff.
[4] Zum Wahlergebnis: Siehe den nachfolgenden Beleg.
[5] Vgl. Sigl, Christian: »Quellen und Dokumente – Über die Entwicklung im Sudetendeutschen Gebiet in der Zeit vom 24. April bis zum 12. Juni 1938«; Wien/Leipzig, 1938; S. 15ff.
[6] Im Mantelschreiben von Generaloberst Keitel, Chef des Oberkommandos der Wehrmacht, hieß es: Die »Ausführung« der Weisung »muß spätestens ab 1. 10. 38 sichergestellt sein«.

*Quelle:*
»Akten zur deutschen auswärtigen Politik 1918–1945«; Reihe D, Bd. II; Baden-Baden, 1950; S. 236ff., S. 281ff.

**Gemeindewahlen im Sudetengebiet:** **1938, 22. Mai**
*Ergebnisse und Kommentare*

. . .

Am 22. Mai *(1938)* fand die erste Etappe[1] der Gemeindewahlen in den *(sudeten-)*deutschen Gebieten statt. Sie ergab einen überwältigenden Wahlsieg für die SdP mit 92,59 %[2] als Gesamtdurchschnitt . . .

---

*Anmerkungen:*

[1] Die nächsten Wahlabschnitte wurden am 29. Mai und am 12. Juni durchgeführt. Die SdP erhielt insgesamt 91,44 % aller deutschen Stimmen.

[2] In Inhalt und Zeitpunkt der Stellungnahme bemerkenswert:
»Die Sudetendeutschen, die Henleins Partei in den Parlamentswahlen von 1934 und den Gemeindewahlen von 1938 wählten, stimmten für ein ausgesprochen (manifestly) tschechoslowakisches und nicht für ein getarntes (camouflaged) Naziprogramm.«
Vgl. Czechoslovak National Council of America: »News Flashes from Czechoslovakia under Nazidomination«; Chicago (USA); Nr. 87 vom 23. Juni 1940. 1934 als Jahr der Parlamentswahlen – richtig 1935 – im Original.
Ähnlich: »Central European Observer« (Publikation, die der [exil-]tschechoslowakischen Regierung nahestand); Band XVII; London; Nr. 19 vom 1. 10. 1940; S. 156 sowie »Two Years of German Oppression in Czechoslovakia«; Hrsg. v. Czechoslovak Foreign Ministry (im Exil); London, 1941.

---

*Quelle:*
Rönnefarth, Helmuth: »Die Sudetenkrise in der internationalen Politik«; Wiesbaden, 1961; S. 303.

**Leitartikel der Tageszeitung »Times«, London:** **1938, 3. Juni**

. . . Ein gestern abgedruckter Leserbrief war typisch für viele.[1] Zugleich war er ein wirkungsvoller Ausdruck der Auffassung, daß es den Deutschen in der Tschechoslowakei erlaubt werden müßte, durch eine Volksabstimmung oder auf andere Weise über ihre Zukunft zu entscheiden – auch dann, wenn dies ihr Ausscheiden aus der Tschechoslowakei bedeuten würde. Dieser Ansicht stimmt die Mehrheit der Engländer wahrscheinlich zu[1] . . . Als die Friedensbedingungen *(des 1. Weltkrieges)* aufgestellt wurden, galt das Selbstbestimmungsrecht jener Völker *(Tschechen und Slowaken)* als eine gerechte und geeignete Grundlage. Die Anwendung dieses Grundsatzes wurde jedoch den Deutschen Österreichs und Böhmens kurzsichtig und unklugerweise verweigert. In beiden Ländern versuchten sie, sich durch Wahlen mit den anderen Teilen des deutschen Volkes zu vereinigen – ihren Wünschen wurde nicht stattgegeben[2] . . .
. . . Die tschechische Regierung wird nicht bereitwillig einer Volksabstimmung[3] zustimmen, deren Ergebnis möglicherweise das Verlangen nach dem Anschluß der Sudetendeutschen an das Reich und der Verlust von Gebieten für die Republik sein würde. Sollte sie sich trotzdem zu dieser Lösung bereit finden, und eine ähnliche Wahlmöglichkeit auch den anderen, den ungarischen und polnischen Minderheiten geben[3], so könnte die Regierung der Tschechoslowakei auf lange Sicht dabei gewinnen: Erhielte sie dadurch doch eine einheitliche und zufriedene Bevölkerung, die noch immer zahlreicher wäre als diejenige Belgiens oder Hollands und doppelt so stark als die Dänemarks oder der Schweiz. Wenn es eine Ungerechtigkeit gewesen ist, der neuen Republik jene Minderheit einverleibt zu haben, so würde diese Ungerechtigkeit damit beseitigt sein; die an ihren Volksgenossen aus völkischen Gründen interessierten Nachbarstaaten müßten nunmehr für sie sorgen und würden jeden Anspruch darauf verlieren, in die Angelegenheiten der Tschechoslowakei einzugrei-

fen. Dies wäre eine radikale Lösung der gegenwärtigen Unruhe, aber vielleicht ist eine radikale Lösung notwendig.

*Anmerkungen:*
[1] Der hier angedeutete Meinungsbildungsprozeß – den der Leitartikel seinerseits beförderte – wurde zu einer wichtigen politischen Entwicklungslinie.
[2] Siehe S. 116, 132.
[3] Zur (bereits 1918 erkannten) Gefahr von Volksabstimmungen für den Umfang der Tschechoslowakei: Siehe S. 131.

*Quelle:*
Sudetendeutscher Rat (Hrsg.): »München 1938 – Dokumente sprechen«; München, 1963; S. 101 ff.

**Vergleich und Analyse:** **1938, 22. August**
**Mitteilung des sowjetischen Außenministers Maxim Litwinow:**
*Die UdSSR für das Selbstbestimmungsrecht*

*Vorbemerkung:*
*Der nachfolgende Beleg ist von mehrfachem Interesse: Abgesehen von der Sachaussage*[1] *wird deutlich, welche Probleme die Zusammenstellung von Dokumentensammlungen aufwerfen kann.*
*Es handelt sich um einen Bericht des deutschen Botschafters in Moskau, Graf von der Schulenburg, an sein Außenministerium über eine Unterredung mit dem sowjetischen Außenminister Litwinow.*
*Nachfolgend werden unter Hervorhebung von »Übersetzungsmängeln« jeweils in genauem Ablauf, wodurch Zusätze und Verkürzungen sichtbar werden, drei verschiedene Fassungen wiedergegeben:*

| *Fassung A:*<br>*Das Originaldokument* | *Fassung B:*<br>*Die Übersetzung* | *Fassung C:*<br>*Die Wiedergabe dieser Übersetzung durch einen kommunistischen Autor,*[2] *der aus der englischen Übersetzung zitiert:* |
|---|---|---|
| *(In deutscher Sprache; veröffentlicht 1950)* | *(In englischer Sprache; veröffentlicht 1949)* | *(In deutscher Sprache; veröffentlicht 1962)* |
| »Die Sowjetunion betrachtet die sudetendeutsche Frage als innere Angelegenheit der Tschechoslowakei.<br>Die Sowjetunion hat sich in keiner Weise eingemischt und keinerlei Ratschläge gegeben, weder in der einen noch in der anderen Richtung. | »The Soviet Union considers the Sudeten German question to be the domestic concern of Czechoslovakia.<br>The Soviet Union had not interfered in any way or given any advice whether in the one or the other direction. | »Die Sowjetunion betrachtet die Frage der Deutschen in der Tschechoslowakei als innere Angelegenheit der Tschechoslowakischen Republik.<br>Sie hat sich in diese Angelegenheit nicht eingemischt und wird es nicht tun. Sie hat der tschechoslowakischen Regierung keine Ratschläge erteilt, wie sie diese Frage lösen soll und |

| | | |
|---|---|---|
| ...[3] | ...[3] | wird dies auch in Zukunft nicht tun. Falls jedoch die Tschechoslowakei angegriffen werden sollte, wird die Sowjet-Union ihre Bündnisverpflichtungen erfüllen.« |
| Wenn noch das alte demokratische Deutschland vorhanden wäre, hätte die tschechische Frage für die Sowjetunion ein ganz anderes Gesicht. Wir sind stets für *das* Selbstbestimmungsrecht der Völker eingetreten.« | If the old democratic Germany still existed, the Czech question would have had quite a different aspect for the Sovjet Union. We have always espoused the cause of selfdetermination of peoples.« | [4] |
| *Datum* 22. August 1938 | *Datum* 22. August 1938 | *Datum* 24. August 1938 |

*Anmerkungen:*
[1] Frühere kommunistische Stellungnahmen zum Selbstbestimmungsrecht und zur Sudetenfrage: Siehe S. 8ff., 168, 176f.
[2] Prof. Jiři S. Hájek. Siehe die Angaben zur Person im »Register«, S. 490.
[3] An dieser Stelle heißt es in Fassung A und Fassung B: »Auslassungspunkte im Original«.
[4] An dieser Stelle stehen weder Auslassungspunkte noch weiterer Dokumententext.

*Quellen:*
A) »Akten zur deutschen auswärtigen Politik 1918–1945«; Reihe D, Bd. II; Baden-Baden, 1950; S. 482.
B) »Documents on German Foreign Policy«; Reihe D, Bd. II; Washington, 1949; S. 604.
C) Hájek, Jiři S.: »Die internationale Stellung der Tschechoslowakei in der Münchner Periode«, in: »Die Hintergründe des Münchner Abkommens von 1938«; Hrsg. v. Obermann/Polišensky; Berlin (Ost), 1959; S. 17–50; hier S. 38.
»Angabe: DGFP *(Documents on German Foreign Policy), (Band)* II, Nr. 381, S. 604.«
(Hervorhebungen *nicht* im Original.)

**Veröffentlichung der tschechoslowakischen Regierung zur Umgestaltung des Staates:** **1938, 5. September**[1]
(Der sog. IV. Plan)[2]:
*Territorial- und Personalautonomie*

...
Bei der Formulierung ihrer Vorschläge ist die Regierung[3] von dem Grundsatz ausgegangen, daß man zu einer sofortigen Lösung der strittigen Hauptfragen konkret und praktisch gelangen müsse, um eine dauernde und wirksame Einigung über die nationalen Fragen in der Republik zu erzielen. Alle übrigen Fragen bleiben weiteren eingehenden Verhandlungen vorbehalten. Bei ihrer Lösung wird immer auf die Souveränität, Integrität und Einheit des Staates geachtet werden.
Für die Lösung der Frage der öffentlichen Angestellten und Arbeiter wurde der Grundsatz zur Geltung gebracht[4], daß alle Nationalitäten auf einen ihrem Prozentsatz unter den

Staatsbürgern entsprechenden Anteil am Personalstand der Staatsangestelltenschaft in allen Rangstufen Anspruch haben ... Um möglichst rasch einen dieser Relation entsprechenden Zustand erreichen zu können, wird die nationale Proportionalität bei der Aufnahme neuer Kräfte deutscher Nationalität für die nächsten zehn Jahre so geregelt werden, daß nach zehn Jahren der entsprechende Prozentsatz erreicht wird.

...

Der Grundsatz der Versetzbarkeit von Staatsangestellten wird allgemein gewahrt werden. Jeder Nationalität wird aber im Rahmen dieses Grundsatzes der Anspruch zuerkannt, daß die nationale Zusammensetzung der Staatsangestellten und Arbeiter in den einzelnen Verwaltungsbereichen der nationalen Zusammensetzung der Bevölkerung entspreche. Dieser Grundsatz wird allerdings unter Berücksichtigung der Bedürfnisse des Staates als Ganzes zur Geltung gebracht werden.

...

*(Es folgen Vorschläge zur Überwachung der Realisierung dieser Maßnahmen durch gemischte Kommissionen unter Vorsitz eines Sudetendeutschen.)*

...

Der Grundsatz der Proportionalität wird auch in der öffentlichen Wirtschaft Geltung haben. Deshalb werden die Ausgabenposten und Kredite im Staatsvoranschlag, die für die Bedürfnisse des Schulwesens und der Volkskultur, des öffentlichen Gesundheitswesens, der sozialen Fürsorge und der öffentlichen Arbeiten bestimmt sind, nach dem nationalen Schlüssel so ausgewiesen und verteilt werden, wie dies dem Prozentsatz der einzelnen Nationalitäten an der Staatsbevölkerung entspricht.

...

Die Regierungsanträge zur Lösung der Nationalitätenprobleme sehen auch eine Neuordnung des Sprachenrechtes vor. Das bisherige Sprachengesetz[5] wird im Geiste der Zweckmäßigkeit und praktischen Gestaltung der Staatsverwaltung so novelliert, daß die Gleichberechtigung der deutschen, russischen (kleinrussischen), ungarischen und polnischen mit der tschechoslowakischen Sprache hergestellt wird.
Ziel der Regierungsbeschlüsse ist die Herstellung der Harmonie und Zusammenarbeit zwischen den einzelnen Nationalitäten im Staate. Darum akzeptieren die Regierungsentwürfe den Grundsatz der nationalen Selbstverwaltung, welche in der Form des Gausystems verwirklicht werden soll.

...

In die Kompetenz der Selbstverwaltung werden alle Angelegenheiten zugewiesen, welche mit Rücksicht auf die Einheit und Sicherheit des Staates nicht unbedingt dem Staate selbst vorbehalten werden müssen und geeignet sind, im Rahmen des gemeinsamen Staates die gleichberechtigte und möglichst vollkommene Entwicklung der Eigenschaften und Kräfte der einzelnen Nationalitäten zu ermöglichen und zu fördern. Die Integrität des Staates und seine Einheit soll damit die wahre Bürgschaft erhalten.
Die territoriale Grundlage der Selbstverwaltung ist womöglich nach der nationalen Zugehörigkeit der Bevölkerung und mit Rücksicht auf die geographische Lage und die Wirtschafts- und Kommunikationsverhältnisse abzugrenzen.
Die nationalen Minderheiten, welche in den einzelnen Selbstverwaltungsgebieten verbleiben, werden durch ein Kurialsystem gesichert und es wird ihnen in den einzelnen Selbstverwaltungsgebieten der Schutz ihrer nationalen Rechte nach dem Grundsatz der Gegenseitigkeit zugesichert.
Die Angehörigen der einzelnen Nationalitäten werden unter den Schutz besonderer Gesetze gestellt, nicht nur, was ihre Zugehörigkeit zu einer bestimmten Nationalität, sondern auch, was ihr Eigentum und den Schutz gegen politische, soziale und wirtschaftliche Unterdrükkung anbelangt. Den Angehörigen der einzelnen Nationalitäten wird die Möglichkeit gegeben, ihre nationalen Rechte als ihren Kollektivbesitz zu verteidigen, falls diese besonderen

Gesetze durch irgendeine Maßnahme eines Selbstverwaltungs- oder Staatsorgans verletzt würden. Die Modalitäten dieses Schutzes sind in den Regierungsanträgen genau skizziert.
Die Nationalität eines jeden Staatsbürgers wird durch nationale Kataster sichergestellt.
Die finanziellen Mittel für die Selbstverwaltungsorgane werden durch Zuweisungen aus staatlichen Mitteln oder durch eigene Einnahmen so lange beschafft werden, bis eine Neuregelung des Steuer- und Abgabensystems durchgeführt wird.
Zur Verwirklichung und wirksamen Vertretung der Gleichberechtigung der Nationalitäten und zur Geltendmachung ihrer Grundrechte werden ihnen in allen Selbstverwaltungsorganen bestimmte Kurialrechte eingeräumt.
Zur Erledigung der die einzelnen Nationalitäten betreffenden Angelegenheiten bei den staatlichen Zentralbehörden sollen, soweit dies der Charakter und Umfang der Agenden möglich macht, Abteilungen oder Sektionen errichtet werden, welche mit den Angehörigen der betreffenden Nationalität besetzt werden.
Zur wirksamen Geltendmachung der Ansprüche der Nationalitäten im Bereiche der Staats- und Selbstverwaltung wird das Gesetz über Verfassungsgericht zweckentsprechend novelliert werden.
Kompetenzstreitigkeiten zwischen den Organen der öffentlichen Verwaltung wird ein besonderes Gericht zu entscheiden haben.
Die Gerichte höherer Instanz werden zweckmäßig in nationalen Abteilungen organisiert.
Die Sprengel der staatlichen und Selbstverwaltung und die Gerichtssprengel werden einander angepaßt.
Diese Anträge sollen, soweit sie keine legislative Regelung bedürfen, ohne Verzögerung verwirklicht werden. Die erforderlichen neuen Gesetzesvorlagen werden von der Regierung unter Mitwirkung von Vertretern der Nationalitäten ausgearbeitet werden. Die fertiggestellten Gesetzesanträge werden dem Parlament zur Genehmigung vorgelegt.

---

*Anmerkungen:*

1 Der Beschluß wurde am 5. 9. gefaßt, am 7. 9. den Vertretern der SdP mitgeteilt und am 10. 9. veröffentlicht.
Man beachte die Ähnlichkeiten – aber auch Unterschiede – z. B.
– zum estnischen Volksgruppenrecht vom 3. 3. 1925; siehe S. 12ff.;
– zu den SdP-Entwürfen zum Volksschutz vom 27. 4. 1937; siehe S. 192ff.;
– zum Karlsbader Programm der SdP vom 24. 4. 1938; siehe S. 210.
Der IV. Plan, dem ein Entwurf der sudetendeutschen Sozialdemokraten zugrunde lag, wurde später von Dr. Beneš als Instrument zur Demaskierung Henleins bezeichnet.

2 Im Laufe des Sommers 1938 hatte es drei vorhergehende Pläne gegeben. Noch der dritte war vom britischen Vermittler Lord Runciman als ungenügend zurückgewiesen worden.

3 Die Veröffentlichung erfolgte auf Beschluß der als Minister tätigen Vorsitzenden der tschechoslowakischen Koalitionsparteien. In der Veröffentlichung wurde erwähnt, daß der Plan »unter Zustimmung der von den Regierungsparteien repräsentierten Mehrheit des tschechoslowakischen Volkes« beschlossen wurde.

4 Nach heutigem Sprachgebrauch etwa: Wird der Grundsatz gelten.

5 Vom 29. 2. 1920; zum Text: Siehe S. 147ff.

---

*Quelle:*
»Prager Presse« *(offiziöse, deutschsprachige Tageszeitung)*; Prag, Nr. 226 v. 10. 9. 1938;
Wiedergabe in Sudetendeutscher Rat (Hrsg.): »München 1938 – Dokumente sprechen«; München, 1963; S. 105f.

**Leitartikel** **1938, 7. September**
**der Tageszeitung »Times«, London:**
*Abtretung des Sudetengebietes vorgeschlagen*

... Wenn die Sudetendeutschen jetzt von der tschechischen Regierung mehr verlangen, als diese ihnen anscheinend in ihren letzten Vorschlägen [1] zu geben bereit ist, so kann daraus nur geschlossen werden, daß es den Deutschen um mehr geht, als nur um die Beseitigung gewisser Strukturfehler, daß sie sich der Tschechoslowakei nicht mehr verbunden fühlen. In einem solchen Fall wäre es für die tschechoslowakische Regierung durchaus zweckmäßig zu überlegen, ob ein Vorschlag, der in einigen Kreisen Beifall fand, völlig ausgeschlossen werden sollte; der Vorschlag, aus der Tschechoslowakei durch die Abtretung jenes Randstreifens nichttschechischer Bevölkerung – die mit ihrem jeweiligen Volk unmittelbar benachbart ist – ein einheitliches Staatswesen zu machen. In jedem Fall scheinen die Wünsche der betroffenen Menschengruppen das wichtigste Element jeder Lösung zu sein, die darauf hoffen kann, als dauernd bezeichnet zu werden ...

---

*Anmerkung:*
[1] Dürfte sich nicht auf den IV. Plan (Text: Siehe vorhergehenden Beleg) beziehen, der noch nicht veröffentlicht war.

**Aufruf** **1938, 15. September**
**von Konrad Henlein (SdP) an die sudetendeutsche Bevölkerung:**
*»Wir wollen heim ins Reich!«*

Meine Volksgenossen!
Als Träger Eures Vertrauens und im Bewußtsein meiner Verantwortung stelle ich vor der gesamten Weltöffentlichkeit fest, daß mit dem Einsatz von Maschinengewehren, Panzerwagen und Tanks [1] gegen das wehrlose Sudetendeutschtum das Unterdrückungssystem des tschechischen Volkes seinen Höhepunkt erreicht hat. Dadurch hat das tschechische Volk aller Welt vor Augen geführt, daß ein Zusammenleben mit ihm in einem Staate endgültig unmöglich geworden ist. Die Erfahrungen einer zwanzigjährigen Gewaltherrschaft und vor allem die schweren Blutopfer der letzten Tage verpflichtet mich, zu erklären:
1. Im Jahre 1919 wurden wir bei Vorenthaltung des uns feierlich zugesicherten Rechts auf Selbstbestimmung gegen unseren Willen in den tschechischen Staat gezwungen.
2. Ohne jemals auf das Selbstbestimmungsrecht verzichtet zu haben, haben wir unter schwersten Opfern alles versucht, im tschechischen Staat unser Dasein zu sichern.
3. Alle Bemühungen, das tschechische Volk und seine Verantwortungsträger zu einem ehrlichen und gerechten Ausgleich zu bewegen, sind an ihrem unversöhnlichen Vernichtungswillen gescheitert.

In dieser Stunde der Not trete ich vor Euch, das deutsche Volk und die gesamte zivilisierte Welt und erkläre: Wir wollen als freie deutsche Menschen leben! Wir wollen wieder Friede und Arbeit in unserer Heimat! Wir wollen heim ins Reich!
Gott segne uns und unseren gerechten Kampf!

---

*Anmerkung:*
[1] Nach einer Rede von Adolf Hitler vor dem (NSDAP-)Reichsparteitag in Nürnberg (12. 9. 1938) kam es zu Unruhen im Sudetengebiet, die von den tschechoslowakischen Behörden durch die Verhängung von Standrecht und Einsatz von Militär niedergeschlagen wurden.

---

*Quelle:*
»Akten zur deutschen auswärtigen Politik 1918–1945«; Reihe D, Bd. II; Baden-Baden, 1950; S. 639f.

**Protokoll** **1938, 15. September**
**der Besprechung zwischen dem britischen Premierminister Sir Neville Chamberlain (Kons.) und Adolf Hitler in Berchtesgaden:**
*Abtretung – ohne Termin – besprochen*

*(Die Gesprächsteilnehmer legten zunächst die beiderseitigen Standpunkte dar. Hitler machte deutlich, daß er zu gewaltsamem Vorgehen entschlossen sei; Chamberlain betonte, daß er für eine – und sei es zeitlich begrenzte – Ruhepause eintrete, um alle Chancen für eine friedliche Lösung auszuschöpfen.)*

...

Der Führer erwiderte, daß eine sofortige Beruhigung im Sudetengebiet erzielt werden könne, wenn die tschechische Staatspolizei zurückgezogen und die Truppen in den Kasernen behalten würden. Im übrigen scheine ihm, um auf die Frage des weiteren Verlaufs der Besprechungen zu antworten, die Haltung von Wichtigkeit zu sein, die England in bezug auf das Sudetengebiet einnehme. Wolle England einer Loslösung dieser Gebiete und einer Änderung des jetzigen Statuts der Tschechoslowakei zustimmen oder nicht? Wenn England einer derartigen Loslösung zustimmen könne und dies als grundsätzlicher Beschluß der Welt mitgeteilt werden könne, so würde dadurch zweifellos eine große Beruhigung in den betreffenden Gebieten herbeigeführt werden können. Es handele sich daher darum, zu wissen, ob England jetzt bereit sei, einer Loslösung der Sudetendeutschen Gebiete auf Grund des Selbstbestimmungsrechtes der Völker zuzustimmen, wobei er, (der Führer) bemerken müsse, das dieses Selbstbestimmungsrecht nicht etwa von ihm im Jahre 1938 eigens für die tschechoslowakische Frage erfunden worden sei, sondern daß es bereits im Jahre 1918 zur Schaffung einer moralischen Grundlage für die Veränderungen auf Grund des Versailler Vertrages ins Leben gerufen wurde. Auf dieser Ebene könnten die Besprechungen weiter gehen, aber der britische Premierminister müßte zuerst erklären, ob er diese Grundlage, d. h. die Loslösung des Sudetengebietes auf Grund des Selbstbestimmungsrechtes anerkennen könne oder nicht.

Der britische Premierminister gab seiner Genugtuung darüber Ausdruck, daß man nunmehr endlich auf den Kernpunkt der Frage gekommen sei. Er sei nicht in der Lage, für die gesamte englische Regierung kategorische Erklärungen abzugeben. Außerdem müsse er natürlich auch Frankreich [1] und Lord Runciman [2] befragen. Aber er könne als seine persönliche Meinung erklären, daß er nach Anhörung der Beweggründe des Führers und nachdem er die Gesamtlage in einem klareren Lichte sehe, bereit sei, festzustellen, ob seine persönliche Ansicht auch von seinen Ministerkollegen geteilt würde. Persönlich könne er erklären, daß er den Grundsatz der Loslösung der Sudetengebiete anerkenne. Die Schwierigkeit scheine ihm in der praktischen Durchführung dieses Grundsatzes zu liegen. Er wolle unter diesen Umständen nach England zurückkehren, um der Regierung zu berichten und ihre Billigung seiner persönlichen Stellungnahme einzuholen. Gleichzeitig schlage er vor, daß man sich auf beiden Seiten intern über die praktischsten Methoden zur Durchführung dieses Grundsatzes klar werde, denn es seien eine ganze Reihe von organisatorischen und verwaltungsmäßigen Problemen dabei zu lösen.

Der Führer erklärte, daß er dem britischen Premierminister gern den nochmaligen Weg nach Deutschland ersparen würde, er sei viel jünger und könne derartige Reisen unternehmen, aber er fürchte, daß wenn er sich nach England begebe, deutschfeindliche Demonstrationen die Lage eher komplizierter als einfacher gestalten würden. Um aber dem Premierminister den Reiseweg etwas abzukürzen, schlage er für das nächste Treffen die Gegend des Niederrheins, Köln oder Godesberg, [3] vor.

...

*Anmerkungen:*
1 Zu den Gesprächen mit der französischen Regierung am 18. 9. 1938: Siehe S. 221.
2 Zur Meinung von Lord Runciman: Siehe S. 224ff.
3 Zum Treffen in Bad Godesberg am 22. 9. 1938: Siehe S. 227ff.

*Quelle:*
»Akten zur deutschen auswärtigen Politik 1918–1945«; Reihe D, Bd. II; Baden-Baden, 1950; S. 634ff.

**Vergleich und Analyse:** **1938, 15./17. September**
**Geheimbrief des tschechoslowakischen Staatspräsidenten Edvard Beneš:**
*Teilabtretung bei gleichzeitiger Massenvertreibung*

*Vorbemerkung:*
*Durch die nachfolgende Gegenüberstellung der Originalfassung und einer bekannten Übersetzung ist es möglich, über die Kenntnis von Entwicklungsphasen des Beleges ein vertieftes Verständnis seiner Auswirkungen zu erhalten.*

A *Das tschechischsprachige Original vom 15. September 1938* [1]*:*

Herrn Minister Nečas [3]

1. Niemals zugeben, daß gesagt werden könnte, der Plan stamme von den Čechosl.
2. Muß äußerst geheim gehalten werden, veröffentlicht werden darf nichts.
3. Der Umfang des Gebietes, das wir abtreten könnten, muß zwischen Franzosen und Engländern nach unseren genauen Angaben geheim abgesprochen werden. Sonst besteht die Gefahr, daß sie, wenn sie unsere prinzipielle Zustimmung kennen, am Ende Hitler nachgeben und ihm alles geben.
4. Dann muß der ganze Plan schon fertig Hitler als letzte Konzession mit den anderen Konzessionen aufgezwungen werden.
5. Das bedeutet, daß Deutschland so und so viele Tausend km² (ich selbst weiß es nicht, aber es würden ungefähr 4–6000 km² sein – in dieser Sache darf man sich nicht binden) unter der Bedingung erhalten würde, wenigstens 1500000 bis 2000000 der deutschen Bevölkerung zu übernehmen. Dies würde daher eine Ortsverlagerung der Bevölkerung [6] bedeuten, wobei Demokraten, Sozialisten und Juden bei uns bleiben würden.

B *Die französischsprachige Fassung vom 17. September 1938* [2]*:*

Übersetzung
Herrn Minister Nečas, [3,5]
niemals zugeben, daß gesagt werden könnte, der Plan stamme von den Tschechoslowaken.

*Die französische Übersetzung ist – mit Ausnahme der unterdrückten Ziffern – mit der im tschechischen Original identisch.*

*In der französischen Fassung fehlt der Inhalt der Ziffer 4 der tschechischen Fassung.*

Das bedeutet, daß Deutschland so und so viele Tausend km² Gebiet erhält. (Ich selbst weiß nicht genau, wieviel, aber wahrscheinlich etwa 4000–6000 km².) Über diesen Punkt darf man sich nur unter der Bedingung einigen, daß ein beachtenswerter Abzug von mindestens 1500000 oder 2000000 der deutschsprachigen Bevölkerung erfolgt.[7] Anders ausgedrückt: Es müßte ein Bevölkerungstransfer stattfinden, wobei die Demokraten, Sozialisten und Israeliten innerhalb unserer Gemeinschaft verbleiben würden.

6. Eine andere Lösung ist unmöglich, da sonst die Frage der völligen Aufteilung der Republik entstünde. Deswegen ist dieser ganze Gedanke höchst gefährlich und es wäre katastrophal, wenn er leichtfertig offenbar würde.
7. Achten Sie auch darauf – man könnte Ihnen damit irgendeine Illoyalität vorwerfen – man kann nie wissen.
8. ... Eine Volksabstimmung ... ist technisch, rechtlich und politisch unmöglich. Auch auf Landkarte[8] aufzeigen, wie nach der Volksabstimmung die Form unseres Staates und die Position Deutschlands aussehen würde.

*In der französischen Fassung fehlt der Inhalt der Ziffern 6, 7 und 8 des tschechischen Originals.*
*Zur Landkarte: Siehe Anmerkung 5*

1. Nicht sagen, daß das von mir kommt.
2. Osusk.[9] nichts sagen und verlangen, daß mit ihm nicht darüber gesprochen wird.
3. Diese Papiere vernichten.[10]

Nicht zugeben, daß das alles von mir stammt.
Kein Wort davon Osusky[9] sagen und verlangen, daß man mit ihm nicht darüber spricht.
Diese Papiere vernichten.[10]

*Anmerkungen:*

[1] Pachta/Reimann (a. a. O., S. 112) berichten: »Der Brief ist ohne Datum und wurde am 15. September 1938 vor dem Abflug Nečas nach Paris sehr eilig niedergeschrieben.«

[2] Datum der französischen Fassung.

[3] Jaromir Nečas, Politiker der Tschechoslowakischen Sozialistischen Partei, war vom 14. 6. 1935 bis 22. 9. 1938 Minister für soziale Fürsorge in vier tschechoslowakischen Kabinetten.

[4] Pachta/Reimann (a. a. O.) berichten: Nach eigenen Angaben sei Nečas von seinem Parteivorsitzenden am 15. 9. 1938 hauptsächlich deshalb nach Paris geschickt worden, »damit sich England und Frankreich auf gar keinen Fall für eine Volksabstimmung aussprächen«.
Dann dürfte er zusätzlich von Staatspräsident Beneš das Geheimschreiben erhalten haben.
»Nečas flog noch am 15. September 1938 nach Paris, wo er am gleichen Abend lange mit Leon Blum (Vorsitzender der französischen Sozialistischen Partei) verhandelte. Am 16. September sprach er mit verschiedenen anderen französischen Politikern und flog am 17. September nach London, wo er Gespräche mit den Labourvorsitzenden Clement Attlee und Hugh Dalton sowie mit führenden Funktionären der liberalen Partei hatte. Per Flugzeug kehrte er am 19. September nach Prag zurück.«

[5] Die französischen Herausgeber berichten (a. a. O., S. 288): »Das Dokument wurde von Präsident Beneš am 17. September seinem Minister für soziale Fürsorge, dem Sozialdemokraten Jaromir Nečas, zur Weitergabe an Leon Blum übermittelt ... *(Dieser)* brachte am 18. September ... das Dokument und eine Landkarte, die das Gebiet umschrieb, das der tschechoslowakische Präsident abzutreten bereit war, zu M. Daladier, der gerade zur Konferenz in London aufbrach.«

[6] Ein Zahlenvergleich macht deutlich,

| | Gesamt | dav. abzutreten/ zu »übernehmen« | Prozent-anteil |
|---|---|---|---|
| Fläche des Sudetengebiets: | ca. 27 000 km$^2$ | ca. 4000 bis ca. 6000 km$^2$ | ca. 20 % |
| Die Deutschen im Sudetengebiet | ca. 3,000.000 | ca. 1,500.000 bis 2,000.000 | ca. 60 % |

daß Beneš damit die Hergabe einer relativ kleinen Fläche für die Übernahme einer relativ großen Bevölkerungszahl plante. Das wäre nur durch große Umsiedlungen/Vertreibungen möglich gewesen.

[7] Der Grundgedanke der tschechischen Fassung, nämlich Minimalabtretung bei Maximalbevölkerungsabzug (d. h. Vertreibung) bleibt erhalten.
[8] Die Landkarte ist bis heute (1984) verlorengegangen.
[9] Gemeint ist der tschechoslowakische Botschafter in Paris, Štefan Osusky. Anscheinend bereits 1938 von Beneš als Gegner angesehen, wurde er während des Zweiten Weltkrieges (1939–1945) aus der Exilarbeit der Tschechoslowaken völlig entfernt.
[10] Pachta/Reimann (a. a. O., S. 113) vermerken: »Es wäre müßig, sich mit der Frage zu befassen, warum diese Instruktionen Beneš' an Nečas nicht vernichtet wurden.«

*Quellen:*
A) Für das Original:
Pachta, Jan; Reimann, Pavel: »O nových dokumentách k otázce Mnichova« [Über neue Dokumente zur Frage München] in: »Příspěvky k dějinám KSČ« [Beiträge zur Geschichte der KPTs.]; Bd. 1; Prag, 1957; S. 112f.
B) Für die französischsprachige Fassung:
»Documents diplomatiques français 1932–1939« [Französische diplomatische Dokumente 1932–1939]; 2. Reihe, Bd. XI; Paris, 1977; S. 288f.

## Protokoll der britisch-französischen Regierungsgespräche[1] in London:

**1938, 18. September**

*Abtretung – ohne Termin – vorzuschlagen*

*(Chamberlain informierte die französischen Gesprächspartner zunächst über seinen Besuch bei Hitler[2] und über die Meinung von Lord Runciman[3].)*

...
Lord Runciman habe klar gemacht, daß seiner Meinung nach angesichts der Ereignisse in der Tschechoslowakei in der letzten Woche kein Vermittlungsvorschlag oder ähnliches Vorgehen zwischen Tschechen und Sudetendeutschen irgendeine Erfolgsaussicht böte. Lord Runciman sei jetzt der Meinung, daß die einzige verbleibende Lösungsmöglichkeit irgendein Schema auf der Basis der Verwirklichung des Grundsatzes der Selbstbestimmung sei ... Der Premierminister meinte daher, daß es sich zunächst um eine ganz einfache Frage handle. Es sei die Frage, ob man das Prinzip der Selbstbestimmung akzeptieren wolle, oder nicht ...
*(Das Gespräch konzentrierte sich dann unter zahlreichen französischen Beiträgen darauf, daß sich die tschechoslowakische Regierung einer Volksabstimmung mit Waffengewalt widersetzen werde, da diese die Tschechoslowakei zerstören müsse.[4] Es käme nur eine einfache und auf das Sudetengebiet beschränkte Abtretung in Frage. Daladier meinte,)*
... ohne in der Lage zu sein, eine definierte Aussage zu machen, daß freundschaftlicher Druck auf Prag unter Hinweis auf alle Schwierigkeiten die tschechoslowakische Regierung dazu bringen sollte[5], einem Vorschlag auf Abtretung eines Teiles der Sudetengebiete zuzustimmen ...
*(Die Gesprächsteilnehmer einigten sich sodann auf den Text der gemeinsamen Mitteilung[6] an die tschechoslowakische Regierung.)*

*Anmerkungen:*
[1] Für Großbritannien nahmen v. a. der Premierminister Neville Chamberlain und der Außenminister Lord Halifax, für Frankreich Ministerpräsident Eduard Daladier und Außenminister Georges Bonnet teil.
[2] Am 15. 9. 1938; siehe S. 218f.
[3] Sein Bericht vom 21. 9. 1938; siehe S. 224ff.
[4] Zur traumatischen Angst der Tschechoslowakei vor einer Volksabstimmung wegen der slowakischen Frage: Siehe u. a. S. 131.
[5] Daladier kannte Beneš' (geheime) Bereitschaft zur Abtretung vom 15. 9. 1938; siehe vorhergehenden Beleg.

[6] Vom 19. 9. 1938; siehe nachfolgenden Beleg.

*Quelle:*
»Documents on British Foreign Policy«; 3. Reihe, Bd. II; London, 1949; S. 373ff.

## Gemeinsame Note der britischen und der französischen Regierung[1] an die tschechoslowakische Regierung:

**1938, 19. September**

*Abtretung – ohne Termin – vorgeschlagen*

1. Die Vertreter der französischen und der britischen Regierung haben heute über die allgemeine Lage beraten[2] und den Bericht des britischen Ministerpräsidenten über seine Unterredung mit Herrn Hitler[3] zur Kenntnis genommen. Die britischen Regierungsmitglieder haben ihre französischen Kollegen auch mit den Schlußfolgerungen bekannt gemacht, die sich ihrer Ansicht nach aus dem Schlußbericht über die Arbeit der Mission Runciman[4] ergeben. Wir sind beide davon überzeugt, daß nach den jüngsten Ereignissen nunmehr der Zeitpunkt gekommen ist, an dem das weitere Verbleiben der überwiegend von Sudetendeutschen bewohnten Bezirke innerhalb der Grenzen des tschechoslowakischen Staates nicht mehr länger andauern kann, ohne die Interessen der Tschechoslowakei selbst und den europäischen Frieden zu bedrohen. Im Hinblick hierauf sehen sich die beiden Regierungen zu der Schlußfolgerung gezwungen, daß die Aufrechterhaltung des Friedens sowie die Sicherheit lebenswichtiger Interessen der Tschechoslowakei nicht länger gewährleistet werden können, wenn diese Gebiete nicht auf das Reich übertragen werden.
2. Dies könnte entweder durch unmittelbare Gebietsübertragung oder als Ergebnis einer Volksabstimmung geschehen. Wir sind uns der Schwierigkeiten einer Volksabstimmung bewußt und kennen auch die Gründe, die von seiten der tschechoslowakischen Regierung hiergegen bereits ins Treffen geführt worden sind – insbesondere was die Möglichkeit weitreichender Rückwirkungen[5] betrifft, falls die Angelegenheit auf Grund eines so umfassenden Prinzips geregelt werden sollte. Deshalb glauben wir annehmen zu können, daß – mangels gegenteiliger Beweise – die tschechoslowakische Regierung vorzieht, die sudetendeutsche Frage als Problem eigener Art und durch unmittelbare Gebietsübertragung zu lösen.
3. Das zu übertragende Gebiet würde vermutlich Gebiete mit mehr als 50 Prozent deutschen Bevölkerung zu umschließen haben. Wir hoffen, auf dem Verhandlungswege Bedingungen zu erreichen, durch welche der Grenzverlauf dort, wo die Umstände dies verlangen, von irgendeiner internationalen Körperschaft festgelegt werden würde, welcher auch ein tschechischer Vertreter angehört. Wir sind uns klar darüber, daß die Übertragung eines kleineren Gebietes auf der Grundlage eines höheren Prozentsatzes der Sachlage nicht Rechnung trägt.
4. Die vorerwähnte internationale Körperschaft könnte auch mit der Behandlung von Fragen beauftragt werden, die mit der Möglichkeit eines Bevölkerungsaustausches auf Grund individueller Optionsbefugnisse innerhalb eines begrenzten Zeitraumes zusammenhängen.
5. Wir erkennen an, daß die tschechoslowakische Regierung für den Fall ihres Eingehens auf die vorgeschlagene Maßnahme die Verhältnisse des Staates wesentlich ändert, und Sicherungen für die Zukunft zu verlangen das Recht besitzt.
6. Demzufolge wäre S. M. Regierung bereit, sich im Bestreben, zur Befriedung Europas beizutragen, an einer internationalen Garantie der neuen Grenzen des tschechoslowakischen Staates gegen unprovozierte Aggression zu beteiligen. Eine der Hauptbedingungen einer solchen Garantie wäre die Sicherung der Unabhängigkeit der Tschechoslowa-

kei dadurch, daß an die Stelle bestehender Verträge mit gegenseitigen militärischen Verpflichtungen[6] eine allgemeine Garantie gegen unprovozierte Aggression treten würde.

7. Sowohl die französische wie die britische Regierung anerkennen die Schwere des von der tschechoslowakischen Regierung im Interesse des Friedens geforderten Opfers. Da dieses Interesse jedoch sowohl Europa im allgemeinen als auch die Tschechoslowakei im besonderen betrifft, halten sich beide Regierungen für verpflichtet, klare Bedingungen darzulegen, unter denen es allein gewahrt werden kann.
8. Der Premierminister muß die Verhandlungen mit Herrn Hitler spätestens am Mittwoch[7] – und wenn möglich, bereits früher – wieder aufnehmen. Wir glauben daher genötigt zu sein, die Antwort der tschechoslowakischen Regierung zum frühestmöglichen Zeitpunkt zu erbitten.

---

*Anmerkungen:*

[1] Die USA waren vom Vorgehen informiert und hatten es gebilligt.
Vgl.: Dulles, John F.: »War or Peace«; New York, 1950; S. 142.

[2] Siehe vorhergehenden Beleg.

[3] Am 15. 9. 1938 in Berchtesgaden; siehe S. 218f.

[4] Siehe S. 224ff.

[5] Auf v. a. die Slowakei: Siehe S. 131.

[6] Mit Frankreich (vom 25. 1. 1924) und der UdSSR (vom 16. 5. 1935).

[7] D. h. am 21. 9. 1938. Die Note wurde am 19. 9. 1938 um 14.00 Uhr in Prag überreicht.

---

*Quelle:*
»Documents on British Foreign Policy«; 3. Reihe, Bd. II; London, 1949; S. 404ff.

## Aufruf der sudetendeutschen Sozialdemokraten (DSAP): *»Für Frieden und Freiheit«*

**1938, 20. September**

**Mitbürger!**
**Es geht um alles!**
Die Sudetendeutschen stehen vor historischer Entscheidung.
Es geht um Leben oder Tod unseres Volkes.
Das Tor zur friedlichen Sicherung der sudetendeutschen Lebensinteressen steht weit offen.
Nationale **Gleichberechtigung**, weitgehendste **Selbstverwaltung** unserer Angelegenheiten, wirtschaftlicher **Wiederaufbau** und **soziale Hilfe** können erreicht werden **ohne Krieg**.
Auf der anderen Seite lauert die **tödliche Gefahr**, daß unser Volk als Werkzeug imperialistischer Vorherrschaftspläne mißbraucht und in einen Abgrund der Vernichtung gestürzt wird.
**Nur einmal in Jahrhunderten ergibt sich eine solche Gelegenheit, einen dauernden ehrenvollen Frieden mit unserem slawischen Nachbarn zu schließen.**
Wir haben die Möglichkeit in der Hand, auf dem heißumkämpften Boden Böhmens und Mährens ein Friedenswerk zu vollbringen und damit einen entscheidenden Beitrag zur friedlichen Neuordnung Europas zu leisten.
Ein Deutschtum aber, welches wieder die verhängnisvolle Bahn der imperialistischen Gewaltpolitik einschlägt, das Gleichberechtigung ablehnt und nach Vorherrschaft über andere Völker strebt, wird früher oder später in einen **blutigen Konflikt** mit der aufstrebenden slawischen Welt und mit den jungen Völkern des Südostens verstrickt werden.
**In einer gewaltsamen Entscheidung wird wieder eine waffenstarrende Welt gegen das deutsche Volk aufstehen.**

**Die Sudetendeutschen werden das erste Schlachtopfer sein. Ihre Heimat würde im Zusammenprall der Weltkräfte vernichtet, ihre Zukunft ausgelöscht!**
**Mitbürger, Sudetendeutsche!**
Bedenkt es in dieser Schicksalsstunde: Die jugendlichen Fanatiker, die nach der Gewalt rufen, haben keine Ahnung, welche Summe von Grauen und Zerstörung das Wort »Weltkrieg« umfaßt. Sie haben noch kein Trommelfeuer erlebt, sie wissen nicht, wie das Giftgas die Lungen zerfrißt, sie sahen noch keine blühenden Dörfer und Städte in Flammen aufgehen. Das Elend heimatloser Flüchtlinge, das Sterben unschuldiger Kinder, der Schmerz der Frauen und Mütter, die um die zerfetzten Leiber ihrer Liebsten trauern, ist ihnen fremd.
**Ihr aber, Männer und Frauen des Sudetenvolkes, habt die Hölle des Krieges kennengelernt.** Ihr habt die Sandfelder Galiziens mit euerem Blut getränkt, die Schrecken des Kriegswinters in den Karpathen erlebt, in den Isonzoschlachten die Schädel hingehalten. Ihr habt Euch in den Gefangenenlagern in Sehnsucht nach der Heimat verzehrt.
Ihr habt in den Kriegsbetrieben, in den Munitionsfabriken die Peitsche der Kriegsdisziplin ausgekostet. Ihr habt im Hinterlande gedarbt und an den Fronten geblutet wie kein zweites Volk Europas!
**Wahrlich, die Toten müßten aus den Massengräbern aufstehen, euch zu warnen und zu beschwören und euch zurufen: Laßt euch kein zweites Mal als Opfer des Ehrgeizes unmenschlicher Machtpolitik auf die Schlachtbank führen.**
Wir deutschen Sozialdemokraten wollen vor unserem Gewissen und vor der Geschichte rein dastehen.
In Augenblicken, die über Sein oder Nichtsein eines Volkes entscheiden, müssen alle Parteischranken fallen.
**Sudetendeutsche!**
**Ihr alle steht nunmehr vor der Wahl: Gleichberechtigung durch Frieden oder Untergang durch Krieg.**
Erfüllt von brennender Sorge um den Frieden Europas und die Zukunft unserer Heimat appellieren wir an euch:
**Entscheidet für den friedlichen Ausweg!**
**Wir rufen alle unsere Mitbürger ohne Unterschied der Weltanschauung und des politischen Bekenntnisses, ob Arbeiter, Bauern, Beamte, Industrielle oder Gewerbetreibende auf, ihren guten Willen zur rettenden Tat zu vereinen, ihre Kräfte zusammenzufassen zur Schaffung eines sudetendeutschen Friedens- und Aufbaublocks.**
Wir wenden uns an das Volk mit der Parole:
**Vereinigung aller Kräfte für Frieden und Freiheit, für eine bessere Zukunft der Sudetendeutschen, für ein neues Europa gleichberechtigter Völker!**
Deutsche Sozialdemokratische Arbeiterpartei
Der Vorsitzende: **Wenzel Jaksch.**

---

*Quelle:*
Faksimile des Originals (dort auch Hervorhebungen).
Wiedergegeben in Jaksch, Wenzel: »Europas Weg nach Potsdam«; Stuttgart, 1958, S. 509.

**Schlußbericht** **1938, 21. September**[1]
**des britischen Lords Runciman (Kons.) an den britischen Premierminister Sir Neville Chamberlain:**
*Abtretung vorgesehen*

...

Es ist ein schweres Los, von einem fremden Volk regiert zu werden, und ich kann den Eindruck nicht loswerden, daß die tschechoslowakische Herrschaft im Sudetenland während der letzten zwanzig Jahre zwar nicht tyrannisch und bestimmt nicht ›terroristisch‹, aber

doch gekennzeichnet war durch Taktlosigkeit, fehlendes Verständnis, kleinliche Unduldsamkeit und Benachteiligung, bis der Punkt erreicht war, an dem der Unwille der deutschen Bevölkerung unvermeidlich revolutionäre Bahnen einschlug. Die Sudetendeutschen hatten auch das Gefühl, daß die tschechoslowakische Regierung ihnen in der Vergangenheit viele Versprechen gegeben hatte, daß aber daraufhin nur wenig oder gar nichts erfolgt war. Diese Erfahrung hatte zu einer Haltung unverhüllten Mißtrauens in die führenden tschechischen Staatsmänner geführt. Überdies hat die Sudetendeutsche Partei bei den letzten Wahlen im Jahr 1935 mehr Stimmen als jede andere Partei erhalten [1]; sie war die zweitstärkste Partei im gesamtstaatlichen Parlament. Auf Grund der später erfolgten Beitritte [2] ist sie nunmehr die größte Partei. Trotzdem kann sie jederzeit überstimmt werden, und aus diesem Grund sind viele ihrer Mitglieder der Ansicht, daß ihr die Betätigung auf parlamentarischer Ebene nichts nützen kann.
Zu diesen hauptsächlichen Beschwerden kamen örtliche Ärgernisse hinzu. Tschechische Beamte und Polizisten, die wenig oder gar kein Deutsch sprachen, wurden in großer Zahl in rein deutsche Gebiete versetzt; die Ansiedlung tschechischer landwirtschaftlicher Siedler inmitten der deutschen Bevölkerung auf Ländereien, die auf Grund der Bodenreform an sie übertragen wurden, wurde gefördert, für die Kinder dieser tschechischen Eindringlinge wurden in großem Maßstab Schulen gebaut; es herrscht allgemein die Überzeugung, daß bei der Zuteilung von Staatsaufträgen tschechische vor deutschen Firmen bevorzugt wurden und daß der Staat Tschechen bereitwilliger Arbeit und Unterstützung zuwies, als Deutschen. Ich glaube, daß diese Klagen in der Hauptsache berechtigt sind. Selbst zu so später Zeit, wie es die Zeit meiner Mission war, konnte ich seitens der tschechoslowakischen Regierung keine Bereitschaft feststellen, diese Klagen durch auch nur einigermaßen angemessene Maßnahmen zu beheben.
. . .
All diese und noch manch andere Beschwerden wurden durch die Wirkungen der Wirtschaftskrisis auf die sudetendeutsche Industrie, die einen wesentlichen Teil des Volkslebens darstellt, nur noch verschärft. Es ist nicht unnatürlich, wenn die Regierung für die daraus folgende Verarmung verantwortlich gemacht wurde. Aus vielen Gründen – einschließlich der vorangeführten – herrschte unter den Sudetendeutschen bis vor ungefähr drei oder vier Jahren ein Gefühl der Hoffnungslosigkeit. Der Aufstieg Nazi-Deutschlands erfüllt sie jedoch mit neuer Hoffnung. Daß sie sich an ihre Landsleute um Hilfe wandten und sich daraus später der Wunsch ergab, mit dem Reich vereint zu werden, sehe ich unter den gegebenen Umständen als natürlich an.
Zur Zeit meiner Ankunft [3] wünschten die gemäßigteren sudetendeutschen Führer noch eine Regelung innerhalb der Grenzen des tschechoslowakischen Staates. Es war ihnen klar, was ein Krieg im Sudetenland, das selbst das Hauptschlachtfeld sein würde, zu bedeuten hätte . . . Ich tat mein bestes, um diese Lösung zu fördern – bis zu einem gewissen Punkt mit einigem Erfolg, aber . . . ich fühlte, daß jede derartige Regelung auf Zeit abgestellt und nicht endgültig sein würde.
Die *(innerstaatliche)* Lösung in der Form des bekannten »Vierten Planes« [4] brach . . . angesichts der gewandelten innen- und außenpolitischen Lage zusammen . . .
. . . .
Es ist mir selbsterweislich geworden, daß diesen Grenzgebieten zwischen der Tschechoslowakei und Deutschland, in denen die sudetendeutsche Bevölkerung eine beträchtliche Mehrheit hat, sofort das volle Selbstbestimmungsrecht gewährt werden müßte. Wenn einige Gebietsabtretungen unvermeidlich sind – und ich glaube, sie sind es –, dann wäre es das Beste, dies unverzüglich und ohne Verzögerungstaktik zu tun. Die Fortsetzung des Zustandes der Ungewißheit bringt wirkliche Gefahren mit sich, sogar die Gefahr eines Bürgerkrieges. Infolgedessen liegt für eine Politik sofortigen und gründlichen Handelns aller Grund vor. Jede Art Volksbefragung oder Volksabstimmung hinsichtlich dieser überwiegend

deutschen Gebiete wäre meines Erachtens eine reine Formalität. Die überwiegende Mehrheit ihrer Einwohner wünscht die Verschmelzung mit Deutschland. Der mit der Abhaltung einer Volksabstimmung unvermeidlicherweise verbundene Aufschub würde nur dazu dienen, die Bevölkerung noch mehr zu erregen, und das könnte höchst gefährliche Folgen haben. Ich bin deshalb der Ansicht, daß diese Grenzgebiete unverzüglich von der Tschechoslowakei auf Deutschland übertragen werden sollten, und ferner daß Sofortmaßnahmen für ihre friedliche Abtretung einschließlich von Sicherungsmaßnahmen für die Bevölkerung während der Abtretungszeit zwischen den beiden Regierungen abgemacht werden sollten. . . .

*Anmerkungen:*
[1] Zum Wahlergebnis: Siehe S. 183.
[2] Im März 1938; siehe S. 204ff.
[3] Am 3. 8. 1938.
[4] Vom 5. 9. 1938; zum Text siehe S. 214ff.

*Quelle:*
Curtis, Monica (Hrsg.): » Documents on International Affairs 1938«; Bd. II; Oxford, 1943; S. 218ff.

## Note 1938, 21. September
## der Tschechoslowakischen an die britische und französische Regierung:
*Annahme des französisch-britischen Abtretungsvorschlags vom 19. September 1938*

Durch die Umstände gezwungen und starkem Druck nachgebend, nimmt die tschechoslowakische Regierung . . . die französisch-englischen Vorschläge[1] schmerzerfüllt an, wobei sie davon ausgeht, daß beide Regierungen alles tun werden, um die Lebensinteressen des tschechoslowakischen Staates im Zuge ihrer Durchführung sicherzustellen. Die tschechoslowakische Regierung stellt mit Bedauern fest, daß diese Vorschläge ohne vorherige Fühlungnahme mit ihr erstattet worden sind.
Die Tschechoslowakei bedauert tief, daß ihr Vorschlag eines Schiedsspruches abgelehnt worden ist. Sie nimmt die Vorschläge als Ganzes an, wobei der Grundsatz der Garantie, wie in der Note formuliert, unterstrichen wird. Sie nimmt diese Vorschläge ferner unter der Voraussetzung an, daß beide Regierungen eine deutsche Invasion tschechoslowakischen Staatsgebiets erst zulassen werden, wenn seine Übertragung auf Grund der Festlegung der neuen Grenze durch die in den Vorschlägen erwähnte Internationale Kommission durchgeführt werden wird.[2]
Nach Ansicht der tschechoslowakischen Regierung ist aus den französisch-englischen Vorschlägen auch zu schließen, daß alle praktischen, zu ihrer Durchführung bestimmten Maßnahmen im Einvernehmen mit der tschechoslowakischen Regierung getroffen werden sollen.

*Anmerkungen:*
[1] Vom 19. 9. 38; siehe S. 222f.
[2] Daraus ergab sich das Problem der Terminfrage und ein wesentliches Motiv für das Verhalten Chamberlains in Bad Godesberg; siehe nachfolgenden Beleg.

*Quelle:*
»Documents on British Foreign Policy«; 3. Reihe, Band II; London, 1949; S. 447f.

**Gespräche und Schriftwechsel zwischen dem britischen Premierminister Sir Neville Chamberlain und Adolf Hitler in Bad Godesberg:** **1938, 22./23. September**
*Die Terminfrage*

*A) Das erste Gespräch (22. 9. 38)*
Mr. Chamberlain erinnere an die Lage, wie sie bei Abschluß der Unterhaltung mit dem Führer in Berchtesgaden gewesen sei. Er habe seinerzeit, nachdem er persönlich den Grundsatz der Selbstbestimmung anerkannt hätte, zugesagt, sich mit seinen Ministerkollegen und anderen Staatsmännern zu besprechen und deren Zustimmung zu diesem Grundsatz einzuholen. Nach mühevollen Verhandlungen sei es ihm gelungen, nicht nur das britische und französische Kabinett, sondern auch die Tschechoslowakische Regierung dazu zu bringen, grundsätzlich dem zuzustimmen, was der Führer im Verlaufe der letzten Besprechung verlangt hätte. Er, Chamberlain, wolle nunmehr in großen Linien den Vorschlag skizzieren, den er auf Grund dieser Sachlage machen könne.
...
*(Chamberlain schilderte sodann, daß keine Volksabstimmung* [1]*, sondern eine einfache Abtretung vorgesehen sei.)*
...
Der Führer sprach dem englischen Premierminister seinen aufrichtigen Dank für seine Bemühungen zur Herbeiführung einer friedlichen Lösung der tschechoslowakischen Frage aus. Es sei ihm bisher nicht recht klar gewesen, welchen Vorschlag England und Frankreich an die Tschechoslowakei gerichtet haben, und er frage daher, ob der soeben von Mr. Chamberlain dargelegte Plan auch der tschechischen Regierung übermittelt worden sei.
Als Mr. Chamberlain dies bejahte, erwiderte der Führer, daß er bedaure, erklären zu müssen, daß dieser Plan nicht aufrecht erhalten werden könne. Die Lage sei vollkommen klar.
...
Der Führer wies auf das kritische Stadium hin, in dem sich das sudetendeutsche Problem befände. Ein langer Aufschub sei unmöglich. Das Wichtigste sei, schnell zu handeln. In wenigen Tagen müsse die Entscheidung fallen.
...
Der englische Premierminister erklärte, daß er über die vom Führer eingenommene Haltung enttäuscht sei und sie nicht recht begreife. Er *(Chamberlain)* hätte geglaubt, daß der Führer, nachdem die von ihm aufgestellte Forderung der Gebietsabtretung angenommen sei, nunmehr bereit wäre, die Methoden und das Verfahren der Durchführung dieser Forderung mit ihm zu erörtern.
...
Der Führer erwiderte, die einzige Möglichkeit zur Vermeidung von Störungen liege darin, sofort eine Grenze in Übereinstimmung mit der Sprachgrenze festzusetzen, bis zu welcher die Tschechoslowaken ihre Truppen und Regierungsorgane zurückzuziehen hätten. In die so entstandene Zone würden dann die Organe des Reiches einziehen.[2]
...
Anschließend erläuterte der Führer Mr. Chamberlain im Beisein des Herrn Reichsaußenministers, des Herrn Staatssekretärs v. Weizsäcker, des englischen Botschafters Sir Nevile Henderson und einigen anderen Herren der deutschen und englischen Delegation die Karte der abzutretenden sudetendeutschen Gebiete unter teilweiser Wiederholung seiner vorgenannten Gedankengänge.
*(Das Gespräch wurde sodann auf den nächsten Tag, den 23. September, vertagt.)*

*B) Der Briefwechsel*

*1) Chamberlain an Hitler*

Ich glaube, es würde zur Klärung der Lage und zur Beschleunigung unserer Besprechung beitragen, wenn ich Ihnen vor der Wiederaufnahme unserer Besprechung am heutigen Vormittag folgendes mitteile.

Ich bin bereit, der tschechischen Regierung Ihren Vorschlag bezüglich der abzutretenden Gebiete zu übermitteln, um ihr Gelegenheit zur Prüfung der vorgeschlagenen provisorischen Grenze zu geben.

...

Die Schwierigkeit hinsichtlich des Vorschlages, den Sie mir gestern Nachmittag gemacht haben, ergibt sich meiner Ansicht nach aus der Anregung, daß diese Gebiete sofort von deutschen Truppen zu besetzen wären.[2] Ich erkenne die Schwierigkeiten einer längeren Untersuchung und zweifellos würde der von Ihnen vorgeschlagene Plan, wenn er annehmbar wäre, eine vorläufige Entspannung bedeuten. Aber ich glaube, daß Sie sich darüber nicht klar geworden sind, daß es für mich nur dann möglich ist, einen Plan vorzuschlagen, wenn ich Grund zu der Annahme habe, daß er von der öffentlichen Meinung in meinem Lande, in Frankreich und in der Welt allgemein als ein Plan angesehen wird, der die bereits angenommenen Grundsätze in geordneter Form und ohne Gewaltandrohung durchführt. Ich bin sicher, daß wenn deutsche Truppen sofort Gebiete zu besetzen versuchten, die sowieso im Prinzip unverzüglich ein Teil des Reiches werden und in kürzester Frist auf Grund einer formellen Grenzziehung dem Reich einverleibt würden, dieses als eine unnötige Machtdemonstration beurteilt werden würde.

...

Es muß doch sicherlich Alternativen gegenüber Ihrem Vorschlag geben, die nicht zu den von mir vorstehend geschilderten Bedenken Anlaß geben würden. Ich könnte z. B. die tschechische Regierung fragen, ob sie glaube, daß eine Vereinbarung getroffen werden könnte, auf Grund deren die Aufrechterhaltung von Ruhe und Ordnung in gewissen näher zu bestimmenden sudetendeutschen Gebieten den Sudetendeutschen selbst anvertraut werden würde – durch die Schaffung von entsprechenden Formationen oder durch Benutzung bereits bestehender, die möglicherweise ihre Funktionen unter Aufsicht neutraler Beobachter ausüben würden.

...

*2) Hitler an Chamberlain*

Euere Exzellenz versichern mir nun, daß der Grundsatz der Übereignung des sudetendeutschen Gebietes an das Reich an sich bereits akzeptiert sei. Ich darf Euerer Exzellenz hier leider entgegnen, daß die theoretische Anerkennung von Grundsätzen uns Deutschen auch früher schon ausgesprochen worden ist. Im Jahre 1918 wurde der Waffenstillstand abgeschlossen auf der Grundlage von 14 Erklärungen des Präsidenten Wilson, die im Grundsatz von allen anerkannt worden sind. Sie wurden aber in der Praxis dann in der schmachvollsten Weise gebrochen. Was mich, Exzellenz, interessiert, ist nicht die Anerkennung des Grundsatzes, daß dieses Gebiet an Deutschland kommen soll, sondern ausschließlich die Realisierung dieses Grundsatzes und zwar einer Realisierung, die ebenso sehr in kürzester Frist das Leid der unglücklichen Opfer der tschechischen Tyrannei behebt, wie umgekehrt aber auch der Würde einer Großmacht entspricht. Ich darf Euerer Exzellenz noch betonen, daß diese Sudetendeutschen nicht durch eine gnädige oder gütige Sympathie anderer Völker zum Deutschen Reich zurückkehren, sondern auf Grund des im Selbstbestimmungsrecht der Völker verankerten eigenen Willens und des unerschütterlichen Entschlusses des Deutschen Reiches, diesen Willen zu vollziehen. Es ist aber für eine Nation eine unwürdige Zumutung, eine solche Wiedervereinigung an Bedingungen verknüpft zu sehen, die weder vertraglich vorhanden, noch angesichts der kostbaren Stunden zweckmäßig sind.

...
Ich darf im übrigen Euerer Exzellenz nicht verschweigen, daß ich von dem starken Mißtrauen beseelt bin, daß auch die Annahme des Grundsatzes der Zugehörigkeit Sudetendeutschlands zum Reich von der Tschechischen Regierung nur ausgesprochen wurde in der Hoffnung, dadurch Zeit zu gewinnen, um so oder so wieder eine Wende zu Ungunsten dieses Grundsatzes herbeiführen zu können. Denn wenn es mit dem Grundsatz, daß diese Gebiete zu Deutschland gehören sollen, ehrlich gemeint ist, besteht kein Grund, die praktische Verwirklichung dieses Grundsatzes hinauszuschieben. Die langjährige Kenntnis der tschechischen Praktik in solchen Dingen zwingt mich, so lange an die Unaufrichtigkeit tschechischer Zusagen zu glauben, als sie nicht durch den praktischen Beweis erhärtet sind.
...
Deutschland ist jedenfalls, wenn es – wie es jetzt den Anschein hat – für seine unterdrückten Volksgenossen in der Tschechoslowakei auf dem Verhandlungswege dem klaren Rechte nicht zum Druchbruch verhelfen kann, entschlossen, die dann allein übrig bleibenden Möglichkeiten auszuschöpfen.
...

*3) Chamberlain an Hitler*

...
In meiner Eigenschaft als Vermittler ist es offensichtlich jetzt meine Pflicht – da Euere Exzellenz den gestern nacht eingenommenen Standpunkt vollkommen aufrechterhalten –, Ihre Vorschläge der Tschechoslowakischen Regierung zu unterbreiten.
Ich bitte daher Euere Exzellenz, die Freundlichkeit zu haben, mir ein Memorandum [3] zu übermitteln, in dem diese Vorschläge auseinandergesetzt sind, sowie eine Karte, die das nach den Ergebnissen der vorgeschlagenen Volksabstimmung zu übergebende Gebiet aufzeigt.
Sobald mir dieses Memorandum vorliegt, werde ich es nach Prag übermitteln und die tschechoslowakische Regierung um eine möglichst schnelle Antwort bitten.
...

*C) Das zweite Gespräch (23. 9. 38)*

...
Einleitend dankte der Führer zunächst in seinem eigenen Namen sowie im Namen des deutschen Volkes dem englischen Premierminister für seine Bemühungen, eine friedliche Lösung des tschechoslowakischen Problems herbeizuführen.
...
Das deutsche Memorandum [3] wurde hierauf den Engländern übergeben, wobei der Führer erklärte, daß es im wesentlichen die Gedanken und Anregungen enthielte, die er bereits im Verlaufe der vorangegangenen Gespräche vorgebracht habe.
...
Chamberlain fragte den Führer, ob das deutsche Memorandum wirklich sein letztes Wort sei, ob er denn wirklich entschlossen wäre, nicht weiter zu gehen, wo man sich doch schon so nahe gekommen sei.
Der Führer erwiderte, daß das Memorandum allerdings sein letztes Wort sei, und daß er im übrigen wiederholen müsse, daß die Mobilisierung in der Tschechoslowakei ihn zu gewissen militärischen Maßnahmen zwinge.
...
Chamberlain erwiderte, daß er sich fragen müsse, ob unter den militärischen Maßnahmen Deutschlands gegenüber der tschechischen Mobilisierung, von denen der Führer vorhin gesprochen hätte, nicht etwa ein Einmarsch deutscher Truppen in tschechisches Gebiet zu verstehen sei?

Der Führer erwiderte, daß die militärischen Maßnahmen, von denen er gesprochen hätte, nicht mit einem Einmarsch in die Tschechoslowakei gleichbedeutend seien. Solange die Verhandlungen andauerten, würde er nicht in dieses Land einmarschieren.
Chamberlain erklärte, daß er unter diesen Umständen bereit wäre, dem Vorschlag des Führers gemäß, das deutsche Memorandum der Tschechischen Regierung zu übermitteln und diese um eine baldige Antwort ersuchen würde.
. . .

*Anmerkungen:*
[1] Zum Grund: Siehe S. 131, 221f.
[2] Gerade diese Lage war von der Tschechoslowakei nachdrücklich abgelehnt worden; siehe S. 226.
[3] Siehe den nachfolgenden Beleg.

*Quelle:*
»Akten zur deutschen auswärtigen Politik 1918–1945«; Reihe D, Bd. II; Baden-Baden, 1950; S. 694ff.

**Memorandum der deutschen Reichsregierung[1]:** **1938, 23. September**
*Abtretungstermin: 1. 10. 1938[2]*

Die von Stunde zu Stunde sich mehrenden Nachrichten über Zwischenfälle im Sudetenland beweisen, daß die Lage für das Sudetendeutschtum völlig unerträglich und damit zu einer Gefahr für den europäischen Frieden geworden ist.
Es ist daher unerläßlich, daß die von der Tschechoslowakei anerkannte Abtrennung des Sudetenlandes nunmehr ohne jede weitere Verzögerung erfolgt.
Auf beiliegender Karte ist das abzutretende sudetendeutsche Gebiet schraffiert.
Die Gebiete, in denen über die zu besetzenden Gebiete hinaus ebenfalls noch abgestimmt werden muß, sind grün schraffiert eingezeichnet. – Die endgültige Grenzziehung muß dem Willen der Betroffenen entsprechen.
Um diesen Willen festzustellen, ist eine gewisse Zeit zur Vorbereitung der Wahl erforderlich, während der Unruhen unter allen Umständen verhindert werden müssen. Es muß eine paritätische Situation geschaffen werden.
Das in der anliegenden Karte bezeichnete deutsche Gebiet wird von deutschen Truppen besetzt, ohne Rücksicht darauf, ob sich bei der Volksabstimmung vielleicht in diesem oder jenem Teil des Gebiets eine tschechische Mehrheit herausstellt.
Andererseits ist das tschechische Gebiet von tschechischen Truppen besetzt ohne Rücksicht darauf, daß innerhalb dieses Gebiets große deutsche Sprachinseln liegen, die bei der Volksabstimmung sich ohne Zweifel in der Mehrheit zum deutschen Volkstum bekennen werden.
Zur sofortigen und endgültigen Bereinigung des sudetendeutschen Problems werden daher von der deutschen Regierung folgende Vorschläge gemacht:

1. Zurückziehung der gesamten tschechischen Wehrmacht, der Polizei, der Gendarmerie, der Zollbeamten und der Grenzer aus dem auf der übergebenen Karte bezeichneten Räumungsgebiet, das am 1. Oktober[2] an Deutschland übergeben wird.
2. Das geräumte Gebiet ist in dem derzeitigen Zustand zu übergeben (näheres siehe Anlage).
   Die deutsche Regierung ist damit einverstanden, daß zur Regelung der Einzelheiten der Modalitäten der Räumung ein mit Vollmachten ausgestatteter Vertreter der tschechischen Regierung oder des tschechischen Heeres zum deutschen Oberkommando der Wehrmacht tritt.
3. Die tschechische Regierung entläßt sofort alle sudetendeutschen Wehrmachts- und Polizeiangehörigen aus dem gesamten tschechischen Staatsgebiet in ihre Heimat.

4. Die tschechische Regierung entläßt alle wegen politischer Vergehen inhaftierten deutschstämmigen Gefangenen.
5. Die deutsche Regierung ist einverstanden, in den näher zu bezeichnenden Gebieten bis spätestens 25. November eine Volksabstimmung stattfinden zu lassen.
   Die aus dieser Abstimmung sich ergebenden Korrekturen der neuen Grenze werden durch eine deutsch-tschechische oder eine internationale Kommission bestimmt.
   Die Abstimmung selbst findet unter der Kontrolle einer internationalen Kommission statt.
   Abstimmungsberechtigt sind alle in den in Frage kommenden Gebieten am 28. Oktober 1918 wohnhaften oder bis zum 28. Oktober 1918 dort geborenen Personen.
   Als Ausdruck des Wunsches zur Zugehörigkeit der Bevölkerung zum deutschen Reich oder zum tschechischen Staat gilt die einfache Mehrheit aller männlichen und weiblichen Abstimmungsberechtigten.
   Zur Abstimmung wird aus näher zu bezeichnenden Gebieten auf beiden Seiten das Militär zurückgezogen. – Zeitpunkt und Dauer bestimmen die deutsche und tschechische Regierung gemeinsam.
6. Zur Regelung aller weiteren Einzelheiten schlägt die deutsche Regierung die Bildung einer autorisierten deutsch-tschechischen Kommission vor.

. . .

---

*Anmerkungen:*

1 Für den britischen Premierminister Chamberlain (siehe den vorhergehenden Beleg) zur Weiterleitung an seine, die französische und die tschechoslowakische Regierung.

2 In der ersten Fassung des Memorandums war als Termin der 26.–28. 9. 1938 vorgesehen.

---

*Quelle:*

»Documents on British Foreign Policy«; 3. Serie, Bd. II; London, 1949; S. 495f.

**Rede** **1938, 26. September**
**Adolf Hitlers im Sportpalast in Berlin:**
*»Wir wollen gar keine Tschechen!«*

*(Zum Thema der Sudetendeutschen schildert Hitler zunächst ihr Schicksal, charakterisiert den tschechoslowakischen Staatspräsidenten Beneš und umreißt die bisherigen Verhandlungen:)*

. . .

Ich habe nunmehr ein Memorandum [1] mit einem letzten und endgültigen deutschen Vorschlag der britischen Regierung zur Verfügung gestellt . . .

Der Inhalt dieses Memorandums ist nichts anderes als die praktische Ausführung dessen, was Herr Benesch bereits versprochen hat, und zwar unter größten internationalen Garantien.

Herr Benesch sagt nun, dieses Memorandum sei eine ›neue Lage‹. Und worin besteht in Wirklichkeit die ›neue Lage‹? Sie besteht darin, daß das, was Herr Benesch versprochen hat, dieses Mal ausnahmsweise auch gehalten werden soll! Das ist die ›neue Lage‹ für Herrn Benesch. Was hat der Mann in seinem Leben nicht alles versprochen! Und nichts hat er gehalten! Jetzt soll zum ersten Male von ihm etwas gehalten werden.

Herr Benesch sagt: Wir können aus dem Gebiet nicht zurück. Herr Benesch hat also die Übergabe dieses Gebietes so verstanden, daß es dem Deutschen Reich als Rechtstitel gutgeschrieben, aber von den Tschechen vergewaltigt wird. Das ist jetzt vorbei!

Ich habe jetzt verlangt, daß nun nach 20 Jahren Herr Benesch endlich zur Wahrheit gezwungen wird. Er wird am 1. Oktober uns dieses Gebiet übergeben müssen.

Herr Benesch setzt seine Hoffnungen nun auf die Welt, und er und seine Diplomaten machen kein Hehl daraus. Sie erklären: Es ist unsere Hoffnung, daß Chamberlain gestürzt wird, daß Daladier beseitigt wird, daß überall Umstürze kommen. Sie setzen ihre Hoffnung auf Sowjetrußland. Er glaubt dann noch immer, sich der Erfüllung seiner Verpflichtungen entziehen zu können.
Und da kann ich jetzt nur eines sagen: Nun treten zwei Männer gegeneinander auf: Dort ist Herr Benesch! Und hier stehe ich! Wir sind zwei Menschen verschiedener Art. Als Herr Benesch sich in dem großen Völkerringen in der Welt herumdrückte, da habe ich als anständiger deutscher Soldat meine Pflicht erfüllt. Und heute stehe ich nun diesem Mann gegenüber als der Soldat meines Volkes.
Ich habe nur Weniges zu erklären: Ich bin Herrn Chamberlain dankbar für alle seine Bemühungen. Ich habe ihm versichert, daß das deutsche Volk nichts anderes will als Frieden. Allein, ich habe ihm auch erklärt, daß ich nicht hinter die Grenzen unserer Geduld zurückgehen kann.
Ich habe ihm weiter versichert und wiederhole es hier, daß es – wenn dieses Problem gelöst ist – für Deutschland in Europa kein territoriales Problem mehr gibt!
Und ich habe ihm weiter versichert, daß in dem Augenblick, in dem die Tschecho-Slowakei ihre Probleme löst, das heißt, in dem die Tschechen mit ihren anderen Minderheiten sich auseinandergesetzt haben, und zwar friedlich und nicht durch Unterdrückung, daß ich dann am tschechischen Staat nicht mehr interessiert bin. Und das wird ihm garantiert! Wir wollen gar keine Tschechen. Allein, ebenso will ich nun vor dem deutschen Volke erklären, daß in bezug auf das sudetendeutsche [2] Problem meine Geduld jetzt zu Ende ist! Ich habe Herrn Benesch ein Angebot gemacht, das nichts anderes ist als die Realisierung dessen, was er selbst schon zugesichert hat. Er hat jetzt die Entscheidung in seiner Hand! Frieden oder Krieg! [3]
Er wird entweder dieses Angebot akzeptieren und den Deutschen jetzt endlich die Freiheit geben, oder wir werden diese Freiheit uns selbst holen!
Das muß die Welt zur Kenntnis nehmen: In viereinhalb Jahren Krieg und in den langen Jahren meines politischen Lebens hat man mir eines nie vorwerfen können: Ich bin niemals feige gewesen!
. . .

*Anmerkungen:*
[1] Vom 23. 9. 1938; siehe den vorhergehenden Beleg.
[2] In der Schallplattenaufnahme: »tsch-sudetendeutsche«.
[3] Die Schallplattenaufnahme ergibt folgenden Eindruck: Die Zuhörer, die sonst an vielen Stellen stark applaudieren, lassen an dieser Stelle eine lange Pause entstehen, bevor ein vereinzelter Heil-Ruf ertönt.

*Quelle:*
Domarus, Max (Hrsg.): »Hitler: Reden 1932–1945«; Bd. I, Halbbd. 2; Wiesbaden, 1973; S. 930 ff.

## Das Münchner Abkommen: 1938, 29. September

Deutschland, das Vereinigte Königreich, Frankreich und Italien [1] sind unter Berücksichtigung des Abkommens, das hinsichtlich der Abtretung des sudetendeutschen Gebietes bereits grundsätzlich erzielt wurde [2], über folgende Bedingungen und Modalitäten dieser Abtretung und über die danach zu ergreifenden Maßnahmen übereingekommen und erklären sich durch dieses Abkommen einzeln verantwortlich für die zur Sicherung seiner Erfüllung notwendigen Schritte:
1. Die Räumung beginnt am 1. Oktober [3].

2. Das Vereinigte Königreich, Frankreich und Italien vereinbaren, daß die Räumung des Gebietes bis zum 10. Oktober vollzogen wird, und zwar ohne Zerstörung irgendwelcher bestehender Einrichtungen, und daß die Tschechoslowakische Regierung die Verantwortung dafür trägt, daß die Räumung ohne Beschädigung der bezeichneten Einrichtungen durchgeführt wird.
3. Die Modalitäten der Räumung werden im einzelnen durch einen internationalen Ausschuß festgelegt, der sich aus Vertretern Deutschlands, des Vereinigten Königreichs, Frankreichs, Italiens und der Tschechoslowakei zusammensetzt.
4. Die etappenweise Besetzung des vorwiegend deutschen Gebietes durch deutsche Truppen beginnt am 1. Oktober[3] ...
5. Der in § 3 erwähnte internationale Ausschuß wird die Gebiete bestimmen, in denen eine Volksabstimmung[4] stattfinden soll ...
6. Die endgültige Festlegung der Grenzen wird durch den internationalen Ausschuß vorgenommen werden[5] ...
7. Es wird ein Optionsrecht[6] für den Übertritt in die abgetretenen Gebiete und für den Austritt aus ihnen vorgesehen ...
8. Die Tschechoslowakische Regierung[7] wird innerhalb einer Frist von vier Wochen vom Tag des Abschlusses dieses Abkommens an alle Sudetendeutschen aus ihren militärischen und polizeilichen Verbänden entlassen, die diese Entlassung wünschen. Innerhalb derselben Frist wird die Tschechoslowakische Regierung sudetendeutsche Gefangene entlassen, die wegen politischer Delikte Freiheitsstrafen verbüßen.

Adolf Hitler
Neville Chamberlain
Mussolini
Ed. Daladier

Zusatz zu dem Abkommen:
Seiner Majestät Regierung im Vereinigten Königreich und die französische Regierung haben sich dem vorstehenden Abkommen angeschlossen auf der Grundlage, daß sie zu dem Angebot stehen, welches im § 6 der englisch-französischen Vorschläge vom 19. September[2] enthalten ist, betreffend eine internationale Garantie[8] der neuen Grenzen des tschechoslowakischen Staates gegen einen unprovozierten Angriff.
Sobald die Frage der polnischen und ungarischen Minderheiten in der Tschechoslowakei geregelt ist, werden Deutschland und Italien ihrerseits der Tschechoslowakei eine Garantie[8] geben.
Adolf Hitler – Neville Chamberlain – Mussolini – Ed. Daladier

*(Weitere »Zusätzliche Erklärungen« befaßten sich mit der Zusammensetzung und dem Aufgabenbereich des »Internationalen Ausschusses« sowie der Regelung der polnischen und ungarischen Minderheitenfrage.)*

---

*Anmerkungen:*
[1] Die Viererkonferenz von München in dieser Zusammensetzung trat auf Anregung des italienischen Duce Mussolini zusammen.
Verfahren und Beteiligte waren bereits fünf Jahre vorher in der internationalen Diskussion: Zum Viererpakt von 1933 siehe S. 14.
[2] Gemeint ist der Notenwechsel vom 19./21. 9. 1938 zwischen der britischen und französischen Regierung einerseits und der Tschechoslowakei andererseits; siehe S. 222f., 226.
[3] Die folgende Karte gibt die Etappen wieder:

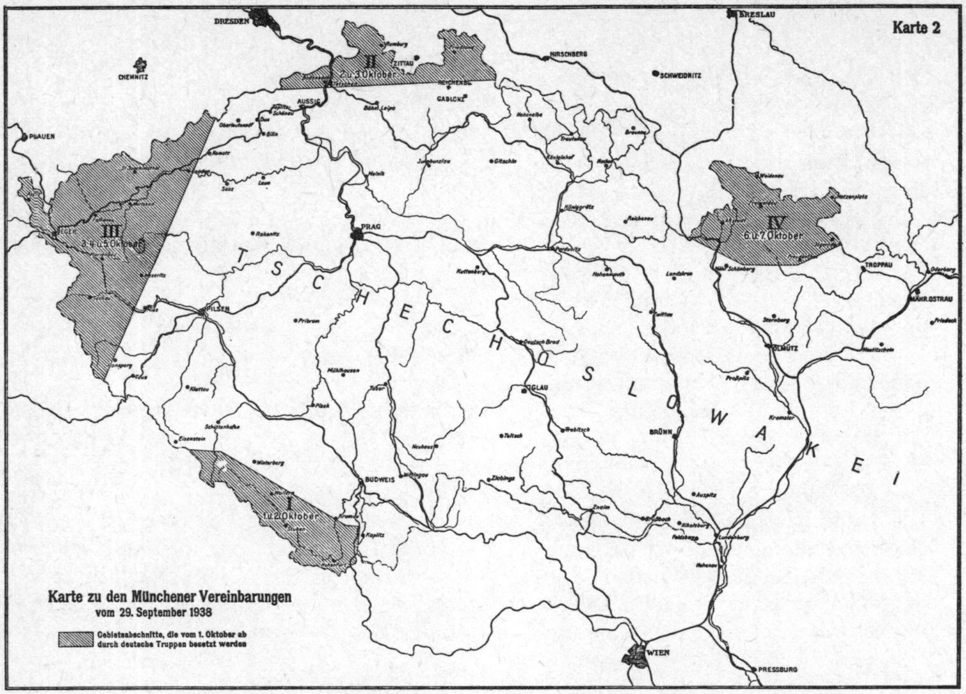

Karte zu den Münchener Vereinbarungen vom 29. September 1938

[4] Der internationale Ausschuß stellte am 5. 10. 1938 die neue Grenze vorläufig fest und beschloß am 13. 10. 1938, von Volksabstimmungen abzusehen.

[5] Die endgültige Grenze wurde vom internationalen Ausschuß am 21. 11. 1938 festgestellt; die folgende Karte gibt sie wieder:

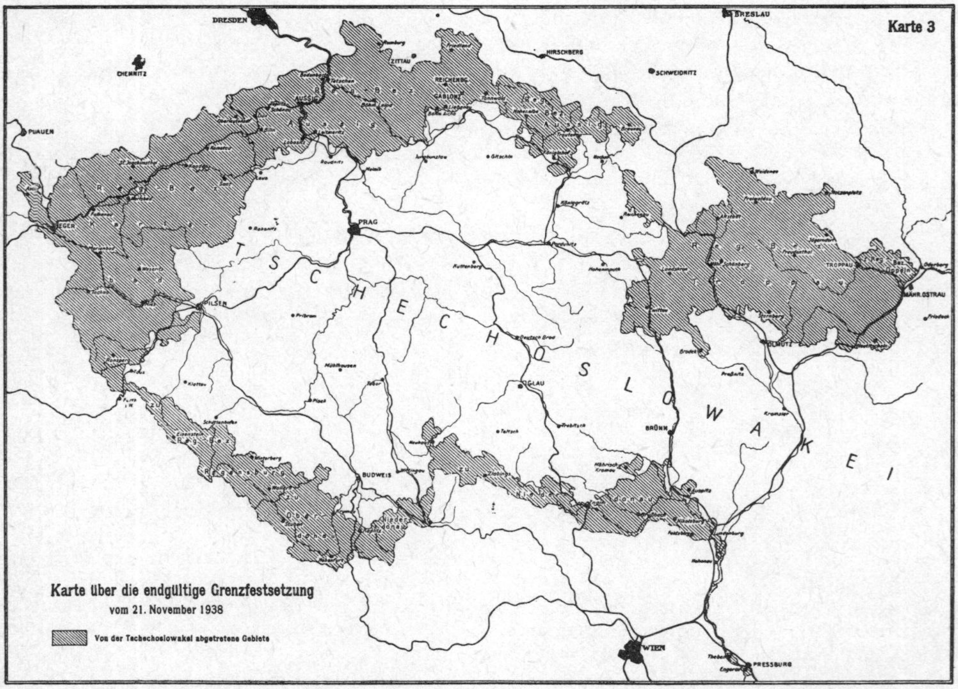

Karte über die endgültige Grenzfestsetzung vom 21. November 1938

[6] Durch einen Vertrag zwischen dem Deutschen Reich und der Tschechoslowakischen Republik vom 20. 11. 1938 wurde neben wechselseitigem Optionsrecht v. a. vereinbart:

»1. Diejenigen tschechoslowakischen Staatsangehörigen, die am 10. Oktober 1938 ihren Wohnsitz in einer mit dem Deutschen Reich vereinigten Gemeinde gehabt haben, erwerben unter Verlust der tschechoslowakischen Staatsangehörigkeit mit Wirkung vom 10. Oktober 1938 die deutsche Staatsangehörigkeit, wenn sie
a) vor dem 1. Januar 1910 in dem mit dem Deutschen Reich vereinigten Gebiet geboren sind oder
b) die deutsche Staatsangehörigkeit mit dem 10. Januar 1920 verloren haben *(d. h. die Bevölkerung des sog. Hultschiner Ländchens)* oder
c) Kinder oder Enkelkinder einer Person sind, auf die die Voraussetzungen der Buchstaben a) oder b) zutreffen . . .

2. Tschechoslowakische Staatsangehörige deutscher Volkszugehörigkeit, die am 10. Oktober 1938 ihren Wohnsitz außerhalb des früheren tschechoslowakischen Staatsgebiets gehabt haben, erwerben unter Verlust der tschechoslowakischen Staatsangehörigkeit mit Wirkung vom 10. Oktober 1938 die deutsche Staatsangehörigkeit, wenn sie am 10. Oktober 1938 das Heimatrecht in einer mit dem Deutschen Reich vereinigten Gemeinde besessen haben.
. . .«

Im Deutschen Reich wurde darüber hinaus ein »Gesetz über die Wiedervereinigung der sudetendeutschen Gebiete mit dem Deutschen Reich« vom 21. 11. 1938 beschlossen. Es legte in Art. 2 fest, daß die »alteingesessenen Bewohner der sudetendeutschen Gebiete deutsche Staatsangehörige« sind.

[7] Zu Stellungnahmen der tschechoslowakischen Regierung: Siehe den nachfolgenden Beleg.

[8] England und Frankreich konnten ihr Versprechen, einer Garantie »beizutreten«, nicht einhalten, da Deutschland und Italien ihr Garantieversprechen trotz Regelung der Minderheitenfragen und öfterer Nachfrage der Tschecho-Slowakischen Republik nicht einhielten.

---

*Quelle:*
»Akten zur deutschen auswärtigen Politik 1918–1945«; Reihe D, Bd. II; Baden-Baden, 1950; S. 812f.

## Erklärung der tschechoslowakischen Regierung: — 1938, 30. September

*Annahme des Münchner Abkommens*

Die Regierung der Republik ist am Morgen auf der Burg unter dem Vorsitz des Herrn Präsidenten der Republik zusammengetreten. In der Sitzung wurde die internationale Lage, wie sie auf Grund des am 29. September in München erreichten Vier-Mächte-Übereinkommens[1] entstanden ist, aufs sorgsamste erwogen.

Die Regierung hat dieses Übereinkommen sowie die in diesem Zusammenhang zu berücksichtigenden äußeren Umstände genau überprüft. Nach eingehender Beratung und Erwägung der dringenden Empfehlungen der britischen und der französischen Regierung und im Bewußtsein ihrer geschichtlichen Verantwortung hat die tschechoslowakische Regierung nach einhelliger Zustimmung der verantwortlichen Faktoren der politischen Parteien[2] beschlossen, die Münchner Vier-Mächte-Übereinkommen auch ihrerseits anzunehmen. Sie hat diesen Beschluß im Bewußtsein gefaßt, daß es notwendig ist, die Nation als solche zu erhalten und daß jede andere Entscheidung unmöglich erscheint.

Indem die Regierung der tschechoslowakischen Republik diese ihre Zustimmung bekanntgibt, erhebt sie Einspruch vor der ganzen Welt gegen Entscheidungen, die einseitig und ohne ihre Beteiligung getroffen wurden.

---

*Anmerkungen:*

[1] Siehe den vorstehenden Beleg.

[2] Diese Aussage ist wichtig, da sie sachlich verfassungsändernden Charakter (siehe S. 146) hat.

---

*Quelle:*
Sudetendeutscher Rat (Hrsg.): »München 1938 – Dokumente sprechen«; München, 1963; S. 133.

**Rundfunkrede** **1938, 5. Oktober**
**des tschechoslowakischen Staatspräsidenten Edvard Beneš[1]:**
*Rücktritt*[2]

...
Ich habe dem Herrn Vorsitzenden der Regierung[3] soeben einen Brief gesandt, durch den ich mich meines Amts begebe[2] und wende mich an Sie, um mich als Präsident von Ihnen, Mitbürger, zu verabschieden...
Wir werden einen Nationalstaat haben... und darin wird die große Kraft unseres Volkes und Staates liegen. Dies wird Staat und Volk jene große neue Schöpferkraft und sittliche Grundlage verleihen, die sie bisher entbehren mußten. Unsere Nationalkultur wird sich vertiefen und stärken, denn noch sind wir genügend stark an Zahl und Kraft und blicken daher hoffnungsvoll in die Zukunft[4]...

---

*Anmerkungen:*
1 Die Tschechen hatten von Beneš in dieser Zeit eine sehr schlechte Meinung. Die von einem hellsichtigen Beobachter im Dezember 1938 skizzierte Atmosphäre – sie führte auch zu zahlreichen Spottgedichten auf den Präsidenten – ist in mancher Hinsicht beachtenswert:
»Ich frage mich, ob sich jemand, der nicht hier gewesen ist, eine Vorstellung von dem Chaos machen kann, das die Münchner Katastrophe im politischen Leben und Denken in der Tschechoslowakei hervorgerufen hat.
All das, was noch Kräfte des Zusammenhaltes ausübte, ist verlorengegangen. Nichts außer Bitterkeit, Verunsicherung und Zweifel bleiben in der Öffentlichkeit zurück.
Jede Vorstellung von Liberalismus und besonders von Demokratie kam hoffnungslos und unwiederbringlich in Verruf. Ich verbrachte Wochenenden auf dem Land, wo die Gäste nichts anderes taten, als in einer vollkommen düsteren Stimmung einen Schnaps nach dem anderen hinunterzustürzen und unzählige Male zu wiederholen: »Wie ist es nur möglich, daß irgendein Volk sich von so einem ›Sauhund‹ – so einem internationalen, demokratischen ›Sauhund‹ – wie Beneš führen lassen konnte? So ein Volk hat kein Existenzrecht. Es sollte vollkommen vernichtet werden«, usw.
Um die ganze Bedeutung *(dieses Meinungswandels)* zu erkennen, muß man nur daran denken, daß vor wenig mehr als einem Jahr bei Masaryks Begräbnis die ganze Nation in einem Ausbruch von Trauer und Verehrung für den Staat vereint schien und für die politischen Maßnahmen, die er eingeleitet hatte, die natürlich auch die Außenpolitik von Beneš einschlossen.«
Vgl. Kennan, George: »From Prague after Munich. Diplomatic Papers 1938–1940«; Princeton (N.J.), USA; 1968, S. 7; (Der Ausdruck »Sauhund« im Original in deutscher Sprache).
2 Später sollte Staatspräsident Beneš, der am 6. 10. 1938 ins Exil ging, diesen Rücktritt als erpreßt bezeichnen.
3 Gemeint: Ministerpräsident Jan Syrový.
4 Am 30. 11. 1938 richtete Edvard Beneš folgendes Schreiben an seinen am gleichen Tage gewählten Nachfolger, Emil Hácha:
»Herr Präsident,
ich weiß genau, welch schweren Aufgaben Sie sich als Präsident der Republik gegenübersehen und wünsche daher der Republik wie auch Ihnen persönlich, daß Ihre heutige Wahl in dieser schweren Zeit vollauf zum Guten gereichen möge. Sie haben dem Vaterland als Präsident des Obersten Verwaltungsgerichts sowohl durch Ihre große Erfahrung und Kenntnis wie auch durch gerechte und mutige Prozeßentscheidungen in manchmal höchst delikaten Verfahren einen großen Dienst erwiesen und die Tatsache Ihrer einstimmigen Wahl macht dies nur noch deutlicher. So wünsche ich Ihnen, daß Ihnen ihre neue Aufgabe aufs beste geraten möge, auf daß Staat und Volk aus der heutigen Lage so rasch und gut wie möglich hervorgehen.
Mit dem Ausdruck aufrichtiger Verehrung. Dr. Edvard Beneš.«

---

*Quelle:*
Beneš, Edvard: »Paměti« [Erinnerungen]; Prag, 1947; S. 80f., 433ff.

**Erklärung** **1938, 6. Oktober**
der tschechoslowakischen Regierung:
*Annahme der neuen Grenze*

Mit tiefem Schmerz hat die Tschechoslowakische Regierung von der Entscheidung der vier Großmächte Kenntnis genommen. Sie nimmt die Grenzen des Gebiets an, das vom 7. bis 10. Oktober von den deutschen Truppen zu besetzen ist und verpflichtet sich, die Maßnahmen zu treffen, die diese Entschließung umfaßt.
...

---

*Quelle:*
»Akten zur deutschen auswärtigen Politik 1918–1945«; Reihe D, Bd. IV; Baden-Baden, 1951; S. 33.

**Kurzbericht:**
**Die internationale Billigung des Münchner Abkommens**

*Vorbemerkung:*
*Nachfolgend werden nur Billigungserklärungen des Münchner Abkommens in starker Raffung wiedergegeben.*
*Zu den Widerrufserklärungen: Siehe S. 266.*

*1. Tschecho-Slowakei*[1]

14. Dezember 1938: *Einstimmige Billigung des Regierungsprogrammes der tschechoslowakischen Regierung Beran.*
*Darin: Verpflichtung zur Durchführung des Abkommens.*
*Damit: Indirekte*[2] *und neuerlich verfassungsändernde*[3] *Genehmigung des Münchner Abkommens.*[4]

*2. Großbritannien*

4. Oktober 1938: *Billigung eines Regierungsberichtes über die Münchner Verhandlungen und Ergebnisse im Unterhaus mit 366 : 144 Stimmen.*

*3. Frankreich*

5. Oktober 1938: *Billigung eines Regierungsberichtes über die Münchner Verhandlungen und Ergebnisse in der Nationalversammlung mit 535 : 75 Stimmen.*

*4. Sowjetunion*

1. Januar 1940: *Billigung*[2] *auch der Münchner Verhandlungen und Ergebnisse durch Abbruch der diplomatischen Beziehungen zur ČSR und Aufnahme diplomatischer Beziehungen zur Slowakischen Republik.*[5]

*5. USA*

Oktober 1938: *Billigung durch US-Präsident Roosevelt*[6].
4. Januar 1940: *Billigung durch Runderlaß des Außenministeriums*[7].

*6. Die UNO / Alliierten Siegermächte des Zweiten Weltkrieges*

8. August 1945: *Anerkennung der Rechtsgültigkeit*[8], *da die »Hauptkriegsverbrecher« (Hermann Göring etc.) auch wegen Verletzung des Münchner Abkommens angeklagt werden.*

---

*Quellen und Anmerkungen:*

[1] Neuer Staatsnamen ab 6. Oktober 1938: Die Slowakei erhält die bereits 1918 (siehe S. 109) zugesagte Autonomie; die Tschechoslowakei wird zur Tschecho-Slowakei.

[2] Durch sog. »konkludentes Verhalten«; d. h. indem so getan wird, als ob auch formal zugestimmt worden wäre.

[3] Wegen § 3 der tschechoslowakischen Verfassung vom 29. 2. 1920; Text: Siehe S. 146.

[4] Demgegenüber Dr. Beneš vor dem (exil)-tschechoslowakischen Staatsrat in London am 11. 12. 1940: »Vor allem haben wir die Münchner Verträge nie angenommen und anerkannt . . . Unser Parlament hat niemals etwas davon, was uns geschah, gebilligt oder ratifiziert.«
Vgl. Beneš, Edvard: »Tři roky druhé světové války« [Drei Jahre des Zweiten Weltkrieges]; London, 1942; S. 107.

[5] Die Slowakei hatte sich am 14. 3. 1939 zur unabhängigen Slowakischen Republik erklärt.
Vgl. Beneš, Edvard: »Paměti« (Erinnerungen); Prag, 1947; S. 253.

[6] a) Glückwunschtelegramm an Benito Mussolini
Vgl.: Churchill, Randolph S.: »The Myth of Munich«, in »Time« (US-Wochenzeitschrift) vom 9. Juni 1952.
b) Brief an US-Botschafter in Rom
Vgl.: Roosevelt, Eliot: »F.D.R. His Personal Letters«; Bd. II; New York, 1950; S. 818f.

[7] Vgl. Langer, E.: »Seizure of Territory«; Princeton (USA), 1947; S. 218.

[8] So die Anklageschrift. Wiedergabe in Heydecker/Leeb: »Der Nürnberger Prozeß«; Köln/Berlin, 1958; S. 541.

## Brief des tschechoslowakischen Politikers Hubert Ripka (Nationalsozialist):

**1938, Dezember**

*Beginn der Vertreibungsplanungen*

. . .

Die Idee der Entfernung eines Teiles der Sudetendeutschen *(aus ihrer Heimat)* war unwillkürlich in die Vorstellungswelt einiger Beobachter des Verhaltens der Sudetendeutschen in den Jahren 1937 und 1938 eingedrungen. Die Tschechen selbst hielten jeden Plan dieser Art erst nach einem Krieg für durchführbar. Beneš und Ripka hatten die erste ernsthafte Diskussion der praktischen Möglichkeiten eines derartigen Vorgehens im Dezember 1938 (3)[1], da beide seit dem Münchner Abkommen den Krieg als unvermeidbar ansahen . . .

(3)[1] So Ripka in einem Brief an die Verfasserin.

---

*Anmerkung:*

[1] Die Fußnote (3) ist im Original enthalten.

---

*Quelle:*

Wiskemann, Elizabeth: »Germany's Eastern Neighbours«; London, 1956; S. 62.

# 3. 1939–1945: Die Sudetenfrage im 2. Weltkrieg

**Entscheidung** [1] **1939, April**
**des Stellvertreters des Führers (der NSDAP), Reichsminister Rudolf Heß:**
*Die SdP kämpfte in der Tschechoslowakei nur »um die Erhaltung des Deutschtums«*

...
Abschließend [2] wird mitgeteilt, [3] daß die Mitgliedschaft bei der Sudetendeutschen Partei nicht gleichzusetzen ist mit der Mitgliedschaft bei der NSDAP, weil die Sudetendeutsche Partei keinen der Entwicklung der NSDAP vergleichbaren politischen [4] Kampf geführt hat, sondern ausschließlich einen Kampf um die Erhaltung des Deutschtums auf dem Boden der ehemaligen Tschechoslowakei ...

---

*Anmerkungen:*
[1] Diese Entscheidung hatte auch den recht praktischen Sinn, die Mitglieder der SdP gegenüber Mitgliedern der NSDAP durch Verkürzung ihrer Mitgliedschaftsdauer bei der Besetzung öffentlicher Stellen zurückzusetzen.
[2] Die Entscheidung dürfte sich auch auf Einsprüche gegen eine Weisung des Reichsschatzmeisters (der NSDAP), Schwarz, vom 7. 12. 1938 über die »Aufnahme sudetendeutscher Volksgenossen in die NSDAP« bezogen haben. In dieser hieß es – wobei die Daten 15. 3., 10. 4. und 31. 5. 1938 sich auf den Anschluß anderer sudetendeutscher Parteien an die SdP bzw. die Gemeinderatswahlen (siehe S. 204 und 212) beziehen könnten – u. a.:
Wer kann zur Aufnahme vorgeschlagen werden?
Zur Aufnahme in die Nationalsozialistische Deutsche Arbeiterpartei in den sudetendeutschen Gebieten können vorgeschlagen werden:
Gruppe 1: Amtswalter und Amtswalterinnen der Sudetendeutschen Partei, Amtswalter des Deutschen Turnverbandes, Führer des Freiwilligen Deutschen Schutzdienstes (FS), sowie Führer aller Formationen der Sudetendeutschen Freikorps.
Gruppe 2: Mitglieder der Sudetendeutschen Partei, die bis zum 15. März 1938 dieser angehört haben bzw. bis zum gleichen Tage beigetreten sind, Mitglieder der Deutschen Nationalsozialistischen Arbeiterpartei ohne Rücksicht auf ihre Mitgliedschaft bei der Sudetendeutschen Partei, Mitglieder der Sudetendeutschen Partei, die aktive Angehörige des Freiwilligen Deutschen Schutzdienstes (FS) oder der Sudetendeutschen Freikorps waren, ohne Rücksicht auf den Zeitpunkt ihres Eintritts in die Sudetendeutsche Partei.
Gruppe 3: Mitglieder der Sudetendeutschen Partei, die in der Zeit vom 16. März 1938 bis 10. April 1938 beigetreten sind.
Die in den Gruppen 1–3 nicht genannten SdP-Mitglieder, insbesondere die, welche vom 1. April 1938 bis einschließlich 31. Mai 1938 eingetreten sind, werden durch die Ortsgruppen erfaßt und vorläufig in örtlichen Opferringen zusammengeschlossen.
Vgl. Rühle, Gerd: »Das Dritte Reich«; Berlin, 1939; S. 276f.
[3] Dieser parteiamtlichen »Mitteilung« gegenüber blieb völlig wirkungslos, daß sich Konrad Henlein (seit 1. 5. 1939 auch Reichsstatthalter für das Sudetenland) vielfach bemühte, die Arbeit der SdP vor dem 30. 9. 1938 nachträglich im NS-Sinne umzustilisieren. Ein Beispiel dafür war eine Rede vor der Verwaltungsakademie in Wiener Neustadt im März 1941:
»Als während der großen Verfolgungswelle im Herbst 1933 die Führer der DNSAP mich aufforderten, die politische Führung des Sudetendeutschtums zu übernehmen, sah ich mich vor die große Frage ge-

stellt: Soll die nationalsozialistische Partei illegal weitergeführt werden oder soll die Bewegung getarnt und nach außen hin voller Legalität den Kampf um die Selbstbehauptung des Sudetendeutschtums und die Vorbereitung für die Heimholung ins Großdeutsche Reich führen. Für uns Sudetendeutsche blieb nur die Wahl des zweiten Weges ... Gewiß, und auch darüber muß in diesem Zusammenhang einmal offen gesprochen werden, wäre es viel leichter gewesen, an Stelle dieses harten, nervenverzehrenden Kampfes die heroische Geste zu wagen, von vornherein das Bekenntnis zum Nationalsozialismus auszusprechen und in die tschechischen Kerker zu gehen. Ob aber durch ein solches Verhalten auch die politische Aufgabe der Zerschlagung der Tschechoslowakei als Sperrfort im Bündnisgürtel gegen das Deutsche Reich so leicht gelöst worden wäre, das erscheint mir zweifelhaft. Jedenfalls steht fest, daß es dem Sudetendeutschtum im Ablauf weniger Jahre gelungen ist, die innere Stabilität der Tschechoslowakei so gründlich zu gefährden und ihre inneren Verhältnisse so sehr zu verwirren, daß sie im Sinne der sich anbahnenden Neuordnung des Kontinents zur Liquidation reif wurde. Die Voraussetzungen für meine Aufgabe waren denkbar schwierig. Das Volk war vielleicht bereit, aber es fehlte an Mitarbeitern, denn durch die brutalen Bestimmungen des Parteiauflösungsgesetzes konnten mir die Männer nicht zur Seite stehen, die in der DNSAP reiche politische Erfahrungen gesammelt hatten ...
Wir wußten, daß wir nur siegen konnten, wenn es uns gelang, aus den 3½ Millionen Sudetendeutschen 3½ Millionen Nationalsozialisten zu machen, und mußten doch zunächst nach außen hin, um das Zugreifen der tschechischen Behörden auf die Auflösung hintanzuhalten, unsere Zugehörigkeit zum Nationalsozialismus ableugnen. Das war die größte seelische Belastungsprobe, der ich meine Gefolgschaft aussetzen mußte. In wundervoller Disziplin und im unerschütterlichen Vertrauen zu mir haben meine Kameraden begriffen, worum es ging, und hinter den taktischen Zügen eines mir aufgezwungenen politischen Handelns das große Ziel unseres Weges gesehen, der heimführen mußte in das Reich Adolf Hitlers.«
Vgl.: Verwaltungsakademie Wien/Berlin (Hrsg.): »Das größere Reich«; 1943; S. 36ff.
Zur tatsächlichen Meinung Henleins: Siehe S. 282.
[4] Das heißt: Keinen ideologischen (gegen Andersdenkende) und rassistischen Kampf (gegen z. B. Juden), wie die NSDAP im sogenannten Alt-Reich.
Zu einer sehr ähnlichen Ansicht der ČSR-Exilregierung noch aus dem Jahre 1941: Siehe S. 212.

*Quelle:*
Rönnefarth, Helmuth: »Die Sudetenkrise in der internationalen Politik«; Wiesbaden 1961; S. 132.

## Äußerung Hermann Görings[1] zum US-Sonderbotschafter Davis: 1939, 3. Oktober

*Neue tschechoslowakische Regierung möglich*

... Sie können *(dem US-Präsidenten)* Herrn Roosevelt versichern, daß, wenn er vermitteln[2] will, Deutschland einer Anpassung zustimmen wird, wodurch ein neuer politischer Staat und eine neue unabhängige tschechoslowakische Regierung entstehen wird ...

*Anmerkungen:*
[1] Designierten Nachfolger Hitlers.
[2] Gemeint ist eine Vermittlung im Zweiten Weltkrieg, der am 1. September 1939 begonnen hatte.

*Quelle:*
Tansill, Charles C.: »Back Door to War«; Chicago, 1952; S. 560.

## Denkschrift sudetendeutscher Sozialdemokraten[1] (im Exil): 1939, 18. Oktober

*Lage der Sudetengebiete nach dem Krieg*

...

1. Der Wille der Tschechen, einen unabhängigen Staat zu bilden ist evident; wir verstehen und billigen ihn.
2. Wir haben als ein Teil des sudetendeutschen Volkes vor allem aber die Interessen dieses

Volkes zu vertreten, und wir müssen es deshalb auf Grund unserer zwanzigjährigen Erfahrungen ablehnen, unter gleichen oder ähnlichen Bedingungen, wie sie zum Münchener Übereinkommen bestanden, das sudetendeutsche Volk einem vorwiegend tschechischen Staat einzugliedern.

3. Die Entscheidung darüber, ob – und wenn ja, unter welchen Bedingungen und Sicherungen – die Sudetendeutschen mit den Tschechen einen gemeinsamen Staat bilden oder sich einem anderen Staat anschließen sollen, muß diesem Volk selbst vorbehalten bleiben. Sie ist durch ein Plebiszit unter internationaler Kontrolle (wie seinerzeit die Abstimmung im Saargebiet) einzuholen.

4. Da es zweckmäßig sein könnte, diese Entscheidung auf einen späteren Zeitpunkt zu vertagen, muß für die – auf längstens fünf Jahre festzulegende – Zwischenzeit die wirtschaftliche, soziale, kulturelle und allgemein bürgerliche Ordnung im Sudetengebiet unter tätiger Hilfe von Organen sichergestellt werden, die der Völkerbund zu bestimmen hätte.

...

7. Alle Sympathie für den tschechischen Freiheitskampf kann und darf an der Tatsache nichts ändern, daß wir nicht ein Teil des tschechischen Volkes sind und daß dessen Ziel – die Wiederherstellung eines tschechischen Staates – nicht auch das unsere sein kann ...

8. ... Wir müssen – sollten wir überhaupt noch einen Versuch machen, mit den Tschechen einen gemeinsamen Staat zu bilden – darauf bestehen, daß dieser Staat:

a) in keiner offenen oder versteckten Form ein tschechischer Nationalstaat sein dürfe,

...

c) daß das sudetendeutsche Gebiet volle Selbstverwaltung mit eigener Regierung, ... eigener Polizei und eigener Ordnung der wirtschaftlichen, sozialen und kulturellen Angelegenheiten habe,

d) daß außer dem Staatsoberhaupt nur die Außenvertretung, die Staatsbank, die Verwaltung der Zölle und das Militär gemeinsame Staatsangelegenheiten sein würden, ... wobei jedem der autonomen Teile des Staatsganzen ... ein Vetorecht einzuräumen wäre,

e) daß die Vereinbarung darüber ... unter internationalen Schutz gestellt werden würde,

f) daß schließlich innerhalb einer Frist von fünf Jahren die im Punkt 3 vorgesehene Volksabstimmung durchzuführen sei ...

---

*Anmerkung:*

1 Aus einem Memorandum der Abgeordneten Franz Katz und Eugon de Witte, publiziert in London.

---

*Quelle:*

Sudetendeutscher Rat (Hrsg.): »München 1938 – Dokumente sprechen«; München, 1963; S. 93f.

## Erklärung der sudetendeutschen Sozialdemokraten[1] im Exil

**1940, 10. März**

(Sog. Holmhurst Declaration[2]):

*Für Selbstbestimmungsrecht – gegen »Bevölkerungsaustausch«* [3]

...

III. Friede durch Gerechtigkeit.

Die Dauerhaftigkeit des Friedens, welcher nach diesem Kriege geschlossen wird, hängt davon ab, ob er unter gleichberechtigter Mitwirkung eines befreiten deutschen Volkes zustande kommt. Wir begrüßen daher alle von autorisierter Seite abgegebenen Erklärungen, daß die demokratischen Westmächte den Krieg nicht gegen das deutsche Volk, sondern ausschließlich gegen das verbrecherische Nazi-Regime führen. Mit besonderer Genugtuung begrüßen wir die von versöhnlichem Geiste erfüllten Friedensziele der britischen und französischen Arbeiterbewegung, wie sie in den Erklärungen C. R. Attlees und Leon Blums niedergelegt sind. Wir reklamieren einen Verständigungsfrieden auch für die Bevölkerung der Sudetengebiete. Über ihre staatliche Zugehörigkeit ist im Verlaufe von zwei Jahrzehnten zweimal einseitig entschieden worden. Durch das Diktat von St. Germain[4] wurde die Tschechoslowakei für zwanzig Jahre mit ungelösten nationalen Problemen belastet. Auch die Entscheidung von München[5] war ein Diktat gegen die demokratischen Sudetendeutschen und gegen das tschechische Volk. Im Interesse des europäischen Friedens sind wir daher bestrebt, eine definitive Entscheidung über das staatliche Schicksal der Sudetengebiete vorzubereiten, welche unter freier und gleichberechtigter Mitwirkung der sudetendeutschen Bevölkerung erfolgt. Wir fordern für die drei Millionen Sudetendeutschen das Selbstbestimmungsrecht. Anknüpfend an die große Tradition unserer Bewegung kämpfen wir für die Anwendung des Selbstbestimmungsrechtes im Geiste der europäischen Solidarität. Deshalb schließt unser Bekenntnis zum Selbstbestimmungsrecht die Anerkennung aller wirtschaftlichen und geographischen Verbundenheiten des Sudetengebietes mit den historischen Räumen Böhmens und Mähren-Schlesiens in sich.

IV. Unsere Stellung zum tschechischen Freiheitskampfe.
Der Anspruch des hochentwickelten tschechischen Volkes auf Freiheit und staatliche Selbständigkeit steht vom demokratischen Standpunkt außer Frage . . . Wir verkennen nicht, daß die Grenzen von München[5] vielfach unter Verletzung des ethnographischen Prinzipes gezogen wurden und auch für die Zukunft keine gerechte Lösung darstellen. Als ein Teil des sudetendeutschen Volkes haben wir aber vor allem die Interessen unseres Volkes zu vertreten. In dieser Position wollen wir eine Wiederholung der Fehler vermeiden, welche zum Triumphe der Henleinbewegung und zur Katastrophe von München[5] geführt haben. Es war ein Grundfehler der Staatskonstruktion vor München, daß sie zwei Millionen Slowaken alle Vorrechte eines Staatsvolkes einräumte, außerdem einer halben Million Karpathorussen Provinzialautonomie zusicherte, während drei Millionen Sudetendeutsche als ›Minderheit‹ behandelt wurden. Die alte Tschechoslowakei war de facto ein Nationalitätenstaat. Gegen den Willen fast eines Drittels der Bevölkerung wurde die Republik als ein tschechoslowakischer ›Nationalstaat‹ deklariert. Die einseitig bestimmte Form eines zentralistischen Nationalstaates hat die aufopfernden Bemühungen unserer Verständigungspolitik zum Scheitern verurteilt. Auf Grund zwanzigjähriger Erfahrungen können wir daher nicht zustimmen, daß drei Millionen Sudetendeutsche neuerdings nur als Objekt der wirtschaftlichen und historischen Ansprüche der tschechischen Politik behandelt werden. Will die tschechische Politik auf die Methode des einseitigen Diktates verzichten und eine Neuorganisierung des Staates in demokratischen Formen vorbereiten, dann ist es ihre Aufgabe, zur gegebenen Zeit die Vertreter der sudetendeutschen Bevölkerung einzuladen, alle Fragen, betreffend die Grenzen, den Aufbau und den Inhalt des Staates im Wege freier Vereinbarung zu klären. Nur diese Methode würde für die Verständigungskräfte in der sudetendeutschen Bevölkerung den Boden schaffen, für die Anwendung des Selbstbestimmungsrechtes im Sinne der Wiederherstellung einer Staatsgemeinschaft mit dem tschechischen Volke erfolgreich eintreten zu können.

V. Das sudetendeutsche Lebensproblem.
Eine Lösung der deutsch-tschechischen Grenzfragen durch zwangsweisen Bevölkerungsaustausch lehnen wir als undemokratisch und barbarisch ab. In den dicht besiedelten Sudetengebieten lebt eine Bevölkerung, die mit dem Heimatboden durch Jahrhunderte friedlicher Arbeit eng verbunden ist. Es handelt sich vorwiegend um arme Gebirgsgegenden, wo nur ein Fünftel der Bevölkerung von der Landwirtschaft leben kann. Die Existenz ihrer Mehrheit ist auf industrielle Beschäftigung und Qualitätsexport angewiesen . . .

VI. Der beste Ausweg: Autonomie im Föderalstaat.
Aus diesen sozialökonomischen Tatsachen, nicht minder aber aus den national-kulturellen Bedürfnissen der Sudetendeutschen ergibt sich die Notwendigkeit der Autonomie in allen Angelegenheiten, die nicht der Natur der Sache nach ausschließlich gesamtstaatlich geregelt werden müssen. Dieses Bedürfnis kann durch ein System der lokalen Selbstverwaltung allein nicht befriedigt werden. Die drei Millionen Sudetendeutschen brauchen daher eine zentrale Repräsentanz ihrer Gesamtinteressen, bestehend aus Landesparlament und Landesregierung. Die Landesregierung würde auch die Aufgabe haben, die deutschen kulturellen und Fürsorge-Einrichtungen in Böhmen und Mähren zu verwalten und den deutschen Gebietskörperschaften übergeordnet sein.
Falls die tschechische Politik eine föderative Staatskonzeption annimmt, werden sich durch eine zweckmäßige Kombination von Territorial- und Personal-Autonomie auch die Fragen der administrativen Abgrenzung erfolgreich lösen lassen. Im Zusammenhang damit ist auch die Demokratisierung und Dezentralisierung der Verwaltung unerläßlich.
So kann das freundschaftliche Zusammenleben der Völker organisiert und der Staat als ihre gemeinsame Heimat aufgebaut werden, in der die Föderalregierung über dem Streite der Nationen steht.
Eine nach dem Föderal-Prinzip reorganisierte Tschechoslowakei wird auch in der Außenpolitik viel weniger Angriffsflächen bieten, als der zentralistische Nationalstaat vor München[5]. Sie wird in dieser Form befähigt sein, mit ihren Nachbarstaaten erfolgreich zusammenzuarbeiten.

VII. Unsere Bereitschaft zu einer größeren Föderallösung.
Die Tendenz zur Schaffung kleinerer, aber wirtschaftlich unselbständiger Nationalstaaten hat in den Friedensschlüssen 1919/20 ihren Höhepunkt erreicht. Nunmehr ringt die Gegentendenz nach Schaffung größerer, lebensfähiger und kooperationsfähiger Wirtschaftsgebiete um ihre Verwirklichung . . . Wir bejahen die ultimative Notwendigkeit einer föderalistischen Neuordnung Europas. Der Föderalismus ist an den erfolgreichen Beispielen der Schweiz, der Vereinigten Staaten von Nordamerika und großer britischer Dominien erprobt. Die Friedenssehnsucht des britischen Volkes, die deutsche Gleichberechtigung, die französische Sicherheit sind nur im Rahmen einer totalen europäischen Neuordnung zu erfüllen. Die deutsch-tschechische, die polnisch-deutsche, die polnisch-ukrainische, die slowakisch-ungarische, die ungarisch-rumänische, die rumänisch-bulgarische, die jugoslawisch-italienische Frage sind nur im Rahmen einer demokratischen Verfassung der europäischen Föderation zu lösen.

*Anmerkungen:*
[1] Mehrere tausend sudetendeutscher Sozialdemokraten emigrierten nach 1938/39 vor allem nach England.
[2] Die Deklaration wurde im Londoner Vorort Holmhurst beschlossen.
[3] Über die Vertreibung muß daher bereits Anfang 1940 diskutiert worden sein. Siehe dazu S. 238.
[4] Gemeint: Der Friedensvertrag von St. Germain vom 6. 9. 1919. Zum Text: Siehe S. 137.
[5] Gemeint: Das Münchner Abkommen vom 29. 9. 1938. Zum Text: Siehe S. 232ff.
Man beachte die beginnende Verkürzung auf den bloßen Begriff »München«.

*Quelle:*
»Der Sozialdemokrat« *(Zeitschrift der sudetendeutschen Sozialdemokraten)*; London; Jg. 1, Nr. 2 (16. 4. 1940); S. 32ff.;
Abgedruckt in »Für Heimat und Freiheit«; Hrsg. de Witte, Eugen; Stuttgart, 1982; S. 72ff., hier S. 75ff.; (Hervorhebungen im Original).

**Entscheidung**[1] **1940, 23, September**
**Adolf Hitlers:**
*Aussiedlung der Tschechen abgelehnt, würde 100 Jahre dauern*

. . .
Zur Frage der Zukunft des Protektorates streifte der Führer folgende drei Möglichkeiten:
1. Belassung einer tschechischen Autonomie, wobei die Deutschen im Protektorat als gleichberechtigte Mitbürger leben. Diese Möglichkeit scheidet aber aus, da immer mit tschechischen Umtrieben gerechnet werden müsse.
2. Die Aussiedlung der Tschechen und die Verdeutschung des böhmisch-mährischen Raumes durch deutsche Siedler. Auch diese Möglichkeit käme nicht in Frage[2], da ihre Durchführung 100 Jahre beanspruchte.
3. Die Verdeutschung des böhmisch-mährischen Raumes durch Germanisierung der Tschechen, d. h. durch ihre Assimilierung. Letztere wäre für den größten Teil des tschechischen Volkes möglich. Von der Assimilierung seien auszunehmen diejenigen Tschechen, gegen welche rassische Bedenken beständen oder welche reichsfeindlich eingestellt seien. Diese Kategorie sei auszumerzen.
Der Führer entschied sich für die dritte Möglichkeit; er ordnete über Reichsminister Lammers an, daß der Vielheit der Pläne über die Aufteilung des Protektorats Einhalt geboten werde. Der Führer entschied ferner, daß im Interesse einer einheitlichen Tschechenpolitik eine zentrale Reichsgewalt in Prag für den gesamten böhmisch-mährischen Raum verbleibt. Es verbleibt somit bei dem bisherigen Status des Protektorates . . .

---

*Anmerkungen:*
[1] Es handelt sich um eine amtliche Notiz über einen Empfang des Reichsprotektors von Neurath und seines Stellvertreters K. H. Frank bei Hitler zur Besprechung der Zukunft des »Reichsprotektorates Böhmen und Mähren«.
[2] a) Hermann Rauschning (1933–1934 NSDAP-Senatspräsident von Danzig, nach Rücktritt 1936 Flucht in die Schweiz und später in die USA) notierte in »Hitler Speaks« (New York, o. J. [ca. 1940]; S. 42), daß der damalige NSDAP-Führer Hitler im Sommer 1932 folgendes Konzept für die Zeit nach seiner Machtübernahme entwickelt haben soll:
»Das böhmisch-mährische Becken, die an Deutschland grenzenden Ostgebiete werden wir durch deutsche Bauern besiedeln. Wir werden die Tschechen und Böhmen nach Sibirien oder in die wolhynischen Gebiete verpflanzen, wir werden ihnen in den neuen Bundesstaaten Reservate anweisen. Die Tschechen müssen heraus aus Mitteleuropa. Solange sie dort sind, werden sie immer ein Herd hussitisch-bolschewistischer Zersetzung sein.«
Es ist jedoch nicht unbestritten, ob Rauschning zutreffend zitieren konnte bzw. zitiert hat.
b) In »Hitlers Tischgesprächen im Führerhauptquartier« (hrsg. v. Henry Picker; 4. Aufl.; Wiesbaden, 1983; S. 412) wird vom 4. 7. 1942 wie folgt berichtet:
»Beim Abendessen erwähnte der Chef *(d. h. Hitler)* anhand einer Depesche, daß die Protektoratsregierung in ganz Böhmen und Mähren die Tschechen in einer riesigen Versammlungswelle zur engsten Zusammenarbeit mit dem Großdeutschen Reich aufgerufen und für die Zukunft jeden, der sich abseits halte, als Verräter am tschechischen Volkstum gebrandmarkt habe.
Die Versammlungswelle sei das Ergebnis einer Aussprache, die er gelegentlich des Staatsaktes für Obergruppenführer Heydrich (9. Juni 1942) mit Staatspräsident Hacha in der Reichskanzlei gehabt habe. Er habe Hacha und den ihn begleitenden tschechischen Regierungsmitgliedern mitgeteilt, daß wir uns weitere schwerwiegende Verletzungen der Reichsinteressen im Protektorat nicht gefallen lassen könnten und gegebenenfalls die Aussiedlung der Tschechen ins Auge fassen würden, die für uns, die wir bereits mehrere Millionen Deutsche umgesiedelt hätten, kein Problem sei. Hacha sei bei dieser Eröffnung förmlich in sich zusammengesackt, ebenso seine Mitarbeiter.
Nach einer Pause hätten sie dann gefragt, ob sie – wenigstens teilweise und in entsprechend vorsichtiger Weise – von dieser Mitteilung dem tschechischen Volk gegenüber Gebrauch machen könnten. Da er die Tschechen für fleißige und intelligente Arbeiter halte und ihm die Wiederherstellung der politischen Ruhe in ihrem Volk daher wegen der beiden im Protektorat liegenden besonders großen und wichtigen deutschen Rüstungsfabriken am Herzen liege, habe er einer entsprechenden Aufklärungsaktion der Protektoratsregierung zugestimmt.

Wenn diese Aktion von der Protektoratsregierung mit absolut klarer prodeutscher Tendenz durchgeführt worden sei, so sei das nicht zuletzt auf Staatsminister Meißner zurückzuführen. Nach dem Empfang bei ihm habe dieser nämlich mit den tschechischen Herren noch einen kleinen Rundgang im Garten gemacht und ihnen auf ihre ängstlichen Fragen hin versichert, daß sein – des Chefs *(d. h. Hitlers)* – Hinweis auf eine eventuelle Aussiedlung der Tschechen so, wie er ihn kenne, sein letztes Wort in dieser Sache sei.«

Zur Erläuterung: Heydrich war am 4. 6. 1942 an den Folgen eines von tschechoslowakischen Fallschirmagenten verübten Attentats gestorben; Hacha war von 1939 bis 1945 Staatspräsident des Reichsprotektorates Böhmen und Mähren; die Rüstungsfabriken waren die Skoda-Werke in Pilsen und die Waffenwerke in Brünn; Meißner war Chef der Reichskanzlei.

---

*Quelle:*
Kral, Václav: »Die Deutschen in der Tschechoslowakei – 1933–1947«; Prag, 1964; S. 426.

**Bericht** **1940, 18. November**
**von Edvard Beneš an die tschechische Untergrundbewegung:**[1]
*In der ČSR nach Kriegsende deutsche Gaue*[2]

. . .

2. Ich gebe die historischen Grenzen keineswegs auf, betrachte sie jedoch bloß als eine Opportunitäts- und keine Prinzipienfrage. Hauptsache ist und wird für uns sein, in Hinkunft ein größeres nationaltschechisches Gebiet zu schaffen und es für uns zu sichern. Hierfür wird es nötig sein, das tschechische Gebiet Mährens nach Norden und Süden möglichst auszuweiten und so unsere Umklammerung durch die Deutschen Österreichs und Schlesiens zu beseitigen. Dies wäre auch von großer Wichtigkeit für unsere Zusammenarbeit und eventuelle Föderation mit Polen. Es werden daher die Deutschen aus Nord- und Südmähren inkl. Brünn und Iglau sowie aus Schlesien zwischen Jägerndorf und Ostrau verschwinden müssen. Vom Grulicher Schneeberg an gegen Bodenbach muß die historische Grenze belassen werden, von Neuwelt Harrachsdorf bis Bodenbach muß die neue ethnographische Grenzlinie für uns militärisch annehmbar sein; sodann würde die historische Grenzlinie bis hinter Komotau und Kaaden verlaufen, dann würde eine neue ethnographische Grenze über das Duppauer Gebirge gegen Tachau folgen. Außerhalb des nationaltschechischen Gebietes würden auf diese Art folgende Gaue verbleiben: Jägerndorf, Reichenberg und Karlsbad. Die im Inland inkl. Prag wohnhaften Deutschen müßten entweder auswandern oder bedingungslos das tschechische Regime sowohl in sprachlicher als auch in administrativer Hinsicht ohne Minderheitenrechte innerhalb dieser neuen ethnographischen tschechischen Grenze annehmen. Diese drei deutschen Gaue[2] müßten so begrenzt werden, daß wir in Hinkunft von den Deutschen nicht durch den Umstand terrorisiert werden könnten, daß die Grenzlinien im Falle ihrer Abtrennung eine für die Verteidigung unmögliche Gestalt bekämen – wie nach München. Andererseits würde ich jedoch prinzipiell darauf bestehen, daß diese Gaue auch nach dieser neuen nationalen Abgrenzung weiterhin im Rahmen unseres Staates verbleiben. Es wäre eine Frage der weiteren Entwicklung und der kriegerischen Ereignisse, welchem Regime sie unterstehen würden.

3. Aus diesem Plan ergeben sich folgende weitere Konsequenzen: Wir dürfen uns keinen unmöglichen Hoffnungen hingeben, daß man 3 Millionen Deutsche ausmerzen oder ausweisen könnte, wie es so manche Leute bei uns naiverweise[3] glauben. Man könnte jedoch mit dem Abgang oder der Ausweisung ganzer Hunderttausende kompromittierter Nazideutscher und einer Zwangsübersiedlung weiterer Hunderttausende Deutscher aus den obengenannten Kreisen in die drei deutschen Gaue, nach Österreich oder nach Deutschland rechnen. Diese Übersiedlung würde jedoch schwerlich die Gesamtzahl einer ganzen Million um vieles überschreiten. Und das wäre schon ein beispielloser Erfolg, eine gewaltige Sicherstellung unseres Staates und der Entwicklung unseres inneren nationalen Gebietes. Ich verhandelte in der Angelegenheit mit den Engländern mit einer Landkarte der Münchner

Grenzen in der Hand. Die Münchner Unbill und der jämmerliche Zusammenbruch des Münchner Übereinkommens überzeugte sie, daß dieses Programm im Grunde richtig ist. Man kann nicht voraussehen, welche Folgen die weiteren Ereignisse zeitigen werden, aber vorderhand wird dieses Programm einer Erweiterung des tschechischen Nationalgebietes und dessen dauernder strategischer Sicherung im Grunde hier in England angenommen. Der 15. März 1939 hat alle belehrt und überzeugt.

4. Dies bedeutet also, daß es unser Wunsch ist, wieder Deutsche in der Republik zu haben. Dementsprechend müssen wir also vorgehen. Sonst würde überall die Meinung laut werden, daß wir im vorhinein die historischen Grenzen aufgeben, und es gibt auch hier noch immer Leute – (und wird es namentlich in Frankreich und auch anderwärts solche geben) –, die wünschen, wir sollten einfach zu München zurückkehren, damit sie, wie sie unrichtigerweise schließen, für die weitere Zukunft vor den Deutschen in der ČSR Ruhe hätten. Es wäre daher ein prinzipieller Fehler, die Existenz des Deutschenproblems bei uns zu ignorieren, ganz besonders hier, wo unsere Deutschen als Emigranten leben und arbeiten. Die erste Frage jedes politisch einflußreichen Engländers, die an uns gestellt wird, lautet immer: »Was beabsichtigen Sie mit Ihren Deutschen zu machen? Wenn später einmal die Amerikaner in die Sache eingreifen, wird es noch schwieriger werden!« Dabei hilft uns jedoch sehr das Allgemeinbewußtsein, wie man uns in München geschädigt hat, und ermöglicht es, dieses klare, feste, für uns vorteilhafte, dabei siegreiche und doch nicht übertriebene Programm zu formulieren. Vergessen wir nicht, daß für eine dauernde Regelung nach diesem Kriege die Frage unserer Deutschen neben Danzig und Ostpreußen überhaupt die schwierigste sein wird.

5. Aus diesem Grunde habe ich gleich von Beginn an mit den Deutschen Verbindungen angeknüpft und stehe mit ihnen in Verhandlungen. Ich verspreche im Namen des Volkes nichts und werde auch nichts versprechen. Ich bereite sie auf die Aussiedlung mindestens einer Million wie auch auf die Notwendigkeit eines tschechischen Lebensraumes vor. Prinzipiell habe ich ihnen die Teilnahme im Staatsrate zugesagt, jedoch erst dann, wenn die Sache gereift ist und bei uns zu Hause tragbar sein wird. Sie selbst sind untereinander nicht einig, besitzen im Grunde keinen klaren politischen Plan und kehren zu den alten Formeln einer Föderalisation und Autonomie des Sudetenlandes[4] zurück. Sie befürchten, zu Hause könnten sich Massaker ereignen, und sind sich dessen bewußt, daß der Großteil der Deutschen im Sudetengebiet immer noch sehr nazistisch gesinnt ist. Aus diesen Gründen bekennen sie sich durch Jakschs Mund nur halb zur Republik und warten ab, wie sich die Dinge später entwickeln und welche Hoffnungen ihnen aus den Ereignissen erwachsen werden. Der geringere Teil von ihnen ist bedingungslos republikanisch gesinnt.

. . .

*Anmerkungen:*

[1] Im »Protektorat Böhmen und Mähren«.

[2] Der hier verwendete tschechische Ausdruck »župy« ist zwar mit »Gaue« zutreffend übersetzt, hat jedoch mit dem gleichen Begriff der NSDAP-Organisation keinen politischen Zusammenhang. Zum Vorstellungsinhalt: Vgl. den sog. IV. Plan vom 5. 9. 38; siehe S. 214ff.

[3] Zu dieser Charakterisierung: Beneš selbst ließ dies gerade planen (siehe S. 238) und verkündete dieses Programm wenig später (siehe S. 248) als sein politisches Ziel.

[4] Gemeint ist anscheinend die Holmhurster Deklaration; siehe S. 241ff.

*Quelle:*

Prinz, Friedrich: »Wenzel Jaksch – Edvard Beneš. Briefe und Dokumente aus dem Londoner Exil 1939–1943«; Köln, 1973; S. 95ff.

**Rede**[1] **1941, 17. Mai**
**des stellv. Außenministers der ČSR-(Exil-)Regierung,**
**Hubert Ripka (Nationalsozialist):**
*Bevölkerungstransfer notwendig*

...
Wir hoffen, daß dieser Krieg die Möglichkeit dazu geben wird, die Frage der deutschen Minderheit in der Tschechoslowakei ein für allemal zu lösen ... Es wird notwendig werden, mit allen hierzu geeigneten Mitteln – einschließlich einer eventuellen organisierten Anwendung des Prinzips des Bevölkerungstransfers –[2] Deutschland daran zu hindern, seine nationalen Minderheiten für seine großdeutschen Ziele zu mißbrauchen. Man sollte in jedem Falle versuchen, die kleinen mitteleuropäischen Staaten so wiederherzustellen, daß sie in nationaler Beziehung so einheitlich wie nur möglich werden und daß die große Bedeutung der Minderheiten in ihnen auf ein Minimum reduziert wird ...

*Anmerkungen:*
[1] Gehalten in Manchester, England.
[2] Es handelt sich hierbei um die erste öffentliche Erwähnung von Vertreibungsplänen.

*Quelle:*
(Exil-) Tschechoslowakisches Außenministerium (Hrsg.): »Czechoslovakia in Post-War Europe«; London, 1942; S. 61.

**Vorschlag** **1941, 30. Mai**
**des Reichskommissars a. D. Karl Goerdeler**[1] **für die britische Regierung**
(Sog. Friedensplan):
*Das Sudetenland soll bei Deutschland bleiben*

Eine Gruppe deutscher Persönlichkeiten, der führende Männer aller Lebensgebiete angehören, ist bereit, die Verantwortung für die Bildung einer Regierung zu übernehmen, die zu gegebener Zeit die Bestätigung durch eine freie Willensäußerung des deutschen Volkes nachsuchen würde. Alle diesbezüglichen Schritte würden ausschließlich innerdeutschen Charakter haben. Die maßgebenden Persönlichkeiten wünschen indessen schon jetzt Klarheit darüber zu gewinnen, ob alsbald nach erfolgter Einsetzung einer solchen, den Nationalsozialismus ablehnenden Regierung gemäß früheren Versicherungen der britischen Regierung Friedensverhandlungen aufgenommen werden könnten.
Folgende von der deutschen Gruppe verfolgten Friedensziele werden als Grundlage von Verhandlungen vorgeschlagen:
1. Wiederherstellung der vollen Souveränität der während des Kriegs von den Kriegsparteien besetzten neutralen Länder.
2. Bestätigung der vor dem Kriege erfolgten Anschlüsse von Österreich, Sudetenland, Memelland an Deutschland.
3. Wiederherstellung der Grenzen Deutschlands von 1914 gegenüber Belgien, Frankreich, Polen.
4. Festsetzung der europäischen Ländergrenzen auf Grund des nationalen Selbstbestimmungsrechtes durch eine Friedenskonferenz sämtlicher Staaten.
...

*Anmerkung:*
[1] Karl Goerdeler war vom deutschen Widerstand als Reichskanzler der neuen Regierung vorgesehen. Nach dem Fehlschlag des Attentats auf Hitler am 20. Juli 1944 wurde er verhaftet, vom Volksgerichtshof zum Tode verurteilt und am 2. Februar 1945 gehenkt.

*Quelle:*
Hofer, Walter: »Der Nationalsozialismus. Dokumente 1933–1945«; Frankfurt/M., 1958; S. 339.

**Artikel** **1941, September**
**von Edvard Beneš: über »The New Order in Europe«:**
*Ich bejahe den Bevölkerungstransfer*

...
Die Frage nationaler Minderheiten wird viel systematischer und radikaler durchdacht werden müssen, als dies nach dem letzten Krieg geschah. Ich bejahe das Prinzip der Bevölkerungstransfers ... Wenn man die Frage sorgfältig überlegt und beizeiten kluge Maßnahmen trifft, kann ein Transfer durch anständige menschliche Bedingungen, internationale Kontrolle und Unterstützung tragbar gemacht werden ...

*Quelle:*
»The Nineteenth Century and After« *(britische Monatszeitschrift)*; London; Bd. 80; September 1941.

**»Erinnerungen« (Buch)** **1938–1943**
**von Edvard Beneš':**
*Die Entwicklung des Transferkonzeptes* [1]

Mir war sofort nach München klar, daß bei der Beseitigung des Münchner Vertrages[2] und seiner Folgen[2] auch die Minderheitenfrage und besonders die Frage unserer Deutschen in für unseren Staat grundsätzlicher und endgültiger Weise gelöst werden müsse. Von Trauer erfüllt überlegte ich sehr oft das Problem unserer Deutschen und seine Bedeutung für die Existenz unseres Staates und Volkes ...
*(Beneš schildert sodann seine Beziehungspunkte zu* »unseren Deutschen« *seit der Zeit seiner Studien in Frankreich 1905/1908 bis 1938:)*
...
Als ich im Oktober 1938 ins Ausland ging[3], stellte ich mir daher neuerlich diese entscheidende Frage: Wie können wir endgültig und, soweit wie möglich, gerecht unser Nationalitätenproblem lösen, wenn es nach einer neuen schrecklichen Krise und einem europäischen Krieg zur Beseitigung von München gekommen sein wird? Wie stets, sagte ich mir auch bei diesem so schwer zu lösenden Problem, daß ich zunächst die Methode des Vorgehens finden müsse. Ich mußte das Verfahren und die politische Taktik festlegen, denen ich von den ersten Anfängen bis zur Beendigung unseres Kampfes unwandelbar zu folgen haben würde. Zur gleichen Zeit oder sogar noch früher mußte ich entscheiden, wie die grundsätzliche Lösung des Problems aussehen sollte, und diese mußte unser Ziel sowohl während des neuen Krieges, als auch nach diesem sein. Jedoch würde es auch stets notwendig sein, sich den allgemeinen politischen Entwicklungen und der Entwicklung der Zeit sowie der Entwicklung des Krieges anzupassen.
Von diesen Überlegungen geleitet, entschied ich mich vor allem für die Kontinuität der Vorkriegspolitik. Das bedeutete für mich, daß die Lösung unseres Nationalitätenproblems soweit als möglich von unseren historischen und örtlichen Bedingungen ausgehen sollte; daß sie von absolutem guten Willen und Loyalität gegenüber all unseren Partnern geleitet an jene Haltung anknüpfen müsse, die wir zur Zeit des Kampfes um München einnahmen, als wir in möglichen Kompromissen bis zum äußersten gingen. Gleichzeitig mußte die von uns gewählte und unterstützte Lösung sachlich sein und im politischen Vorgehen so vertreten werden, daß sie allgemein europäisch anwendbar schien: Eine Lösung also, die in der Nachkriegssituation der europäischen Staaten, die nach dieser

neuen Katastrophe alle sicherlich große und revolutionäre soziale Änderungen durchmachen würden, für jedermann annehmbar sein würde.
Das bedeutete, daß die Lösung unseres Nationalitätenproblems systematisch mit sozialen und wirtschaftlichen Veränderungen verbunden werden mußte: Die nationale Revolution mußte mit der sozialwirtschaftlichen Revolution zusammenfließen.
Anders ausgedrückt: In den Nationalitätenproblemen müßte auch Fortschritt enthalten sein, tatsächlich menschlicher wie entwicklungsmäßiger Fortschritt. Praktisch bedeutete das, Engländer, Franzosen, Amerikaner und Russen sowie – falls möglich – auch die Deutschen selbst davon zu überzeugen, daß man im Interesse der Erhaltung der vor-Münchner Tschechoslowakei eine sehr radikale Verminderung des Umfangs ihrer Minderheiten durchführen müsse. Es würde auch notwendig werden, die Tschechoslowaken zu überzeugen, daß sie diesem Ziel ebenfalls einige Opfer bringen müssen.
Dieses politische Ziel, auf das ich während des ganzen Krieges hinsteuerte, wurde so verfolgt, wie es der Fortschritt des Krieges verlangte: Vor und zu Beginn des Krieges vorsichtig und mit Zurückhaltung, während des Krieges entschlossener und grundsätzlicher . . .
Wenn der Kampf für die Durchsetzung unserer Ansicht internationalen Widerstand hervorrief, stellte ich jedesmal entschieden, mit völliger Klarheit und vollem Verantwortungsgefühl eine Frage, die jedermann stets bestürzte: Wollen Sie ein neues München vorbereiten? Während des Krieges wurden die Folgen Münchens für ganz Europa überall so genau erkannt, daß diese Frage jedermann verstummen ließ.
Als ich erkannte, daß wir wahrscheinlich mit den Engländern eine befriedigende Lösung des Problems München erreichen würden,[4] überzeugte mich das noch mehr von der Richtigkeit meiner überlegten und entschlossenen Haltung in der Nationalitätenfrage . . .
Ich entschloß mich, vor niemanden etwas zu verheimlichen – obwohl es sich um sehr delikate diplomatische Fragen handelte –, sondern die ganze Angelegenheit jedermann, besonders auch unseren Deutschen, offen vorzutragen, und zu versuchen, mit ihnen von vornherein Übereinstimmung zu erzielen. Auch hier war mein politisches Prinzip: »Fair Play«.
. . .
. . .
*(Beneš legt anschließend seine Sicht v. a. der Entwicklung der Verhandlungen mit den sudetendeutschen Sozialdemokraten dar[5], die er vergeblich für seine Pläne zu gewinnen versuchte.)*
. . .
Ich vertrat diese Lösung auch in allen Gesprächen mit Briten, Amerikanern, Russen und Franzosen. Hierbei ging ich von einem während des Krieges von allen Großmächten übernommenen Grundsatz aus, daß es keine Wiederholung der nach dem Ersten Weltkrieg durchgeführten Versuche mit Minderheitenverträgen[6] unter Unterstützung des Völkerbundes geben werde, da sich dieses Verfahren nicht bewährt hatte und der Versuch äußerst unbefriedigend verlaufen war. 1938 wurde unser Staat – was für eine unsinnige Absurdität! – durch diese Verträge bis nach München gebracht. Es gibt demnach keine andere Lösung, als die Zahl der Minderheiten in fremden Staaten soweit als möglich durch Bevölkerungstransfers zu vermindern, die möglichst allgemein, anständig und menschlich durchzuführen sind. Die verbleibenden Überreste der Minderheitenbevölkerung sind entweder auf vernünftiger Grundlage zu assimilieren oder sie haben freiwillig auszuwandern, wohin auch immer sie zu gehen wünschen.
Obwohl dies für die betroffenen Personen eine ernste und lange andauernde Krise bedeuten würde, war es eine bessere und menschlichere Lösung als neue unmenschliche Schlächtereien durch Bürgerkrieg und brutale Vergeltung[7] in der Nachkriegszeit sowie weitere Jahrhunderte des Nationalitätenkampfes mit seiner

Verhinderung sozialen und wirtschaftlichen Fortschritts der Menschheit. Außerdem könnte ein Transfer genau überwacht und koordiniert und unter anständigen und menschlichen Bedingungen durchgeführt werden.[8]

. . .

*Beneš schildert sodann, daß er ähnliche Transfervorschläge auch für Ungarn und Polen in der ČSR gemacht hatte.)*

. . .

*(Die tschechische Fassung:)*
Zur gleichen Zeit[4] informierte uns Botschafter Nichols, daß die britische Regierung unsere Haltung zum Transfer aus unserer Republik der Minderheitenbevölkerungen, die gegen uns konspiriert hatten, sorgfältig erwogen habe.[10] Angesichts der Ereignisse im Jahre 1938 und während des Krieges sei sie zu dem Schluß gekommen, daß zum Zeitpunkt der Endlösung unserer Minderheitenprobleme nach siegreichem Kriegsende die britische Regierung sich dem Prinzip des Transfers der Minderheitenbevölkerung aus der Tschechoslowakei, um die Tschechoslowakei vom Gesichtspunkt der Nationalität so einheitlich wie möglich zu machen, nicht zu widersetzen beabsichtigte.

*(Die englische Fassung:[9])*
Zur gleichen Zeit[4] wurde uns über Botschafter Nichols mitgeteilt, daß die britische Regierung unseren Standpunkt zum Transfer aus der Republik der Minderheitenbevölkerung, die an uns schuldig geworden war, sorgfältig erwogen habe.[10] Angesichts dessen, was uns im Jahre 1938 und während des Krieges geschehen sei, habe sie nicht die Absicht, sich bei der Endlösung unserer Minderheitenfragen nach siegreichem Kriegsende dem Grundsatz des Transfers der Minderheitenbevölkerung aus der Tschechoslowakei, um den tschechoslowakischen Staat nationalitätenmäßig so stammverwandt wie möglich zu machen, zu widersetzen.

. . .

Nach den Verhandlungen mit der britischen Regierung besprach[11] ich die Frage des Transfers unserer Minderheiten auch über Botschafter Bogomolov[12] in allen Einzelheiten mit Moskau[13], als ich vor meinem Besuch von Washington im Frühjahr 1943 den Text unseres künftigen Bündnisvertrages mit der Sowjetunion aushandelte. Moskau gab die grundsätzliche Zustimmung zum Transfer durch eine Dr. Ripka am 6. Juni 1943 übergebene Erklärung des Botschafters Bogomolov. Auf Verlangen Bogomolovs kabelte mir sie Dr. Ripka am 6. Juni sofort nach Washington, und ich besprach sie gleich darauf mit Präsident Roosevelt[14].

Nachdem ich dadurch die Stellungnahmen Londons und Moskaus erhalten hatte, unterbreitete ich diese Frage sofort Präsident Roosevelt, der mir seine persönliche Zustimmung auf der Stelle gab. Er fügte hinzu, daß das, was eine derartige Katastrophe verursachte, wie München sie der Welt zugefügt hatte, ein für allemal völlig beseitigt werden müsse. Als ich gegen Ende 1943 in Moskau ankam, besprach ich wiederum das gesamte Problem, diesmal mit Stalin und Molotov persönlich. Ich gab ihnen außerdem ein schriftliches Memorandum zu dieser Frage. Beide bestätigten wiederum die Haltung, die mir Moskau bereits früher mitgeteilt hatte. Die gesamte Frage unserer Deutschen wurde dann[15] im Juli 1945 in Potsdam[16] durch die Sowjetunion, die Vereinigten Staaten und Großbritannien mit dem international beschlossenen Transfer der Deutschen aus unserem Lande entschieden.[17] Er wurde von uns 1945 bis 1946 unter Leitung und voller, dauernder Kontrolle der Vereinigten Staaten durchgeführt.

Ein großes und bedeutungsschweres Kapitel unserer nationalen Geschichte, ein Kapitel, das so oft unsere ganze Geschichte bestimmte – und mindestens zweimal die Vernichtung unserer Nation herbeigeführt hätte – wurde damit endgültig abgeschlossen.

. . .

*Anmerkungen:*

[1] Es ist zweckmäßig, die Darstellung von Edvard Beneš im Rahmen der nachfolgenden »Chronologie« (siehe S. 253ff.) zu werten.

[2] Zum Text: Siehe S. 232ff.

[3] Siehe S. 236.

[4] Offensichtlich gemeint: Die britische Lossagung vom Münchner Abkommen; siehe S. 266.

[5] Vgl. Prinz, Friedrich: »Wenzel Jaksch – Edvard Beneš. Briefe und Dokumente aus dem Londoner Exil 1939–1943«; Köln, 1973.
Dgl.: »Beneš, Jaksch und die Sudetendeutschen«; Stuttgart, 1975.

[6] Siehe S. 138ff.

[7] Mit dieser humanen Haltung der später (1947) erschienenen Memoiren sind zeitgenössische Äußerungen von Edvard Beneš kaum zur Deckung zu bringen.
Beneš sagte nämlich:

a) in einer Rundfunkbotschaft aus London in die Tschechoslowakei am 27. 10. 1943: »In unserem Land wird das Ende dieses Krieges mit Blut geschrieben werden. Den Deutschen wird mitleidlos und vervielfacht all das heimgezahlt werden, was sie in unseren Ländern seit 1938 begangen haben. Die ganze Nation wird sich an diesem Kampf beteiligen, es wird keinen Tschechoslowaken geben, der sich dieser Aufgabe entzieht, und kein Patriot wird es versäumen, gerechte Rache für die Leiden der Nation zu nehmen.« Vgl.: »Central European Observer« (Exiltschechoslowakische Zweiwochenzeitschrift); London; Bd. 20, Nr. 22 v. 12. 11. 1943; S. 343;
b) vor dem Tschechoslowakischen (Exil-)Staatsrat in London am 3. 2. 1944, das Kriegsende in der ČSR muß »gewaltsam, eine gewaltige Volksabrechnung mit den Deutschen, ... ein blutiger, unbarmherziger Kampf sein.«

Vgl.: Beneš, Edvard: »Czechoslovak Policy for Victory and Peace«; London, 1944; S. 42f.
Daraufhin richtete der Befehlshaber der tschechoslowakischen Wehrmacht, General Ingr, am 3. 11. 1944 über den Londoner Rundfunk einen Aufruf an die Tschechen in der Heimat: »Wenn unser Tag kommt, wird die ganze Nation dem alten Kriegsruf der Hussiten folgen: ›Schlagt sie, tötet sie, laßt niemanden am Leben!‹ Jedermann sollte sich bereits jetzt nach der bestmöglichen Waffe umsehen, die die Deutschen am stärksten trifft. Wenn keine Feuerwaffe zur Hand ist, sollte man irgendeine sonstige Waffe vorbereiten und verstecken – eine Waffe, die schneidet oder sticht oder trifft.«
Vgl.: »News Chronicle« *(englische Tageszeitung)*; London, 4. 1. 1944.

[8] An dieser Stelle mit Sternchen gekennzeichnete Anmerkung von Beneš selbst:
»So wurde dann später im Jahre 1946 der Abschub unserer Deutschen auch insgesamt durchgeführt, wie es die Unterlagen der amerikanischen Behörden bezeugen. Ich will nicht abstreiten, daß es auch bei uns zu einigen zahlenmäßig weit übertriebenen Exzessen durch untergeordnete Organe kam. Diesen dem Lande Masaryks unziemlichen Vorgängen habe ich mich jedoch immer sehr ausdrücklich entgegengestellt und sie öffentlich einige Male kategorisch verurteilt und angeprangert (z. B. in meiner Rede in Melnik am 14. Oktober 1945)«
Zur Beurteilung von Organisationsgrad und zahlenmäßigem Ergebnis dieser »Exzesse«: Siehe S. 296f., 478f.

[9] So in Beneš, Edvard: »Memoirs«; London, 1948; S. 206.

[10] a) Den bisher unveröffentlichten britischen »War Cabinet Conclusions« ist zu entnehmen, daß Außenminister Eden dem britischen Ministerrat folgenden Vorschlag machte:
»Ich erbitte die Zustimmung meines Kollegen zum allgemeinen Grundsatz des Transfers von deutschen Minderheiten in Mittel- und Südosteuropa nach Deutschland nach dem Krieg in Fällen, wo dies notwendig und wünschenswert erscheint, und die Ermächtigung, diese Entscheidung in entsprechenden Fällen bekanntzugeben.«
Das Kabinett habe dieser (eingeschränkt vorsichtigen) Formulierung am 6. Juli 1942 zugestimmt; Beneš sei das Prinzip, allerdings nicht der genaue Wortlaut des Beschlusses, mitgeteilt worden.

b) Das britische Außenministerium machte diese zurückhaltende Auffassung aus gegebener Veranlassung später noch besonders deutlich:
Als das Foreign Office im Sommer 1943 aus Washington hörte, Dr. Beneš habe in privaten Gesprächen die Zustimmung Großbritanniens zum Transfer behauptet, teilte Außenminister Eden der Botschaft in Washington am 13. September 1943 mit, daß »diese Erklärungen mit den Tatsachen nicht voll in Einklang« seien. Dann folgten eine Erinnerung und eine Weisung:
»Die Haltung der Regierung seiner Majestät mit Bezug auf die mögliche Umsiedlung von Sudetendeutschen aus der Tschechoslowakei nach dem Krieg wurde dem Staatsdepartment *(d. h. dem US-Außenministerium)* zur Zeit meines Besuchs in Washington im März d. J. ... auseinandergesetzt.

Sie werden bemerken, daß die Regierung Seiner Majestät nicht verpflichtet ist, die Aussiedlung der ganzen sudetendeutschen Bevölkerung oder einer bestimmten Zahl von Sudetendeutschen zu unterstützen. Sie hat nur den allgemeinen Grundsatz eines Transfers deutscher Minderheiten in Mittel- und Südosteuropa nach dem Krieg in Fällen gebilligt, in denen das notwendig oder wünschenswert erscheint.« Vgl. Brügel, Johann W.: »Tschechen und Deutsche 1939–1946«; München, 1974; S. 170ff.

c) Ein Sudetendeutscher wandte sich 1954 an das britische Außenministerium und bat unter Bezug auf die tschechische Fassung der »Erinnerungen« von Edvard Beneš um Hergabe eines belegenden britischen Dokumentes. Das britische Außenministerium antwortete (vgl. Storch, Rudolf: »Dr. Benesch und das Foreign Office« in »Der Sudetendeutsche« (Wochenzeitung); München, 29. 10. 1955 u. a.:
»Ich bin von Außenminister Macmillan beauftragt worden, zu erklären, daß es nicht möglich ist, Ihnen Kopien der nicht veröffentlichten offiziellen Korrespondenz von 1942 zu übermitteln. Aus den Aufzeichnungen über die Gespräche mit Dr. Benesch geht hervor, daß am 7. Juli und nicht am 25. Juni, wie auf Seite 206 der englischen Übersetzung der Memoiren gesagt wird, der Außenminister (Mr., jetzt Sir A. Eden) Dr. Benesch mitteilte, daß seine Kollegen im Prinzip für einen Bevölkerungstransfer seien. Es ist zu beachten, daß diese Erklärung allgemeiner Natur ist und nicht in einer Weise begrenzt war, wie es in den Memoiren zu verstehen gegeben wird.«
Roosevelt erwiderte, daß nach dem Krieg die Zahl der »Deutschen in der Tschechoslowakei« soweit wie möglich vermindert werden müsse.

11 Dieses »besprechen« wird man wohl (siehe Anm. 10b) entsprechend zu werten haben.

12 der UdSSR bei der ts. (Exil-)Regierung in London.

13 a) Partei- und Staatsführung der UdSSR scheinen sich hinsichtlich ihrer Einstellung zu den Sudetendeutschen längere Zeit unschlüssig gewesen zu sein, als die Darstellung von Edvard Beneš impliziert:

b) Am 10. 11. 1941 hatte ein »Sudetendeutscher Freiheitssender« mit der anfangs zweimal täglichen Ausstrahlung von Texten begonnen, die der Vorsitzende der tschechoslowakischen KP, Gottwald, persönlich abzeichnete. 1943 wurde viermal und ab 1944 mit erweiterten Sendezeiten sogar fünfmal täglich gesendet.
Der Tenor der Sendungen vor allem ab Mitte 1942:
»Die Henlein kommen und gehen, die Sudetendeutschen und Tschechen aber werden als gute Nachbarn miteinander weiterleben! Die Sudetendeutschen sollen in Zukunft Herren im eigenen Haus sein!«
Vgl.: Grünwald, Leopold: »Wandlung«; Wien/München, 1979; S. 81f.; auch Leonhard, Wolfgang: »Die Revolution entläßt ihre Kinder«; Köln, 1955; S. 197.
Siehe auch S. 213f.

c) Diese offensichtlich zögerlich/unklare Haltung der UdSSR wurde im tschechoslowakischen Exil in London wohl beachtet und später (1946) sogar als Basis politischer Angriffe gegen die KPTs. verwendet; siehe S. 271f.

d) Zur historischen Basis dieser sowjetischen Haltung siehe S. 8ff. und 168, zum Unterschied zwischen Gottwalds Verhalten und späteren Äußerungen siehe S. 272.

14 In Beneš' eigener Darstellung (»Memoirs«; S. 193, 234, 286) ergibt sich aus dem chronologischen Ablauf der Gespräche, der dabei verwendeten Methode und dem Wandel in der Terminologie ein eindrucksvolles Bild:

a) Am 23. 4. 1943 erklärte die Regierung der UdSSR, sich zur Zeit wegen des »Transfers deutscher Faschisten« aus der Tschechoslowakei nicht festlegen zu können.

b) Am 12. 5. 1943 sagte Beneš dem US-Präsidenten Roosevelt jedoch, daß die UdSSR mit dem »Transfer der Deutschen aus der Tschechoslowakei« einverstanden sei.

c) Am 29. 5. 1943 übermittelte der stellvertretende Außenminister der tschechoslowakischen (Exil-) Regierung, Ripka, dem sowjetischen Botschafter in London, Bogomolow, daß die britische und die US-Regierung für den »Transfer der tschechoslowakischen Deutschen« seien und nunmehr auch die Zustimmung der UdSSR erwartet werde.

d) Am 5. 6. 1943 teilte daraufhin Bogomolow Ripka mit, daß Moskau jetzt definitiv für den Transfer der »deutschen Nazibevölkerung aus der Tschechoslowakei« sei, und bat um Übermittlung dieser Stellungnahme an Dr. Beneš.

15 Beneš' Darstellung überging einen wichtigen Tatbestand: Noch 1944 gab es zu diesem Thema ein umfangreiches tschechoslowakisches Memorandum (siehe S. 277ff.) und daraufhin 1945 einen diplomatischen Notenwechsel zwischen der Tschechoslowakei und den USA und Großbritannien (siehe S. 288f.). Weder das ČSR-Memorandum von 1944 noch die Antworten darauf erwähnen irgendwelche Zusagen zu diesem Thema aus früheren Jahren.

Der Charakter der von Beneš' aufgeführten Erklärungen mindestens Großbritanniens und der USA muß daher deutlich unverbindlicher gewesen sein, als von Beneš dargestellt.
[16] Auf nochmaligen Anstoß durch formellen Antrag der ČSR: Siehe S. 288f.
[17] Zum Wortlaut der Erklärung über die Konferenz von Potsdam vom 2. 8. 1945: Siehe S. 290f.

*Quelle:*
Beneš, Edvard: »Paměti« [Erinnerungen]; Prag, 1947; S. 306, S. 312ff. (Hervorhebungen im Original).

**Kurzbericht:**

**1942–1944**

**»Chronologie« dreier Jahre**
**in der Vorbereitung der Vertreibung:**
*Akteure, Aktionen und Argumente (pro und contra)*

*Vorbemerkung:*
*Die nachfolgende Zusammenstellung soll einen gewissen Einblick in die Fülle dokumentarischen Materials bieten, dem die »Dokumente zur Sudetenfrage« nur einen schmalen Ausschnitt entnehmen können. Die Zusammenstellung bietet in der Art des allgemeinen Inhaltsverzeichnisses eine Chronologie über den Zeitraum 1. 1. 1942–31. 12. 1944. Sie erhebt keinen Anspruch auf Vollständigkeit. Sie soll durch Darstellung von gerafften Argumenten pro und contra zu einer vertieften Information über die Hintergründe des gravierendsten Einschnitts der Sudetenfrage, die Vertreibung der Sudetendeutschen, beitragen.*
*Die erforderliche Raffung veranlaßt zur Unterdrückung der an sich oft erforderlichen Vorsetzung von »Exil« bei Ausdrücken wie z. B. »tschechoslowakischer Regierung«. Der Ort der Begebenheit, Gespräche, Veröffentlichung ist – soweit bekannt – nur dann gesondert angegeben, wenn er nicht London ist. Darüber hinaus werden die aus dem Inhaltsverzeichnis bekannten Abkürzungen verwendet. Schließlich ist in dieser Chronologie jener Begriff »Transfer« zu finden, mit dem die tschechoslowakische Staatsführung in Antizipierung der »Newspeak« George Orwells' die Vertreibung der Sudetendeutschen umschrieb:*
*»Transfer« (so »Webster's Ninth New Collegiate Dictionary«; Springfield [Mass.] USA; 1983; S. 1253) wird wie folgt definiert: »Removal or acquisition of property by mere delivery with intent so transfer title«; d. h. etwa: Entfernung oder Erwerb von Eigentum durch bloße Zustellung mit der Absicht, dieses zu übertragen.*
*Die Chronologie ermöglicht bemerkenswerte Einblicke in die politische Beweglichkeit von Edvard Beneš', aber auch der Kommunistischen Partei der Tschechoslowakei (KPTs.).*

| Datum | WER? | WIE? | WAS? | Text siehe S. |
|---|---|---|---|---|
| **1942** | | | | |
| 5. 1. | Die Regierung der USA | Beschluß | Ts. wird in Pacht- und Leihgesetz aufgenommen | |
| 7. 1. | Edvard Beneš | Erklärung | Ts. Volk habe »das Auseinandergehen mit den D.« beschlossen | |
| 13. 1. | Die ts. Regierung | Erklärung | Bestrafung von Kriegsverbrechern | |
| 13. 1. | Der ts. Staatsmin. Ripka | Rede | Lösung des Minderheitenproblems erforderlich | |
| 22. 1. | Edvard Beneš | Besprechung | 2 Mio D. wird man sich entledigen. Alle jungen D. bis zu einem gewissen Alter müssen weg | |
| 22. 1. | Der brit. Außenmin. Eden, Beneš | Gespräch | Vorstellungen zum Transfer-Problem | |
| 22. 1. | Die brit., die ts. Regierung | Vertrag | Nunmehr pauschale Finanzierung der ts. Regierung tritt in Kraft | |
| 23. 1. | Die ts. Regierung | Erklärung | Nach Kriegsende gibt es ts.-polnische Föderation | |
| 23. 1. | Der sd. Abg. Jaksch | Parteirundschreiben | Ziel ts. Politik nach Kriegsende: Maximaler nationaler Machtgewinn | |
| 2. | Edvard Beneš | Interview | Deutschland muß in seine vor-1938-er-Grenzen zurückversetzt werden | |
| 2. | Edvard Beneš | Artikel (New York) | | |
| 2. | Edvard Beneš | Artikel (New York) | Nach dem Krieg keine d. Minderheiten in Mitteleur. mehr | |
| 4. 2. | US-Außenminister Hull | Memorandum | Vor Friedensvertrag keine Grenzfestlegung | |
| 7. 2. | Edvard Beneš | Forderung | Entschädigung zu vertreibender Sd. aus ts. Forderungen gegen Deutschland möglich | |
| 18. 2. | Edvard Beneš | Interview | Transfer wegen Hitlers Politik möglich | |
| 6. 3. | Der Politiker Köhler, KPTs. | Rundfunkrede (Moskau) | Die Sd. werden, in »welchem Staatssystem immer«, nach dem Krieg als gute Nachbarn der Ts. leben | |
| 28. 4. | Edvard Beneš | Rede | Deutschland sollte auf 1937er Grenzen zurückverwiesen werden, dazu Transfer | |
| 5. 5. | Der ts. Außenmin. Masaryk | Brief | Nach Kriegsende wollen wir einige D. loswerden, darunter keine Juden | |
| 7. 5. | Edvard Beneš | Rede | Deutschland sollte unbedingt in 1937-er-Grenzen zurückgeführt werden | |
| 8. 5. | Der ts. Außenmin. Masaryk | Interview | »Ich persönlich habe keine Angst vor einer Bolschewisierung Eur.« nach dem Kriege | |
| 12. 5. | Edvard Beneš | | Deutschland sollte unbedingt in 1937-er-Grenzen zurückgeführt werden | |
| 21. 5. | Der brit. Lord Cranborne | Rede im Unterhaus | Die brit. Regierung steht zur Atlantik-Charta | |
| 25. 5. | Die brit. u. die UdSSR-Regierung | Vertrag | Vertragspartner erstreben keine territoriale Erweiterung für sich | |
| 31. 5. | Der ts. Politiker Drtina | Rundfunkrede | Es gibt auch anständige D., die deshalb mehr leiden, als wir T. | |
| 6. | Der sd. Abg. Jaksch | Parteirundschreiben | Sd. nur dann in ts. Armee, wenn Verhandlungslösung sd. Frage | |
| 2. 6. | Der brit. Lord Cranborne | Rede im Oberhaus | Die brit. Regierung ist zur Durchführung aller Punkte der Atlantik-Charta verpflichtet | |
| 4. 6. | | Vorgang | Der stellv. »Reichsprotektor« R. Heydrich stirbt an Folgen eines Attentats ts. Fallschirmagenten (27. 5. 1942) in Prag | |

| | | | | |
|---|---|---|---|---|
| 4. 6. | Der brit. Außenmin. Eden, Beneš | Gespräch | Transfer der Sd. | |
| Mitte | Die UdSSR/KPdSU Führung | Rundfunksendungen | »Sd. Freiheitssender« (UdSSR): Sd. in Zukunft »Herren im eigenen Haus« | 252 |
| 5. 6. | Der sd. Abg. Jaksch | Brief an ts. Politiker | Protest gegen Mitwirkung an Buch, das sd. Sozdem. diffamiert | |
| 5. 6. | Der ts. Politiker Feierabend | Rede | D. Terror gegen T. darf sich nie mehr wiederholen | |
| 5. 6. | Der ts. Außenmin. Masaryk | Brief | Sd. sollen aus der Ts. ausgewiesen werden | |
| 5. 6. | Der KPTs. Politiker Zinner | Rede | Künftig antifaschistische Zusammenarbeit zwischen D. + T. | |
| 7. 6. | Die brit. Regierung | Erklärung | Teilnahme sd. Sozdem. an ts. Staatsrat vor endgültiger Anerkennung erforderlich; ts. Delegation lehnt entschieden ab | |
| 7. 6. | Die sd. Sozialdemokraten | Beschluß | Gegen Transfer | 265 ff. |
| 9. 6. | UdSSR-Außenmin. Molotow, Beneš | Gespräch | UdSSR hat MA. nie anerkannt: Forderung zur Verminderung ts. D. wird unterstützt | |
| 10. 6. | | Vorgang | Vernichtung des t. Dorfes Lidice wird bekannt | |
| 13. 6. | Der brit. Diplomat Lockhart | Bericht | Beneš über Gespräch mit Molotow: Transfer ist innerts. Angelegenheit | |
| 13. 6. | Der US-Außenminister Knox | Rede (Boston) | »Wenn uns künftige Generationen fragen werden, wofür wir in diesem Krieg kämpften, werden wir ihnen die Geschichte von Lidice erzählen« | |
| 14. 6. | Der US-Außenmin. Hull | Erklärung | Scharfe Verurteilung von Lidice | |
| 16. 6. | Der ts. Staatsmin. Ripka | Brief | ... an Jaksch: Sd. Sozdem. haben gegen Ts. opportunistische Politik betrieben | |
| 17. 6. | Die ts. Regierung | Erklärung | Alle D., die dem NS-System halfen oder es – auch indirekt – billigten, sind für seine Verbrechen persönlich verantwortlich | |
| 18. 6. | Der ts. Außenmin. Masaryk | Rede (New York) | Den D. muß das geschehen, was sie uns angetan haben | |
| 23. 6. | Der sd. Abg. Jaksch | Brief | ... an Beneš: Transfer entzieht der Verständigung die Grundlage; im wesentlichen Unschuldige betroffen | |
| 25. 6. | Edvard Beneš, Reg. der UdSSR | Bericht | Geheimvertrag mit UdSSR: Abtretung der Karpaten-Ukraine gegen Transfer der Sd. | |
| 25. 6. | Der brit. Außenmin. Eden, Beneš | Gespräch | Transfer der Sd. | |
| 7. | Die UdSSR-Regierung | Note | Protest bei ts. Regierung gegen ts.-poln. Föderation nach Kriegsende | |
| 7. | Der ts. Politiker Bechyně | Artikel | Aus Lenin und Stalin abgeleitete marxistische These: SR. ist »allgemeinen höheren Interessen« nachzuordnen | |
| Sommer | Die ts. Regierung | Erklärung | Transfer zwar nicht beschlossen, aber unausweichlich | 267 ff. |
| 6. 7. | Die brit. Regierung | Beschluß | Transfer, wo dies notwendig und wünschenswert erscheint | 251 |
| 7. 7. | Der brit. Außenmin. Eden, Beneš | Gespräch | Transfer der Sd.: Zustimmungsmitteilung | 251 f. |
| 12. 7. | | Umbenennung ... | ... der Stadt Stern Park Garden (Ill., USA) in Lidice; Hauptredner: Wendell Willkie (US-Präsidentschaftskandidat) | |
| 15. 7. | Edvard Beneš | Brief | ... an Jaksch: Bestätigung 23. 6., Ankündigung späterer Antwort (siehe 1942, 2. 12.) | |
| 8. | Der ts. Politiker Bechyně | Artikel | Lösung der sd. Frage weder durch Münchner Grenzen, noch Autonomie, noch »barbarische Methoden« anzustreben | |

| Datum | WER? | WIE? | WAS? | Text siehe S. |
|---|---|---|---|---|
| 1. 8. | Der ts. Publizist Ehrlich | Artikel | Die Sd. wollen mit den T., mit denen sie sich gemeinsam gegen Hitler wehrten, in Frieden leben | |
| 5. 8. | Die brit. Regierung | Erklärung | An MA. nicht mehr gebunden | 266 |
| 5. 8. | Der brit. Außenmin. Eden | Brief | ... an Masaryk: An MA. nicht mehr gebunden | |
| 5. 8. | Der ts. Außenmin. Masaryk | Brief | ... an Eden: Zwischen unseren Staaten ist das MA. »tot« | |
| 8. 8. | Edvard Beneš | Rundfunkrede | Wiedergutmachung des MA. und seiner Folgen »mein einziges Lebensziel«; jetzt juristisch erreicht | |
| 15. 8. | Der KPTs. Politiker Winternitz | Artikel | Kommunisten wissen, daß sd. Frage nicht durch barbarische Nazimethoden gelöst werden kann | |
| 15. 8. | »New Statesman and Nation« | Leitartikel | Nach Widerruf MA. sind Grenzen von Versailles nicht einzige Alternative; Jaksch heranziehen! | |
| 24. 8. | Die ts. Regierung | Sitzungsprotokoll | Poln. Regierung schließt sich für poln./ts. Grenze der Eden-Formel vom 5. 8. 42 an | |
| 28. 8. | Edvard Beneš | Artikel | MA. hätte bereits am 3. 9. 1939 widerrufen werden sollen | |
| 29. 8. | Der KPTs. Politiker Freund | Artikel | Sd. sollen nach Kriegsende im Sinne der Atlantik-Charta selbst entscheiden | |
| 30. 8. | Der ts. Außenmin. Masaryk | Rede | ... vor ts. Staatsrat **(St. R.)** Unversehrte vor-1938'er Ts. | |
| 31. 8. | Der KPTs. Politiker Kreibich | Rede ts. St. R. | Sudetenproblem ist zwar »Innenpolitik« der Ts., aber die meisten Sd. sind der Demokratie treu geblieben | |
| 4. 9. | Der belg. Politiker Gillon | Rede | Kein Sd. mit pro-Reichs-Tendenzen darf im Sd.Geb. bleiben | |
| 9. 9. | Der brit. Außenmin. Eden | Rede vor Unterhaus | GB. kann derzeit keine einzige Grenze in Mitteleur. unterstützen | |
| 21. 9. | Edvard Beneš | Mitteilung | ... an den brit. Botschafter: Starker Widerstand gegen Transfer in der ts. Regierung | |
| 23. 9. | Der KPTs. Politiker Kreibich | Erklärung | Weder ts. Regierung noch Staatsrat haben jemals Transfer-Pläne verfolgt | |
| 29. 9. | Der sd. Abg. Jaksch | Äußerung | Ts. Regierung will »Periode der Rache« im Sd.Gebiet nach Kriegsende kurz halten | |
| 29. 9. | Die franz. (Exil-)Regierung | Erklärung | MA. ist nichtig | |
| 4. 10. | Der sd. Abg. Jaksch | Rede | Kein Transfer: Nazis dabehalten bzw. Auslieferung verlangen, um mit ihnen abrechnen zu können | |
| 7. 10. | Der ts. Staatsmin. Ripka | Rede | Wir bemühen uns um Bündnis mit UdSSR als nächstliegender Großmacht | |
| 7. 10. | Edvard Beneš | Beschluß | Neueinsetzung des ts. Staatsrates | |
| 7. 10. | Der ts. Staatsmin. Ripka | Rede ts. St. R. | Sd. Problem: Von allen Alliierten als innerts. Problem anerkannt; bis jetzt noch keine Transferpläne von der ts. Regierung behandelt, da Situation »noch nicht reif genug ist«; alle ts. innenpolitischen Fragen | |

| | | | |
|---|---|---|---|
| | | | nur vom befreiten Volk in der Heimat zu entscheiden; sd. SR. findet Grenze am t. SR., das zu seiner Realisierung bestimmter Grenzen bedarf; Begriffe »sd.« und »Sudetenland« sollten als nazistische Propagandaschlagwörter überhaupt verschwinden |
| 19. 10. | Der ts. Außenmin. Masaryk | Rede | Alle Kriegsverbrecher werden »streng, sehr streng« bestraft werden |
| 26. 10. | Die US- an die ts. Regierung | Note | De jure Anerkennung der ts. Regierung; für Grenze: Eden-Formel vom 5. 8. 42 |
| 27. 10. | Edvard Beneš | Rede | Wiederherstellung einer gestärkten Ts. ist sehr wichtig zur Schwächung des Pan-Germanismus; Schicksal der Nationalsozialisten in der Ts. muß dem aller Nationalsozialisten entsprechen |
| 30. 10. | Der ts. Staatsmin. Ripka | Artikel | Wille des t. Volkes in der Heimat: Niemand, der dem Henleinismus und Nazismus half, darf in der befreiten ts. Republik bleiben |
| 3. 11. | Edvard Beneš | Beschluß | Befugniserweiterung des ts. Staatsrates: Beratungsbericht über Dekrete des Präsidenten |
| 7. 11. | Der KPTs. Politiker Freund | Artikel | Transfer Zukunftsproblem. Lösung der Sd.frage nach Vorbild der Lösung der Nationalitätenfrage in der UdSSR |
| 11. 11. | Der ts. Justizmin. Stransky | Rede (Oxford) | Transfer abgelehnt: Schicksalsverbundenheit zwischen T. und Sd. |
| 12. 11. | Edvard Beneš | Rede ts. St. R. | Derzeit weder Grenzgarantie durch GB. und USA, noch definierte Pläne für Sd.; Kriegsverbrecherbestrafung. UdSSR wünscht aufrichtig Vertrauen und Freundschaft zu Europa |
| 13. 11. | Edvard Beneš | Beschluß | Neueinsetzung ts. Regierung |
| 20. 11. | Die ts. Regierung | Beratung | Transfer der Sd. in großem Umfang |
| 28. 11. | Der ts. Staatsrat | Handlung | Verlängerung der Amtszeit Beneš' als ČSR-Präsident (18. 12. 35 gewählt, 5. 10. 38 zurückgetreten) um 7 Jahre |
| 2. 12. | Edvard Beneš | Brief | ... an Jaksch: Keine Vertretung im ts. Staatsrat, wenn nicht bedingungsloses Bekenntnis zur Ts. (bei Unterschrift durch Absender: Umdatierung auf 10. 1. 43) |
| 5. 12. | Edvard Beneš | Rede (Manchester) | Wir kämpfen für moralische Werte; Transfer nicht völlig ausgeschlossen |
| 8. 12. | Die ts. Regierung | Beratung | Bei Beratung Transferpläne für Sd. sind einige Minister bereit, für Transfer von mehr als 2 Mio. Sd. Grenzvorsprünge von Eger, Schluckenau, Friedland und Braunau abzutreten |
| 18. 12. | Der brit. Abg. Parker | Rede | Zu viele Sd. für Gesamttransfer. Bei Teiltransfer: D. Grenzen nicht unangemessen zurückschieben |
| **1943** | | | |
| Anfang | Der KPTs. Politiker Beuer | Broschüre | »Wir sind gegen Aussiedlungspläne und haben das gesagt« |
| 5. 1. | Die Alliierten | Deklaration | Das d. Volk wird seine Kriegsbeute nicht behalten |
| 26. 1. | Die Alliierten | Erkl. v. Casablanca | Bedingungslose Kapitulation gefordert |
| 27. 1. | Der ts. Justizmin. Stransky | Rede ts. St. R. | Kriegsverbrecherbestrafung |

| Datum | WER? | WIE? | WAS? | Text siehe S. |
|---|---|---|---|---|
| 28. 1. | Der KPTs. Politiker Kreibich | Rede ts. St. R. | Sd. müssen durch Revolution gegen NS. positive Haltung zu ČSR beweisen, sonst Transfer | |
| 29. 1. | Der ts. Außenmin. Masaryk | Artikel | Nach Kriegsende: Föderalisiertes Europa freier Völker | |
| 19. 2. | Edvard Beneš | Interview »NY Times« | Umfassender Austausch von Minderheiten in 2 bis 3jähr. Waffenstillstandszeit | |
| 23. 2. | Die »New York Times« | Bericht aus London | UdSSR habe Verbleiben Karpaten-Ukraine bei ČSR im Rahmen Anerkennung 1938-er-Grenzen garantiert | |
| Anf. 3. | Edvard Beneš | Äußerung | ... zum GB. Gesandten Nichols; Es wird nach Kriegsende sd. Abgeordnete in der ČSR geben | |
| 13. 3. | Der KPTs. Politker Šverma | Artikel | Sd.: Angst vor t. Rache; sollen sich vom NS. lossagen, um für Ts. mit SR. der Sd. zu kämpfen | |
| 15. 3. | Der KPTs. Politiker Gottwald | Rede (Moskau) | Bereit sein zur endgültigen Abrechnung | |
| 19. 3. | Das brit. Außenministerium | Information | ... des US-Außenmin. über Transfer Beschluß der brit. Regierung (6. 7. 42), wo »notwendig und wünschenswert« | |
| 19. 3. | Edvard Beneš | Frage | ... an den sowj. Botschafter Bogomolow: Kann die UdSSR unsere Ansicht der Transfer-Notwendigkeit mindestens eines Teiles der Sd., die von der brit. Regierung entschlossen unterstützt wird, auch unterstützen? | |
| 3. 4. | Der sd. Abg. Jaksch | Brief | ... an Beneš: Antwort auf 2. 12. 42/10. 1. 43 | |
| 10. 4. | »Nové Československo« | Leitartikel | Gegen polnische Territorialforderungen, die nicht durch Atlantik-Charta abgedeckt sind | |
| 23. 4. | Die UdSSR- an die ts. Regierung | Erklärung | Noch keine endgültige Entscheidung zum Transfer sd. Faschisten | |
| 1. 5. | Die sozialist. Internationale | Manifest (Stockholm) | Gegen Transfer | 269 f. |
| 6. 5. | Edvard Beneš ... | Vorgang | fährt zu Staatsbesuch in die USA und nach Kanada | |
| 8. 5. | Die Regierung der UdSSR | Vorgang | Erstes Auftreten der »Union polnischer Patrioten« (Kern einer poln. KP-Gegenregierung) in Moskau | |
| 13. 5. | Edvard Beneš | Schreiben | ... an ts. Regierung: Nachdem ich (am 12. 5.) US-Präs. Roosevelt sagte, GB. und UdSSR für Transfer, ist er es auch | |
| 13. 5. | Edvard Beneš | Rede (US-Kongreß) | Ts. wird dem »democratic way of life« nach Kriegsende treu bleiben | |
| 14. 5. | Edvard Beneš | Rede (Washington) | Sich nach den heute noch lebendigen, hohen Idealen Wilsons richten – und ihnen treu bleiben | |
| 18. 5. | Der US-Außenmin. Hull | Äußerung | ... zu Beneš: Das MA. ist null und nichtig | |
| 19. 5. | Edvard Beneš | Rede (New York) | Minderh. Verträge haben versagt; »ich bin auf die grimmige Notwendigkeit des Transfers vorbereitet« | |
| 22. 5. | Edvard Beneš | Rede (Chicago) | Transfer durchzuführen, wenn sie »einen bleibenden Frieden bewirken« | 270 |
| 24. 5. | Edvard Beneš | Rede (Chicago) | Nach diesem Weltkrieg werden innenpolitische Verbrecher bestraft werden | |

| | | | | |
|---|---|---|---|---|
| 27. 5. | Der US-Publizist Davis | Rede (New York) | Die Sd. waren vor 1938 nicht alle Nazis. Viele wurden es aus wirtschaftlichen Gründen. »Zusammenarbeit zwischen USA und der UdSSR ist möglich. Dr. Beneš hat dies mehr als irgend ein anderer bewiesen« | |
| 29. 5. | Der ts. Staatsmin. Ripka | Äußerung | ... zum UdSSR-Gesandten Bogomolov; US-Regierung für Transfer ts. D., Zustimmung der UdSSR wird erwartet | |
| 30. 5. | Edvard Beneš | Interviews (Chicago) | Auf »grimmige Transfernotwendigkeit« vorbereitet | |
| 5. 6. | Die UdSSR- an die ts. Regierung | Mitteilung | UdSSR nunmehr für Transfer der »deutschen Nazi-Bevölkerung aus der Ts.« | |
| 7. 6. | Edvard Beneš | Schreiben | ... an ts. Regierung: US-Präs. Roosevelt stimmt Transfer zu | |
| 10. 6. | Der ts. Dipl. Fierlinger | Bericht (aus Moskau) | ... an ts. Regierung: Moskau wird genehmigen, wenn wir uns um die Liquidierung der d. Minderheiten bemühen | |
| 11. 6. | Edvard Beneš | Vorgang | Rückkehr nach Großbritannien | |
| 17. 6. | Edvard Beneš | Bericht | ... über Reise an ts. Regierung | |
| 29. 7. | Der ts. Staatsmin. Ripka | Rede (London) | Russische Politik seit Sowjetrevolution 1919 nicht mehr imperialistisch | |
| 31. 7. | 23 sd. Soz.Dem. | Offener Brief | ... an Jaksch; Wir verfolgen mit Entsetzen, zu welchen Schandtaten sich die Soz.Dem. verführen lassen | |
| 14. 8. | Der KPTs. Politiker Beuer | Artikel | Neue Ts. wird zwar Nationalstaat, aber Sd., die 1938 die Ts. verteidigten, werden neues Leben beginnen | |
| 13. 9. | Die brit. Regierung | Weisung | ... an Botschaft: Washington: Beneš hat falsch informiert: GB. zum Transfer auch nur eines Teils der Sd. nicht verpflichtet | 251 |
| 13. 9. | Der ts. Außenmin. Masaryk | Artikel (Yorkshire) | Transfer, um kein trojanisches Pferd zu behalten | |
| 15. 9. | Der ts. Außenmin. Masaryk | Rede | Die Sd. werden ausgewiesen | |
| 17. 9. | Der ts. Außenmin. Masaryk | Artikel | Die Sd. werden in verschiedene Gruppen eingeteilt; wer nicht aktiv gegen NS. war, raus | |
| 25. 9. | »New Statesman an Nation« | Leitartikel | Wollen die Alliierten wirklich Millionen Menschen vertreiben? | |
| 1. 10. | Die KP der Ts. | Leitartikel | Die Sd. wollten in ihrer Mehrheit die Ts. nicht zerschlagen | |
| 10. 10. | US-, GB.- und UdSSR-Regierung | Beschluß | Errichtung des »European Advisory Committees« **(EAC)** zur Planung der Nachkriegsbehandlung Deutschlands | |
| 11. 10. | Der ts. Außenmin. Masaryk | Rede | Wie 13. und 17. 9. 1943 | |
| 16./ 17. 10. | Ts. Antifaschistische Konferenz **(TsAK)** | London | Auch sd. Teilnehmer (KPTs. und von der Partei abgefallene Soz.Dem.) | |
| 16. 10. | Der KPTs. Politiker Kreibich | Rede Ts.AK. | Transfer: Innenpolitisches Problem der ČSR; vom Volk zu Hause zu entscheiden | |
| 16. 10. | Der ts. Staatsmin. Ripka | Rede Ts.AK. | Die befreite ČSR entsteht aus dem Kampf aller loyalen Bürger; loyale D. werden gleichberechtigt sein und haben nichts zu befürchten | |
| 17. 10. | Der KPTs. Politiker Stern | Rede Ts.AK. | Da Nazismus sowjetischen Straftatbestand Banditismus erfüllt, ist Kollektivschuld gegeben | |
| 17. 10. | Der sd. Politiker Zinner | Rede Ts.AK. | Behandlung der Sd. in ČSR ist innenpolitische Frage | |

| Datum | WER? | WIE? | WAS? | Text siehe S. |
|---|---|---|---|---|
| 17. 10. | Der sd. Ausschuß | Gründung | ... aus Teilnehmern der Ts.AK. | |
| 17. 10. | Der sd. Ausschuß | Aufruf | ... an die Sd.: Revolution, sonst Verlust der Heimat | |
| 20. 10. | Der brit. Staatsmin. Law | Rede Unterhaus | Territoriale Änderungen erst nach Friedensvertrag | |
| 23. 10. | Der ts. Politiker Smetanka | Rede ts. St. R. | Praktisch gilt Kollektivschuld aller D. | |
| 23. 10. | Der KPTs. Politiker Kreibich | Rede ts. St. R. | Transfer ist Problem von internationaler Bedeutung | |
| 23. 10. | Der ts. Politiker Laušman | Rede ts. St. R. | Friedliche Zusammenarbeit zwischen D. und T. in erneuerter Republik; keine Kollektivurteile | |
| 23. 10. | Der ts. Politiker Majer | Rede ts. St. R. | Gruppenbildung nach dem Kriege nicht nach Sprache, sondern nach Schuld | |
| 26. 10. | Der KPTs. Politiker Gottwald | Artikel »Prawda« (Moskau) | SdP entstand und wuchs im Bestreben, »die Nationalitätsverhältnisse für die D. im Rahmen der Ts.« zu bessern | |
| 27. 10. | Edvard Beneš | Rede | Aufforderung zum Massenmord an Sd. | 251 |
| Anf. 11. | Die ts. Regierung | Diskussion | ... über Vergeltungsgesetz: Justizminister Stransky (NSTs.) verteidigt vorgesehene, zeitlich rückwirkende Geltung | |
| 1. 11. | Die Außenmin. d. USA, UdSSR, GB. | Beschluß | Wiedererrichtung Österreichs | |
| 2. 11. | Der ts. Staatsrat | Verhandlungsprotokoll | Diskussion über d. Schuld und t. Unschuld | |
| Nov. | US-Autoren Fisher/Mitrany | Wiss. Art. (Washington) | Aus wirtschaftlichen Gründen gegen Transfer | |
| Nov. | »Fackföreningsröselsen« | Leitartikel (Stockholm) | Gegen Transfer | |
| 12. 11. | Edvard Beneš | Artikel | Wiedergabe der Rede v. 27. 10. 1943 | |
| 22. 11. | Der ts. Staatsmin. Ripka | Rede (Oxford) | Wer aggressive Politik D. unterstützt wird »transferiert« | |
| 23. 11. | Edvard Beneš | Vorgang | Abflug nach Moskau | |
| 26. 11. | | Vorgang | Konferenz von Teheran beginnt (Ende 3. 12. 1943) | |
| 10. 12. | Edvard Beneš | Vorgang | Eintreffen in Moskau | |
| 12. 12. | Die ts. und die UdSSR-Reg. | Beistandspakt (Moskau) | | |
| 14. bis 18. 12. | Edvard Beneš | Gespräche (Moskau) | mit Molotow und Stalin, aber auch Gottwald. (Hierüber unterschiedliche Berichte und Ergebnisdarstellungen bei Taborsky, Smutny, Fierlinger und Beneš selbst.) Basis für Transfer-Diskussionen: Ts.Memorandum und Plan der KPTs. (Darstellungen z.T. gedruckt) | 271 ff. |
| 21. 12. | Edvard Beneš | Rede (Moskau) | Ts. wird demokratischer Volksstaat; Ts.-UdSSR-Vertrag bedeutet Verschwinden der D. | |
| 26. 12. | Der brit. Publizist Brailsford | Rede | Die Größenordnung der vorgeschlagenen Transfers beeindrucken mich; Verletzung der Atlantik-Charta | |
| **1944** | | | | |
| Anf. | Der ts. Staatsrechtler Taborsky | Buch | »The Czechoslovak Cause in International Law«: Atlantik-Charta nur gültig, wenn im Waffenstillstandsabkommen erwähnt | |

| | | | | | |
|---|---|---|---|---|---|
| Anf. | | Der brit. Publizist Brailsford | Buch | »Our Settlement with Germany«: Sd. sollen zwischen ts. (dann kulturelle Rechte) und d. (dann raus) Bürgerrecht wählen können | |
| Anf. | | Der brit. Wissenschaftl. Kulisher | Artikel | Gegen Transfer, Bevölkerungsaustausch Unsinn, da keine T. im Vorkriegsreich | |
| Anf. | | Die sd. Sozialdemokraten | Vorgang | Entsenden Fallschirmagenten aus GB. ins Sdgebiet, um vor Transfer zu warnen | |
| Anf. | | Edvard Beneš | Aufzeichnung | ... für brit. Außenmin. Eden: Moskau hat Transfer der Sd. angenommen | |
| 8. | 1. | Der sd. Abg. Jaksch | Leserbrief | Gegen Transfer, da undurchführbar und ungerecht | |
| 13. | 1. | Der ts. Politiker Maxa | Rede | Kein Staat duldet 5. Kolonne; wirkliche Demokraten haben nichts zu befürchten | |
| 13. | 1. | Der sd. Politiker Zinner | Rede | Mehrzahl der Sd. ist durch Entscheid gegen ČSR schuldig geworden; zu sühnen | |
| 15. | 1. | Der KPTs. Politiker Freund | Artikel | Die Sd. werden in der neuen Ts. »eine mehr oder weniger starke« demokratische Friedens- und Freiheitsfront haben | |
| 15. | 1. | Der sd. Politker Wiener | Leserbrief | Zitate Ripkas angeführt: Mehrzahl der Sd. waren nicht gegen Ts. | |
| 29. | 1. | Der ts. Publizist Ehrlich | Artikel | Hunderttausend Sd. aus ČSR zu entfernen | |
| 3. | 2. | Edvard Beneš | Rede ts. St. R. | Aufforderung zum Massenmord an Sd. | 251 |
| 12. | 2. | Der KPTs. Politiker Beyer | Artikel | Neue Ts. von allen aktiven Helfern Hitlers zu säubern | |
| 16. | 2. | Die »Times« | Artikel | Gegen Massentransfers bei Kriegsende | |
| 23. | 2. | Das brit. Unterhaus | Debatte | Argumente für und gegen Transfer | |
| 26. | 2. | Der KPTs. Politiker Kreibich | Artikel | Transfer aller Deutschen ist »Märchen« | |
| 27. | 2. | Der »Sd. Ausschuß« | Aufruf | ... an die Sd.: Revolution, sonst strengste Bestrafung | |
| | 3. | »Nove Československo« | Leitartikel | Bestrafung aller, die zur Zerschlagung der Ts. beitrugen, mit aller Härte | |
| | 3. | Die US-Regierung | Erklärung | Interessen in der Ts. werden von der Schweiz vertreten | |
| 8. | 3. | Das brit. Oberhaus | Debatte | Argumente für und gegen Transfer | |
| 12. | 3. | Die ts. Regierung | Aufruf | ... an T. und Sd.: Sabotage und Aufstand! | |
| 15. | 3. | Der brit. Premiermin. Churchill | Rede im Unterhaus | Transfer einzige mögliche Lösung | |
| 17. | 3. | Edvard Beneš | Rede (England) | Nach dem 1. Weltkrieg wurden 70–80 % der Sd. »konterrevolutionäre« Nazis. Nach dem 2. Weltkrieg werden hunderttausend D. die ČSR verlassen. Frage: Was wollen die T. zu Hause? | |
| 19. | 3. | Die sd. Sozialdemokraten | Beschluß | T. auch nach Austreibung der Sd. Nachbarn der D.. Kampf gegen Transfer auch für Demokratie nach 2. Weltkrieg | |
| 21. | 3. | Der KPTs. Politiker Novak | Rede ts. St. R. | Antifaschistische Sd. sind an den Staatsorganen der neuen Ts. zu beteiligen | |
| 23. | 3. | Der brit. Diplomat Nichols | Gespräch | ... mit Beneš: Brit. Regierung weiterhin für, brit. Öffentlichkeit zunehmend gegen Transfer | |
| | 4. | Edvard Beneš | Rede (vor ts. Soldaten) | Die neue Ts. wird Nationalstaat und von allen Schuldigen, ob D., T. oder Slowaken gereinigt | |

| Datum | WER? | WIE? | WAS? | Text siehe S. |
|---|---|---|---|---|
| 4. | Der brit. Publizist Diamond | Artikel | Nach Kriegsende werden in der Ts. Nationalausschüsse illoyale Personen abschieben | |
| 4. | Der KPTs. Politiker Kreibich | Artikel | Die neue Ts. als Nationalstaat in vor-Münchens Grenzen ist gerecht und richtig | |
| 3. 4. | Edvard Beneš | Gespräch | ... über Transfer: Hinweis auf Moskauer Memorandum und KPTs. Unterstützung für Transfer | |
| 8. 4. | | Vorgang | Sowjetische Truppen erreichen slowakische Grenze | |
| 20. 4. | Die ts. Regierung | Gesetz | ... über ts. Rechtsordnung erlassen (Basis f. Vergeltungsgesetz) | |
| 5. | Edvard Beneš | Interview | GB, brit. Labour-Party und Roosevelt für Transfer. Wir Ts. können mit den Sd. nicht leben und ihnen ihre Gebiete auch aus wirtschaftlichen und strategischen Gründen nicht geben. Wenn nicht Transfer, dann gräßlicher Bürgerkrieg | |
| 8. 5. | Die ts. und die UdSSR-Regierung | Vertrag | ... über Verwaltung der von der UdSSR besetzten ts. Gebiete: Karpaten-Ukraine zu Ts. | |
| 10. 5. | Die brit. Labour-Party (Exec. Com.) | Beschluß | Transfer möglich. Nur loyale Sd. ohne »besondere Vorrechte« dürfen bleiben | |
| 15. 5. | Der ts. Außenmin. Masaryk | Rede (New York) | Trotzdem die Ts. ihre Minderheiten anständig behandelte sind die Sd. weitgehend Nazis geworden und müssen jetzt die Folgen tragen | |
| Ende 5. | Kommission der ts. Regierung | Grundsätze | ... zur Behandlung der Sd.: Transfer | 274 f. |
| 6. | Edvard Beneš | Rede | Transfer keine Rache, sondern Wiedergutmachung faschistischen Unrechts und Zukunftsvorsorge | |
| 6. | Der KPTs. Politiker Beuer | Rede | Bestrafung des Verrats der Sd. an der Ts. | |
| 7. | Die Zeitschrift »New Europe« | Leitartikel (New York) | Transferlösung wird mehr und mehr einziges Mittel für e. Minderheitenfragen angesehen | |
| 7. | Die EAC | Anforderung | ... an All. Regierungen: Hergabe von Vorschlägen für d. Kapitulationsbestimmungen | |
| 16. 7. | Edvard Beneš | Brief | Erschlagt die Sd. bei Kriegsende! | 276 f. |
| 24. 7. | Die brit. Labour-Party (Nat. Com.) | Beschluß | Für Transfers; sind durchführbar | |
| 28. 7. | Die US-Regierung | Empfehlung | ... zu Territorialstreitigkeiten in Europ.: Vorrang für frei geäußerte Wünsche der betroffenen Völker | |
| 29. 7. | Der KPTs. Politiker Beuer | Artikel | Allgemeiner Transfer der Sd. von der ts. Regierung nicht geplant | |
| 1. 8. | »Democratic Sudeten Committee« | Gründung | Vorsitzender Jaksch, Vizepräsident Reichenberger: Gegen Transfer | |
| 10. 8. | Die »New York Times« | Bericht aus London | Im Rahmen der Vertreibung von 10 Mio Ostdeutschen wird ts. Regierung höchstens 1 Mio Sd. dauernden Aufenthalt in Ts. gestatten | |
| 12. 8. | Der KPTs. Politiker Beuer | Artikel | Wirkliches Interesse der Sd. nach Kriegsende erfordert nicht Autonomie, sondern Ausscheidung aller Schuldigen und Verbrecher | |

| | | | |
|---|---|---|---|
| 21. 8. | Edvard Beneš | Rede (in GB.) | Nur diejenigen Sd. die mit uns gegen den Nazismus kämpften, werden bei uns bleiben |
| 24. 8. | Die ts. Regierung | Memorandum | ... an die EAC: Transfer-Plan für Sd. |
| 26. 8. | Der KPTs. Politiker Šverma | Artikel (Moskau) | Bedeutendem Teil der Sd. wird die ts. Staatsbürgerschaft entzogen werden |
| 30. 8. | Der ts. Staatsmin. Ripka | Antwort im ts. St. R. | ... auf Frage: Ist bekannt, daß Jaksch in GB. und USA unterstützt wird? Ja, aber diese Leute werden nichts erreichen |
| 30. 8. | Der ts. Politiker Klecanda | Rede ts. St. R. | Haft in Nazi-KZ kein Nachweis für gute ts. Haltung eines Sd. |
| 30. 8. | Der ts. Politiker Frisher | Rede ts. St. R. | Transfer erfolgt nicht wegen Nationalität, sondern wegen politischer Schuld |
| Ende 8. | Politiker der KPTs. | Äußerungen (Moskau) | ... von Gottwald, Kopecký, Šverma: Beteiligung antifaschistischer Sd. an ts. Nationalausschüsse entschieden abgelehnt |
| 9. | Der brit. Diplomat Nichols | Bericht | ... über Gespräch mit ts. Beamten: Transfer Konzept (ähnlich Ende 5. 44) diskutiert |
| 1. 9. | Der »Central European Observer« | Leitartikel | Die Tschechen in der Heimat wünschen den Transfer der Sd. |
| 2. 9. | Der ts. Staatsmin. Ripka | Erklärung | Existenz des »Democratic Sudeten Committee« gefährdet die Sicherheit der Ts. |
| 9. 9. | Der KPTs. Politiker Kreibich | Artikel | Nachkriegsgrenzen zwischen D. und Ts. stehen bereits fest |
| 14. 9. | Der ts. Staatsmin. Ripka | Erklärung | Transfer unvermeidbar. Nur diejenigen Sd. bleiben, die nichts getan haben, was ts. Bürgerpflichten widerspricht |
| 26. 9. | Die ital. Regierung Bononi | Erklärung | Münchner Abkommen ungültig |
| 29. 9. | Papst Pius XII. | Rede | Frieden auf der Basis gleicher Rechte für alle |
| 10. | Edvard Beneš | Artikel (New York) | »Die Ts. wird jede Wiederholung der Lage, die nach München führte, vermeiden. Sie plant daher den Transfer der größtmöglichen Zahl ihrer deutschen Einwohner, vor allem jener, die sich öffentlich mit dem deutschen Nazismus solidarisierten, für ihn arbeiteten, sich mit ihm identifizierten, ihn als Glauben annahmen und entsprechend handelten« |
| 1. 10. | Deutsche Sozialdemokratische Arbeiterpartei aus der Ts. in GB. | Entschließung | Übereinstimmung mit der von den ts. Völkern angestrebten fortschrittlichen Lösung der Sudetenfrage. Bestrafung aller Sd. gefordert, die an der Ts. Hochverrat begingen |
| 6. 10. | Die ts. Regierung | Vergeltungsgesetz | Billigung |
| 7. 10. | Der KPTs. Politiker Beuer | Artikel | Die Sd. sollten sich zum Transfer vor Augen führen, daß auch an die Umsiedlung von Angehörigen slawischer Völker gedacht wird, um offene Fragen ihres Zusammenlebens zu lösen. Diejenigen Sd., die keine Verbrechen begingen, wird bei Evakuierung und Aussiedlung in neuer Heimat geholfen werden |
| 8. 10. | Der KPTs. Politiker Beuer | Rede | Viele Sd. haben durch eigenes Verhalten bereits ihre Heimat verloren |
| 8. 10. | Der ts. Statsmin. Ripka | Rede | Für Sd. heute keine 1919 bis 1938er-Lösung mehr. Jaksch verlangt heute, was Hitler gestern; abzulehnen. Mehrheit der Sd. Nazi, also |

| Datum | WER? | WIE? | WAS? | Text siehe S. |
|---|---|---|---|---|
| | | | Mehrheit auszuweisen. Lösung durch Abtretung unmöglich: Auf jedes München folgt ein Protektorat | |
| 11. 10. | Das brit. Unterhaus | Debatte | Transfer: Was geschieht z. B. mit den sd. Soz.Dem.? | |
| 18. 10. | Der ts. Politiker Klecanda (NSTs.) | Rede ts. St. R. | Selbst KZ-Haft nicht Beweis für gutes Tschechoslowakentum; deswegen keine Ausnahme vom Transfer | |
| 28. 10. | Der ts. Justizmin. Stransky | Interview | Das d. Problem in der Ts. wird sich zum großen Teil vor Transfer lösen: Durch Hunger und Mord | |
| 11. | Der ts. Staatsmin. Ripka | Artikel | D. Minderheiten = 5. Kolonne = auszusiedeln | |
| 3. 11. | Der ts. General Ingr | Rundfunkrede | Aufruf zum Massenmord an Sd. am Tag X | 251 |
| 15. 11. | Die UdSSR-Regierung | Vorgang | Die Bevölkerung der von der UdSSR besetzten Karpaten-Ukraine, die de jure (immer noch) Teil der Ts. ist, wird aufgefordert, in die Wehrmacht der UdSSR einzutreten | |
| 18. 11. | Der KPTs. Politiker Lenk | Artikel | D. Minderheiten = 5. Kolonne = einheitlich versagt = auszusiedeln = Bestrafung und Vertreibung | |
| 23. 11. | Die ts. Regierung | Memorandum | ... für EAC nunmehr auch All. Regierungen übermittelt | 277 ff. |
| 25. 11. | Das US-Außeministerium | Erklärung (Washington) | Traditionelle Politik der US erlauben es nicht, bestimmte Grenzen zu garantieren | |
| 27. 11. | Edvard Beneš | Äußerung | ... zum brit. Außenminister Eden: Zur Abtretung gewisser Grenzzipfel an D. bereit; 800 000 Sd. bleiben in Ts. | |
| 12. | Das US-Außenministerium | Beurteilung (Washingt.) | ... des ts. Memos (vom 23. 11. 44): Transfer ist eines von mehreren Übeln | |
| 12. | Der KPTs. Politiker Beuer | Artikel | Die sd. Antifaschisten sehen den Transfer als großzügige und generöse Planung fortschrittlichen Geistes an, sie sind dafür | |
| 6. 12. | Der ts. Außenmin. Masaryk | Interview | Gute D. dürfen bleiben; ihre Kinder kommen in ts. Schulen | |
| 8. 12. | »Daily Herald« | Bericht | Ts. Regierung hat beim EAC »Ausweisung von 2 Mio Sd.« beantragt | |
| 14. 12. | »National Press Council«, GB. | Erklärung | Transfer-Pläne für Sd. erst nach Kriegsende verfolgen und dann sehr ausführlich besprechen | |
| 15. 12. | Quäker in GB., Friedensausschuß | Erklärung | Alle Transfers scharf verurteilt, da im Widerspruch zur Atlantik-Charta stehende Hitlermethode | |
| 15. 12. | Das brit. Unterhaus | Debatte | Von Premiermin. Churchill gebilligte Transfers finden auch starke Bedenken | |
| 31. 12. | »The Observer« | Leitartikel | Als Demokratie sollten wir uns von Hitlererfindungen wie Massenzwangswanderungen fernhalten | |

**Entschließung** **1942, 7. Juni**
**der sudetendeutschen sozialdemokratischen Partei im Exil:**
*Aus historischer Verantwortung gegen Vertreibung*

...

Der Parteivorstand der sudetendeutschen Sozialdemokratie ... legt Wert auf die Feststellung, daß zwei Einladungen zur Mitwirkung sudetendeutscher Sozialdemokraten im tschechoslowakischen Staatsrat unsererseits positiv beantwortet worden sind. Dabei verweist er auf die diesbezüglichen Stellen in den Kundgebungen des Staatspräsidenten Dr. Beneš vor dem Staatsrat am 11. Dezember 1940 und am 25. November 1941. Die Position wurde in der Botschaft des Präsidenten vom 25. November 1941 klargestellt, wo er erklärte:
»Wie ich schon im Vorjahre mitteilte, habe ich auch mit einigen politischen Funktionären unserer demokratischen Deutschen verhandelt. Im gegenseitigen Einvernehmen wurde ihre Mitarbeit auf dem Boden des Staatsrates mit Rücksicht auf die Ereignisse daheim vorläufig aufgeschoben.«
Diese Erklärung deckt sich vollkommen mit der auf der Landeskonferenz der sudetendeutschen Sozialdemokraten am 28. September 1941 in England ausgesprochenen Bereitschaft, »schon im Ausland jenes Maß von Kooperation mit der tschechoslowakischen Staatsführung ins Werk zu setzen, welches durch die psychologischen Voraussetzungen in der Heimat ermöglicht wird«.
Wir enthalten uns jeder Kritik an der Tatsache, daß inzwischen ein Vertreter der Sudeten-Kommunisten [1] in den Staatsrat berufen wurde, ohne einvernehmliche Prüfung, ob diese Entscheidung im Rahmen der vom Staatspräsidenten am 25. November 1941 erwähnten Verabredungen lag oder nicht. Der Parteivorstand übersieht nicht den tragischen Hintergrund, aus dem sich die Schwierigkeiten einer engeren Zusammenarbeit zwischen Tschechen und demokratischen Sudetendeutschen in diesem Stadium ergeben. Er ist überzeugt, daß die formale Frage der Beteiligung oder Nichtbeteiligung am Staatsrat nur eine untergeordnete Bedeutung hat und das Endergebnis unserer Verständigungspolitik von dem Ausmaß des guten Willens auf beiden Seiten bestimmt wird. Das Ziel unserer Arbeit bleibt nach wie vor die Anbahnung eines engen Bündnisses ziwschen den demokratisch-sozialistischen Massen der Tschechen und Sudetendeutschen in der Revolution gegen die Hitlertyrannei und nach der Befreiung. Wir wollen aber unsere tschechischen Freunde nicht im Zweifel darüber lassen, daß wir diesem Ziel weder unsere Verbundenheit mit den Helden und Märtyrern des antihitlerischen Kampfes in der Heimat opfern können noch der historischen Verantwortung entsagen wollen, die uns als der stärksten demokratischen Kraft innerhalb der Sudetenbevölkerung auferlegt ist.
Die unbezwungenen Kader unserer Heimatbewegung ... haben unter schwierigsten Bedingungen ausdauernder und nicht weniger aufopferungsvoll gegen den Faschismus gekämpft als die demokratischen Kräfte der Slowaken. Daher müssen wir schon jetzt eine ungleiche Behandlung der demokratischen Sudetendeutschen und Slowaken im neuen Staatsaufbau ablehnen. Insbesondere wenden wir uns dagegen, daß den Sudetendeutschen mit Bevölkerungstransfer gedroht wird, während für die Slowakei der Grundsatz der politischen und juristischen Abrechnung mit den Werkzeugen Hitlers gelten soll.
Der Parteivorstand beauftragt die Parteileitung, den tschechischen Partnern [2] ebenso freundschaftlich wie eindringlich klarzumachen, daß einseitige Machtlösungen der tschechisch-deutschen Frage nach diesem Kriege keinen Bestand haben können und daher auch nicht im Interesse des tschechischen Volkes und des europäischen Friedens liegen.
Die Parteileitung wird ferner ermächtigt, ihre Bemühungen fortzusetzen, im Geiste der Atlantik-Charter und der traditionellen Verständigungspolitik unserer Bewegung eine Vertragslösung des tschechisch-sudetendeutschen Problems vorzubereiten.

*Anmerkungen:*
[1] Gemeint ist Karl Kreibich.
[2] Wenzel Jaksch übermittelte diesen Beschluß am 23. 6. 1942 an Edvard Beneš und führte im Begleitschreiben u. a. aus: »Zu unserer politischen Resolution ... will ich mich nur auf die Mitteilung beschränken, daß in der Sitzung vom 7. Juni die tiefe Enttäuschung unserer Vertrauensmänner über die negative Behandlung aller bisher von unserer Seite erstatteten Vorschläge zum Ausdruck kam. Ich kann nicht verschweigen, daß insbesondere die Propaganda für einen Massentransfer der Sudetenbevölkerung in den Reihen unserer Menschen konsternierend gewirkt hat.«

*Quelle:*
Prinz, Friedrich: »Wenzel Jaksch–Edvard Beneš. Briefe und Dokumente aus dem Londoner Exil 1939–1943«; Köln, 1973; S. 125ff.

## Erklärung[1] der britischen Regierung[3, 4] im Unterhaus:

**1942, 5. August[2]**

*Lossagung vom Münchner Abkommen*

Ich[1] möchte namens der Regierung Ihrer Majestät folgende Erklärung abgeben:
Da Deutschland bewußt die Übereinkünfte, die im Jahre 1938 hinsichtlich der ČSR getroffen worden waren und an denen die Regierung Ihrer Majestät beteiligt war, gebrochen hat, erachtet sich die Regierung Ihrer Majestät als frei von allen Bindungen in diesem Zusammenhang.
Bei der endgültigen Festlegung der tschechischen Grenzen, die am Ende des Krieges vorgenommen werden muß, wird die Regierung Ihrer Majestät sich nicht beeinflussen lassen von irgendwelchen Veränderungen, die im Jahre 1938 und nachher durchgeführt worden sind.

*Anmerkungen:*
[1] Abgegeben durch Außenminister Eden.
[2] Noch am 7. 6. 1942 hatte sich die englische Regierung geweigert, »der *(tschechoslowakischen)* Exilregierung ein Hoheitsrecht über die Sudetendeutschen *(im Exil)* zuzugestehen, solange nicht deutsche Mitglieder in den *(tschechoslowakischen)* Staatsrat *(im Exil)* berufen würden«.
Vgl. Jaksch, Wenzel: »Europas Weg nach Potsdam; Stuttgart, 1958; S. 372.
[3] Am 29. 9. 1942 folgte eine entsprechende Erklärung der französischen (Exil-)Regierung: Namens General de Gaulle teilte der (Exil-)Außenminister Dejean der tschechoslowakischen (Exil-)Regierung mit, daß das französische Nationalkomitee (= Exilregierung) »in Verwerfung der in München am 29. 9. 1938 unterzeichneten Übereinkommen feierlich erklärt, daß es diese Übereinkünfte als null und nichtig betrachtet, ebenso wie alle Akte, die in Anwendung oder in Konsequenz dieser Übereinkünfte durchgeführt worden sind.
Indem es keine territorialen Veränderungen hinsichtlich der ČSR anerkennt, die 1938 oder seitdem eingetreten sind, ist es bereit, alles in seiner Macht Stehende zu tun, um sicherzustellen, daß die Tschechoslowakische Republik innerhalb der vor 1938 geltenden Grenzen alle wirksamen Garantien für ihre militärische und wirtschaftliche Sicherheit, ihre territoriale Unantastbarkeit und ihre politische Einheit erhält.«
Vgl. Holborn, Louise: »War and Peace Aims of the United Nations«; Bd. I; Boston (USA), 1943; S. 574.

*Quelle:*
Korkisch, Friedrich: »Zur Frage der Weitergeltung des Münchner Abkommens« in »Zeitschrift für ausländisches Recht und Völkerrecht«; Berlin; Bd. XII (1944); S. 87ff.

**Grundsatzerklärung** **1942, Sommer**[1]
**der Tschechoslowakischen (Exil-)Regierung**
**zur Entschließung der sudetendeutschen Sozialdemokratischen Partei:**[2]
*Vertreibung zwar nicht beschlossen, aber unausweichlich*

...

Die Entschließung der Sudetendeutschen Sozialdemokratischen Partei vom Juni 1942[2] kritisiert den angeblichen Tatbestand, daß beim Wiederaufbau des Staates *(nach dem Kriege)*[3] die Deutschen nicht auf den gleichen Stand gesetzt werden, wie die Slowaken: Während die Deutschen mit Bevölkerungsaustausch bedroht werden, soll auf die Slowaken *(nur)* politische und juristische *(Einzel-)*Bestrafung zutreffen.
Dazu ist zu sagen:
...
Dr. Beneš ... hielt und hält sich heute an das Prinzip, daß in der Frage der Staatstreue ... keine Bedingungen aufgestellt werden dürfen ... Unser Staat hat rechtlich nicht aufgehört zu bestehen, und für keinen seiner Bürger wurden seine Verpflichtungen gegenüber diesem Staat gelöst.
...
Zur Zeit, als sich der Krieg näherte, und nachdem er bereits begonnen hatte[3], stellten gewisse slowakische und deutsche Politiker gegenüber Dr. Beneš Bedingungen im obigen Sinne auf. Nachdem diese kategorisch abgelehnt wurden, zogen einige *(dieser Politiker)* sie sofort zurück ... Diejenigen, die Forderungen oder Bedingungen aufstellten, werden von der *(ČSR-Exil-Regierung)* nicht zur Mitarbeit herangezogen. Präsident Beneš vertrat und vertritt die Auffassung, daß die ihm vorgelegten Bedingungen zu jenen Fragen gehören, die nur das ganze tschechoslowakische Volk in der Heimat zu entscheiden das Recht hat. Von dieser Auffassung ist er *(d. h. Beneš)* nie abgewichen. Das ist demokratisch und das allein ist politisch korrekt.
Der Präsident vertritt diese Auffassung gebenüber allen Nationalitäten ... Präsident Beneš hatte und hat zwar stets die Haltung derjenigen respektiert, die sich nur als Slowaken ansahen und heute ansehen. Er betrachtet und betrachtete sich jedoch niemals – nicht einmal in seiner Jugend – als Tscheche, sondern als Tschechoslowake (in Österreich pflegten wir ›Tschechoslowane‹ zu sagen); darin stimmt ein großer Teil sowohl der tschechischen wie der slowakischen Politiker mit ihm überein.
... In der Frage der Zerstörung von Nazismus und Faschismus und der Bestrafung der Schuldigen ... muß man sich der Tatsache bewußt sein, daß es um die Frage der Bestrafung von vielen tausenden Nazisten und Faschisten aller Nationalitäten geht ... Sollen sie erschlagen werden oder soll man für sie große Gefängnisse oder Konzentrationslager für Lebenszeit errichten, oder wäre es nicht besser, daß sie für alle Zeiten verschwinden?
Damit ist die Frage des sogenannten Transfers[4] berührt. Es ist festzustellen, daß die tschechoslowakische Regierung bisher in dieser Frage keine Entscheidung getroffen hat, daß Meinungen zum Transfer[4] bisher nur die Meinungen einzelner Politiker darstellen, und daß diese Auffassungen nicht nur von unseren eigenen Leuten, sondern auch in anderen alliierten Nationen vertreten und verbreitet werden ... Es ist schließlich zu unterstreichen, daß es Gegner des Transfers[4] auch unter unseren eigenen Leuten gibt.
... Die Tschechoslowakische Regierung wird ihre endgültige Haltung *(zum Transfer)*[4] auf der Grundlage des endgültigen Kriegsausgangs, der Ereignisse in unserem Heimatland und in Übereinstimmung mit der Haltung der anderen siegreichen Mächte bezüglich der Vorbereitung für die Vorverhandlungen und den Frieden[5] festlegen.
Zur Angelegenheit Atlantik Charta[6] informierte Präsident Beneš bereits bei einer früheren

Gelegenheit Wenzel Jaksch, daß die Tschechoslowakische Regierung anläßlich der Unterzeichnung der Annahme der zwischen Präsident Roosevelt und Winston Churchill vereinbarten Prinzipien am 14. September 1941 die Einschränkungen formulierte[6], auf denen sie bestand und besteht . . . Die tschechoslowakische Nation kann niemals den Grundsatz der Selbstbestimmung für drei Millionen Deutsche akzeptieren, wie er auf der letzten Friedenskonferenz[7] und volle zwanzig Jahre nachher formuliert, interpretiert und gefordert wurde. Daraus haben weder Präsident Masaryk noch Dr. Beneš jemals ein Geheimnis gemacht, da diese Konzeption des Selbstbestimmungsrechtes von vornherein die Selbstbestimmung von 10 Millionen Tschechoslowaken zerstört und die Existenz eines unabhängigen tschechoslowakischen Staates völlig unmöglich macht. Es ist mit Sicherheit zu erwarten, daß nach diesem Krieg[3] das Prinzip der Selbstbestimmung neu definiert und in einer völlig neuen Form angewendet werden wird . . .

Zur sogenannten »Vertragslösung des tschechisch-sudetendeutschen Problems«[8] ist zu betonen, daß diese Formel sicherlich zu Mißverständnissen unter unseren Leuten führen wird. Präsident Beneš hat sie abgelehnt, als Slowaken sie ihm vorlegten; in beiderseitigem Übereinkommen wurde sie (d. h. die Formel) dadurch ersetzt, daß wir von einer demokratischen Lösung aller politischen, verwaltungsmäßigen und anderen Streitfälle in der Republik sprechen. Eine derartige Formel deckt alles ab, einschließlich des tschechisch-deutschen Problems in den böhmischen Ländern. Bei dieser Gelegenheit ist es vielleicht sachdienlich anzukündigen, daß Präsident Beneš und die Regierung zu gegebener Zeit beabsichtigen, alle unsere deutschen Landsleute aufzufordern oder ihnen nahezulegen, spontan und endgültig von der Benutzung des Ausdruckes »sudetendeutsch«[8] Abstand zu nehmen. Dafür hat er *(d. h. Beneš)* folgende Gründe:

a) Der wissenschaftliche, geographische, historische Begriff »Sudeten«[8] bezeichnet etwas ganz anderes, als der Sinn, in dem er jetzt benutzt wird.
b) Der Begriff ist Ausdruck eines politischen Betruges, den Henlein und der deutsche Faschismus mit der deutschen Frage in der Tschechoslowakei begingen. Er *(d. h. Henlein)* wollte durch eine besondere Terminologie politische Tatsachen umgestalten. Durch ihn wurde dies zum Betrug, und ein solcher bleibt es auch. Es mag verständlich erscheinen, daß andere Parteien Henleins politischen Tricks entgegenwirken wollten und den Begriff gleichfalls aus taktischen Gründen verwendeten[10]. Das war ein politischer Fehler; mit Schwierigkeiten wird man niemals dadurch fertig, daß man dem Fehler oder der Demagogie des Gegners folgt. Wenn wir uns jedoch endlich vom Henleinismus und Nazismus befreien wollen, sollten wir das konsequent tun und nicht seinen Methoden nachgeben: Laßt uns zu unsrer guten, alten Tradition zurückkehren!
c) Die Begriffe »Sudeten«, »Sudetenland« und »Sudet«[8] werden in den böhmischen Ländern für immer mit den gegen sowohl Tschechen wie demokratische Deutsche in der schicksalhaften Krise vor und nach 1938 begangenen Nazibestialitäten verbunden sein . . .
d) Nach dem Krieg[3] werden die Tschechen diesen Begriff nicht akzeptieren und werden ihn verabscheuen. Es liegt daher in unserem Interesse, rechtzeitig dafür zu sorgen, daß dieses Wort aus unserer Politik auf beiden Seiten verschwindet . . . Wir glauben, daß unsere deutschen Landsleute diese Auffassung sorgfältig überlegen und alle notwendigen Maßnahmen treffen werden.

   Es kann bei niemandem der leiseste Zweifel bestehen, daß Präsident Beneš persönlich stets gegen sogenannte »einseitige Machtlösungen der tschechisch-deutschen Frage«[9] war und ist . . . Es wäre jedoch ein verhängnisvoller Fehler, wenn wiederum gesagt werden würde, daß dies allein von den Tschechen abhänge oder davon, was die Republik in der deutschen Frage tue, etc. Es gibt 80 Millionen Deutsche, und die kleine tschechoslowakische Nation kann nicht dauernd mit der auf ihre Brust

gerichteten deutschen Pistole leben. Solange die tschechischen Deutschen[11] nicht erkennen, daß die tschechoslowakische Nation politisch nicht unter der dauernden Drohung leben kann, daß sie *(d. h. die Deutschen)* zu gegebener Zeit ihren Staat zerbrechen – und damit die unabdingbare Basis ihrer nationalen Existenz zerstören –, kann es kein Abkommen geben, wird Kampf sein und werden Versuche zu »einseitigen Machtlösungen«[8] stattfinden. Sich auf das sogenannte »Selbstbestimmungsrecht«[8] ohne Rücksicht auf die Tschechen in dem Gebiet, ohne das unser Staat und unsere Nation nicht leben kann, zu berufen – wie das in den letzten zwanzig Jahren der Republik fast alle unsere Deutschen mit der Unterstützung aller anderen Deutschen und deren großem Reich taten – bedeutete und bedeutet eine »einseitige Machtlösung«[8] und wird das stets bedeuten. Hitler setzte nach ausreichender ideologischer Vorbereitung diese »einseitige Machtlösung«[8] mit Gewalt gegen den Rest der Welt durch. Sollte die Proklamation dieser für unseren Staat unannehmbaren Lehren wiederholt werden, wird Hitler wiederholt und auch ein weiterer Weltkrieg.
Man nannte dies das »Recht der Deutschen zu nationaler Einheit«, aber das Ergebnis war – gewollt oder ungewollt – politischer Pangermanismus, der echte Vater des Nazismus. Unsere Schlußfolgerung ist, daß die Einwohner unseres Grenzgebietes kein Recht auf kollektive und territoriale Selbstbestimmung ohne die Zustimmung der Tschechen haben, die durch die Anwendung *(dieses Rechtes)* immer wortwörtlich in den Händen des benachbarten Reiches wären und damit ihrer Selbstbestimmung, das heißt Freiheit, beraubt würden.
Jeder von ihnen *(d. h. die Einwohner der ČSR-Grenzgebiete)* kann und muß jedoch das Recht auf individuelle und persönliche Selbstbestimmung haben und kann gerne den Staat und die Umgebung verlassen, in der er politisch nicht so leben kann, wie er will . . .

---

*Anmerkungen:*
1 Das genaue Datum ist nicht vermerkt.
2 Zum Text: Siehe S. 265f.
3 Gemeint ist der Zweite Weltkrieg 1939–1945.
4 So im Original. Gemeint ist Vertreibung.
5 Gemeint: Der Friedensvertrag mit Deutschland nach dem 2. Weltkrieg.
6 Zum Text: Siehe S. 14f.
7 Gemeint: Die Friedenskonferenzen von Versailles und St. Germain; siehe S. 133f. und 137.
8 Im Original in deutscher Sprache.
9 Bezieht sich auf den in der Entschließung der Sudetendeutschen Sozialdemokratischen Partei vom Juni 1942 verwendeten Begriff; siehe S. 265.
10 Hinweis auch auf den Parteinamen »*Sudetendeutsche* Sozialdemokratische Partei«.
11 Im Original »Czech Germans«. Da der Verfasser des Dokumentes weiter oben den Begriff »Bohemian lands« (übersetzt mit: böhmischen Ländern) verwendete, und ihm demzufolge der Unterschied zwischen »böhmisch/Böhmen« und »tschechisch/Tschechen« geläufig ist, kann der Sinngehalt *seiner* Aussage an dieser Stelle nur mit »tschechische Deutsche« wiedergegeben werden.

---

*Quelle:*
Prinz, Friedrich: »Wenzel Jaksch – Edvard Beneš: Briefe und Dokumente aus dem Londoner Exil 1939–1943«; Köln, 1973; S. 151ff.
(Hervorhebungen in der englischen Übersetzung des tschechischen Originals.)

**Manifest[1]** **1943, 1. Mai**
**der Sozialistischen Internationale:**
*Keine Umsiedlungen*

Das Nationalitätenprinzip kann bei der Festsetzung der neuen Staatsgrenzen in Mittel-, Ost- und Südeuropa nicht allein bestimmend sein. Wie immer auch die Grenzen gezogen

werden, wird es weiterhin nationale Minderheiten geben. Föderative Ordnungen sind die einzige vernünftige Lösung dieses Problems.
Minderheiten müssen ihre wirtschaftlichen, sozialen, nationalen und kulturellen Interessen wahrnehmen können, und es muß ihnen Selbstverwaltung eingeräumt werden. Den Bürgern der Minderheiten ist die wirtschaftliche, soziale, nationale und politische Gleichberechtigung im Staate verfassungsmäßig zu sichern. Diese Rechte müssen international garantiert werden.
Durch effektive internationale Organe müssen Garantien dafür geschaffen werden, daß auch kleinere Gruppen und Einzelindividuen ihre nationalen und übrigen Rechte ausüben können. Solche Garantien setzen voraus, daß die betreffende Bevölkerungsgruppe gegenüber dem Staat, dem sie angehört, volle Loyalität wahrt.
Das durch die nationale Aussiedelung und Umsiedelung von Bevölkerungsgruppen entstandene Unrecht muß wiedergutgemacht und es muß verhindert werden, daß neues Unrecht geschaffen wird.
Zu den Prinzipien der neuen internationalen Ordnung muß auch eine größere Freizügigkeit von einem Lande ins andere gehören, als sie in der Zwischenkriegsperiode bestanden hat. Diese Forderung ist in hohem Maße sozialer Art; den breiten Schichten des Volkes müssen die Möglichkeiten der Freizügigkeit gesichert werden.
. . .
In Verbindung mit der organisierten rechtlichen Aburteilung der Kriegs- und Okkupationsverbrechen müssen alle geheimen Dokumente über die Vorgeschichte des Krieges der Öffentlichkeit vorgelegt werden. Neben den erforderlichen internationalen Kontrollmaßnahmen dürfen Strafmaßnahmen gegen ganze Völker oder Bevölkerungsgruppen nicht erfolgen.

*Anmerkung:*
[1] Zu den Mitgliedern des Redaktionskomitees dieser Manifestation in Stockholm gehörten u. a. Willy Brandt und Bruno Kreisky sowie tschechoslowakische Sozialdemokraten.

*Quelle:*
Paul, Ernst: »Die ›Kleine Internationale‹ in Stockholm«; Bielefeld; o. J. (ca. 1958).

## Rede[1] — 1943, 22. Mai
## des ČSR-(Exil-)Staatspräsidenten Edvard Beneš:
*Vertreibungen können wertvoll sein*

Diese Bevölkerungstransfers . . . sind im allgemeinen nicht populär . . . Sie können viele Härten und sogar Ungerechtigkeit verursachen. Ich muß jedoch sagen, daß sie wertvoll[2] sein können, wenn sie ein dauerhaftes Gleichgewicht und einen bleibenden Frieden bewirken helfen.

*Anmerkungen:*
[1] Gehalten vor dem »Council on Foreign Relations« in Chicago, USA.
[2] Eine gewisse Parallele ist erkennbar, wenn man dieser Auffassung die Äußerung Hitlers zum kroatischen Machthaber Pavelič am 7. 6. 1941 über Vertreibungen in Jugoslawien gegenüberstellt:
»Diese Art der Umsiedlung ist natürlich momentan schmerzhaft, aber sie bringt sogar für die Kinder der Umgesiedelten große Vorteile.«
Vgl.: »Documents on German Foreign Policy«; Serie D, Band XII; Stuttgart, 1967; S. 977f.

*Quelle:*
Czechoslovak Office of Information (Hrsg.): »President Beneš on War and Peace«; New York, 1943; S. 55f.

**Rede** **1943, Dezember**[1]
**des ČSR-Politikers**
**Dr. Ivo Duchaček (Tschechoslowakische Volkspartei)**
**vor der Vorläufigen Tschechoslowakischen Nationalversammlung (1946):**
*Zum Verdienst an der Vertreibung der Sudetendeutschen*

...
Die Volkspartei betrachtet den Abschub der Deutschen als einen wirklichen historischen Erfolg, der in seiner Bedeutung gleich neben den erfolgreichen Abschluß des Vertrages mit der UdSSR zu stellen ist. Für diesen Erfolg sind wir der Regierung Šramek sehr verpflichtet...
Es lag uns daran, die Deutschen möglichst schnell los zu werden...
Gestatten Sie mir, bei dieser Gelegenheit einen Politiker, der neben Präsident Beneš und Monsignore Šramek an diesem Abschubplan bedeutungsvoll teilnahm, zu erwähnen. Es ist Herr Minister Dr. Ripka (Beifall). Seit Herbst 1938 war ich sein naher Mitarbeiter[2]...
Ripka arbeitete am Abschub der Deutschen und hielt den Krieg, der soeben ausbrach, für eine wirklich historische Gelegenheit, unsere Länder von dem perfiden deutschen Ballast zu reinigen.
Alle Teile der Nationalen Front waren mit dieser Linie am Ende des Jahres 1943[1] vollkommen einverstanden, und deshalb ist der Abschub der Deutschen zuletzt der Erfolg der gemeinsamen Bestrebungen aller Teile und Parteien der Nationalen Front. Wir werden niemanden von diesem Erfolg ausschließen, aber es ist wahr, daß z. B. die kommunistische Partei in dieser Angelegenheit in den Jahren 1939, 1940, 1941[3] keine so eindeutigen und so kompromißlos slawischen Vorstellungen wie heute besaß...

---

*Anmerkungen:*
1 An dieser Stelle eingefügt, da datumsmäßiger (Haupt-)Bezug.
2 Zum Inhalt dieser Tätigkeit zur angegebenen Zeit: Siehe S. 238.
3 Aussage gilt z. T. auch für spätere Jahre: Siehe S. 254ff.

---

*Quelle:*
»Těsnopisecké zprávy o schůzích Prozatimniho Nàrodniho shromáždění Republiky Československé« [Stenographische Sitzungsberichte der Vorläufigen Tschechoslowakischen Nationalversammlung]; Prag; 8. März 1946.

**Rede** **1943, Dezember**[1]
**des ČSR-Politikers Václav Kopecký (KPTs.)**
**vor der Tschechoslowakischen Nationalversammlung (1948):**
*Zum Verdienst an der Vertreibung der Sudetendeutschen*

...
In der tschechoslowakischen Widerstandsbewegung im Ausland während des Krieges dachte in Wirklichkeit niemand anderer an den Abschub der Sudetendeutschen aus dem Grenzgebiet, als gerade wir Kommunisten mit Klement Gottwald an der Spitze.[2] Ich kann Ihnen beweisen, daß die Londoner Gruppe des tschechoslowakischen Widerstandes es nicht gewagt hatte, irgendeine offizielle Äußerung über die Möglichkeit des Abschubes der Deutschen zu tun.[3] Und ich kann Ihnen noch etwas Schlimmeres und Schrecklicheres sagen: Als Präsident Dr. E. Beneš im Dezember 1943[1] in Moskau zu Besuch war, geschah es eines Abends, daß er uns eine Karte der Tschechoslowakei zeigte, wie sie nach der Absicht der Londoner tschechoslowakischen Regierung nach dem Kriege aussehen sollte. Zu unserem großen Entsetzen sahen wir, daß auf der Karte, die uns Beneš zeigte, die Tschechoslowakei im Gegensatz zu ihrer Vorkriegsgestalt abgehackt und in ihren Grenzen abgerundet war.

Von unserem Staatsgebiet waren alle vorspringenden Grenzteile abgetrennt und Deutschland zugeschlagen, das gesamte Egerland war abgeschnitten und von der Republik getrennt und an das Deutsche Reich angeschlossen, wie manche andere Teile, welche früher von Sudetendeutschen bewohnt waren. Über den Anblick dieser Karte, die unsere Republik so verstümmelte, waren wir geradezu entsetzt und fragten den Präsidenten, was diese Karte bedeute. Er antwortete uns, daß er sich auf diese Weise die Nachkriegslösung des sudetendeutschen Problems vorstelle. Er erklärte uns ausdrücklich, daß es sein Wille ist, daß die gekennzeichneten Gebiete von der Republik abgeschnitten werden und daß zusammen mit diesen Gebieten die Millionen Deutschen von der Republik abgeschoben werden.[4] K. Gottwald zeigte über diese Ausführungen des Präsidenten Dr. Beneš größte Verbitterung;[5] wir überschütteten Dr. Beneš mit Vorwürfen und sagten, daß Ingr's[6] Generäle, welche diese Karte der Tschechoslowakei gezeichnet haben, Hochverräter wären und vor Gericht gestellt werden sollten. In unserer berechtigten Verbitterung erklärten wir dem Präsidenten, daß wir es nicht erlauben, die Integrität der böhmischen Länder anzutasten und daß keinesfalls der Boden mit den Sudetendeutschen, sondern die Sudetendeutschen aus unserer Republik abgeschoben werden müssen . . .

---

*Anmerkungen:*

[1] An dieser Stelle eingefügt, da datumsmäßiger (Haupt-)Bezug.

[2] Falsch; siehe z. B. S. 252.

[3] Falsch; siehe z. B. S. 247.

[4] Eine solche Karte hat Dr. Beneš noch Ende 1944 als Teil eines entsprechenden Konzeptes wunschgemäß dem britischen Außenminister Eden zugestellt.

[5] Wenige Jahre später veröffentlichte Gottwald, der Vorsitzende der KPTs., einen Brief, in dem er im Dezember 1943 an seine Parteigenossen in London folgendes berichtete:
»Der Herr Präsident hat uns einen Plan *(d. h. vermutlich das Memorandum vom Dezember 1943; siehe S. 273f.)* für den sogenannten Transfer, d. h. die Abschiebung der Deutschen, dargelegt. Wir sagten ihm, es sei zweckmäßiger, den Vorgang im Rahmen der Aktion zur Bestrafung der Schuldigen am Krieg und an den der Tschechoslowakei angetanen Verbrechen abzuwickeln. Auf antifaschistischer und antinazistischer Grundlage sollten folgende Leitsätze befolgt werden:

a) Alle, die Hitler aktiv geholfen haben und sich des Hochverrats gegen die Republik schuldig machten, werden einschließlich Ausweisung aus der Republik und Beschlagnahme des Vermögens bestraft.
b) Den übrigen Bürgern deutscher Nationalität wird die Möglichkeit gegeben, entweder für Deutschland oder für die Tschechoslowakei zu optieren. Dabei behält sich die tschechoslowakische Regierung die Entscheidung in jedem einzelnen Falle vor.
c) Die aktive Teilnahme tschechoslowakischer Bürger deutscher Volkszugehörigkeit am Kampf gegen Hitler sowohl vor als auch nach München führt zum automatischen Anspruch auf die tschechoslowakische Staatsbürgerschaft.
d) Der ganze Vorgang muß unter aktiver Beteiligung der deutschen Antifaschisten abgewickelt werden.

In Beantwortung unserer Ausführungen sagte der Herr Präsident, daß durch die von uns vorgeschlagene Vorgangsweise das ihm vorschwebende Ziel erreicht werden könne. Er unterstrich dabei, daß die Tschechoslowakei am Ende der Säuberungsaktion ein slawischer Nationalstaat sein müsse.«
Vgl.: Gottwald, Klement: »Spisy« [Schriften]; Bd. XI; Prag, 1955; S. 262ff.

[6] Vermutlich gemeint: General Ingr; siehe S. 251.

---

*Quelle:*
»Lidové Noviny« [Öffentliche Zeitung]; *(Tageszeitung der KPTs.)*; Prag; 24. 11. 1948.

**Memorandum**[2] **1943, Dezember**[1]
**des ČSR-(Exil-)Staatspräsidenten Edvard Beneš:**
*Richtlinien für den Transfer der deutschen Bevölkerung aus der wiedererrichteten Tschechoslowakei*

1. Der durch die Gesetze des Deutschen Reiches[3] festgelegte Grundsatz, daß alle[4] Deutschen in der ČSR Reichsbürger sind, wird angenommen. Die tschechoslowakische Regierung behält sich das Recht vor, zu bestimmen, welche Deutschen die tschechoslowakische Staatsbürgerschaft bekommen oder behalten können.
2. Festgelegt wird der Grundsatz, daß innerhalb längstens fünf Jahren diejenigen *(Personen)* das tschechoslowakische Gebiet verlassen, denen die ČSR dies vorschreibt. Es wird festgelegt werden, welche Menge und welche Art von Eigentum sie mitnehmen können. Für alles andere erhalten sie vom tschechoslowakischen Staat eine Bestätigung und die Tschechoslowakei wird dieses Vermögen zur Bezahlung der Reparationen von seiten Deutschlands für die in der ČSR verursachten Schäden benützen. Deutschland wird daher zum Ersatz an diese ehemaligen tschechoslowakischen Bürger verpflichtet sein und wird dies nach eigener Entscheidung und Gesetzgebung durchführen.
3. Festgelegt wird der Grundsatz, daß es in der Tschechoslowakischen Republik keine Gemeinde geben darf, die nicht wenigstens 67% Bevölkerung tschechischer, slowakischer oder karpatorussischer (ukrainischer) Nationalität hätte. Die Regierung wird dementsprechende Vorkehrungen treffen, damit dies innerhalb einer bestimmten Zahl von Jahren verwirklicht wird.
4. Der Staat wird der tschechoslowakische Nationalstaat sein. Die Minderheitsbürger werden alle individuellen demokratischen Bürgerrechte haben, sie werden jedoch gesetzlich nicht als ein nationales und politisches Kollektiv[5] gelten. Vom Staate unterhaltene Schulen werden nur tschechoslowakische und ukrainische sein. Von diesem Grundsatz können nur deutsche Volksschulen ausgenommen werden. Die Sprache der Staats-, Landes- und Kreisbehörden wird nur tschechoslowakisch (und ukrainisch) sein. Im übrigen wird es überall eine volle demokratische Toleranz und Übereinstimmung geben. Der Staat wird dezentralisiert werden und die örtliche Selbstverwaltung eine vollständige sein.
5. Es wird ein detaillierter Plan des Transfers in politischer, wirtschaftlicher, technischer und finanzieller Hinsicht ausgearbeitet werden. Es wird ein umfangreicher Fünfjahresplan im Rahmen der gesamtstaatlichen politischen, wirtschaftlichen und sozialen Fünfjahresplanes sein, der in jeder Beziehung in den allgemeinen Wiederaufbauplan der Republik eingefügt wird.
   Der Hauptteil des Transfers soll innerhalb von zwei Jahren durchgeführt werden. Der wirtschaftliche Grundsatz des Transfers soll sein, daß das gesamte Inventar von Industrieunternehmen, Gewerbebetrieben und landwirtschaftlichen Besitzen an Ort und Stelle bleibt und daß die bisherigen Eigentümer und Verwalter für deren Zustand bis zur Übernahme haften. Wie angeführt, wird das übernommene Eigentum der ausgesiedelten Deutschen und Ungarn als Reparation angesehen und Deutschland und Ungarn gutgeschrieben.
6. Gleich in den ersten Monaten nach Deutschlands Zusammenbruch werden (soweit nicht zwecks Bestrafung in der Republik festzuhalten) bestimmte Kategorien von Bürgern deutscher Nationalität, die es wegen ihres Verhaltens verdienen, aus der Republik ausgewiesen werden:
   a) Alle ehemaligen Bürger der ČSR, die Mitglieder der Gestapo, der SS-Formationen, der deutschen Polizei waren, und alle Beamten deutscher Nationalität, die nach München oder nach dem 15. März 1939 ernannt wurden und diejenigen Beamten, die sich offensichtlich auf die Seite des neuen Regimes schlugen.

b) Henlein-Funktionäre in der ganzen Republik, Ordner, Hitlerjugend, führende Funktionäre aller anderen Organisationen der Partei (Turner usw.).
c) Diejenigen, die in uniformierten Verbänden an den Fronten und auch im Hinterland während des Krieges Deutschland dienten, falls sie nicht eine revolutionäre antideutsche Tätigkeit nachweisen oder nachweisen, daß sie tschechischer, slowakischer oder karpatorussischer Nationalität sind.
d) Lehrer, Professoren, Mitglieder nazistischer Studentenorganisationen, Juristen, Ingenieure – Teilnehmer am Vereins- und politischen Leben nazistischer Fachorganisationen.
e) Alle Deutschen, die aus der Besetzung der Tschechoslowakei wirtschaftlich und finanziell Nutzen gezogen oder dies versucht haben.

7. In dem wirtschaftlichen und finanziellen Transferplan muß an die Finanzierung des Transfers jenes Teiles der Bevölkerung gedacht werden, der an der gegenstaatlichen Tätigkeit gegen die ČSR nicht teilgenommen hat. Aus diesem Titel Aussiedlern seitens der ČSR zuerkannte Ersatzleistungen (für zurückgelassenes Eigentum u. ä.) werden mit den tschechoslowakischen Forderungen für die durch die Deutschen in der ČSR verursachten Schäden kompensiert.

...

*Anmerkungen:*

1 Die Niederschrift ist vor diesem Datum entstanden und enthält eine für Dritte bestimmte, zeitgebundene Darstellung. Daher bestehen auch offensichtliche Unterschiede zwischen diesen schriftlichen Planungen von 1943 und der Praxis in den Jahren 1945/46.
Zur zeitunabhängigen Meinung des Verfassers Beneš: Siehe seine »Erinnerungen«; S. 248 ff.

2 Hergegeben – soweit bekannt – an die Regierung der UdSSR im Dezember 1943 und an die britische Regierung Anfang 1944.

3 Falsch: Gemeint ist v. a. der Deutsch-Tschechoslowakische Vertrag vom 20. 11. 1938; siehe S. 235 dieser Sammlung.

4 Falsch: Die Deutschen in der ČSR außerhalb der sog. böhmischen/historischen Länder (d. h. die Karpathendeutschen in der Slowakischen Republik 1939–1945 und in den Ungarn zugehörigen Gebieten) sind durch Verträge mit bzw. Gesetze des Deutschen Reiches in ihrer Staatsangehörigkeit zur Slowakischen Republik bzw. Ungarn nicht berührt worden.

5 Versuch der Herstellung eines falschen Eindrucks: Gerade diese gesetzlich festgelegten Gruppenrechte nationaler und politischer Art hat es in der ČSR von 1919 bis 1938 nicht gegeben.

*Quelle:*

Smutný, Jaromír: »Němci v Československu a jich odsůn z Republiky« [Die Deutschen in der Tschechoslowakei und ihr Abschub aus der Republik]; London, 1956; S. 64 ff.

## Grundsatzpapier der tschechoslowakischen (Exil-)Regierung[1] für die Modalitäten des Abschubs der Sudetendeutschen:

**1944, Ende Mai**

*Auch »unschuldige« Sudetendeutsche dürfen ihr Land nicht behalten*

1. Es ist unerläßlich, die tschechoslowakischen Deutschen geographisch von den Reichsdeutschen zu trennen. Deshalb wird die Schaffung einer Grenzzone vorgeschlagen, in der nur Tschechen wohnen dürfen und aus der alle Deutschen ausgesiedelt werden, also auch die, die sich nichts gegen die Republik und das tschechische Volk zuschulden kommen ließen.
2. Landbesitz soll nirgends in der Republik in den Händen von Deutschen bleiben, auch wenn sie unschuldig sind. Bei seiner Enteignung soll ihnen jedoch, soweit sie ein Recht darauf haben, volle Entschädigung in tschechoslowakischer Währung zuteil werden.

3. Es wird ferner untersucht, in welchen Industriezweigen es ratsam ist, deutsche Arbeiter nicht abzuschieben, um schwere wirtschaftliche Schäden zu verhindern. Ansonsten sind wirtschaftliche Gründe politischen Gesichtspunkten unterzuordnen.
4. Deutsche, bei denen eine gegen den Staat gerichtete Tätigkeit festgestellt wird, verlieren jedes Vermögen entschädigungslos durch Enteignung und werden ausnahmslos abgeschoben. Da sie reichsdeutsche Bürger geworden sind, muß sie das Reich übernehmen.
5. Deutsche, die Mitglieder der Henlein-Partei waren, sich aber nicht gegen den Staat betätigt haben, unterliegen ebenfalls der Enteignung und dem Abschub. Sie erhalten jedoch volle Entschädigung in Reichsmark, und zwar in Form von Reichsbankanweisungen. Den persönlichen Besitz können sie mit sich nehmen.
6. Deutsche, die Mitglieder der Henlein-Partei waren, sich aber gegen die Nazisten betätigt haben, sowie Deutsche, die nicht Mitglieder der Henlein-Partei waren, können auch weiterhin in der Tschechoslowakei bleiben und erhalten die Garantie der Gleichberechtigung mit Tschechen und Slowaken, allerdings mit der Einschränkung, daß sie keinen Landbesitz haben dürfen und ihre Kinder in Schulen mit tschechoslowakischer Staatssprache schicken müssen, an denen Deutsch unterrichtet wird. Sie werden auch die Möglichkeit erhalten, ihre Kinder in vom Staat bezahlte Sonderkurse zu schicken, in denen ihnen eine allseitige Bildung über die deutsche Kultur zuteil wird.

---

*Anmerkung:*
[1] Von einer Sonderkommission der Regierung und hohen Beamten erarbeitet, nicht einstimmig angenommen, später nicht weiter verfolgt.

---

*Quelle:*
Feierabend, Ladislav: »Prag-London vice-versa«; Bd. II; Bonn, o. J. (nach 1973); S. 259f.

**Notiz** **1944, 25. Mai**
**für die Alliierten Mächte**
(Sog. Friedensplan des Obersten Klaus Graf v. Stauffenberg[1]):
*Sudetengebiet bei Deutschland*

*Mit den Alliierten«* [2] *sollte verhandelt werden über*

...

4. Dauernde Verteidigungsfähigkeit im Osten, Räumung aller besetzten Gebiete im Norden, Westen, Süden.

...

8. Reichsgrenze von 1914 im Osten, Erhaltung Österreichs und der Sudeten beim Reich.

...

---

*Anmerkungen:*
[1] Es handelt sich um eine Notiz des Hauptmanns Hermann Kaiser für die Alliierten Mächte, die Stauffenberg billigte. Stauffenberg selbst, der am 20. Juli 1944 die Bombe in Hitlers Hauptquartier zündete, wurde am gleichen Tage in Berlin erschossen.
[2] Gemeint sind die Westalliierten.

---

*Quelle:*
Ritter, Gerhard: »Carl Goerdeler und die deutsche Widerstandsbewegung«; 3. Aufl.; Stuttgart, 1956; S. 609.

**Brief** **1944, 16, Juli**
**des ČSR-(Exil-)Staatspräsidenten Edvard Beneš**
**an die tschechoslowakische Untergrundbewegung:**
*Erschlagt möglichst viele Sudetendeutsche!*

. . .

10. Zur Frage unserer Deutschen gibt Ihnen der Präsident [1] zu dem, was er im Staatsrat [2] gesagt hat, noch folgende Erklärungen:

Soweit es sich um die internationale Lösung dieser Frage handelt, hängt noch viel von der Entwicklung der Endphase des Krieges ab. Das Verhältnis zu den Deutschen und zu Deutschland, zu der Methode, wie mit Deutschland nach dem Krieg verfahren werden soll, also auch zu der Frage, was mit unseren Deutschen zu geschehen hat, nimmt in der ganzen öffentlichen Weltmeinung immer mehr eine Wendung zum Besseren, und zwar so, wie unser Volk es braucht. Wir rechnen heute also mit der Möglichkeit der Durchführung eines Transfers unserer deutschen Bevölkerung. Es kann jedoch heute noch nicht definitiv gesagt werden, daß sämtliche über drei Millionen Deutschen auf Grundlage irgendeiner internationalen Regelung transferiert werden können. Auf diesem Wege wird es vielleicht möglich sein, sie nur zum Teil loszuwerden, maximal vielleicht zwei Millionen, und wir können uns daher nicht auf eine internationale Lösung verlassen und können eine solche nicht abwarten. Es ist notwendig, daß wir in den ersten Tagen nach der Befreiung vieles selbst erledigen, daß möglichst viele schuldige Nazisten vor uns fliehen, aus Angst vor einer Bürgerrevolte gegen sie in den ersten Tagen der Revolution, und daß möglichst viele derjenigen, die als Nazisten sich wehren und Widerstand leisten, in der Revolution erschlagen werden.[3] Denken Sie immer daran, darauf muß die ganze Nation vorbereitet sein. Der internationalen Lösung der deutschen Frage bei uns muß daher neben der revolutionären Befreiungsbewegung und später auch neben den ordnungsmäßigen militärischen Operationen, bis unser ganzes Land und das ganze Staatsgebiet militärisch befreit sein werden – hauptsächlich also auch die Grenzgebiete, die durch München von uns abgetrennt wurden – die schnellstmögliche Besetzung und Säuberung auch der Grenzläufer vorangehen, wo das tschechische Element immer am stärksten war und wo es praktisch bis zu den Grenzgebirgen reichte (z. B. der Böhmerwald, die Gegend südöstlich des Chodischen, Neuhaus, Znaim, das Thaya-Tal, und im Norden vor allem das Duxer Kohlenbecken, wo das tschechische Element praktisch bereits vor dem Krieg überwog, ferner Starkenbach, das böhmische Riesengebirge überhaupt, die Reichenberger deutsche Sprachinsel und schließlich Hohenstadt und die Umgebung des Glatzer Schneeberges).

Schließlich dann, in der letzten Phase, kommen die innenpolitischen Maßnahmen in bezug auf jene deutschen Bürger, die bei uns geblieben sind. Hier wird es sich vor allem um diejenigen handeln, die mit uns hier im Ausland treu zusammengearbeitet haben und die auch in der Heimat gemeinsam mit uns den Umsturz durchführen und die Idee des Nationalstaates annehmen werden. Aber auch bezüglich dieser Bürger betonen wir den Verbündeten gegenüber, daß sie keine besonderen Minoritätsrechte haben werden, nur die demokratischen Bürgerrechte, keine Mittel- und keine Hochschulen. Aber auch das alles hängt von den Kriegsereignissen ab, und daher will ich mich darüber nicht ganz definitiv äußern. Die öffentlichen Bekanntmachungen des Präsidenten und der Regierung hier in London müssen in dieser Frage immer sehr zurückhaltend sein, und es ist notwendig, sie auch bei uns danach zu beurteilen. Natürlich werden wir uns bemühen, diese Frage so gründlich wie nur möglich zu lösen, und das wichtigste Wort werden die Heimat und diejenigen haben, die unter den Deutschen gelitten haben. Ohne die Heimat können wir dies allein nicht entscheiden.

Es ist die Überzeugung des Präsidenten, der Regierung, des Staatsrats und unserer ganzen politischen Öffentlichkeit im Ausland, daß der künftige Staat ein Nationalstaat sein muß. Im großen Ganzen lassen das die Verbündeten gelten. Es ist zu hoffen, daß nach München und nach den furchtbaren Erfahrungen dieses Krieges die alliierte Welt größeres Verständnis für die Notwendigkeit einer Sicherung unserer nationalen Existenz haben wird. Aber, wie bereits gesagt, eine wichtige Rolle in dieser Richtung fällt im Befreiungskrieg dem Volk in der Heimat selbst zu . . .

*Anmerkungen:*
[1] Es handelt sich um einen Brief von Prokop Drtina, Sekretär von Beneš.
[2] Siehe S. 262.
[3] Siehe die ähnlichen Belege auf S. 251.

*Quelle:*
Prečan, Vilem: »Z korrespondence Slovensko – Londyn v roce 1944« [Aus dem Briefwechsel Slowakei-London im Jahre 1944] in »Přispěvky k dějinam KSČ« [Beiträge zur Geschichte der KPTs.]; Bd. VI; Prag, 1964; S. 930 (Hervorhebungen im Original).

**Memorandum** **1944, 23, November**
**der Tschechoslowakischen (Exil-)Regierung**
**an die Regierungen der Alliierten Mächte[1]:**
*Zum Problem der deutschen Minderheit in der Tschechoslowakei*

I.
1. Es gilt jetzt als allgemein anerkannt, daß nationale Minderheiten, d. h. Minderheiten, die sich selbst als nicht zugehörig zu der Nation, auf deren Gebiet sie leben, betrachten und von anderen ebenso als nicht zugehörig angesehen werden, eine ernste Ursache für Spannungen und Konflikte zwischen den Nationen darstellen . . .
Dies gilt im besonderen für deutsche Minderheiten . . .
2. Offensichtlich kann das Problem nicht durch territoriale Regelungen gelöst werden. Eigentlich haben sich die Minderheitenprobleme durch die Unmöglichkeit ergeben, eine Grenzlinie zu finden, die nicht auf der einen Seite oder auf beiden Seiten Minderheiten schafft, denn europäische Minderheiten leben nirgendwo in geschlossenen, mit anderen Nationalitäten unvermischten Gruppen. Die bloße Tatsache, daß eine Minderheitengruppe in einem bestimmten Bezirk zahlenmäßig überlegen ist, berechtigt sie an sich nicht, dort nationale Souveränität zu beanspruchen, besonders dann, wenn, wie in Böhmen, solche Bezirke des Landes immer mit dem Rest eine geographische, geschichtliche, politische, wirtschaftliche, soziale und kulturelle Einheit innerhalb einer natürlichen Grenze bildeten. Die Nation, die diese Grenze seit dem Beginn ihrer Geschichte gehalten hat und für die sie zur Erhaltung ihrer Unabhängigkeit unentbehrlich ist, kann sie nicht allein deswegen aufgeben, weil die Agitation eines aggressiven Nachbarn in der Bevölkerung der Grenzgebiete den Wunsch nach der Vereinigung mit einem fremden Staat entflammt hat. Eine auf diese Weise erzwungene territoriale Lösung und das damit angesprochene Prinzip würden nur den Keim für neue Konflikte und Kriege in sich tragen . . .
. . .
*(Sodann werden unterstützende Argumente dargestellt. Diese werden durch einen gesonderten, historischen Anhang zum Memorandum mit dem Titel* »Der Pan-Germanismus der Deutschen in der Tschechoslowakei« *ergänzt. Es handelt sich um eine historische Darstellung des deutsch-tschechischen Verhältnisses aus tschechoslowakischer Sicht.)*
. . .
4. Jeder Versuch, die deutsche Minderheit in einem Land zu halten, in dem sie sich so stark bloßgestellt hat wie in der Tschechoslowakei, würde dieses Land in einen Teufelskreis ziehen, aus dem es kaum entkäme, ohne eine neuerliche internationale Krise zu verursachen . . .

...

5. Unter diesen Umständen und in Anerkennung der Tatsache, daß keine deutschen Methoden benutzt werden sollen, um die 3 Millionen Deutschen, die auf tschechoslowakischem Gebiet leben, gewaltsam zu assimilieren oder gar auszurotten, stellt die Überführung eines größeren Teiles der deutschen Bevölkerung, die aktiv ihre feindliche Haltung gegenüber dem tschechoslowakischen Staat offenbarte und darauf beharrt, Deutschland als ihre kulturelle und politische Heimat anzusehen, eindeutig eine primäre Notwendigkeit dar...

...

*(In einem weiteren Anhang* »Diskussion der vorherrschenden Argumente gegen zwangsweise Überführungen« *wird dann darauf hingewiesen, daß diese Argumente nicht überzeugen könnten.)*

...

8. Angesichts aller politischen und wirtschaftlichen Erwägungen, besonders der oben erwähnten, glaubt die tschechoslowakische Regierung, daß die Tschechoslowakei etwas weniger als ein Drittel ihrer gegenwärtigen deutschen Minderheit ohne Gefährdung der Sicherheit ihres Staates behalten könnte, d. h. bis zu 800000 [2], aber diese Anzahl nicht überschreitend. Angehörige der deutschen Minderheit bis zu dieser Anzahl können verbleiben, wenn sie sich gegenüber der tschechoslowakischen Republik nicht illoyal erwiesen haben und unter der Bedingung, daß sie ihre Kinder uneingeschränkt im demokratischen Geist der tschechoslowakischen Staatsbürgerschaft erziehen und nichts tun werden, um eine allmähliche Verschmelzung [3] ihrer Nachkommen mit dem tschechoslowakischen Volk zu einer politischen und kulturellen Einheit zu verhindern. Man sollte nicht vergessen, daß ein großer Teil der deutschen Minderheit aus germanisierten Nachkommen der ursprünglichen tschechischen Bevölkerung besteht.

...

*(Sodann wird von 3,2 Millionen Deutscher im Jahre 1930 ausgegangen. 250000 Kriegsverluste werden unterstellt; 500000 der ausgesprochenen »Henleinisten« und anderen Nazis würden von sich aus fliehen, 800000 dürften bleiben, so daß 1,6 Millionen zu überführen wären.)*

...

II.

*(Detaillierte Durchführungsvorschriften für die Überführung folgen. Dazu gehören auch:)*

18. Es gibt keine Absicht, das Privatvermögen der zu überführenden Personen zu konfiszieren, es sei denn auf der Basis einer gesetzlichen Strafe [4]. Den Überführten wird regelmäßig erlaubt werden, ihr bewegliches Vermögen mitzunehmen mit Ausnahme von Gütern, deren Ausfuhr allgemein verboten wird (z. B. Nutztiere, Maschinen, verschiedene Devisen, Gold usw.).

19. Als Ausgleich für zurückgelassenes Vermögen, dessen Preis nach einem festzulegenden Standard festgestellt werden wird, werden die Überführten entweder Anweisungen zur Zahlung aus tschechoslowakischen Forderungen gegen den deutschen Staat, die Reichsbank oder deutsche Staatsangehörige erhalten oder mit deutschem Geld bezahlt, das auf tschechoslowakischem Territorium gefunden wird [5].

III.

*(Für die in der Tschechoslowakei verbleibenden ca. 0,8 Millionen Deutsche werden wiederum [6] Versprechungen gemacht. Dazu gehört auch:)* ...

Deutschen Kindern rein deutscher Herkunft wird, mindestens in der ersten Generation, eine Grundschule in ihrer Muttersprache [7] gewährt...

IV.
*(Die Argumente werden schließlich zusammengefaßt. Darüber hinaus heißt es:)*
Es ist erforderlich,
a) Deutschland durch die Kapitulationsbedingungen zu verpflichten, die aus der Tschechoslowakei überführten Deutschen auf seinem Gebiet aufzunehmen, als deutsche Staatsbürger anzuerkennen und ihre andauernde Ansiedlung auf seinem Gebiet zu betreiben[8];
b) daß die zuständigen Alliierten Behörden im besetzten Deutschland sowohl dafür sorgen, daß Deutschland diese Verpflichtungen gewissenhaft erfüllt, als auch die Verwirklichung dieses Zieles mit angemessenen, ihnen zur Verfügung stehenden Mitteln (selbst) betreiben.

---

*Anmerkungen:*
[1] Sowohl die britische (vom 17. 1. 1945) als auch die US-amerikanische Antwort (vom 31. 1. 1945) auf dieses Memorandum war eine ebenso höfliche, wie deutliche Ablehnung: Man müsse sich über das gesamte Problem noch unterhalten.
Zur britischen Antwort vgl. Brügel, J. W.: »Tschechen und Deutsche 1939–1946«; München, 1947; S. 173; zur amerikanischen Antwort vgl. Král; a. a. O.; S. 548f.
Bemerkenswert: Die Adressaten des Memorandums, die USA und Großbritannien, hatten Beneš nach eigenen Angaben bereits 1943 (siehe S. 250) die Zustimmung zur Vertreibung der Sudetendeutschen gegeben. Auf diese Zustimmung wird im November 1944 keinerlei Bezug genommen.
[2] Tatsächlich blieben nach Abschluß der Vertreibungsmaßnahmen nur rd. 0,2 Mio Sudetendeutsche in der ČSR; siehe S. 478ff.
[3] Man beachte die mindestens Ähnlichkeit zum (nichtdurchgeführten) Konzept Hitlers; siehe S. 244.
[4] Tatsächlich wurde konfisziert; siehe S. 287, 292.
[5] Tatsächlich wurde dies nicht durchgeführt.
[6] Zu ČSR nach dem 1. Weltkrieg die tschechoslowakische Note vom 20. 5. 1919; siehe S. 131f.
[7] Tatsächlich erfolgte dies nicht; siehe S. 341ff.
[8] Eine Aufnahme dieser Bestimmungen in die deutsche militärische Kapitulationsurkunde vom 8. 5. 1945 erfolgte nicht.

---

*Quelle:*
Král, Vaclav: »Die Deutschen in der Tschechoslowakei«; Prag, 1964; S. 538ff.

**Note** **1945, 8. März**
**des britischen Botschafter Sir Philip Nichols**
**an den Außenminister der tschechoslowakischen (Exil-)Regierung Jan Masaryk:**
*Vertreibung der Sudetendeutschen noch abzustimmen*

... Im Auftrage meiner Regierung habe ich die Ehre, mich auf Unterredungen zu beziehen, die Seine Exzellenz, der Präsident der Republik[1] mit dem Außenminister[2] und mir am 23. Februar *(1945)* und bei früheren Gelegenheiten hatte. Im Verlauf dieser Unterredungen hatte Dr. Beneš das Programm bezüglich des Transfers der deutschen Bevölkerung skizziert, das er seinem Volke bei seiner Rückkehr auf das Staatsgebiet bekanntgeben wollte. Die drei Hauptpunkte jeder derartigen Bekanntmachung, die Seine Exzellenz[1] feststellte, machen zu wollen, waren:
Erstens, daß die drei Großmächte[3] prinzipiell Transfers zustimmten;
zweitens, daß allen Personen deutscher Abstammung durch ein zu erlassendes Gesetz die tschechoslowakische Staatsbürgerschaft entzogen[4] und nur jenen *(Personen)*, welche die tschechoslowakische Regierung behalten wolle, die Staatsbürgerschaft zurückgegeben werden würde;
drittens, daß sofort ein Verwaltungsablauf geschaffen werden würde, um die organisierte und ordentliche Abwicklung des Transfers sicherzustellen.
2. In diesem Zusammenhang bin ich beauftragt, die tschechoslowakische Regierung an die Auffassung der Regierung Seiner Majestät[5] zu erinnern, wie sie in meiner Note Nr. 3 vom

17. Januar *(1945)* Euer Exzellenz[1] dargelegt wurde. In dieser Note bestätigte Seiner Majestät Regierung[5] den Empfang eines Memorandums über die Auffassungen der tschechoslowakischen Regierung zur Frage der deutschen Minderheit in der Tschechoslowakei[7] und stellte fest, daß die Vorschläge des Memorandums mit Sorgfalt und Sympathie geprüft würden. Seiner Majestät Regierung[5] fügte jedoch hinzu, daß sie erst in der Lage sein würde, Stellung zu nehmen, wenn diese Fragen mit ihren Hauptverbündeten besprochen worden seien, da das Memorandum sehr wichtige Fragen im Zusammenhang mit der deutschen Gesamtlösung aufwerfe. Deswegen müsse sich Seiner Majestät Regierung[5] derzeit ihren Standpunkt zu den Vorschlägen des Memorandums der tschechoslowakischen Regierung vorbehalten.

3. Nunmehr habe ich die Ehre hinzuzufügen, daß Seiner Majestät Regierung[5] zwar volles Verständnis für den Wunsch des Präsidenten der Republik[1] habe, seinem Volke eine baldige Bekanntmachung zu dieser Frage zu machen und die ihn dazu treibenden Gründe verstehe. Sie[5] wünscht jedoch klarzustellen, daß mit den Hauptverbündeten noch keine Übereinstimmung über die Methode gefunden wurde, wie dieser Fragenkomplex zu behandeln sei, der wichtige Probleme im Zusammenhang mit der Zukunft Deutschlands und Europas nach dem Krieg aufwerfe. Unter diesen Umständen hält es Seiner Majestät Regierung[5] für notwendig, daß Seine Exzellenz, der Präsident[1] bei jeder Bekanntmachung zu den vorgeschlagenen Themen ganz deutlich mache, es handle sich um einen Überblick des von ihm verfochtenen Programmes und der von ihm vorgesehenen Ziele. Dieses Programm habe er[1] den Hauptalliierten[3] übermittelt, aber bis jetzt deren Zustimmung zu seinen Vorschlägen noch nicht erhalten. ...

---

*Anmerkungen:*
[1] D. h. Edvard Beneš.
[2] Sir Anthony Eden.
[3] D. h. die USA, Großbritannien, die UdSSR.
[4] Angekündigt durch das »Kaschauer Statut« vom 5. 4. 1945; zum Text: Siehe nachfolgenden Beleg. Durchgeführt durch das Verfassungsdekret vom 2. 8. 1945; zum Text: Siehe S. 290f.
[5] D. h. die britische Regierung.
[6] Die entscheidenden Aussagen folgen.
[7] Vom 23. 11. 1944; zum Text: Siehe S. 277ff.

---

*Quelle:*
Kral, Václav: »Die Deutschen in der Tschechoslowakei 1933–1947«; Prag, 1964; S. 549.

**Programm** **1945, 5. April**
**der tschechoslowakischen Regierung (sog. »Kaschauer[1] Statut«):**
*Vorgesehene Behandlung der Sudeten- und Karpatendeutschen*[2]

...

Kapitel VIII

Die schrecklichen Erfahrungen, welche die Tschechen und Slowaken mit der deutschen und ungarischen Minderheit erlebten, welche größtenteils zu nachgiebigen Instrumenten einer Eroberungspolitik gegenüber der Republik von außen wurden und von denen besonders die tschechoslowakischen Deutschen ihre Kräfte geradezu zu einem Vernichtungszug gegen das tschechische und slowakische Volk geliehen haben, zwingt die erneuerte Tschechoslowakei zu einem tiefen und dauerhaften Eingriff. Die Republik will und wird ihre loyalen deutschen und ungarischen Staatsbürger nicht strafen, besonders nicht diejenigen, die in den schwersten Zeiten ihre Treue zu ihr bewahrten, mit den Schuldigen wird sie aber streng und unerbittlich umgehen, wie das das Gewissen unserer Völker, das heilige Andenken unserer unzähligen Märtyrer, die Ruhe und Sicherheit der zukünftigen Generation verlangt. Die Regierung wird sich demzufolge nach diesen Regeln richten.

Hinsichtlich der Staatsbürger der Tschechoslowakei deutscher und ungarischer Nationalität, die die tschechische Staatsbürgerschaft vor München 1938 besaßen, wird die Staatsbürgerschaft bestätigt und eine eventuelle Rückkehr in die Republik gesichert: bei Antinazisten und Antifaschisten, bei denen, die schon vor München einen aktiven Kampf gegen Henlein und gegen die ungarischen irredentistischen Bestrebungen und für die Tschechoslowakei führten, die nach München und nach dem 15. März wegen ihres Widerstandes und Kampfes gegen das dortige Regime und für ihre Treue zur Tschechoslowakei verfolgt und in die Gefängnisse und KZ's eingesperrt wurden, oder die vor dem deutschen und ungarischen Terror ins Ausland flüchten mußten und sich dort aktiv am Kampf für die Erneuerung der Tschechoslowakei beteiligt haben.
Bei den übrigen tschechoslowakischen Staatsbürgern deutscher und ungarischer Nationalität wird die tschechoslowakische Staatsbürgerschaft aberkannt[2]. Diese Staatsbürger können erneut für die Tschechoslowakei optieren, wobei sich die Ämter der Republik das Recht der individuellen Entscheidung über jedes Gesuch vorbehalten. Diejenigen Deutschen und Ungarn, die wegen Verbrechen gegen die Republik und gegen das tschechische und slowakische Volk beurteilt und verurteilt werden, werden der tschechoslowakischen Staatsbürgerschaft für verlustig erklärt und werden für immer aus der Republik ausgewiesen, insofern sie keine Todesstrafe erhalten.
Deutsche und Ungarn, die in das Gebiet der Tschechoslowakei nach München 1938 einwanderten, werden, insofern sie nicht einem Strafverfahren unterliegen, gleich aus der Republik ausgewiesen.[3] Eine Ausnahme bilden diejenigen Personen, die zugunsten der Tschechoslowakei gearbeitet haben.
. . .

*Anmerkungen:*
[1] Kaschau (Stadt in der Ostslowakei) war erster Regierungssitz der tschechoslowakischen Regierung im Lande nach der Rückkehr aus London über Moskau.
[2] Es erscheint beachtlich, daß das Kaschauer Statut den Sudetendeutschen lediglich die (tschechoslowakische) Staatsbürgerschaft aberkannte. Von Ausweisung spricht es nur in den zwei hier angeführten Fällen:
a) Verurteilung wegen Verbrechen
b) Zuzug nach 1938.
Auch aus späterer Zeit gibt es keine tschechoslowakische Rechtsgrundlage für die Ausweisung. Nach tschechoslowakischer Auffassung liegt diese allein in der »Erklärung über die Potsdamer Konferenz«; siehe S. 290f.
[3] Zur offiziellen Regelung am 2. August 1945: Siehe S. 291f.

*Quelle:*
Turnwald, Wilhelm (Hrsg.): »Dokumente zur Austreibung der Sudetendeutschen«; München, 1951; S. 527.

## »Appell des Gauleiters« der NSDAP, Konrad Henlein an die Sudetendeutschen: *»In ernster Stunde«*

**1945, 5. Mai**

*Nach einem historischen Rückblick charakterisierte sich Henlein selbst:* »Als Kind meiner Zeit . . . habe ich . . . immer das Beste gewollt[1]« . . . Nach der nun einmal gegebenen Lage an den Fronten ist vielleicht bald auch im Sudetenland die Ausschaltung der freien Entscheidung, wenigstens auf einige Zeit, zu befürchten . . . Wenn . . . unsere Führung nicht mehr Parolen ausgeben, für Euch handeln und Eure Rechte verteidigen kann, dann wird jeder Arbeiter, jeder Bauer, jeder Handwerker, Angestellter oder jeder Betriebsführer auf sich gestellt sein, und es wird auf jeden einzelnen ankommen . . .

Für uns kann dieses Abkommen[2] nicht nur ein Stück Papier sein! Für die Welt nicht zu einem Fetzen Papier werden! Die Staaten, die sich 1938 entschlossen haben, die Trennung des deutschen vom tschechischen Gebiet Böhmens, Mährens und Schlesiens um des Friedens willen zu verwirklichen und dazu die Billigung des tschechoslowakischen Staates unter der Präsidentschaft Dr. Beneschs fanden, haben selbst dem Sudetenland seine Grenzen bestimmt und damit eine moralische Garantie übernommen.

. . .

---

*Anmerkungen:*

[1] Eindrucksvoll schildert ein Aristokrat seine letzte Begegnung mit Henlein »Ende April oder Anfang Mai 1945:

. . . Er ging im Zimmer auf und ab, offensichtlich in höchster seelischer Erregung. Plötzlich blieb er stehen, sah mich an, und nun brach ein Strom bitterster Anschuldigungen aus seinem Mund. Ich kann mich an seine Worte im einzelnen nicht mehr erinnern, der Sinn aber war dieser: ›Ich habe das alles nie gewollt, sie haben mich getäuscht, sie haben mich erst belogen, dann haben sie mich entmachtet, sie haben meinen Namen mißbraucht, zu sagen hatte ich längst nichts mehr . . .‹ und so noch anderes in diesem oder verwandtem Sinn. Die Szene erschütterte mich zutiefst. Es war mir deutlich, unbedingt deutlich, daß der Mann die Wahrheit sprach, so wie er sie eben erlebt hatte.«

Vgl.: Clary-Aldringen, Alfons: »Geschichten eines alten Österreichers«; 4. Aufl.; Berlin/Wien, 1977; S. 254f.

[2] Gemeint: Das Münchner Abkommen vom 29. 9. 1938; siehe S. 232ff.

---

*Quelle:*

»Die Zeit« *(Hauptorgan der NSDAP im Reichsgau Sudetenland)* Jg. 11, Nr. 109; Reichenberg, 8. 5. 1945; S. 1.

# 4. 1945–1958: Die Vertreibung der Sudetendeutschen und der Neubeginn der Sudetenfrage

**Aufruf** **1945, 13. Mai**
**der Kommunistischen Partei der Tschechoslowakei (KPTs.)**
**an das tschechische Volk:**
*»Richtet für die verhafteten Deutschen Arbeitslager ein!«*

...

Gewährleistet die Sicherheit des befreiten Gebietes von offenen und geheimen Agenten. Errichtet in jedem Ort eine Nationalgarde, die in Zusammenarbeit mit den zentralen Sicherheitsorganen über Ordnung und Sicherheit von Personen und Eigentum wachen soll! Verhaftet sogleich alle Deutschen, welche zu uns nach dem Abschluß des Münchener Vertrages als Okkupanten kamen. Ähnlich geht vor gegen jene »einheimischen« Deutschen, welche Henlein und Frank aktiv unterstützt und sich an dem Ausrottungsfeldzug gegen unser Volk beteiligt haben. Richtet für die verhafteten Deutschen Arbeitslager ein und zwingt sie für den Wiederaufbau dessen zu arbeiten, was sie selbst zerstört haben!

Reinigt das Vaterland von den Agenten eines Verrates, wie er in der Geschichte unseres Volkes ohne Beispiel ist! Nehmt unverzüglich alle aktiven Helfer eines Moravec, Bienert und Hácha sowie die ganze sogenannte Protektoratsregierung in Haft, ebenso auch alle Kollaboranten, die mit den Deutschen aktiv zusammenarbeiteten und aus dem Leid der Nation persönlichen Nutzen gezogen haben! Laßt euch nicht täuschen, wenn sich die Verräter und Kollaboranten nun die dreifarbige Kokarde ins Knopfloch stecken und wenn sie sich wie begeisterte Patrioten gebärden! Dieses widerliche Gesindel bleibt was es ist, ein Geschwür am Volkskörper, und muß ausgemerzt werden, damit die Nation blühen und gedeihen kann. Seid euch dessen bewußt, daß die Reinigung von Verrätern und Kollaboranten die Voraussetzung ist für eine glückliche Zukunft unseres Volkes, unserer Nation und unseres Staates!

Stellt das zusammengestohlene Eigentum der Deutschen [1], der Verräter und Kollaboranten für Nation und Staat sicher! Für alle Eigentumswerte – Fabriksbetriebe, Geldinstitute, landwirtschaftliche Unternehmungen, Gewerbebetriebe, Geschäfte, Hausbesitz usw. – für alles was sich im Eigentum oder in der Verwaltung von Deutschen, von Verrätern und Kollaboranten befand, oder was zurückgelassen wurde, setzt sofort eine Nationalverwaltung ein, die der Nationalausschuß im Einvernehmen mit den Betriebs- und Personalräten ernennt. Die Nationalverwaltung ist dafür verantwortlich, daß die ihr anvertrauten Vermögenswerte nicht verschachert werden und daß die von der öffentlichen Hand verwalteten Industrie- und landwirtschaftlichen Unternehmen sobald wie nur irgend möglich mit der Produktion beginnen.

Bereitet die endgültige Wiedergutmachung der Folgen des Weißen Berges [2], die Rückgabe tschechischen Bodens an das tschechische Volk vor! Der fremde deutsche Adel, die Nachkommenschaft der Räuber aus der Zeit nach der Katastrophe am Weißen Berg, wird diesmal vollständig und endgültig ausgerottet werden! Dem fremden Adel [1] wird ersatzlos sein gesamtes Besitztum und insbesondere der ganze Grund und Boden konfisziert! Dasselbe geschieht mit dem Grundbesitz und dem übrigen Eigentum der Reichsdeutschen [1], die sich schwer versündigt haben an unserem Volk und an der Republik. Der Konfiskation verfällt auch der Grund und Boden, der im Besitz von Verrätern [1] ist. Der konfiszierte Grund und Boden wird unter unserem kleinen Landvolk aufgeteilt, unter Häuslern, kleinen und mittleren Bauern, Deputanten und anderen landwirtschaftlichen Arbeitern . . .

*Anmerkungen:*
[1] Beachtlich erscheint, daß der Boden des Adels, von Reichsdeutschen und »Verrätern« sofort konfisziert (= enteignet), der Grundbesitz anderer Sudetendeutscher jedoch nur »sichergestellt« werden soll.
Zu den formalen Bestimmungen: Siehe S. 287 und 292.
[2] Gemeint: Schlacht am Weißen Berg bei Prag 1620: Niederlage der vornehmlich protestantischen Böhmen gegen die vornehmlich katholischen Habsburger; siehe S. XIX.

*Quelle:*
»Rudé právo« [Rotes Recht]; *(Tageszeitung der KPTs.)*; Prag; 13. 5. 1945.

**Verfassungsdekret** **1945, 19. Juni [1]**
**von Staatspräsident Beneš**
**»über die Bestrafung der nazistischen Verbrecher,**
**der Verräter und ihrer Helfershelfer sowie über die außerordentlichen Volksgerichte«**
(sog. Retributionsdekret)
*Volksgerichtshöfe verwalten die Vergeltung*

Nach unnachsichtiger Gerechtigkeit rufen die unerhörten Verbrechen, welche die Nazisten und ihre verräterischen Mitschuldigen der Tschechoslowakei gegenüber begangen haben. Die Verknechtung des Vaterlandes, das Morden, die Versklavung, die Plünderungen und die Demütigungen, deren Opfer das tschechoslowakische Volk war, und alle diese qualifizierten deutschen Bestialitäten, bei denen leider auch untreu gewordene tschechoslowakische Bürger mitgeholfen oder mitgewirkt haben, wobei einige von ihnen auch hohe Ämter, Mandate oder Ränge mißbrauchten, müssen unverzüglich die verdiente Strafe erhalten, damit das nazistische und faschistische Übel von den Wurzeln her zerstört wird. Deshalb bestimme ich auf Vorschlag der Regierung folgendes:

1. Hauptstück: Verbrechen gegen den Staat
§ 1
Wer in der Zeit der erhöhten Bedrohung der Republik (§ 18) auf dem Gebiete der Republik oder außerhalb derselben eines der nachstehenden Verbrechen nach dem Gesetz zum Schutze der Republik vom 19. März 1923 [2], Slg. Nr. 50, begangen hat:
Anschläge gegen die Republik (§ 1), wird mit dem Tode bestraft;
wer Anschläge vorbereitet (§ 2), die Sicherheit der Republik bedroht (§ 3), Verrat begangen (§ 4 Nr. 1), sich des Verrates eines Staatsgeheimnisses (§ 5 Nr. 1), des Verrates eines militärischen Geheimnisses (§ 6 Nr. 1, 2 und 3) schuldig gemacht und Verfassungsorganen gegenüber Gewalt angewendet hat (§ 10 Nr. 1), wird mit schwerem Kerker von zwanzig Jahren bis lebenslänglich und bei Vorliegen besonders erschwerender Umstände mit dem Tode bestraft.

§ 2
Wer in der Zeit der erhöhten Bedrohung der Republik (§ 18) Mitglied der Organisationen: »Die Schutzstaffeln der Nationalsozialistischen Deutschen Arbeiterpartei (SS)« oder »Freiwillige Schutzstaffeln (FS)« oder »Rodobrana« [3] oder »Szabadcsapatok« [3] oder anderer

hier nicht genannter Organisationen ähnlichen Charakters[4] war, wird, wenn er keine strenger zu bestrafende Handlung begangen hat, wegen Verbrechens mit schwerem Kerker von fünf bis zu zwanzig Jahren und bei Vorliegen besonders erschwerender Umstände mit schwerem Kerker von zwanzig Jahren bis lebenslänglich bestraft.

§ 3
(1) Wer in der Zeit der erhöhten Bedrohung der Republik (§ 18) die faschistische oder nazistische Bewegung propagiert oder unterstützt hat, oder wer in jener Zeit durch Druck, Rundfunk, Film oder Theater, oder auf einer öffentlichen Versammlung die feindliche Herrschaft auf dem Gebiete der Republik oder einzelne gesetzwidrige Handlungen der Okkupationskommandos sowie der diesen unterstellten Behörden und Organe gebilligt oder verteidigt hat, wird, wenn er keine strenger zu bestrafende Handlung begangen hat, wegen Verbrechens mit schwerem Kerker von fünf bis zwanzig Jahren bestraft, hat er jedoch ein solches Verbrechen in der Absicht begangen, das moralische, nationale oder staatliche Bewußtsein des tschechoslowakischen Volkes, insbesondere der tschechoslowakischen Jugend, zu zerstören, so wird er mit schwerem Kerker von zehn bis zwanzig Jahren, und bei Vorliegen besonders erschwerender Umstände mit schwerem Kerker von zwanzig Jahren bis lebenslänglich oder mit dem Tode bestraft.
(2) Wer in dem gleichen Zeitraum Funktionär oder Befehlshaber in den Organisationen »Nationalsozialistische Deutsche Arbeiterpartei (NSDAP)« oder »Sudetendeutsche Partei (SdP)« oder »Vlajka«[3], »Hlinkagarde«[3] oder »Swatoplukgarde«[3] oder in andere faschistischen Organisationen ähnlichen Charakters[4] war, wird, wenn er keine strenger zu bestrafende Handlung begangen hat, wegen Verbrechens mit schwerem Kerker von fünf bis zwanzig Jahren bestraft.

§ 4
Ein tschechoslowakischer Bürger, der in der Zeit der erhöhten Bedrohung der Republik (§ 18) im Auslande die auf die Befreiung der Tschechoslowakischen Republik in ihrer vormünchnerischen Verfassung und Einheit gerichtete Bewegung lähmte, oder in anderer Weise die Interessen der Tschechoslowakischen Republik bewußt schädigte[5], insbesondere wer die Sicherheit der für die Befreiung der Republik in der Heimat arbeitenden Bürger gefährdete, wird, wenn er kein strenger zu bestrafendes Verbrechen begangen hat, mit schwerem Kerker von fünf bis zwanzig Jahren bestraft.
. . .

§ 18
Unter der Zeit der erhöhten Bedrohung der Republik ist der Zeitraum vom 21. Mai 1938 bis zu dem Tage zu verstehen, der durch eine Regierungsverordnung bestimmt wird[6].
. . .

2. Hauptstück: Die außerordentlichen Volksgerichte
§ 21
(1) Den außerordentlichen Volksgerichten steht die Gerichtsbarkeit über alle Verbrechen zu, die nach diesem Dekret strafbar sind . . .

§ 22
Zusammensetzung und Sitz der außerordentlichen Volksgerichte
(1) Das außerordentliche Volksgericht übt seine Gerichtsbarkeit in fünfgliedrigen Senaten aus, bestehend aus einem Vorsitzenden, der Berufsrichter (Zivil- oder Militärrichter) sein muß, und vier Laienrichtern.
. . .

Das Verfahren vor den außerordentlichen Volksgerichten

. . .

§ 26

. . .

(2) Das ganze Strafverfahren findet . . . soweit möglich ohne Unterbrechung statt und muß innerhalb von drei Tagen von dem Augenblick ab vollendet sein, in dem der Angeklagte vor das Gericht gestellt wurde.

. . .

§ 31

(1) Gegen ein Urteil der außerordentlichen Volksgerichte gibt es keine Rechtsmittel. Ein von wem immer eingereichtes Gnadengesuch hat keine aufschiebende Wirkung.

(2) Die Todesstrafe wird in der Regel innerhalb von zwei Stunden nach der Verkündigung vollstreckt. Auf ausdrückliches Ansuchen des Verurteilten kann die Frist um eine weitere Stunde verlängert werden. Wurde das Verfahren in Abwesenheit des Angeklagten abgehalten, so wird das Todesurteil innerhalb von 24 Stunden nach der Ergreifung des Täters vollstreckt.

(3) Das außerordentliche Volksgericht kann auch entscheiden, daß die Todesstrafe öffentlich vollzogen wird. Dies geschieht insbesondere dann, wenn die grausame Art, in der das Verbrechen begangen wurde, oder der ruchlose Charakter des Täters, die Zahl seiner Verbrechen oder seine Stellung für eine öffentliche Vollstreckung des Urteils sprechen. In diesem Falle kann das Gericht, um die Öffentlichkeit des Strafvollzuges zu gewährleisten, die Frist von zwei Stunden verlängern, jedoch nicht über 24 Stunden hinaus.

. . .

*Anmerkungen:*

[1] Die hier belegte Gesetzesfassung, weitgehend identisch mit der Ausgangsfassung vom 6. 10. 1944 (siehe S. 263), gibt den Stand vom 11. 1. 1947 wieder.

[2] Siehe S. 158ff.

[3] Slowakische, tschechische oder ungarische Organisationen.

[4] Die Unbestimmtheit dieser Formulierung machte es möglich, z. B. auch Mitglieder der Deutschen Arbeitsfront (DAF: NS-Organisation von Arbeitnehmern und Arbeitgebern mit Zwangsmitgliedschaft) zu verfolgen.

[5] Bestimmung, die ziemlich klar auf die Gegner der Vertreibungspolitik Edvard Beneš, v. a. die sudetendeutschen Sozialdemokraten gezielt war.

[6] Das Ende aller Feindseligkeiten in Europa war am 8. 5. 1945. Eine tschechoslowakische Regierungsverordnung (vom 22. 11. 1946) legte fest, daß die Republik bis 31. 12. 1946 unter »erhöhter Bedrohung« stand.

*Quelle:*

Schieder, Theodor (Hrsg.): »Die Vertreibung der deutschen Bevölkerung aus der Tschechoslowakei«; Band IV, Teil 1 der »Dokumantation der Vertreibung der Deutschen aus Ost- und Mitteleuropa«; Bonn, 1957; S. 211ff.

**Verfassungsdekret** **1945, 21. Juni**
**von Staatspräsident Beneš**
**»über die Konfiskation und beschleunigte Aufteilung**
**des landwirtschaftlichen[1] Vermögens der Deutschen, Madjaren,**
**wie auch der Verräter und Feinde des tschechischen und des slowakischen Volkes«:**
*Enteignung der sudetendeutschen Landwirtschaft*

Um dem Rufe der tschechischen und slowakischen Bauern und Landlosen[2] nach einer konsequenten Verwirklichung einer neuen Bodenreform entgegenzukommen und geleitet vor allem von dem Streben, ein für allemal den tschechischen und slowakischen Boden aus den Händen der fremden deutschen und madjarischen Gutsbesitzer wie auch aus den Händen der Verräter der Republik zu nehmen und ihn in die Hände des tschechischen und slowakischen Bauerntums und der Landlosen zu geben[3], bestimme ich auf Vorschlag der Regierung:

§ 1

(1) Mit augenblicklicher Wirksamkeit und entschädigungslos wird für die Zwecke der Bodenreform das landwirtschaftliche Vermögen enteignet, das im Eigentum steht:
a) aller Personen deutscher und madjarischer Nationalität, ohne Rücksicht auf die Staatsangehörigkeit,
b) der Verräter und Feinde der Republik, gleichgültig welcher Nationalität und Staatsangehörigkeit, die diese Feindschaft vor allem während der Krise und des Krieges in den Jahren 1938 bis 1945 bekundet haben,
c) von Aktien- und anderen Gesellschaften und Korporationen, deren Leitung vorsätzlich und planmäßig der deutschen Kriegführung oder faschistischen und nazistischen Zielen gedient hat.

(2) Personen deutscher und madjarischer Nationalität, die sich aktiv am Kampf für die Wahrung der Integrität und die Befreiung der Tschechoslowakischen Republik beteiligt haben, wird das landwirtschaftliche Vermögen nach Absatz 1 nicht konfisziert.

(3) Darüber, ob eine Ausnahme nach Absatz 2 zulässig ist, entscheidet auf Antrag der zuständigen Bauernkommission der zuständige Bezirksnationalausschuß. Zweifelhafte Fälle legt der Bezirksnationalausschuß dem Landesnationalausschuß vor, der sie mit seinem Gutachten zur endgültigen Entscheidung an das Landwirtschaftsministerium weiterleitet, welches im Einvernehmen mit dem Innenministerium entscheidet.

...

*Anmerkungen:*

[1] Zur Enteignung des *gesamten* Vermögens der Sudetendeutschen: Siehe S. 292.

[2] Zum diesbezüglichen »Rufe« der KPTs.: Siehe S. 283f.

[3] Die 1948 begonnene Kolchosisierung der Landwirtschaft führte in wenigen Jahren sowohl den 1945 den Sudetendeutschen enteigneten wie auch den Besitz aller tschechischen und slowakischen Bauern in die Hände der Tschechoslowakischen Sozialistischen Republik.

*Quelle:*

Schieder, Theodor (Hrsg.): »Die Vertreibung der deutschen Bevölkerung aus der Tschechoslowakei«; Band IV, Teil 1 der »Dokumentation der Vertreibung der Deutschen aus Ost- und Mitteleuropa«; Bonn, 1957; S. 225ff.

**Mitteilung** **1945, 28. Juni**
**des US-Geschäftsträgers in der Tschechoslowakei Alfgred W. Klieforth an sein Außenministerium**
*Vertreibung der Sudetendeutschen für politisches Prestige Beneš'* erforderlich

Abgesehen von Wichtigkeit und Bedeutung der Beziehungen zwischen der Tschechei[1] und den Russen ist das herausragende Problem für den Wiederaufbau der Tschechei die Lösung der Minderheitenfrage. Diese umfaßt die Überführung nach Deutschland und Ungarn von ungefähr drei Millionen tschechischer Bürger[2], die etwa 20% der Bevölkerung des Landes darstellen. Die zweite und damit verbundene Phase des Problems stellt der Ersatz der Minderheitenbevölkerung durch die annähernd gleiche Zahl von Tschechoslowaken[3] dar, von denen 90% entwurzelt und überführt werden müssen. Überführung und Ersatz der Minderheiten wird 40% der Bevölkerung der Tschechei[1] berühren.
Die Regierung der Tschechei[1] ist sich klar darüber, daß die Überführungen in Übereinstimmung mit den Alliierten Regierungen erfolgen müssen. Es ist jedoch unerläßlich, daß so bald wie möglich in dieser Angelegenheit ein Abkommen erzielt wird. Jeder Wiederaufbau ist so lange Stückwerk, bis das Überführungsproblem geklärt ist. Das Volk der Tschechei[1] verlangt eine baldige Lösung oder wenigstens ein Abkommen über die vorgesehene Abfolge der Überführung und vor allem die voraussichtliche Zeitdauer des Vorganges. Dieses ungelöste Problem stellt für Dr. Beneš' Ansehen die größte Gefahr dar. Es ist nicht ausgeschlossen, daß die Lage einem dramatischen Führer mit radikaler Unterstützung Gelegenheit bietet, das Volk aufzurütteln und mit Gewalt eine Lösung zu suchen . . .

*Anmerkungen:*
1 Im Original: »Zecho«.
2 Im Original: »Czech nationals«.
3 Im Original: »Czechos«.

*Quelle:*
»Foreign Relations of the United States – The Conference of Berlin 1945«; Bd. I; Washington, 1960; S. 645.

**Note[1]** **1945, 3. Juli**
**der tschechoslowakischen Regierung an die US-Regierung[2, 3]:**
*Offizieller Antrag, auf der Potsdamer Konferenz die Vertreibung zu beschließen*

. . .
Vor Beendigung der Feindseligkeiten übergaben der Präsident der Tschechoslowakei und die tschechoslowakische Regierung den Alliierten Regierungen ein ausführliches Memorandum[4] über die politische Notwendigkeit, den überwiegenden Teil der deutschen und ungarischen Bevölkerung aus dem Land zu entfernen.
Dabei handelten sie als Vermittler des elementaren und einstimmigen Wunsches der tschechischen und slowakischen Völker, die in Besorgnis über die Zukunft ihres Staates diejenigen Elemente aus ihrer Mitte ausschließen wollen, die sich durch ihr Verhalten als Propagandisten nationalen Hasses, willige Werkzeuge feindlicher Propaganda und Anstifter von Zwietracht zwischen den Staaten erwiesen haben. Die letzte Phase des Befreiungskampfes verstärkte im tschechoslowakischen Volk die Überzeugung, daß ohne die Überführung einer großen Mehrheit der Deutschen und Ungarn keine sichere und friedliche Entwicklung unseres Staates sowie kein dauernder Friede und keine Stabilität in Mitteleuropa gesichert werden können.
Die Vorschläge des obigen Memorandums trafen auf Einverständnis, d. h. es wurden keine

besonderen Einwände erhoben.[5] Es wurde lediglich von allen unseren Alliierten darauf hingewiesen, daß die Überführung planmäßig, in organisierter Form und in Übereinstimmung mit den zuständigen alliierten Behörden durchzuführen ist. Da von dieser Überführung 2 bis 2½ Millionen Deutsche und ca. 400000 Ungarn betroffen sind, kam die tschechoslowakische Regierung zu der Überzeugung, daß es unerläßlich ist, den Vorgang planmäßig und in organisierter Form durchzuführen. Die tschechoslowakische Regierung bereitet einen Plan und eine angemessene Organisation der Überführung vor.
Bezüglich der Überführung der Deutschen aus der Tschechoslowakei würde die tschechoslowakische Regierung vorschlagen, daß die Großmächte, die die Kontrolle über Deutschland ausüben, in Abstimmung mit der tschechoslowakischen Regierung die Anzahl der Menschen festlegen, die in die jeweiligen Besatzungszonen innerhalb bestimmter Zeiträume zu überführen sind . . .
Die tschechische und slowakische Nation betrachten, wie oben erklärt, die Überführung der Deutschen und Ungarn einmütig als unerläßliche Voraussetzung der Zukunft des tschechoslowakischen Staates und der Bewahrung des Friedens in Mitteleuropa. Deshalb ist es klar, daß die Aufmerksamkeit der gesamten tschechoslowakischen öffentlichen Meinung sich dieser Frage zuwendet, die zweifellos das brennendste aller Probleme ist, dessen Lösung die tschechoslowakische Regierung zu erreichen versucht. Jede Verzögerung dieser Lösung muß die tschechische und slowakische Bevölkerung stark beunruhigen.
Solange dieses Grundsatzproblem nicht gelöst ist, wird jeder verwaltungsmäßige, wirtschaftliche und soziale Wiederaufbau und die Konsolidierung des Staates behindert und verzögert. Deshalb wäre ich Ihnen, Herr Geschäftsträger, sehr dankbar, wenn Sie diesen Standpunkt des Präsidenten der tschechoslowakischen Republik und der tschechoslowakischen Regierung Präsident Truman übermitteln würden, so daß diese Frage bei der nächsten Konferenz der Drei[6] erörtert und entschieden wird.
Eine ähnliche Note wird gleichzeitig an die Regierungsvertreter Großbritanniens und der UdSSR gerichtet.

*Anmerkungen:*
[1] Übermittelt durch den Unterstaatssekretär für auswärtige Angelegenheiten, Vladimir Clementis (KPTs).
[2] Über den US-Geschäftsträger in der ČSR, Alfred W. Klieforth.
[3] Es ist zu vermuten, daß ähnliche bis gleiche Noten auch an die britische Regierung und die der UdSSR gerichtet wurden.
[4] Vom 23. 11. 1944; siehe S. 277ff.
[5] Zum Text der britischen Antwort vom 8. 3. 1945. Siehe S. 279f.
[6] Die Konferenz von Potsdam; siehe S. 290f.

*Quelle:*
»Foreign Relations of the United States – The Conference of Berlin 1945«; Bd. 1; Washington, 1960; S. 646f.

**Brief** **1945, 12. Juli**
**dreier Sudetendeutscher an die**
**Regionaldienststelle der (US-)Militärregierung in Bayern:**
*Erster Organisationsversuch: »Hilfsstelle für Flüchtlinge aus den Sudetengebieten«*

To the Regional Military Government, Munich,[1] *Holbeinstr. 11*
Aus den der Hohen Amerikanischen Militärregierung bekannten Gründen findet seit Mai 1945 ein ständiger Zustrom von Flüchtlingen aus der Czechoslowakischen Republik statt, namentlich aus den Randgebieten derselben (Sudeten). Diese, ihrer Heimat, ihres Vermögens und ihrer Existenz verlustig gewordenen Menschen bilden in den von der Zuwande-

rung betroffenen Gebieten ein Moment der Unsicherheit in der Lebensmittelverteilung, Unterbringung usw.
Sie bedürfen daher a) einer Erfassung und Evidenthaltung, b) einer hygienischen und caritativen Betreuung, c) eines geregelten An- und Abtransportes, d) einer Einschaltung in den Arbeitsprozeß, e) einer Beratung und eventuell f) einer geregelten Um- und Ansiedlung. Dies nicht nur in dem Gebiet der Stadt München, sondern in allen, durch den Zustrom betroffenen Gebieten.
Diese Arbeiten den bayerischen Regierungsstellen und caritativen Anstalten abzunehmen bzw. ihnen darin wesentliche Hilfe zu leisten, nicht nur im Gebiet der Stadt München, sondern in allen, durch amerikanische Truppen besetzten Gebieten, haben sich Flüchtlinge aus dem Sudetengebiet, welche Kenntnis der kulturellen, historischen und wirtschaftlichen Gegebenheiten dieses Gebietes haben, bereit gefunden, diese Arbeiten zu leisten, um diesen armen Menschen zu helfen und dem Bestreben nach Befriedigung der Welt zu dienen.
Die Bayerische Staatsregierung bzw. das Bayerische Staatsministerium des Innern, mit welchem sich die Gesuchsteller ins Einvernehmen gesetzt haben, sehen keine Möglichkeit, diesen Plan in seiner Gesamtheit zur Durchführung zu bringen, insolange nicht die Hohe Amerikanische Militärregierung hiezu ihre Zustimmung erteilt hat.
Aus diesem Grunde gestatten sich die gefertigten Gesuchsteller, welche die Billigung ihrer Absicht von den bayerischen kirchlichen Behörden, von dem Bayerischen Staatsministerium des Innern und dem Bayerischen Roten Kreuz zugesagt erhalten haben, die Hohe Amerikanische Militärregierung von diesem Plane in Kenntnis zu setzen und um Billigung[2], Unterstützung und Förderung der Errichtung sowie der Tätigkeit dieser Hilfsstelle zu bitten.
Für den Fall der Billigung dieses Planes erbitten die gefertigten Gesuchsteller zur Durchführung der ihnen obliegenden Arbeit und zur Bereisung der von dem Zustrom betroffenen Gebiete um die Ausstellung von Pässen für die Gesuchsteller und, wenn möglich, um die Beistellung eines geeigneten Transportwagens.
. . .

*Anmerkungen:*
[1] Mit diesem Schreiben (es muß vermutet werden, daß das Original in englischer Sprache abgefaßt war) beantragten drei Sudetendeutsche (Johann und Gustav Schär sowie Roman Herlinger) die Genehmigung durch die Militärregierung.
[2] Die Genehmigung wurde erteilt. Die Hilfsstelle wurde jedoch im Sommer 1946 wieder verboten; siehe S. 302.

*Quelle:*
Kornrumpf, Martin: »In Bayern angekommen«; München, 1979; S. 299.

**Erklärung** **1945, 2. August**
**der drei alliierten Großmächte**[1]
(Sog. Potsdamer Erklärung):
*Vertreibungsbeschluß*

. . .
XIII. Ordnungsgemäße Überführung deutscher Bevölkerungsteile
Die Konferenz erzielte folgendes Abkommen über die Ausweisung Deutscher aus Polen[2], der Tschechoslowakei und Ungarn[3]:
Die drei Regierungen haben die Frage unter allen Gesichtspunkten beraten und erkennen an, daß die Überführung der deutschen Bevölkerung oder Bestandteile derselben, die in Polen, der Tschechoslowakei und Ungarn zurückgeblieben sind, nach Deutschland durchge-

führt werden muß[4]. Sie stimmen darin überein, daß jede derartige Überführung, die stattfinden wird, in ordnungsgemäßer und humaner[5] Weise erfolgen soll . . .
. . .

*Anmerkungen:*
[1] Großbritannien (vertreten durch Winston Churchill/Clement Attlee), die UdSSR (Josef W. Stalin) und die USA (Harry S. Truman).
Die französische Regierung erklärte am 7. 8. 1945 u. a.: »Bei der Komplexität des Problems ist die französische Regierung, der die wesentlichen Tatsachen noch nicht zur Kenntnis gebracht worden sind, gegenwärtig nicht in der Lage, zu dieser Frage eine endgültige Stellungnahme abzugeben.«
Vgl.: »Dokuments français relatifs à l'Allemagne« [Französische Dokumente, die sich auf Deutschland beziehen]; Paris, 1947; S. 10f.
[2] Die Ausweisung sollte auch die Deutschen der Oder-Neiße-Gebiete erfassen, die Polen nur zur Verwaltung übergeben wurden.
[3] Die Ausweisung umfaßte nur wenige Deutsche aus Ungarn, aber zusätzlich alle überlebenden Deutschen aus Jugoslawien.
[4] Die USA begründeten diesen Beschluß später v. a. wie folgt:
»Durch sorgfältige Nachprüfung verfügbarer Protokolle hat dieser Sonderunterausschuß sich vergewissert, daß die Delegation der USA in Potsdam den oben erwähnten Artikel 13 betreffend deutsche Vertriebene nicht unterstützte, um Massenausweisungen zu fördern. Die USA-Delegation unter Führung des Präsidenten der USA stimmte dem Wortlaut des Artikels 13 nur deshalb zu, um
1. die unvermeidliche Vertreibung der noch in Osteuropa verbliebenen Deutschen in geordneterer und humanerer Weise verlaufen zu lassen,
2. um das besetzte Deutschland denen zu öffnen, die mit Deportationen nach den fernen subarktischen Gebieten Sowjetrußlands bedroht waren, was ihrer Vernichtung gleichgekommen wäre.«
Vgl.: 81. (US-)Kongreß, 2. Sitzungsperiode: »Vertriebene und Flüchtlinge volksdeutschen Ursprungs«: Bericht (Nr. 1841) eines Sonderausschusses des Rechtsausschusses des Abgeordnetenhauses in Ausführung von H. Res. 238, einer Entschließung, die den Rechtsausschuß autorisiert, eine Untersuchung der Einwanderungs- und Nationalitätenprobleme vorzunehmen; Washington, 24. März 1950.
Diese nach dem Namen des Unterausschußvorsitzenden als sog. Walter-Bericht bezeichnete Unterlage wurde im Mai 1950 vom Bundesministerium für Vertriebene, Bonn, in die deutsche Sprache übersetzt.
b) Die Ausschußaussage wurde im Januar 1952 vom stellvertretenden US-Außenminister, Jack McFall, wörtlich bestätigt.
Vgl. »Sudetenbulletin« *[Sudetendeutsche Monatsschrift in englischer Sprache]*; München, Januar 1957; S. 9.

*Quelle:*
Rhode, Gotthold, und Wagner, Wolfgang: »Quellen zur Entstehung der Oder-Neiße-Linie«; Stuttgart, 1956; S. 266.

## Verfassungsdekret von Staatspräsident Beneš »über die Regelung der tschechoslowakischen Staatsbürgerschaft von Personen deutscher und madjarischer Nationalität«: *Staatsangehörigkeitsverlust*[2]

**1945, 2. August**[1]

. . .
§ 1
1. Tschechoslowakische Staatsbürger deutscher . . . Nationalität, die nach den Vorschriften einer fremden Besatzungsmacht die deutsche Staatsangehörigkeit erworben haben, haben mit dem Tage des Erwerbs dieser Staatsangehörigkeit die tschechoslowakische Staatsbürgerschaft verloren.[2]
2. Die übrigen tschechoslowakischen Staatsbürger deutscher . . . Nationalität verlieren die tschechoslowakische Staatsbürgerschaft mit dem Tage, an dem dieses Dekret in Kraft tritt.

. . .

§ 3

Personen, welche die tschechoslowakische Staatsbürgerschaft nach § 1 verloren haben, können binnen 6 Monaten von dem Tage, der durch Kundmachung des Innenministeriums, abgedruckt in der Sammlung der Gesetze und Verordnungen, bestimmt werden wird, bei dem örtlich zuständigen Bezirks-Nationalausschuß (Bezirksverwaltungskommission) oder der Vertretungsbehörde um deren Rückgabe [3] ansuchen. Über ein solches Gesuch entscheidet nach freiem Ermessen das Innenministerium über Antrag des Landes-Nationalausschusses, in der Slowakei des Slowakischen Nationalrates; es darf dem Gesuch aber nicht stattgeben, wenn der Gesuchsteller die Pflichten eines tschechoslowakischen Staatsbürgers verletzt hat . . .

*Anmerkungen:*

[1] Verkündet am 10. August 1945. Man beachte den zeitlichen Zusammenhang mit der »Potsdamer Erklärung« (siehe vorhergehenden Beleg), die am 2. August 1945 veröffentlicht wurde.

[2] Interessantes Beispiel für die tschechoslowakische Auffassung, daß alle Vorgänge »ab München 1938« nichtig seien: Dieser Staatsangehörigkeitsverlust (mit gleichzeitigem Erwerb der deutschen Staatsangehörigkeit) war bereits vor allem durch den Vertrag vom 21. 11. 1938 eingetreten. Zum Text: Siehe S. 235.

[3] Die in der Tschechoslowakei nach der Vertreibung 1945/46 zurückgebliebenen Sudetendeutschen schienen von dieser Möglichkeit kaum Gebrauch gemacht zu haben. Zur folgenden zwangsweisen Wiedereinbürgerung: Siehe S. 319f.

*Quelle:*

Schieder, Theodor (Hrsg.): »Die Vertreibung der deutschen Bevölkerung aus der Tschechoslowakei«; Band IV, Teil 1 der »Dokumentation der Vertreibung der Deutschen aus Ost- und Mitteleuropa«; Bonn, 1957; S. 240f.

**Dekret** **1945, 25. Oktober**
**von Staatspräsident Beneš**
**»über die Beschlagnahme des feindlichen Vermögens«:**
*Gesamtenteignung der Sudetendeutschen*

. . .

(I) Konfisziert wird ohne Entschädigung – soweit dies noch nicht geschehen ist [1] – für die Tschechoslowakische Republik das unbewegliche und bewegliche Vermögen namentlich auch die Vermögensrechte (wie Forderungen, Wertpapiere, Einlagen, immaterielle Rechte), das bis zum Tage der tatsächlichen Beendigung der deutschen und madjarischen Okkupation im Eigentum stand oder noch steht:

1. . . . deutscher oder ungarischer juristischer Personen, oder
2. physischer Personen deutscher oder madjarischer Nationalität . . .

. . .

*Anmerkung:*

[1] Zur bereits am 21. 6. 1945 erfolgten Enteignung des landwirtschaftlichen Vermögens: Siehe S. 287.

*Quelle:*

Schieder, Theodor (Hrsg.): »Die Vertreibung der deutschen Bevölkerung aus der Tschechoslowakei«; Bd. IV, Teil 1 der »Dokumentation der Vertreibung der Deutschen aus Ost- und Mitteleuropa«; Bonn, 1957; S. 263.

**Kurzbericht:** **1945/46**
**Zeitgenössische Meinungen zur Vertreibung der Sudetendeutschen**

*Es gab bereits 1945/46 zahlreiche schriftliche Berichte und Darstellungen, welche die Vertreibung der Ostdeutschen ablehnten* [1]. *Darunter waren Stellungnahmen, die einen Auffassungswandel dokumentierten* [2], *Mut erforderten* [3] *oder sogar zu Sanktionen gegen den Verfasser führten. So durfte die folgende Betrachtung im Deutschland von 1946 nicht ungestraft veröffentlicht werden:*
»Zu Hunderttausenden werden sie über die Grenze gejagt, in Viehwagen gestopft, heimatlos geworden ... Hitler war es, der die Volksbewegung unserer Zeit entdeckte. Mit Methoden, über die uns Nürnberg [4] belehrt. Er säte den Haß, den jetzt viele unschuldige Vertriebene ernten. In einer Form freilich, die den Gesetzen der Humanität kaum weniger Hohn spricht, als die Barbarei der SS. Wir berichten auf dieser Seite über das Eintreffen eines Zuges mit Vertriebenen aus der Tschechoslowakei in München. Unser Mitarbeiter Joachim Slawik hatte nun eine große Anzahl dieser unglücklichen Menschen (die sehr wohl wissen, wem sie ihr Schicksal zu verdanken haben) nach ihren Erlebnissen befragt und diesen Bericht wortgenau aufgeschreiben. Wir haben uns nach reiflicher Überlegung entschlossen, diese Schilderung nicht zu veröffentlichen ... weil ihre grauenhafte Darstellung eine einzige Anklage gegen die Menschheit und Menschlichkeit ist [5], nicht anders als die Anprangerung der Nazi-Greueltaten à la Lidice.
Ein geschlagenes Volk ... hat ... noch keine Kraft zur Anklage, ... aber wir wollen wünschen, daß die Berichte dieser Flüchtlinge in allen ihren Einzelheiten den Besatzungsmächten nicht vorenthalten bleiben. Es kann nicht ihr Wille sein, daß man es Frauen, Greisen und Kindern furchtbar entgelten läßt, was ein verbrecherisches Regime verschuldet hat ... Eine Welt, die bemüht ist, eine bessere Zukunft zu schaffen, kann an derartigen Dingen nicht vorbeigehen – um der christlichen Nächstenliebe willen, ohne die eine bessere Zukunft nicht denkbar ist.« [6]
*Aufrufe erschienen* [7], *die im Exil befindlichen sudetendeutschen Sozialdemokraten organisierten Protestversammlungen* [8], *Delegationen forderten den britischen Premierminister Attlee auf, die Vertreibungen einzustellen und eine neue Politik zu entwickeln* [9]. Man sah »Die Massenvertreibung von Deutschen« *auch bereits als* »Problem für die nächste Konferenz der Außenminister«. [10]
*Die entscheidenden Aspekte des Vertreibungsproblems wurden bereits 1945/46 klar erkannt. Die nachfolgenden Aussagen belegen das:*
»Die Potsdamer Beschlüsse [11] eine neue Demonstration des Satzes, daß Macht Recht macht. Wenn das allgemein üblich wird, wehe uns, wenn wir den nächsten Krieg verlieren!« [12]
»Sind Massendeportationen dann Verbrechen, wenn sie von unseren Feinden im Kriege getan werden und gerechtfertigte Mittel gesellschaftlicher Neuordnung, wenn sie von unseren Verbündeten in Friedenszeiten durchgeführt werden? ... Das sind Fragen, die man jetzt in England weit mehr diskutiert, als die vergangenen Sünden der Nazis.« [13]
»In der Tat ist kein Wort scharf genug, um die Potsdamer Beschlüsse und die im schlimmsten Nazigeist vorgenommene Vertreibung der Deutschen aus Polen und der Tschechoslowakei zu kennzeichnen.« [14]
»Wir tragen die Verantwortung für Grausamkeiten, die nur mit den Grausamkeiten der Nazis zu vergleichen sind ... Niemand, der dieses furchtbare Geschehen mitangesehen hat, kann daran zweifeln, daß es ein Verbrechen gegen die Menschlichkeit ist, dem eine furchtbare Vergeltung folgen wird.« [15]
»Jede Vertreibung – wie gut auch immer durchgeführt – muß unmenschlich sein. Mit welchem anderen Ausdruck könnte man sonst einen Befehl bezeichnen, der zur gewaltsamen Vertreibung von Millionen Menschen aus Heimstätten führt, in denen sie (und ihre Vorfahren) Jahrhunderte gelebt haben.« [16]

*Es gab jedoch auch Unterstützung, sogar für die sogenannten »wilden« Austreibungen nämlich die völlig ungeregelten, für jedermann als äußerst brutal erkennbaren Maßnahmen der tschechoslowakischen Regierung im Jahre 1945. Von einem Besuch beim österreichischen Außenminister Dr. Gruber (Österreichische Volkspartei) am 2. Februar 1946 wurde berichtet*[17]*:*

»Dr. Gruber eröffnete *(dem tschechoslowakischen Legationsrat)* Dr. Černy gegenüber folgendes:

In dem an die Tschechoslowakei anliegenden Grenzgebiet sammeln sich in vielen Dörfern und kleineren Städten aus der Tschechoslowakei ausgesiedelte Deutsche an und beeinflussen durch entstellende oder übertreibende Schilderungen ihrer Lage die ortsansässige Bevölkerung in einer Weise, die unter dem Gesichtspunkt der günstigen Entwicklung der tschechoslowakisch-österreichischen Beziehungen unerwünscht ist. Sie werden daher in absehbarer Zeit, sobald es die Transportverhältnisse gestatten, sukzessive ausgewiesen und nach Deutschland befördert werden. Inzwischen haben jedoch die österreichischen Organe davon Kunde erhalten, daß sich unter diesen Deutschen eine Art Geheimorganisation bildet, die sich neben der erwähnten Beeinflussung der österreichischen Bevölkerung mit dem Sammeln antitschechoslowakischen Materials befaßt und sich auch noch anders antitschechoslowakisch betätigt. In der letzten Zeit soll sie in dieser Hinsicht eine Art Denkschrift herausgegeben haben, die illegal verbreitet wird und wohl die Grundlage einer antitschechoslowakischen Aktion dieser Kreise in der Öffentlichkeit der westlichen Alliierten darstellen soll. Die österreichischen Organe haben bez. dieser Organisation Erhebungen eingeleitet, die jedoch bisher keine positiven Ergebnisse gezeitigt haben.

Nachdem er diese Lage geschildert hatte, ersuchte Minister Dr. Gruber[18] Dr. Černy, er möge die tschechoslowakische Regierung durch das Ministerium für Auswärtige Angelegenheiten im Namen der ganzen österreichischen Regierung davon versichern, daß Österreich selbstverständlich mit der ganzen Aktion, soweit sie den tschechoslowakischen Behörden zu Ohren kommen sollte, absolut nichts Gemeinsames hat. Die österreichische Regierung hoffe, daß durch die Wegschaffung dieser Deutschen aus dem tschechoslowakisch-österreichischen Grenzgebiet der erwähnten Organisation der Boden für ihre Umtriebe entzogen werden wird.«

*Abgesehen von Ausnahmefällen*[19] *sollte es lange dauern, bis das Problem der Vertreibung der Sudetendeutschen neuerlich international gewisse Bedeutung*[20] *fand.*

---

*Anmerkungen und Quellen:*

1 a) »Daily Express« *(englische Tageszeitung)*; 18. 6. 1945.
b) Rhona Churchill in »Daily Mail« *(englische Tageszeitung)*; 6. 8. 1945.
c) Leitartikel des »Economist« *(englische Wochenzeitung)*; 8. 8. 1945.
d) »Time Magazine« *(US-Wochenzeitschrift)*; 13. 8. 1945.
e) Der (englische) Lordbischof von Chicester, Dr. George Bell, im »Spectator« *(englische Wochenzeitschrift)*; ca. 15. 8. 1945.
f) Leserbrief in der »New York Times« *(US-Tageszeitung)*; 26. 8. 1945.
g) G. E. R. Gedye im »Daily Herald« *(englische Tageszeitung)*; 9. 10. 1945.

2 »The Nineteenth Century and After« *(englische Wochenzeitschrift)*; London, Bd. 84 (1945); Nr. 425; S. 193–205; Nr. 426; S. 263–274.
Es handelt sich um die gleiche Zeitschrift, in der Edvard Beneš vier Jahre vorher erstmals öffentlich die Vertreibung propagierte; siehe S. 248.

3 »Obzory« [Horizonte]: *(Tschechoslowakische Wochenzeitung, der Katholischen Volkspartei nahestehend)*; Prag, 10. 11. 1945.
Herausgeber: Pavel Tigrid; 1948 emigriert; später Herausgeber der Zeitschrift »Svědectví« [Zeugnis]; siehe S. 498.

4 Gemeint: Der Nürnberger Prozeß gegen die Hauptkriegsverbrecher.

5 Detaillierte Berichte wurden später veröffentlicht in
a) Turnwald, Wilhelm (Hrsg.): »Dokumente zur Austreibung der Sudetendeutschen«; München, 1950.

b) Schieder, Theodor (Hrsg.): »Die Vertreibung der deutschen Bevölkerung aus der Tschechoslowakei«; Bd. IV der »Dokumentation der Vertreibung der Deutschen aus Ost- und Mitteleuropa«; Bonn, 1957.

[6] »Süddeutsche Zeitung«, München v. 4. 6. 1946. Leitartikel mit Titel »Sie ernten den Haß« von Werner Friedmann.
Die US-Behörden erteilten dem Verfasser einen Verweis; die Zeitung mußte Auflagebeschränkungen hinnehmen.

[7] Z. B. einer Reihe britischer Persönlichkeiten in Londoner Tageszeitungen am 12. 9. 1945.
Quelle: Jaksch, Wenzel: »Europas Weg nach Potsdam«; Stuttgart, 1958; S. 434f.

[8] So des britischen »Komitees zur Rettung Europas« in der Central Hall am 26. 11. 1945 und in der Albert Hall (beide London) im Januar 1946. Bei letzterer forderten 15000 Personen, darunter Abgeordnete, Publizisten und hohe Offiziere, die sofortige Einstellung der Volksdeportationen.
Quelle: Jaksch: a. a. O.; S. 437.

[9] So am 13. 9. 1945 eine Abordnung aller englischen Kirchen und am 26. 10. 1945 eine Delegation von 21 britischen Abgeordneten, hohen Geistlichen und Adligen (u. a. die Abgeordneten Boothley, Crossman und Stokes; der Bischof von Coventry und der Erzbischof von Westminster; die Publizisten Brailsford und Gollancz).
Quelle: »Times« *(englische Tageszeitung)* vom 26. 10. 1945.

[10] Die »Neue Zürcher Zeitung« *(Schweizer Tageszeitung)* v. 23. 8. 1945. Zum Vorschlag: Siehe S. 301.

[11] Zum Text: Siehe S. 290f.

[12] Leserbrief in der »New York Times« *(US-Tageszeitung)* v. 15. 8. 1945.

[13] Lord Bertrand Russel in einem Leserbrief an die »Times« *(englische Tageszeitung)*; London v. 23. 10. 1945.

[14] Quelle: Röpke, Wilhelm: »Die deutsche Frage«; Zürich, 1945; S. 255.

[15] Ann O'Hare McCormick in der »New York Times« *(US-Tageszeitung)* v. 4. 2. 1946 und 23. 10. 1946.

[16] Der britische Abgeordnete Richard R. Stokes in der »East Anglian Daily Times« *(englische Tageszeitung)*, Ipswich; v. 12. 10. 1946.

[17] Der tschechoslowakische Bevollmächtigte Dohalsky am 2. 2. 1946 aus Wien an sein Außenministerium in Prag.
Abdruck bei Král, Václav: »Die Deutschen in der Tschechoslowakei 1933–1947«; Prag 1964; S. 584f.

[18] Von einem weiteren Besuch bei Minister Gruber am 6. 5. 1946 hieß es:
Für Gruber »sei die Frage der Sudetendeutschen eine rein innerpolitische Angelegenheit der Tschechoslowakei, die niemanden etwas angehe. ›Sie wissen sehr gut‹, sagte er wörtlich, ›was ich von den Sudetendeutschen halte. Es waren Leute, die Ihnen immer Schwierigkeiten bereitet haben und sie jedem bereiten würden. Es ist natürlich, daß Sie sie loswerden wollen. Ich versichere Ihnen, daß ich und unsere gesamte Regierung dieses Problem in gleicher Weise beurteilen und daß ich der Sache mit aller Energie nachgehen werde, damit ich solche Elemente, die hier eine gegen die Tschechoslowakei gerichtete Tätigkeit entfalten möchten, rücksichtslos sicherstelle und, falls Sie es wünschen werden, ihre Auslieferung an die Tschechoslowakei veranlasse. In Zusammenhang mit dem Interview des Bundespräsidenten habe ich im Parlament auf diesen Umstand aufmerksam gemacht, und alle Parteien stimmten mit mir überein. Es ist allerdings wahr, daß die langjährigen freundschaftlichen und verwandtschaftlichen Bande, die Hunderte und Aberhunderte von Menschen hüben und drüben der Grenze verbanden, bei den einzelnen Personen und Gruppen das Bestreben erwecken, denen zu helfen, die in ihren persönlichen Verhältnissen durch Ihre Maßnahmen geschädigt worden sind. Dies sind Dinge, die mit dem offiziellen Standpunkt nichts Gemeinsames haben können und auch nicht haben werden. Sie mögen bis zu einem gewissen Grade begreiflich sein, sie können aber auf keinen Fall die Linie beeinflussen, die unsere Regierung und ich vertreten und die wir auch weiter beibehalten werden.‹
Ich habe keinen Grund, über die Zusicherungen des Ministers Gruber die geringsten Zweifel zu hegen.«
Vgl.: Král: a. a. O.; S. 593.

[19] Siehe S. 330, 364ff.

[20] Siehe S. 405ff.

**Urteil**[1] **1945/1946**
**eines US-Gerichtes:**
*Zustände in einem tschechoslowakischen Internierungslager*[1]

. . .

Dieser Geist . . . der Bestrafung und Vergeltung . . . fand seinen Ausdruck im Jahre 1945, nachdem tschechische Behörden die Verwaltung des Landes übernommen hatten, in einem Programm von Massenverhaftungen und Deportationen von Sudetendeutschen und Verhandlungen vor den Volksgerichten nach dem sogenannten »Vergeltungsdekret« (Gesetz Nr. 16. vom 19. Juni 1945)[2] gegen diejenigen Personen, die der Teilnahme an den Gestapo- und SS-Greueln beschuldigt wurden. Die Durchführung dieses Programmes lag in den Händen der örtlichen und Bezirks-Nationalausschüsse, »Národni Výbor« genannt.
Die Einrichtung von Internierungslagern war eine der Maßnahmen, zu denen man zur Durchführung dieses Programmes griff. Sie dienten dazu, Deutsche[3] während schwebender Ermittlungen und Verfahren und bis zur Deportation festzuhalten . . .
Das Budweiser Internierungslager ähnelte während der ersten Stadien seines Betriebes vielfach einem deutschen KZ,[4] wie man nach den Aussagen der Zeugen in diesem Fall urteilen kann. Obwohl es keine Gaskammern enthielt und nicht ein Ort organisierter und systematischer Ausrottung war, so diente es doch als Zentrum von Brutalität, Gewalt und Sadismus. Die Sendung, die es ursprünglich erfüllen sollte, wurde durch das über dem Tor angebrachte Motto enthüllt »Aug' um Auge, Zahn um Zahn«. Menschliche Werte und Würde hatten innerhalb seiner Schranken keine Bedeutung.
. . .
Wir, die wir stolz darauf sind, einer demokratischen Gemeinschaft anzugehören, die auf den unveräußerlichen Menschenrechten und der Anerkennung der Menschenwürde beruht, müssen sorgfältig darauf bedacht sein, nicht von dem Pfad des Rechts abzuweichen, wenn wir denen, die sich Greuel zu Schulden kommen ließen, die notwendige Strafe zumessen.
. . .
Obwohl Gerechtigkeit und Mitleid gemildert werden sollte, kann sie sich doch nicht ausschließlich durch Sympathie, Großzügigkeit und Milde beherrschen lassen. Eine mißverstandene Milde würde die Gerechtigkeit zum Gespött machen . . . Das Gericht ist sich der Tatsache bewußt, daß die Furcht vor Strafe eine wichtige Rolle bei der Abschreckung der meisten Leute von der Übertretung des Gesetzes spielt und daß dies einer der Zwecke der Bestrafung ist.
. . .[5]

---

*Anmerkungen:*
[1] Es handelt sich um die Urteilsbegründung im Prozeß gegen Václav Hrneček (1945/46: Stellv. Leiter des Lagers Budweis, Südböhmen), der an Morden und Grausamkeiten gegen Lagerinsassen beteiligt war. 1950 in München von Überlebenden erkannt, wurde er von der deutschen Polizei verhaftet, sowie anschließend in der noch nicht souveränen BR Deutschland wegen ČSR- (d. h. alliierter) Staatsbürgerschaft vor ein Alliiertes Gericht gestellt.
[2] Siehe S. 284 ff.
[3] Die Insassen derartiger »Internierungslager« waren in vielen Fällen *alle* deutschen Männer von 14 bis 65 und *alle* deutschen Frauen von 16 bis 55 Jahren eines gewissen Gebietes.
[4] 1941 bis 1945 bestand in der alten Festung Theresienstadt (Nordböhmen) ein Nazi-KZ für Juden. Der Chronist (Adler, H. G.: »Theresienstadt 1941–1945«; Tübingen, 1955; S. 214) berichtete, wie im Mai 1945 die tschechoslowakischen Behörden das Nazi-KZ für Juden nahtlos in ein ČSR-KZ für Deutsche überführten:
»In die ›Kleine Festung‹ wurden Deutsche des Landes und reichsdeutsche Flüchtlinge eingeliefert. Bestimmt gab es unter ihnen welche, die sich während der Besetzungsjahre manches hatten zuschulden kommen lassen, aber die Mehrzahl, darunter viele Kinder und Halbwüchsige, wurde bloß eingesperrt, weil sie Deutsche waren. Nur weil sie Deutsche waren . . .? Der Satz klingt erschreckend bekannt; man

hatte bloß das Wort ›Juden‹ mit ›Deutschen‹ vertauscht. Die Fetzen, in die man die Deutschen hüllte, waren mit Hakenkreuzen beschmiert. Die Menschen wurden elend ernährt, mißhandelt, und es ist ihnen um nichts besser ergangen, als man es von deutschen Konzentrationslagern her gewohnt war. Der Unterschied bestand lediglich darin, daß der herzlosen Rache, die hier am Werke war, das von der SS zugrunde gelegte großzüge Vernichtungssystem fehlte.«

[5] Der Angeklagte wurde zu insgesamt 8 Jahren Zuchthaus verurteilt. Nach Verbüßung von nur sieben Monaten wurde er durch Gnadenerweis der Alliierten Hohen Kommission am 23. 12. 1954 unter der Bedingung entlassen, Deutschland innerhalb von 48 Stunden zu verlassen. Die Entlassung wurde geheimgehalten und löste nach Bekanntwerden in der deutschen Öffentlichkeit beträchtliche Bewegung aus.
Hrneček erhielt ein US-Visum, soll sich anschließend – nach nicht verifizierbaren Mitteilungen – im US-Staat Illinois angesiedelt haben und dort 1956/57 unter niemals voll aufgeklärten Umständen gestorben sein.

*Quelle:*
Office of the United States High Commissioner for Germany v. Václav Hrneček: »Opinion, Findings of Fact, Conclusion of Law and Sentence«; Court of the Fifth District, Presiding Judge Leo M. Goodman; Crim 52-A5-486; Munich (Germany); May 16, 1954.
Amtliche deutsche Übersetzung; 171 vervielfältigte Seiten; S. 45f., 165, 169.

**Rede[1]** **1946, 27, März**
**von Klement Gottwald (Vorsitzender der KPTs.):**
*Ausnutzung der militärischen Niederlage Deutschlands zur Vertreibung der Sudetendeutschen*

. . .
Die zweite Aufgabe nach der Befreiung der Republik bestand darin, die militärische Niederlage Hitlerdeutschlands und seiner Satelliten vollständig auch in dem Sinn auszunutzen, daß wir die Republik von der Fünften Kolonne in der Form der deutschen Minderheit befreiten. Das Vorrücken der Deutschen und in einem erheblichen Maße auch der madjarischen Minderheit in den für uns tragischen Tagen von München und während der Okkupation hat deutlich gezeigt, daß es für uns Tschechen und Slowaken unmöglich ist, mit diesen Minderheiten unter einem Dach zu leben. Daraus ergab sich eindeutig unsere kategorische Forderung nach Abschub der Deutschen und nach Besiedelung unserer Grenzgebiete mit tschechischen und slowakischen Landsleuten. Es ist notwendig, daß unser Volk weiß, daß diese unsere nationale und staatliche Forderung vom ersten Augenblick an dem vollen Verständnis und der Unterstützung der Sowjetunion begegnete und daß es Genosse Stalin persönlich war, der auf der denkwürdigen Konferenz von Potsdam[2] auch England und Amerika für die Anerkennung unserer Forderung nach Abschub der Deutschen gewonnen hat, wodurch unser Recht auf den Abschub der Deutschen international anerkannt wurde. Es ist nunmehr eine Frage der technischen Durchführung, der Organisation und des Transports, wie auch der Übereinkunft mit den alliierten Dienststellen in Deutschland, wann und wie wir den Abtransport der Deutschen durchführen können.
Gleichzeitig mit dem Abschub der Deutschen kommt mit Riesenschritten das große geschichtliche Werk der Neubesiedlung des tschechischen Grenzgebietes mit tschechischen Menschen auf uns zu. Wir werden die einst deutschen Anwesen, Werkstätten und Geschäfte zu außergewöhnlich günstigen Bedingungen in die Hände kleiner Leute, Landwirte, Handwerker und Kaufleute legen.[3] Wir werden die konfiszierten deutschen Industrien und das Geldwesen in den Sektor unserer nationalisierten Wirtschaft eingliedern, wir werden für den Staat die riesigen Waldkomplexe, die großen Bäderzentren und den gesamten unterirdischen Reichtum sicherstellen.
. . .

*Anmerkungen:*
[1] Rede auf dem VIII. ordentlichen Parteitag in Prag.
[2] Text der Erklärung vom 2. 8. 1945: Siehe S. 291f.
[3] Text der Enteignungsdekrete vom 21. 6. und 28. 10. 1945: Siehe S. 287, 292.

*Quelle:*
Gottwald, Klement: »Deset let. Sbornik nástavky a projevů 1936–1946« [10 Jahre. Sammlung von Aufsätzen und Verträgen 1936–1946]; Prag, 1949; S. 422.

**Gesetz** **1946, 8. Mai**
**der Vorläufigen Nationalversammlung**
**der Tschechoslowakischen Republik über die**
**»Rechtmäßigkeit von Handlungen, die mit dem Kampf**
**um die Wiedergewinnung der Freiheit der Tschechen und Slowaken zusammenhängen«**
*Legalisierung von Vertreibungsverbrechen*

§ 1 Eine Handlung, die in der Zeit vom 30. September 1938 bis zum 28. Oktober 1945 vorgenommen wurde und deren Zweck es war, einen Beitrag zum Kampf um die Wiedergewinnung der Freiheit der Tschechen und Slowaken zu leisten, oder die eine gerechte Vergeltung für Taten der Okkupanten oder ihrer Helfershelfer zum Ziel hatte, ist auch dann nicht widerrechtlich, wenn sie sonst nach den geltenden Vorschriften strafbar gewesen wäre.

...

*Quelle:*
Schieder, Theodor (Hrsg.): »Die Vertreibung der deutschen Bevölkerung aus der Tschechoslowakei«; Band IV, Teil 1 der »Dokumentation der Vertreibung der Deutschen aus Ost- und Mitteleuropa«; Bonn, 1957; S. 291.

**»Vermächtnis«** **ca. 1947**
**des sudetendeutschen Dichters Hans Watzlik:**
*Das Schicksal der Vertreibung annehmen, meistern und überwinden*

Landsleute!
Ein unsagbares Unglück hat uns betroffen, ein Unglück, wie es nicht größer ein Volk berühren kann: wir sind aus der Heimat vertrieben worden.
In dumpfer, niemals berechtigter Rachsucht hat man uns von einer Stätte verjagt, die wir in tausendjähriger härtester und entsagungsvollster Mühsal aus Fels und Dorn und Sumpf zur bewohnbaren, fruchtbaren Landschaft umgeschaffen, die wir aus öder, feindseliger Wildnis herausgehackt haben, auf daß sie die Menschen nähre und erfreue.
Wir hatten dieses Land niemanden weggenommen, wir hatten niemand daraus verjagt. Wir hatten dieses Land rechtmäßig aus Gottes Hand erworben und es dankbar und würdig und in Ehren verwaltet. Mit seinen einsamen Gipfeln, seinen dunklen Wäldern, mit den innigen Flußtälern und schwermütigen Seen, den schlichten, grauen Walddörfern und den altertümlichen Städtlein dünkte es uns das schönste Land auf Erden, und wir liebten es wie ein Kind seine gute Mutter, und wir lebten freudig darin und hofften, einst in seiner warmen Erde die letzte Ruhe zu finden neben den Hügeln der Ahnen. Es ist anders gekommen. Es ist fürchterlich anders gekommen. Landsleute, ein grauenhaftes Unrecht ist uns angetan worden.
Nachdem wir alle ererbte und erworbene Habe verloren hatten, wurden wir in andere unglückliche Länder hineingepreßt, die ohnehin schon bersten vor Überbevölkerung, in Län-

der, die sich kaum ernähren konnten. Wir sind, gestehen wir es uns offen, nicht gerade gern gesehene Gäste. Und tausend und abertausend von uns können keine Arbeit finden, und viele leben in menschenunwürdigen Wohnungen. Und viele starren, der Verzweiflung nahe, in die graue Zukunft und hegen keine Hoffnung mehr.
Da müssen wir uns fragen: Was haben wir zu tun in dieser bitteren Lage? Was hilft uns, die äußerste Not zu bannen? Wie haben wir uns zu halten?
Vor allem: Verzweifeln wir nicht! Was mit uns geschieht und ob wir oder unsere Kinder einmal wieder heimkehren werden in unser unvergeßliches Land, darüber entscheiden wir nicht, darüber entscheiden andere Gewalten, darüber wird die unerforschliche Weisheit des Allmächtigen das letzte Wort sprechen. Aber eines können und müssen wir versuchen: durchzuhalten! Drum lasset uns in der neuen Heimat so leben und so handeln, als ob wir für immer hier bleiben müßten und es keine Rückkehr gäbe! Arbeiten wir! Greifen wir rüstig zu! Und wenn uns ein Plan, eine Absicht fehl schlägt, lassen wir uns nicht entmutigen! Auch im Böhmerwald daheim ist kein Baum auf den ersten Schlag gefallen. Und geben wir vor allem nicht Veranlassung, daß man uns verachte! Durch unsern Fleiß, durch Treue, Redlichkeit, Hilfsbereitschaft und durch eine bescheidene, anständige, würdige Haltung wollen wir der altgesessenen Bevölkerung Achtung abzwingen, und die soll erkennen, daß wir keine Müßiggänger, keine Schmarotzer, Schieber, Schwarzhändler oder Ämtleinhascher, sondern von ernstem, bestem Willen beseelte Menschen sind.
Und seien wir nicht allzu empfindlich, wenn aus Unverständnis mancher, der noch nichts erlebt und erlitten hat, unser verbittertes Herz kränkt oder beleidigt! Wir wollen die Widerstrebenden mit nicht nachlassender Geduld gewinnen und, wie schwer es auch fallen mag, jene Herzenshärte, die uns manchmal entgegenstößt, durch Liebe entwaffnen! Und erziehen wir die Kinder, die uns als einziges, letztes, höchstes Gut geblieben sind, zu ordentlichen Menschen! Und singet mit ihnen jeden Abend, ehe ihr sie schlafen legt, das Lied der Heimat! Das Heimweh soll in ihnen lebendig bleiben! Hat man uns die Heimat entrissen, das Heimweh kann uns niemand nehmen, und es soll wie ein Samenkorn zu einer schöneren Zukunft in uns keimen. Und lasset uns jene geheime Macht, die den Völkern das Schicksal verhängt, lasset uns Gott bitten, daß er uns, ehe wir eingehen in die ewige Heimat, in die irdische Heimat zurückführe, ohne die wir in der ganzen weiten Welt kein rechtes Glück finden können.
Und so wollen wir in Hoffnung und Geduld ausharren. Du aber, Gott, erhöre uns!

---

*Anmerkung:*
[1] Es handelt sich um einen in vielen Abschnitten zirkulierten Aufruf Watzliks (1948 gestorben), der einen eindrucksvollen Beleg für Denken, Fühlen und Handeln der Sudetendeutschen in jener Zeit darstellt.

---

*Quelle:*
Maschinenschriftliche Vervielfältigung.

**Thesen** **1947[1]**
**der (sudetendeutschen) Seliger[1]-Gemeinde:**
*Selbstbestimmungsrecht innerhalb und außerhalb der Heimat*

I.
Der Erfahrungsschatz der sudetendeutschen Arbeiterbewegung ist ein wertvoller Besitzstand des europäischen Sozialismus.
Die Seliger-Gemeinde erblickt ihre Aufgabe darin, dieses Vermächtnis zu wahren und zu mehren.
Sie wird versuchen, diese Verpflichtung zu erfüllen.
. . .

II.
Hauptaufgabe der Seliger-Gemeinde wird sein, das Gedankengut des gesamtösterreichischen und des sudetenländischen Sozialismus in den Dienst einer föderalistischen Neugestaltung Gesamteuropas zu stellen.
Sie betrachtet das Selbstbestimmungsrecht der Völker als das einzig zulässige demokratische Ordnungsprinzip bei der Schaffung übernationaler Schicksalsgemeinschaften.

III.
Die Seliger-Gemeinde wird aber bei ihrem Wirken von der Überzeugung ausgehen, daß die Verwirklichung des Selbstbestimmungsrechtes keine isolierte Aufgabe der Sudetendeutschen ist.
Es ist das gute Recht der Ausgetriebenen und Unterdrückten, ihre freie Selbstbestimmung auf angestammten Heimatboden zu fordern. Gleichzeitig aber müssen in Europa die geistigpolitischen und die moralischen Voraussetzungen für die Anwendung des Selbstbestimmungsrechtes geschaffen werden.

IV.
Solange den Sudetendeutschen durch die Machttatsachen des Eisernen Vorhanges die Geltendmachung des Selbstbestimmungsrechtes in der alten Heimat versagt ist, müssen sie von ihrer geistigen Selbstbestimmung Gebrauch machen und sich in die geistigpolitischen Kampffronten Westdeutschlands und Westeuropas einreihen.
...

VII.
Im Geiste Josef Seligers[2] wird die Seliger-Gemeinde durch ihr ganzes Wirken unter Beweis stellen, daß Volksverbundenheit und sozialistische Gesinnungstreue die Grundwerte des Sozialismus sudetendeutscher Prägung waren und sind. Aus dieser Orientierung heraus bejaht sie die Schicksalsverbundenheit der vertriebenen Deutschen mit dem ganzen deutschen Volke. Sie bekennt sich in brüderlicher Verbundenheit zur deutschen Arbeiterbewegung, deren Kraft und Einfluß für die Zukunft der Freiheit von größter Bedeutung sein wird. Die Seliger-Gemeinde appelliert an alle Sudetendeutschen, ihr geistiges Selbstbestimmungsrecht zugunsten einer Stärkung des deutschen Sozialismus und der europäischen Demokratie in die Waagschale zu werfen.

*Anmerkungen:*
[1] Formal wurde die Seliger-Gemeinde erst am 4. 6. 1951 in Brannenburg (Bayern) gegründet.
[2] Zum hier gemeinten sudetendeutschen Politiker Josef Seliger: Siehe S. 150f.

**Richtlinien** **1947, 1. April**
**der US-Militärregierung für Deutschland[1]:**
*Vertriebenenparteien werden nicht genehmigt*

...
Politische Parteien von Vertriebenen und Flüchtlingen. Um die Einfügung der Vertriebenen und Flüchtlinge in das Leben des deutschen Volkes zu erleichtern, werden politische Parteien,[2] als deren Hauptziel die Förderung von Interessen von Vertriebenen und Flüchtlingen anzusehen ist, nicht genehmigt.
...

*Anmerkungen:*
[1] Military Government Regulations; Title 3; Political Activities.
[2] Zur Haltung gegenüber unpolitischen Vereinigungen mit ähnlicher Zielsetzung: Siehe S. 302.

*Quelle:*
Král, Václav: »Die Deutschen in der Tschechoslowakei 1933–1947«; Prag, 1964; S. 621.

**Rede** **1947, 9. April**
**des US-Außenministers George Marshall (Republ.)**
**auf der Moskauer Außenministerkonferenz:**
*Meinung der Vertriebenen berücksichtigen*

*(Zur Festlegung neuer Grenzen)* . . . Wir müssen die Meinung der evakuierten Bevölkerung und die Bedeutung für die allgemeine wirtschaftliche und politische Stabilität Europas berücksichtigen . . . Wir müssen uns . . . ernstlich davor hüten, bei der Grenzziehung Grundsätze der Atlantik-Charter[1] zu verletzen . . .

*Anmerkung:*
[1] Zum Text: Siehe S. 14f.

*Quelle:*
Maass, Johannes: »Dokumentation der deutsch-polnischen Beziehungen nach dem Zweiten Weltkrieg«; Bonn/Wien, 1960; S. 11.

**Memorandum** **1947, 6. Oktober**
**der tschechoslowakischen Militärmission**
**beim Alliierten Kontrollrat in Berlin an die US-Militärregierung in Deutschland:**
*Sudetendeutsche Organisationen in Deutschland zu verbieten*

Bis vor kurzem verhinderte die Politik der Amerikanischen Militärregierung die Organisation von Vereinigungen derjenigen Deutschen, die aus der Tschechoslowakei nach Deutschland überführt worden waren. Anscheinend ist diese Politik geändert worden.
Vor kurzer Zeit wurde die Mission darüber informiert, daß jetzt politische Vereinigungen der überführten Deutschen aufgebaut werden.
1. »Landsmannschaftliche Vereinigung der Ostsudetendeutschen«. Die Amtsträger und führenden Mitglieder dieser Vereinigung sind:
Josef Ertel aus Krnov[1], jetzt Nördlingen; Adolf König aus Opava, jetzt Freising; Otto Kreisel aus Vitkov, jetzt Malzstätten; Dr. Rhomberg, Memmingen; Otto Schürer aus Opava, jetzt Waldheim, Fürstenzell; Rudolf Paloschek, Memmingen; Wilhelm Thanel; Rudolf Talaschek; Dr. Felix von Luschka aus Opava, jetzt Zeil a. M.; Friedrich Graf Stolberg von Stolberg; Rudolf Mader aus Opava, jetzt Friesenhausen Nr. 60, Kreis Hofheim, Unterfranken.
Einer der Gründer, Adolf König, erklärte am 10. Juni 1947 in München, das Ziel der Vereinigung sei, die Deutschen ihre frühere »Heimat« nicht vergessen zu lassen und sie auf eine baldige Rückkehr vorzubereiten. Bei dieser Gelegenheit erklärte König, daß Opava eine deutsche Stadt sei und die Deutschen deshalb berechtigt seien, dort zu leben. Die ganze Rede war ein Schrei nach Rache.
Die oben erwähnte Vereinigung organisiert die überführten Deutschen in ganz Bayern. Auch frühere Mitglieder der Nazipartei dürfen ihr beitreten.

Die Vereinigung hat Zweigstellen in München mit 2500 Mitgliedern, in Eßlingen mit 400, in Liessen[2] mit 500 und in Schweinfurt mit 300 Mitgliedern.
2. Die Tschechoslowakische Militärmission erhielt Informationen über eine ähnliche lokale Vereinigung in Dingolfing, »Verein der Sudetendeutschen Dingolfing, e. V.«. Die Amtsträger dieser Organisation heißen Frydecky, Piesche, Stummvoll und Alfred Czerny. Ziele und Maßnahmen dieser Vereinigung decken sich mit denen der oben angeführten.
Die Tschechoslowakische Militärmission hat die Ehre, die amerikanische Militärregierung um das Verbot aller Vereinigungen überführter Deutscher zu ersuchen[3] . . .

*Anmerkungen:*
[1] Die Ortsbezeichnungen wurden nicht übersetzt.
[2] Es handelt sich vermutlich um Diessen.
[3] Zur Antwort der US-Militärregierung in Deutschland vom 21. Oktober 1947: Siehe den folgenden Beleg.

*Quelle:*
Král, Václav: »Die Deutschen in der Tschechoslowakei 1933–1947«; Prag, 1964; S. 618.

**Die US-Militärregierung in Deutschland an die tschechoslowakische Militärmission beim Alliierten Kontrollrat für Deutschland:** **1947, 21. Oktober**
*Sudetendeutsche politische Organisationen nicht erlaubt*

. . .
Bezug genommen wird auf das Memorandum mit Datum 6. Oktober 1947[1] . . ., das die Organisation von Vereinigungen von »Volksdeutschen«[2], betrifft, die aus der Tschechoslowakei nach Deutschland überführt[3] wurden. Hinsichtlich der Aussage, die Politik der US-Regierung sei anscheinend dahingehend geändert worden, die Bildung solcher Vereinigungen zu erlauben, dürfte ein Mißverständnis bestehen. Die US-Militärregierung hat die Bildung von Gruppen dieser Personen nie verboten, soweit ihr Zweck der Schutz des materiellen Wohlergehens ihrer Mitglieder war. Nicht gestattet sind Organisationen, deren Hauptzweck politische Aktivitäten und deren Mitgliedschaft auf Vertriebene[4] beschränkt ist. Die US-Militärregierung beabsichtigt, diese Leute in die deutsche Wirtschaft und Gesellschaftsstruktur zu assimilieren und ihre Interessen denjenigen Deutschlands[5] so rasch wie möglich anzugleichen. Wir wollen dies jedoch in demokratischer Weise tun, um damit ein Beispiel für ihr künftiges Verhalten und ihre künftigen Handlungen zu setzen.
Sie werden verstehen, daß diese Ziele angesichts des Durcheinanders und der Ungewißheit, die mit der Entwurzelung einhergehen, nicht sofort erreicht werden können.
Unter diesen Umständen können einzelne oder Gruppen von Zeit zu Zeit in Versuchung geraten, ihre Unzufriedenheit über ihr Los auszudrücken. Sie werden jedoch unter Beobachtung gehalten . . .

*Anmerkungen:*
[1] Zum Text: Siehe den vorhergehenden Beleg.
[2] Im Original in deutscher Sprache.
[3] Im Original »transferred«.
[4] Im Original »expellees«.
[5] So Original; vermutlich gemeint: der Deutschen.

*Quelle:*
Král, Václav: »Die Deutschen in der Tschechoslowakei 1933–1947«; Prag, 1964; S. 619.

**Die tschechoslowakische[1] Militärmission in Berlin an den Alliierten Kontrollrat für Deutschland:** **1947, 23. Oktober**
*Landsmannschaftliche Organisationen zu verbieten*

...

Die Regierung der Tschechoslowakischen Republik verfügt über bestimmte Beweisstücke für illegale Betätigungen von Ausgesiedelten, von illegal gedruckten Flugblättern, Versammlungen und Vereinigungen. Die Tschechoslowakische Regierung ist überzeugt, daß die jetzigen gesetzlichen Vorkehrungen nicht genügen, um die Rache- und Revisionsbestrebungen der Ausgesiedelten zu bekämpfen und den Frieden in Deutschland zu stärken. Wenn ein solches Verhalten auf die Dauer stillschweigend übersehen wird, wird es höchstwahrscheinlich die Wiedergeburt von militantem Pangermanismus fördern und eine ständige Gefahr für Deutschlands friedliebende Nachbarn und den generellen Weltfrieden bedeuten. Die Tschechoslowakische Militärmission erkennt das Recht auf Freiheit des Ausdrucks an, erhebt aber Einspruch gegen seinen Mißbrauch durch revisionistische und rachedurstige Slogans in Wort und Schrift.
Die Tschechoslowakische Militärmission möchte darauf hinweisen, daß der Nazismus ganz ähnlich begann: In kleinen regionalen Vereinigungen und mit Flugblättern in derselben rachedurstigen und revisionistischen Tonart. Deshalb erscheint es notwendig, die neue Propaganda schon im Ansatz zu stoppen.
Der jetzige Frieden schließt eine Bildung von Organisationen aus, die eine Ausdehnung Deutschlands über seine Grenzen hinaus anstreben. Mit ihrer tausendjährigen Erfahrung deutscher Expansionsmethoden legt die Tschechoslowakei größten Wert darauf, der Neubildung von revisionistischen Vereinigungen nicht stillschweigend zuzusehen, die – unter Vorwand von kulturellen, sozialen oder anderen scheinbar friedlichen Aktivitäten – nur die Wiedergeburt revisionistischer Tendenzen fördern würden. Man muß stark annehmen, daß Vereinigungen der Ausgesiedelten ohne Rücksicht auf ihre Art und ihr Vorbringen der friedlichen Entwicklung in Deutschland entgegenstehen. Die Tschechoslowakische Militärmission ist zutiefst davon überzeugt, daß die Errichtung eines Ausschusses der ausgesiedelten Deutschen (»Flüchtlingsausschuß«)[2] in irgendeiner Besatzungszone sich nicht nur als ein ernstes Hindernis auf dem Weg zu rascher und vollständiger Assimilierung der Ausgesiedelten, sondern auch als eine Ursache zukünftiger Differenzen zwischen Deutschland und seinen Nachbarn erweisen würde. Deshalb meint die Tschechoslowakische Militärmission, daß alle Anstrengungen unternommen werden sollten, um eine durchgreifende Assimilierung der Ausgesiedelten in kürzest möglicher Zeit zu unterstützen. Dieses Ziel bleibt unerreicht, solange sie nicht dieselbe Rechtsstellung und die gleichen wirtschaftlichen Rechte wie die ansässige Bevölkerung erhalten. Die Tschechoslowakische Militärmission erkennt die Bemühungen der Besatzungsmächte bezüglich des Verbotes von Vereinigungen der Ausgesiedelten voll an. Trotzdem erscheint die Wichtigkeit des Problems für ganz Deutschland und jede friedliebende Nation in seiner Nachbarschaft entscheidend genug, um nach einer allgemeinen Lösung zu verlangen. Diese sollte ein Gesetz sein, das den Ausgesiedelten die vollen Rechte der ansässigen Bevölkerung gibt und jedermann der Bestrafung aussetzt, der sich auf der Grundlage von Regionen außerhalb Deutschlands (mit anderen) verbindet oder diesbezügliche Werbung betreibt.
Deswegen beehrt sich die Tschechoslowakische Militärmission zu verlangen, daß ein Gesetz erlassen werde, in dem

1. jede revisionistische und revanchistische Propaganda bei Bestrafung Zuwiderhandelnder verboten wird,
2. ausgesiedelten Deutschen verboten wird, sich auf Grundlage ihrer territorialen Herkunft zu vereinigen und Zuwiderhandelnde bestraft werden,

3. den ausgesiedelten Deutschen dieselbe Rechtsstellung wie dem Rest der deutschen Bevölkerung zuerkannt und die Schaffung oder Aufrechterhaltung von Unterschieden zwischen ausgesiedelten Deutschen und der ansässigen Bevölkerung für strafbar erklärt wird.

*Anmerkungen:*
[1] Eine gleiche oder ähnliche Note dürfte auch die polnische Militärmission an den Alliierten Kontrollrat gerichtet haben; siehe S. 306.
[2] Im Original in deutscher Sprache.

*Quelle:*
Král, Václav: »Die Deutschen in der Tschechoslowakei 1933–1947«; Prag, 1964; S. 619f.

**Rede** **1947, 2. Dezember**
**des stellvertretenden tschechoslowakischen Außenministers Vladimir Clementis (KPTs.):**
*Sudetendeutsche Reaktionen auf ihre Vertreibung*

... Zum Teil wegen der Bedeutung dieser Angelegenheit, teilweise aber auch deswegen, weil das Thema verständliche Aufmerksamkeit erregt, möchte ich an dieser Stelle das Problem der abgeschobenen Deutschen anschneiden, das sich wie folgt darstellt:
I. Den tschechoslowakischen Angaben zufolge wurden insgesamt 2256000 Personen nach Deutschland ausgesiedelt, davon in die amerikanische Zone 1464000, in die sowjetische 792000. Die zuständigen Stellen der Okkupationsmächte geben an: für die amerikanische Zone 1641000, für die sowjetische 814000, insgesamt 2455000.
Die rechtliche Grundlage der Aussiedlung bilden der Beschluß der Potsdamer Konferenz[1] und das Abkommen mit dem Alliierten Kontrollrat. Ergänzende Normen sind die Dekrete Nr. 33/45 Slg. über die Staatsbürgerschaft[2], 12/45 Slg. und 108/45 Slg. über die Beschlagnahme deutschen Eigentums.[3]
II. In der Sowjetzone wurden die transferierten Personen soweit wie möglich planmäßig in das Wirtschaftsleben eingefügt, indem sie je nach Beruf in die einzelnen Industriezweige eingegliedert wurden. Der Plan, die Ausgesiedelten rasch zu assimilieren, hat auch dort gute Erfolge, wo sie im Zuge der Bodenreform Land erhalten konnten. Eine Benachteiligung oder Bevorzugung der Ausgesiedelten gegenüber der heimischen Bevölkerung wird von der Okkupationsverwaltung geahndet, und die Bildung politischer Organisationen außerhalb der bestehenden deutschen politischen Parteien ist unzulässig.
In der US-Zone hingegen wurden die Ausgesiedelten der heimischen Bevölkerung nicht voll gleichgestellt und nicht als deutsche Staatsbürger angesehen. Dieser Dualismus in der Staatsbürgerschaft hemmt die Assimilation der Ausgesiedelten und erhält in ihnen die Vorstellung, daß der gegenwärtige Stand der Dinge ein vorübergehender ist. Dies fördert auch die Bestrebungen, eine antitschechoslowakische Betätigung organisatorisch zu begründen und zu entfalten, deren Ziel es wäre, eine Änderung der gegenwärtigen Lage herbeizuführen und die Rückkehr in die einstigen Wohnsitze zu erreichen. Den Feststellungen der amerikanischen Information Controll Division zufolge halten 95% der Ausgesiedelten den Transfer für unberechtigt und ungerecht.
III. Ein Teil der ehemaligen sudetendeutschen Sozialdemokraten hat politische Funktionen in der SPD übernommen. Durch die Zuerkennung des Wahlrechts erhielten die Ausgesiedelten die Möglichkeit, in die bestehenden politischen Parteien einzudringen und so ihre deutsche Umwelt in tschechoslowakeifeindlichem Sinne zu beeinflussen. Die Hauptziele der revisionistischen und irredentistischen Tätigkeit sind:
a) Rückkehr in das Sudetengebiet,

b) Aufstellung eines Verzeichnisses der in der ČSR verbliebenen Vermögenswerte zwecks Kompensation mit tschechoslowakischen Reparationsansprüchen,
c) eine Dokumentation über die Art der Aussiedlung zusammenzustellen und zu veröffentlichen,
d) Protest gegen die Umsiedlung des Restes der in der Tschechoslowakei verbliebenen Deutschen ins Binnenland; Gewährung von Minoritätsrechten für diese Gruppe.

Zur Erreichung dieser Zwecke verwenden sie
1. legale Mittel, a) legale politische Organisationen, b) caritative und soziale Organisationen;
2. illegale Mittel, a) illegale und irredentistische Organisationen, b) Flugschriften, Unterschriftensammlungen und andere Aktionen, Kettenbriefe usw.

Obwohl es offiziell keine politischen Organisationen der Ausgesiedelten gibt, stehen Nachrichten darüber zur Verfügung, daß die Ausgesiedelten innerhalb der deutschen politischen Parteien ihre Stützpunkte haben und daß sich die Angehörigen der ehemaligen sudetendeutschen politischen Parteien gelegentlich unter dem Deckmantel caritativer und sozialer Interessen treffen. Bei der Landesregierung der angloamerikanischen Zonen sind Arbeitsausschüsse für das Flüchtlingswesen tätig, denen die soziale und wirtschaftliche Fürsorge für die Ausgesiedelten obliegt. Diese Organisationen wurden von allem Anfang an für die politischen Ziele der Ausgesiedelten mißbraucht. Davon zeugen besonders die Resolutionen von den Konferenzen, die auf Veranlassung der deutschen politischen Parteien zwecks Lösung der sozialen Probleme der Ausgesiedelten einberufen werden. Vertreter der Flüchtlingsausschüsse aus den Ländern der verbundenen Westzone, die bei der Konferenz – einberufen von der CDU/CSU – am 18./19. Juli 1947 in München anwesend waren, entschlossen sich, eine Entschließung zu verabschieden, in der unter anderem die »Rückgabe ihrer Heimat« [4] verlangt wurde. In den Unterlagen, die bei der Konferenz verteilt wurden, finden sich Ausdrücke, wie »Wir werden und wir können unsere Heimat (unser Grenzland) niemals aufgeben«.

Der Besuch, den Wenzel Jaksch zu Anfang des Jahres 1947 in Deutschland machte, bedeutete eine Stärkung der antitschechoslowakischen Tendenzen der Ausgesiedelten, da sie in Jakschs Persönlichkeit den führenden Geist ihrer revisionistischen Ziele sehen. Für ihre Programme finden die Ausgesiedelten eine Quelle in der Petition, welche von der in London beheimateten »Treugemeinschaft« [5], einer Organisation der Deutschen Sozialdemokraten aus der Tschechoslowakei in England, verfaßt wurde. Einige Gedanken dieser Petition leiten die breiten Massen der Ausgesiedelten in ihrer revisionistischen Tätigkeit gegen die Tschechoslowakei.

Wolfgang Jänicke, Staatssekretär im bayrischen Innenministerium, richtete ein Gesuch an die US-Militärverwaltung mit der Bitte um Bewilligung einer Zusammenstellung des Vermögens, das die Ausgesiedelten in der Tschechoslowakei zurückgelassen hatten. Obwohl das Gesuch abgelehnt wurde, wird die Zusammenstellung solcher Listen weiter versucht. Kirchliche Organisationen, wie die sogenannten »Kirchlichen Hilfsstellen«, führen unter Leitung von Monsignore K. H. Buttner in Frankfurt/Main die Dokumentation der Art durch, in der die Aussiedlung durchgeführt wurde. Sie geben sogar gedruckte Richtlinien heraus, wie die Dokumentation durchzuführen ist. (Richtlinien über *[die]* gesamte Dokumentation der Ausweisung von Sudetendeutschen aus der tschechoslowakischen Republik.)[5] Das so erhaltene Material wird regelmäßig an katholische Kreise aller Länder versandt.

Die Tätigkeiten der illegalen Organisationen bestehen aus dem Verfassen von irredentistischen Broschüren, wobei sie versuchen, Kontakte mit den Überresten der Deutschen in der Tschechoslowakei herzustellen. Zusammen mit dem Sudetendeutschen Arbeitsausschuß in Hamburg werden Unterschriftssammlungen in beiden westlichen Besatzungszonen für Petitionen an den alliierten Kontrollrat durchgeführt.

Darin verlangen sie, in ihre Heimat zurückzukommen; Autonomie für das »Sudeten«land unter alliierter Kontrolle; Rückgabe ihres beschlagnahmten Eigentums oder Entschädigung dafür. Außerdem werden viele Kettenbriefe abgeschrieben und provokative Artikel umhergesandt, die von Deutschen aus der Tschechoslowakei im Ausland verfaßt werden. Hervorhebenswert sind die Arbeiten des Verlegers Stampfer und des Pastors Reichenberger in Amerika und Auszüge aus Jakschs in London regelmäßig erscheinenden »Treugemeinschaft«[5], die unwahre Behauptungen über die Tschechoslowakei enthalten. Außerdem dreht es sich um Auszüge aus der westlichen Presse, in denen die Tschechoslowakei angegriffen wird, vor allem in der Frage der Aussiedlung der Deutschen.
IV. Die Tätigkeit bedeutet augenblicklich keine politische oder militärische Gefährdung oder Bedrohung der Tschechoslowakei.[6] Selbst wenn nicht mehr dahinterstecken würde – und es steckt mehr dahinter – sind solche Tätigkeiten dem alliierten Interesse beschleunigter Einschmelzung der abgeschobenen Personen in ihrer neuen Umgebung entgegengesetzt und widersprechen auch der damit beabsichtigten Schaffung von Vorbedingungen für ihre Demokratisierung und ihren Einbau beim Aufbau eines neuen demokratischen und friedliebenden Deutschlands. Es liegt deshalb in unserem direkten Interesse, in geeigneter Form bei den alliierten Behörden vorstellig zu werden, um diese schädlichen Tätigkeiten der Ausgesiedelten, die wir sehr genau beobachten, zu beenden.
Vor ähnlichen Problemen steht auch Polen, weshalb wir mit diesem Land ein gemeinsames Verfahren in bezug auf Austausch von Informationen eingerichtet haben. Im Geiste dieses Übereinkommens haben wir dem Alliierten Kontrollrat eine gemeinsame Note überreicht, in der wir gegen die revisionistischen Tätigkeiten der ausgesiedelten Deutschen protestieren. Nach gemeinsamer Abfassung wurde diese Note dem Alliierten Kontrollrat am 23. Oktober 1947[7] übergeben. Unter Berücksichtigung der Tatsache, daß die deutschen Bemühungen gegen die tschechoslowakische Republik ausschließlich in der amerikanischen Zone stattfanden, wurden wir gleichzeitig bei der Politischen Abteilung des OMGUS[8]-Hauptquartiers vorstellig, der wir am 6. Oktober 1947[9] ein Memorandum übergaben ... *(Es folgen eine Inhaltsangabe der beiden erwähnten Unterlagen und der Antwort der US-Militärregierung vom 21. Oktober 1947.[10])* ... Was wir in dieser amerikanischen Note besonders begrüßen, ist die Tatsache, daß sie wie wir auch den Schwerpunkt auf die Notwendigkeit der Einschmelzung der Abgeschobenen in ihrer neuen Umgebung legt. Es wird unsere Aufgabe sein, die Aufmerksamkeit der amerikanischen Besatzungsbehörden auf alle Tatsachen zu lenken, die dieser Entwicklung im Wege stehen, und es wird die Aufgabe jener Behörden sein, diese Hindernisse zu entfernen.
Wie ich bereits feststellte, können uns die gegen uns gerichteten revisionistischen Ziele der abgeschobenen Deutschen nicht unbeteiligt lassen; sei es die absurde Idee ihrer Rückkehr oder irgendwelche ihrer Finanzforderungen, die weder eine moralische noch eine rechtliche Grundlage haben; sie werden niemals auch nur im geringsten Ausmaß verwirklicht werden. Für uns wie für den Rest der Welt ist dieses Kapitel endgültig abgeschlossen.
Die Lösung unseres deutschen Problems, wie sie durchgeführt wurde, wurde von den Großmächten während des Krieges gefunden, wie es Präsident Beneš in seinen Erinnerungen[11] beschreibt.
12

*Anmerkungen:*
1 Vom 2. 8. 1945; siehe S. 290f.
2 Vom 2. 8. 1945; siehe S. 291f.
3 Vom 21. 6. und 25. 10. 1945; siehe S. 287 und 292.
4 Im Original: »the return of their homeland (Rückgabe ihrer Heimat)«.
5 Im Original in deutscher Sprache.
6 Dieser Satz ist nur in der Quelle von 1964 enthalten.
7 Zum Text: Siehe S. 303f.

[8] OMGUS = Office of Military Government of the United States for Germany.
[9] Zum Text: Siehe S. 301 f.
[10] Zum Text: Siehe S. 302.
[11] Zum Text: Siehe S. 248 ff.
[12] Die Rede wurde vor dem Außenausschuß des ČSR-Parlamentes gehalten. In der nachfolgenden Diskussion wurden weitere Beispiele sudetendeutscher Aktivitäten dargestellt.

*Quellen:*

1. Czechoslovak Ministry of Foreign Affairs (Hrsg.): »Czechoslovak Sources and Documents Nr. 29«; Prag, 1947; S. 21 ff.
2. Král, Václav: »Die Deutschen in der Tschechoslowakei 1933–1947«; Prag, 1964; S. 622 ff.

## Entschließung der Heppenheimer Tagung[1]: 1948, 12. Juni

*Menschenrechte, Heimatrecht, Selbstbestimmungsrecht gefordert*

Die in Heppenheim a. d. B. am 12. Juni 1948 versammelten sudetendeutschen Männer und Frauen sind überzeugt, daß zur Wahrung ihrer Lebensinteressen der Augenblick gekommen ist, um die Bildung eines überparteilichen, provisorischen Ausschusses, der den Namen »Sudetendeutscher Ausschuß« erhält, durchzuführen[2]. Dieser Ausschuß hat die Aufgabe, vorerst in einer Entschließung die Weltöffentlichkeit von dem politischen Wollen der Sudetendeutschen zu unterrichten.
Die Entschließung muß enthalten:

1. Die Geltendmachung des Rechtes der Selbstbestimmung.
2. Die Geltendmachung des Rechtes auf Heimat und Vollwiedergutmachung im Sinne der Menschenrechte.

*Anmerkungen:*

[1] Es handelte sich um ein Treffen von »256 sudetendeutschen Männern und Frauen, teils als Bevollmächtigte größerer Flü*(chtlings)*-Verbände der verschiedensten Richtungen, teils als Exponenten des ehemaligen sudetendeutschen politischen, kulturellen und wirtschaftlichen Lebens« (vgl. a. a. O., S. 2).
Die Entschließung wurde einstimmig gebilligt.
[2] Der geplante »Sudetendeutsche Ausschuß« und seine vorgesehenen Arbeiten gingen in den neuen Organisationen der Sudetendeutschen auf:

a) Der Sudetendeutschen Landsmannschaft (SL):
   Am 21. 4. 1948 wurde als erster der Kreisverband Memmingen (Bayern) von der US-Militärregierung »lizensiert« (d. h. genehmigt); am 18. 9. 1948 der Bezirksverband Schwaben gebildet und am 16. 1. 1949 der Landesverband Bayern gegründet und Rudolf Lodgman von Auen zum Vorsitzenden bestellt (siehe den folgenden Beleg).
b) Die »Arbeitsgemeinschaft zur Wahrung sudetendeutscher Interessen«:
   Diese war nach früheren Vorarbeiten am 14. 7. 1947 von v. a. Richard Reitzner, Hans Schütz, Emil Franzel und Walter Becher gegründet worden, befaßte sich mit Fragen der Vermögensfeststellung und bemühte sich im Rahmen damaliger Möglichkeiten um Dokumentationen zur Beeinflussung des erwarteten Friedensvertrages.
   Am 27. 7. 1948 trat der Leiter des Vollzugsausschusses der Heppenheimer Tagung, Rudolf Lodgman von Auen, in das Präsidium der »Arbeitsgemeinschaft« ein (a. a. O., S. 17).

*Quelle:*

Petsch, Heinrich: »Bericht von der sudetendeutschen Tagung in Heppenheim am 11./12. Juni 1948«; Sinsheim (Baden), 1948; S. 14.

**Protokoll** **1949, 16. Januar**
**der Gründungsversammlung[1]**
**der Landesgruppe Bayern der Sudetendeutschen Landsmannschaft**
*Landsmannschaft möge »der sudetendeutsche Volkskörper werden«*

...

Tagesordnung:
1. Wahl des Vorsitzenden der gründenden Versammlung.
2. Bericht über die am Aufbau geleistete Arbeit.
3. Beschlußfassung über die Satzung.
4. Wahl des Landesvorstandes.

...

5. Anträge, Anfälliges.

*(Unter Ziff. 1 der Tagesordnung wird Rudolf Lodgman von Auen einstimmig zum Vorsitzenden gewählt.)*

...

Zu Punkt 2) der Tagesordnung:
Dr. Hampel gibt einen Bericht über die Entstehungsgeschichte und den Werdegang der Landsmannschaft und die bisher vom Memminger Arbeitskreis[2] geleistete Arbeit, spricht über die Schwierigkeiten, die überwunden werden mußten. Er dankt Herrn Dr. Lodgman für seine bei der Aufbauarbeit geleistete Unterstützung.

...

Der Vorsitzende ... stellt fest: ...
»Ich ... möchte sagen, daß wir anstreben, daß die sudetendeutsche Landsmannschaft der sudetendeutsche Volkskörper werde, den wir heute auf Heimatboden nicht mehr haben; daher wollen wir die verlorene Heimat ersetzen, und zwar durch eine Organisation. Etwas anderes können wir ja nicht machen, aus dieser Organisation soll sich alles andere entwickeln. Die Landsmannschaft an sich muß überparteilich sein, sonst könnte sie ja nicht den Nährboden abgeben für die verschiedenen Interessen und Anschauungen, die in jedem Volkskörper vorhanden sind.« (Beifall)

...

Zu Punkt 3 der Tagesordnung:
Ing. Schmidt trägt das Wesentliche der Satzung vor.
»Auf die Frage, was der Zweck dieses Verbandes ist, kann man nur die Antwort geben: ›Er ist der Zusammenschluß aller Sudetendeutschen zur Wahrung ihrer sozialen, wirtschaftlichen und kulturellen Belange.‹ Damit ist alles ausgesprochen, was irgendwie die Frage des Lebens unserer Volksgruppe berührt.
Das Wort ›Verein‹ wurde absichtlich vermieden, wir sind eine Landsmannschaft und jeder Sudetendeutsche, der sich zu dieser Landsmannschaft bekennt, ›Landsmann‹ und Mitglied dieser Gemeinschaft. Der Aufbau erfolgt von unten, Kreis-, Bezirks-, Landesverband, darüber hinaus der Zonenverband. Ordentliches Mitglied ist jeder Sudetendeutsche, soweit er den gesetzlichen Voraussetzungen entspricht. Eine wesentliche Sache ist auch die Herausstellung der Arbeitsgebiete: Sozialwesen, Wirtschaft, Kultur und die Bestellung von Sachbearbeitern für diese.«

...

*(Nach Diskussion wurde die Satzung bei einer Stimmenthaltung angenommen.)*
Zu Punkt 4) der Tagesordnung:

...

*Wahlergebnis*:
Vorsitz: 47 Stimmen für Dr. Lodgman, 1 Stimme für Dr. Hampel.

...

Dr. Lodgman nimmt die Wahl an und dankt den Anwesenden für ihr Vertrauen.

...

*Anmerkungen:*
[1] Bereits am 29. 8. 1947 war in Regensburg ein bayrischer Landesverband der SL gegründet worden. Vgl.: Hemmerle, Rudolf: »Sudetenland-Lexikon«; Mannheim, 1984, S. 27, 431.
[2] Seit dem 20. 2. 1947 hatten sich Sudetendeutsche in Memmingen regelmäßig getroffen. Der daraus entstandene »Memminger Arbeitkreis« versuchte bereits im Sommer 1947, eine Landsmannschaft zu gründen, war jedoch von der dafür zuständigen US-Besatzungsmacht abgewiesen worden.
Zur Entstehungsgeschichte sudetendeutscher Organisationen:
Vgl.: Habel, Fritz Peter: »Voraussetzungen des Zusammentreffens zwischen Bayern und Sudetendeutschen«; München, 1968; S. 252 ff.

*Quelle:*
Sudetendeutsche Landsmannschaft, Landesgruppe Bayern (Hrsg.): »Verhandlungsschrift« [Umfang: 6 Maschinenseiten, Anlage zu Rundschreiben 2/49]; München, 26. 1. 1949; S. 2 f.

**Rede** [1] **1949, 9. März**
**Rudolf Lodgman von Auens:**
*Das landsmannschaftliche Prinzip* [1]

. . .
Den Landsmannschaften wird vielfach der Vorwurf des Separatismus gemacht, indem man die Heimatvertriebenen *aller* Gegenden Europas als eine einzige Volksgruppe auffaßt und dann die naturgegebenen heimatlichen Verschiedenheiten als Separatismus brandmarkt. Ein solcher Vorwurf entspringt wahrscheinlich weit mehr der Angst um den Verlust wohlerworbener Rechte, als ernstzunehmenden Erwägungen. Er kann uns auch vollständig kalt lassen, denn wir haben bis zum Überdruß immer wieder und wieder betont, daß es bei der Geltendmachung der Vertriebeneninteressen auf deutschem Boden keine landsmannschaftlichen Unterschiede gibt und zu geben braucht und daß daher die Zusammenarbeit der Landsmannschaften miteinander auf diesem Boden eine Selbstverständlichkeit sein muß. Wer glaubt, beim neubürgerlichen Interesse verbleiben zu sollen, den können wir daran nicht hindern, wir verzichten auch auf Auseinandersetzungen mit ihnen, sondern wollen an der landsmannschaftlichen Organisation ohne solche ruhig weiterarbeiten, denn wir haben die Überzeugung, daß der gottgegebene Heimatgedanke desto mehr in den Vordergrund treten wird, je mehr sich die wirtschaftlichen Verhältnisse bessern und je mehr er zu einem Teilproblem der Außenpolitik wird – und nach beiden Richtungen arbeitet die Zeit. Das Chaos, die Kinderkrankheit der Vertriebenenorganisation, muß überwunden werden, wenn die Vertriebenen selbst zur Geltung kommen wollen . . .

*Anmerkung:*
[1] In Landshut (Niederbayern).

*Quelle:*
Maschinenschriftlich vervielfältigtes Manuskript.

**Entschließung** [1] **1949, September**
**der ersten Großkundgebungen der Sudetendeutschen**
*Vertreibung rückgängig machen, Selbstbestimmungsrecht geben!*

Wir Sudetendeutschen sind seit 1918 das Objekt internationaler Politik. Damals wurden wir entgegen dem vom Präsidenten Wilson verkündeten Selbstbestimmungsrecht der Völker gegen unseren Willen mit einer Million Madjaren, zwei Millionen Slowaken und den Ukrainern der Karpathen in die damals neugebildete Tschechoslowakei hineingepreßt. Der Senat der USA hat die Friedensverträge nicht ratifiziert und damit seine Mißbilligung ausgesprochen. Unsere in den Jahren von 1918 bis 1938 an den Völkerbund gerichteten Hilferufe,[2] in denen wir darauf hingewiesen hatten, daß der Zwangsstaat der Tschechen eine Gefahr für den Frieden Europas bilde, verhallten ungehört. Nach der Erstarkung des Deutschen Reiches wurde unser Problem von Großbritannien, Frankreich, Italien und Deutschland aufgegriffen, durch den Münchner Vertrag[3] wurde das sudetendeutsche Gebiet ohne Volksabstimmung[4] von der Tschechei getrennt und Deutschland zugeteilt. Schon 1939 wurden wir so in den Zweiten Weltkrieg und 1945 in die Niederlage Deutschlands hineingerissen. Durch die zwischen Roosevelt, Truman-Churchill-Attlee und Stalin vereinbarten Programme von Jalta und Potsdam[5] sind wir abermals der hemmungslosen Willkür des tschechischen Panslawismus preisgegeben und aus der Heimat vertrieben worden.

Diese unter unmenschlichen Begleitumständen erfolgte Austreibung aus der Heimat widerspricht allen humanitären Anschauungen, den Grundsätzen der Atlantik-Charta,[6] der UN,[7] dem Geiste der Haager Landkriegsordnung,[8] der Amerikanischen Verfassung,[9] der englischen Magna Charta libertatum von 1215,[10] der französischen Déclaration des droits de l'homme et du citoyen von 1789.[11] Sie steht auch im Widerspruch zu den Zusicherungen, die vor dem Eintritt der USA in die Kriege von 1914/18 und 1939/45 dem amerikanischen Volke gemacht worden sind, die es bewogen haben, für Freiheit, Menschenwürde und Demokratie und gegen die Tyrannei in die Schranken zu treten. So blicken die aus ihrer Heimat Vertriebenen in ihrer hoffnungslosen Lage auf die Tradition des Senats der USA, der schon wiederholt bewiesen hat, daß er Verbrechen gegen die Menschenrechte auch dann nicht zu billigen bereit ist, wenn sie von amerikanischen Staatsbürgern veranlaßt, gebilligt oder begangen worden sind. Er kann der gequälten Menschheit Europas den Glauben an die unparteiische Gerechtigkeit wiedergeben, der durch diese Vorkommnisse verlorengegangen ist, ohne den Europa nicht wieder aufgebaut werden kann und die abendländische Kultur dem Untergang geweiht ist. In dieser Überzeugung wenden wir Sudetendeutschen uns an die Weltöffentlichkeit und rufen:

Macht das Unrecht wieder gut, das eine kurzsichtige Politik an uns begangen hat. Gebt uns das Selbstbestimmungsrecht und widerruft die Beschlüsse von Jalta und Potsdam!

Ohne Lösung des Vertriebenen-Problems wird es keine Neuordnung Europas geben!

---

*Anmerkungen:*

[1] Die Entschließung wurde auch der UNO zugeleitet, welche den Empfang am 3. November 1949 (Abteilung für Menschenrechte, AZ CGS/317/02/LC) bestätigte.
[2] Gemeint anscheinend die Petitionen; siehe S. 156ff.
[3] Zum Text: Siehe S. 232ff.
[4] Grund: Siehe u. a. S. 131.
[5] Zum Text: Siehe S. 290f.
[6] Zum Text: Siehe S. 14f.
[7] Zum Text: Siehe S. 16f.
[8] Zum Text: Siehe S. 8, 24.
[9] Zum Text: Siehe S. 4.
[10] Zum Text: Siehe S. 3.
[11] Zum Text: Siehe S. 5.

---

*Quelle:*
»Volksbote« *(sudetendeutsche Wochenzeitung)*, München vom 20. 9. 1949.

**Rede** **1949, 29. September**
**von Bundeskanzler Konrad Adenauer**
**in der Aussprache zur Regierungserklärung:**
*Verständnis für Rückkehrwunsch der Sudetendeutschen in freie Heimat*

...

Meine Damen und Herren, jeder von uns wird mit den vertriebenen Sudetendeutschen empfinden und fühlen, und jeder wird mit ihnen übereinstimmen, wenn sie verlangen, in ihre Heimat, in ihre freie Heimat zurückkehren zu können.
(Bravorufe und Händeklatschen in der Mitte und rechts)
Aber lassen Sie mich das ausdrücklich betonen: das hat mit Plänen, mit Gedanken und Gedankengängen, wie sie früher bei den Alldeutschen und später bei den Nationalsozialisten bestanden haben, gar nichts zu tun.
(Sehr richtig! in der Mitte)
Das ist lediglich ein Ausdruck der Liebe zur heimatlichen Scholle und weiter nichts.

...

*Quelle:*
Protokolle des 1. Deutschen Bundestages; Bonn, 1949; S. 186 C.

**Entschließung**[1] **1949, Dezember**
**sudetendeutscher Politiker und Wissenschaftler:**
(Sog. Eichstätter Adventdeklaration)
*Rückgabe der Heimat gefordert*

...

Wir Sudetendeutsche wollen nicht Vergeltung, sondern Gerechtigkeit. Sosehr das elementare Rechtsempfinden eine gerichtliche Bestrafung krimineller Handlungen verlangt, so wenig wollen wir dazu beitragen, daß durch die Angst dieser Völker vor Kollektivrache ihre Loslösung von den kommunistischen Diktaturen aufgehalten werde.
Unsere unabdingbare Forderung ist die Rückgabe der Heimat in den Sprach- und Siedlungsverhältnissen von 1937. Dabei verkennen wir nicht die historisch-geographischen Gegebenheiten in Böhmen und Mähren und im Karpathenraum. Auch der uralten Schicksalsverbundenheit der Donauvölker sind wir uns nach wie vor bewußt. Keine Neugestaltung Europas kann an dem zentralen Problem einer neuen staatsrechtlchen Ordnung des Donauraumes und der übrigen von der Sowjetunion seit 1945 besetzten und beherrschten Gebiete vorübergehen. Gleichzeitig aber geht es um die Herstellung eines tragbaren Verhältnisses zwischen Deutschland und seinen westslawischen Nachbarn. Die Voraussetzung auch dafür wäre die Bereitschaft der Tschechen und Polen, den vertriebenen Deutschen ihre Heimat zurückzugeben. Alle diese Aufgaben können nur im Rahmen einer föderalistischen Gesamtordnung Europas gelöst werden, die jede Hegemoniestellung irgendeiner Großmacht ausschließt.
Unsere Landsleute werden verstehen, daß ihr gesamtes Verhalten diesen außenpolitischen Notwendigkeiten unterzuordnen ist.
Von dieser Überzeugung geleitet, wollen wir innerhalb unserer Volksgruppe und bei allen Vertriebenen dafür wirken, daß sie den Kampf um die Wiedergewinnung ihrer Heimat einordnen in das große Ringen um die christlich-humanistische Wiedergeburt Europas.

*Anmerkung:*
[1] Die Deklaration wurde bei einer Zusammenkunft sudetendeutscher Politiker und Wissenschaftler (z. B. Wenzel Jaksch und Richard Reitzner, Hans Schütz und Hermann Götz, Walter Becher und Walter Brand) beschlossen.

*Quelle:*
Lehmann, Ernst: »Wir Sudetendeutsche«; Dortmund, 1952; S. 183ff.

**Grundsätze** **1950**
**des (sudetendeutschen) Witiko-Bundes:**
*Adalbert Stifters Symbolfigur als »Sinnbild und Ausrichtung«*

1. Der Witiko-Bund ist eine Vereinigung von Menschen, die aus der Tradition des früheren Selbstbehauptungskampfes in ihrer sudetendeutschen Heimat die Verpflichtung in sich fühlen, auch künftighin am Schicksal der heute aus ihrer alten Heimat vertriebenen Volksgruppe auf allen Lebensgebieten gestaltend mitzuwirken.
Der Name »Witiko«, dem Geschichtsroman des großen Heimatsohnes Adalbert Stifter entlehnt, soll Sinnbild und Ausrichtung bedeuten; Verbundenheit mit dem Land ihrer Herkunft und Anerkennung der gültigen Gesetze eines organischen Wachsens und Reifens, gleichweit entfernt von zerstörerischer Überstürzung wie untätiger Resignation. Der Name soll zugleich hinweisen auf das Land, das seit beinahe einem Jahrtausend ihre Heimat umschloß; er ist zugleich Hinweis darauf, daß Böhmen und Mähren aus der Berührung mit deutschem Wesen höchste Befruchtung und Förderung erfahren haben und unlöslich der Welt des abendländischen Geistes zugehören.
Wenn sich der Witiko-Bund so zunächst an die Menschen aus dem Sudetenland wendet, so sucht er in voller Aufgeschlossenheit Anschluß an alle jene Kräfte des deutschen Volkes und der übrigen Völker Europas, die noch nicht fatalistisch vor den Aufgaben der Gegenwart kapitulieren, sondern noch den Glauben an eine menschenwürdige Zukunft in sich tragen und bereit sind, sich dafür einzusetzen.
2. Der Witiko-Bund sieht sein Hauptarbeitsgebiet zunächst im Rahmen der sudetendeutschen Volksgruppe, ist sich jedoch bewußt, daß eine ausschließliche Beschränkung auf diesen Aufgabenbereich eine geistige und wirkungsmäßige Verkümmerung in sich schließen würde. Er weiß nur zu gut, daß die Fragen des Sudetendeutschtums untrennbar mit allen jenen Fragen verwoben sind, die auf Grund der Entscheidung von Yalta und Potsdam für alle Menschen des deutschen Ostens ausgelöst wurden. Darum bekennt er sich im Bewußtsein der unlöslichen Gebundenheit an die eigene Volksgruppe auch zur Schicksalsgemeinschaft aller Heimatvertriebenen. Er weiß darüber hinaus, daß die Fragen der Heimatvertriebenen, insbesondere die Frage der Rückgliederung jener Länder, die durch die allem menschlichen und göttlichen Recht widersprechende Gewaltlösung dem deutschen Volk und damit Europa verlorengingen, nicht aus ihren eigenen Kräften gelöst werden können, sondern daß es dazu der Unterstützung des ganzen deutschen Volkes bedarf. Die Lösung dieses Problemes betrachtet der Witiko-Bund darüber hinaus als eine Aufgabe des ganzen westlichen Kulturkreises im Rahmen der erstrebten Neuordnung auf der Grundlage von Gerechtigkeit und Menschlichkeit. Daß die Wiederherstellung der Einheit Deutschlands in Freiheit und Selbstbestimmung die unerläßliche Voraussetzung für eine Wiedergesundung ganz Europas ist, muß nicht nur für jeden Deutschen, sondern auch für jeden gerecht und politisch vernünftig denkenden Menschen eine Selbstverständlichkeit sein.
Es ist sein, wie aller besonnenen Menschen heißester Wunsch, daß sich diese Neuordnung ohne gewaltsame oder gar kriegerische Auseinandersetzung vollziehen möge. Der Witiko-Bund weiß, daß jene Ideenwelt, die den Gedanken des autarken Nationalstaates hervorbrachte, keinen Weg mehr in die Zukunft weist.
3. Der Witiko-Bund bekennt sich daher zu allen jenen Bestrebungen in Europa und der Welt, die eine neue Einheit Europas auf der Grundlage des christlich-abendländischen Kulturgutes und der Anerkennung der gleichberechtigten Völker als der gottgeschaffenen natürlichen Einheiten im Wege der föderalistischen Gestaltung anstreben.

. . .

5. Der Witiko-Bund ist an keine Partei oder sonstige Organisation gebunden. Er sieht seine wesentliche Aufgabe darin, eine Gemeinschaft darzustellen, in der sich die schöpferischen, aufgeschlossenen, unvoreingenommenen und lebendigen Kräfte nicht nur aus dem Sude-

tendeutschtum, sondern aus dem ganzen deutschen Volke zu fruchtbarer Begegnung und Arbeit zusammenfinden können, um in gemeinsamem Bemühen jene Grundsätze und Richtlinien zur Lösung der Zeitprobleme zu erarbeiten, die nach der jeweils gegebenen Lage als die sachlich richtigen zu erkennen sind. Er beansprucht in keiner Weise irgendein »Meinungsmonopol« und wird sich jederzeit mit allen sachlichen Argumenten ernsthaft auseinandersetzen. Der einzelne sieht im Bund den geeigneten Ort der Klärung und Prüfung der Ansichten und Meinungen.
Eine besonders entscheidende Aufgabe sieht der Witiko-Bund auch darin, die deutsche Jugend, die durch den Zusammenbruch aller bisher gültigen Werte in eine beinahe ausweglose innere Lage gedrängt wurde, anzusprechen und sie für eine wertvolle und verantwortungsvolle Mitarbeit an der Zukunft des deutschen Volkes wiederzugewinnen.
6. Der Witiko-Bund ist sich bewußt, daß alle klare Überzeugung und alles Theoretisieren für das geschichtliche Wirken belanglos bleiben, wenn die als richtig erkannten Ergebnisse nicht durch die Tat verwirklicht werden. Er erwartet daher von allen seinen Mitgliedern, daß sie die in gemeinsamer Arbeit herausgestellten Grundsätze in ihrem jeweiligen Arbeitsgebiet, wo immer sie auch stehen mögen, zu verwirklichen trachten.
. . .
8. Als wesentlichstes Kennzeichen erscheint dem Witiko-Bund gegenüber parteiischen oder sonstigen zweckbestimmten Organisationen, daß er eine echte menschliche Gemeinschaft darstellen will, daß daher sein Tun und Handeln innerhalb seines eigenen Wirkungsbereiches auf der Grundlage der Aufgeschlossenheit, der Ehrlichkeit und der Anständigkeit zu erfolgen hat, und daß daher in seinen eigenen Reihen die im sonstigen politischen und öffentlichen Leben vielfach üblichen Methoden der Intrige, des Doppelspiels und der Hinterhältigkeit usw. keinen Platz haben.
. . .
10. Der Witiko-Bund erkennt seine Aufgabe im Dienste an der sudetendeutschen Volksgruppe als dem auch ihn tragenden, nährenden Mutterboden; am ganzen deutschen Volke, dem auch seine Mitglieder als deutsche Menschen unlöslich verbunden bleiben, und im Dienste an allen jenen Bestrebungen in allen Völkern, die das Göttliche, Edle und Schöne, das Wahre und das Gerechte nicht jenen Kräften ausliefern wollen, die die Welt aller höheren Werte entkleiden und sie nur als Entwicklung und Machtkampf materieller Kräfte sehen. In diese große weltweite Front reiht sich auch der Witiko-Bund ein, an jener Stelle, die ihm durch die Tradition seiner Vorläufer in der Heimat, durch die Herkunft und das bisherige Wirken seiner Menschen und durch die heutige geschichtliche Lage vorgezeichnet ist, wohl wissend, daß er niemals sein Blickfeld in kleinlicher Beschränktheit einengen darf, da er sonst zwangsläufig in Unfruchtbarkeit verkümmern müßte, sondern, daß er seinen Blick immer auf die großen Zeitströmungen und -bewegungen gerichtet halten muß, in die sinnvoll sich einzuordnen allein Gewähr bieten kann, daß auch im kleineren Wirkungsbereich die großen Aufgaben der Zeit mitgestaltet werden.

---

*Quelle:*
Vervielfältigte Unterlage.

**Erklärung** [1] **1950, 24. Januar**
**der Sudetendeutschen Landsmannschaft:**
(Sog. Detmolder Erklärung [1])
*Rechtsanspruch auf die Heimat, Selbstbestimmung*

Die Sudetendeutsche Landsmannschaft betrachtet sich als die außerhalb der Heimat gegebene Gestaltung der sudetendeutschen Volksgruppe und diese als Glied des deutschen Volkes. Sie ist sich, erst recht in der Notzeit, der Schicksalsverbundenheit mit Deutschland bewußt. Sie ist bereit, mit allen übrigen aus der Heimat vertriebenen Deutschen zur Vertretung gemeinsamer Interessen zusammenzuarbeiten.
Die sudetendeutsche Volksgruppe betrachtet es als ihre Aufgaben, sich selbst dem deutschen Volk zu erhalten, ihr Heimatbewußtsein und den Rechtsanspruch auf ihre Heimat wachzuhalten und ihr grenzdeutsches Erfahrungsgut dem Deutschtum zu vermitteln. Ihr Ziel ist die Wiedergewinnung der Heimat! Im Kampf um die Erreichung dieses Zieles erwartet sie die Unterstützung des ganzen deutschen Volkes wie auch der anderen Völker, die für Recht und Menschenwürde einzutreten bereit sind.
Die Erfüllung der Aufgaben, Existenz und Substanz der Volksgruppe zu sichern, setzt die Erhaltung und Förderung jedes einzelnen voraus und verpflichtet alle Sudetendeutschen ohne Unterschied der Herkunft, der Konfession, der Parteizugehörigkeit und des sozialen Standes zu gegenseitiger Hilfeleistung und zum Zusammenstehen auf allen Lebensgebieten. Die Existenzen müssen durch eine planmäßige gegenseitige Wirtschaftshilfe gesichert, das Heimatbewußtsein durch den Einsatz aller kulturellen, der Rechtsanspruch auf die Heimat durch den Einsatz aller politischen Kräfte wachgehalten werden.
In der Erkenntnis, daß Deutschland und die sudetendeutsche Volksgruppe in erhöhtem Maße nicht mehr Subjekt, sondern nur Objekt der internationalen Politik sind, sieht die sudetendeutsche Volksgruppe in der Aufklärungsarbeit in aller Welt ihre derzeit beste Außenpolitik. Sie will zum Zeitpunkt einer Gestaltungsmöglichkeit, die ihr die Wiedergewinnung ihrer Heimat verspricht, geschlossen bereitstehen, um dann ihr künftiges Schicksal aus eigener Verantwortung selbst entscheiden zu können. Sie lehnt daher einen Streit um außenpolitische Wunschbilder, Theorien und Doktrinen ab, zumal durch ihn die erforderliche Einheit der Volksgruppe gefährdet und ihre Aufspaltung unvermeidlich wäre. Die sudetendeutsche Volksgruppe ist gewillt, mit allen geistigen, wirtschaftlichen und sittlichen Kräften an einer Neugestaltung Europas zu einem einheitlichen Wirtschaftsgebiet auf der Grundlage der Selbstbestimmung seiner Völker mitzuarbeiten. Da die Anerkennung einer Kollektivschuld allen gesitteten Auffassungen widerstreitet, betont die Volksgruppe trotz aller furchtbaren Erfahrungen seit 1945, daß sie Europa nicht auf Vergeltung und Rache, Haß und Ressentiments, sondern auf Rechtsgrundsätzen und der Wahrung der Menschenwürde unter allen beteiligten Völkern aufgebaut wissen soll.

*Anmerkung:*
[1] Abgegeben bei der Gründung des Hauptverbandes der Sudetendeutschen Landsmannschaft.

*Quelle:*
Lehmann, Ernst: »Wir Sudetendeutsche«; Dortmund, 1952; S. 185f.

**Erklärung**[1] **1950, 14. Juli**
**des (1.) Deutschen Bundestages:**
(Sog. Obhutserklärung):

Die Scheinregierung der von russischen Truppen besetzten Zone Deutschlands hat der Preisgabe der deutschen Gebiete östlich der Oder-Neiße-Linie das Prager Abkommen vom 23. Juni 1950[2] folgen lassen, mit dem die völkerrechtswidrige und unmenschliche Austreibung der Sudeten- und Karpatendeutschen als »gerecht und unabänderlich« anerkannt wird. Der Deutsche Bundestag erklärt aus diesem Anlaß erneut, daß jene Scheinregierung weder politisch noch moralisch befugt ist, im Namen des deutschen Volkes zu sprechen und Abkommen zu schließen.
Das Prager Abkommen ist nicht vereinbar mit dem unveräußerlichen Anspruch des Menschen auf seine Heimat. Der Deutsche Bundestag erhebt deshalb feierlich Einspruch gegen die Preisgabe des Heimatrechtes der in die Obhut der Deutschen Bundesrepublik gegebenen Deutschen aus der Tschechoslowakei[3] und stellt die Nichtigkeit des Prager Abkommens fest.
Der Deutsche Bundestag begrüßt die Ablehnung des Prager Abkommens durch die Hohen Kommissare. Er richtet an die Gesamtheit der freien Völker den Appell, im Geiste der Atlantik-Charta für eine Friedensordnung einzutreten, in der die natürlichen Rechte auch der Deutschen gewahrt sind.

---

*Anmerkungen:*
[1] Diese Erklärung wurde mit über 350 gegen die 15 Stimmen der kommunistischen Abgeordneten gebilligt.
[2] Das Abkommen enthielt folgende wesentlichen Aussagen:
»Die Regierung der Tschechoslowakischen Republik und die Provisorische Regierung der Deutschen Demokratischen Republik sind überzeugt, daß ihre gemeinsame Verpflichtung, den Frieden zu erhalten und zu sichern, dadurch erleichtert und gleichzeitig gefestigt wird, daß es zwischen ihren beiden Staaten keine strittigen und offenen Fragen gibt. Unsere beiden Staaten haben keine Gebiets- oder Grenzansprüche, und ihre Regierungen betonen ausdrücklich, daß die durchgeführte Umsiedlung der Deutschen aus der Tschechoslowakischen Republik unabänderlich, gerecht und endgültig gelöst ist. Diese Erklärung steht in voller Übereinstimmung mit der Politik, die die DDR von Anbeginn durchgeführt und die den Umsiedlern *(Bezeichnung für Vertriebene in kommunistischem Sprachgebrauch)* volle Möglichkeit und Unterstützung geboten hat, sich in den Aufbau einzuschalten und in der Deutschen Demokratischen Republik eine neue Heimat zu finden.«
[3] Am 10. 6. 1984 führte Bundesinnenminister Friedrich Zimmermann vor den Teilnehmern des 35. Sudetendeutschen Tages in München u. a. aus: »Der Deutsche Bundestag hat im Jahr 1950 mit den Stimmen aller demokratischen Parteien die Sudetendeutschen in die Obhut der Bundesrepublik Deutschland genommen. So wird es auch in Zukunft bleiben, weil alle Deutschen in einer Kette der Generationen stehen. Wir alle haben ein Erbe übernommen, das es zu bewahren und weiterzugeben gilt.« Vgl. »Bulletin des Presse- und Informationsamtes der Bundesregierung«; Nr. 71; Bonn, 14. 6. 1984; S. 631.

---

*Quelle (für Dokument und Anmerkung 2):*
Sudetendeutscher Rat (Hrsg.): »Genossenschaft gleichberechtigter Völker«; München, 1956, S. 102ff.

**Abkommen** **1950, 4. August**
**zwischen dem Tschechischen Nationalausschuß, London**[1]
**und der**
**Arbeitsgemeinschaft zur Wahrung sudetendeutscher Interessen, München**[2]
(Sog. »Wiesbadener Abkommen« oder »Lodgman-Prchala-Abkommen):
*Heimat- und Selbstbestimmungsrecht für beide Partner*

1. Beide Teile stehen auf dem Boden der demokratischen Weltanschauung und lehnen jedes totalitäre System ab. Beide Teile betrachten eine demokratische Ordnung der Verhältnisse im böhmisch-mährisch-schlesischen Raum als einen Teil des Kampfes für ein einheitliches Europa.[3] Dieses kann nach ihrer Überzeugung nur dadurch erreicht werden, daß sich seine Völker ohne Zwang in Ausübung ihres Selbstbestimmungsrechtes zusammenfinden.
2. Beide Teile anerkennen den Grundsatz, daß in der Emigration niemand berechtigt sei, ein Volk zu verpflichten. Es ist der berufene Herr seines Schicksals und soll sich frei entscheiden können, welchen Weg es gehen will. Nur ein Volksentscheid kann endgültig bestimmen.
3. Beide Teile betrachten die Rückkehr der vertriebenen Sudetendeutschen in ihre Heimat als gerecht und daher selbstverständlich. Sie sind sich dessen bewußt, daß diese Rückkehr nur dann erfolgen kann, wenn auch das tschechische Volk befreit ist. Deshalb wollen sie alles tun, um seine Befreiung zu verwirklichen.
4. Beide Teile lehnen die Anerkennung einer Kollektivschuld und des aus ihr fließenden Rachegedankens ab; sie verlangen aber die Wiedergutmachung der Schäden, die das tschechische Volk und das sudetendeutsche Volk erlitten haben und die Bestrafung der geistigen Urheber und der ausführenden Organe der begangenen Verbrechen. Diese Maßnahmen erscheinen beiden Teilen notwendig, weil die Geschehnisse der letzten Jahrzehnte ein freundschaftliches Nebeneinanderleben beider Völker unmöglich machen, solange die jetzige Generation lebt, weil sie an der Begehung der Verbrechen an Gut und Leben unmittelbar beteiligt war, entweder als Täter oder als Opfer und weil sie auf beiden Seiten die Erinnerung an diese Ereignisse nicht auslöschen können, auch wenn sie es wollten, wenn sich nicht ihr wertvoller Teil von den Verbrechern trennt. Die Durchführung dieser Maßnahmen sollte nach Ansicht beider Teile durch die eigenen Volksgenossen erfolgen, die Verbrechen sind ja nicht nur gegen das andere, sondern auch gegen das eigene Volk begangen worden, dessen Ruf und Ansehen in den Augen aller anständigen Menschen schwer geschädigt wurden.
5. Beide Teile sind darin einig, daß über die endgültigen staatspolitischen Verhältnisse gemäß Punkt 2 beide Völker entscheiden sollen, sobald die Befreiung des tschechischen Volkes und die Rückkehr der Sudetendeutschen erfolgt sein werden. Da die Voraussetzung heute nicht überblickt werden kann, beide Völker nun ein Jahrtausend im böhmisch-mährisch-schlesischen Raum in engster Nachbarschaft gelebt haben und auch in Zukunft leben werden, so haben beide Teile beschlossen, einen Föderativausschuß einzusetzen, der die Voraussetzungen hierfür schaffen soll. Beide Teile nehmen an diesem Ausschuß gleichberechtigt teil.

---

*Anmerkungen:*
[1] Vertreten durch General Lev Prchala.
Dieser hatte bereits am 12. 12. 1945 in London eine Erklärung veröffentlicht, in der gegen die Vertreibung der Deutschen »from Czech teritory« protestiert wurde.
Abgedruckt bei Jaksch, Wenzel: »Europas Weg nach Potsdam«: Stuttgart, 1958; S. 508.
[2] Vertreten durch Rudolf Lodgman v. Auen, Richard Reitzner und Hans Schütz.
Diese »Arbeitsgemeinschaft« war Vorgängerin des Sudetendeutschen Rates.
[3] Am 5. Juli 1953 kam es zu einer Vereinbarung, die sich auf ein benachbartes Gebiet bezog:
»Im Vertrauen auf Gott, im Sinne einer 800jährigen gemeinsamen Geschichte und im Zeichen des friedlichen und fruchtbaren Zusammenlebens des slowakischen Volkes mit den Deutschen aus der Slowakei

schließt der Slowakische Nationalrat im Ausland *(vertreten durch seinen Vorsitzenden Karol Sidor)* mit der Karpatendeutschen Landsmannschaft Slowakei *(vertreten durch ihren Sprecher Anton Birkner)* dieses Abkommen ab:

1. Die beiden, das Abkommen schließenden Parteien bekennen sich zur Idee einer europäischen Föderation.
2. Die Lebensbedingungen sowohl des slowakischen Volkes als auch der Bürger deutscher Nationalität der Slowakei können nur in einem selbständigen Slowakischen Staate voll gesichert werden.
3. Der Slowakische Nationalrat im Ausland anerkennt die volle staatsbürgerliche Gleichberechtigung der Deutschen aus der Slowakei, einschließlich des Rechtes auf kulturelle Autonomie.
4. Der Slowakische Nationalrat im Ausland verurteilt die kollektive Persekution der slowakischen Staatsbürger deutscher Nationalität, der diese seit dem Jahre 1944 ausgesetzt waren. Der Slowakische Nationalrat im Ausland anerkennt das Recht auf Entschädigung aller geschädigten Staatsbürger der Slowakei ohne Rücksicht auf ihre nationale und religiöse Zugehörigkeit.
5. Der Slowakische Nationalrat im Ausland wird sich bemühen, die erwähnten Grundsätze in die Verfassung und die Gesetze des Slowakischen Staates einzufügen; die Karpatendeutsche Landsmannschaft wird sich bemühen, den Slowakischen Nationalrat im Ausland im Kampfe um einen selbständigen Slowakischen Staat zu unterstützen.«

Diese Vereinbarung wurde am 30. 7. 1961 und letztmalig am 4. 5. 1984 vom Weltkongreß der Slowaken in Toronto (Kanada) bekräftigt.

---

*Quelle:*
Sudetendeutscher Rat (Hrsg.): »Genossenschaft gleichberechtigter Völker«; München 1956; S. 105f.

## Entschließung sudetendeutscher Parlamentarier [1, 2]: 1952, 31. Mai

*Forderung nach Heimat- und Selbstbestimmungsrecht*

*(Die Entschließung nimmt zunächst Bezug auf die Eichstätter [3] und Detmolder [4] Erklärung und das Wiesbadener Abkommen [5]:)*

Die sudetendeutschen Abgeordneten aller Parteien bekennen sich zu den Grundsätzen, die in diesen Erklärungen und Abkommen verkündet wurden. Sie halten es darüber hinaus für ihre Pflicht, in Fortführung dieser Gedanken klar auszusprechen, daß der gesamte mittel- und osteuropäische Raum nicht mehr nach den politischen Prinzipien des 19. Jahrhunderts befriedigt und geordnet werden kann, sondern nur durch einen entschlossenen und konsequenten Vorgriff in die Gedankenwelt echter europäischer Integration. Heute erheben die sudetendeutschen Mitglieder des Deutschen Bundestags und der deutschen Länderparlamente erneut vor dem deutschen Volke und vor der Welt Anklage wegen des Unrechtes, das den Deutschen Böhmens, Mährens, Schlesiens und der Slowakei in den Jahren 1945/46 durch die Diktate der Beneš-Regierung und durch die von Stalin inaugurierten Beschlüsse der Konferenz von Potsdam [6] zugefügt wurde.

Wir klagen die Urheber dieser Diktate und Beschlüsse, wir klagen die Machthaber der militärischen und staatlichen Exekutive der Tschechoslowakei von 1945/46 an, das Völkerrecht und die Menschenrechte mit Füßen getreten, Völkermord, Raub und Vergewaltigung an wehrlosen Bürgern begangen und damit die Voraussetzung für die Eingliederung der böhmischen Länder in den Machtbereich des Bolschewismus wirksam vorbereitet zu haben.

Es ist unsere Überzeugung und weitgehend die Ansicht führender Historiker und Politiker der freien Welt, daß die gegenwärtigen Zustände im östlichen Mitteleuropa ihre Ursachen bereits in den verfehlten und das Selbstbestimmungsrecht der Völker verletzenden Bestimmungen der Diktate von 1919 haben.

...

Insbesondere die Tschechoslowakei hat sich in der 1919 geschaffenen Form als lebensunfähiges Gebilde erwiesen.

Dieser Staat hat niemals eine demokratische, von einer gewählten Volksvertretung beschlossene Verfassung besessen.

Von kleinen Gremien ernannte Delegierte haben die tschechoslowakische Verfassung [7] ohne Mitwirkung der Sudetendeutschen geschaffen. Schließlich ist die erste Tschechoslowakei an ihren Widersprüchen in der staatsrechtlichen Konstruktion, an denen sie allzu lange festgehalten hatte, zugrunde gegangen. Um diese Widersprüche zu beseitigen, hat die zweite Tschechoslowakei ein Drittel der Staatsbevölkerung in den »historischen Ländern« entrechtet, seines Eigentums beraubt, Zehntausende dieser Menschen ermordet oder ins Konzentrationslger gesperrt und gegen 3 Millionen aus ihrer Heimat vertrieben.
Wir klagen das Regime Edward Beneš' der groben Verfälschung der Geschichte, der Konspiration mit dem Stalinismus, der Auslieferung seines eigenen Volkes an die bolschewistische Diktatur, des Völkermordes und der millionenfachen Verletzung der Menschenrechte an.
Zu diesem Zeitpunkt, da sich der Zusammenschluß der europäischen Völker vorbereitet, erklären wir, daß es keine echte und dauernde Integration Europas ohne die Befreiung der europäischen Völker hinter dem Eisernen Vorhang, ohne die Wiederherstellung der Menschenrechte in Mittel- und Osteuropa gibt.
Wir fordern die Anerkennung des Heimatrechtes der Sudetendeutschen, wir fordern das Recht der freien Selbstbestimmung aller mitteleuropäischen Völker im Rahmen der föderativen Staatsbildungen, die allein das friedliche Zusammenleben der Nationen dieses Raumes und ihre Eingliederung in die größere europäische Völkergemeinschaft, wie in das System der freien Welt überhaupt ermöglichen . . . Die staatlichen Grenzen von einst können keine Grundlage mehr für eine Neuordnung abgeben.
Wenn einmal die Vereinigung Europas Wirklichkeit werden sollte, dann werden die Siedlungsgebiete von Völkern, die ihrer geographischen Lage, ihren wirtschaftlichen und verkehrsgeographischen Gegebenheiten und ihrer gemeinsamen Geschichte nach eine Einheit bildeten oder bilden können, Lebensgemeinschaft eines geeinten Europas sein. Die Tagung stimmt darin überein, daß die sudetendeutschen Parlamentarier sich für eine Unterstützung und Förderung der sudetendeutschen Interessen durch die deutsche Bundesregierung einsetzen sollen.
Insbesondere wird erwartet, daß die deutsche Bundesregierung:
. . .
2. der fortgesetzten Propagandatätigkeit des Tschechoslowakischen Nationalrates [8] durch eine wirksame Gegenarbeit entgegentritt,
3. in der freien Welt durchsetzt, daß die Urheber und die Schuldigen der grausamen Austreibung vor ein internationales Tribunal gestellt [9] werden.

An die freie Welt aber appellieren wir mit großem Ernst und aus echtem Verantwortungsbewußtsein:
Wenn es nicht zu einer Wiederholung der Auseinandersetzungen des letzten Jahrhunderts kommen soll, dann kann dies nur möglich sein, wenn die Eigenständigkeit eines jeden Volkes in seiner Eigenart und seiner kulturellen Besonderheit gesichert und ihm die freie Entfaltung seiner schöpferischen Fähigkeiten garantiert ist. Als selbstverständlich ist die Forderung anzusehen, daß eine Neuordnung Europas in Ausübung eines echten Selbstbestimmungsrechtes mit dem frei geäußerten Willen der in Frage kommenden Völker übereinstimmt.
. . .

*Anmerkungen:*
1 Es handelte sich um 55 Parlamentarier, darunter 13 Bundestagsabgeordnete. Die 42 Landtagsabgeordneten kamen aus Bayern (22), Baden-Württemberg (9), Hessen (8), Niedersachsen, Rheinland-Pfalz und Schleswig-Holstein (je 1). Die Parlamentarier gehörten dem BHE, der CDU, der CSU, der DG, der DP, der FDP und der SPD an.
2 Die Entschließung wurde in Stuttgart gefaßt.
3 Zum Text: Siehe S. 311.

[4] Zum Text: Siehe S. 314.
[5] Zum Text: Siehe S. 316.
[6] Zum Text: Siehe S. 290f.
[7] Vom 29. 2. 1920; siehe S. 138ff., 146f.
[8] Vorläufer des späteren »Rates der freien Tschechoslowakei«; zu Beispielen seiner Tätigkeit siehe den nachstehenden Beleg und S. 338f.
[9] Vermutlich vorschwebende Rechtsbasis: Die UNO-Konvention gegen Völkermord vom 9. 12. 1948; zum Text siehe S. 20f.

*Quelle:*
»Vier Dokumente zur außenpolitischen Lage der Sudetendeutschen«; München, o. J. (ca. 1953); S. 3ff.

## Gründungserklärung des »Rates der freien Tschechoslowakei« [1]: — 1952, 4. Juli

*Vertreibung der Sudetendeutschen unwiderruflich.*

. . .

Wir betrachten die Umsiedlung der Deutschen aus der Tschechoslowakei als unwiderruflich. Diese Umsiedlung wurde auf Grund der Billigung der amerikanischen, britischen und französischen Regierungen [2] und in Übereinstimmung mit den Beschlüssen der Potsdamer Konferenz [3] und den Regelungen des Alliierten Kontrollrates durchgeführt. Durch diesen Entscheid haben die Großmächte offensichtlich beabsichtigt, in Zukunft zu verhindern, daß gewisse Elemente in der Tschechoslowakei und anderen Staaten wieder das Werkzeug einer fremden Politik, die auf die Zerstörung dieser Staaten abzielt, werden . . . Wir vertrauen darauf, daß . . . nichts die Tschechoslowakei verhindern wird, mit einem demokratischen Deutschland zu einer Abmachung über eine freundschaftliche Zusammenarbeit zu kommen, von der beide Nachbarvölker profitieren würden und die sehr zu einer friedlichen Entwicklung Europas beitragen würde.

. . .

*Anmerkungen:*
[1] Organisation tschechoslowakischer Exilpolitiker mit Schwerpunkt in den USA.
[2] Die Billigung der sowjetischen Regierung, die als einzige unbestritten ist und uneingeschränkt war, fehlt an dieser Stelle.
Zur Begründung der Billigung der US-Regierung und zur abwartenden Stellungnahme der französischen Regierung: Siehe S. 291.
[3] Zum Text: Siehe S. 290f.

*Quelle:*
»Sudetendeutsche Zeitung« *(Wochenzeitung)*; München; 19. August 1952.

## Gesetz der tschechoslowakischen Nationalversammlung, »durch das einige Personen [1] die tschechoslowakische Staatsbürgerschaft erwerben« — 1953, 24. April

. . .

(1) Die Personen deutscher Nationalität, welche die tschechoslowakische Staatsbürgerschaft nach dem Dekret Slg. Nr. 33/1945 [2] verloren haben und an dem Tage, an dem dieses Gesetz in Kraft tritt, ihren Wohnsitz im Gebiete der Tschechoslowakischen Republik haben, werden tschechoslowakische Staatsbürger [3], sofern sie die tschechoslowakische Staatsbürgerschaft nicht bereits früher [4] erworben haben.
(2) Gemeinschaftlich mit dem Ehemann, gegebenenfalls gemeinschaftlich mit dem Vater oder der Mutter, werden die Ehefrau und die minderjährigen Kinder der im vorhergehenden Absatz angeführten Personen tschechoslowakische Staatsbürger, sofern sie das nicht

bereits nach dem genannten Absatz geworden sind, falls sie ihren Wohnsitz im Gebiete der Tschechoslowakischen Republik haben und nicht Angehörige eines anderen Staates sind.
. . .

*Anmerkungen:*
[1] Diese Zwangseinbürgerung betraf vermutlich etwa 200000 Sudetendeutsche.
[2] Siehe S. 290f.
[3] Diese Bestimmung stand im Widerspruch zum tschechoslowakischen Staatsbürgerschaftsgesetz vom 13. Juli 1949, nach dem die Staatsangehörigkeit nur Bewerbern verliehen werden konnte.
Vgl.: Schmied, Erich: »Das Staatsangehörigkeitsrecht der Tschechoslowakei«; Frankfurt/Main, 1956; S. 105f.
[4] Es gab mehrmalige Aufforderungen an die in der ČSR zurückgehaltenen Sudetendeutschen, dies zu tun; z. B.
a) Regierungsverordnung Nr. 76 v. 13. April 1948;
b) Erlaß des Innenministers Nr. 119 v. 18. Mai 1949;
c) Regierungsverordnung Nr. 252 v. 29. November 1949;
d) »Endfrist« des Innenministers im Erlaß Nr. 40, v. 5. April 1950.
Sie dürften nicht zum Erfolg geführt haben.

*Quelle:*
Schieder, Theodor (Hrsg.): »Die Vertreibung der deutschen Bevölkerung aus der Tschechoslowakei«; Band IV, Teil 1 der »Dokumentation der Vertreibung der Deutschen aus Ost- und Mitteleuropa«; Bonn, 1957; S. 314.

## Außenpolitische Entschließung[1] der Sudetendeutschen Landsmannschaft: 1954, 2. Mai

*Ziel der SL: Heimat- und Selbstbestimmungsrecht*

Im Bewußtsein der demokratischen Verantwortlichkeit der Bundesversammlung gegenüber der durch die Sudetendeutsche Landsmannschaft vertretenen sudetendeutschen Volksgruppe gibt die 1. Bundesversammlung folgende Erklärung zur sudetendeutschen Heimatpolitik ab:

1. Gemäß der Satzung der Sudetendeutschen Landsmannschaft, die als Zweck des Zusammenschlusses die Vertretung des Rechtsanspruches auf die Heimat, des Selbstbestimmungsrechtes und die Mitwirkung an einer gerechten Völkerordnung Europas festsetzt, erklärt die Bundesversammlung, daß sie sich als das oberste demokratisch legitimierte Gremium der Volksgruppe betrachtet.
2. Die Bundesversammlung ist der Ansicht, daß die Grundlage jeder sudetendeutschen Heimatpolitik die Verfechtung des Rechtes auf Selbstbestimmung zu sein hat.
3. Die Bundesversammlung ist der Ansicht, daß eine staatspolitische Festlegung verbindlich und rechtsgültig nur auf demokratischem Weg durch die gesamte Volksgruppe vorgenommen werden kann. Ein Streit über Konzeptionen und künftige staatspolitische Verhältnisse der Sudetendeutschen ist daher müßig und sollte innerhalb der Volksgruppe vermieden werden.
4. Die Bundesversammlung ist der Ansicht, daß eine staatspolitische Festlegung der sudetendeutschen Volksgruppe von der weltpolitischen Lage abhängt und somit Zeitpunkt und Richtung der Festlegung zu einem wesentlichen Teil unserem Einfluß entzogen sind. Es ist daher Aufgabe der Gremien der Volksgruppe, ohne Rücksicht auf Ideologien oder Theorien so tätig zu sein, daß diese überhaupt erst in eine Lage versetzt wird, in der es ihr möglich ist, die Anerkennung ihres Rechts auf Rückkehr in die Heimat und Selbstbestimmung durch die politischen Mächte Europas und der Welt zu erreichen.

Die Bundesversammlung gedenkt der Opfer des 17. Juni 1953 und bekräftigt ihre Verbundenheit mit den Brüdern und Schwestern jenseits der Zonengrenzen. Sie ist davon über-

zeugt, daß ein einheitliches Europa nur auf der Grundlage gleichberechtigter Völker zustande kommen kann. Diese Forderung auf absolute Gleichberechtigung für das heute zwischen Westen und Osten geteilte deutsche Volk beinhaltet, daß nur ein Friedensvertrag mit einem vereinten Deutschland und einem souveränen deutschen Volk über die Regelung der deutschen Grenzfragen entscheiden kann.
Die Bundesversammlung der Sudetendeutschen Landsmannschaft erklärt ihre Bereitschaft, nach Kräften an der Befreiung der Völker jenseits des Eisernen Vorhangs mitzuarbeiten und warnt davor, sich dabei jener Elemente zu bedienen, die über diese Völker das Unglück des Bolschewismus gebracht haben. Die Bundesversammlung erklärt aber andererseits ausdrücklich, daß das vereinte Europa nur dann geschaffen werden kann, wenn alle Völker bereit sind, den nationalen Egoismus zu überwinden und einander über die Kluft, die Haß und Verbrechen aufgerissen haben, die Hände zu reichen. Dies trifft auch auf die künftige Gestaltung des mittel- und osteuropäischen Raumes zu.
Die tragische Gestaltung seit 1945 bedroht die politische Freiheit des Erdteils, die die Grundlage abendländischen Denkens ist. Nur auf dieser Grundlage sind die verlorenen Heimatgebiete wiederzuerlangen, sich dafür einzusetzen, betrachtet die Bundesversammlung als ihre vornehmste Pflicht.

---

*Anmerkung:*
[1] Diese Entschließung wurde anläßlich der 1. Sitzung der 1. Bundesversammlung der SL gefaßt.

---

*Quelle:*
Sudetendeutsche Landsmannschaft, Bundesverband (Hrsg.): »Beschluß- und Anordnungsblatt«; München; Nr. 1; 15. 7. 1954.

## Satzung der Sudetendeutschen Landsmannschaft — 1954, 2. Mai

§ 1 Begriff
1. Die Sudetendeutsche Landsmannschaft betrachtet sich als die Gestaltung der sudetendeutschen Volksgruppe außerhalb der Heimat.
2. Die Sudetendeutsche Landsmannschaft schließt die Sudetendeutschen (§ 4), unbeschadet der konfessionellen, weltanschaulichen und parteipolitischen Einstellung des einzelnen, in einer Organisation zusammen.

. . .

§ 3 Zweck
Zweck der Sudetendeutschen Landsmannschaft ist:
a) an einer gerechten Völkerordnung Europas mitzuwirken;
b) den Rechtsanspruch auf die Heimat, deren Wiedergewinnung und das damit verbundene Selbstbestimmungsrecht der Volksgruppe durchzusetzen;
c) den Anspruch der Volksgruppe und der einzelnen Landsleute auf Rückerstattung des geraubten Vermögens und die sich daraus ergebenden Entschädigungsansprüche zu vertreten;
d) die Landsleute wirtschaftlich und sozial zu betreuen;
e) die Belange der Volksgruppe in den Aufnahmegebieten zu wahren;
f) die Überlieferung (Sitten, Brauchtum, Mundart, Kulturgut usw.) der Heimat zu erhalten, der Jugend weiterzugeben und das kulturelle Leben der Volksgruppe zu fördern.

§ 4 Volksgruppenzugehörigkeit
1. Sudetendeutscher ist ein Deutscher, der in einer Gemeinde der Länder Böhmen, Mähren oder Schlesien geboren ist oder das Heimatrecht hatte.
2. Als Sudetendeutscher gilt ein Deutscher, der von mindestens einem Eltern- oder Großel-

ternteil, der Sudetendeutscher ist, abstammt oder mit einem Ehegatten, der Sgeboren ist oder das Heimatrecht hatte.

2. Als Sudetendeutscher gilt ein Deutscher, der von mindestens einem Eltern- oder Großelternteil, der Sudetendeutscher ist, abstammt oder mit einem Ehegatten, der Sudetendeutscher ist oder als Sudetendeutscher gilt, verheiratet ist.
3. Als Sudetendeutscher gilt auch ein Deutscher, der in einer Gemeinde der Länder Böhmen, Mähren oder Schlesien längere Zeit gewohnt hat und seine Die Schirmherrschaft

---

*Quelle:*
Sudetendeutsche Landsmannschaft, Bundesverband (Hrsg.): »Beschluß- und Anordnungsblatt«; München; Nr. 1; 15. 7. 1954.

**Die Schirmherrschaft** **1954, 6. Juni**
**des Freistaates Bayern über die sudetendeutsche Volksgruppe**

a) Verkündung durch Ministerpräsident Hans Ehard (CSU) vor den Teilnehmern des Sudetendeutschen Tages in München

. . .

Bayern ist stolz auf den Fleiß, die Ausdauer und die Ergebnisse sudetendeutscher Arbeit, Bayern ist glücklich über den kulturellen Reichtum, der durch Sie in unser Land gekommen ist . . .
Eingedenk der geschichtlichen Verbundenheit, eingedenk auch der Tatsache, daß mehr als die Hälfte der Heimatvertriebenen in Bayern Sudetendeutsche sind, habe ich mich bereit erklärt, der an mich ergangenen Bitte zu entsprechen, namens der Bayerischen Staatsregierung die Schirmherrschaft über die große Gemeinschaft der sudetendeutschen Volksgruppe zu übernehmen. Ich bitte Sie, darin das Zeichen der bayerischen Verbundenheit, bayerischer Aufrichtigkeit und bayerischen Dankes zu sehen. Das bayerische Volk weiß sich mit Ihnen einig in dem heißen Wunsch um Erhaltung des Friedens und um Lösung aller weltpolitischen Probleme – und das nach ihrer Rückkehr in die angestammte Heimat.

. . .

Bayern dankt in dieser Stunde allen, die in der neuen Heimat zu deren wirtschaftlichem Wiederaufbau mitgearbeitet haben. Eine Patenschaft stellt ein besonderes Verhältnis zwischen dem, der sie übernimmt und dem, über den sie übernommen wird, her. Dieses Verhältnis hat in Vergangenheit und Gegenwart zwischen Bayern und den Sudetendeutschen bereits bestanden. Indem es heute sichtbaren Ausdruck erhält, bekundet die Bayerische Staatsregierung und das bayerische Volk, daß es an der endgültigen Lösung des Problems der Heimatvertriebenen mit ganzem Herzen arbeiten will . . . Möge diese Stunde ein großer Augenblick sudetendeutscher Verantwortung und europäischer Gesinnung sein!

b) Text der Schirmherrschafts-Urkunde [1]
Eingedenk der jahrhundertealten historischen und kulturellen Bindungen zwischen den bayerischen und den böhmischen Ländern und der verwandtschaftlichen Beziehungen der Altbayern, Franken und Schwaben zu den Deutschen in Böhmen, Mähren und Schlesien und als Zeichen der Anerkennung des Freistaates Bayern und der bayerischen Bevölkerung für die Verdienste der Mitbürger aus dem Sudetenland, hat die Bayerische Staatsregierung anläßlich des fünften Sudetendeutschen Tages zu Pfingsten 1954 in München die Schirmherrschaft über die Sudetendeutsche Volksgruppe übernommen.
Die Bayerische Staatsregierung verleiht mit der Übernahme dieser Schirmherrschaft sichtbaren Ausdruck, vor allem ihren Dank dafür, daß die heimatvertriebenen Sudeten-

deutschen einen wertvollen Beitrag auf politischem, kulturellem und sozialem Gebiet zum Wiederaufbau des Freistaates Bayern geleistet und sich als eine zuverlässige Stütze unserer freiheitlichen demokratischen Ordnung bewährt haben. Die Bayerische Staatsregierung betrachtet die sudetendeutsche Volksgruppe als einen Stamm unter den Volksstämmen Bayerns. Sie bekennt sich zum Heimat- und Selbstbestimmungsrecht der Sudetendeutschen, das sie jederzeit mit dem ganzen Gewicht ihres Einflusses vertreten will. Sie wird stets bestrebt sein, das Volkstum der Sudetendeutschen zu erhalten und ihre Landsmannschaft und deren Einrichtungen als Vertretung der sudetendeutschen Volksgruppe bei der Wahrnehmung der heimatpolitischen, kulturellen und sozialen Aufgaben ideell und finanziell zu fördern.

Dr. Ehard
Der Bayerische
Ministerpräsident

*Anmerkung:*
[1] Dem Bundesvorstand der SL übergeben am 7. 11. 1962.

*Quellen:*
a) »Sudetendeutsche Zeitung« *(Wochenzeitung)*; München, 12. 6. 1964.
b) Böhm, Franz (Hrsg.): »Weg und Ziel«; München, 1974; S. 158f.

**Vertrag** **1954, 23. Oktober**
**zur Regelung aus Krieg und Besatzung entstandener Fragen zwischen der Bundesrepublik Deutschland, den USA, Großbritannien und Frankreich:**
*Sudetengebiet gehörte (mindestens zeitweilig) zu Deutschland*

...

5. Teil: Äußere Restitutionen
*(In den Artikeln 1 bis 4 verpflichtet sich Deutschland, eine Behörde zu errichten, die nach festgelegtem Verfahren die Rückerstattung bestimmter Wertgegenstände und Kulturgüter durchführt, welche während* »der Besetzung eines Gebietes von den Truppen oder Behörden Deutschlands« *durch erzwungene Besitzentziehung erlangt und entfernt wurden.)*

Artikel 5
(1) Die Bestimmungen dieses Teils finden auf folgende Länder und von den folgenden Zeitpunkten ab Anwendung:

| Land | Zeitpunkt | Land | Zeitpunkt |
|---|---|---|---|
| Österreich | 12. März 1938 | Griechenland | 28. Oktober 1940 |
| Tschechoslowakei | 1. April 1939 [1] | Jugoslawien | 6. April 1941 |
| Polen | 1. September 1939 | Union der Sozialistischen Sowjet-Republiken | 22. Juni 1941 |
| Dänemark | 9. April 1940 | Italien | 3. September 1943 |
| Norwegen | 9. April 1940 | Rumänien | 12. September 1944 |
| Belgien | 10. Mai 1940 | Finnland | 19. September 1944 |
| Luxemburg | 10. Mai 1940 | Bulgarien | 28. Oktober 1944 |
| Niederlande | 10. Mai 1940 | Ungarn | 20. Januar 1945 |
| Frankreich | 17. Mai 1940 | | |

...

*Anmerkung:*
[1] Das verwendete Datum für den »Besetzung-«sbeginn, 1. April 1939, welches dem 14./15. März 1939 (faktischer Zerfall der Tschecho-Slowakei durch Souveränitätserklärung der Slowakei und Errichtung

des »Reichsprotektorates Böhmen und Mähren«) nahesteht, führt zur Folgerung, daß das Sudetengebiet nach Auffassung der vetragschließenden Staaten zwischen 1. 10. 1938 und 1. 4. 1939 nicht Teil der ČSR war.

*Quelle:*
Bundesgesetzblatt; Teil II; Bonn, 1955; S. 405 ff.; hier S. 436. (An gleicher Stelle auch englisch- und französischsprachiger Vertragstext.)

**Schreiben[1]** **1954, November**
**der »Tschechischen Christlich-Demokratischen Bewegung im Exil«**
**an Bundeskanzler Konrad Adenauer:**
*Verurteilung der Vertreibung der Sudetendeutschen*

...
Freiheit im tiefsten Sinne beinhaltet aber die Anerkennung und Verwirklichung der Menschenrechte für alle Bürger, ohne Rücksicht auf ihre Religion oder Volkszugehörigkeit. Wir betrachten das Heimatrecht, den unabdingbaren Anspruch aller Völker und Volksgruppen auf ihr Siedlungsgebiet, als eines der grundsätzlichen Menschenrechte.
...
Als tschechische Patrioten verurteilen wir auf das schärfste den Völkermord, der 1945–1948 an den Sudetendeutschen durch die Kommunisten und ihre Helfershelfer begangen wurde. So wie wir früher dem nationalsozialistischen Terror entgegenarbeiteten, so geloben wir, uns für die Aufhebung aller seit April 1945 durchgeführten Enteignungs- und Ausbürgerungsmaßnahmen einzusetzen.
Wir hoffen, die rückkehrenden Sudetendeutschen in einem freien Heimatlande willkommen heißen und mit ihnen einen neuen Staat auf der Grundlage der Gleichberechtigung aller Völker aufbauen zu können ...

*Anmerkung:*
[1] Des Vizepräsidenten Josef Kalvoda.

*Quelle:*
»Rheinischer Merkur« *(Tageszeitung)*; Köln/Koblenz; 19. November 1954.

**Staatsangehörigkeitsgesetz** **1955, 22. Februar**
**der Bundesrepublik Deutschland:**

§ 1
(1) Die deutschen Volkszugehörigen, denen die deutsche Staatsangehörigkeit auf Grund folgender Bestimmungen verliehen worden ist:
a) Vertrag zwischen dem Deutschen Reich und der Tschechoslowakischen Republik über Staatsangehörigkeits- und Optionsfragen vom 20. November 1938 (Reichsgesetzbl. II S. 895).
...
c) Verordnung über den Erwerb der deutschen Staatsangehörigkeit durch frühere tschechoslowakische Staatsangehörige deutscher Volkszugehörigkeit vom 20. April 1939 (Reichsgesetzbl. I S. 815) in Verbindung mit der Verordnung zur Regelung von Staatsangehörigkeitsfragen gegenüber dem Protektorat Böhmen und Mähren vom 6. Juni 1941 (Reichsgesetzbl. I S. 308).
...
sind nach Maßgabe der genannten Bestimmungen deutsche Staatsangehörige geworden, es

sei denn, daß sie die deutsche Staatsangehörigkeit durch ausdrückliche Erklärung ausgeschlagen haben oder noch ausschlagen.
(3) Dasselbe gilt für die Ehefrau und die Kinder eines Ausschlagungsberechtigten, soweit sie nach deutschem Recht ihre Staatsangehörigkeit von ihm ableiten, unabhängig davon, ob er von seinem Ausschlagungsrecht Gebrauch macht. Ehefrauen, die im Zeitpunkt der Eheschließung die deutsche Staatsangehörigkeit besaßen, haben diese behalten.
...

*Quelle:*
»Reichs- und Staatsangehörigkeitsgesetz mit Nebenbestimmungen«; München/Berlin, 1960; S. 28.

**Rede** **1955, 29. Mai**
**des Vorsitzenden des Tschechischen Nationalausschusses**
**Lev Prchala vor den Teilnehmern des Sudetendeutschen Tages in Nürnberg:** [1]
*Bitte um Verzeihung*

...
Als Mensch und Europäer verurteile ich die Verbrechen, die 1945 an den Sudetendeutschen begangen wurden. Als Tscheche und Christ fühle ich mich verpflichtet, Sie, sudetendeutsche Männer und Frauen, um Verzeihung zu bitten. Dies tue ich aus freiem Willen, ohne Furcht und ohne Zwang, weil mein Gewissen rein ist.
...

*Anmerkung:*
[1] Eine inhaltlich fast gleichlautende Erklärung hatte General Prchala bereits am 18. 12. 1950 vor einer Pressekonferenz im Bundesratssaal des Bundeshauses in Bonn abgegeben. (Quelle: »Münster'sche Zeitung«, »Solinger Tagblatt« *(Tageszeitungen)* v. 21. 12. 1950.)

*Quelle:*
Sudetendeutsche Landsmannschaft, Bundesverband (Hrsg.): »Mitteilungsblatt«; München; Nr. 7 v. 15. 7. 1955.

**Rede** **1955, 30. Mai**
**des bayrischen Ministerpräsidenten Wilhelm Högner (SPD)**
**vor den Teilnehmern des Sudetendeutschen Tages in Nürnberg:**
*»Der Tag, an dem die Sudetendeutschen wieder in ihre Heimat ziehen«*

...
Die Ereignisse vor zehn Jahren haben uns gelehrt, daß es außer den Menschenrechten unserer Verfassungen noch ein ebenso wichtiges Recht gibt, das noch höher im Range steht, nämlich das Recht der Völker auf ihre Heimat, das Recht auf den Boden, in dem die Geschlechter ihrer Vorfahren begraben liegen, auf den Boden, den sie Urwäldern abgerungen und bebaut haben, auf den Boden, auf dem sie die ersten Schritte ihrer Kindheit und auf dem ihre Großväter die letzten Schritte ihres Alters getan haben. Auf den Boden, auf den der Schweiß ihrer Arbeit, die Tränen ihres Glücks und ihres Unglücks geflossen sind. Das sind die grünen Wälder, die Hügel und weiten Fluren, die Flüsse und Bäche, die Dörfer und Städte, die sie geschaut und erlebt haben und mit denen ihr Sein, ihr Leben innig verwoben ist. Dieser Heimatboden gehört ihnen, er ist ihr Eigen, weil er ein Teil ihres Seins geworden ist. Wer ihnen diesen Heimatboden nimmt, der nimmt ihnen einen Teil ihres physischen und geistigen Lebens. Er begeht ein Verbrechen, das Verbrechen bleibt, wenn auch ein armseliges Völkerrecht keine Sühne für dieses Verbrechen kennt.
Das Recht auf die Heimat ist unverjährbar. Es besteht fort, auch wenn es durch rohe Gewalt

vorübergehend beeinträchtigt wird. Was sind schon zehn Jahre im Laufe der Geschichte? Was bedeutet schon Macht, wenn sie nicht auf geistigen und sittlichen Grundlagen beruht! Im Jahre 1812 lag Europa einem Napoleon zu Füßen, und ein Jahr später lag er am Boden, zerschmettert durch Gottes Zorn. »Nichts auf Erden ist dauernd, alles, was besteht, vergeht, und was niemand ahnt, kann geschehen.« Der deutsche Name ist durch die Ereignisse nach 1933 befleckt, er ist aber nicht ausgelöscht, er wird eines Tages wieder im alten Glanz erstrahlen. Denn das deutsche Volk ist ein großes und gutes Volk, seine Leistungen in Vergangenheit und Gegenwart sichern ihm einen Ehrenplatz in der Geschichte der Völker. Im Glauben an die Größe des deutschen Volkes sehen wir den Tag kommen, an dem die Sudetendeutschen wieder in ihre alte Heimat ziehen werden, um die unterbrochene Arbeit wiederaufzunehmen, den Boden ihrer Väter wieder zu bebauen, im Frieden mit ihren slawischen Nachbarn deutsche Sitte und Kultur wieder zu pflegen und die alten Lieder der Heimat wieder zu singen.

...

---

*Quelle:*
Högner, Wilhelm: »Der schwierige Außenseiter«; München, 1959; S. 332f.

**Artikel** **1956, Mai**
**eines sudetendeutschen Politikers:**
**»Wider die Konzeption der Konzeptionslosigkeit«**
*Zum politischen Ziel der Sudetendeutschen:*

...

Das Selbstbestimmungsrecht der Völker ist allgemein; es gilt im konkreten Fall für Deutsche und Tschechen ... Die Sudetendeutschen werden dem nicht ohne Grund mißtrauischen tschechischen Volke klipp und klar zu erklären haben, daß sie die Errichtung des Protektorats durch Adolf Hitler scharf verurteilten und verurteilen und nicht daran denken, das selbstverständliche Recht des tschechischen Volkes auf eigene Gestaltung seiner staatlichen Ordnung anzutasten.
Die Sudetendeutschen werden aber ebenso klipp und klar zu sagen haben, daß sie auf der Grundlage des gleichen Selbstbestimmungsrechtes ein abgegrenztes und garantiertes Siedlungsgebiet innerhalb des böhmisch-mährischen Raumes für sich und ihre Nachkommen fordern werden.

...

Die Sudetendeutschen sollten sich darüber Gedanken machen, welche Garantien von tschechischer Seite ihnen die Rückkehr in einen föderalisierten böhmisch-mährischen Gesamtstaat möglich machen würden. Ein böhmisch-mährisch-slowakischer Staat ist zwar nicht ausgeschlossen, bedarf aber eines freien Entscheids des befreiten slowakischen Volkes, das 1945 um seine vom Vatikan und der UdSSR anerkannte Unabhängigkeit kam. Sollten die von den Tschechen angebotenen Garantien nicht genügen, dann werden die Sudetendeutschen klar zu sagen haben, daß sie sich den Anschluß ihres Gebietes an Deutschland vorbehalten. Es ist sinnlos, Partnerschaft zu mimen, wenn die Grundlagen dafür nicht gegeben sein sollten. Den Tschechen muß gesagt werden, daß dieser Anschluß an ein Deutschland erfolgen würde, das sich von dem Hitlers durch so ziemlich alles unterscheidet, wodurch sich zwei Staaten unterscheiden können.
Als letzte, aber nicht als schlechteste Möglichkeit der Lösung bliebe ein Kondominium, d. h. gemeinsame Herrschaft über das sudetendeutsche Siedlungsgebiet durch den böhmisch-mährisch(-slowakischen) Staat einerseits und Deutschland andrerseits unter Garantie des Heimatrechts der Sudetendeutschen ...

*Quelle:*
»Der Pfeil« *(Monatszeitschrift der »Deutschen Jugend des Ostens« DJO),* Hameln/Weser; Mai 1956; S. 2f.

**Leitsätze** **1956**
**der (sudetendeutschen) Ackermann-Gemeinde:**
*Heimatrecht – persönliches Beispiel*

Die Aufgabe
Schon 1946 in Ingolstadt, wo sich über 100 Männer und Frauen aus allen katholischen Bünden und Gruppen der alten Heimat trafen, haben wir darauf verwiesen, daß das Flüchtlingsproblem über das Caritative und Soziale hinaus vor allem eine Aufgabe der Erziehung und der Menschenführung ist. Im Bewußtsein der Verantwortung des gläubigen Christen für sein Volk haben wir bereits damals einen Kreis gebildet, den wir in Erinnerung an den »Ackermann von Böhmen«, der größten spätmittelalterlichen Dichtung unseres Volkes und unserer Heimat, »Ackermann-Gemeinde« genannt haben. Unsere Gemeinschaft ist äußerlich gewachsen, innerlich gereift und hat ihre Überzeugung vielfach überprüft und vertieft. Die Erfahrungen haben sich zu Leitsätzen verdichtet, mit denen wir heute vor unsere Landsleute treten wollen, weil wir glauben, daß sie unserer Volksgruppe den Weg in die Zukunft weisen können.

Unsere Leitsätze
1. Mit der Vertreibung aus jahrhundertealter Heimat ist uns bitterstes Unrecht geschehen. Naturrecht, Moral und Humanität verteidigen ebenso wie die Kirche als Lehrerin der Völker das Recht eines Volkes auf seine Heimat, das Recht des Kindes auf sein Vaterhaus, das Recht der Familie auf Heimstätte, Arbeitsplatz und auf die Gräber der Verstorbenen. Der Heilige Vater erklärte Weihnachten 1945 vor den neuernannten deutschen Kardinälen: »Jeder Mensch hat ein Recht auf seine angestammte Heimat, und es ist Unrecht, ihn von dort zu vertreiben, wenn er sich nicht durch persönliche Schuld dessen unwürdig gemacht hat.«
2. Wir werden nie das Recht auf unsere Heimat aufgeben. Wir wenden uns aber entschieden gegen alle Illusionen, die eine baldige Heimkehr versprechen oder gar von einem dritten Weltkrieg etwas für unsere Heimat erhoffen. Wir lassen uns auch nicht zur Heimkehr verlocken, wenn wir nicht nur auf unser Volkstum, sondern auch auf die besten abendländischen Traditionen verzichten müssen.
Im Kampf um unsere Heimat lehnen wir Rache und Vergeltung ab, nicht nur aus christlicher Überzeugung, sondern auch weil Rache nicht aufbaut. Rache weckt nur abermals Vergeltung und wendet sich zurück gegen ihren Urheber und dessen Kinder. Wer Haß und Rache predigt, verringert nur die wenigen noch vorhandenen Möglichkeiten der Rückkehr. Wie könnten uns die Weltmächte die Heimat zurückgeben, wenn sie dadurch neue Gewalttat befürchten müßten! Doch stehen wir zu dem sittlichen Gesetz, daß verletzte Gerechtigkeit auch in unserem Falle Wiedergutmachung fordert.
3. Wenn wieder Friede und Ordnung unter den Völkern einkehren sollen, müssen die Fehler überwunden werden, die uns alle in das gegenwärtige Elend geführt haben. Darum müssen die Völker Mitteleuropas, Deutsche, Slawen und Magyaren erkennen, daß sie mit ihrem übersteigerten Nationalismus seit etwa 100 Jahren nicht nur die förderativen Grundlagen ihres tausendjährigen Zusammenlebens und damit die Voraussetzung eines relativen Wohlstandes und inneren Friedens aller beteiligten Völkerschaften zerstört, sondern auch diesen Raum schließlich zum ohnmächtigen Spielball in den Auseinandersetzungen der Großmächte gemacht und sich selbst ins Verderben gestürzt haben. Es

ist daher eine unserer wichtigsten Aufgaben, aus der Geschichte die Baugesetze der tausendjährigen Völkerordnung Mitteleuropas darzulegen und dadurch eine Neugestaltung dieses Raumes vorzubereiten, die diesem wieder sein eigenes Gewicht in den Spannungen zwischen West und Ost zurückgibt und dabei die berechtigten Ansprüche aller seiner Volksstämme erfüllt. Dabei wird auch unser sudetendeutsches Anliegen am ehesten wieder zur Geltung kommen können.

4. Unsere Heimat – das ist nicht nur verlorenes Land, verlorener Besitz, das sind vor allem die Menschen, in ihrem Charakter, ihrem Können, ihrer Arbeit, besonders aber unsere Jugend, die das Erbe unserer Vorväter in die Zukunft tragen soll. Deshalb ist unsere wichtigste Sorge, daß die Menschen unserer Heimat hier und heute nicht physisch oder moralisch zugrunde gehen, daß insbesondere die Familien der Notzeit gewachsen bleiben . . .

7. Sind wir auch materiell verarmt, so bleiben uns doch die geistig-kulturellen Werte der Heimat und unseres Volkes. Wir müssen die Welt darüber aufklären, daß wir Sudetendeutsche kein geschichtsloses Volk sind. Durch Jahrhunderte haben wir der geschichtlichen Gesetzlichkeit des böhmischen Zweivölkerraumes gedient und dort durch unsere Kulturarbeit nicht nur eine deutsche, sondern auch eine abendländische Aufgabe erfüllt. Mit Entschiedenheit weisen wir die Propagandalüge zurück, als hätten wir uns in der alten Heimat mit unserem slawischen Nachbarn nicht vertragen können oder wollen. Der Beitrag, den wir Sudetendeutsche zum Werden und Aufstieg des tschechischen Volkes geleistet haben, gibt uns neben dem naturrechtlichen noch einen historisch-rechtlichen Anspruch auf unsere Heimat. Bis zur Erfüllung dieses Anspruches wollen wir die Geschichte unserer Heimat in Geist und Wort, in Fest und Arbeit unter uns und im gesamtdeutschen Bewußtsein lebendig erhalten.

8. Wir Heimatvertriebene dürfen nicht jahrelang untätig auf eine Änderung der Verhältnisse warten, sondern müssen ehestens den materiellen Verlust der Heimat durch vermehrte Anstrengung um den Aufbau einer neuen Existenz ausgleichen, um unseren Kindern wieder eine neue Heimstätte zu schaffen. In diesem Streben muß uns für den Augenblick jede Arbeit recht sein. Jede Arbeit, mit der wir uns und unserer Familie das tägliche Brot verdienen, hat ihre Ehre. Was Übergang ist, wollen wir daher nicht als Degradierung empfinden. Wir wollen, wenn notwendig, auch zu einer Umschulung bereit sein. Trotzdem dürfen wir immer bemüht sein, in unseren eigentlichen Beruf zurückzukommen und die frühere Stellung wieder zu erringen, weil wir dabei unsere Erkenntnisse und Erfahrungen am besten zur Geltung bringen können.

Im wirtschaftlichen Neuaufbau werden uns der erfinderische Sinn, die Strebsamkeit sowie die Erfahrungen und Fertigkeiten, auf denen die Leistungen unserer heimischen Industrie beruhen, vielfach zustatten kommen. Darum müssen wir auch diese Eigenschaften und Kenntnisse durch eine gut geleitete Berufsausbildung unserer Jugend weiter vermitteln. Das ist um so wichtiger, als tüchtige Handwerker und Facharbeiter bei der durch die Kriegsfolgen erzwungenen Umstellung der deutschen Wirtschaft auf Veredelung dringend gebraucht werden. Durch die Erhaltung unserer heimatlichen handwerklichen und industriellen Tradition kommen wir nicht nur einem augenblicklichen Bedürfnis der deutschen Wirtschaft entgegen, sondern helfen mit, in der Erziehung unseres Volkes das alte Meisterprinzip zu erneuern, das den Menschen und seine Arbeit in ein sinnvolles Ganzes einordnet und daher vom Geistigen den Kollektivismus überwindet.

. . .

Wir verpflichten uns zu einem einfachen, anspruchslosen Leben in tätiger Bruderliebe. Im privaten und öffentlichen Leben wollen wir unbedingte Vorkämpfer der Gerechtigkeit und Sauberkeit sein.

Jeder von uns betrachtet sich überall als Sachwalter seiner notleidenden Schicksalsgefährten. Wer bereits eine Stellung gefunden hat, ist verpflichtet, von dort aus anderen Notleidenden zu helfen. Wer von unseren Freunden ein öffentliches Amt hat, darf es nicht mißbrauchen, um sich persönlich zu bereichern oder sich eine persönliche Machtstellung zu verschaffen.

---

*Quelle:*
»Baugesetz einer neuen Ordnung. Leitsätze der Ackermanngemeinde«; Selbstverlag, als Manuskript gedruckt; München, 1956 (Hervorhebungen im Original).

**Erklärung** **1956, Pfingsten**
**der Sudetendeutschen Jugend zum Sudetendeutschen Tag in Nürnberg:**
(Sog. Bekenntnis der Jugend)
*Den Rechtsanspruch der Tschechen achten*

Wir Mädel und Jungen und wir von der jungen Generation haben uns in der schwersten Zeit des Sudetendeutschtums zu unserer Volksgruppe bekannt. Wir sind bereit, den Rechtskampf um die Jahrtausende alten Siedlungsgebiete der Deutschen in Böhmen, Mähren und Sudetenschlesien sowie um die gesamten deutschen Ostgebiete in die Zukunft zu tragen. ...

Wir werden diese Aufgabe nur ... im Einvernehmen mit dem tschechischen Volk lösen können, und zwar im Sinne eines vereinten Europa, dessen gottgewollte Bausteine die Völker sein sollen und dessen Grundpfeiler das Recht ist. Aus der Vergangenheit wollen wir nur das in die Zukunft tragen, was uns dessen wert erscheint. Weil wir in den Völkern gottgewollte Bausteine einer übernationalen Ordnung sehen, wollen wir echtes Volksbewußtsein, aber keinen Nationalismus. Wir wollen gemeinschaftsgebundene Persönlichkeiten, aber nicht die zügellose Freiheit des einzelnen. Das besagt zugleich Absage an jede Art von Diktatur; es besagt aber auch, daß wir den Anspruch auf staatsbürgerliche Rechte nur von der Erfüllung staatspolitischer Pflichten herleiten. Weil wir an eine neue Völkerordnung glauben, verzichten wir aus innerer Freiheit und nicht aus außenpolitischen Erwägungen auf Rache und Vergeltung. Die Politik der letzten Jahrzehnte hat eine Partnerschaft zwischen den Völkern erschwert. Wir sind entschlossen, neue Wege der Zusammenarbeit mit der Jugend aller Völker, auch mit der Jugend des tschechischen Volkes, zu suchen. Die Voraussetzung hierzu ist die Bereitschaft zur Lösung der durch den Krieg und Gewaltakte aufgeworfenen Fragen auf friedlichem Wege. Dabei sind die Grundrechte aller Menschen in allen Gebieten zu achten. Wir wollen keine politische Neuordnung, die nicht auch von den Besten unserer Nachbarvölker mitgetragen werden kann. So wie wir selbst bereit sind, jenen Ballast aus der Vergangenheit über Bord zu werfen, der einer neuen Völkerverständigung im Wege steht, bitten wir auch die Jugend der anderen Völker, dies zu tun, damit der Weg frei werde für eine Zukunft, die allen erstrebenswert ist. Staatsrechtliche Konstruktionen der Vergangenheit können nicht Vorbild einer neuen Lösung sein. Wir werden dort zum Verzicht bereit sein, wo wir dem unbestreitbaren Rechtsanspruch eines anderen Volkes begegnen. Wir werden aber mit allen uns zur Verfügung stehenden friedlichen Mitteln für die Gebiete einstehen, in denen unser geschichtliches und gegenwärtiges Recht nicht bestritten werden kann.

Diese Gedanken wollen wir nicht als theoretische Grundsätze verkünden, sondern in allen Bereichen unseres Lebens verwirklichen. Im Vertrauen auf unser Recht, im Wissen um unsere Pflicht und im Glauben an Gott wollen wir gemeinsam mit der älteren Generation den Rechtskampf um die Wiedergewinnung unseres Sudetenlandes so lange führen, bis es mit dem wiedervereinigten Deutschland seinen Platz in einem freien und friedlichen Europa gefunden hat. Entscheiden werden diesen Kampf nicht die besseren Waffen, sondern die stärkeren Herzen. Dafür stehen wir bereit!

*Quelle:*
Eigene Aufzeichnung.

**Rede**[1] **1956, 11. Dezember**
**des Außenministers der Regierung der Republik China,**
**Tingfu F. Tsiang, vor der 11. Generalversammlung der Vereinten Nationen:**
*Deportationen, wie die der Sudetendeutschen, sind alltäglich geworden*

...
Ich erinnere mich an eine Äußerung des Vertreters von, ich glaube, Neuseeland von vor etwa einer Woche über gewisse sowjetische Methoden der Deportation. Jetzt haben die Satellitenstaaten die Nachahmung dieser sowjetischen Methode begonnen. Heute sind neun Millionen Deutsche in Westdeutschland, die von diesem oder jenem kommunistischen Regime deportiert wurden. Zwei Millionen Sudetendeutsche wurden aus der Tschechoslowakei nach Deutschland deportiert. Daß eine derart schreckliche Methode so alltäglich geworden ist, sollte eine Tatsache sein, die die Vereinten Nationen nicht einen einzigen Augenblick aus den Augen verlieren sollte. Wir sollten ununterbrochen wiederholen, daß die Deportation schrecklich ist, verurteilt und gestoppt werden muß. Ich bin daher enttäuscht, daß die Antragsteller der Entschließung es für unnötig befanden, unseren Standpunkt zu Deportationen zu wiederholen.
...

*Anmerkung:*
[1] In der Debatte zur Entschließung, mit dem 19 Staaten die Invasion der UdSSR in Ungarn verurteilten.

*Quelle:*
UN-Unterlage (maschinenschriftlich) GA/XI/PR. 6.

**Funkgespräch**[1] **1957, 7. April**
**mit deutschen »Abgeordneten«**[2] **im tschechoslowakischen Parlament:**
*Deutsche Sprachzirkel an unseren (tschechischen) Schulen*

...
*Frage:*
Können Sie mir vielleicht einige praktische Beispiele aus der letzten Zeit geben, wo es Ihnen gelungen ist, irgendwelche besondere Interessen Ihrer deutschen Mitbürger hier im tschechoslowakischen Parlament zu vertreten?
*Antwort:*[3]
Nun, ich möchte sagen: Als ich noch nicht Abgeordneter war, schon bereits im Jahre 1952, und ich in der Gewerkschaft arbeitete, haben wir vorgeschlagen, daß eine deutsch geschriebene Zeitung erscheint. Seit dieser Zeit haben wir heute in unserem ganzen Staatsgebiet die deutsch geschriebene Zeitung »Aufbau und Frieden«. Genauso haben wir natürlich unsere verantwortlichen Stellen aufmerksam gemacht auf ein eigenes Kulturleben unserer deutschen Menschen, das heute im großen Maßstabe verwirklicht ist. Wir haben hier von seiten unseres Staates keinerlei Schwierigkeiten. Man versteht das und unterstützt die Sache.
*Frage:*
Und wie sehen Sie persönlich das Problem von deutschen Schulen?
*Antwort:*[3]
Die Sache ist folgendermaßen: Die deutsche Bevölkerung hier, die deutsche Bevölkerung verlangt in erster Linie, daß ihre Kinder deutsch lesen und schreiben können. Das war frü-

her nicht so. Heute haben wir an unseren Schulen, wo mehr als zehn deutsche Kinder sind, extra deutsche Sprachzirkel, wo die Kinder deutsch lesen und schreiben lernen.
*Frage:*
Und Sie sind der Meinung, daß das genügt?
*Antwort:* [3]
Nun, das ist eine Frage, die die Zukunft entscheiden muß und die auch viel abhängt von den Menschen selber. Die Menschen selber sind heute damit zufrieden.[4]
...

*Anmerkungen:*
[1] Es handelt sich um ein über den Bayrischen Rundfunk gesendetes Interview. Die Fragen stellte der Chefreporter dieses Senders, Wolf Posselt.
[2] Johann Jungbauer (Wahlkreis Dux/Teplitz); Rudolf Müller (Wahlkreis Gablonz 3); Josef Pötzl (Wahlkreis Asch-Graslitz) waren zum Zeitpunkt des Interviews die drei deutschen (von 468) »Abgeordneten« im tschechoslowakischen Parlament.
[3] Nach dem akustischen Eindruck des Interviews wurden alle – auch die hier nicht wiedergegebenen – Antworten von einer einzigen Person gegeben.
[4] Zur tatsächlichen Lage der Sudetendeutschen in der ČSR: Siehe S. 341 ff., 418.

*Quelle:*
Eigene Aufzeichnung.

## Stellungnahme des Präsidiums des Sudetendeutschen Rates: 

**1957, 17. April**

*Sudetenproblem basiert auf Heimat- und Selbstbestimmungsrecht*

Der Sudetendeutsche Rat hält es für unzweckmäßig, das Sudetenproblem von der Frage der Grenzen aus zu erörtern. Die Grenzfrage ist nach seiner Auffassung eine völkerrechtlich zumindest offene Frage. Der Sudetendeutsche Rat bekennt sich erneut zu dem im August 1950 mit dem Tschechischen Nationalausschuß geschlossenen Übereinkommen[1] und den darin festgelegten Prinzipien.
Der Sudetendeutsche Rat erinnert daran, daß den Sudetendeutschen die freie Grundsatzentscheidung über ihre Zukunft durch die am 28. 9. 1956 vor dem Deutschen Bundestag abgegebene Regierungserklärung zugesichert wurde, in der es u. a. heißt: »Das Recht auf die Heimat und das Selbstbestimmungsrecht sind unabdingbare Voraussetzungen für die Lösung des Schicksals der in der Vertreibung oder in der Unfreiheit lebenden Menschen und Völker.«[2]
Auf das damit angesprochene Heimat- und Selbstbestimmungsrecht berufen sich die Sudetendeutschen. Diesem Rechte aber widerspricht es, wenn die Lösung des Sudetenproblems über ein Minderheitenrecht angestrebt wird. Unabhängig davon, welchem Staatsverband die Sudetendeutschen in Zukunft auf immer angehören sollten, lehnen sie es ab, Bürger minderen Rechtes zu sein.
Das Bekenntnis zum Selbstbestimmungsrecht wird ein kommendes freies Europa ermöglichen, in dem auch die Sudetenfrage friedlich gelöst werden kann.

*Anmerkungen:*
[1] Zum Text: Siehe S. 316.
[2] Siehe S. 33 f.

*Quelle:*
Vervielfältigte Pressemitteilung.

**Entschließung sudetendeutscher Parlamentarier[1, 2]:** **1957, 8. Juni**
*Forderung nach Heimat- und Selbstbestimmungsrecht*

1. Die . . . zu ihrer zweiten Tagung[3] zusammengetretenen Bundes- und Landtagsabgeordneten sudetendeutscher Herkunft fordern:
a) die Wiederherstellung des Heimatrechts der Vertriebenen und die Verwirklichung ihres Selbstbestimmungsrechtes;
b) die Wiederherstellung der Menschenrechte hinter dem Eisernen Vorhang und damit die Befreiung der Völker Ostmitteleuropas.

. . .

4. Für die Sudetenfrage machen wir uns die Entschließung des Sudetendeutschen Rates vom 17. April 1957[4] zu eigen. Es besteht keine zwingende Veranlassung, die sudetendeutsche Frage ausschließlich in dem Sinn zu erörtern, welches die rechtmäßige Staatsgrenze zwischen der Tschechoslowakei und Deutschland heute ist. Diese Frage ist zumindest offen und wird erst durch einen Friedensvertrag mit Gesamtdeutschland ihre Lösung finden.
Wir unterstreichen andererseits aber jene Worte unserer eigenen Entschließung vom 31. Mai 1952, wonach staatliche Grenzen von einst keine tragfähige Grundlage mehr für die Neuordnung Mitteleuropas abzugeben vermögen.
Wir wollen in unsere Heimat zurückkehren und als freie Menschen unser Selbstbestimmungsrecht ausüben, nicht aber dort als geduldete Minderheit unser Leben fristen. Von der Deutschen Bundesrepublik sowie von den Parteien in der Bundesrepublik erwarten wir eine Politik, die weder ein rechtsabträgliches Präjudiz setzt, noch eine dem Recht auf Selbstbestimmung wie auf Heimat zuwiderlaufende Verhandlungsposition bereitet.
5. Das Heimatrecht ist unserer Auffassung nach die Grundlage der menschlichen Freiheits- und Bürgerrechte. Wir wollen daher, daß unseren sudetendeutschen Menschen, wenn sie in ihre angestammte Heimat zurückkehren, diese Menschenrechte gesichert sind und bleiben. Wir verlangen diese nicht nur für uns, denn die Freiheit ist unteilbar. Sie wäre gefährdet, solange nicht auch der Nachbar sich ihrer in gleicher Weise erfreut. Unsere Forderung auf Wiederherstellung des Heimatrechts für die Vertriebenen ist daher naturnotwendig und untrennbar mit der Forderung auf Wiederherstellung der Menschen- und Freiheitsrechte für die Völker Ostmitteleuropas und daher insbesondere für Tschechen und Slowaken verbunden.
Damit führen wir einen wichtigen Grundgedanken der Charter der deutschen Heimatvertriebenen[5] – die Ablehnung von Rache und Vergeltung – fort und erweitern ihn zu einem Grundsatz: die Völker Ostmitteleuropas sollen wissen, daß die Wiederherstellung des Rechts der Deutschen auf ihre Heimat und die Wahrung des Selbstbestimmungsrechts der heimatvertriebenen deutschen Volksgruppen nicht nur kein Grund zur Besorgnis, sondern ein entscheidender Beitrag zur Wiederherstellung der Freiheit für sie selbst bedeuten würde.
Diese Freiheit wird keine deutsche und keine tschechische, slowakische oder polnische, sondern eine europäische Freiheit sein. Sie wird auf dem ungeschmälerten, verantwortungsbewußt ausgeübten Selbstbestimmungsrecht friedlich lebender, im angestammten Heimatboden verwurzelter Völker beruhen. Sie wird sich ferner auf das Bewußtsein gründen, daß Genuß und Sicherheit dieses Selbstbestimmungsrechts solidarisch sein muß. So ausgeübt, wird es die freien Völker dieses Raumes nicht trennen und zu Gegnern machen, sondern sie zu beständiger vertrauensvoller Zusammenarbeit zwischen Gleichen vereinen und dem Endziel – einer wahren Partnerschaft freier europäischer Völker – entgegenführen. Wir fordern alle Menschen guten Willens auf, sich mit uns im Streben nach Verwirklichung dieses Gedankens und eine auf Recht und Gerechtigkeit gegründete und somit friedliche und dauerhafte Neuordnung Ostmitteleuropas zu vereinen.

*Anmerkungen:*
[1] Es handelte sich um 63 Parlamentarier, darunter 23 Bundestagsabgeordnete. Die 40 Landtagsabgeordneten kamen aus Bayern (22), Baden-Württemberg und Hessen (je 7), Nordrhein-Westfalen (2), Rheinland-Pfalz und Schleswig-Holstein (je 1).
Die Parlamentarier gehörten der DP, der CDU, der CSU, der FDP, dem GB/BHE und der SPD an.
[2] Die Entschließung wurde in Stuttgart gefaßt.
[3] Zur ersten Tagung am 31. 5. 1952 und ihrer Entschließung: Siehe S. 317f.
[4] Siehe den vorhergehenden Beleg.
[5] Vom 4. 8. 1950; zum Text siehe S. 316.

*Quelle:*
»Sudetendeutscher Artikeldienst« *(Presseinformationen des Sudetendeutschen Rates)*; München; Nr. 12 v. 15. 6. 1957.

**Entschließung** **1958, 28. Oktober**
**der »Tschechoslowakischen Christdemokraten im Exil«**
(Sog. Passauer Manifest):

. . .
Als Christen verurteilen wir eine politische Moral, die den Grundsatz der Kollektivschuld aufstellte. Ihre Anwendung erfolgte vor allem durch die Massenausweisung der nichtslawischen Bevölkerung aus der Tschechoslowakei, wobei unter oft unmenschlichen Umständen ohne hörbaren Protest der Mehrheit der politischen und moralischen Autoritäten (des Landes) auch diejenigen Bürger vertrieben wurden, die sich gegenüber dem tschechischen Staat nichts zu schulden hatten kommen lassen . . .

*Quelle:*
»Demokracia v exile« [Die Demokratie im Exil] *(Exiltschechoslowakische Zeitschrift)*; München, Jg. 15, Nr. 3; (Juni 1972); S. 3.

# 5. 1959–1974: Die Diskussionen vor und um den Prager Vertrag (1973)

**Entwurf** **1959, 10. Januar**
**der Regierung der UdSSR zu einem**
**Friedensvertrag mit Deutschland:**
*Ungültigkeit des Münchener Abkommens* [1]

...
Artikel 10
Deutschland erkennt die Ungültigkeit des Münchner Abkommens [1] mit allen sich aus ihm ergebenden Folgen an und erklärt, daß es das Territorium des ehemaligen sogenannten Sudetengebiets immer als unantastbaren Bestandteil des Staatsgebiets der Tschechoslowakischen Republik anerkennen wird.
...
Artikel 17
Deutschland verpflichtet sich, das Wiedererstehen, die Existenz und Tätigkeit der Nationalsozialistischen Partei und ihrer Gliederungen oder unter ihrer Kontrolle befindlicher Organisationen auf dem Territorium Deutschlands einschließlich der politischen, militärischen und halbmilitärischen Organisationen, wie auch die Entstehung und Tätigkeit anderer ähnlicher Parteien und Organisationen und insbesondere revanchistischer Parteien und Organisationen, die eine Überprüfung der Grenzen Deutschlands fordern oder territoriale Ansprüche an andere Staaten zum Ausdruck bringen, unter der Androhung strafrechtlicher Verfolgung nicht zuzulassen.
...
Artikel 20
Deutschland verpflichtet sich, keine, wie auch immer geartete Propaganda zuzulassen, die das Ziel verfolgt oder geeignet ist, eine Bedrohung des Friedens, eine Verletzung des Friedens oder einen Akt der Aggression zu schaffen oder zu verstärken, einschließlich der Kriegspropaganda [2] wie auch jeglicher Art revanchistischen Auftretens mit der Forderung auf Revision der Grenzen Deutschlands oder der Anmeldung territorialer Ansprüche an andere Länder.
...
Artikel 37
Deutschland verzichtet auf alle Ansprüche staatlichen Charakters, Ansprüche öffentlicher deutscher juristischer Personen, Ansprüche deutscher privater juristischer Personen und deutscher Bürger, die mit den Gebieten verbunden sind, die anderen Staaten zurückgegeben und ihrer Souveränität unterstellt wurden.

Artikel 38
Die Staaten, auf die die Souveränität über einen Teil des ehemaligen Territoriums Deutsch-

lands überging, tragen keine Verantwortung für Verpflichtungen, die sich aus Schulden des deutschen Staates, der deutschen Städte und Gemeinden und der deutschen öffentlichen Einrichtungen ergeben sowie aus anderen öffentlich-rechtlichen und privatrechtlichen Fragen, die bis zum 8. Mai 1945 entstanden und mit diesem Territorium verbunden sind.
...

---

*Anmerkungen:*
[1] Zum Text: Siehe S. 232ff.
[2] In Abhängigkeit von der jeweiligen politischen Lage kann von kommunistischer Seite auch die Aufforderung, eine internationale Frage durch Volksabstimmung der Betroffenen zu lösen, als Kriegspropaganda gewertet werden.
Vgl.: Žourek, J.: »Das Münchner Abkommen im Lichte des internationalen Rechts«, in: Obermann/ Polišenský: »Die Hintergründe des Münchner Abkommens von 1938«; Berlin (Ost), 1959; S. 135.
Siehe auch S. 213f.

---

*Quelle:*
Siegler, Heinrich (Hrsg.): »Dokumentation zur Deutschlandfrage«; Bonn, 1959; S. 923ff.

**Presseerklärung der Bundesregierung Adenauer III:** **1959, 18. April**

Die Bundesregierung nimmt zur Kenntnis, daß die völkerrechtliche Gültigkeit des Münchner Abkommens bestritten wird. Das hindert die Bundesregierung jedoch nicht, die Forderungen der in ihre Obhut gelangten Sudetendeutschen auf Heimat- und Selbstbestimmungsrecht zu vertreten. Die Bundesregierung hält unverändert an der Auffassung fest, daß die Grenzfrage nur in einem Friedensvertrag mit ganz Deutschland geregelt ... werden kann.

---

*Quelle:*
»Süddeutsche Zeitung«, München, 19. 4. 1959.

**Feststellung der Sudetendeutschen Jugend:** **1960, 15. Januar**
*»Das politische Ziel der Sudetendeutschen«* [1]

Die Hauptjugendführung der Sudetendeutschen Jugend stellt hiermit bis zur endgültigen Festlegung des politischen Zieles der Sudetendeutschen durch die Bundesversammlung der SL [2] folgendes fest:

1. Seit vielen Jahrhunderten siedelten im Sudetenraum Böhmen und Mähren friedlich arbeitend in geschlossenem Gebiet zahlreiche Menschen deutscher Sprache.
   Im Jahre 1919 – nach dem Zusammenbruch der monarchischen Ordnung des Kaiserreiches Österreich-Ungarn – wurden diese nunmehr über 3 Millionen Menschen, die sich den Namen Sudetendeutsche gaben, gegen den erklärten Willen ihrer rechtmäßigen Vertreter in den neuerrichteten Staat Tschechoslowakei hineingezwungen.
   Im Jahre 1938 wurden die Siedlungsgebiete der Sudetendeutschen durch internationalen Entscheid dem Deutschen Reich zugesprochen.
   In den Jahren nach 1945 wurden von der politischen Führung des neugebildeten Staates Tschechoslowakei
   a) die Siedlungsgebiete der Sudetendeutschen wiederum besetzt,
   b) die etwa 3,5 Millionen Sudetendeutschen selbst gezwungen, diese Gebiete zu verlassen.

2. Nach ihrer Vertreibung sammelten sich die Sudetendeutschen in der freien Welt auf dem Boden der Bundesrepublik Deutschland und bekundeten wieder und wieder ihren unerschütterlichen Willen, diese Vertreibung nicht als end- und rechtsgültig anzusehen.
3. Dieser zunächst einseitige Wille der Sudetendeutschen wird durch eine Reihe von rechtlichen Tatbeständen objektiviert; nämlich durch
   das Heimatrecht des Menschen[3],
   das Selbstbestimmungsrecht der Gruppe von Menschen[4],
   das Recht der politischen Gemeinschaft auf gebietsmäßige Unverletzlichkeit.
4. Aus dem Willen der Sudetendeutschen und den ihn objektivierenden Rechtstatbeständen ergibt sich die Notwendigkeit und Möglichkeiten zu definiertem politischen Anspruch.
5. Die Sudetendeutschen[5] wollen
   auf Grund des Heimatrechtes in ihre Heimat im böhmisch-mährisch-sudetenschlesischen Raum zurückkehren,
   auf Grund des Selbstbestimmungsrechtes die zukünftige politische Stellung ihrer Heimat in freier und unbeeinflußter Volksabstimmung selbst bestimmen[6].
   Dabei wird das Selbstbestimmungsrecht
   a) für die Gesamtheit der Heimatberechtigten[7],
   b) auf dem Territorium aller Gemeinden, die in der tschechoslowakischen Volkszählung des Jahres 1930 eine deutsche Bevölkerung von 50% und mehr hatten,
   gefordert.
6. Die Sudetendeutschen wollen ihr politisches Ziel
   auf friedlichem Wege unter Prüfung aller praktischen Vorschläge, die obigen Rechtssätzen entsprechen und
   möglichst im Zusammenwirken mit den Vertretern des freien und gleichberechtigten tschechischen und slowakischen Volkes erreichen.
7. Die Sudetendeutschen streben ihr politisches Ziel deswegen an, um ihr Schicksal der Vertreibung anderen Gruppen von Menschen zu ersparen.

---

*Anmerkungen:*

[1] Zur Vorgeschichte:
a) Das erste Konzept wurde im Mai 1956 veröffentlicht, zum Text siehe S. 326.
b) Die Ziffern 1–4 der »Feststellung« beruhen auf einer gleichlautenden Erklärung des Bundesverbandes des »Arbeitskreises Sudetendeutsche Studenten« (ASSt) vom 2. 11. 1958.

[2] Die dritte Tagung der 2. Bundesversammlung der SL (2./3. April 1960; München) beschloß einstimmig, die »Feststellung« dem Bundesvorstand der SL zur weiteren Veranlassung zuzuleiten (Beschluß Nr. BV II/3 – 12/60).
Zum weiteren Verlauf: Siehe S. 346ff.

[3] Zur Definition: Siehe S. 34.

[4] Zur Definition: Siehe S. 35.

[5] In einer Anlage zum Dokument wurde der Begriff wie folgt umschrieben:
»Als ›Sudetendeutsche‹ im Sinne des ›Politischen Zieles der Sudetendeutschen‹ gelten:
1. alle Deutschen, die in einer Gemeinde der Länder Böhmen, Mähren und Mährisch-Schlesien geboren wurden oder dort das Heimatrecht erwarben,
2. alle Deutschen, die mit einem Sudetendeutschen lt. Ziffer 1 verheiratet sind oder von ihm abstammen, sofern sie – wenn über 21 Jahre alt – keinen gegenteiligen Willen zum Ausdruck bringen.«

[6] Als Begründung kann der »Arbeitsbericht Heimatpolitik des 3. Heimatpolitischen Seminars des ASSt« (19. 1. 1958; München) angeführt werden; dort auch denkbare Konsequenzen:
»2. Die Sudetendeutschen sehen infolge ihrer geschichtlichen Erfahrungen ihr Heimatrecht nach Rückkehr in ihre Heimat nur dann als gesichert an, wenn sie sich auf Grund des Selbstbestimmungsrechts zu einem freiheitlich-demokratischen Gemeinwesen auf dem Boden des geschlossenen, mehrheitlich deutschen Sprachgebietes zusammenschließen können.
Ohne die Möglichkeiten der staatsrechtlichen Lösung erschöpfend aufzählen zu wollen, wurde u. a. darüber gesprochen, daß dieses Gemeinwesen sein könnte:

a) Bundesstaat einer entsprechend geordneten, freiheitlich-demokratischen Föderation auf Teilen oder dem Gesamtgebiet der heutigen Tschechoslowakei, die ihrerseits Teil einer Europäischen Föderation sein sollte;
b) Bundesstaat des freiheitlich-demokratischen Deutschlands, das seinerseits Teil einer Europäischen Föderation sein sollte.«

[7] In einer Anlage zum Dokument wurde der Begriff wie folgt umschrieben:
»Als ›Heimatberechtigte‹ im Sinne des ›Politischen Zieles der Sudetendeutschen‹ gelten:
1. alle Sudetendeutschen lt. Absatz A;
2. Deutsche zur Zeit nicht sudetendeutscher Volksgruppenzugehörigkeit bis zur zahlenmäßigen Höhe der sudetendeutschen Vertreibungsopfer (d. h. ca. 241 000 Personen), die das Heimatrecht in einer sudetendeutschen Gemeinde erwerben wollen und erwerben;
3. tschechische Einwohner sudetendeutscher Gemeinden, die ununterbrochene Ansässigkeit seit dem Jahre 1930 nachweisen können oder von Personen abstammen, bei denen diese Voraussetzung zutrifft;
4. tschechische Bewohner des Sudetengebietes zum Zeitpunkt der nationalen Rekonstitution, die das Heimatrecht in einer sudetendeutschen Gemeinde erwerben wollen und erwerben.«

---

*Quelle:*
Eigene Aufzeichnung.

**Botschaft** **1960, 6. Juni**
**der Sudetendeutschen Jugend an die tschechische Jugend:**
*Aufforderung zur Partnerschaft*

Tschechische Jugend!
Wir grüßen Euch von unserem Treffen zu Pfingsten 1960 in München.
Dieses Treffen ist der jährliche Höhepunkt unserer ununterbrochenen Arbeit.
Diese Arbeit soll dazu beitragen, eine neue Völkerordnung der Achtung, Toleranz und Partnerschaft aller Völker zu schaffen.
Weil wir an diese neue Völkerordnung glauben, haben wir aus innerer Freiheit und nicht aus außenpolitischen Erwägungen auf Rache und Vergeltung für unsere Vertreibung verzichtet.
Als unsere Partner rufen wir Euch, die tschechische Jugend!
Wir wissen, daß Euer berechtigter Wunsch nach Freiheit auf die Dauer nicht unterdrückt werden kann.
Wenn aber Euer Freiheitstag gekommen ist, wollen wir gemeinsam eine neue, bessere Zukunft im freien Europa von Morgen schaffen.
Wir stehen für diese Arbeit bereit.

---

*Quelle:*
Eigene Aufzeichnung.

**Memorandum** **1960, Juni**
**des »Rates der freien Tschechoslowakei« [1]:**
*Keine Revision des »Abschubs« der Sudetendeutschen*

. . .
In ihrem Kampf um die Rückkehr machen die Sudetendeutschen die Forderung auf Anerkennung als besondere ethnische Gruppe geltend . . . Durch die Forderung auf Anerkennung als besondere ethnische Gruppe wollen sie das Recht auf Selbstbestimmung erlangen . . . verstehen sie unter Selbstbestimmungsrecht ausdrücklich das Recht und die Verfügungsgewalt über jenen Teil des tschechoslowakischen Gebietes, in welchem sie, vermischt mit der tschechischen Bevölkerung, bis zu ihrem Abschub siedelten. Nach den Er-

fahrungen aus dem Jahre 1938 bedeutet das in den Augen eines jeden Tschechoslowaken notwendigerweise eine neue Zerschlagung der Tschechoslowakei und die Vernichtung der Republik... Falls es zu einem Anschluß des tschechoslowakischen Grenzgebietes an Deutschland käme, wäre die Tschechoslowakei wirtschaftlich und verkehrsmäßig ebenso verstümmelt, wie dies nach München der Fall war... Wenn den Sudetendeutschen erlaubt würde, zurückzukehren und sich in einem föderativen[2] Zusammenschluß in der Tschechoslowakei zu konstituieren, würden von neuem[2] leidenschaftliche tschechoslowakische Nationalitätenkämpfe entbrennen... Die Befriedigung der sudetendeutschen Forderungen in dieser oder jener Form wäre daher am Ende nur um den Preis der Vernichtung der Tschechoslowakei möglich...

Aus dieser grundlegenden Ursache ist es unbedingt notwendig, daß der Westen an seiner Zustimmung zum Abschub nichts mehr ändert und die sudetendeutsche Frage als gelöst ansieht. Aber auch aus taktischen Gründen... Jedwedes Zugeständnis... würde die Massen des tschechischen und des slowakischen Volkes zwingen, sich mit der kommunistischen Regierung zu identifizieren, gegen die sie sich jetzt entschlossen stellen.

...

Weil eine Revision des Abschubs derartige Folgen hätte, bedeutet dies im Falle der Tschechoslowakei, daß Deutschland den Abschub der Sudetendeutschen als eine definitiv geregelte Frage anerkennen sollte. Eine solche Anerkennung wird auch die festeste Grundlage für wirklich freundschaftliche Beziehungen zwischen dem freien Deutschland und der freien Tschechoslowakei sein...

---

*Anmerkungen:*

1 Zum »Rat der freien Tschechoslowakei«: Siehe S. 318, 319.

2 Die Nationalitätenauseinandersetzungen in der ČSR von 1919–1938 waren bekanntlich darauf zurückzuführen, daß die ČSR nicht föderativ organisiert war.

---

*Quelle:*

»České Slovo« [Tschechisches Wort]; *(Exiltschechoslowakische Zeitschrift)*; München, Juni 1960.

**Verfassung[1] der Tschechoslowakischen Sozialistischen Volksrepublik (ČSSR):** **1960, 11. Juli**

...

Art. 25:

Den Bürgern ungarischer, ukrainischer und polnischer Nationalität sichert der Staat alle Möglichkeiten und Mittel zur Bildung in ihrer Muttersprache und zu ihrer kulturellen Entwicklung.

...

---

*Anmerkung:*

1 Die Verfassung der ČSR vom 9. Mai 1948 enthielt keine vergleichbare Bestimmung.
Zur Verfassung der ČSSR vom 1. Januar 1969: Siehe S. 369f.

---

*Quelle:*

Grensky, Jan: »Die Verfassung der Tschechoslowakischen Sozialistischen Republik vom 11. Juli 1960«; Prag, 1960; S. 68.

**Note** **1960, 29. Dezember**
**der Regierung der ČSSR (über die US-Regierung)**
**an die Bundesregierung Adenauer III:**
*Staatsangehörigkeit der Sudetendeutschen, Münchner Abkommen*

...

Auf Grund von Informationen tschechoslowakischer Bürger deutscher Nationalität [1] haben die zuständigen tschechoslowakischen Behörden festgestellt, daß das Bundesverwaltungsamt in Köln a. R. Bestätigungen westdeutscher Staatsangehörigkeit an tschechoslowakische Bürger ausgegeben hat. Diese Bestätigungen werden an tschechoslowakische Bürger in die Tschechoslowakische Sozialistische Republik gesandt.
Das Vorgehen der Behörden der Bundesrepublik Deutschland ist ein weiterer Fall schwerer Verletzung der souveränen Rechte der Tschechoslowakischen Sozialistischen Republik. Jeder Staat ist berechtigt, staatenlosen Personen und Ausländern die Staatsbürgerschaft zu verleihen. Die Ausübung dieses Rechtes ist jedoch gewissen Bedingungen unterworfen. Geschieht so ein Vorgehen mit der Absicht, daß seine Auswirkungen im Territorium eines anderen Staates ohne dessen Zustimmung rechtserheblich werden sollen, so handelt es sich um eine Verletzung der souveränen Rechte und der Souveränität des anderen Staates.
Die feindlichen Absichten der Regierungsbehörden der Bundesrepublik Deutschland werden besonders durch die Tatsache unterstrichen, daß im Falle älterer Personen die oben erwähnten Bescheinigungen als Tag des Erwerbes der deutschen Staatsbürgerschaft den 10. Oktober 1938 oder den 16. März 1939 angeben. Im Falle von später geborenen Personen wird festgestellt, daß sie geborene Deutsche sind. Die Daten des Erwerbes der deutschen Staatsangehörigkeit durch die tschechoslowakischen Bürger gründen sich daher auf illegalen Gesetzen, die das hitleristische Deutschland während der Besetzung erließ.
Das Datum 10. Oktober 1938 hat als »Grundlage« das sogenannte »Abkommen zwischen der Tschechoslowakischen Republik und dem Deutschen Reich über Staatsangehörigkeits- und Optionsfragen« vom 20. November 1938.[2] Dieses »Abkommen« ergänzte das gegen die Tschechoslowakische Republik gerichtete Münchner Diktat [3] auf dem Gebiete der Staatsangehörigkeitsrechte. Es bestimmte in Artikel I, daß tschechoslowakische Bürger, die am 10. Oktober 1938 Heimatrecht in einer von Deutschland besetzten Gemeinde hatten, die deutsche Staatsangehörigkeit am 10. Oktober 1938 erwarben. Das Abkommen wandte diese Bestimmungen sogar auf die Kinder und Enkel dieser Bürger an. Dieses »Abkommen« ist direkt auf dem Münchner Abkommen aufgebaut. Die Umstände, unter denen das Münchner Abkommen abgeschlossen wurde, lassen keinen Zweifel daran, daß dieses Abkommen von Anbeginn an null und nichtig war. Dies ist inter alia aus der Tatsache zu folgern, daß sein Abschluß ein Teil der Bemühungen darstellte, die als internationales Verbrechen angesehen werden müssen [4], daß es im absoluten Gegensatz zu den grundlegenden Prinzipien des Völkerrechtes stand, daß es grundsätzlich den aus dem Völkerbundsvertrag erwachsenen Verpflichtungen widersprach und daß es der Tschechoslowakei durch wiederholte Drohung mit Gewalt auferlegt wurde. Gleichermaßen null und nichtig sind alle nachfolgenden Abkommen, die das Münchner Abkommen ergänzten. Unter diese Abkommen gehört auch der Vertrag vom 20. November 1938 über Staatsangehörigkeitsfragen von Personen, die in den mit Gewalt von der Tschechoslowakei abgetrennten Gebieten wohnten.[5]
Aus dem obigen ist zu folgern, daß die Bundesrepublik Deutschland auch heute noch das verbrecherische Münchner Diktat als gültig ansieht und es gegen die Tschechoslowakische Sozialistische Republik anwendet ...

...

Die Regierung der Bundesrepublik Deutschland, die sich als einzige Regierung bisher niemals klar von dem verbrecherischen Münchner Diktat distanziert hat und nie erklärte, daß sie diesen Unrechtstatbestand nicht anerkennt, hat damit zu erkennen gegeben, daß sie das sogenannte Münchner Abkommen als gültig ansieht und es darüber hinaus als Grundlage zur Verfolgung einer rachelüsternen Politik benützt.

...

Die Regierung der Tschechoslowakischen Sozialistischen Republik... protestiert energisch gegen die Ausstellung sogenannter Bescheinigungen westdeutscher Staatsangehörigkeit an Bürger der Tschechoslowakischen Sozialistischen Republik und erklärt, daß solche »Bescheinigungen« völlig wertlose Papiere darstellen, die von keiner tschechoslowakischen Behörde als Beweisunterlage westdeutscher Staatsangehörigkeit anerkannt werden...

---

*Anmerkungen:*

1 Beachtenswert, daß hier eine Nationalität erwähnt wird, die in der ČSSR (laut Umkehrschluß aus ihrer Verfassung; siehe den vorhergehenden Beleg) nicht existiert oder rechtlos ist.

2 Siehe S. 235.

3 Gemeint: Das Münchner Abkommen vom 29. 9. 1938; zum Text siehe S. 232ff.

4 Die Hauptkriegsverbrecher in Nürnberg wurden 1945 auch wegen *Bruchs* dieses Münchner Abkommens angeklagt (siehe S. 237f.). Die beachtenswerte Konsequenz dieser tschechoslowakischen Behauptung sollte nicht weiter verfolgt werden.

5 Das Dekret Präsident Beneš' (vom 2. August 1945; siehe S. 291f.) entzog den Sudetendeutschen deswegen die tschechoslowakische Staatsbürgerschaft, weil sie die deutsche Staatsbürgerschaft »entsprechend den Vorschriften der fremden *(d. h. deutschen)* Besatzungsmacht erwarben«.
Wenn diese deutschen Vorschriften seit 1938 null und nichtig sind, war die Entzugsbasis 1945 rechtlich nicht vorhanden und alle Sudetendeutschen waren noch 1960 tschechoslowakische Staatsbürger.

---

*Quelle:*
Sudetendeutscher Rat (Hrsg.): »Menschen vor dem Volkstod«; München, 1961; S. 88ff.

## Kurzbericht: 1961
## Die kulturelle und wirtschaftliche Lage der Deutschen in der ČSSR:

*(Schulen:)* [1]

...

Schulen in deutscher Muttersprache, die elementarste Voraussetzung einer noch so bescheidenen Respektierung einer Minderheit durch den Staat, gibt es immer noch nicht. Sie wird es auch nach dem Willen des ZK der KPTsch niemals geben. Nach wie vor existieren an jenen Orten, wo eine relativ starke deutsche Bevölkerung lebt, an den Grundschulen Sprachzirkel in deutscher Sprache, die jedoch niemals mehr als zwei Wochenstunden ausmachen. Diese Sprachzirkel werden auf Antrag der Eltern auf Grund einer Mindestzahl von Anmeldungen im Einvernehmen mit der Bezirksschulinspektion des jeweiligen Bezirksnationalausschusses und nach Genehmigung durch die Sektion Schulwesen und Kultur des zuständigen Kreisnationalausschusses errichtet. Eine weitere Voraussetzung hierfür ist, daß eine Lehrkraft vorhanden ist, die den Unterricht für den deutschen Sprachzirkel durchführen kann. Oft sind es tschechische Lehrkräfte, der deutschen Sprache nur sehr unvollkommen mächtig, die den Kindern Deutschunterricht erteilen. Das hat sich seit Einführung der deutschen Sprachzirkel wenig geändert, obzwar zu wiederholen Malen betont wurde, daß genügend Lehrkräfte mit guten deutschen Sprachkenntnissen zur Verfügung stehen. Weit mehr fällt jedoch dabei in das Gewicht, daß die Eltern über Interesselosigkeit der Kinder selbst bereits Klage führen.
Über die Situation des Deutschunterrichts nur einige wenige Beispiele: Im alten Kreis Reichenberg (der Kreis wurde nach der Gebietsneugliederung aufgelöst) werden an 57 Schulen 1077 Kinder in deutschen Sprachzirkeln unterrichtet. Ein Vergleich zu den Tschechisch-Kursen für Erwachsene: An 15 Orten werden 19 Kurse für 316 Bürger veranstaltet.

...

*(Zeitungen:)* [1]

...

Der seit 1960 verstärkte Umfang der Zeitung »Aufbau und Frieden«, die gegenüber 1959 im Jahr um rund 70 Druckseiten vermehrte Seitenzahl, kann nicht darüber hinwegtäuschen, daß die Sprachhilfe, und als solche muß »Aufbau und Frieden« zuerst angesehen werden, nur für eine begrenzte Zeit gedacht ist... Für die deutschen Kinder erscheint noch als »Sprachhilfe« die Zeitschrift »Freundschaft«.

...

*(Rundfunk und Fernsehen:)* [1]

...

Der Hunger nach Kontakten mit der deutschsprachigen Außenwelt äußert sich auch in der Tatsache, daß z. B. die Fernseh-Austauschprogramme zwischen der SBZ und der ČSSR sich einer großen Beliebtheit erfreuen. In den grenznahen Gebieten West- und Südböhmens können auch die Fernsehprogramme der Deutschen Bundesrepublik, in Südmähren die des Österreichischen Fernsehens empfangen werden. Entsprechendes gilt natürlich auch für den Rundfunk.

Der Rundfunk der ČSSR bietet den Deutschen zwar täglich Nachrichtensendungen; es scheint jedoch, daß diese Nachrichtensendungen mehr mit Wirkung auf das deutschsprechende Ausland gestaltet werden.

*(Film:)* [1]

Vielfach werden auch Filme aus der »DDR« (in deutscher Sprache) gezeigt. Es handelt sich dabei zumeist um Propagandafilme. Was an Filmen aus der Deutschen Bundesrepublik gezeigt wird, ist nicht dazu angetan, ein objektives Bild über das Leben bei uns zu vermitteln. Nur aus Österreich werden zuweilen untendenziöse Unterhaltungsfilme gezeigt.

*(Bücher:)* [1]

Die für das Inland bestimmte deutschsprachige Buchproduktion ist auf gewerkschaftliche und sozialpolitische Informationsbehelfe für den nicht-tschechisch sprechenden Teil der Deutschen beschränkt. Die zahllosen, für unsere Verhältnisse relativ preisgünstigen deutschsprachigen Veröffentlichungen, die über das Außenhandelsunternehmen »Artia« auch in der Bundesrepublik vertrieben werden, kommen kaum den Deutschen in der ČSSR zu Gesicht.

Was an Büchern in deutscher Sprache vorhanden ist, wird aus der Sowjetzone eingeführt. Daß es sich dabei nur zu einem geringen Teil um (ohnehin parteipolitisch gefärbte) Belletristik, zum überwiegenden Teil aber um Ausgaben der Klassiker des Marxismus-Leninismus und um politische Tendenzliteratur handelt, leuchtet ein.

Nur in den Bibliotheken, die vielfach – und besonders dort, wo die Deutschen noch einen erheblichen Teil der Gesamtbevölkerung ausmachen – zu finden sind, haben sich bisweilen Restbestände von Büchern aus der Vergangenheit erhalten, vor allem Belletristik. Daß diese Bibliotheken sich einer regen Inanspruchnahme erfreuen, kann daher nicht wunder nehmen.

So wurden im Bezirk Gablonz an der Neiße im Jahre 1959 7860 Lesern 230000 Bücher ausgeliehen; im Jahre vorher entliehen 6800 Leser 204000 Bücher. Im Bezirk Karlsbad (nach der Gebietsneugliederung) verwalten 17 deutsche Bibliothekare deutsche Buchabteilungen.

...

*(Theater:)* [1]

Außer einem »Staatlichen deutschen Wandertheater« mit Sitz in Prag, das eine sehr rege Tätigkeit entfaltet, gibt es zahlreiche deutsche Laienspielgruppen und Volkskunstgruppen.

Diese Kulturgruppen sind wahrscheinlich die einzige Möglichkeit für die Deutschen, sich unter Landsleuten (und auch nur zu einem bestimmten Zweck und für begrenzte Zeit) zusammenzufinden. Das scheinen die erstaunlich hohen Besucherzahlen dieser Veranstaltungen zu beweisen.

...

*(Berufliche Verteilung)* [2]

Wie schon Untersuchungen über die räumliche Verteilung der Deutschen erkennen lassen, sind offenbar die meisten deutschen Bergarbeiter im Lande geblieben...

Sehr hoch ist der Anteil deutscher Arbeiter in der chemischen, in der Textil- und Glasindustrie, im Musikinstrumentenbau und in der Gablonzer Industrie. Auch in der chemischen Industrie (vor allem in Maltheuern, Aussig und Falkenau) gibt es noch deutsche Arbeiter, ebenso in der Maschinenindustrie. Es gibt Betriebe, wo noch immer die meisten Arbeiter Deutsche sind und wo daher auch die Betriebszeitungen zweisprachig herausgegeben werden müssen, damit sie von den Arbeitern gelesen werden können...

---

*Anmerkungen:*

[1] Verfasser: Kuhn, Heinrich: »Die kulturelle Lage der Deutschen in der ČSSR«; S. 49–58.

[2] Verfasser: Urban, Rudolf: »Die wirtschaftliche und soziale Stellung der Deutschen in der ČSSR«; S. 59–69.

---

*Quelle:*

Sudetendeutscher Rat (Hrsg.): »Menschen vor dem Volkstod«; München, 1961.

## Erklärung des Präsidiums der SPD und des Bundesvorstandes der SL

**1961, 22. Januar**

(Sog. Bergneustädter Erklärung):

*Deutschland in Grenzen von 1937 »schließt Heimat- und Selbstbestimmungsrecht der Sudetendeutschen nicht aus«*

Auf Einladung der Friedrich-Ebert-Stiftung fand an diesem Wochenende in Bergneustadt eine Begegnung [1] zwischen dem Bundesvorstand und dem Präsidium der Bundesversammlung der Sudetendeutschen Landsmannschaft und Mitgliedern des Präsidiums der SPD statt. Nach der Begrüßung durch Alfred Nau vom Vorstand der Stiftung und Erich Ollenhauer, den Vorsitzenden der SPD, hielten Herbert Wehner, MdB, für die SPD [1] und Bundesverkehrsminister Dr.-Ing. Hans Christoph Seebohm für die Sudetendeutsche Landsmannschaft einleitende Referate, denen sich eine ausführliche und in freimütiger Offenheit geführte Diskussion anschloß.

Beide Gesprächspartner waren sich über folgende Punkte einig:

1. Die sudetendeutsche Frage ist durch die Vertreibung der Sudetendeutschen nicht erledigt. Die Vertreibung war widerrechtlich; sie muß auf friedlichem Weg wiedergutgemacht werden, ohne daß anderen Menschen aufs neue Unrecht geschieht.
2. »Wiedergutmachung der Vertreibung« heißt: Rückkehr der Vertriebenen, d. h. Verwirklichung ihres »Rechts auf die Heimat«.
3. Das »Recht auf die Heimat« kann erst dann als verwirklicht gelten, wenn alle politischen und menschlichen Freiheitsrechte in der Heimat verwirklicht und gewährleistet sind.
4. Neben dem »Recht auf die Heimat« wird der Grundsatz des Selbstbestimmungsrechts der Völker verfochten.
5. Das Selbstbestimmungsrecht ist eine umfassende Idee; sie läßt im gegebenen Fall verschiedene staats- und völkerrechtliche Lösungen zu.

6. Die Feststellung, wonach Deutschland in den Grenzen von 1937 rechtlich fortbesteht, schließt das Heimat- und Selbstbestimmungsrecht der Sudetendeutschen nicht aus.
7. Die offene Entnationalisierung der heute noch in der ČSSR zurückgehaltenen Deutschen widerspricht den Grundsätzen eines auf den Menschenrechten gegründeten Volksgruppenrechts, zu denen sich die SPD in ihrem Godesberger Grundsatzprogramm bekannt hat.[2]

*Anmerkungen:*
[1] Derartige Begegnungen hatte die Sudetendeutsche Jugend am 9. 9. 1956 angeregt. Für die SPD nahmen darüber hinaus u. a. teil: Volkmar Gabert, Adolf Hasenöhrl, Wenzel Jaksch und die Abg. Paul, Rehs und R. Reitzner.
[2] Siehe S. 37.

*Quelle:*
Habel, Fritz Peter: »Dokumentensammlung zur Sudetenfrage«; 3. Aufl.; München, 1962; S. 195f.

**Note[1]** **1961, 18. Februar**
**der Bundesregierung Adenauer III**
**(über die französische Regierung) an die Regierung der ČSSR:**
*Staatsangehörigkeit der Sudetendeutschen*

. . .
Die kollektive Einbürgerung tschechoslowakischer Staatsangehöriger in den deutschen Staatsverband vom 10. Oktober 1938[2] wurde von der Regierung der Tschechoslowakischen Republik zur Grundlage ihrer eigenen gesetzlichen Maßnahmen gemacht, indem durch Dekret des Präsidenten der Tschechoslowakischen Republik vom 2. August 1945[3] alle tschechoslowakischen Staatsangehörigen, die durch die genannte Maßnahme vom 10. Oktober 1938 die deutsche Staatsangehörigkeit erworben hatten, mit Nachwirkung auf den Tag des Erwerbs der deutschen Staatsangehörigkeit ihrer tschechoslowakischen Staatsangehörigkeit für verlustig erklärt wurden. Diese Maßnahme*(n)* allein – keinesfalls das von der tschechoslowakischen Regierung erwähnte Abkommen vom 20. November 1938[2] – haben für die Bundesrepublik Deutschland die Notwendigkeit und Berechtigung zur Folge gehabt, die im Jahre 1938 erfolgte Einbürgerung des in Frage stehenden Personenkreises in den deutschen Staatsverband durch besonderes Gesetz als rechtswirksam anzuerkennen, sofern die Einbürgerung dem Willen der Betreffenden entsprach.
Zwar hat die Regierung der Tschechoslowakischen Republik durch Gesetz vom 24. April 1953[3] das Ausbürgerungsdekret insoweit rückgängig gemacht, als sie denjenigen Ausgebürgerten, die bei Inkrafttreten des Gesetzes noch auf ihrem Staatsgebiet ansässig waren, die tschechoslowakische Staatsangehörigkeit kollektiv wieder verlieh.
Durch die kollektive Wiederverleihung der tschechoslowakischen Staatsangehörigkeit wurde jedoch die einmal erworbene deutsche Staatsangehörigkeit nicht berührt, weil das Wiederverleihungsgesetz für eine individuelle Willensbetätigung keinen Raum ließ. Diese Rechtsfolge ergibt sich aus dem bereits am 22. Juli 1913 erlassenen deutschen Staatsangehörigkeitsgesetz. Der Erwerb einer fremden Staatsangehörigkeit hat nach den innerstaatlichen deutschen Vorschriften den Verlust der deutschen Staatsangehörigkeit nur dann zur Folge, wenn er auf Grund einer dahingehenden Willensäußerung des Betroffenen eingetreten ist. Der gekennzeichnete Personenkreis besitzt also die deutsche Staatsangehörigkeit und – soweit ihm die tschechoslowakische Staatsangehörigkeit nach tschechoslowakischem Recht wiederverliehen ist – gleichzeitig auch die tschechoslowakische Staatsangehörigkeit.
Nach anerkanntem völkerrechtlichen Grundsatz bestimmt jeder Staat selbst, unter welchen Voraussetzungen seine Staatsangehörigkeit erworben oder verloren wird. Dieser

Grundsatz hat keinen Einfluß auf den daneben bestehenden Grundsatz des internationalen Rechts, wonach jeder Staat gegenüber seinen eigenen Staatsangehörigen die Berufung auf eine fremde Staatsangehörigkeit unbeachtet lassen kann.
Jeder deutsche Staatsangehörige hat nach deutschem innerstaatlichen Recht einen Rechtsanspruch auf Erteilung einer Staatsangehörigkeitsurkunde. Diese wird an Deutsche, die sich im Ausland aufhalten, in Form eines Heimatscheines erteilt. Heimatscheine werden seit vielen Jahren an deutsche Staatsangehörige in allen Staaten der Welt ausgestellt, ohne daß bisher ein einziger Staat diese Praxis als unzulässig bezeichnet hat. Dem in einigen Heimatscheinen enthaltenen Datum des Erwerbs der deutschen Staatsangehörigkeit kann keinerlei politische Bedeutung beigemessen werden. Die Angabe des Datums hatte den ausschließlichen Zweck, gleichzeitig über die deutsche Staatszugehörigkeit etwaiger Abkömmlinge Klarheit zu schaffen.
Aus dem Vorstehenden ergibt sich, daß die Übersendung von Heimatscheinen an deutsche Staatsangehörige, die in der Tschechoslowakei ansässig sind, im Einklang mit den Gepflogenheiten der internationalen Staatenpraxis steht und keine Verletzung der tschechoslowakischen Hoheitsrechte darstellt. Ganz besonders ergibt sich jedoch aus dem dargestellten Sachverhalt, daß die Ursache der von der Tschechoslowakischen Regierung beanstandeten Maßnahme ausschließlich in den Kollektivausbürgerungsmaßnahmen der Tschechoslowakischen Regierung zu suchen ist. Die genannten Maßnahmen der Tschechoslowakischen Regierung hätten Millionen Menschen zu Staatenlosen gemacht, wenn nicht die Regierung der Bundesrepublik Deutschland die Kollektiveinbürgerungen in den deutschen Staatsverband vom 10. Oktober 1938[2] rückwirkend bestätigt hätte.[4] Die gesetzgebenden Organe der Bundesrepublik Deutschland sind zu diesem Schritt durch das Tschechoslowakische Dekret vom 2. August 1945[3] gezwungen worden.
Alle politischen Unterstellungen, mit denen die Tschechoslowakische Regierung in ihrer Note vom 29. Dezember 1960 das rechtlich einwandfreie Verhalten der Bundesregierung zu diskreditieren versucht, entbehren – wie aus den dargelegten Umständen hervorgeht – jeder Grundlage und werden nachdrücklich zurückgewiesen . . .

---

*Anmerkungen:*
[1] Antwort auf die Note der ČSSR vom 29. 12. 1960; zum Text siehe S. 340f.
[2] Siehe S. 235.
[3] Siehe S. 291f.
[4] Durch das Gesetz vom 22. 2. 1955; siehe S. 31.

---

*Quelle:*
Sudetendeutscher Rat (Hrsg.): »Menschen vor dem Volkstod«; München, 1961; S. 92f.

**Pressemitteilung** **1961, 27. Februar**
**der offiziellen ČSSR-Nachrichtenagentur:**
*Forderung nach Heimat- und Selbstbestimmungsrecht ist »Kriegspropaganda«*

Die tschechoslowakische Nachrichtenagentur Četeka hat am Montag die Sudetendeutschen in der Bundesrepublik beschuldigt, sie wollten mit ihren Forderungen nach Heimatrecht und Selbstbestimmung die Pläne der Nationalsozialisten verwirklichen: die Ausrottung des tschechoslowakischen Volkes und die völlige Germanisierung des Landes. Eine Rückkehr der Flüchtlinge in die Länder, aus denen sie ausgewiesen worden seien oder die sie freiwillig verlassen hätten, stehe jedoch im Gegensatz zu »gültigen internationalen Abmachungen« [1]. Unter diesen Umständen sei klar ersichtlich, daß »die Revanchisten und ihre Beschützer« ihre Ziele nur durch Krieg erreichen könnten. Objektiv gesehen sei also die Forderung der Heimatvertriebenen auf Heimatrecht und Selbstbestimmung Kriegspropaganda . . . In

Wien sagte ein Sprecher der Prager Botschaft, individuellen Ersuchen Sudetendeutscher um Repatriierung stehe seine Regierung verständnisvoll gegenüber. Allerdings sei die Tatsache, daß zwischen Prag und Bonn keine diplomatischen Beziehungen bestehen, für Gespräche über dieses Thema »außerordentlich hinderlich«.

*Anmerkung:*

[1] Gemeint ist vermutlich die Erklärung über die Potsdamer Konferenz vom 2. 8. 1945; siehe S. 290f.

*Quelle:*

»Süddeutsche Zeitung«; München, v. 28. 2. 1961.

**Stellungsnahme** **1961, 7. Mai**
**des Sudetendeutschen Rates[1] zur Sudetenfrage**
(Sog. 20 Punkte):
*Politisches Ziel: Heimat- und Selbstbestimmungsrecht unabhängig vom »umstrittenen Münchner Abkommen«*

*I. Rückblick*

1. Die Sudetenfrage – und damit auch die »Sudetenkrise« im Herbst 1938 – kann nur auf dem Hintergrund der Entstehung der Tschechoslowakei im Jahre 1918/19 richtig verstanden werden.
2. Seit mehr als 700 Jahren siedelten Deutsche in Böhmen, Mähren und Schlesien. Diese Länder gehörten bis 1806 zum Römisch-deutschen Reich, bis 1866 zum Deutschen Bund und bis 1918 zu Österreich-Ungarn.
3. Unter Berufung auf das von dem amerikanischen Präsidenten Woodrow Wilson verkündete Selbstbestimmungsrecht der Völker[2] haben die Gründer der Tschechoslowakei bei den Friedensverhandlungen 1918/19 durchgesetzt, daß Böhmen, Mähren und Österr.-Schlesien von Österreich, die Slowakei und die Karpatenukraine von Ungarn abgetrennt wurden.
   Unter Mißachtung des Selbstbestimmungsrechtes haben die Gründer der Tschechoslowakei durchgesetzt, daß 3,5 Millionen Sudetendeutsche und 1,3 Millionen Magyaren, Ukrainer und Polen gegen ihren erklärten Willen in einen Vielvölkerstaat kamen, der aber als »tschechoslowakischer« Nationalstaat konstruiert worden ist.
   Damit fanden jahrzehntelange Bemühungen um einen deutsch-tschechischen Ausgleich ein jähes Ende.
4. Nach der tschechoslowakischen Volkszählung von 1930 umfaßten die geschlossenen sudetendeutschen Gebiete 50 politische Bezirke (Landkreise) oder 120 Gerichtsbezirke oder 3338 Gemeinden mit einer deutschen Bevölkerungsmehrheit von durchschnittlich mehr als 80 %. Die Größe dieses Territoriums beträgt 25775 qkm.
   Außerdem gab es noch 59 sudetendeutsche Sprachinselgemeinden. Ferner lebten 313666 Sudetendeutsche als örtliche Minderheiten im tschechischen Sprachgebiet.[3]
5. Die Sudetendeutschen haben vergeblich versucht, auf dem Boden der ihnen oktroyierten tschechoslowakischen Verfassung die Sicherung ihrer wirtschaftlichen, sozialen und nationalen Existenz, die Autonomie ihres kulturellen Lebens und eine proportionale Beteiligung an den staatlichen Mitteln, Einrichtungen und Beamtenstellen zu erreichen. Von 1926 bis 1938 haben sich deutsche Parteien an der Regierung der Tschechoslowakischen Republik beteiligt; sie repräsentierten bis 1935 75 % der sudetendeutschen Wähler.[3] Erst das Mißlingen dieser Bemühungen, der zur Dauererscheinung gewordene soziale Notstand und die Ablehnung der autonomistischen Lösungsvorschläge der Sudetendeutschen Partei[4] haben die Mehrheit der Sudetendeutschen unter dem

Einfluß der politischen und wirtschaftlichen Entwicklung im benachbarten Deutschen Reich in zunehmendem Maße veranlaßt, eine andere Lösung anzustreben.

6. Die Sudetendeutschen waren im Jahre 1938 ebenso nur Objekt der Politik der Großmächte wie am Ende des Ersten Weltkrieges. Hitler hat mit dem Schicksal der Sudetendeutschen ein gewissenloses Spiel getrieben und die Entwicklung zum Münchener Abkommen erzwungen.
England und Frankreich hätten jedoch der Tschechoslowakei niemals eine Abtretung der sudetendeutschen Gebiete auferlegt, wenn nicht die Befreiung der Sudetendeutschen von der tschechischen Vorherrschaft dem Grundsatz des Selbstbestimmungsrechtes entsprochen hätte.
7. Die Vernichtung der Freiheit und Eigenstaatlichkeit des tschechischen Volkes durch das nationalsozialistische Regime im März 1939 war ein gegen das Selbstbestimmungsrecht gerichteter, verwerflicher Gewaltakt, dessen Wiedergutmachung im Rahmen des Völker- und Menschenrechtes wir ohne Einschränkung bejahen.
Wir verurteilen auch rückhaltlos alle Maßnahmen und Vorhaben des nationalsozialistischen Regimes, die gegen die Menschenrechte und die nationale Existenz des tschechischen Volkes gerichtet waren.
8. Der expansive tschechische Nationalismus benützte 1945 im Bunde mit dem sowjetischen Imperialismus den Zusammenbruch des Deutschen Reiches, um die Sudetendeutschen aus ihrem angestammten Siedlungsgebiet zu vertreiben und sie ihres Volksvermögens zu berauben. Dieser Vorgang ist – ganz abgesehen von den dabei vorgekommenen Grausamkeiten und Morden – eine millionenfache Verletzung der menschlichen Grund- und Freiheitsrechte.
9. Heute leben über 2 Millionen Sudetendeutsche in der Bundesrepublik Deutschland, davon eine Million in Bayern. Etwa 800000 Sudetendeutsche leben in der Sowjetzone Deutschlands, 140000 in Österreich, 24000 in anderen europäischen und überseeischen Ländern und an 200000 in der Tschechoslowakei. Rund 240000 Sudetendeutsche kamen bei der Vertreibung ums Leben.[3]
10. Die zunehmende wirtschaftliche, soziale und politische Eingliederung der Sudetendeutschen in der Bundesrepublik Deutschland und der allmähliche Generationswechsel führen keineswegs zu einer »Erledigung« der Sudetenfrage. Die Festigung ihrer Existenz gibt ihnen vielmehr die Möglichkeit, ihre Rechte zu vertreten und politische Aktivität zu entwickeln. Die Zerstreuung der Sudetendeutschen und ihre neuen gesellschaftlichen Bindungen bewirken, daß die Anteilnahme des deutschen Volkes an der Sudetenfrage heute breiter ist als jemals zuvor.

II. Ausblick

11. Nicht nur die Sudetendeutschen, sondern das deutsche Volk in seiner Gesamtheit werden sich niemals mit der Vertreibung der Sudetendeutschen aus ihrer jahrhundertealten Heimat abfinden. Ebensowenig werden sie sich damit abfinden, daß dem tschechischen Volk Freiheit und Unabhängigkeit vorenthalten werden.
Der Ruf nach Gerechtigkeit und Selbstbestimmung für alle und nach einem »Revisionismus für die Freiheit« wird nicht mehr verstummen.
12. In Übereinstimmung mit der Charta der Vertriebenen[5] lehnen wir jeden Gedanken an Rache und Vergeltung ab. Wir kennen keine Kollektivschuld des tschechischen Volkes an unserer Vertreibung und beurteilen alle Personen danach, wie sie *heute* über die Vertreibung denken und wofür sie sich *heute* aufrichtig einsetzen. Den Vorwurf des »Revanchismus« können wir daher guten Gewissens zurückweisen.
Auf Wiederherstellung des durch die Vertreibung verletzten Rechtes und die Wiedergutmachung der erlittenen Schäden werden wir hingegen nicht verzichten.
13. Von der Bundesregierung erwarten wir, daß sie niemals die Vertreibung und Enteig-

nung von mehr als 3 Millionen deutscher Staatsbürger in Böhmen, Mähren und Schlesien hinnimmt, sondern daß sie deren Rechte in jeder Beziehung wirksam vertritt. Das gilt auch für den Fall einer Aufnahme diplomatischer Beziehungen mit der Tschechoslowakei.

14. Unsere politischen Bestrebungen gründen sich auf das Recht auf die Heimat und auf das Selbstbestimmungsrecht der Völker im Rahmen einer europäischen Integration, und zwar unabhängig von dem umstrittenen Münchner Abkommen von 1938.[6]
15. Wir bekennen uns sowohl zu dem naturrechtlichen Anspruch jedes Menschen auf unbehelligte Ansässigkeit an seinem rechtmäßigen Wohnsitz als auch zu dem Recht der Völker und der ethnischen, rassischen und religiösen Gruppen auf unbehelligte Ansässigkeit in ihren angestammten Siedlungsgebieten (Recht auf die Heimat). In unserem Fall verstehen wir darunter das Recht der sudetendeutschen Volksgruppe auf Rückkehr in ihre Heimat und auf ein ungestörtes Leben daselbst in freier Selbstbestimmung. Die Verhältnisse in Europa – auch das zwischen der Bundesrepublik Deutschland und der Tschechoslowakei – können erst dann als normalisiert angesehen werden, wenn dieses Recht verwirklicht sein wird.
16. Wir bekennen uns zum Selbstbestimmungsrecht als dem Recht der Völker und Volksgruppen, ihren politischen, wirtschaftlichen, sozialen und kulturellen Status frei zu bestimmen. Über das Schicksal der Sudetendeutschen und ihres Territoriums darf daher nur mit ihrer ausdrücklichen Zustimmung verfügt werden.
17. Wir haben den aufrichtigen Wunsch, mit der Lösung der Sudetenfrage einen Beitrag zum Frieden unter den Völkern zu leisten; wir halten es für eine europäische Aufgabe, den aus dem Nationalismus des 19. Jahrhunderts stammenden deutsch-tschechischen Gegensatz zu überwinden und durch ein Verhältnis guter Nachbarschaft zu ersetzen. Darum betrachten wir diejenige Lösung als die beste, der beide Völker frei zustimmen können.
18. Unter den besonderen geographischen Bedingungen des böhmisch-mährisch-schlesischen Raumes läßt der Grundsatz des Selbstbestimmungsrechtes der Völker verschiedene staats- und völkerrechtliche Lösungen zu. Eine dem Selbstbestimmungsrecht entsprechende Lösung ist jedoch unvereinbar mit dem Versuch, Deutsche und Slowaken in einen zentralistischen tschechischen Nationalstaat einzubeziehen, in dem ihnen eine minderberechtigte Stellung zugemutet wird (»Tschechoslowakismus«).
19. Auch eine staatsrechtliche Gemeinschaft mit dem tschechischen und mit dem slowakischen Volk wird nicht von vornherein ausgeschlossen, sofern sie auf der Grundlage gleichberechtigter, freier Partnerschaft, das heißt auf freier Willensäußerung der Beteiligten beruht und diese von der Gemeinschaft der freien Völker Europas garantiert wird.
20. Das zukünftige Verhältnis zwischen Sudetendeutschen, Tschechen und Slowaken kann nur im Rahmen einer gesamteuropäischen Integration befriedigend geordnet werden. Das setzt eine auf lange Sicht angelegte Versöhnung zwischen dem deutschen Volk und seinen östlichen Nachbarn voraus.

*Anmerkungen:*

[1] Die Stellungnahme wurde am 15. 1. 1961 vom Plenum des Sudetendeutschen Rats beschlossen und am 7. 5. 1961 von der Bundesversammlung der Sudetendeutschen Landsmannschaft zustimmend zur Kenntnis genommen.

[2] Siehe S. 9ff.

[3] Zu den statistischen Angaben: Siehe S. 467ff.

[4] Vom 27. 4. 1937; zum Text siehe S. 192ff.

[5] Vom 5. 8. 1950; zum Text siehe S. 24f.

[6] Vom 29. 9. 1938; zum Text siehe S. 232ff.

*Quelle:*

Habel, Fritz Peter: »Dokumentensammlung zur Sudetenfrage«, 3. Aufl.; München, 1962; S. 141ff., (Hervorhebungen im Original).

**Erklärung** **1961, 3. Juni**
**der CSU und der SL:**
*Anerkennung des Heimat- und Selbstbestimmungsrechtes der Sudetendeutschen*

Auf Einladung des Vorsitzenden der Christlich-Sozialen Union (CSU), Bundesminister Dr. h. c. Franz Josef Strauß, fand ein Gespräch mit Vertretern der Sudetendeutschen Landsmannschaft über gemeinsam interessierende Fragen statt. Teilnehmer waren auf seiten der CSU außer dem Vorsitzenden noch die Herren Oberbürgermeister Dr. Hans Weiß (Stellvertretender Vorsitzender), Staatssekretär Dr. Franz Heubl und Generalsekretär Dr. Zimmermann. Als Gesprächsergebnis halten die Teilnehmer in gegenseitiger Übereinstimmung folgendes fest:

1. Die Sudetendeutschen haben einen maßgebenden Beitrag zum sozialen, wirtschaftlichen und kulturellen Leben des Freistaates Bayern und der Bundesrepublik Deutschland geleistet. Sie sind ein Element der Ordnung und Stabilität in unserem demokratischen Staat.
2. Die Gesprächsteilnehmer sehen in dem Bekenntnis der Sudetendeutschen zu einem freien Europa, das auf der Partnerschaft gleichberechtigter Völker und Volksgruppen beruhen soll, einen entscheidenden Beitrag für die Neuordnung Europas.
3. Die Treue der Sudetendeutschen zu ihrem Recht und Volkstum dient in hohem Maße der Erhaltung gesamtdeutschen Bewußtseins, damit der Wiedervereinigung Deutschlands und der Freiheit Berlins.
4. Die CSU anerkennt das Heimat- und Selbstbestimmungsrecht der Sudetendeutschen und sieht in der SL die legitime Vertretung der sudetendeutschen Volksgruppe in der Vertreibung. Sie tritt für die Erhaltung der sudetendeutschen Volksgruppe als ethnische Gruppe ein und wertet sie als vierten Stamm Bayerns. Sie wird sich in der Bundesregierung für die Rechte der Sudetendeutschen einsetzen, auch bei einer etwaigen Aufnahme diplomatischer Beziehungen zur Tschechoslowakei.[1] Sie wird sich weiterhin dafür verwenden, daß die Bundesrepublik über das Schicksal der Sudetendeutschen und ihrer Heimat stets nur im Einvernehmen mit ihnen verhandeln wird.
5. In staatspolitischem Verantwortungsbewußtsein fühlt sich die CSU mit den Sudetendeutschen besonders verbunden. Beide Gesprächspartner sind sich darüber einig, daß die Maßnahmen, die sich aus der Schirmherrschaft des Landes Bayern über die sudetendeutsche Volksgruppe ergeben,[2] weiter ausgebaut werden sollten. Die CSU ist bereit, entsprechende Anträge der Sudetendeutschen Landsmannschaft mit besonderer Bereitwilligkeit zu unterstützen.

---

*Anmerkungen:*

[1] Die weitere Entwicklung kann wie folgt belegt werden:

a) Oktober 1966:
»CSU-Vorsitzender Franz Josef Strauß bezeichnete das Münchner Abkommen als ein ›völkerrechtlich absolut gültiges Dokument‹, dessen Annulierung nie die Zustimmung der CSU finden werde. Das Münchner Abkommen ist nun einmal ein völkerrechtlich wirksamer Vertrag, der auch dann rechtsgültig bleibt, wenn er von einem Vertragspartner – nämlich Hitler als er im Frühjahr 1939 die Rest-Tschechoslowakei durch deutsche Truppen besetzen ließ – willkürlich und in eindeutiger Absicht gebrochen wurde.«
Vgl.: »Süddeutsche Zeitung«; München, 20. 10. 1966.

b) Januar 1978:
Ein deutschlandpolitisches Grundsatzpapier der CSU stellte u. a. fest, daß »die Frage . . . solcher Reichsteile, die außerhalb der *(deutschen)* Grenzen vom 31. 12. 1937 liegen, von großer Wichtigkeit ist«.

c) Anfang 1984:
»Die CSU steht solidarisch zu den Heimatvertriebenen und Flüchtlingen und tritt für die Durchsetzung des Rechts auf nationale Selbstbestimmung und des Rechts auf die angestammte Heimat für

alle Deutschen ein. Gemeinsam mit ihnen wird die CSU eine dauerhafte Friedensregelung in einem freien und vereinten Europa sowie eine gute Nachbarschaft, eine vertrauensvolle Partnerschaft, einen gerechten Ausgleich und eine ehrliche Verständigung mit unseren östlichen Nachbarvölkern anstreben. Die CSU tritt für die Erhaltung, Pflege und schöpferische Weiterentwicklung des deutschen Kulturerbes aller vertriebenen und geflüchteten Deutschen ein. Sie setzt sich für die Eingliederung der Vertriebenen (einschließlich der Aussiedler) und Flüchtlinge auf allen Gebieten unseres wirtschaftlichen, sozialen und staatlichen Lebens ein.«
Vgl. »Informationen zur Deutschlandpolitik«; hrsg. v. Arbeitskreis »Deutschland- und Außenpolitik der CSU«; Heft 20; München, 1984; S. 11f.

[2] Siehe S. 322f.

*Quelle:*
Habel, Fritz Peter: »Dokumentensammlung zur Sudetenfrage«; 3. Aufl.; München, 1962; S. 196f.

**Entschließung** **1963, 10. August**
**der (sudetendeutschen) Ackermann-Gemeinde**
(Sog. Entschließung von Fulda, Hessen):
*Bekenntnis zu Heimat- und Selbstbestimmung und zur Verständigung*

1. Wir in der Ackermanngemeinde zusammengeschlossenen sudetendeutschen Katholiken bekennen uns zu unserer Herkunft aus den Ländern Böhmen, Mähren und Schlesien. Wir pflegen das deutsche Erbe dieses Raumes, die Verbundenheit mit unserer Volksgruppe und die Bereitschaft zu einer guten Nachbarschaft mit dem tschechischen Volk. Der Kirche der böhmischen Länder wissen wir uns zugehörig.
2. Wir vertreten das Recht auf ungestörte Ansässigkeit jedes Menschen an seinem rechtmäßigen Wohnsitz und jeder Volksgruppe in ihrem angestammten Siedlungsgebiet. Daß dieser Anspruch heute nicht realisierbar ist, ändert nichts an seiner Rechtmäßigkeit. Er ist in den Menschenrechten begründet. Dafür einzutreten, ist uns eine sittliche Verpflichtung.
   Ebenso bekennen wir uns zum Selbstbestimmungsrecht als einem Ordnungsprinzip der Völkergemeinschaft. Wir geben die Hoffnung nicht auf, daß für Europa eine Zeit kommen wird, in der Recht und Würde des Menschen ernst genommen werden. Es wird die Einsicht sich durchsetzen, daß ein Unrecht, welches nicht gutgemacht wird, ein Hindernis bleibt für jeden Neuaufbau.
3. Wir leben in der Obhut der Bundesrepublik Deutschland. Sie ist der freie Teil des größeren deutschen Vaterlandes. Wir nehmen teil am kulturellen Leben der Nation, stehen tätig im kirchlichen Leben, arbeiten mit an der politischen und wirtschaftlichen Entwicklung des Staates, der uns als seine Bürger aufgenommen hat und uns die Verbindung zur freien Welt ermöglicht. Für seinen Aufbau und seine Sicherheit wollen wir unsere Kräfte voll einsetzen.
4. In der auswärtigen Politik gilt das besondere Interesse den Bestrebungen, die auf eine Verständigung »in Wahrheit, Gerechtigkeit, Liebe und Freiheit« gerichtet sind (Formulierung von Papst Johannes XXIII. in seinem Rundschreiben »Pacem in terris«).[1] Den politischen Zusammenschluß Europas auf föderativer Grundlage, die deutschfranzösische Verständigung, die Festigung der Europäischen Wirtschaftsgemeinschaft, die Hilfe für die Entwicklungsländer werten wir nicht nur als notwendige innere Festigung der freien Welt, sondern auch als Vorbilder für das Zusammenleben im östlichen Mitteleuropa.

*Anmerkung:*
[1] Siehe S. 44f.

*Quelle:*
»Volksbote« *(sudetendeutsche Wochenzeitung)*; München, vom 10. 8. 1963.

**Regierungserklärung** **1963, 18. Oktober**
**von Bundeskanzler Erhard (CDU):**
*Verhältnis zu Osteuropa verbessern*

...
Die Bundesregierung wird der weiteren Verbesserung des Verhältnisses zwischen der Bundesrepublik Deutschland und den osteuropäischen Staaten ihre volle Aufmerksamkeit widmen. Sie ist bereit, mit jedem dieser Staaten Schritt für Schritt zu prüfen, wie man auf beiden Seiten Vorurteile abbauen und vorhandenen Sorgen und Befürchtungen den Boden entziehen kann ...

*Quelle:*
»Bulletin des Presse- und Informationsamtes der Bundesregierung«; Bonn; No. 186 v. 19. 10. 1963; S. 1623.

**Rundbrief**[1] **1964, Februar**
**der Sudetendeutschen Landsmannschaft:**
*Die sudetendeutsche Frage im Deutschen Fernsehen*[2]

An die Gliederungen der Sudetendeutschen Landsmannschaft.
Betrifft: Petition an das Deutsche Fernsehen
Das Deutsche Fernsehen hat in der Reihe »Panorama« am 27. Januar 1964 eine Sendung über das Verhältnis der Sudetendeutschen zur Tschechoslowakei ausgestrahlt, die mit Hilfe von einseitig und tendenziös ausgewählten Ausschnitten die kommunistischen Machthaber in Prag als friedliebende Menschen, die Sudetendeutsche Landsmannschaft und ihren Sprecher aber als Revanchisten und Kriegstreiber darstellt. Die vom Fernsehen in der Bundesrepublik befragten Landsleute wurden über die Verwendung ihrer Aussagen getäuscht und aus ihren Äußerungen wurden nur jene Bruchstücke verwendet, die in den Rahmen der tendenziösen Sendung paßten. Die Unterdrückung des Selbstbestimmungsrechtes in der Tschechoslowakischen Republik und die völkerrechtswidrige, mit Mord, Totschlag und Beraubung durchgeführte Austreibung von 3 Millionen Deutschen blieb unerwähnt.

Landsleute!
Die Sudetendeutsche Landsmannschaft ist nicht gewillt, eine derart entstellende Behandlung des Sudetenproblems und die Verunglimpfung führender Landsleute durch maßgebliche Träger der öffentlichen Meinungsbildung widerspruchslos hinzunehmen. Sie verlangt energisch, daß im Deutschen Fernsehen unser Problem und die Zielsetzung der Landsmannschaft in historischer und politischer Wahrhaftigkeit dargestellt werden.

Amtsträger!
Sorgt bitte dafür, daß diese Forderung der Sudetendeutschen Landsmannschaft durch tausende Unterschriften von Mitgliedern und anderen deutschen Mitbürgern unterstützt wird. Geht selbst mit den Listen von Haus zu Haus und sprecht bei den Besuchen über unsere sudetendeutsche Sache!
Eile tut not! Je früher der Bundesvorstand im Besitz der Unterschriften[3] ist, desto wirkungsvoller wird die Aktion sein! Ihre Initiative und Ihr Einsatz sind entscheidend für den Erfolg.[4]

*Anmerkungen:*
1 Der Rundbrief ist ein interessanter Beleg für die jahrzehntelange Aversion zwischen vielen Massenmedien in der Bundesrepublik Deutschland und den Vertriebenenverbänden, v. a. der SL.
2 Zahl der Fernsehgenehmigungen in der Bundesrepublik Deutschland (in Millionen): 1955: 0,3; 1960: 4,6; 1965: 11,4.
3 Die SL übergab der ARD ca. 108000 Unterschriften. Daraufhin erfolgte nicht einmal eine Empfangsbestätigung.
4 Das praktische Ergebnis der Aktion kann nicht besser charakterisiert werden als durch die bittere Klage, die der bayrische Staatsminister Hans Schütz wenige Monate später (vgl.: »Der Volksbote« [sudetendeutsche Wochenzeitung]; München, 30. 5. 1964) gegen den Bayrischen Rundfunk führte:
»Du sollst kein falsches Zeugnis geben!
Das Bayerische Fernsehen kündigte für den 21. 5. 1964 einen Bildbericht über den Verlauf des Sudetendeutschen Tages an. Er enttäuschte. Wieder einmal.
Es mag sein, daß dem Bayerischen Rundfunk als einer Anstalt des öffentlichen Rechts die Meinung derer, die ihre ›Ware‹ abzunehmen genötigt sind, schnuppe ist. Trotzdem sollte man immer wieder sagen: Kommt Zeit, kommt Rat. Auch für die verantwortlichen Leute einer Monopolanstalt.
Als das Bild aufblendete, sah man die Ruinen auf dem ehemaligen Reichsparteitagsgelände. Das war sozusagen für das Bayerische Fernsehen das Stigma des Sudetendeutschen Tages. Dann kamen die Trommelbuben. Der Rundfunk mokierte sich an den grauen Hemden und den Pfadfinderknoten. Dann erschien ein Mädchen. Da sah man nur das Gesicht. Nebenbei ein schönes Gesicht. Das ganze Mädchen zeigte man nicht, weil man an ihrem Dirndlkleid vorläufig beim allerbesten Willen nicht herummeckern konnte. Das aber wollte man. Die Sache ist ernster, als die leichtsinnigen Filmschneider sich vorstellen. Da sind etwa 10000 junge Menschen bei diesem Sudetendeutschen Tag. Die Stadtverwaltung, deren Entgegenkommen man immer wieder betonen muß, weist für das Zeltlager jedes zur Verfügung stehende Gelände an. Die Jungen zelten. Die Jungen, die zumeist nach 1940 geboren sind. Die bei Gott nichts mit dem Nationalsozialismus zu tun hatten und die deshalb auch keine Vergangenheit zu bewältigen haben. Aber sie werden verleumdet. Kennen die verantwortlichen Leute im Bayerischen Fernsehen jenes achte Gebot nicht mehr, daß man ›kein falsches Zeugnis geben darf wider seinen Nächsten‹ und daß die Verleumdung im politischen Leben zu den abscheulichsten Dingen gehört?
...
Nichts berichtete das Fernsehen über die Karlspreisverleihung an den 86jährigen jüdischen Professor Hertz, der sowohl Kaiser Franz Josef als auch den Sozialdemokraten Karl Renner beraten hatte. Der durch über 50 Jahre gradlinig für ein föderatives Mitteleuropa eingetreten ist und diese Thesen auch an britischen Universitäten verkündete.
Nichts hatten die Berichterstatter von dem hervorragenden Vortrag des Bayerischen Kultusministers Prof. Maunz gehört, den er aus Anlaß der Verleihung des Kulturpreises an das Köckert-Quartett und der Förderpreise an Künstler hielt. Auch den Bayerischen Ministerpräsidenten Goppel hat das Fernsehen weder gehört noch gesehen.
Nur die Dinge, die das Fernsehen glaubt für seine überwiegend negative Meinung zurechtbiegen zu können, sind ihm deutlich geworden.
Es war ein falsches Zeugnis, das hier abgelegt wurde. Und widersprach daher dem Gebot, das auch für Intendanten des Bayerischen Rundfunks und für alle seine Mitarbeiter immer noch gilt.«

*Quelle:*
Eigene Aufzeichnung.

## Rede von Bundeskanzler Erhard (CDU):

**1964, 11. Juni**

*Münchner Abkommen von Hitler zerrissen*

...
Der einzige unmittelbare Nachbar der Bundesrepublik unter den osteuropäischen Staaten ist heute die Tschechoslowakei. Die Politik der Bundesregierung Deutschland diesem Staat gegenüber ist in der letzten Zeit bedauerlicherweise ins Zwielicht geraten. Ich erkläre daher hier ausdrücklich und eindeutig: das Münchner Abkommen vom Jahre 1938 ist von Hitler zerrissen worden. Die Bundesregierung erhebt gegenüber der Tschechoslowakei keiner-

lei territoriale Forderungen und distanziert sich ausdrücklich von Erklärungen, die zu einer anderen Deutung geführt haben.

...

*Quelle:*
»Bulletin des Presse- und Informationsamtes der Bundesregierung«; Bonn, 12. 6. 1964; S. 849.

**Erklärung der FDP:** **1964, 15. Oktober**

*Anerkennung von Heimat- und Selbstbestimmungsrecht der Sudetendeutschen*

Am 15. Oktober 1964 fand in Bonn ein Gespräch zwischen dem Bundesvorstand der Freien Demokratischen Partei (FDP) und dem Bundesvorstand der Sudetendeutschen Landsmannschaft (SL) statt.

Die Vertreter der FDP gaben in der gemeinsamen Sitzung folgende Erklärung ab:

1. Die FDP anerkennt die positive politische Haltung der sudetendeutschen Vertriebenen, die einen wesentlichen Beitrag zum deutschen Wiederaufbau und zur Stärkung der Demokratie im freien Teil Deutschlands geleistet haben.
2. Die FDP erneuert nachdrücklich ihre Stellungnahme, die sie im Bundestag anläßlich der gemeinsamen Verabschiedung der Erklärung zur sudetendeutschen Frage vom 14. Juli 1950 [1] abgegeben hat. Unverändert lehnt die FDP es ab, daß die völkerrechtswidrige und unmenschliche Austreibung der Sudetendeutschen als unabänderlich, gerecht und endgültig anerkannt wird, wie es das Sowjetzonenregime getan hat. Unverändert stellt die FDP fest, daß eine solche Anerkennung ›nicht vereinbar mit dem unveräußerlichen Anspruch des Menschen auf seine Heimat‹ ist.
3. Die FDP wird sich auch weiterhin für dieses unveräußerliche Menschenrecht und für das hieraus erwachsende Selbstbestimmungsrecht der sudetendeutschen und darüber hinaus aller anderen Volksgruppen einsetzen.
4. Die FDP wird sich dafür einsetzen, daß das IV. Ergänzungsprotokoll zum Europäischen Abkommen über den Schutz der Menschenrechte und Grundfreiheiten vom 16. September 1963, dessen Art. 3 und 4 dem Heimatrecht für die beigetretenen Staaten aufs neue eine feste völkerrechtliche Gestalt verleiht [2], vom Deutschen Bundestag so bald wie möglich ratifiziert wird.
5. Die zukünftige deutsche Friedensregelung muß, wenn sie diesen Namen wirklich verdienen will und dauerhaft sein soll, dem Heimat- und Selbstbestimmungsrecht aller Deutschen Rechnung tragen. Das deutsche Volk ist aufgerufen, diesen Anspruch immer wieder aufs neue zu bekunden. Die deutsche Außenpolitik hat jeden ihrer Schritte vorher darauf zu prüfen, ob er geeignet sein könnte, die Verwirklichung dieses Anspruchs zu erschweren. Die FDP wird sich auch weiterhin jedem Versuch widersetzen, die deutsche Außenpolitik durch Verzichterklärungen einzuengen.
6. Auch die sudetendeutsche Frage kann nur im Zuge der allgemeinen deutschen Friedensregelung endgültig gelöst werden. Die FDP bekräftigt die Entschließung ihres Bundeskongresses für Vertriebene und Flüchtlinge vom 6. September 1964 in Braunschweig, wonach die Diskussion über die Gültigkeit des sogenannten ›Münchner Abkommens‹ den Anspruch auch der Sudetendeutschen auf ihr Heimat- und Selbstbestimmungsrecht in keiner Weise berührt.
7. Die FDP hat zur Kenntnis genommen, daß die Sudetendeutsche Landsmannschaft als die legitime heimatpolitische Vertretung der Sudetendeutschen diejenige Lösung der Sudetenfrage als die beste betrachtet, der auch das tschechische Volk im Geiste einer gesamteuropäischen Verständigung frei zustimmen kann (Punkt 17 und 20 der landsmann-

schaftlichen ›20 Punkte zur Sudetenfrage‹ von 1961)[3]. Die FDP unterstützt die Sudetendeutsche Landsmannschaft in dieser Auffassung und erwartet, daß sie diesen verantwortungsbewußten Geist in den Reihen der in Freiheit lebenden Sudetendeutschen auch in Zukunft lebendig hält. Die FDP wird das Ihre dazu beitragen, der Sudetendeutschen Landsmannschaft die Erfüllung aller damit verbundenen Aufgaben zu ermöglichen und zu erleichtern.

*Anmerkungen:*
[1] Zum Text: Siehe S. 315.
[2] Zum Text: Siehe S. 45; Genehmigungsgesetz der Bundesrepublik Deutschland v. 9. 5. 1968.
[3] Zum Text: Siehe S. 346ff.

*Quelle:*
Hoffmann, Erich v. (Hrsg.): »Die politischen Parteien und die Sudetenfrage«; Bonn, 1966; S. 22ff.

**Feststellung** **1964, 16. Oktober**
**von Bundeskanzler Erhard (CDU) vor[1] dem**
**Präsidium des Sudetendeutschen Rates[2] und der Sudetendeutschen Landsmannschaft:**
*Fehlen territorialer Forderungen schließt Heimat- und Selbstbestimmungsrecht der Sudetendeutschen nicht aus*

Der Bundeskanzler empfing das Präsidium des Sudetendeutschen Rates und den Vorsitzenden des Bundesvorstandes der Sudetendeutschen Landsmannschaft zu einer eingehenden Aussprache, die in offener und vertrauensvoller Atmosphäre stattfand. Der Bundeskanzler würdigte den großen Beitrag, den die Sudetendeutschen zum Wiederaufbau unseres Landes und zur Festigung seiner freiheitlich-demokratischen Grundordnung geleistet haben.
Der Bundeskanzler stellte fest, daß die Bundesrepublik Deutschland keine territorialen Forderungen an die Tschechoslowakei erhebt. Diese Feststellung schließt das Heimat- und Selbstbestimmungsrecht der Sudetendeutschen nicht aus.
Die Vertreter der Sudetendeutschen bekräftigen ihren Willen, ausschließlich auf friedlichem Wege für ihre Rechte einzutreten. Die Gesprächsteilnehmer stimmten überein, auf dem Wege der Verständigung eine dauerhafte, gerechte und einem wahren Frieden dienende Ordnung zu schaffen. Sie stellten ferner fest, daß die Lösung der aus der ungerechten Vertreibung entstandenen Probleme Sache des ganzen deutschen Volkes und seiner verfassungsmäßigen Organe ist.

*Anmerkungen:*
[1] Unter Anwesenheit u. a. der Bundesminister Lemmer und Westrick, sowie der Staatssekretäre Prof. Carstens, Nahm und Krautwig.
[2] Wenzel Jaksch, Hans Schütz, Hans Christoph Seebohm.

*Quelle:*
Eigene Aufzeichnung.

**Erklärung der CDU:** **1964, 16. November**

*Heimat- und Selbstbestimmungsrecht der Sudetendeutschen*

Auf Einladung des Vorsitzenden der Christlich-Demokratischen Union, Bundeskanzler a. D. Dr. Adenauer, und des Geschäftsführenden Vorsitzenden Josef Hermann Dufhues, fand am 16. November 1964 in Bonn ein Gespräch bevollmächtigter Vertreter der CDU mit den Vertretern der Sudetendeutschen Landsmannschaft statt.

Als Ergebnis des Gesprächs halten die Teilnehmer in gegenseitiger Übereinstimmung fest:

1. Die CDU erkennt an, daß die Sudetendeutschen einen maßgeblichen Beitrag zum sozialen, wirtschaftlichen und kulturellen Wiederaufbau der Bundesrepublik Deutschland geleistet haben und daß sie sich stets als ein Element der Ordnung und Stabilität in unserem demokratischen Staat bewährt haben und bewähren. Insbesondere würdigt die CDU das Bekenntnis der Sudetendeutschen zu einem freien Europa, das auf der Partnerschaft gleichberechtigter Völker und Volksgruppen beruhen soll, als einen entscheidenden Beitrag für die Neuordnung Europas.
   Die Treue der Sudetendeutschen zu ihrer Heimat, ihrem Recht und ihrem Volkstum dient in hohem Maße der Erhaltung des gesamtdeutschen Bewußtseins und damit der Wiedervereinigung Deutschlands und der Freiheit Berlins.
2. Die CDU anerkennt die Sudetendeutsche Landsmannschaft als die legitime heimatpolitische Vertretung der Sudetendeutschen Volksgruppe in der Vertreibung. Die CDU bekräftigt ihre offiziellen Erklärungen zu den Fragen der deutschen Heimatvertriebenen. Sie will weiterhin für die soziale Eingliederung und die Gleichstellung der heimatvertriebenen Staatsbürger mit den einheimischen Staatsbürgern eintreten und sich grundsätzlich für die Anerkennung und Durchsetzung des Heimatrechts und des Selbstbestimmungsrechts aller europäischen Völker und Volksgruppen, in Sonderheit aller deutschen Volksgruppen, einsetzen. Daher vertritt die CDU nach den Grundsätzen ihres Parteiprogramms das Recht der Sudetendeutschen auf ihre angestammte Heimat und das Selbstbestimmungsrecht der sudetendeutschen Volksgruppe in ihrer Heimat. Dabei erinnert die CDU an die Erklärung des Deutschen Bundestages vom 14. 7. 1950[1], nach der die Sudetendeutschen insgesamt in die Obhut der Bundesrepublik Deutschlands genommen wurden. Die CDU ist der Auffassung, daß jede deutsche Bundesregierung die Pflicht hat, das Heimatrecht und das Selbstbestimmungsrecht der Sudetendeutschen zu vertreten, und wird sich dafür einsetzen und sich dafür verwenden, daß die Bundesrepublik Deutschland über das Schicksal der Sudetendeutschen und ihrer Heimat nur im Einvernehmen mit den Sudetendeutschen verhandeln wird.
3. Die CDU wird sich dafür einsetzen, daß das IV. Ergänzungsprotokoll zum Europäischen Abkommen über den Schutz der Menschenrechte und Grundfreiheiten vom 16. 9. 1963[2], dessen Art. 3 und 4 dem Heimatrecht für die beigetretenen Staaten aufs neue eine feste völkerrechtliche Gestalt verleihen, von der Bundesrepublik Deutschland so bald wie möglich ratifiziert wird.
4. Die CDU stellt fest, daß mit der widerrechtlichen Vertreibung der Sudetendeutschen aus ihrer angestammten Heimat die sudetendeutsche Frage nicht erledigt ist.
5. Die Auffassung des völker- und staatsrechtlichen Fortbestehens Deutschlands in den Grenzen von 1937[3] schließt eine völker- und staatsrechtliche Lösung auf der Grundlage des Heimat- und Selbstbestimmungsrechts für die Sudetendeutschen nicht aus.
6. Die CDU ist davon überzeugt, daß die Sudetendeutschen auch in Zukunft auf allen Lebensgebieten eine friedliche Politik verfolgen, die der Freiheit und Einheit des deutschen Volkes, der Integration Europas und der Erhaltung der Bundesgenossenschaft mit der westlichen Welt dient.

*Anmerkungen:*
[1] Zum Text: Siehe S. 315.
[2] Zum Text: Siehe S. 45; Genehmigungsgesetz der BR Deutschland v. 9. 5. 1968.
[3] Die weitere Entwicklung kann durch folgende Pressemeldung über eine Feststellung des CDU Parteitags in Düsseldorf im März 1971 belegt werden:
»Das Münchner Abkommen von 1938 sehen wir in seinen territorialen Auswirkungen als nicht mehr gültig an.«

*Quelle:*
Hoffmann, Erich v. (Hrsg.): »Die politischen Parteien und die Sudetenfrage«; Bonn, 1966; S. 25f.

**Stellungnahme** **1965, April**
**der britischen Regierung[1] zum Münchner Abkommen:**
*Münchner Abkommen ist tot, aber nicht nichtig*

Die derzeitige britische Regierung halte das sogenannte Münchner Abkommen . . . für abscheulich und ungerecht und betrachte es als seit vielen Jahren tot. Gleichzeitig weigerte sich Stewart[2] jedoch, das Abkommen als von Anfang an null und nichtig zu erklären: es mache einen erheblichen Unterschied, ob man ein völkerrechtliches Abkommen als ungerecht oder ob man es als niemals abgeschlossen bezeichnet; letzteres würde einen gefährlichen Präzedenzfall hinsichtlich des Grundsatzes der Heiligkeit der Verträge darstellen.

*Anmerkungen:*
[1] Abgegeben durch Außenminister Michael Stewart anläßlich eines Besuches in Prag gegenüber ČSSR-Außenminister Václav David.
[2] Zu einer Sendung des Zweiten Deutschen Fernsehens (ZDF) am 20. 1. 1971 präzisierte Stewart u. a.: »Wir können alle, soviel und so oft wir wollen, sagen, daß dieses Abkommen niemals gültig war, nichtsdestoweniger, es würde nicht wahr sein; es ist tatsächlich geschehen. Es wäre, als ob wir sagten, daß der einzige Weg, auf dem zwei Leute geschieden werden können, der ist, zu behaupten, sie seien gesetzlich nie verheiratet gewesen.«

*Quelle:*
»Times« *(englische Tageszeitung)*; London; No. 56304, v. 24. 4. 1965; S. 8.

**Denkschrift** **1965, 15. Oktober**
**des Rates der Evangelischen Kirche in Deutschland (EKD):**
**»Die Lage der Vertriebenen und das Verhältnis des deutschen Volkes zu seinen östlichen Nachbarn«**
*Der »negative Begriff ›Verzicht‹« ist durch Versöhnung zu ersetzen*

Die Überprüfung der völkerrechtlichen und der theologisch-ethischen Aspekte hat gezeigt, daß die Frage der deutschen Ostgrenzen sich nicht mit absoluten Argumenten des Rechtes und der Ethik[1], mit den Mitteln einer Theologie der Schöpfung und der Geschichte lösen läßt. Von hier aus kann nur eine Hilfe für Entscheidungen geleistet werden, denen das deutsche Volk und seine Nachbarn[2] nicht ausweichen können. Es handelt sich dabei um politische Entscheidungen, die in vernünftiger Einschätzung der Situation und in verantwortungsvoller Mitarbeit an einer dauerhaften Friedensordnung zwischen den Völkern getroffen werden müssen. Die in dieser Denkschrift dazu aufgeführten rechtlichen, ethischen und theologischen Überlegungen, die auch in ein politisches Handeln eingehen müssen, sollen

dahin wirken, eine neue Bewegung in die politischen Vorstellungen des deutschen Volkes hineinzubringen[4] und auch den Nachbarn im Osten einen Dialog auf neuer Ebene anzubieten ...
Eine künftige haltbare Friedensordnung kann im Verhältnis des deutschen Volkes zu seinen östlichen Nachbarn[2] nur im Zeichen eines neuen Anfanges verwirklicht werden. Über den gegenwärtigen Zustand einer so gut wie völligen Entfremdung und gegenseitiger Furcht- und Haßgefühle hinaus muß es zu einer Versöhnung kommen, die auch zwischen Völkern[2] möglich ist. Dem Frieden der Welt und einer Neuordnung Europas sind die beteiligten Völker[2] ein äußerstes Maß an Anstrengung schuldig, die zwischen ihnen stehenden Fragen unter Berücksichtigung der beiderseitigen Standpunkte zu erörtern und neu zu regeln.
...
Der Wert dieser Regelungen ist von der beiderseitigen Einsicht in ihre Notwendigkeit und von der beiderseitigen Zustimmung zu dem damit angestrebten neuen Anfang abhängig. An dieser Stelle wird auch deutlich, daß der negative Begriff »Verzicht«[3] eine ganz und gar unzulängliche Bezeichnung für den deutschen Beitrag zu einer Friedensregelung ist, die eine neue Partnerschaft zwischen Völkern[2] begründen soll. Wenn die künftige Regelung der Gebietsfragen das Verhältnis zwischen den beteiligten Völkern[2] stabilisieren soll, dann muß sie das Ergebnis eines wirklichen Dialogs und Ausdruck des Willens zur Versöhnung sein ...
Das formale Argument, daß nur eine künftige gesamtdeutsche Regierung zu so weittragenden Entscheidungen befugt sei, kann es nicht länger rechtfertigen, auch die Klärung der hier auf dem Spiele stehenden Grundsatzfragen auf unbestimmte Zeit zu verschieben. Das deutsche Volk muß auf die notwendigen Schritte vorbereitet werden[4], damit eine Regierung sich ermächtigt fühlen kann zu handeln, wenn es nottut. Solche Vorbereitung ist auch darum unabweisbar geworden, weil die weltpolitische Situation sich gegenüber den 50er Jahren deutlich verändert hat. Während sich damals in Ost und West zwei ideologisch bestimmte Machtblöcke gegenüberstanden, die ein selbständiges Handeln einer deutschen Regierung nahezu ausschlossen, sind heute die Fronten in Bewegung geraten. In dieser Lage erwarten auch die westlichen Verbündeten der Bundesrepublik Deutschland von dieser einen Beitrag zur Entspannung, der nur möglich ist, wenn die Regierung damit rechnen kann, im deutschen Volk Verständnis und Zustimmung[4] zu einem Schritt im Geiste der Versöhnung gegenüber unseren östlichen Nachbarvölkern[2] zu finden.
Welche Schritte im einzelnen das Ziel der Versöhnung und Neuordnung am besten fördern, kann wiederum nicht in dieser Denkschrift erörtert werden. Sicher ist nur, daß es nicht genügen wird, den deutschen Rechtsstandpunkt starr und einseitig zu betonen, daß auf der anderen Seite aber einer deutschen Regierung auch nicht zugemutet werden kann, ihren Rechtsstandpunkt von vornherein und bedingungslos preiszugeben. Vielmehr wird es zunächst darauf ankommen, im deutschen Volk selbst und nach außen eine Atmosphäre[4] zu schaffen, in der dann auch in einzelnen Schritten Akte der Versöhnung mit den östlichen Nachbarn[2] möglich werden ...
Die vorliegende Denkschrift ... sieht eine Aufgabe der Kirche darin, dem deutschen Volk die Ziele, auf die es ankommt, deutlicher bewußt zu machen, als das in der innerdeutschen Diskussion meist geschieht, und die in dieser Diskussion so oft zutage tretenden Widerstände gegen diese Ziele auszuräumen. Ist damit der Handlungsraum der Politiker erweitert, so bleibt es ihre Aufgabe, von dieser Möglichkeit den rechten Gebrauch zu machen.[5]

---

*Anmerkungen:*
1 Zur dazu erforderlichen Relativierung von Grundwerten ein Beispiel der Denkschrift:
»Der Glaube an Gott begründet ein solches Verhältnis zur Heimat, daß der Christ zum gehorsamen Gebrauch ihrer Güter ebenso in der Lage ist, wie er zum Verzicht auf sie bereit sein muß.«

[2] Die Denkschrift strebt eine »Regelung der Gebietsfragen« an. Die Begriffe, die sie für Ostmitteleuropa ausschließlich verwendet, sind »Nachbarn«, »Völker« und »Nachbarvölker«.
Daß Regelungen von Grenzfragen nur mit (zeitweiligen) Regierungen – 1965 eben kommunistisch/ atheistischen Minderheitsdiktaturen – erfolgen könnten, findet in der Denkschrift keine Erwähnung.
[3] Der Regierende Bürgermeister von Berlin, Willy Brandt, sagte zum »Tag der Heimat« im September 1965 in Berlin u. a.: »Verzicht ist Verrat, wer wollte das bestreiten?«
[4] Worauf die Spannung im Jahre 1965 beruht, der mit Entspannung zu begegnen ist, wird in der Denkschrift nicht untersucht.
[5] Das Ziel des politischen Papiers der EKD mit dem Titel Denkschrift kann unschwer erkannt werden: »Bewegung in die politischen Vorstellungen des deutschen Volkes« durch dessen Vorbereitung »auf die notwendigen Schritte« zu bringen, indem über Schaffung einer »Atmosphäre« von »Verständnis und Zustimmung der Handlungsraum der Politiker« in Richtung auf Verzicht erweitert wird.

*Quelle:*
Henbys, Reinhard: »Deutschland und die östlichen Nachbarn«; Stuttgart/Berlin, 1966; S. 176ff., hier S. 214ff.

**Note** **1966, 25. März**
**der Bundesregierung Erhard an zahlreiche andere Regierungen über die deutsche Friedenspolitik**
(Sog. Friedensnote):
*Münchner Abkommen von Hitler zerrissen, keine territorialen Ansprüche*

...
Die Bundesregierung hat in den vergangenen Jahren mit Polen, Rumänien, Ungarn und Bulgarien amtliche Beziehungen aufgenommen. Sie bemüht sich um solche Beziehungen auch zur Tschechoslowakei und würde es begrüßen, wenn sich wieder ein freundlicheres Verhältnis zwischen der Bevölkerung jenes Staates und dem deutschen Volk ergeben würde.
Die Bundesregierung ist der Auffassung, daß das Münchnener Abkommen aus dem Jahre 1938 von Hitler zerrissen wurde und keine territoriale Bedeutung mehr hat. Sie erhebt daher, wie sie mehrfach erklärt hat, gegenüber der Tschechoslowakei keine territorialen Ansprüche; sie betont, daß dies die verantwortliche Darstellung der deutschen Politik ist.
Die Bundesregierung verfolgt weder eine Revanchepolitik noch eine restaurative Politik. Ihr Blick ist nicht rückwärts, sondern vorwärts gewandt. Ihr Ziel ist eine gerechte, auf friedlichen Vereinbarungen beruhende europäische Ordnung, in der alle Völker frei und als gute Nachbarn miteinander leben können. Auch die Sowjetunion und die osteuropäischen Staaten sind Teil Europas.
...

*Anmerkung:*
[1] Zur Antwort der Tschechoslowakei: Siehe S. 359.

*Quelle:*
Meissner, Boris: »Die deutsche Ostpolitik 1961–1970«; Köln, 1970; S. 121.

**Brief**[1] **1966, 29. April**
**Bundeskanzler Erhards an die Sudetendeutsche Landsmannschaft:**
*Heimat- und Selbstbestimmungsrecht der Sudetendeutschen konnte in »Friedensnote« nicht erwähnt werden*

...
In der Besprechung am 16. Oktober 1964[2] habe ich festgestellt, daß die Bundesrepublik Deutschland keine territorialen Forderungen an die Tschechoslowakei erhebt. Diese Fest-

stellung schließe das Heimat- und Selbstbestimmungsrecht der Sudetendeutschen nicht aus. An diesem Standpunkt hält die Bundesregierung auch heute noch fest. Durch die Note der Bundesregierung vom 25. März 1966[3] hat sich daran nichts geändert. Ich bitte Sie zu bedenken, daß diese Note an rund 100 ausländische Regierungen gegangen ist. Darauf mußte bei der Abfassung der Note Rücksicht genommen werden. In der Note konnten nicht alle Einzelprobleme und daher auch nicht die für die Sudetendeutsche Landsmannschaft bedeutsame Erklärung vom 16. Oktober 1964 angesprochen werden . . . Die Bundesregierung hat nicht die Absicht, von der bisher verfolgten Linie ihrer Politik abzuweichen.
. . .

*Anmerkungen:*
1 Antwort an den Vorsitzenden des Bundesvorstandes, Franz Böhm, der die Formulierung des vorhergehenden Belegs mit der Feststellung Erhards vom 16. 10. 1964 kritisch konfrontierte.
2 Siehe S. 354.
3 Siehe den vorhergehenden Beleg.

*Quelle:*
Faksimilierte Wiedergabe in »Weg und Ziel«; Hrsg. v. Franz Böhm; München, 1974; S. 26.

**Note** **1966, 5. Mai**
**der ČSSR-Regierung**[1]**:**
*Münchner Abkommen von Anfang an als ungültig erklären*

. . .
Wenn die Bundesregierung eine tatsächliche Verbesserung der Beziehungen zwischen der ČSSR und der BRD wünscht, und wenn sie beweisen will, daß – wie sie behauptet – sie weder eine Revanchepolitik noch eine restaurative Politik verfolgt, dann ist es unerläßlich, daß sie das sogenannte Münchner Abkommen vorbehaltlos verurteilt und seine von Anfang an bestehende Ungültigkeit[2] ausdrücklich anerkennt.
. . .

*Anmerkungen:*
1 Es handelte sich um die Antwort auf die »Friedensnote« der Bundesregierung vom 29. 4. 1966; zum Text: Siehe S. 358.
2 Ein Beispiel denkbarer Konsequenzen:
»Die tschechoslowakische Regierung, die von der Ungültigkeit des Münchner Abkommens von Anbeginn ausgeht und daher auch von der Ungültigkeit aller Naturalisationsakte, die sich daraus ergaben, vertritt die Ansicht, daß die tschechoslowakischen Deutschen, als ihnen das Eigentum konfisziert wurde, rechtsgültig Bürger der Tschechoslowakei waren. Das bedeutet, daß ihnen der tschechoslowakische Staat für den an der Tschechoslowakei begangenen Verrat als Staatsangehörige der ČSSR das Eigentum konfiszierte, was in der Macht der tschechoslowakischen Behörden lag, und nicht als Ausländern.«
Vgl. Riečan, Jan: »Co brani normalizacií?« (Was steht der Normalisierung im Weg?), in: »Pravda« [Wahrheit] (Tageszeitung); Preßburg, v. 13. 6. 1967.

*Quelle:*
Siegler, H. v. (Hrsg.): »Weltgeschehen«; Bd. III; Bonn, 1966; S. 347ff.

**Regierungserklärung** **1966, 13. Dezember**
**der Bundesregierung Kiesinger/Brandt:**
*Münchner Abkommen nicht mehr gültig, aber Obhutspflicht*

. . .

Auch mit der Tschechoslowakei möchte sich das deutsche Volk verständigen. Die Bundesregierung verurteilt die Politik Hitlers, die auf die Zerstörung des tschechoslowakischen Staatsverbands gerichtet war. Sie stimmt der Auffassung zu, daß das unter Androhung von Gewalt zustande gekommene Münchner Abkommen nicht mehr gültig ist. Gleichwohl bestehen noch Probleme, die einer Lösung bedürfen, wie zum Beispiel das des Staatsangehörigkeitsrechts. Wir sind uns unserer Obhutspflicht gegenüber den sudetendeutschen Landsleuten wie gegenüber allen anderen Vertriebenen und Flüchtlingen bewußt und nehmen sie ernst. Diese Vertriebenen haben, wie das tschechoslowakische Volk zuvor, bitteres Leid und Unrecht erfahren. Der Bundesregierung liegt daran, dieses trübe Kapitel der Geschichte unserer Völker zu beenden und ein Verhältnis vertrauensvoller Nachbarschaft herzustellen.

. . .

---

*Quelle:*
Meissner, Boris: »Die deutsche Ostpolitik 1961–1970«; Köln, 1970; S. 162.

**Entschließung** **1967, 19. Februar**
**der Bundesversammlung der Sudetendeutschen Landsmannschaft:**
*Sudetendeutsche stützen sich auf Heimat- und Selbstbestimmungsrecht*

. . .

5. Die im Jahre 1945 vorgenommene Annexion der dem Deutschen Reiche im Jahre 1938 zugesprochenen sudetendeutschen Gebiete durch die tschechoslowakische Republik erfolgte ohne vertragliche Regelung. Diè von der tschechoslowakischen Regierung durchgeführte gewaltsame Vertreibung und Enteignung der Sudetendeutschen war ein Verbrechen gegen die Menschlichkeit und eine Verletzung des Völkerrechtes. Die von den Regierungen der Vereinigten Staaten von Amerika, der Sowjetunion und Großbritannien im Potsdamer Abkommen vom 2. August 1945[1] gegebene Zustimmung zur Vertreibung der Sudetendeutschen war ebenfalls eine Verletzung des Völkerrechtes. Diese Maßnahmen beruhen auf Vereinbarungen unter Dritten.

6. Eine zukünftige Lösung der Sudetendeutschen Frage gründet primär auf dem Heimatrecht und auf dem Selbstbestimmungsrecht der Sudetendeutschen in ihren angestammten Volksgebieten und nur sekundär auf dem Münchener Abkommen vom Jahre 1938. Eine Annullierung des Münchener Abkommens in jeder Form seitens der Regierung der Bundesrepublik Deutschland wäre ein unzulässiger Eingriff in die Entscheidungsfreiheit einer künftigen gesamtdeutschen Regierung und deshalb für diese nicht bindend.

7. Die derzeitige tschechoslowakische Forderung auf Annullierung des Münchener Abkommens durch die Regierung der Bundesrepublik Deutschland ist ein Versuch der Regierung der Tschechoslowakischen Sozialistischen Republik, die Vertreibung und Enteignung der Sudetendeutschen nachträglich durch die Bundesrepublik Deutschland, die die Sudetendeutschen in ihre Obhut genommen hat, anerkennen zu lassen und der Tschechoslowakischen Sozialistischen Republik die Möglichkeit zu geben, zusätzliche Reparationsforderungen an die Bundesrepublik Deutschland stellen zu können. Wir begrüßen daher die neuerliche Bekundung der Bundesregierung[2], daß die Obhuterklärung des Deutschen Bundestages vom 14. Juli 1950[3] ihre volle Gültigkeit besitzt und daß sie die daraus erwachsene Obhutspflicht sehr ernst nimmt. Die Sudetendeutschen erwarten, daß sie in dem Bemühen,

das Unrecht der Vertreibung mit friedlichen Mitteln wiedergutzumachen, nicht nachläßt.
8. Aus diesen Gründen leistet die sudetendeutsche Volksgruppe auf keinen Rechtstitel Verzicht, der ihr auf Grund international anerkannter Völkerrechtsgrundsätze zusteht.

*Anmerkungen:*
[1] Zum Text: Siehe S. 290f.
[2] Vom 13. 12. 1966; siehe vorhergehenden Beleg.
[3] Zum Text: Siehe S. 315.

*Quelle:*
Eigene Aufzeichnung.

**Bericht** **1967, 21. Februar**
**über ein Gespräch**
**von Bundeskanzler Kiesinger (CDU) und Bundesaußenminister Brandt (SPD)**
**mit Vertretern des Sudetendeutschen Rates**
**und der Sudetendeutschen Landsmannschaft:**
*Obhutserklärung, Volksgruppenrecht; keine Anerkennung des »Verbrechens der Vertreibung«*

*1. Die offizielle Verlautbarung:*
Bundeskanzler Kurt Georg Kiesinger empfing am Dienstag, dem 21. Februar 1967 die Vertreter des Sudetendeutschen Rates und der Sudetendeutschen Landsmannschaft zu einer Aussprache. An ihr nahmen teil: Bundeskanzler Kurt Georg Kiesinger, der Bundesminister für Auswärtige Angelegenheiten, Willy Brandt, der Bundesminister für gesamtdeutsche Fragen, Herbert Wehner, und der Staatssekretär im Bundesvertriebenenministerium, Dr. Peter Paul Nahm. Von sudetendeutscher Seite waren anwesend: Dr. Johannes Strosche, Bundesminister a. D. Dr. Ing. Hans-Christoph Seebohm, Staatsminister a. D. Hans Schütz, Ernst Paul, MdB. Siegfried Zoglmann, MdB. Dr. Franz Böhm und Dr. Walter Becher, MdB.
Ausgehend von der Regierungserklärung vom 13. Dezember 1966[1] bekundeten die Gesprächspartner den Willen zur Fortsetzung einer europäischen Friedenspolitik und zu einer Verständigung mit allen Nachbarn Deutschlands. Das Gespräch fand in einer vertrauensvollen Atmosphäre statt. Die Teilnehmer stimmten überein, den Kontakt fortzusetzen.

*2. Zusatzinformationen:*
Im Gespräch erläuterte der Sprecher der Sudetendeutschen Landsmannschaft, Hans-Christoph Seebohm, den Standpunkt der Sudetendeutschen zur Friedenspolitik und zum Problem der Aufnahme diplomatischer Beziehungen mit Prag. Er vertrat dabei die von der Bundesversammlung der Sudetendeutschen Landsmannschaft am 19. Februar 1967 in ihrer Entschließung niedergelegten heimatpolitischen Grundsätze[2].
Bundeskanzler Kurt Georg Kiesinger unterstrich die Pflicht der Bundesregierung, sich im Sinne der Obhuterklärung[3] vor die Heimatvertriebenen zu stellen. Er erläuterte seine Ausführungen in der Regierungserklärung vom 13. Dezember 1966 zur sudetendeutschen Frage.[1] Mit den Mitgliedern seiner Regierung sei er sich in dem Gedanken einig, daß in einer kommenden europäischen Friedensordnung das Heimat- und Selbstbestimmungsrecht auch im Rahmen eines echten Volksgruppenrechtes seinen Platz finden müsse. Übereinstimmung bestand darin, daß das Verbrechen der Vertreibung nicht anerkannt werden könne.
Der Bundesminister für Auswärtige Angelegenheiten, Willy Brandt, erläuterte die Grundsätze der von der Bundesregierung vertretenen Außen- und Ostpolitik. Er unterstrich den

Willen der Bundesregierung, die Sudetendeutschen vor Entscheidungen, die mit ihrem Schicksal zusammenhängen, zu konsultieren. Dies betrifft insbesondere notwendige Rechtsvorbehalte, die bei einer Aufnahme diplomatischer Beziehungen mit der ČSSR angemeldet werden müßten.

*Anmerkungen:*
[1] Zum Text: Siehe S. 360.
[2] Siehe den vorhergehenden Beleg.
[3] Vom 14. 7. 1950; siehe S. 315.

*Quelle:*
»Sudetendeutsche Zeitung« *(Wochenzeitung)*; München, 25. 2. 1967.

**»Erklärung** **1967, 26. April**
**für den Frieden und Sicherheit in Europa«**
**der europäischen kommunistischen Parteien unter Führung der KPdSU**
(Sog. Karlsbader Erklärung):
*»Aktionsprogramm für ein System der kollektiven Sicherheit« erfordert »Anerkennung der Ungültigkeit des Münchner Diktats vom Augenblick seines Abschlusses«*

...

Teil II:
Die kommunistischen und Arbeiterparteien Europas unterbreiten der öffentlichen Meinung und allen interessierten politischen und gesellschaftlichen Kräften ein Aktionsprogramm für die Schaffung eines Systems der kollektiven Sicherheit zur Erörterung, dem die Grundsätze der friedlichen Koexistenz von Staaten unterschiedlicher Gesellschaftsordnung zugrunde liegen. Dies setzt vor allem voraus, daß von allen europäischen Ländern die reale Lage respektiert wird, wie sie sich nach dem Kriege entwickelt hat. Das bedeutet: die Anerkennung der Unantastbarkeit der bestehenden Grenzen in Europa und insbesondere der Grenze an Oder und Neiße sowie der Grenze zwischen den beiden deutschen Staaten; die Anerkennung der Existenz zweier souveräner und gleichberechtigter deutscher Staaten: der Deutschen Demokratischen Republik und der westdeutschen Bundesrepublik, was von der Bundesrepublik den Verzicht auf die Alleinvertretungsanmaßung erfordert; die Verhinderung des Zutritts der Bundesrepublik zu Kernwaffen in jeglicher Form, darunter in der sogenannten europäischen multilateralen oder atlantischen Form; Anerkennung, daß das Münchner Diktat vom Augenblick seines Abschlusses an ungültig ist. – Vor der europäischen Arbeiterbewegung und allen friedliebenden und demokratischen Kräften erhebt sich die Aufgabe, nach der Entfaltung friedlicher Beziehungen und der Zusammenarbeit zwischen allen europäischen Staaten auf der Grundlage der Prinzipien der Souveränität und Gleichberechtigung zu streben. Zu diesem Zweck ist es erforderlich, für eine Reihe von Zielen zu kämpfen, die in der neuen Lage erreichbar sind. Insbesondere: der Abschluß eines Vertrages zwischen allen Staaten Europas über den Verzicht auf die Anwendung oder Androhung von Gewalt in den gegenwärtigen Beziehungen sowie auf Einmischung in die inneren Angelegenheiten, eines Vertrages, der im Einklang mit den Grundsätzen der UN-Charta die Lösung aller strittigen Probleme ausschließlich mit friedlichen Mitteln gewährleisten würde; die Normalisierung der Beziehungen zwischen allen Staaten und der DDR, wie auch zwischen den beiden deutschen Staaten und zwischen der besonderen politischen Einheit Westberlin und der DDR; die konsequente Verteidigung und Entwicklung der Demokratie in der Bundesrepublik, die zu fordern den Völkern die Erfahrungen der Ge-

schichte und die entsprechenden internationalen Abkommen nach dem II. Weltkrieg das Recht geben. Dies bedingt die allseitige Unterstützung des Kampfes der fortschrittlichen Kräfte in der Bundesrepublik für das Verbot neonazistischer Organisationen und jeglicher revanchistischer Propaganda, für den Verzicht auf die Notstandsgesetze, für die Gewährleistung freier Betätigung für die demokratischen und friedliebenden Kräfte und für die Legalisierung der KPD; den Abschluß eines Vertrages über die Nichtweiterverbreitung von Kernwaffen als weittragenden Schritt auf dem Wege der Beendigung des Wettrüstens. Das System der europäischen Sicherheit muß die Anerkennung des Prinzips der Neutralität und der bedingungslosen Respektierung der Unantastbarkeit der neutralen Länder einschließen. ... Wir unterstützen völlig den Vorschlag der Einberufung der Konferenz aller europäischen Staaten, die den Problemen der Sicherheit und der friedlichen Zusammenarbeit in Europa gewidmet ist. Unterstützung verdient ebenfalls die Initiative zur Einberufung einer Konferenz der Vertreter aller europäischen Parlamente.

Teil III:
...

*Quelle:*
»Archiv der Gegenwart« vom 27. 4. 1967; S. 13140.

**Rundfunkrede [1]** **1967, 21. November**
**des sudetendeutschen Politikers [2] Wenzel Jaksch (SPD):**
*Vom Rechtsstandpunkt nicht abgehen*

... Es kommen von allen Seiten Versuchungen an uns heran, etwa in dem Sinne, daß wir durch Vorleistungen ein besseres Klima gegenüber dem Ostblock schaffen und nach irgendwelchen Wartezeiten dafür durch Entgegenkommen belohnt werden sollen. Unser Standpunkt im Bund der Vertriebenen [2] ist der, daß wir in erster Linie die Aufgabe haben, die Stabilität der Bundesregierung zu sichern, um damit das Bollwerk gegen ein Vordringen des Kommunismus nach Westeuropa zu erhalten.
Diese Aufgabe kann nur auf der Basis des unerschütterlichen Rechtsstandpunktes gelöst werden. Sobald wir anfangen, von diesem Rechtsstandpunkt abzugehen, etwa einmal die deutschen Ostgebiete abzuschreiben oder zu sagen, das sudetendeutsche Heimatrecht sei ausgelöscht, wenn wir damit anfangen, kennen wir bereits das Ende. Wir begeben uns auf die schiefe Bahn des Ausverkaufs, des Totalverzichts und schließlich der Anerkennung des Status quo, wie er heute ist. Wir würden die Schleusen der Unmenschlichkeit weiter öffnen. Die Bejahung der Selbstbestimmung ist der einzig denkbare politische und rechtliche Ausdruck des Selbstbehauptungswillens eines Volkes. Wir stehen hier in Deutschland vor der Entscheidung zwischen dauernder Fremdbestimmung, und man kann über diesen Zustand der Fremdbestimmung über große Teile Deutschlands nur hinwegkommen, indem man das Recht auf Selbstbestimmung, auch des deutschen Volkes, vertritt. Ein Drittes gibt es nicht.
...

*Anmerkungen:*
1 Aus einem von Herbert Hupka (MdB SPD; ab 1972: CDU) aufgenommenen Interview für amerikanische Rundfunkstationen.
2 Jaksch war auch Präsident des »Bundes der Vertriebenen«.

*Quelle:*
Eigene Aufzeichnung.

**»Trialog [1] über das Jahr 1945«:** **1968, Januar**
*Verantwortung für die Vertreibung*

*Ausgangspunkt des Gespräches waren die* »Mythen und unkritischen Auslegungen« *verschiedener Ereignisse um 1945.*

*Procházka [2]:*
*Die Legende vom tschechischen Widerstand*
... Als der Krieg endete (ich war 16 Jahre alt), begann ich, aus Zeitungen, aus dem Rundfunk, aus Broschüren und auf Versammlungen zu erfahren, welch unermeßlichen Heldenkampf wir in der Zeitspanne der Besetzung führten. Von diesem Kampf hatte ich jedoch um mich herum entweder überhaupt nichts oder nur sehr wenig gesehen. Es begann mir zu scheinen, daß alle außerhalb unseres Städtchens gekämpft hatten und daß nur mein Geburtsort eine untypische Ausnahme war. Das verwirrte und verunsicherte mich: Ich sang im Kinderchor bei der Festlichkeit in der Turnhalle, als ortsansässige Widerstandskämpfer ausgezeichnet wurden. Vielleicht hatten sie die tschechoslowakische Flagge versteckt, ich gebe es zu. Ich weiß, daß in der Nähe eine Gruppe existierte, der es gelang, zwei Tage vor Kriegsende sechs Brücken in die Luft zu sprengen, von denen wir bisher *(d. h. 1968)* drei nicht erneuert haben. Diese Leute flüchteten aus Wien, wo sie eingesetzt waren, versteckten sich in Wäldern, überfielen Gaststätten, Trafiken, Gehöfte. Nach diesen »Aktionen« gaben sie an die Betroffenen Bestätigungen aus, daß das, was sie wegtrugen, zu Gunsten des Widerstandskampfes beschlagnahmt worden war.
Als ich mich später, im Erwachsenenalter, dieser Problematik wieder zuwandte, wurde mir endgültig bewußt, daß jener unermeßliche Heldenkampf eine reine Legende war. Ich las in einer Studie, daß das gesamte Protektorat bloße fünftausend deutsche Polizisten bewachten. Ich erfuhr, daß strenge Richtlinien für den nazistischen Sicherheitsdienst existierten, damit auf dem Protektoratsgebiet ausschließlich Leute verhaftet wurden, die eine wirkliche Gefahr darstellten. Die nazistische Verwaltung wollte einfach nicht ihre Kader zur Bewachung weniger gefährlicher Tschechen in Gefängnissen verschwenden...

*Blažek [3]:*
*Die Tschechen und der NS-Staat*
... Der nazistische Staat *(bis 1945)* war eine Einrichtung, für die das Verbrechen die Grundlage zur Erreichung politischer, militärischer, wirtschaftlicher, nationaler und anderer Ziele wurde. Dies fühlten offenbar unsere Leute im Jahre 1945 und jeder, der in Diensten dieses Staates stand, wurde für die öffentliche Meinung selbst zum Verbrecher, zum Teilhaber eines Verbrecherstaates.
Bei dieser Betrachtung hat man aber zwei ›Kleinigkeiten‹ übersehen: Einmal, daß während der Besatzungszeit der überwiegende Teil des tschechischen Volkes im Dienste dieses Verbrecherstaats stand (und dafür vom nazistischen Staat ›entlohnt‹ wurde), und zum anderen, daß der Staat, auch ein totalitärer Staat, niemals mit dem Volk gleichzusetzen ist...

*Blažek:*
*Pöbel, Psychose und Parteien*
... In dem Städtchen, in dem ich zu Kriegsende lebte, sah ich, wie ein bewaffneter »Revolutionär« mit roter Armbinde und einem alten Gewehr auf dem Rücken ein nazistisches Oberhaupt durch die Straßen führte. Der ortsansässige Nazist war barfuß, abgerissen, der Revolutionär hielt ihn an einem Strick. In den Gassen mußte der Nazist bekunden, daß er sich verschiedenartiger Verbrechen schuldig gemacht habe und bei Vorübergehenden Abbitte leisten. Dieser Mann bat um Gnade: Aber die Verbrechen, deren er angeklagt war (Tod und

Kerker etlicher Ortsbewohner), hat er entschieden nicht begangen. Wer war jedoch jener »Revolutionär« mit der roten Armbinde? Es war ein Angehöriger des Pöbels. Als die Austreibung begann, roch das Gesindel Blut und wurde Anhänger der Revolution. So war es übrigens auch bei allen bewaffneten Revolutionen. Auch unsere Revolution vermochte sich nicht von diesem Pöbel zu distanzieren und zu reinigen. Das, was mit der Vertreibung begann, setzte sich später fort. Die KPTs., die Partei der intellektuellen und kulturellen Elite, des fortschrittlichsten Teiles der Arbeiterschaft wurde – leider – auch Partei des Pöbels und unterwarf sich ihm. Und selbstverständlich war es nicht nur die KPTs., die sich im Jahre 1945 dem Pöbel unterwarf. Die übrigen Parteien waren nicht besser ...

*Hübl*[4]*:*
*Psychose und Verbrechen*
... Ich erlebte die Besetzung und das Jahr 1945 in Brünn. Bei uns in der Gasse wohnten zwei deutsche Familien. Vor dem Krieg waren es saubere, ordentliche Leute; sie sprachen selbstverständlich auch tschechisch. Während des Krieges wurden aus ihnen die größten Bestien, Kollaborateure der Gestapo, vor denen niemand etwas zu sagen wagte ... Wenn die Abschiebung psychologisch erklärlich ist, wenn es unbestreitbar ist, daß wir mit drei Millionen Deutschen innerhalb der neuen Republik viele Komplikationen erlebt hätten, bedeutet das entschieden nicht, daß die Lösung, die wir im Jahre 1945 gewählt haben, optimal war ... Eine Psychose kann kein Verbrechen entschuldigen. Der Historiker beschäftigt sich im übrigen nicht mit Entschuldigungen. Er erklärt, warum die Massenpsychose dieser Art entstand, und sollte auch beurteilen helfen, inwieweit es langfristig vorteilhaft war, daß die offizielle Politik dieser Massenpsychose unterlag ...

*Procházka:*
*Die Vertreibung*
... Oder die Aussiedlung. Selbstverständlich war sie eine Entscheidung der Großmächte. Kann uns jedoch jemand von unserer Mitverantwortung befreien? Ich hätte verstanden, wenn es zu einem Nationalitätenausgleich der Bevölkerung im tschechischen Binnenland gekommen wäre. In dem Städtchen, das ich im Sinne habe, lebten sieben deutsche Familien; für sie hätte man eine Wanderungslösung erwägen können.
Wir aber haben ein ganzes Volk aus *(national)* geschlossenen Wohngebieten, aus Städten, Städtchen und Dörfern vertrieben. Jedem bewilligten wir fünfzig Kilogramm Gepäck, ob er schuldig oder unschuldig war. Dabei war der Mehrheit dieser drei Millionen ausgesiedelter Deutschen der Krieg zumindest gleichgültig und sie hatten sich nachgewiesenermaßen an keinem Verbrechen beteiligt. Das ist völlig unannehmbar: Eine Politik, wie immer begründet, die auf den Einzelmenschen keine Rücksicht nimmt, die sich nur um die Erreichung globaler Ziele bemüht, ohne Rücksicht auf das konkrete Schicksal konkreter Menschen, eine solche Politik ist tragisch und letzten Endes eine schlechte Politik ...

*Procházka:*
*1945 und 1968*
... Im Jahre 1945 hatten wir verschiedene Möglichkeiten, unsere Perspektiven zu konzipieren. Auch heute bestehen noch einige offene Möglichkeiten. Aber keine von ihnen ist real, falls wir unsere Beziehungen zum deutschen Volk nicht in Ordnung bringen.
Wir können doch das deutsche Volk nicht liquidieren, aus Europa heraustreiben. Die Deutschen haben selbstverständlich die Pflicht, sich mit dem Erbe des Nazismus auseinanderzusetzen, uns müssen vor allem die eigenen Pflichten interessieren ...

*Das Gespräch ging dann zu innenpolitischen Themen der ČSSR über und endete mit Vorstellungen, wie sie für den sogenannten Prager Frühling von 1968 charakteristisch wurden.*

---

*Anmerkungen:*

1 Es handelt sich um ein Gespräch von drei Personen, das im Januar 1968 in der Redaktion der Zeitschrift aufgenommen und im Mai 1968 veröffentlicht wurde.
Die Gesprächsteilnehmer waren:

2 Procházka, Jan (1929–1971); Schriftsteller. 1962–1967 Kandidat des ZK der KPTs., dann ausgeschlossen, im Mai 1968 rehabilitiert; Januar bis Oktober 1968 stellvertretender Vorsitzender des Verbands tschechoslowakischer Schriftsteller; 1969 Mitunterzeichner des »Manifests der 2000 Worte«; 1970 neuerlich aus der KPTs. ausgeschlossen.

3 Blažek, Vladimir (1930–1972); Mitarbeiter der Zeitschrift und Assistent der Philosophie an der Universität Brünn. Nach dem Verbot der Zeitschrift 1969 emigriert.

4 Hübl, Milan (geb. 1927); 1961–1967 Dozent der Politischen Hochschule des ZK der KPTs., 1967 von Partei- und Staatschef Nowotny scharf angegriffen und entlassen. Mai 1968 rehabilitiert und Rektor bis Anfang 1969, abgesetzt, aus der KPČ ausgeschlossen, 1970 zu 6½ Jahren Gefängnis verurteilt; 1977 Mitunterzeichner der »Charta 77«.

---

*Quelle:*
»Host do domu« [Gast im Haus]; *(Tschechoslowakische Monatszeitschrift)*; Brünn, Nr. 5 (Mai) 1968; S. 22–29.
Nachweis: »Übersetzungs- und Informationsdienst«, hrsg. v. Sudetendeutschen Archiv, München; Nr. 94; Dezember 1968; S. 43–57 (Übersetzung aus Originaltext korrigiert).

## Das Strafgesetzbuch der DDR: 1968, 12. Januar

*Vertreibung bei besonders schweren Folgen: Todesstrafe*

...

§ 91

*Verbrechen gegen die Menschlichkeit*

(1) Wer es unternimmt, nationale, ethnische, rassische oder religiöse Gruppen zu verfolgen, zu vertreiben, ganz oder teilweise zu vernichten oder gegen solche Gruppen andere unmenschliche Handlungen zu begehen, wird mit Freiheitsstrafe nicht unter fünf Jahren bestraft.

(2) Wer durch das Verbrechen vorsätzlich besonders schwere Folgen verursacht, wird mit lebenslänglicher Freiheitsstrafe oder mit Todesstrafe bestraft.

...

---

*Quelle:*
Gesetzblatt der DDR; Teil I, Nr. 1; S. 23.

## Äußerung 1968, 5. Juli
## Bundeskanzler Kiesingers (CDU) vor einer Pressekonferenz in Bonn:

*Münchner Abkommen politisch »nicht existent«, aber Rechtsposition der Sudetendeutschen zu verhandeln*

...

Warum das Münchner Abkommen null und nichtig sein soll, ist mir schlechterdings unverständlich. Wir kennen die Begleitumstände, unter denen es zustande gekommen ist, und ich billige diese Begleitumstände ganz und gar nicht. Aber in der Geschichte der Völker sind unzählige Abkommen und Verträge unter ähnlichen Umständen zustande gekommen, und niemand hat gedacht zu sagen, deswegen seien sie von Anfang an null und nichtig gewesen. Die politische Aussage scheint mir die wichtigere zu sein, die nämlich, daß für unsere Politik dieses Abkommen politisch nicht existent ist. Wenn dann noch Zweifel übrigbleiben, dann ist es auf der einen Seite die Frage: was bedeutet das für die Rechtsposition unserer Sudetendeutschen? Also ganz schlicht gesagt etwa: Sind sie dann tschechoslowakische Staatsbürger geblieben? Eine solche Möglichkeit ist auszuschließen. Offenbar hat man in Prag gewisse Sorgen wegen des Zeitpunktes, das heißt also, von wann ab betrachten wir dieses Abkommen für politisch nicht mehr praktikabel? Über eine solche Frage läßt sich unschwer unter zwei Seiten, die eine Verständigung erreichen wollen, auch eine solche Verständigung erzielen.

...

*Quelle:*
»Bulletin des Presse- und Informationsamtes der Bundesregierung«; Bonn; Nr. 86 v. 9. 7. 1968; S. 750f.

**Erklärung** **1968, 28. August**
**der Bundesregierung Kiesinger/Brandt**
**zur Lage in der Tschechoslowakei:**
*Invasion rückgängig machen*

1. Die völkerrechtswidrige Invasion der Tschechoslowakei hat deren Souveränität tiefgreifend verletzt und eine schwere internationale Krise hervorgerufen.
   Diese Krise kann infolgedessen nur beendet werden, wenn die Souveränität des tschechoslowakischen Volkes vollständig wiederhergestellt und die Invasion rückgängig gemacht wird.
   Die Bundesregierung hofft, daß diese Erkenntnis sich auch in der Führung der Sowjetunion durchsetzen wird.
2. Die Sicherheit der Bundesrepublik Deutschland ist durch das Nordatlantische Bündnis gewährleistet, das in der Lage ist, Freiheit und Sicherheit aller seiner Mitglieder wirksam zu verteidigen.
3. Die Vorgänge in Osteuropa haben gezeigt, daß es mehr denn je notwendig ist, rücksichtslose Machtpolitik durch eine dauerhafte Friedensordnung zu ersetzen, die allen europäischen Staaten Sicherheit verbürgt. Die Bundesregierung wird daher ihre bisherige realistische und illusionslose Arbeit für eine europäische Friedensordnung fortsetzen.
4. Diese Politik kann ohne gefährliches Risiko und mit der Aussicht auf Erfolg nur geführt werden auf der festen Grundlage der Europäischen Gemeinschaft und des Atlantischen Bündnisses.
   Die Bundesregierung wird dafür eintreten, daß diese Fundamente der deutschen, europäischen und alliierten Politik verstärkt werden.
5. Die Bundesregierung bekräftigt ihre Entschlossenheit, auf dem Wege zu einer Friedensordnung alle offenen oder strittigen Fragen unter Verzicht auf Gewalt ausschließlich mit friedlichen Mitteln durch Verhandlungen zu lösen.

*Quelle:*
»Bulletin des Presse- und Informationsamtes der Bundesregierung; Bonn; Nr. 106 v. 29. 8. 1968; S. 905.

**Entschließung** **1968, 25. September**
**des (5.) Deutschen Bundestages:**
*Aussöhnung mit den Völkern der ČSSR*

9. Der Deutsche Bundestag bekräftigt die Erklärung der Bundesregierung vom 13. Dezember 1966 [1] über unseren Willen zur Aussöhnung und zum friedlichen Zusammenleben des deutschen Volkes mit dem polnischen Volke und mit den Völkern der ČSSR.

...

*Anmerkung:*
[1] Zum Text: Siehe S. 360.

*Quelle:*
»Bulletin des Presse- und Informationsamtes der Bundesregierung«; Bonn; Nr. 123 v. 1. 10. 1968; S. 1068.

**Artikel** **1968, 17. November**
**von Staatssekretär (im Auswärtigen Amt) Gerhard Jahn (SPD):**
*Heimat- und Selbstbestimmungsrecht mit Auseinandersetzung um Münchner Abkommen nicht vermengen*

...

Es geht bei unserer Friedenspolitik nicht nur um Grenzfragen. Unser Verhältnis zu unseren östlichen Nachbarn wirft weitere Fragen auf. So steht im Verhältnis zur ČSSR die Frage des Münchner Abkommens. Beide Seiten müssen an einer sauberen Klärung der damit verbundenen Probleme arbeiten. Zunächst muß allgemein festgestellt werden: Wir haben keine territorialen Forderungen gegenüber irgend jemanden.
Das hat die Bundesregierung wiederholt feierlich versichert. Das gilt auch gegenüber der ČSSR. Das Münchner Abkommen ist nach Auffassung der Bundesregierung nicht mehr gültig, d. h. es ist ungültig. Alle ehemaligen Signatarstaaten haben sich von dem Abkommen losgesagt, nachdem offenkundig geworden war, daß Hitlers Politik auf die Zerstörung des tschechoslowakischen Staates gerichtet war.

...

Die Bundesregierung verurteilt jede Unrechtspolitik – nicht, weil Deutschland den Krieg verloren hat, sondern weil die Geschichte lehrt, daß aus Unrecht kein Friede erwachsen kann.
Deshalb ist es falsch und gefährlich, so wichtige Fragen wie die des Rechtes auf Heimat und auf Selbstbestimmung mit der Auseinandersetzung um das Münchner Abkommen zu vermengen. Die völkerrechtliche Durchsetzung dieser Rechte ist eine viel zu ernste und schwierige Frage, als daß wir auch nur Bezug nehmen dürften auf etwas, das in der ganzen Welt als Unrecht angesehen wird. Es geht nicht an, daß wir uns durch derartige Argumentationen um unsere Glaubwürdigkeit bringen lassen – hinsichtlich unserer Friedenspolitik wie unseres Bemühens um Recht und Gerechtigkeit zwischen den Nationen, wozu die Anerkennung von Selbstbestimmungs- und Heimatrecht gehört.
Wir betrachten den Unterschied zwischen dem Standpunkt der Bundesregierung, die das Münchner Abkommen als ungültig betrachtet, und dem Standpunkt der tschechoslowakischen Regierung, die das Abkommen für von Anfang an nichtig hält, nicht als politisches Problem, sondern als eine Frage der Rechtsfolgen. Die Bundesregierung ist sich ihrer Obhutspflicht gegenüber den Sudetendeutschen bewußt und nimmt sie ernst.
Eine rückwirkende Nichtigkeitserklärung setzt nach unserer Auffassung eine Einigung mit der tschechoslowakischen Regierung voraus, die nachteilige Rechtsfolgen für die betroffe-

nen Personen ausschließt. Wir sind zu Gesprächen hierüber bereit, denn, so heißt es bereits in der Regierungserklärung vom 13. Dezember 1966, »der Bundesregierung liegt daran, dieses trübe Kapitel der Geschichte unserer Völker zu beenden und ein Verhältnis vertrauensvoller Nachbarschaft herzustellen«.
Es geht um einvernehmliche Lösungen der strittigen Fragen. Der starke Versöhnungswille des deutschen Volkes, zu dem sich auch die Vertriebenen bekennen, muß auch politisch wirksam werden.

---

*Quelle:*
»Bulletin des Presse- und Informationsamtes der Bundesregierung«; Bonn; Nr. 138 v. 19. 11. 1968; S. 1288.

**Verfassungsgesetz** **1969, 1. Januar**[1]
**der ČSSR über die rechtliche Stellung nationaler Minderheiten:**
*Theoretisches*[2] *»Recht auf Bildung in der Muttersprache«*
*auch für (erstmals erwähnte*[3]*) Deutsche*

Art. 1.
Die Tschechoslowakische Sozialistische Republik gewährleistet im Geiste des Grundsatzes der Gleichberechtigung zwischen Nationen und Nationalitäten der magyarischen, deutschen, polnischen und ukrainischen Nationalität die Möglichkeiten und Mittel einer allseitigen und gleichberechtigten Entwicklung.

Art. 2.
1. Die Nationalitäten sollen im Verhältnis zu ihrer Zahl in politischen Organen, Vertretungskörperschaften und in den übrigen Staatsorganen vertreten sein; sie sollen im wirtschaftlichen und kulturellen Leben eine gleichberechtigte Stellung haben.
2. Durch besondere Gesetze des Tschechischen Nationalrats[4] und des Slowakischen Nationalrats wird bestimmt, bei welchen Vertretungskörperschaften und Vollzugsorganen besondere Organe geschaffen werden, welche die Verwirklichung der Rechte der Nationalitäten sichern und in dem durch das Gesetz bestimmten Umfang selbständig über ihre spezifischen Interessen entscheiden werden.

Art. 3.
Den Bürgern magyarischer, deutscher, polnischer und ukrainischer Nationalität werden im Umfang und unter den vom Gesetz festgesetzten Bedingungen folgende Rechte gewährleistet:
- das Recht auf Bildung in der Muttersprache[2],
- das Recht auf Erhaltung des Kulturlebens,
- das Recht, die Muttersprache im Verkehr mit Ämtern und anderen staatlichen Organen anzuwenden,
- das Recht, sich in nationalen gesellschaftlich-kulturellen Organisationen zusammenzuschließen,
- das Recht, periodische und nichtperiodische Zeitschriften herauszugeben und die Massenkommunikationsmittel zu benützen.

Art. 4.
1. Jeder Bürger entscheidet frei nach eigener Überzeugung über seine Nationalität.[5]
2. Verboten sind alle Formen von Zwangsmitteln, die auf Entnationalisierung gerichtet sind.[6]

3. Die Angehörigkeit zu jeder beliebigen Nationalität darf keinem Bürger zum Schaden gereichen.

. . .[3]

*Anmerkungen:*

[1] Datum des Inkrafttretens. Beschlossen am 27. 10. 1968.

[2] Tatsächlich: Weiterhin keine einzige deutsche Schule in der ČSSR. Die bedrängte Lage (siehe S. 341 ff.) blieb insgesamt unverändert.

[3] Durch Art. 6 wurde der Artikel 25 der Verfassung vom 11. 7. 1960 (siehe S. 339) aufgehoben.

[4] 18. 2. 1970: Erlaß eines Gesetzes zur Bildung eines Nationalitätenrates: 16 Mitglieder, davon 3 Deutsche.

[5] Siehe den Gesetzentwurf der SdP vom 27. 4. 1937 über Volkszugehörigkeit; S. 192 ff.

[6] Vergleichbar mit § 134 der ČSR-Verfassung vom 29. 2. 1920; siehe S. 141.

*Quelle:*

Bohmann, Alfred: »Menschen und Grenzen«; Bd. 4; Köln, 1975; S. 487 f.

**Entschließung**[1] **1969, 18. April**
**eines außerordentlichen Parteitages der SPD:**
*Münchner Abkommen – ohne weitere Nachteile für Betroffene – auszulöschen*

. . .

4. Die SPD setzt sich in Bundesregierung und Bundestag dafür ein, daß

. . .

das unter Androhung von Gewalt zustande gekommene Münchener Abkommen, das von Anfang an ungerecht war und ungültig ist, ausgelöscht wird durch vertragliche Regelungen, die ein für allemal jede auf die Zerstörung des tschechoslowakischen Staatsverbandes gerichtete Politik unmöglich machen.
Dabei wird es auch darum gehen, in Erfüllung der Obhutspflicht[2] gegenüber den Vertriebenen dafür zu sorgen, daß den von den Folgen des Münchener Abkommens und der Nachkriegszeit betroffenen Menschen keine weiteren Nachteile entstehen.

. . .

*Anmerkungen:*

[1] Der als Antrag A 273 eingebrachte Text des Parteivorstandes wurde vom Außerordentlichen Parteitag einstimmig angenommen.

[2] Bezug auf die sog. Obhutserklärung vom 14. 7. 1950; siehe S. 315.

*Quelle:*

»Außerordentlicher Parteitag der Sozialdemokratischen Partei Deutschlands vom 16.–18. April 1969 in der Stadthalle von Bad Godesberg – Protokoll der Verhandlungen – Anträge«; o. O.; o. J.; S. 490 ff.

**Entschließung** **1969, 19. April**
**des Bundesvorstandes der Sudetendeutschen Landsmannschaft:**
*SPD-Parteitagsbeschluß vom 18. 4. 69 »unannehmbar«*

Der außerordentliche Parteitag der SPD hat in Bad Godesberg eine Resolution[1] gefaßt, in der es heißt, daß »das unter Androhung von Gewalt zustande gekommene Münchner Abkommen, das von Anfang an ungerecht war und ungültig ist, ausgelöscht wird durch vertragliche Regelungen, die ein für allemal jede auf die Zerstörung des tschechoslowakischen Staatsverbandes gerichtete Politik unmöglich machen«.
Der Bundesvorstand der Sudetendeutschen Landsmannschaft anerkennt, daß der Parteitag der SPD neben dieser Formulierung sich für die Obhutspflicht gegenüber den Vertrie-

benen aussprach und dafür sorgen will, »daß den von den Folgen des Münchner Abkommens und der Nachkriegszeit betroffenen Menschen keine Nachteile entstehen«.
Gleichwohl stellt er fest, daß die obengenannte Resolution – ebenso wie ähnliche Erklärungen aus den Reihen anderer Parteien – für die Sudetendeutsche Landsmannschaft unannehmbar ist. Sie widerspricht der historischen Wahrheit wie auch den rechtlichen Gegebenheiten. Wenn etwas von Anfang an ungerecht war, dann ist es die Behandlung der Deutschen Böhmens, Mährens und Schlesiens gewesen, die 1918 unter Bruch des Selbstbestimmungsrechtes in einen Staat gezwungen wurden, den sie nicht wollten und der die Slowaken, Magyaren, Polen und andere Volksgruppen zu Minderheiten degradierte.
Man kann sich nicht zum Selbstbestimmungsrecht für alle Deutschen bekennen, dennoch aber Unrechtstatbestände, die Millionen Deutschen dieses Recht verweigerten, stillschweigend übergehen oder in das Gegenteil umwandeln.
Der Bundesvorstand der Sudetendeutschen Landsmannschaft erinnert in diesem Zusammenhang an den 4. März 1919[2]. Damals demonstrierten eine halbe Million Sudetendeutsche unter Initiative der Sozialdemokratischen Partei für dieses Recht. Unter den Gewehrkugeln tschechischer Okkupanten erlitten sie ungefähr so viele Opfer an Toten und Verwundeten wie die Tschechen 1968 im Zeichen der sowjetischen Invasion.
Die Sudetendeutsche Landsmannschaft hat sich in Kenntnis der »Böhmischen Tragödie« und im freien Selbstverständnis nach dem 21. August 1968 hinter das Freiheitsanliegen der Tschechen und Slowaken gestellt. Sie tut es auch heute im Hinblick auf die jüngsten Ereignisse in Prag. Die von ihr angesprochene Möglichkeit einer partnerschaftlichen Wiederbegegnung mit dem tschechischen Volk wird durch die zitierte Resolution des SPD-Parteitages indes eher erschwert als erleichtert.
Die Sudetendeutsche Landsmannschaft tritt für eine Partnerschaft auf freier Selbstbestimmung zwischen dem deutschen Volk und seinen östlichen Nachbarn ein und glaubt, daß diese Überzeugung auch dem Godesberger Programm der SPD[3] entspricht. Eine solche Partnerschaft ist indes nur auf der Grundlage der Selbstachtung möglich.

*Anmerkungen:*
[1] Siehe den vorhergehenden Beleg.
[2] Siehe S. 128f.
[3] Siehe S. 37.

*Quelle:*
»Sudetendeutsche Zeitung« *(Wochenzeitung)*; München, 25. 4. 1969.

**Politisches Programm des Tschechischen Nationalausschusses[1, 2]:** **1969, 17. Mai**
*Vertreibung rückgängig machen*

*Nach einer Analyse der Vergangenheit wird festgestellt, daß eine bloße Rückkehr zu den Verfassungsgesetzen der ČSR von 1920 wegen der zwischenzeitlichen Entwicklung der slowakischen Frage nicht möglich sei. Methodisch erfolgt dann folgende Feststellung:*

». . . Keine Exilorganisation hat das Recht, dem Volk zu Hause eine politische oder soziale Verfassung vorzuschreiben, die sie sich ausgedacht hat und die sie der Nation aufzwingen will. Sie darf daher nur ein Programm ausarbeiten, dessen Annahme sie der Nation empfehlen kann. Der Tschechische Nationalausschuß legt deshalb diese Anleitung für einen Weg in eine bessere Zukunft vor . . .«

*In diesem Sinne wurden dann Grundprinzipien eines freiheitlich-demokratischen Rechtsstaates als politisches Programm entwickelt. Zur sudetendeutschen Frage heißt es:*

». . . Neben den Tschechen und Slowaken bewohnen das Gebiet der Republik in den böhmischen Ländern Deutsche und Polen, in der Slowakei Magyaren, Deutsche und Ukrainer. In einem Rechtsstaat müssen alle volle und gleiche Bürgerrechte haben. Die neue Verfassung muß demokratisch entstehen und verkündet werden, u. zw. unter Mitwirkung aller Staatsbürger. Sie darf nicht aufgezwungen werden. Der Zwang ist die Wurzel für den Ausbruch unzufriedener politischer Kräfte. In den gesetzgeberischen Bereichen muß eine Majorisierung der nationalen Gruppen und Minderheiten, die ihre kulturelle und politische Existenz bedroht, vermieden werden. Nur auf diese Weise wird die Republik tatsächlich ein gemeinsamer Staat aller, und sie erwirbt damit das Recht, von allen ihren Bürgern ungeteilte Loyalität und Zuneigung zu verlangen.
Ein beträchtlicher Teil der Angehörigen nationaler Gruppen wurde nach dem Kriege rücksichtslos und kollektiv vertrieben. Ihre Rückkehr soll auf Grund demokratischer, gerechter und anständiger Vereinbarungen mit den rechtsgültigen Vertretern der Vertriebenen geregelt werden. Die Verhandlungen müssen geführt werden im Geiste der Verträge der Vereinten Nationen, die in der Welt-Deklaration über die Menschenrechte [3] zum Ausdruck kommen, im Geiste der Konvention über wirtschaftliche, soziale und kulturelle Rechte [4] und im Geiste des Europäischen Vertrages über den Schutz der Menschenrechte und der Grundfreiheiten [5] sowie der Europäischen Sozial-Charta. Man kann mit Sicherheit annehmen, daß alle diese internationalen Verträge von der Republik nach Wiederherstellung der vollen staatlichen Souveränität der Republik und nach ihrer Eingliederung in die westeuropäische Zivilisation, wohin sie im Geiste der alten tschechischen und republikanischen Tradition schon immer gehörte, angenommen werden.
. . .

*Anmerkungen:*
[1] Zum Tschechischen Nationalausschuß in London: Siehe S. 316.
[2] Das Programm wurde in Forchheim veröffentlicht.
[3] Vom 10. 12. 1948; siehe S. 21ff.
[4] Vom 19. 12. 1966; siehe S. 46ff.
[5] Vom 4. 11. 1950 und 16. 9. 1963; siehe S. 26ff., 45.

*Quelle:*
Vervielfältigte Beschlußunterlage.

## Regierungserklärung von Bundeskanzler Brandt (SPD): **1969, 28. Oktober**

*Ankündigung »neuer Ostpolitik«*

. . .
In Fortsetzung der Politik ihrer Vorgängerin erstrebt die Bundesregierung gleichmäßig verbindliche Abkommen über den gegenseitigen Verzicht auf Anwendung oder Androhung von Gewalt. Die Bereitschaft dazu gilt – ich darf es wiederholen – auch gegenüber der DDR. Ebenso unmißverständlich will ich sagen, daß wir gegenüber der uns unmittelbar benachbarten Tschechoslowakei zu den Abmachungen bereit sind, die über die Gegenwart hinausführen.
. . .

*Quelle:*
»Bulletin des Presse- und Informationsamtes der Bundesregierung«; Bonn; Nr. 132 v. 29. 10. 1969; S. 1125.

**Kurzbericht** **1969–1974**

**Die neue deutsche Ostpolitik:**

*Zusammenhänge in zeitlicher Abfolge*

*Vorbemerkung:*

*1. Eine Dokumentensammlung stellt ihren thematischen Sachverhalt grundsätzlich durch (ggf. gekürzte) Einzeldokumente dar. Dabei können beträchtliche Erkenntnis- und Verständnisprobleme entstehen, wenn der Sachverhalt in komplexer Abhängigkeit zu anderen Entwicklungslinien steht und diese Abhängigkeit (noch) nicht allgemein bekanntes Grundwissen darstellt.*

*Beispiel 1: Die Entwicklung der Sudetenfrage von etwa 1933 bis 1938 ist ohne Beachtung der generellen Politik der nationalsozialistischen Führung des Deutschen Reiches nicht voll zugänglich. Dies kann jedoch heute als bekannt vorausgesetzt werden.*

*Beispiel 2: Im Gegensatz dazu scheint es (noch) nicht zulässig, die – natürlich nun erkenntnismethodische – Einbettung der Entwicklung zum Prager Vertrag vom 20. 6. 1973[1] in die »neue deutsche Ostpolitik« vergleichbar vorauszusetzen.*

*2. Der nachfolgende Zeit- und Sachraster soll daher in geraffter Form vor allem aufzeigen:*

*– Zwischen 1969 und 1975 stand die (für die Sammlung wichtige) Entwicklungslinie zum Prager Vertrag im Schlagschatten weltpolitischer Zusammenhänge und bedeutsamer innerdeutscher Ereignisse und Entwicklungen.*

*– Die Probleme des späteren Prager Vertrages wurden zwar 1969 ziemlich zeitgleich mit anderen Fragen aufgegriffen, jedoch zeitlich zuletzt abgeschlossen.*

*3. Darüber hinaus sollte beachtet werden:*

*– Es gab bereits vor 1969 bedeutsame Ansatzpunkte zur neuen deutschen Ostpolitik von deutscher[2] und sowjetischer[3] Seite.*

*– Die Darstellung schließt zwar mit der »In-Kraft-Setzung« der Verträge für die Bundesrepublik Deutschland ab.*

*Das Bundesverfassungsgericht beschäftigte sich jedoch anschließend mit verschiedenen Verträgen und erklärte sie entweder aus aufgeführten Gründen mit dem Grundgesetz vereinbar oder wies die Beschwerden gegen sie zurück:*

*Den Vertrag mit der UdSSR (Moskauer Vertrag) und mit Polen (Warschauer Vertrag) am 7. 7. 1975, den Grundvertrag mit der DDR am 21. 7. 1973 und den Vertrag mit der ČSSR (Prager Vertrag) am 11. 7. 1974 und 25. 1. 1977.[4]*

*4. Wesentlich erscheint auch, die Argumente der Diskussion innerhalb der Bundesrepublik Deutschland mit dem Eindruck zu kommentieren, den die gesamte Politik außerhalb des Geltungsbereichs des Grundgesetzes machte.[5]*

---

*Anmerkungen und Quellen:*

Quellen der »Zeitlichen Abfolge«:

Zündorf, Benno: »Die Ostverträge«; München 1979 und eigenes Archivmaterial.

[1] Siehe S. 381 f.

[2] Siehe S. 351.

[3] Siehe S. 362 f.

[4] Siehe S. 335 f., 362 f.

[5] Zu einem Versuch: Siehe S. 431 ff.

**DIE ZEITLICHE ABFOLGE**

| | BUNDESREPUBLIK DEUTSCHLAND: STAATSPOLITIK | 4 MÄCHTE: BERLIN-ABKOM. | BUNDESREPUBLIK DEUTSCHLAND UND ... | | | | | | |
|---|---|---|---|---|---|---|---|---|---|
| | | | ... UdSSR | ... POLEN | ... DDR: VERKEHRS-. VERTRAG | ... DDR: GRUND-VERTRAG[6] | ... UN-MIT-GLIEDSCHAFT (auch DDR)[6] | ... ČSSR | |
| 1969 | 21. 10.: Regierung Brandt/Scheel I: 254 Abgeordnete (CDU/CSU Opp. 242) | 6. 8.: VV-West<br>12. 9.: VV-UdSSR | | | | | | | 1969 |
| | | | ← 28. 10.: Regierungserklärung von Bundeskanzler Brandt[7] → | | | | | | |
| | | | 15. 11.: VV-D | 25. 11.: VV-D | | | | | |
| 1969 | | | | | | | | 10. 12.: VV-D | 1969 |
| 1970 | | | 31. 1.: GB | 5. 2.: GB | | | | 14. 1.: VV-ČSSR | 1970 |
| | | 26. 3.: GB | | | 19. 3.: Treffen Erfurt<br>12. 5.: Treffen Kassel | | | | |
| | | | ← 22. 5.: Bahr-Papier[8] → | | | | | | |
| | | | 26. 7: VB<br>12. 8: Unterzeichn. | 2. 11.: VB<br>7. 12.: Unter-zeichn. | 27. 11.: GB | | | 13. 10: GB | |
| 1970 | | | | | | | | | 1970 |
| 1971<br>1971 | | 5. 2.: VB<br>3. 9.: Unterzeichnung | | | | | | | 1971<br>1971 |
| 1972 | 27. 4.: Konstrukt. Mißtrauensvotum: (248 : 248 : 0) | 3. 6.: In Kraft | 17. 5.: Billigung Bundestag 248 : 10 : 238[9] 248 : 17 : 231 Gem. Entschl.[9] 491 : 5 : 0<br>3. 6.: Verträge in Kraft | | 16. 1.: VB<br>26. 5.: Unterz.<br>22. 9.: 473 : 0 : 9<br>17. 10.: In Kraft | 15. 6.: GB<br>16. 8.: VB<br>21. 12.: Unterz. | | | 1972 |
| 1972 | 21. 9.: Vertrauensfrage: 233 : 248 : 0<br>19. 11.: Wahlen: Regierung Brandt/Scheel II: 272 Abgeordnete (CDU/CSU Opp. 224 Abgeordnete) | | | | | | | | 1972 |

| | | | | | | |
|---|---|---|---|---|---|---|
| 1973 | | | 11. 5.: 268 : 217 : 0<br>21. 6.: In Kraft | 11. 5.: 364:121:0<br>10. 6.: In Kraft | 7. 5.: VB<br>20. 6.: Paraphie-rung[10]<br>11. 12.: Unterz.[11] | 1973 |
| 1973 | | | | | | 1973 |
| 1974 | 6. 5.: Rücktritt Bundeskanzler Brandt (Spion Guilleaume)<br>16. 5.: Regierung Schmidt/ Scheel | | | | 20. 6.: 232:190:0<br>1. 7.: Einspr. B'Rat<br>10. 7.: ZW 62:167:0<br>19. 7.: In Kraft | 1974 |
| 1974 | | | | | | 1974 |

**VV** = **V**erhandlungs**v**orschlag
**GB** = **G**esprächs**b**eginn
**VB** = **V**erhandlungs**b**eginn
**ZW** = **Z**urück**w**eisung Bundesratseinspruch durch Bundestag
Zahlen = Bundestagsabgeordnete: Ja : Nein : Enthaltungen

[6] Durch den auf Initiative der BR Deutschland entstandenen Grundvertrag wurde der Weg für die UN-Mitgliedschaft und die damit zusammenhängende internationale Anerkennung der DDR freigemacht: Bis 1971 war die DDR nur von den Satellitenstaaten der UdSSR und mit ihnen verbundenen Staatsgebilden der sog. Dritten Welt anerkannt worden (insgesamt ca. 30). In den Jahren 1972–1975 folgten fast 90 Anerkennungen; die Teilung Rest-Deutschlands wurde international zur Kenntnis genommen.

[7] Zum Text: Siehe S. 372.

[8] Zum Text: Siehe S. 376.

[9] Zum Text: Siehe S. 379f.

[10] Zum Text: Siehe S. 381f.

[11] Zum Text dabei auch unterzeichneter Zusatzdokumente: Siehe S. 390f.

**Vorschlag**[2] **1970, Frühjahr**[1]
**von Staatssekretär (im Auswärtigen Amt) Egon Bahr (SPD)**
**für ein Gesamtkonzept der Ostverträge**
(Sog. Bahr-Papier[2]):
*Mit der Ungültigkeit des Münchner Abkommens verbundene Fragen*

...

8. Zwischen der Regierung der Bundesrepublik Deutschland und der Regierung der Union der Sozialistischen Sowjetrepubliken besteht Einvernehmen darüber, daß die mit der Ungültigkeit des Münchner Abkommens verbundenen Fragen in Verhandlungen zwischen der Bundesrepublik Deutschland und der Tschechoslowakischen Sozialistischen Republik in einer für beide Seiten annehmbaren Form geregelt werden sollen.

...

*Anmerkungen:*
[1] Die Gespräche des Staatssekretärs Bahr in Moskau dauerten (mit Unterbrechungen) vom 30. 1. bis 22. 5. 1970.
[2] Unter diesem Stichwort ist eine Unterlage zu verstehen, die Ausgangspunkte für die Detailverhandlungen der einzelnen Ostverträge festschrieb. Ihre Existenz wurde regierungsseitig zunächst bestritten.

*Quelle:*
Zündorf, Benno: »Die Ostverträge«; München, 1979; S. 47.

**Entschließung** **1970, 5. September**
**des Bundesvorstandes der (sudetendeutschen) Seliger-Gemeinde:**
*Münchner Abkommen nicht von Anfang an ungültig*

...

Der Bundesvorstand erneuert seine Erklärung, daß das Münchner Abkommen nicht ›von Anfang an‹ als ungültig betrachtet werden kann. Die sudetendeutschen Sozialdemokraten waren ein Opfer dieses von Hitler erzwungenen Vertrages; Zehntausende ihrer Anhänger büßten nach München ihren Einsatz für die Demokratie mit Verfolgung und Konzentrationslager, Tausende mußten den harten Weg ins Exil beschreiten. Die Seliger-Gemeinde wird nie ihre Zustimmung zu einer Geschichtsfälschung geben.

...

*Quelle:*
Vervielfältigte Entschließungsunterlage.

**Memorandum** **1970, 16. Oktober**
**der Sudetendeutschen Landsmannschaft**
**für Bundeskanzler Brandt (SPD)**[1]:
*Sudetenfrage bis zum Friedensvertrag offen*

1. Die »Sudetendeutsche Landsmannschaft« als die legitimierte freigewählte Vertretung der sudetendeutschen Volksgruppe tritt im Geiste der Charta der Vertriebenen[2] und des Wiesbadener Abkommens aus dem Jahre 1950[3] für die Aussöhnung und Wiederbegegnung mit den Nachbarvölkern ihres Heimatraumes auf der Basis des Rechts ein. Ein Europa der Partnerschaft freier Völker und Volksgruppen ist dabei ihr erstrebenswertes Leitbild. Dieses Europa soll nach den Grundsätzen des Völkerrechts, der Menschen- und

Freiheitsrechte sowie eines neu zu entwickelnden Volksgruppenrechts gestaltet sein. Es wäre u. a. eine Aufgabe der sog. Friedensforschung, diese Grundsätze zu erarbeiten.

2. Verhandlungen mit der Tschechoslowakei sollten eine bessere nachbarschaftliche Kooperation ermöglichen. Abmachungen zwischen Bonn und Prag könnten folgende Gegenstände betreffen:
   a) Bestandsaufnahme und Überprüfung der zwischen beiden Staaten bestehenden Streitfragen;
   b) Bestandsaufnahme der bestehenden zweiseitigen Vereinbarungen und der gemeinsamen Bindungen beider Staaten an multilaterale Verträge;
   c) Versuch, die Wiederanwendung zweiseitiger Verträge zu vereinbaren (z. B. Schiedsabkommen von Locarno v. 16. Oktober 1925);
   d) Abschluß von Vereinbarungen über Zusammenarbeit auf allen Gebieten, die von praktischer Bedeutung für die Verbesserung der Beziehungen sind. So sollten die Möglichkeiten gegenseitiger Behördenhilfe bei der Feststellung sozialrechtlicher sowie wirtschaftlicher Tatbestände (Rentenbescheide, Spareinlagen usw.) ebenso erörtert werden wie menschliche Probleme, die mit dem Status der in der Heimat verbliebenen Deutschen sowie derer, die sich um eine Aussiedlung in die Bundesrepublik bemühen, zusammenhängen.
   e) Eine Aussiedlung von Sudetendeutschen aus der Tschechoslowakei gegen ihren Willen darf nicht erfolgen. Die Menschen- und Freiheitsrechte der noch in der Tschechoslowakei lebenden Sudetendeutschen sind im Rahmen eines Volksgruppenrechtes sicherzustellen.
   f) Gegenseitige Erklärung, wonach beide Staaten sich in ihren Beziehungen jetzt und künftig ausschließlich an die in Art. 2 und 33 Abs. 1 der UNO-Satzung[4] enthaltenen Grundsätze halten werden und übereinkommen, daß zur gerichtlichen Entscheidung von Streitigkeiten der Internationale Gerichtshof in Den Haag in Betracht kommt, soweit nicht auf Grund anderweitiger vertraglicher Vereinbarung ein anderes Gericht ausdrücklich bestimmt ist.
   (Gegenseitige Erklärung nach Art. 36 Abs. 2 der Satzung des Internationalen Gerichtshofs.)

3. Im Hinblick auf die staats- und völkerrechtliche Problematik vertritt die sudetendeutsche Seite die Anschauung, daß die Grundrechte der im Sudetengebiet beheimateten Menschen unabhängig von der Frage gültig sind, zu welchem Staatsvertrag diese Gebiete gehörten bzw. gehören.

4. Vor und nach dem Münchner Abkommen[5] ist 1938 durch Vereinbarungen, an denen die Tschechoslowakei beteiligt war, über die Zugehörigkeit der sudetendeutschen Gebiete zum Deutschen Reich entschieden worden[6]. Solange diese erfüllten Vereinbarungen nicht durch neue völkerrechtlich gültige Vereinbarungen ersetzt werden, ist die völkerrechtliche Zugehörigkeit der Sudetengebiete eine offene Frage. Sie kann nur durch einen Friedensvertrag mit einer gesamtdeutschen Regierung unter Berücksichtigung des Selbstbestimmungsrechts gelöst werden.
   Die Anwendung des Selbstbestimmungsrechts, d. h. des Rechtes der Völker und Volksgruppen, ihren politischen, wirtschaftlichen, kulturellen und sozialen Status frei zu bestimmen[7], bedeutet im vorliegenden Fall, daß über das Schicksal der Sudetendeutschen und ihres Gebietes nicht ohne ihre ausdrückliche Zustimmung verfügt werden darf.

5. Die Feststellung, wonach die Bundesrepublik Deutschland keine territorialen Forderungen an die Tschechoslowakei erhebt, schließt das Heimat- und Selbstbestimmungsrecht der Sudetendeutschen nicht aus. Sie kann den sonstigen zivil- und öffentlich-rechtlichen Status der Sudetendeutschen als deutsche Staatsangehörige in keiner Beziehung berühren. Auch kann die Geltungskraft öffentlicher und privater Rechtshandlungen, die zwischen 1938 und 1945 im Vertrauen auf Bestand und Gültigkeit der damals für die Su-

detengebiete maßgeblichen rechtlichen Ordnung vorgenommen worden sind, nicht in Frage gestellt werden.

6. Die Vertreibung hat die Heimat-, Menschen- und Freiheitsrechte der Sudetendeutschen verletzt. Eine Regelung der sich daraus ergebenden Fragen darf nicht im Widerspruch stehen
   a) zum völkerrechtlichen Verbot der Zwangsaussiedlung (Art. 6 der Satzung des Internationalen Militärgerichtshofs von Nürnberg)[8], das u. a. durch das Weltabkommen zur Verhinderung der Verjährung von Kriegsverbrechen und Verbrechen gegen die Menschlichkeit (Anlage zur UNO-Vollversammlung Entschl*(-ießung)* vom 26. November 1968, Nr. 2391 – XXIII, Art. 1)[9] umfassend in Geltung gesetzt werden soll;
   b) zum völkerrechtlichen Verbot der Zwangsaussiedlung, das für die Bundesrepublik Deutschland gemäß der Art. 3 und 4 des IV. Ergänzungsprotokolls zum Europäischen Abkommen zum Schutz der Menschenrechte und Grundfreiheiten[10] (Genehmigungsgesetz vom 9. Mai 1968, BGBl. II S. 422) partikular bereits in Geltung steht, wobei klargestellt worden ist, daß dieses Verbot nicht etwa durch das Ergänzungsprotokoll selbst vereinbart worden ist, sondern bereits vorher gegolten hat (Ziff. 33 des Sachverständigenberichts ans Europäische Ministerkomitee vom 21. Februar 1963, CM 63–39) und auch dann verletzt wird, wenn der Tatbestand des Vertreibungszustandes – sei es durch dessen Anerkennung als endgültig, sei es durch Infragestellung des seit 1938 gegebenen Rechtsstatus der Sudetendeutschen – sanktioniert würde;
   c) zum Bekenntnis des Bundesverfassungsgesetzgebers zu den unverletzlichen und unveräußerlichen Menschenrechten als Grundlage jeder menschlichen Gemeinschaft, des Friedens und der Gerechtigkeit in der Welt (Art. 1 Abs. 2 GG);
   d) zu ihrem Anspruch auf Entschädigung der durch die Zwangsaussiedlung erlittenen Verluste.

7. Die Sudetendeutschen erwarten daher von der Bundesregierung, daß sie in Ausführung ihrer Obhutspflicht keiner Legalisierung der Vertreibung zustimmt. Eine »Legalisierung« würde u. a. der jüngst gefaßten Entschließung der UNO-Vollversammlung zur zehnjährigen Wiederkehr der »Erklärung über die Verselbständigung kolonialer Gebiete und Völker« (Nr. 2548–XXIV vom 11. 12. 1969)[11] wiedersprechen. Deren § 9 »verurteilt jede Politik . . . der planmäßigen Einschleusung fremder Einwanderer bei gleichzeitiger Vertreibung (›transferring‹), Entfernung und Umsiedlung der eingesessenen Einwohner in andere Gegenden«.
   Da Vertreibungen allgemeinen Grundsätzen des Völkerrechts widersprechen, würde eine »Legalisierung« oder Anerkennung der Vertreibung der Sudetendeutschen als »endgültig« eine Verletzung des Art. 25 GG darstellen.

8. Eine Normalisierung der deutsch-tschechoslowakischen Beziehungen wird weder von den Potsdamer Beschlüssen noch von einer Nichtigkeitserklärung des Münchner Abkommens von Anfang an ausgehen können. Es ist nur eine Lösung denkbar, zu der Sudetendeutsche und Tschechen ja zu sagen vermögen. Sie kann sich nicht aus der nachträglichen Streichung eines völkerrechtlich gültig zustande gekommenen Vertrages und seiner für die Betroffenen wichtigen Rechtsfolgen ergeben.

9. Hinsichtlich dieser Folgen einer Nichtigerklärung des Münchner Abkommens von Anfang an verweisen wir auf die von in- und ausländischen Völkerrechtlern erstellten Gutachten zum Münchner Abkommen (Gutachten zum Münchner Abkommen – Aus dem Blickpunkt allgemeiner Rechtsgrundsätze –, München, Universitätsbuchdruckerei und Verlag Dr. C. Wolf & Sohn, 1967).

10. Der zwischen der Bundesrepublik Deutschland und der Tschechoslowakischen Republik zu schließende Vertrag sollte den Prozeß der Aussöhnung zwischen den Sudetendeutschen und dem tschechischen Volk berücksichtigen bzw. fördern. Dies ist nur mög-

lich, wenn er von den Bemühungen um eine internationale Friedensordnung ausgeht, die dem geltenden Völkerrecht entspricht und einen Beitrag zu seiner Fortbildung im Geiste des Menschenrechtsgedankens liefert.

---

*Anmerkungen:*
[1] Es handelt sich um den Text eines Memorandums, das dem Bundeskanzler von einer Delegation übergeben wurde.
[2] Vom 5. 8. 1950; zum Text: Siehe S. 24f.
[3] Vom 4. 8. 1950; zum Text: Siehe S. 316f.
[4] Vom 26. 6. 1945; zum Text: Siehe S. 16f.
[5] Vom 29. 9. 1938; zum Text: Siehe S. 232ff.
[6] Notenwechsel zwischen Großbritannien und Frankreich einerseits und der Tschechoslowakei andererseits vom 19./21. 9. 1938; zum Text: Siehe S. 222f., 226.
[7] Formulierung der UN-Pakte für Menschenrechte vom 19. 12. 1966; zum Text: Siehe S. 46f.
[8] Vom 8. 8. 1945; siehe S. 17f.
[9] Zum Text der UN-Entschließung 23/2391: Siehe S. 49f.
[10] Vom 16. 9. 1963; zum Text: Siehe S. 45.
[11] Zum Text der UN-Entschließung 24/2548: Siehe S. 50f.

---

*Quelle:*
Sudetendeutsche Landsmannschaft, Bundesverband (Hrsg.): »Sudetendeutsche Rundschau« *(unregelmäßig erscheinende Mitgliederzeitschrift)*; Jg. 10, No. 2; München, Herbst 1970; S. 2.

## Entschließung von Führungskräften der (sudetendeutschen) Ackermann-Gemeinde: — 1971, 24. Januar

*Münchner Abkommen nicht nichtig*

...

Die Ackermann-Gemeinde müßte es für eine Manipulation der geschichtlichen Wahrheit halten, wenn das Münchner Abkommen für null und nichtig erklärt würde. Als tragbar würde sie eine Einigung erachten, die davon ausgeht, daß das Münchner Abkommen nicht mehr gültig ist, und die Verpflichtung der Bundesrepublik Deutschland enthält, aus dem Münchner Abkommen keine territorialen Ansprüche abzuleiten. Das würde erfordern, daß auch die Tschechoslowakei aus ihrer Auffassung keine Rechte gegen Deutschland oder Deutsche geltend macht.
Die Ackermann-Gemeinde ist der Auffassung, daß alle Fragen, die sich aus der völkerrechtswidrigen Vertreibung der Sudetendeutschen ergeben, für eine einvernehmliche Lösung im Geiste der Gerechtigkeit und der Verständigung offen bleiben müssen.

...

---

*Quelle:*
Vervielfältigte Entschließungsunterlage.

## Entschließung[1] des (6.) Deutschen Bundestages zur Abstimmung über die Ostverträge[2] — 1972, 17. Mai

(Sog. Gemeinsame Entschließung):
*Verträge[2] keine Rechtsgrundlage für heutige Grenzen*

...

2. Die Verpflichtungen, die die Bundesrepublik Deutschland in den Verträgen eingegangen ist, hat sie im eigenen Namen auf sich genommen. Dabei gehen die Verträge von den

heute tatsächlich bestehenden Grenzen aus, deren einseitige Änderung sie ausschließen. Die Verträge nehmen eine friedensvertragliche Regelung für Deutschland nicht vorweg und schaffen keine Rechtsgrundlage für die heute bestehenden Grenzen.

3. Das unveräußerliche Recht auf Selbstbestimmung wird durch die Verträge nicht berührt. Die Politik der Bundesrepublik Deutschland, die eine friedliche Wiederherstellung der nationalen Einheit im europäischen Rahmen anstrebt, steht nicht im Widerspruch zu den Verträgen, die die Lösung der deutschen Frage nicht präjudizieren. Mit der Forderung auf Verwirklichung des Selbstbestimmungsrechts erhebt die Bundesrepublik Deutschland keinen Gebiets- oder Grenzänderungsanspruch.
4. Der Deutsche Bundestag stellt fest, daß die fortdauernde und uneingeschränkte Geltung des Deutschlandvertrages [3] und der mit ihm verbundenen Abmachungen und Erklärungen von 1954 sowie die Fortgeltung des zwischen der Bundesrepublik Deutschland und der Union der Sozialistischen Sowjetrepubliken am 13. September 1955 geschlossenen Abkommens von den Verträgen nicht berührt wird.
5. Die Rechte und Verantwortlichkeiten der Vier Mächte in bezug auf Deutschland als Ganzes und auf Berlin werden durch die Verträge nicht berührt. Der Deutsche Bundestag hält angesichts der Tatsache, daß die endgültige Regelung der deutschen Frage im Ganzen noch aussteht, den Fortbestand dieser Rechte und Verantwortlichkeiten für wesentlich.

. . .

*Anmerkungen:*
[1] Zum Abstimmungsergebnis über die Entschließung: Siehe S. 374.
[2] Gemeint sind die Verträge mit der UdSSR vom 12. 8. und Polen vom 7. 12. 1970.
[3] Vom 23. 10. 1954; zu einem Textauszug: Siehe S. 323f.

*Quelle:*
»Das Parlament« *(Wochenzeitschrift)*; Bonn; Jg. 22, Nr. 21/22 v. 20. 5. 1972; S. 13.

## Regierungserklärung von Bundeskanzler Brandt (SPD):

**1973, 18. Januar**

*Münchner Abkommen soll aufhören, das Verhältnis zur ČSSR zu belasten*

. . . Wir werden eine breite Zusammenarbeit auf wirtschaftlichem, wissenschaftlich-technischem und auf kulturellem Gebiet mit den Staaten Osteuropas suchen. Die Bundesregierung wird sich gleichzeitig weiterhin um die Linderung humanitärer Probleme bemühen, die bei der Umsiedlung und Familienzusammenführung noch ungelöst sind, und sie wird jede Möglichkeit zur Verbesserung der menschlichen Kontakte nutzen. Das Gefüge unserer bilateralen Verträge zum Gewaltverzicht, der mit der Sowjetunion zuerst vereinbart wurde, verlangt nach einem Abschluß mit der benachbarten Tschechoslowakischen Sozialistischen Republik. Die Bundesregierung hofft, in absehbarer Zeit eine Vereinbarung erreichen zu können, durch die das Münchner Abkommen aufhört, das Verhältnis der beiden Staaten zu belasten . . .

*Quelle:*
»Archiv der Gegenwart«, vom 18. 1. 1973; S. 17601f.

**Vertrag über die gegenseitigen Beziehungen zwischen der Bundesrepublik Deutschland und der Tschechoslowakischen Sozialistischen Republik** (Sog. Prager Vertrag): **1973, 20. Juni**

»Die Bundesrepublik Deutschland
und die
Tschechoslowakische Sozialistische Republik –

- in der historischen Erkenntnis, daß das harmonische Zusammenleben der Völker in Europa ein Erfordernis des Friedens bildet,
- in dem festen Willen, ein für allemal mit der unheilvollen Vergangenheit in ihren Beziehungen ein Ende zu machen, vor allem im Zusammenhang mit dem Zweiten Weltkrieg, der den europäischen Völkern unermeßliche Leiden zugefügt hat,
- anerkennend, daß das Münchner Abkommen vom 29. September 1938 der Tschechoslowakischen Republik durch das national-sozialistische Regime unter Androhung von Gewalt aufgezwungen wurde,
- angesichts der Tatsache, daß in beiden Ländern eine neue Generation herangewachsen ist, die ein Recht auf eine gesicherte friedliche Zukunft hat,
- in der Absicht, dauerhafte Grundlagen für die Entwicklung gutnachbarlicher Beziehungen zu schaffen,
- in dem Bestreben, den Frieden und die Sicherheit in Europa zu festigen,
- in der Überzeugung, daß die friedliche Zusammenarbeit auf der Grundlage der Ziele und Grundsätze der Charta der Vereinten Nationen dem Wunsche der Völker sowie dem Interesse des Friedens in der Welt entspricht –

sind wie folgt übereingekommen:

Artikel I
Die Bundesrepublik Deutschland und die Tschechoslowakische Sozialistische Republik betrachten des Münchner Abkommen vom 29. September 1938 im Hinblick auf ihre gegenseitigen Beziehungen nach Maßgabe dieses Vertrages als nichtig.

Artikel II
(1) Dieser Vertrag berührt nicht die Rechtswirkungen, die sich in bezug auf natürliche oder juristische Personen aus dem in der Zeit vom 30. September 1938 bis zum 9. Mai 1945 angewendeten Recht ergeben.
Ausgenommen hiervon sind die Auswirkungen von Maßnahmen, die beide vertragsschließenden Parteien wegen ihrer Unvereinbarkeit mit den fundamentalen Prinzipien der Gerechtigkeit als nichtig betrachten.
(2) Dieser Vertrag läßt die sich aus der Rechtsordnung jeder der beiden Vertragsparteien ergebende Staatsangehörigkeit lebender und verstorbener Personen unberührt.
(3) Dieser Vertrag bildet mit seinen Erklärungen über das Münchner Abkommen keine Rechtsgrundlage für materielle Ansprüche der Tschechoslowakischen Sozialistischen Republik und ihrer natürlichen und juristischen Personen.

Artikel III
(1) Die Bundesrepublik Deutschland und die Tschechoslowakische Sozialistische Republik lassen sich in ihren gegenseitigen Beziehungen sowie in Fragen der Gewährleistung der Sicherheit in Europa und in der Welt von den Zielen und Grundsätzen, die in der Charta der Vereinten Nationen niedergelegt sind, leiten.
(2) Demgemäß werden sie entsprechend den Artikeln 1 und 2 der Charta der Vereinten Nationen alle ihre Streitfragen ausschließlich mit friedlichen Mitteln lösen und sich in Fra-

gen, die die europäische und internationale Sicherheit berühren, sowie in ihren gegenseitigen Beziehungen der Drohung oder der Anwendung von Gewalt enthalten.

Artikel IV

(1) In Übereinstimmung mit den vorstehenden Zielen und Grundsätzen bekräftigen die Bundesrepublik Deutschland und die Tschechoslowakische Sozialistische Republik die Unverletzlichkeit ihrer gemeinsamen Grenze jetzt und in der Zukunft und verpflichten sich gegenseitig zur uneingeschränkten Achtung ihrer territorialen Integrität.

(2) Sie erklären, daß sie gegeneinander keinerlei Gebietsansprüche haben und solche auch in Zukunft nicht erheben werden.

Artikel V

(1) Die Bundesrepublik Deutschland und die Tschechoslowakische Sozialistische Republik werden weitere Schritte zur umfassenden Entwicklung ihrer gegenseitigen Beziehungen unternehmen.

(2) Sie stimmen darin überein, daß eine Erweiterung ihrer nachbarschaftlichen Zusammenarbeit auf den Gebieten der Wirtschaft, der Wissenschaft, der wissenschaftlich-technischen Beziehungen, der Kultur, des Umweltschutzes, des Sports, des Verkehrs und ihrer sonstigen Beziehungen in ihrem beiderseitigen Interesse liegt.

Artikel VI

Dieser Vertrag[2] bedarf der Ratifikation und tritt am Tage des Austausches der Ratifikationsurkunden in Kraft,[3] der in Bonn stattfinden soll.

---

*Anmerkungen:*

[1] Datum der Paraphierung.

[2] Gemäß Unterzeichnungsprotokoll vom 11. 12. 1973 wurde gleichzeitig u. a. ein Briefwechsel über humanitäre Fragen ausgetauscht und ein Brief der ČSSR-Regierung über Fragen der Strafverfolgung überreicht; zum Text: Siehe S. 390f.

[3] Am 19. Juli 1974 erfolgt.

---

*Quelle:*

Bundesgesetzblatt Teil II; Bonn, 1974; S. 989ff.

**Reden von ČSSR-Politikern in einer Tagung des Zentralkommittees der KPTs.:** **1973, 6.–12. Juli**

*Münchner Abkommen hat rechtlich nie existiert*

*a) Vasil Bilák, Präsidialmitglied und Sekretär des ZK der KPTs.:*

. . .

Der Vertrag über die gegenseitigen Beziehungen zwischen der ČSSR und der BRD ist ein wahrhaftig historisches Dokument, weil nach 35 Jahren ein Punkt hinter ein Verbrechen gesetzt wird, welches am tschechoslowakischen Volk begangen worden ist.

Die grundlegende Frage der ganzen Verhandlungen mit der BRD war, auf welche Weise in dem vorbereiteten Vertrag die Ungültigkeit des Münchner Diktates, diese Ziellösung, und grundlegende politische Forderung der Tschechoslowakei bei der Regelung und Normalisierung der Beziehungen mit der BRD rechtlich verankert werden soll.

Heute können wir sagen, daß nach schwierigen Verhandlungen, in welchen es notwendig war, anspruchsvolle geschichtliche, politische und international-rechtliche Fragen, welche in der Welt keine Analogie haben, zu lösen, eine Übereinkunft über die Formulierung der Nullität des sogenannten Münchner Abkommens erreicht wurde.

Das sogenannte Münchner Abkommen wird hier in der gleichen Weise verurteilt, in der im Friedensvertrag mit Ungarn aus dem Jahre 1947 die Frage der sogenannten Wiener Arbitrage vom 2. November 1938 gelöst worden war, welche infolge Münchens zur Abtrennung eines Teiles der Slowakei an Horthy-Ungarn geführt hatte, und die ebenfalls als nichtig erklärt wurde. Nach der Regel, welche allgemein im internationalen Recht akzeptiert ist und auch im Artikel 69 der Wiener Vertragsrechts-Konvention bestätigt wurde, hat ein nichtiger Vertrag keine Rechtswirkung, und man betrachtet ihn so, als hätte er nie existiert. Die grundlegende politisch-rechtliche Bedeutung der Nullität des Münchner Diktates liegt absolut eindeutig in der Anerkennung und Bekräftigung der Tatsache, daß die gewaltsam abgetrennten tschechoslowakischen Grenzgebiete nie rechtmäßig zum Deutschen Reiche gehörten.

. . .

*b) Lubomir Strougal, Präsidialmitglied des ZK der KPTs. und Ministerpräsident der ČSSR:*

. . .

Obwohl wir bei den Verhandlungen mit der BRD auf einige Kompromisse eingehen mußten, entsprechen die Gesamtergebnisse den Zielen, die wir uns vorgenommen hatten. Wir haben die Anerkennung der Nullität des Münchner Abkommens und auch seiner ausdrucksvollen moralisch-politischen Verurteilung erreicht. Wir haben keine Formulierung zugelassen, aus der man, sei es auch indirekt, eine rechtliche Anerkennung der territorialen Änderungen der damaligen Tschechoslowakischen Republik hätte ableiten können.

Der neuralgische Punkt in Europa, den das Münchner Abkommen darstellte, steht also nicht mehr einem friedlichen Zusammenleben und einer friedlichen Zusammenarbeit im Wege.

. . .

*c) Partei- und Staatschef Husak:*

Über die positiven Resultate in der Außenpolitik, über die Erfolge der Friedenspolitik der Sowjetunion, über die Ergebnisse des koordinierten Vorgehens der sozialistischen Länder, welches sich ausdrucksvoll besonders in der letzten Zeit manifestierte, sprachen die Genossen Bilak, Strougal und weitere Genossen. Es sind – von einem Blickpunkt vor zwei oder drei Jahren her gesehen – fast unerhörte Erfolge, die zu erreichen gelungen ist und die, wie wir voraussetzen, sich weiter entwickeln werden. Natürlich wird die Entwicklung nicht gradlinig, ohne Widersprüche, sein.

Wir sprachen auch über die Paraphierung des Vertrages mit der Deutschen Bundesrepublik. Wenn wir überlegen, daß es im Herbst 35 Jahre seit dem schändlichen Münchner Diktat gegenüber dem tschechoslowakischen Staat sein werden, durch welches ein schwerer Leidensweg des tschechischen und slowakischen Volkes begonnen hat, und daß diese Frage so viele Jahre lang offen und unlösbar war, so ist es wirklich ein großer Erfolg, wenn es gelungen ist, diese Frage durch eine Annullierung Münchens zu lösen und dadurch die Bedingungen für die Entwicklung normaler Beziehungen zu der Deutschen Bundesrepublik zu schaffen. Es ist auch ein Ergebnis des solidarischen Vorgehens der sozialistischen Länder und der großen Unterstützung seitens der Sowjetunion.

. . .

---

*Quelle:*
»Rude Právo« [Rotes Recht] *(Zentralorgan der KPTs.)*; Prag, 6./12. 7. 1973.

**Erklärung des Sudetendeutschen Rates**[1] **1973, 14. Juli**
**zu dem paraphierten »Vertrag über die gegenseitigen Beziehungen zwischen der Bundesrepublik Deutschland und der Tschechoslowakischen Sozialistischen Republik«:**
*Vertrag gilt nicht für den »Gesamtdeutschen Souverän«*

Der Sudetendeutsche Rat hat sich am 14. Juli 1973 in München mit dem am 20. Juni 1973 in Bonn paraphierten Text des ›Vertrages über die gegenseitigen Beziehungen zwischen der Bundesrepublik Deutschland und der Tschechoslowakischen Sozialistischen Republik‹ befaßt und dabei festgestellt, daß er ebenso wie der dazu gehörende Schriftwechsel in wesentlichen Teilen das Schicksal der aus ihrer Heimat vertriebenen Sudetendeutschen betrifft. Nach seiner Satzung ist der ›Sudetendeutsche Rat‹ legitimiert und verpflichtet, eine Erklärung dazu abzugeben. Im Zeichen der Verantwortung gegenüber der Zukunft und der Achtung vor einer 800jährigen Geschichte des von ihm vertretenen Volksteiles, nehmen wir deshalb wie folgt Stellung:

1. Die Bundesregierung schließt den genannten Vertrag nur für die Bundesrepublik Deutschland ab. Er gilt daher nicht für den Gesamtdeutschen Souverän und läßt die endgültige Regelung der sudetendeutschen Frage offen.
   Die im Artikel IV des Vertrages bekräftigte Unverletzlichkeit der Grenzen und die bekundete Achtung der territorialen Integrität schließt das Heimat- und Selbstbestimmungsrecht der Sudetendeutschen nicht aus.
   Dies ist ein, unabhängig vom Münchner Abkommen des Jahres 1938 und von anderen Verträgen, unabdingbares Menschenrecht. Es kann daher nicht preisgegeben werden.
2. In der Entschließung vom 14. Juli 1950 hat der Deutsche Bundestag gegen die zwischen der Regierung der Tschechoslowakischen Republik und der provisorischen Regierung der Deutschen Demokratischen Republik am 23. Juni 1950 veröffentlichte ›Prager Erklärung‹ Stellung genommen, in welcher die völkerrechtswidrige und unmenschliche Austreibung der Sudetendeutschen als ›unabänderlich, gerecht und endgültig‹ anerkannt wurde. Wir gehen davon aus, daß die Bundesregierung nach wie vor den damals bekundeten feierlichen Einspruch des Deutschen Bundestages gegen die Preisgabe des Heimatrechtes der in die Obhut der Bundesrepublik Deutschland gegebenen Deutschen aus der Tschechoslowakei beachtet und als gültig anerkennt.
3. Nach Überzeugung des Sudetendeutschen Rates darf der Vertrag die Auffassung nicht berühren, daß das Münchener Abkommen von 1938 gültig zustande gekommen ist und dadurch die sudetendeutschen Gebiete Bestandteil des Deutschen Reiches geworden sind.
4. Soweit der Vertrag Gefahren für die Rechtspositionen der Sudetendeutschen und aller Deutschen begründet und die noch ungelösten Probleme der fortbestehenden Sudetenfrage übergeht, legen wir gegen ihn Rechtsverwahrung ein.
5. Nach Auffassung des Sudetendeutschen Rates enthält die Präambel des Vertrages eine falsche Darstellung des geschichtlichen Ablaufes der Entwicklung der Sudetenfrage. Das Münchener Abkommen wurde nicht nur von dem nationalsozialistischen Regime, sondern auch von der Einsicht der englischen und französischen Vertragspartner in das den Sudetendeutschen 1918/1919 angetane Unrecht erzwungen.
6. Die Bundesregierung wird aufgefordert, klarzustellen, daß der Vertrag die Vertreibung der Sudetendeutschen weder legitimiert noch legalisiert.
7. Wir appellieren an die Bundesregierung, in dem vorgesehenen Briefwechsel über humanitäre Angelegenheiten nicht nur die Probleme der Familienzusammenführung verbindlich zu regeln, sondern für die rund hunderttausend in der ČSSR zurückgebliebenen Deutschen Möglichkeiten der kulturellen und sozialen Hilfe sowie der freien Ausreise sicherzustellen.

8. Wir haben den aufrichtigen Wunsch, den aus dem Nationalismus des 19. Jahrhunderts stammenden deutsch-tschechischen Gegensatz zu überwinden. Seit dem im August 1950 in Wiesbaden mit dem Tschechischen Nationalausschuß geschlossenen Übereinkommen sind wir der Überzeugung, daß dies nur auf der Basis gegenseitiger Wahrhaftigkeit und der Beachtung der Menschenrechte möglich ist.
9. Dem Sudetendeutschen Rat liegt ein Memorandum zu dem deutsch-tschechischen Vertrag vor[2]. Er bittet die Bundesregierung, dazu Stellung zu nehmen und ihm diese Stellungnahme[3] noch vor der Unterzeichnung des Vertrages bekanntzugeben.

---

*Anmerkungen:*

[1] Die Erklärung wurde gegen die Stimmen der SPD-Delegation des Sudetendeutschen Rates angenommen.
Die SPD-Delegation hatte nachfolgenden Entwurf vorbereitet, der gegen ihre Stimmen abgelehnt wurde:
»Für die Sudetendeutschen ist der ›Vertrag über die gegenseitigen Beziehungen zwischen der Bundesrepublik Deutschland und der Tschechoslowakischen Sozialistischen Republik‹ Schlußstrich unter eine Entwicklung, in der sie dann vom nationalsozialistischen Regime Deutschlands in einen Krieg hineingezogen wurden. Sie haben diese Entwicklung von 1918 bis 1945 auf besonders leidvolle Art mit der Vertreibung aus ihrer angestammten Heimat bezahlen müssen.
Die Sudetendeutschen hoffen, daß dieser Vertrag für die beiden Staaten und ihre Völker die Grundlage für ein Verhältnis schafft, das trotz aller Unterschiede in der gesellschaftlichen Ordnung aus den Verstrickungen der Vergangenheit herausführt und einen Prozeß der nachbarlichen Aussöhnung einleitet.
Die Sudetendeutschen sind nicht Gegner eines solchen Prozesses, sondern dessen Befürworter. Auch nach der Vertreibung fühlen sich die Sudetendeutschen ihrer angestammten Heimat eng verbunden.
Diese Verbundenheit legt den Sudetendeutschen eine besondere Verpflichtung auf.
Sie sind bereit, ihren Beitrag zu leisten.
Die Sudetendeutschen setzen voraus, daß die Bundesregierung auf die sorgsame Anwendung des Vertrages achtet und in strittigen Fällen, die beim Umfang der vereinbarten Regelung nicht auszuschließen sind, sofort zu Gunsten der Betroffenen eingreift.
Die Sudetendeutschen erwarten von der Bundesregierung, daß sie ihre Obhutspflicht gegenüber den Sudetendeutschen in angemessener Weise erneuert.
Die Sudetendeutschen würden es begrüßen, wenn sich die Regierung der ČSSR zu einer Bekundung entschließen könnte, die das Unrecht der Vertreibung verurteilt und die Sudetendeutschen als aufrichtige Partner in den Bemühungen um einen Brückenschlag zwischen Deutschen wie Tschechen und Slowaken betrachten.
Von der Regierung der ČSSR erhoffen sich die Sudetendeutschen, daß sie es Bürgern und Vereinigungen der Bundesrepublik Deutschland möglich macht, die zwischenmenschlichen Beziehungen zu den deutschen Bürgern der ČSSR individuell und kollektiv herzustellen und auszubauen.
Die Sudetendeutschen wissen, daß die Ausfüllung des Vertrages samt seinen übrigen Dokumenten viel guten Willen auf beiden Seiten voraussetzt. In dem Vertrag sehen die Sudetendeutschen brauchbare Ansätze für eine der Zukunft zugewandten Politik, die mithilft, eine europäische Friedensordnung zu schaffen, die auf Gerechtigkeit und Menschlichkeit beruht.«

[2] Inhaltlich ähnlich dem SL-Memorandum vom 16. 10. 1970; zu diesem Text: Siehe S. 376ff.

[3] Zum Text der Stellungnahme vom 28. 8. 1973: Siehe S. 383ff.

---

*Quelle:*
Eigene Aufzeichnung.

**Erklärung** **1973, 14. Juli**
**der Bundesversammlung der Sudetendeutschen Landsmannschaft:**
*Über Prager Vertrag wird Geschichte hinweggehen*

Die Bundesversammlung der Sudetendeutschen Landsmannschaft hat am 14. 7. 1973 den Text des am 20. Juni 1973 in Bonn paraphierten Vertrages ›über die gegenseitigen Beziehungen zwischen der Bundesrepublik Deutschland und der ČSSR‹ geprüft.

Sie nahm das Memorandum des Referates für rechtliche Grundsatzfragen des Bundesvorstandes vom 8. Juli 1973 zur Kenntnis und billigte die Stellungnahme des Sudetendeutschen Rates vom 14. Juli 1973 zu diesem Vertrag. Die Bundesversammlung erklärt:

1. 1918/19, 1938/39, 1945/48 und 1968 versuchten die jeweiligen Machthaber, das politische Schicksal der im böhmisch-mährisch-schlesischen Raum rechtmäßig ansässigen Menschen zu entscheiden.
   Alle diese Versuche sind gescheitert. Sie mußten scheitern, weil den betroffenen Völkern und Volksgruppen die freie Mitwirkung versagt war.
2. Auch der 1973 geschlossene Vertrag zwischen Bonn und Prag entstand letztlich ohne die gleichzeitige freie Mitbestimmung der Sudetendeutschen und des tschechischen Volkes. Er widerspricht ihren Interessen und den universalen Prinzipien von Recht und Gerechtigkeit. Der Vertrag birgt auch die Gefahr in sich, die Vertreibung der Sudetendeutschen zu legalisieren und die Unfreiheit des tschechischen Volkes zu stabilisieren.
3. Beachtliche Einzelheiten des Vertragstextes wie doppeldeutige Formulierungen, völkerrechtliche Fragwürdigkeiten und geschichtliche Entstellungen sind von den zuständigen Fachleuten – nicht nur der Sudetendeutschen – bereits herausgestellt worden (siehe dazu das Memorandum des Bundesvorstandes vom 8. Juli 1973).
   Sie treten in ihrer politischen Bedeutung jedoch hinter der Hauptfrage zurück:
   Soll über das Schicksal des tschechischen Volkes und der Sudetendeutschen wiederum ohne ihre freie Mitwirkung entschieden werden?
4. Die Antwort ist klar:
   Die sudetendeutsche Volksgruppe und das tschechische Volk werden durch den Vertrag zwischen Bonn und Prag, über den die Geschichte hinweggehen wird, weder verpflichtet noch berechtigt. Beide in Böhmen, Mähren und Schlesien beheimateten Partner sind und bleiben in ihren Entschlüssen zur friedlichen Verwirklichung des Heimat- und Selbstbestimmungsrechtes ohne Rücksicht auf den Inhalt irgendwelcher ohne sie abgeschlossener Verträge völlig frei.
5. Die Sudetendeutsche Landsmannschaft wird als Volksgruppenorganisation die Interessen der Landsleute auch weiterhin mit dem Ziel vertreten, ihnen Gerechtigkeit widerfahren zu lassen und den Ausgleich mit dem tschechischen Volke auf der Grundlage des Rechtes herbeizuführen.
   Wir erwarten, daß alle freiheitlich denkenden Menschen das Heimat- und Selbstbestimmungsrecht der Sudetendeutschen weiterhin genauso vertreten, wie die Sudetendeutschen für Freiheit und Recht aller Völker einstehen.

---

*Quelle:*
Eigene Aufzeichnung.

**Entscheidung** **1973, 31. Juli**
**des Bundesverfassungsgerichtes**[1]**:**
*Wiederherstellung der staatlichen Einheit ist Verfassungsgebot*

. . .

1. Das Grundgesetz – nicht nur eine These der Völkerrechtslehre und der Staatsrechtslehre! – geht davon aus, daß das Deutsche Reich den Zusammenbruch 1945 überdauert hat und weder mit der Kapitulation noch durch Ausübung fremder Staatsgewalt in Deutschland durch die alliierten Okkupationsmächte noch später untergegangen ist; das ergibt sich aus der Präambel, aus Art. 16, Art. 23, Art. 116 und Art. 146 GG. Das entspricht auch der ständigen Rechtsprechung des Bundesverfassungsgerichts, an der der Senat festhält. Das Deutsche Reich existiert fort[2], besitzt nach wie vor Rechtsfähigkeit, ist allerdings als Ge-

samtstaat mangels Organisation, insbesondere mangels institutionalisierter Organe selbst nicht handlungsfähig. Im Grundgesetz ist auch die Auffassung vom gesamtdeutschen Staatsvolk und von der gesamtdeutschen Staatsgewalt »verankert«[2]. Verantwortung für »Deutschland als Ganzes« tragen – auch – die Vier Mächte[2].
Mit der Errichtung der Bundesrepublik Deutschland wurde nicht ein neuer westdeutscher Staat gegründet, sondern ein Teil Deutschlands neu organisiert[2]. Die Bundesrepublik Deutschland ist also nicht »Rechtsnachfolger« des Deutschen Reiches, sondern als Staat identisch mit dem Staat »Deutsches Reich« – in bezug auf seine räumliche Ausdehnung allerdings »teilidentisch«, so daß insoweit die Identität keine Ausschließlichkeit beansprucht. Die Bundesrepublik umfaßt also, was ihr Staatsvolk und ihr Staatsgebiet anlangt, nicht das ganze Deutschland, unbeschadet dessen, daß sie ein einheitliches Staatsvolk des Völkerrechtssubjekts »Deutschland« (Deutsches Reich), zu dem die eigene Bevölkerung als untrennbarer Teil gehört, und ein einheitliches Staatsgebiet »Deutschland« (Deutsches Reich), zu dem ihr eigenes Staatsgebiet als ebenfalls nicht abtrennbarer Teil gehört, anerkennt. Sie beschränkt staatsrechtlich ihre Hoheitsgewalt auf den »Geltungsbereich des Grundgesetzes«[2], fühlt sich aber auch verantwortlich für das ganze Deutschland (vgl. Präambel des Grundgesetzes). Derzeit besteht die Bundesrepublik aus den in Art. 23 GG genannten Ländern, einschließlich Berlin; der Status des Landes Berlin der Bundesrepublik Deutschland ist nur gemindert und belastet durch den sog. Vorbehalt der Gouverneure der Westmächte[2]. Die Deutsche Demokratische Republik gehört zu Deutschland und kann im Verhältnis zur Bundesrepublik Deutschland nicht als Ausland angesehen werden[2]. Deshalb war z. B. der Interzonenhandel und ist der ihm entsprechende innerdeutsche Handel nicht Außenhandel[2].
2. Zum Wiedervereinigungsgebot und Selbstbestimmungsrecht, das im Grundgesetz enthalten ist, hat das Bundesverfassungsgericht bisher erkannt und daran hält der Senat fest: Dem Vorspruch des Grundgesetzes kommt nicht nur politische Bedeutung zu, er hat auch rechtlichen Gehalt. Die Wiedervereinigung ist ein verfassungsrechtliches Gebot . . .
Aus dem Wiedervereinigungsgebot folgt zunächst: Kein Verfassungsorgan der Bundesrepublik Deutschland darf die Wiederherstellung der staatlichen Einheit als politisches Ziel aufgeben, alle Verfassungsorgane sind verpflichtet, in ihrer Politik auf die Erreichung dieses Zieles hinzuwirken – das schließt die Forderung ein, den Wiedervereinigungsanspruch im Innern wachzuhalten und nach Außen beharrlich zu vertreten – und alles zu unterlassen, was die Wiedervereinigung vereiteln würde . . . Eine Grenze, die . . . das Bundesverfassungsgericht deutlich zu machen, zu bestimmen und u. U. durchzusetzen hat, liegt im Rechts- und Verfassungsstaat der Bundesrepublik Deutschland darin, daß die Verfassung verbietet, daß die Bundesrepublik auf einen Rechtstitel (eine Rechtsposition) aus dem Grundgesetz verzichtet, mittels dessen sie in Richtung auf Verwirklichung der Wiedervereinigung und der Selbstbestimmung wirken kann, oder einen mit dem Grundgesetz unvereinbaren Rechtstitel schafft oder sich an der Begründung eines solchen Rechtstitels beteiligt, der ihr bei ihrem Streben nach diesem Ziel entgegengehalten werden kann. Es ist ein Unterschied, ob man – solange daraus nicht die Gefahr der Verwirkung des Rechtstitels erwächst – politisch von einem Rechtstitel keinen Gebrauch macht oder ihn derzeit oder für absehbare Zeit nicht als politisches Instrument für tauglich hält, sich also damit abfindet, daß mit ihm kein politischer Erfolg erzielt werden kann, oder ob man auf ihn im Rechtssinn verzichtet.
Man kann sich in diesem Sinne also politisch mit Realitäten abfinden. Das Grundgesetz verlangt aber, daß insoweit kein in ihm begründeter Rechtstitel preisgegeben wird, der jetzt oder später ein Argument zur Förderung des Bestrebens nach Wiedervereinigung bieten kann. Und Entsprechendes gilt für den umgekehrten Fall: Politisches Verhalten mag sich später als »falsch kalkuliert« herausstellen und der Bundesregierung von anderen in ihrem Bemühen um Wiedervereinigung politisch entgegengehalten werden können; dieser –

vom Verfassungsgericht mit keinem Wort zu kommentierende – Tatbestand unterscheidet sich wesentlich von dem anderen, daß die Bundesrepublik Deutschland mitwirkt bei einem Rechtsinstrument, das ihr von anderen in ihrem Bemühen um Wiedervereinigung entgegengehalten werden kann. Daraus ergibt sich beispielsweise: Die klare Rechtsposition jeder Regierung der Bundesrepublik Deutschland ist: Wir haben von der im Grundgesetz vorausgesetzten, in ihm »verankerten« Existenz Gesamtdeutschlands mit einem deutschen (Gesamt-)Staatsvolk und einer (gesamt-)deutschen Staatsgewalt auszugehen. Wenn heute von der »Deutschen Nation« gesprochen wird, die eine Klammer für Gesamtdeutschland sei, so ist dagegen nichts einzuwenden, wenn darunter auch ein Synonym für das »deutsche Staatsvolk« verstanden wird, an jener Rechtsposition also festgehalten wird und nur aus politischen Rücksichten eine andere Formel verwandt wird. Versteckte sich dagegen hinter dieser neuen Formel »deutsche Nation« *nur* noch der Begriff einer im Bewußtsein der Bevölkerung vorhandenen Sprach- und Kultureinheit, dann wäre das rechtlich die Aufgabe einer unverzichtbaren Rechtsposition. Letzteres stünde in Widerspruch zum Gebot der Wiedervereinigung als Ziel, das von der Bundesregierung mit allen erlaubten Mitteln anzustreben ist. Ebenso verhielte es sich, wenn die Verweisung auf die Viermächte-Verantwortung für Gesamtdeutschland bedeuten würde, künftig sei sie allein noch eine (letzte) rechtliche Klammer für die Fortexistenz Gesamtdeutschlands; verfassungsgemäß ist nur – wie es auch die Bundesregierung selbst versteht –, daß sie eine weitere Rechtsgrundlage für das Bemühen der Bundesregierung um Wiedervereinigung bildet, nämlich eine »völkerrechtliche« *neben* der staatsrechtlichen.

...

*Anmerkungen:*

[1] Die Bayrische Staatsregierung hatte das Bundesverfassungsgericht angerufen, um den Vertrag zwischen der BR Deutschland und der DDR vom 21. 12. 1972 (sog. Grundlagenvertrag) als mit dem Grundgesetz nicht vereinbar und deshalb nichtig zu erklären.
Das Bundesverfassungsgericht erklärte den Vertrag wegen »der sich aus den Gründen ergebenden Auslegung mit dem Grundgesetz vereinbar«. In diesen Gründen wurden das Rechtsverständnis des Grundgesetzes und die Rechtspflichten aller Verfassungsorgane zu den Fragen »Deutschland/Deutsches Reich« und Wiedervereinigung präzisiert.

[2] An dieser Stelle Bezugnahmen auf frühere Entscheidungen des Bundesverfassungsgerichtes.

*Quelle:*
Bundesverfassungsgericht: »Entscheidungen«; Ziff. 2 BvF 1/73 (Hervorhebungen im Original).

**Brief**[1] **1973, 28. August**
**von Staatssekretär (im Auswärtigen Amt) Paul Frank**[2]**:**
*Münchner Abkommen »rechtswirksam zustande gekommen«; Vertreibung nicht rechtmäßig*

...

Ich danke Ihnen, auch im Auftrage des Herrn Bundesministers des Auswärtigen, für Ihre Schreiben vom 17. Juli 1973, mit denen Sie im Auftrage des geschäftsführenden Vorsitzenden des Sudetendeutschen Rates, Herrn Götz MdB, und als Sprecher der Sudetendeutschen Landsmannschaft die am 14. Juli 1973 beschlossenen Erklärungen des Sudetendeutschen Rates und der Bundesversammlung der Sudetendeutschen Landsmannschaft sowie ein Memorandum der Rechtsabteilung der Sudetendeutschen Landsmannschaft übersandt haben. Von den darin enthaltenen Ausführungen habe ich mit Interesse Kenntnis genommen. Wie Sie wissen, habe ich während der Sondierungsgespräche und Verhandlungen mit der ČSSR mit dem Sudetendeutschen Rat und der Sudetendeutschen Landsmannschaft stets Kontakt gehalten und ihre Ansichten und Wünsche soweit wie möglich in unsere Verhand-

lungsführung einbezogen. Auch die Bundesregierung ist davon ausgegangen, daß der Vertrag über die gegenseitigen Beziehungen zwischen der Bundesrepublik Deutschland und der ČSSR die berechtigten Interessen der Sudetendeutschen, die die Hauptbetroffenen des Münchner Abkommens waren, nicht beeinträchtigen darf. Wie den Vertretern des Sudetendeutschen Rates und der Sudetendeutschen Landsmannschaft bereits mündlich erklärt worden ist, stellt der am 20. Juni 1973 in Bonn paraphierte und demnächst zu unterzeichnende Vertrag mit der ČSSR den gegebenen Rechtszustand in keinem der in Betracht kommenden Bereiche in Frage. Die Bundesregierung hat in den Verhandlungen darüber hinaus unmißverständlich klargestellt, daß sie die Vertreibung der Sudetendeutschen im Jahre 1945 nicht als rechtmäßig anerkannt und dies auch nicht durch diesen Vertrag tut. Die Bundesregierung wird im übrigen durch den Abschluß dieses Vertrages nicht gehindert, auch in Zukunft ihrer Obhuts- und Fürsorgepflicht, die ihr für alle Deutschen obliegt, gegenüber den Sudetendeutschen im Rahmen des effektiv Möglichen nachzukommen.
Sodann möchte ich an dieser Stelle nochmals klarstellen, daß die Bundesrepublik Deutschland ihren Rechtsstandpunkt, daß das Münchener Abkommen vom 29. September 1938 seinerzeit rechtswirksam zustande gekommen war und zum Übergang der Gebietshoheit in den Sudetengebieten auf das Deutsche Reich geführt hatte, in den Verhandlungen nicht aufgegeben hat. Sie hat sich mit der ČSSR lediglich darüber geeinigt, wie das Münchener Abkommen und seine Rechtsfolgen in den gegenseitigen Beziehungen künftig behandelt werden sollen, um den Streit darüber zwischen den beiden Vertragspartnern im Interesse einer friedlichen Zukunft aus dem Wege zu räumen. Individualrechte werden dadurch nicht betroffen.
In diesem Zusammenhang frage ich mich, aus welchen Gründen unter Ziffer 1 der Erklärung des Sudetendeutschen Rates die Feststellung getroffen wird, die Bundesrepublik schließe den Vertrag nur für die Bundesrepublik Deutschland ab. Denn da die von dem Münchener Abkommen betroffenen Gebiete außerhalb der von den Siegermächten nach 1945 und von allen Bundesregierungen seit 1949 für maßgeblich angesehenen Grenzen des Deutschen Reiches vom 31. Dezember 1937 liegen, besteht im Verhältnis Deutschlands – und nicht nur der Bundesrepublik Deutschland – zur Tschechoslowakei – im Unterschied zum deutsch-polnischen Verhältnis – kein Territorialproblem.
Im übrigen möchte ich Sie um Verständnis dafür bitten, daß die Bundesregierung im gegenwärtigen Zeitpunkt zwischen der Paraphierung und Unterzeichnung des Vertrages davon absehen muß, zur Interpretation einzelner Vertragsartikel und Zusatzdokumente öffentlich Stellung zu nehmen. Das Memorandum der Rechtsabteilung des Sudetendeutschen Rates wird vom Auswärtigen Amt und den anderen beteiligten Ressorts der Bundesregierung im einzelnen geprüft. Die darin behandelten Fragen werden zur gegebener Zeit im Rahmen der parlamentarischen Behandlung des Vertrages erörtert werden, nachdem bereits im Auswärtigen Ausschuß des Deutschen Bundestages und in besonderen Besprechungen mit Vertretern der Sudetendeutschen Landsmannschaft über manche dieser Fragen gesprochen worden ist. Die entscheidenden Punkte der rechtlichen Bedeutung und der Interpretation des Vertrages werden in der Denkschrift behandelt werden, die von der Bundesregierung zusammen mit dem Entwurf des Vertragsgesetzes zu gegebener Zeit den gesetzgebenden Körperschaften vorgelegt werden wird.
. . .

*Anmerkungen:*
[1] An Walter Becher (MdB/CSU), Sprecher der SL.
[2] Dr. Frank war ein wichtiger Unterhändler des Prager Vertrages. In seinen Memoiren (»Entschlüsselte Botschaft«; Stuttgart, 1981) notierte er seine Grundstimmung bei den Verhandlungen: »Es ist nicht einfach, mit Vertretern eines Volkes hart verhandeln zu müssen, für das man Mitgefühl empfindet wegen des Unrechts, das ihm angetan worden ist.«

Darüber hinaus vermerkte er, daß wesentliche Vertragsbestandteile in einem Godesberger Hotel mit dem Repräsentanten der ČSSR beim Bier auf einem Tischtuch skizziert wurden.

*Quelle:*
Sudetendeutsche Landsmannschaft, Bundesverband (Hrsg.): »Rechtsverwahrung der Sudetendeutschen«; München, o. J.; S. 35f.

**Zusatzdokumente[1] zum Prager Vertrag:** **1973, 12. Dezember[1]**

1. Unterrichtung durch die ČSSR über Fragen der Verjährung nach tschechoslowakischem Strafrecht[1]

...

Von den in den Jahren 1938 bis 1945 verübten strafbaren Handlungen können nach gültigem tschechoslowakischen Recht gegenwärtig nur noch solche Taten verfolgt werden, die nach dem tschechoslowakischen Strafgesetz strafbar sind, für die das Gesetz die Todesstrafe vorsieht und die zugleich die Merkmale von Kriegsverbrechen oder Verbrechen gegen die Menschlichkeit im Sinne des Artikels 6 Buchstaben b und c des Statuts des Internationalen Militärgerichtshofs in Nürnberg[2] erfüllen. Für Taten dieser Art verjährt die Strafverfolgung nicht.
In allen übrigen Fällen ist die Strafverfolgung spätestens im Jahre 1965 verjährt. An diesem Zustand wird dieser Vertrag nichts ändern.

...

2. Briefwechsel[3] über humanitäre Fragen

...

1. Im Rahmen ihrer Bemühungen um die Entwicklung der gegenseitigen Beziehungen werden die Regierung der Bundesrepublik Deutschland und die Regierung der Tschechoslowakischen Sozialistischen Republik den humanitären Fragen Aufmerksamkeit zuwenden.
2. Die tschechoslowakische Seite hat erklärt, daß die zuständigen tschechoslowakischen Stellen Anträge tschechoslowakischer Bürger, die aufgrund ihrer deutschen Nationalität die Aussiedlung in die Bundesrepublik Deutschland wünschen, im Einklang mit den in der Tschechoslowakischen Sozialistischen Republik geltenden Gesetzen und Rechtsvorschriften wohlwollend beurteilen werden.
   Die deutsche Seite hat erklärt, daß in Übereinstimmung mit den in der Bundesrepublik Deutschland geltenden Gesetzen und Rechtsvorschriften Personen tschechischer oder slowakischer Nationalität, die dies wünschen, in die Tschechoslowakische Sozialistische Republik aussiedeln können.
3. Es gibt keine Einwände seitens der beiden Regierungen, daß das Deutsche Rote Kreuz und das Tschechoslowakische Rote Kreuz die Lösung der oben erwähnten Fragen fördern.
4. Beide Regierungen werden den Reiseverkehr zwischen den beiden Ländern weiterentwickeln, einschließlich der Verwandtenbesuche.
5. Beide Regierungen werden Möglichkeiten technischer Verbesserungen im Reiseverkehr prüfen, einschließlich einer zügigen Abfertigung an den Grenzübergangsstellen sowie der Eröffnung weiterer Grenzübergänge.
6. Der Inhalt dieses Briefwechsels wird sinngemäß entsprechend dem Viermächte-Abkommen vom 3. September 1971 in Übereinstimmung mit den festgelegten Verfahren auch auf Berlin (West) angewandt.

...

*Anmerkungen:*
[1] Beide Dokumente wurden bei der Unterzeichnung des Prager Vertrages am 12. 12. 1973 ausgetauscht.
[2] Siehe S. 17f.
[3] Beim Warschauer Vertrag vom 12. 8. 1970 begnügte sich die Bundesregierung noch mit einer einseitigen Mitteilung.

*Quelle:*
Bundesgesetzblatt Teil II; Bonn, 1974; S. 989ff.

## Regierungserklärung von Bundeskanzler Schmidt (SPD): 1974, 17. Mai

*Prager Vertrag: Ergebnis unserer Entspannungsbemühungen*

...

26. Auf dem festen Fundament unseres Bündnisses im Nordatlantikpakt pflegen wir ein gutes Verhältnis zur Sowjetunion und zu den Staaten des Warschauer Paktes. Die Bundesregierung mißt der Konferenz über Sicherheit und Zusammenarbeit in Europa (KSZE)[1] eine vertrauensbildende Bedeutung zu. Die außenpolitische Zusammenarbeit der Länder der Europäischen Gemeinschaft hat sich auf dieser Konferenz bewährt. Es ist unser Ziel, über bloße Entschließungen hinaus zu praktischen Ergebnissen zu gelangen, um der Entspannungspolitik in Europa mehr Substanz zu geben. Unser Wille zur Zusammenarbeit gilt nicht weniger jenen Staaten in Europa, die selbst keiner der politischen oder militärischen Gruppierungen angehören, aber deshalb nicht weniger an Fortschritten der Entspannung und Friedenssicherung interessiert sind. Wir werden unsere guten und bewährten Beziehungen zu diesen Staaten weiterhin pflegen, deren Bedeutung wir hoch einschätzen.

27. Die internationale Entwicklung zeigt uns, daß es richtig war, mit der Vertragspolitik gegenüber unseren östlichen Nachbarn die Chance nicht zu versäumen, unsere eigenen Interessen mit dem weltweiten Entspannungsprozeß zu verbinden. Die Verträge von Moskau und Warschau sowie der noch nicht ratifizierte Vertrag von Prag[2] sind Ergebnisse unserer internationalen Entspannungsbemühungen. Das daraus resultierende Viermächteabkommen über Berlin hat die Lebensfähigkeit dieser Stadt auf eine sichere Basis gestellt und zur Befriedung in Mitteleuropa beigetragen. Die Bundesregierung wird ihrerseits alles tun, um die Lebensfähigkeit Berlins zu sichern, das Vertrauen der Berliner in die Zukunft zu stärken und die Bindungen ihrer Stadt an die Bundesrepublik Deutschland aufrechtzuerhalten und zu entwickeln.

28. Die sozial-liberale Koalition hat mit ihrer Vertragspolitik, insbesondere durch den Abschluß des Vertrages über die Grundlagen der Beziehungen zwischen der Bundesrepublik Deutschland und der DDR der Politik den praktischen Weg eröffnet, in Deutschland zu einem geregelten Miteinander zu kommen. Wir werden trotz aller Schwierigkeiten und Rückschläge nicht in dem Bemühen nachlassen, die gegenseitigen Beziehungen zu verbessern. Wir bleiben dabei, daß die Beziehungen zwischen der Bundesrepublik Deutschland und der DDR solche von besonderer Art sind. Wir haben im Geiste der Entspannungspolitik und im Interesse aller Deutschen mit der DDR Verträge geschlossen, diese Verträge bestehen nicht nur aus Buchstaben. Beide Vertragspartner müssen sich auch an den Geist abgeschlossener Verträge halten. Mit diesem Geist ist der schwerwiegende Spionagefall nicht vereinbar, der die Menschen in Ost und West in diesen Tagen tief beunruhigt[3]. Wir kennzeichnen ihn in aller Offenheit als eine ernste Belastung des Verhältnisses zwischen den Vertragspartnern, zumal wir von unserer Seite entschlossen sind, den Vertrag nach Buchstaben und Geist voll zu erfüllen.

29. Wir haben ein unverändertes lebenswichtiges Interesse an einer gerechten und dauer-

haften Friedensregelung im Nahen Osten. Ich bekräftige die Politik meines Amtsvorgängers. Wir unterstützen, genau wie bisher, die Friedensbemühungen in dieser Region und wollen zusammen mit unseren Partnern bei der Suche nach dem Frieden mithelfen.

---

*Anmerkungen:*
[1] Zum Text der am 1. 8. 1975 beschlossenen Erklärung: Siehe S. 51ff.
[2] Zum Text: Siehe S. 381f.
[3] Am 6. 5. 1974 war Bundeskanzler Brandt nach Bekanntwerden der jahrelangen Spionagetätigkeit seines Referenten Günther Guillaume für die DDR zurückgetreten.

---

*Quelle:*
»Archiv der Gegenwart« vom 17. 5. 1974; S. 18679.

# 6. 1975–1984: Die Sudetenfrage in der '80er Jahren

**Petition** [1] **1975, 17. Januar**
**von Sudetendeutschen an die Vereinten Nationen** [2]**:**
*Auch die Sudetendeutschen wollen ihre unveränderlichen Rechte wiederhergestellt sehen*

Die aus ihrer Heimat in Böhmen, Mähren und Schlesien vertriebenen Sudetendeutschen und ihre Freunde in aller Welt appellieren hiermit an die Vereinten Nationen, den freigewählten Vertretern dieser Volksgruppe Gehör zu schenken und ihre Forderungen nach Wiederherstellung der Rechte der Sudetendeutschen und Wiedergutmachung des Unrechts zu unterstützen:
Sie tun dies in dem Bewußtsein, daß den 3½ Millionen Sudetendeutschen seit 1918 das Recht auf Selbstbestimmung über das Schicksal ihres Landes und in ihrem Lande selbst vorenthalten wird, das sie in mehr als siebenhundertjähriger Arbeit selber kultiviert haben.
Sie tun dies im Hinblick auf die Tatsache, daß Regierung und Organe der Tschechoslowakei nach dem 8. Mai 1945 mehr als drei Millionen Sudetendeutsche aus ihrer Heimat vertrieben haben, wodurch 241000 Menschen ihr Leben verloren und zahlreiche Familien- sowie alle Stadt- und Dorfgemeinschaften zerrissen wurden.
Ein Teil der restlichen Angehörigen dieser Volksgruppe wurde über ein Jahrzehnt lang in Gefängnissen, in Lagern oder in den Uranbergwerken des Erzgebirges zurückbehalten. Andere wurden gegen ihren Willen in landwirtschaftlicher Zwangsarbeit oder als Spezialisten verwendet, welche die Fortführung der enteigneten Industriebetriebe sicherzustellen hatten. Alle, die in der alten Heimat verblieben, wurden einem gezielten Prozeß der Entnationalisierung ausgesetzt und um ihre Identität gebracht.
Noch heute verweigert die Regierung der ČSSR den in der Heimat verbliebenen Deutschen das Recht auf Unterricht ihrer Kinder in eigenen Schulen und die freie Pflege ihrer Sprache und Kultur. Im Jahre 1974 konnten nur 350 von ihnen ihren Wohnsitz in die Bundesrepublik Deutschland verlegen, um wieder unter Deutschen leben zu können.
Das private und öffentliche Vermögen der Sudetendeutschen wurde entschädigungslos enteignet. Sein Wert beträgt nach heutigen Berechnungen rd. 120 Milliarden DM [3].
Diese Vorgänge verstoßen gegen die fundamentalen Prinzipien der Menschenrechte, wie sie
- in den Verfassungen aller zivilisierten Staaten enthalten sind und
- in der »Allgemeinen Erklärung der Menschenrechte« vom 10. Dezember 1948 [4],
- in den Menschenrechtskonventionen vom 16. Dezember 1966 [5] der Vereinten Nationen sowie
- in der Europäischen Konvention zum Schutze der Menschenrechte und Grundfreiheiten vom 4. November 1950 [6] sowie deren Zusatzprotokollen [7] niedergelegt wurden.

Die Vertreibung und Enteignung der Sudetendeutschen ist danach nicht zu vereinbaren mit
- dem Recht auf Leben, Freiheit, Gleichheit, Achtung der Würde und Sicherheit aller Menschen ohne Rücksicht auf Sprache oder nationale Herkunft;
- dem Recht auf Unterlassung unterschiedlicher Behandlung und auf Schutz vor Diskriminierungen und Handlungen, die die menschlichen Grundrechte verletzen;

- dem Recht auf Schutz vor willkürlicher Festnahme und Haft sowie vor willkürlichem Eingriff in seine Familie und sein Heim;
- dem Recht, seinen Wohnsitz frei zu wählen, sein Land zu verlassen oder in sein Land zurückzukehren.

Das unveräußerliche Recht auf Selbstbestimmung, auf nationale Unabhängigkeit, das Recht auf Rückkehr in die angestammte Heimat und auf Rückgabe des Eigentums wurde zuletzt in der Entschließung Nr. 3236 vom 22. November 1974[8] von der Vollversammlung der Vereinten Nationen gegenüber dem palästinensischen Volk anerkannt.

Da ihre unveräußerlichen Rechte durch die Vertreibung und Enteignung in gleicher Weise mißachtet und verletzt wurden, erheben die 3½ Millionen Sudetendeutschen den gleichen Anspruch auf Wiederherstellung ihrer Rechte.

Durch unsere Unterschrift unterstützen wir die Forderung der Sudetendeutschen, von den Vereinten Nationen gehört zu werden, nach Wiederherstellung ihrer Menschenrechte und nach Wiedergutmachung des an ihnen begangenen Unrechts: . . .[9]

---

*Anmerkungen:*

[1] Es handelt sich um eine Petition der Sudetendeutschen, deren Text vom Bundesvorstand der SL am 17. 1. 1975 beschlossen wurde.

[2] Am 2. 12. 1975 wurde die Petition in New York dem Stellvertretenden Generalsekretär der UN, Bradford Morse und den UN-Delegationen der Bundesrepublik Deutschland, der USA, der Republik Österreich und des Heiligen Stuhls überreicht. SL und Sudetendeutscher Rat waren vertreten durch Walter Becher (MdB/CSU), Fritz Wittmann (MdB/CSU) und Almar Reitzner (SPD).

Am 3. 12. 1975 nahm die sudetendeutsche Abordnung als Gast des UN-Botschafters der Bundesrepublik Deutschland, Rüdiger v. Wechmar, auf den Plätzen der deutsche UN-Delegation an einer Plenarsitzung der UN teil. Als die Sitze eingenommen wurden, hörten die Repräsentanten der Sudetendeutschen eine Rede des Vertreters der Regierung der ČSSR, Vladimir Hulinsky, in russischer Sprache. Er unterstützte die UN-GV Entschließungen 29 – 3236 vom 22. 11. 1974 (Text: siehe S. 449 f.) und 30 – 3376 (Text: siehe S. 450) und bezog sich auf seine Stellungnahme vor der UN-Generalversammlung am 6. 11. 1975. In dieser hatte der ČSSR-Vertreter aus der UN-GV Entschließung 29 – 3236 zitiert, die Verwirklichung des unveräußerlichen Rechtes der Palästinenser auf Rückkehr in ihre Heimat gefordert und hinzugefügt: »An dieser Stelle möchte ich sofort unterstreichen: Die tschechoslowakische Delegation unterstützt die Forderung, daß die Ergebnisse der Diskussionen der Palästinafrage in den Vereinten Nationen durchgängig respektiert werden . . . Die ČSSR betrachtet sich als integralen Teil derjenigen Kräfte, die eine politische Lösung der gesamten komplexen Situation im Mittleren Osten mit friedlichen Mitteln anstreben. Wir dürfen diese Forderung deswegen aufstellen, da unsere grundsätzliche Außenpolitik von dem Bemühen um Frieden, Sicherheit und Fortschritt beherrscht wird.« Vgl.: »United Nations-General Assembly-Thirtieth Session«; 2396. Sitzung A/PV. 2396; 2426. Sitzung A/PV. 2426 (vervielfältigte Unterlagen).

[3] Zum Errechnungsweg: Siehe S. 400.

[4] Zum Text: Siehe S. 21 ff.

[5] Zum Text: Siehe S. 46 f.

[6] Zum Text: Siehe S. 26 ff.

[7] Zum Text des 4. Protokolls: Siehe S. 45.

[8] Zum Text: Siehe S. 449 f.

[9] Es folgen Raum für Unterschriften und Anschriften.

Am 8. 7. 1976 wurde die Petition mit notariell beglaubigten 240 000 Unterschriften aus der Bundesrepublik Deutschland, der Republik Österreich und der autonomen Region Südtirol der Republik Italien durch Vertreter der SL und des Sudetendeutschen Rates der Kommission für Menschenrechte der UN in Genf übergeben.

---

*Quelle:*
Zweiseitiges, beiderseits bedrucktes Originalblatt.

**Manifest** **1977, 1. Januar**
**von ca. 300 Tschechen und Slowaken in der ČSSR**
(Sog. »Manifest der ›Charta‹ ’77«):
*ČSSR verletzt systematisch die Menschenrechte)*

Am 13. Oktober 1976 wurden in der Sammlung der Gesetze der Tschechoslowakei (Nr. 120) der »Internationale Pakt über bürgerliche und politische Rechte« [1] sowie der »Internationale Pakt über wirtschaftliche, soziale und kulturelle Rechte« veröffentlicht, beide im Jahre 1968 im Namen unserer Republik unterzeichnet, im Jahre 1975 in Helsinki bestätigt und bei uns am 23. 3. 1976 in Kraft gesetzt. Seither haben auch unsere Bürger das Recht und unser Staat die Pflicht, sich danach zu richten. Die Freiheiten und Rechte des Menschen, die von diesen beiden Pakten garantiert werden, sind wichtige zivilisatorische Werte, auf die in der Geschichte das Bemühen vieler fortschrittlicher Kräfte gerichtet war und deren Kodifizierung die humane Entwicklung unserer Gesellschaft bedeutend fördern kann. Daher begrüßen wir, daß die Tschechoslowakische Sozialistische Republik diesen Pakten beigetreten ist.
Ihre Veröffentlichung ruft uns aber zugleich mit neuer Eindringlichkeit in Erinnerung, wie viele Grundrechte des Bürgers in unserem Land vorerst – leider – nur auf dem Papier gelten. Völlig illusorisch ist zum Beispiel das Recht auf freie Meinungsäußerung, das von Artikel 19 des ersten Paktes garantiert wird.
Zehntausenden von Bürgern wird es nur deshalb unmöglich gemacht, in ihrem Fach zu arbeiten, weil sie Ansichten vertreten, die sich von den offiziellen Ansichten unterscheiden. Zudem werden sie häufig Objekt vielfältigster Diskriminierung und Schikane seitens der Behörden und gesellschaftlichen Organisationen; jedweder Möglichkeit der Verteidigung beraubt, werden sie praktisch zu Opfern einer Apartheid.
Hunderttausenden anderer Bürger wird die »Freiheit von Furcht« (Präambel des ersten Paktes) verweigert, weil sie gezwungen sind, in der beständigen Gefahr zu leben, Arbeits- und andere Möglichkeiten zu verlieren, falls sie ihre Meinung äußern.
Im Widerspruch zu Artikel 13 des zweiten Paktes, der allen das Recht auf Bildung zusichert, werden zahllose junge Menschen nur wegen ihrer Meinungen oder sogar wegen der Ansichten ihrer Eltern nicht zum Studium zugelassen. Unzählige Bürger müssen in der Furcht leben, daß, falls sie sich ihrer Überzeugung entsprechend äußern, sie selbst oder ihre Kinder des Rechts auf Bildung beraubt werden könnten.
Die Geltendmachung des Rechts, »Informationen und Gedanken aller Art ohne Rücksicht auf Grenzen zu ermitteln, anzunehmen und zu verbreiten, sei es mündlich, schriftlich oder in gedruckter Form« oder »vermittels der Kunst« (Punkt 2, Artikel 13 des ersten Paktes), wird nicht nur außergerichtlich, sondern auch gerichtlich verfolgt, häufig unter dem Deckmantel krimineller Beschuldigung (wovon unter anderem die eben gegen junge Musiker geführten Prozesse zeugen).
Die Freiheit der öffentlichen Meinungsäußerung wird von der zentralen Verwaltung aller Informationsmittel sowie der publizistischen und kulturellen Einrichtungen unterdrückt . . .
Die Bekenntnisfreiheit, nachdrücklich in Artikel 18 des ersten Paktes zugesichert, wird von machthaberischer Willkür systematisch eingeschränkt . . .
Geraten Organisationen oder Bürger bei der Auslegung ihrer Rechte in Widerspruch zur Direktive . . . des Apparates der herrschenden Partei, . . . können sie sich an keine unparteiische Instanz wenden, weil keine existiert. Durch all dies werden ernstlich jene Rechte eingeschränkt, die sich aus Artikel 21 und Artikel 22 des ersten Paktes ergeben (Versammlungsfreiheit und das Verbot jedweder Einschränkung von deren Ausübung), sowie aus Artikel 25 (Gleichheit des Rechts, sich an der Führung öffentlicher Angelegenheiten zu beteiligen) und aus Artikel 26 (Gleichheit vor dem Gesetz). Dieser Zustand verwehrt es auch Ar-

beitern und anderen Berufstätigen, zum Schutz ihrer wirtschaftlichen und sozialen Interessen ohne jedwede Einschränkung gewerkschaftliche und andere Organisationen zu gründen und frei das Streikrecht (Punkt 1, Artikel 8 des zweiten Paktes) anzuwenden.
Weitere Bürgerrechte, einschließlich des ausdrücklichen Verbots »willkürlicher Eingriffe in Privatleben, Familie, Heim oder Korrespondenz« (Artikel 17 des ersten Paktes) werden auch dadurch bedenklich verletzt, daß das Innenministerium auf unterschiedlichste Weise das Leben der Bürger kontrolliert ...
In Fällen politisch motivierter Strafverfolgung verletzen Ermittlungs- und Justizorgane die Rechte der Beschuldigten und ihrer Verteidigung, die von Artikel 14 des ersten Paktes sowie von tschechoslowakischen Gesetzen gewährleistet werden. In den Gefängnissen behandelt man solcherart verurteilte Menschen auf eine Weise, welche die Menschenwürde der Inhaftierten verletzt, ihre Gesundheit gefährdet und darauf abzielt, sie moralisch zu zerbrechen.
Allgemein verletzt wird auch Punkt 2, Artikel 12 des ersten Paktes, der dem Bürger das Recht garantiert, sein Land frei zu verlassen; unter dem Vorwand des »Schutzes der nationalen Sicherheit« (Punkt 3) wird dieses Recht an verschiedene unstatthafte Bedingungen geknüpft. Willkürlich verfahren wird auch bei der Erteilung von Einreisevisa an Angehörige fremder Staaten, von denen viele die Tschechoslowakei zum Beispiel nur deshalb nicht besuchen können, weil sie beruflich oder freundschaftlich mit bei uns diskriminierten Personen verkehrt haben.
Manche Bürger weisen – sei es privat, am Arbeitsplatz oder öffentlich, was praktisch nur in ausländischen Kommunikationsmitteln möglich ist – auf die systematische Verletzung der Menschenrechte und der demokratischen Freiheiten hin und fordern in konkreten Fällen Abhilfe; ihre Stimme findet jedoch meist keinen Widerhall oder sie werden zum Gegenstand von Ermittlungen.
Die Verantwortung für die Einhaltung der Bürgerrechte im Lande obliegt selbstverständlich vor allem der politischen und staatlichen Macht. Aber nicht nur ihr. Jeder trägt sein Teil Verantwortung für die allgemeinen Verhältnisse und somit auch für die Einhaltung kodifizierter Pakte, die dazu übrigens nicht nur Regierungen, sondern alle Bürger verpflichten. Das Gefühl dieser Mitverantwortlichkeit, der Glaube an den Sinn bürgerlichen Engagements und der Wille dazu, sowie das gemeinsame Bedürfnis, dafür einen neuen wirksameren Ausdruck zu finden, hat uns auf den Gedanken gebracht, die Charta 77 zu bilden, deren Entstehung wir heute öffentlich anzeigen.
Die Charta 77 ist eine freie, informelle und offene Gemeinschaft von Menschen verschiedener Überzeugungen, verschiedener Religionen und verschiedener Berufe, verbunden durch den Willen, sich einzeln und gemeinsam für die Respektierung der Bürger- und der Menschenrechte in unserem Land und in der Welt einzusetzen – jener Rechte, die dem Menschen von beiden kodifizierten internationalen Pakten, von der Abschlußakte der Konferenz in Helsinki[2], von zahlreichen weiteren internationalen Dokumenten gegen Krieg, Gewaltanwendung und soziale und geistige Unterdrückung zugestanden werden, und die zusammenfassend von der »Allgemeinen Erklärung der Menschenrechte«[3] der UNO zum Ausdruck gebracht werden.
Die Charta 77 fußt auf dem Boden der Solidarität und Freundschaft von Menschen, die von der gemeinsamen Sorge um das Geschick der Ideale bewegt werden, mit denen sie ihr Leben und ihre Arbeit verbunden haben und verbinden.
Die Charta 77 ist keine Organisation, hat keine Statuten, keine ständigen Organe und keine organisatorisch bedingte Mitgliedschaft. Ihr gehört jeder an, der ihrer Idee zustimmt, an ihrer Arbeit teilnimmt und sie unterstützt.
Die Charta 77 ist keine Basis für oppositionelle politische Tätigkeit. Sie will dem Gemeininteresse dienen wie viele ähnliche Bürgerinitiativen in verschiedenen Ländern des Westens und des Ostens. Sie will also nicht eigene Programme politischer oder gesellschaftlicher Re-

formen oder Veränderungen aufstellen, sondern in ihrem Wirkungsbereich einen konstruktiven Dialog mit der politischen und staatlichen Macht führen, insbesondere dadurch, daß sie auf verschiedene konkrete Fälle von Verletzung der Menschen- und Bürgerrechte hinweist, deren Dokumentation vorbereitet, Lösungen vorschlägt, verschiedene allgemeine Vorschläge unterbreitet, die auf Vertiefung dieser Rechte und ihrer Garantien abzielen und als Vermittler in anfallenden Konfliktsituationen wirkt, die durch Widerrechtlichkeit verursacht werden können.
Durch ihren symbolischen Namen betont die Charta 77, daß sie an der Schwelle eines Jahres entsteht, das zum Jahr der Rechte politischer Gefangener erklärt wurde und in dessen Verlauf die Belgrader Konferenz die Erfüllung der Verpflichtungen von Helsinki prüfen soll. Als Signatare dieses Manifests bevollmächtigen wir Prof. Dr. Jiří Hájek, Dr. Václav Havel und Prof. Dr. Jan Patočka als Sprecher der Charta 77. Diese Sprecher sind bevollmächtigt, die Charta 77 sowohl vor staatlichen und anderen Organisationen als auch vor unserer und der Weltöffentlichkeit zu vertreten, und garantieren durch ihre Unterschrift die Authentizität der Charta 77-Dokumente. In uns und weiteren Bürgern, die sich anschließen [4], werden sie Mitarbeiter finden, die mit ihnen zusammen die erforderlichen Aktionen unterstützen, Einzelaufgaben übernehmen und alle Verantwortung mit ihnen teilen werden.
Wir glauben daran, daß die Charta 77 dazu beitragen wird, daß in der Tschechoslowakei alle Bürger als freie Menschen arbeiten und leben können.

*Anmerkungen:*
[1] Zum Text: Siehe S. 46f.
[2] Vom 1. 8. 1975; zum Text: Siehe S. 51ff.
[3] Vom 10. 12. 1948; zum Text: Siehe S. 27ff.
[4] Das Manifest war bei Herausgabe im Jahre 1977 von rund 300 Tschechen und Slowaken bei gleichzeitiger Berufsangabe unterschrieben worden. Diese Zahl hat sich bis Ende 1983 auf über 1000 erhöht (Vgl. »Frankfurter Allgemeine Zeitung«; Nr. 68, v. 20. 3. 1984; S. 1).

*Quelle:*
»Mitteilungen des Sudetendeutschen Archivs«; München; Sonderfolge Februar 1977.
Basierend auf Originaltext in »České Slovo« [Tschechisches Wort], No. 2/77.

**Entscheidung** **1977, 25. Januar**
**des Ersten Senats des Bundesverfassungsgerichtes [1]:**
*Ob Prager Vertrag [2], der Grundrechte nicht einschränkt, Abtretung bewirkte, bleibt offen*

...
B.
Die Verfassungsbeschwerden [3] sind unzulässig.
Die Beschwerdeführer sind durch das Zustimmungsgesetz zum deutsch-tschechoslowakischen Vertrag [2] nicht in ihren Grundrechten betroffen. In dem Zustimmungsgesetz ist nichts enthalten, was unmittelbar nachteilige Wirkung für den Schutzbereich der von den Beschwerdeführern als verletzt gerügten Grundrechte erzeugen könnte (vgl. BVerfGE 40, 141 [156]).

I.
Handlungs- oder Verhaltenspflichten, die geeignet wären, die Rechte der Beschwerdeführer aus Art. 5 und 9 GG zu beeinträchtigen, werden durch den deutsch-tschechoslowakischen Vertrag nicht begründet, da der Vertragstext keinerlei Formulierungen enthält, die auf derartige rechtliche Verbindlichkeiten hindeuten könnten (BVerfGE 38, 49 [51]). Aus völkerrechtlichen Verträgen wie dem deutsch-tschechoslowakischen Vertrag können un-

mittelbare Handlungs- oder Verhaltenspflichten einzelner Bürger nur abgeleitet werden, wenn und soweit dies der Vertragstext unzweideutig zum Ausdruck bringt. Auch aus der in Art. IV des Vertrags enthaltenen Bekräftigung der Unverletzlichkeit der gemeinsamen Grenzen läßt sich ebensowenig wie aus Art. 3 des Moskauer Vertrags eine solche unmittelbare Verpflichtung Einzelner herleiten (vgl. BVerfGE 40, 141 [164]).

II.

Die Beschwerdeführer sind durch das Zustimmungsgesetz zum deutsch-tschechoslowakischen Vertrag auch nicht in ihrem durch Art. 14 GG geschützten Eigentum betroffen.

1. Die Beschwerdeführer haben ihren in den Sudetengebieten gelegenen Grundbesitz durch Konfiskationsmaßnahmen der tschechoslowakischen Behörden in der Nachkriegszeit verloren. Die Beeinträchtigung ihres Eigentums ist also nicht auf das Zustimmungsgesetz oder den deutsch-tschechoslowakischen Vertrag, sondern auf Maßnahmen zurückzuführen, die als Akte ausländischer öffentlicher Gewalt an Art. 14 GG nicht gemessen werden können (vgl. BVerfGE 41, 126 [157f.] m. w. N.).

2. Der Abschluß des deutsch-tschechoslowakischen Vertrags kann auch nicht als ein Mitwirken der Bundesregierung an den tschechoslowakischen Konfiskationsmaßnahmen gedeutet werden. Der Vertrag selbst enthält keine Bestimmung, die sich auch nur entfernt auf Fragen des deutschen Privateigentums bezieht. Die Bundesregierung hat auch bei Vertragsabschluß keine auf die von den tschechoslowakischen Behörden vorgenommenen Konfiskationsmaßnahmen bezügliche Willenserklärung abgegeben und insbesondere keine Billigung oder Anerkennung dieser Maßnahmen ausgesprochen.

3. Dem Vertrag kann auch nicht die Wirkung beigemessen werden, in sonstiger Weise eine Veränderung der eigentumsrechtlichen Lage zum Nachteil der Beschwerdeführer herbeigeführt zu haben. Dabei kann offenbleiben, ob der deutsch-tschechoslowakische Vertrag einen Wechsel des staats- und völkerrechtlichen Status der Sudetengebiete im Sinne des Vortrags der Beschwerdeführer bewirkt hat. Jedenfalls hat eine nachträgliche Legalisierung der gegen das Grundeigentum der Beschwerdeführer gerichteten tschechoslowakischen Konfiskationsmaßnahmen im Zusammenhang mit dem Vertrag nicht stattgefunden. Ebensowenig enthält der Vertrag eine Bestimmung, die als Verzicht auf die Geltendmachung etwaiger daraus resultierender Ansprüche verstanden werden könnte. Soweit also den Beschwerdeführern bei Vertragsabschluß hinsichtlich ihres Vermögens noch Eigentumsrechte oder Rückgewähr- und Entschädigungsansprüche zustanden, hat sich die Rechtslage durch den Abschluß des Vertrags nicht verändert.

4. Die Bundesrepublik Deutschland ist gegenüber der Tschechoslowakischen Sozialistischen Republik weiterhin berechtigt, für die Belange der Beschwerdeführer einzutreten. Denn diese sind als Sudetendeutsche deutsche Staatsangehörige (vgl. BVerfGE 1, 322 [330f.]). Daran hat der deutsch-tschechoslowakische Vertrag nichts geändert, da er nach seinem Artikel II Abs. 2 »die sich aus der Rechtsordnung jeder der beiden Vertragsparteien ergebende Staatsangehörigkeit lebender und verstorbener Personen unberührt« läßt.

Bei dieser Sachlage kann die Rüge der Beschwerdeführer, die Bundesregierung habe bei Vertragsabschluß die verfassungsrechtliche Pflicht zur Gewährung diplomatischen Schutzes ihnen gegenüber verletzt, nur bedeuten, daß die Beschwerdeführer die verfassungsgerichtliche Feststellung anstreben, es hätte eine bestimmte sachliche Regelung zu ihren Gunsten bei den Vertragsverhandlungen erreicht werden müssen und im Abschluß des Vertrags ohne diese Regelung sei ein Verfassungsverstoß zu sehen, der die Unwirksamkeit des ganzen Vertrags zur Folge hätte. Soweit eine Verfassungsbeschwerde sich auf eine solche Rüge stützt, kann sie nicht als zulässig angesehen werden (BVerfGE 40, 141 [178]).

III.

Das Recht der Beschwerdeführer auf Freizügigkeit wird durch den deutsch-tschechoslowa-

kischen Vertrag nicht beeinträchtigt. Dieses Recht garantiert nach Maßgabe des Art. 11 Abs. 1 GG die Freizügigkeit im Bundesgebiet, d. h. das Recht, ungehindert durch die deutsche Staatsgewalt an jedem Ort innerhalb des Bundesgebiets Aufenthalt und Wohnsitz zu nehmen, auch zu dem Zweck, in das Bundesgebiet einzureisen (BVerfGE 2, 266 [273]); dazu gehören die Sudetengebiete nicht.
Auch eine Verletzung des Art. 2 Abs. 1 GG kommt nicht in Betracht; soweit die Beschwerdeführer gehindert sind, die Sudetengebiete aufzusuchen, ist dies nicht auf den Vertrag zurückzuführen.
Auf das Wiedervereinigungsgebot des Grundgesetzes kann eine Verfassungsbeschwerde schon deswegen nicht gestützt werden, weil dieses Gebot nicht Grundrechte gewährleistet.
. . .

*Anmerkungen:*
[1] Am 11. 7. 1974 hatte der Erste Senat des Bundesverfassungsgerichtes den Erlaß einer einstweiligen Verfügung gegen die Ratifikation des Prager Vertrages aus v. a. folgenden Gründen verworfen:
»Der Vertrag vom 11. Dezember 1973 in Verbindung mit dem dazu ergangenen Zustimmungsgesetz enthält keine Bestimmungen, die geeignet sein könnten, den Antragsteller in seiner Meinungs- oder Vereinigungsfreiheit einzuschränken. Eine einstweilige Anordnung kann daher nicht ergehen (vgl. BVerfGE 7, 367 [371]; 24, 252 [259]).
Soweit der Antragsteller vom Inkrafttreten des Vertrages zwischen der Bundesrepublik Deutschland und der Tschechoslowakischen Sozialistischen Republik den endgültigen Verlust von Grundeigentum in dem hiervon betroffenen Gebiet befürchtet, kann die Zulässigkeit seines Antrages dahingestellt bleiben. Auch wenn zu seinen Gunsten davon auszugehen wäre, daß das Inkrafttreten des Vertrages die von ihm beanspruchte vermögensrechtliche Position unmittelbar verschlechterte, könnte nicht außer Betracht bleiben, daß einerseits die Rechte, die er durch den Vertrag beeinträchtigt sieht, schon bisher faktisch nicht ausgeübt werden konnten und daß andererseits die Möglichkeit eines irgendwie gearteten Ausgleichs durch die Ratifizierung des Vertrages jedenfalls nicht ausgeschlossen wird (vgl. BVerfGE 33, 195 [198]).«
Vgl. BVerfGE; Band 38; S. 51.
[2] Vom 20. 6. 1973; zum Text: Siehe S. 381 f.
[3] Von fünf Bürgern der Bundesrepublik Deutschland.

*Quelle:*
Bundesverfassungsgericht: »Entscheidungen«; Band 43; S. 208 ff.

## Rechtsverwahrung der Bundesversammlung der Sudetendeutschen Landsmannschaft: 1978, 28. Januar
*Aufrechterhaltung der Vermögensansprüche der Sudetendeutschen*

Die aus ihrer Heimat in Böhmen, Mähren und Sudeten-Schlesien sowie den übrigen Gebieten der Tschechoslowakei nach dem 8. Mai 1945 vertriebenen mehr als 3 Millionen Sudetendeutschen, ihre Erben und das deutsche Volk erheben – unbeschadet des Rechts auf die Heimat – Anspruch auf das im Gebiet der Tschechoslowakei enteignete individuelle und Gemeinschaftsvermögen der Sudetendeutschen.[1]
Das überwiegend von Sudetendeutschen besiedelte Gebiet hat eine Fläche von 27000 Quadratkilometern; es entspricht etwa der Fläche des Königreichs Belgien (32000 qkm) oder des Königreichs der Niederlande (32000 qkm). In diesem Gebiet lebten vor dem Zweiten Weltkrieg 3,3 Millionen Sudetendeutsche, weitere 200000 Sudetendeutsche lebten in anderen Gebieten der Tschechoslowakei. Diese Zahl entspricht ungefähr der Einwohnerzahl Dänemarks und Norwegens vor dem Zweiten Weltkrieg.
Die Höhe des genannten Vermögens ergibt sich aus der Tatsache, daß die Heimat der Sudetendeutschen zu den am höchsten industrialisierten Gebieten Mitteleuropas gehörte. Ein hoher Prozentsatz der Industrie in der Tschechoslowakei war vor dem Kriege im Besitz der

Sudetendeutschen und lag in den sudetendeutschen Gebieten; so zum Beispiel 80% des Braunkohlebergbaus, 75% der chemischen Industrie, 85% der Glasindustrie, 90% der Textilindustrie und je 90% der Prozellanindustrie und der Musikinstrumentenerzeugung.

Wir stellen fest:
1. Die Enteignung oder Vernichtung des Vermögens der Sudetendeutschen widerspricht
   - dem allgemeinen Völkerrecht sowie den
   - in Artikel 17 der Allgemeinen Erklärung der Menschenrechte vom 10. Dezember 1948[2]
   - in den Artikeln 46, 55 und 56 des IV. Haager Abkommens vom 18. Oktober 1907
   - in Artikel 1 des Zusatzprotokolls vom 13. Dezember 1957 zur Europäischen Konvention zum Schutze der Menschenrechte und Grundfreiheiten vom 4. November 1950[3] und
   - zuletzt in der Entschließung Nr. 3236 vom 22. November 1974 von der Vollversammlung der Vereinten Nationen für das palästinensische Volk[4]

   anerkannten Grundsätze des Rechts.
2. Der Anspruch auf Rückgabe des völkerrechtswidrig enteigneten Vermögens oder auf Schadensersatz für zerstörtes Vermögen der Sudetendeutschen ist unverjährbar. Er erlischt nicht mit dem Tode des unmittelbar Geschädigten und beinhaltet auch eine Entschädigung für entgangene Nutzung.
3. Die Gewährung und Annahme von Leistungen aus dem Lastenausgleich in der Bundesrepublik Deutschland und in der Republik Österreich, die lediglich der Eingliederung der vertriebenen Sudetendeutschen und der Beseitigung sozialer Nachteile dienen, bedeuten entsprechend dem Gesetzestext keinen Verzicht auf die Geltendmachung der Ansprüche auf Rückgabe oder Schadensersatz.

   Diese Ansprüche stehen den geschädigten Personen, ihren Erben und in Wahrnehmung ihres völkerrechtlichen Schutzrechtes der Bundesrepublik Deutschland zu.

Die Vermögensverluste setzen sich (zu Preisen des Jahres 1939 gemäß den von den Sudetendeutschen bereits 1947 veröffentlichten Unterlagen)[5] wie folgt zusammen:
. . .[6]

| | |
|---|---|
| Vermögensverluste insgesamt | 69,524 Milliarden Reichsmark[7] |

Nach der am 4. April 1945 erfolgten letzten Feststellung des Wechselkurses der Deutschen Reichsmark zum US-Dollar (1 Dollar = 2,50 Reichsmark) beziffern sich die Vermögensverluste:

| | |
|---|---|
| Privatvermögen | 26,2676 Milliarden US-Dollar |
| Öffentliches Vermögen | 1,5420 Milliarden US-Dollar |
| Gesamtvermögensverlust | 27,8096 Milliarden US-Dollar |

Wollte man das verlorene Vermögen auf den Wiederbeschaffungswert der Gegenwart umrechnen, so würde der Vermögensverlust 130 Milliarden Deutsche Mark[7] bzw. 53,3 Milliarden Gold-Dollar betragen.

Die Sudetendeutschen wurden weder durch den Lastenausgleich[8] noch durch ein sonstiges Verfahren für den Verlust ihres Vermögens entschädigt. Sie legen deshalb unter Bezugnahme auf die vorstehend gemachten Angaben gegen die totale Enteignung Rechtsverwahrung ein und bitten die Vereinten Nationen, den Europa-Rat, die Regierung der Bundesrepublik Deutschland sowie die Regierungen aller jener Staaten, in denen heute Sudetendeutsche leben, um deren Kenntnisnahme und Unterstützung.

---

*Anmerkungen:*

[1] Zu den Enteignungsdekreten der ČSSR: Siehe S. 287, 292.

[2] Zum Text: Siehe S. 21 ff.

[3] Zum Text: Siehe S. 26.

[4] Zum Text: Siehe S. 449f.
[5] Vgl. Turnwald, Wilhelm (Hrsg.): »Dokumente zur Austreibung der Sudetendeutschen«; 3. Aufl.; München, 1952; S. 557f.
[6] Nachfolgend ist ein Aufriß des Privat- und des öffentlichen Vermögens nach Einzelkategorien wiedergegeben.
[7] Vgl. auch Neuhoff, Hans: »Die deutschen Vertriebenen in Zahlen«; Bonn, o. J.; S. 12; dort 41,1 Mrd. RM für 1945 und 102,8 Mrd. DM für 1976.
[8] Zum Text des Gesetzes vom 14. 8. 1952: Siehe S. 29.

*Quelle:*
Eigene Aufzeichnung.

## Erklärung tschechoslowakischer Exilpolitiker — 1978, Februar

(Sog. »Opus Bonum«[1]-Erklärung[2]):
*Von der Vergeltung 1945 über 1948 und 1968 bis zur »Charta 77«*

30 Jahre nach der Errichtung der totalitären politischen Diktatur in der Tschechoslowakei kamen Menschen zusammen, die als politische Exilanten ihr Vaterland verlassen mußten. Es trafen sich diejenigen, welche die Diktatur der KPTsch im Jahre 1948[3] aus dem Vaterland verjagt hatte und diejenigen, welche vor 30 Jahren zum politischen Lager der damaligen Sieger gehört hatten und aus dem Vaterland erst durch die sowjetische Okkupation vom August 1968 und durch das anschließend eingesetzte Regime verjagt wurden.
Das Treffen war vom Bemühen aller Teilnehmer geleitet, die Illusionen und Mythen über die Vergangenheit und die Gegenwart der Tschechoslowakei zu überwinden. Die Teilnehmer gingen von dem Bewußtsein aus, daß man die Vergangenheit nicht aus der Geschichte und nicht aus dem Leben der Einzelnen löschen kann und daß man die alten Irrtümer und Fehler sowie die alte Schuld rückwirkend nicht abzuändern vermag. Gleichzeitig jedoch gingen sie auch von der Überzeugung aus, daß die Vergangenheit keine unüberwindbare Last für die Zukunft darstellt. Beim Rückblick auf die Vergangenheit aber muß die Wahrheit siegen – wen auch immer sie treffen mag. Für die Zukunft dann darf der Wille nicht fehlen, vergangene Fehler nicht mehr zu wiederholen.
Der Februar 1948[3] war die Niederlage der demokratischen und humanitären Ideale einschließlich der sozialistischen demokratischen Ideale. Er war der Sieg des totalitären Prinzips, das die Unteilbarkeit der Menschenrechte und der politischen Freiheiten leugnet: es schließt nach und nach immer mehr Gruppen von Bürgern aus der Demokratie aus, stellt sie außerhalb der Gesetze und macht am Ende die ganze beherrschte Gesellschaft rechtlos.
Nach dem Jahr 1945 wurden in der Tschechoslowakei zuerst Millionen Mitbürger deutscher Nationalität außerhalb der Gesetze gestellt, und das Prinzip der Vergeltung siegte über das Prinzip der Gerechtigkeit und des Rechts.
Nach dem Februar 1948[3] wurden diejenigen Bürger, in denen die Diktatur eine politische Opposition gegen den Kommunismus sah, außerhalb der Gesetze gestellt; in den nachfolgenden Jahren galt dies für alle, die kritisch gegenüber der herrschenden totalitären Macht auftraten – bis nach dem August 1968 schließlich zusammen mit den anderen Bürgern auch ein großer Teil der Kommunisten selbst betroffen war. Das Prinzip des Ausschlusses derjenigen Gruppen von Bürgern, die der Diktatur unbequem sind, aus den politischen Freiheiten und Rechten ist auch weiterhin die grundlegende Stütze der totalitären Diktatur in der Tschechoslowakei und der völligen Unterordnung dieses Landes unter die sowjetische Oberherrschaft. Eine demokratische Perspektive und eine Perspektive der nationalen und staatlichen Souveränität ist ohne Überwindung dieses Prinzips unmöglich. Ausgangspunkt für die Zukunft kann darum nur die Anerkennung der Unteilbarkeit der Menschenrechte und der politischen Freiheiten für sämtliche Bürger sein, gleichgültig welchen Glauben,

welche philosophische und politische Überzeugung sie haben. Die »Charta '77« hat bewiesen, daß die Anhänger demokratischer und humanitärer Ideale in der Tschechoslowakei zu dieser Erkenntnis gelangt sind. Desgleichen sehen die im politischen Exil lebenden Anhänger dieser Ideale den weiteren Sinn ihrer Bestrebungen für die Zukunft darin, die Unteilbarkeit der Menschenrechte und der politischen Freiheiten zum gemeinsam anerkannten Grundwert zu machen ohne Unterschied von Glauben, von philosophischer und politischer Überzeugung.

---

*Anmerkungen:*
1 Das »Opus Bonum« ist eine der (sudetendeutschen) Ackermann-Gemeinde nahestehende Vereinigung.
2 Es handelt sich um eine Erklärung der tschechischen Teilnehmer an einem Symposion von »Opus Bonum«, das im Prälat-Hacker-Haus im Fichtelgebirge abgehalten wurde.
Die Erklärung wurde u. a. unterzeichnet von Zdeněk Mlynář, Anástas Opásek, Luděk Pachman und Pavel Tigrid.
3 Machtübernahme der Kommunisten in der ČSR.

---

*Quelle:*
Sudetendeutscher Rat (Hrsg.): »Im Zeichen der Partnerschaft«; München, 1980; S. 108f.

**Gemeinsame Erklärung** **1978, 11. April**[1]
**von Bundeskanzler Schmidt (SPD) und**
**dem tschechoslowakischen Partei- und Staatschef Gustav Husak**[2] **(KPTs.):**
*»Zur Politik der Entspannung besteht keine vernünftige Alternative«*

Beide Seiten stellen übereinstimmend fest, daß die grundsätzliche Bedeutung des Vertrages über die gegenseitigen Beziehungen zwischen der BR Deutschland und der ČSSR vom 11. Dezember 1973[3] für die Gestaltung der Beziehungen zwischen den beiden Nachbarländern durch die seit seiner Unterzeichnung eingetretene Entwicklung voll bestätigt worden ist ... Beide Seiten betonten die wichtige Funktion, die dem regelmäßigen politischen Meinungsaustausch für die Förderung der Zusammenarbeit und für ein besseres gegenseitiges Verständnis zukommt. Besondere Bedeutung messen sie dabei den Begegnungen der führenden politischen Persönlichkeiten beider Länder zu. Sie bewerten den bisherigen Meinungsaustausch zwischen den Außenministern beider Länder als sehr konstruktiv und haben beschlossen, künftig mindestens einmal jährlich Begegnungen der Außenminister in Bonn oder Prag vorzusehen Beide Seiten unterstützen Bemühungen, die geeignet sind, die Kontakte zwischen den Menschen in beiden Ländern zu entwickeln.[4] Als nutzbringend betrachten sie auch Partnerschaften zwischen Städten ... *(und)* die guten und nützlichen Kontakte zwischen den Gewerkschaften. Beide Seiten halten es für zweckmäßig, diese Kontakte fortzuführen. Für ein besseres gegenseitiges Verständnis zwischen den Völkern messen beide Seiten dem Jugendaustausch besondere Bedeutung bei. Sie wollen deshalb die Zusammenarbeit zwischen Jugendorganisationen und entsprechenden Institutionen in beiden Ländern fördern. Beide Seiten erörterten eingehend den gegenwärtigen Stand der beiderseitigen Wirtschaftsbeziehungen, sowie die Möglichkeiten ihrer zukünftigen Entwicklung. Beide Seiten stimmen darin überein, daß Vorkehrungen zur Verbesserung des nachbarlichen Zusammenlebens an der Grenze sowie Maßnahmen zur Verhütung und Beilegung von Grenzzwischenfällen getroffen werden sollen ... Beide Seiten brachten zum Ausdruck, daß das Abkommen zwischen der Regierung der Bundesrepublik Deutschland und der Regierung der ČSSR über kulturelle Zusammenarbeit, das während dieses Besuchs von den beiden Außenministern unterzeichnet wurde[5], den Austausch in diesem Bereich zur gegenseitigen Bereicherung und zum besseren Verständnis zwischen den beiden Staaten und ihren

Bürgern fördern wird. Beide Seiten vertraten die Auffassung, daß die Öffentlichkeitsmedien eine wesentliche Rolle für das bessere Kennenlernen und gegenseitige Verständnis zwischen den Völkern spielen. Sie betonten die Bedeutung objektiver und sachlicher Information über das jeweils andere Land. In diesem Zusammenhang sprechen sie sich dafür aus, die Arbeitsmöglichkeiten für Journalisten im Einklang mit der Schlußakte von Helsinki[6] zu verbessern. Beide Seiten würdigen die positiven Ergebnisse, die bei der Durchführung der Vereinbarungen über humanitäre Fragen vom 11. Dezember 1977[7] erzielt worden sind, und bekräftigen ihre Absicht, auch weiterhin im Einklang mit diesem Briefwechsel zu verfahren.

... Beide Seiten ... sind überzeugt, daß zur Politik der Entspannung keine vernünftige Alternative besteht ...

Beide Seiten stellten mit Genugtuung fest, daß die Gespräche in konstruktiver und sachlicher Atmosphäre[8] geführt wurden. Sie sind überzeugt, daß dieser Besuch zur weiteren Entwicklung der Zusammenarbeit, zur Vertiefung der Beziehungen zwischen den beiden Nachbarländern und zur Stärkung der Entspannung und Zusammenarbeit in Europa beigetragen hat ...

---

*Anmerkungen:*

[1] Die Teminisierung des Staatsbesuches ist zu beachten: Erst vier Jahre später – im November 1982 – erlaubte das zweite westliche Land, das neutrale Österreich, Husak die Einreise.

[2] Nach dessen Staatsbesuch in Bonn.
Die »Times« (englische Tageszeitung, London) erläuterte und kommentierte Besucher und Besuch u. a. wie folgt:
»Präsident Husak der ČSSR ist ein sehr gewöhnlicher Bösewicht, ein begrenzter und engstirniger Opportunist, der über 9 Jahre unterdrückender Immobilität geherrscht hat. Nun kommt er blinzelnd aus seinem verdunkelten Land zu seinem ersten offiziellen Besuch in ein NATO-Land – 4 Tage in Bonn. Dieser Besuch ist in Westdeutschland mit dem sehr guten Grund kritisiert worden, es sei das gegenwärtige Regime in der ČSSR keines, mit dem ehrbare Menschen vertraulich plaudern könnten. Es genießt praktisch keine Unterstützung seiner Bürger und unternimmt nichts Wirksames, um ihre Wünsche zu beantworten oder ihre Interessen zu fördern. Der Besuch könnte jedoch zu gutem Nutzen gewendet werden, wenn er die Menschen daran erinnert, was in der ČSSR geschieht und Husak einigen direkten Fragen und Kommentaren deutscher Politiker aussetzt. In mancher Hinsicht erinnert die Lage in der ČSSR an jene in den frühen *(19)*60er *(Jahren)*, als das wirtschaftliche Wachstum knirschend unter der gleich einfallslosen Herrschaft von Novotny zum Stillstand kam. Es gibt das gleiche Gefühl, das nichts anständig funktioniere, Menschen mit Talent auf allen Ebenen von der Verantwortlichkeit ausgeschlossen sind, und die Kultur mundtot gemacht ist ... Veränderung wird auf Veränderungen in Moskau zu warten haben. In der Zwischenzeit werden Menschen wegen wesentlich politischer Taten verfolgt und ins Gefängnis geworfen, während Hunderte von hochqualifizierten Menschen wegen ihrer politischen Haltung von angemessenen Arbeitsplätzen oder manchmal von der Arbeit überhaupt ausgeschlossen bleiben. Die Kultur der Nation dämmert vor sich hin. Für den einzigen Lichtschimmer sorgen die Tätigkeiten der Charta '77, jenes losen Zusammenschlusses von Bürgerrechtsaktivisten, die damit fortfahren, die rücksichtslosen und oftmals illegalen Verstöße des Regimes gegen das Recht der Bürger zu dokumentieren und bekannt zu machen. Es ist zu hoffen, daß die westdeutsche Regierung Husak von ihrer Besorgnis um diese Menschen unterrichtet hat.«

[3] Zum Text: Siehe S. 381f.

[4] Zum in der Erklärung überhaupt nicht erwähnten Problem der Familienzusammenführung sagte Bundespräsident Scheel in seiner Tischrede am 10. 4. abends u. a.:
»Eine beträchtliche Zahl von Ausreiseanträgen wurde auf Grund des Briefwechsels über humanitäre Fragen genehmigt. Jeder Einzelfall wiegt schwer für die betroffenen Menschen. Wir würdigen deshalb Ihre Bemühungen um die Lösung humanitärer Fragen als einen wichtigen Beitrag zu einem gutnachbarlichen Verhältnis.«
Bundeskanzler Schmidt führte in seiner Tischrede am 11. 4. mittags u. a. aus:
»In dem Zusammenhang will ich wiederholen, daß wir uns auch in Zukunft weiterhin um die Lösung humanitärer Probleme insonderheit auf dem Felde der Familienzusammenführung bemühen müssen.«
Partei- und Staatschef Husak ging in seinen Antwortreden auf die Frage nicht ein.

[5] Am 11. 4. 1978. (Laufzeit 5 Jahre, dann (6monatige Kündigungsfrist.) Es heißt darin u. a. in Artikel 3:

»Die Vertragsparteien bemühen sich, dazu beizutragen, die Darstellung der Geschichte, Geographie und Kultur der anderen Seite in den Lehrbüchern in einer Weise zu gestalten, daß sie ein besseres gegenseitiges Verständnis fördert.«

[6] Zum Text: Siehe S. 51ff.

[7] Zum Text: Siehe S. 390f.

[8] Dazu trug sicherlich bei, daß die deutschen Teilnehmer weder die Verletzungen der erwähnten Schlußakte von Helsinki in der ČSSR, noch die Charta '77 und kaum die Vertreibung der Sudetendeutschen erwähnten, sich aber dafür ausgiebig mit Mittelalter und Nationalsozialismus befaßten.
So sagte Bundespräsident Scheel u. a.: »Wir wollen die dunklen Epochen der Vergangenheit und die Hemmnisse in der Gegenwart nicht leugnen. Aber wir sollten das Verbindende im Zusammenleben unserer Völker wieder in den Vordergrund treten lassen. Deutsche, Tschechen und Slowaken haben sich jahrhundertelang gegenseitig geistig bereichert und angeregt. Karl IV. – dessen 600. Todestag in diesem Jahr begangen wird und dessen erste Königskrönung im Jahre 1346 hier im Bonner Münster stattfand –, Hus und Comenius, Stifter und Dvořak, Kafka, Zweig und Čapek sind einige, die diese engen Wechselbeziehungen bestimmt haben und die selbst auch von ihnen geprägt wurden. Das Werk dieser Männer sollte von unseren Völkern als Teil der eigenen wie der gemeinsamen europäischen Kultur begriffen werden. Erst ein übersteigerter Nationalismus hat dieses fruchtbare Miteinander zerstört. Er hat unsere Staaten und Völker in katastrophale Entwicklungen gestürzt. Wir müssen uns die ganze lange Vergangenheit der Beziehungen zwischen Deutschen, Tschechen und Slowaken bewußt machen, um zu wissen, wo wir anknüpfen wollen und was sich nicht wiederholen darf. Nach dem nationalsozialistischen Angriff auf Ihr Land, nach dem vielfältigen Unheil, das sich daraus für beide Völker ergab, und unter den Bedingungen eines politisch gespaltenen Europa konnte der Wille zum Neubeginn in den deutsch-tschechoslowakischen Beziehungen nur allmählich Gestalt gewinnen. Auch müssen wir nüchtern sehen, daß unsere Beziehungen davon bestimmt werden, daß die Grenze zwischen uns zugleich die Grenzlinie zweier unterschiedlicher Bündnisse und Gesellschaftssysteme bildet. Sicherlich gibt es bei Ihnen wie bei uns Bürger, die durch das erlittene Unrecht verbittert sind und bleiben.«
Bundeskanzler Schmidt führte u. a. aus:
»Wir empfinden die dunklen Stunden der gemeinsamen Geschichte, und ich denke dabei insbesondere an das, was dem tschechoslowakischen Staat und seinen Bürgern durch den Nationalsozialismus zugefügt worden ist, als eine Mahnung und zugleich auch als eine Verpflichtung, was die Gestaltung der Zukunft angeht.«
Partei- und Staatschef Husak mußte daher lediglich unterstreichen und auf die Zukunft hinweisen. Er sagte u. a.:
»Die Geschichte der hundertjährigen gegenseitigen Beziehungen der Völker beider Länder ist durch viele positive Einflüsse gekennzeichnet, die die kulturelle und wirtschaftliche Entwicklung gefördert haben. Für die Bevölkerung unseres Landes ist sie jedoch auch durch schwere und tragische Prüfungen gekennzeichnet, die immer noch in ihrem Bewußtsein nachklingen. Es ist allgemein bekannt, welche Leiden unser Volk im Laufe des II. Weltkrieges erdulden mußte. Es geht uns aber heute nicht um eine Rekrimination der Vergangenheit. Das Wichtigste in der gegenwärtigen Zeit ist es vorwärtszuschreiten, aktiv auf die Herausbildung guter Voraussetzungen für die Entwicklung unserer Zusammenarbeit und unseres nachbarlichen Zusammenlebens einzuwirken und in dieser Richtung auch auf das Bewußtsein der Bevölkerung unserer beiden Länder Einfluß zu nehmen . . . In diesem Sinne zielen unsere Gespräche darauf hin, für gegenwärtige und künftige Generationen ein glücklicheres Leben im Frieden zu sichern. Dieses Akzentuieren der Gegenwart sowie der Zukunft ist Ausdruck des Interesses, die Erinnerungen aus der Vergangenheit zu überwinden, die bisher im Bewußtsein unserer Menschen leben. Ich möchte jedoch betonen, daß wir die Vergangenheit nicht deshalb ins Gedächtnis rufen, um Leidenschaften wachzurufen und alte Wunden aufzureißen, sondern deshalb, um zu deren Überwindung, zu einer solchen Entwicklung der Beziehungen gemeinsam zu wirken, die es gewährleisten würde, daß den nächsten Generationen die Leiden unserer Generationen verschont bleiben.«

---

*Quelle (auch der Anmerkungen):*
»Archiv der Gegenwart«; Bonn, 13. 4. 1978; S. 21702ff.

**DANUBIUS[1]:** **1978, Dezember[2]**
**»Thesen zur Aussiedlung der tschechoslowakischen Deutschen[3]«**

I. *Vertreibungen in der Geschichte*
*Der Verfasser schildert zunächst Vertreibungen in und durch die UdSSR und fährt dann fort:*
»Die Aussiedlungen ... der mitteleuropäischen Deutschen ... haben die orientalisch-asiatischen des russischen Imperiums durch ihr Ausmaß (sie betrafen mehrere Staaten – Polen, Tschechoslowakei, Ungarn) und durch das Prinzip der Kollektivschuld (aller Deutschen an dem Ausbruch des Zweiten Weltkrieges und seinen Massakern) übertroffen. Die moralische Last und die Pflicht, sich mit diesen Problemen, nämlich weitreichendster Verletzungen der Menschenrechte, auseinanderzusetzen, belastet das Kulturerbe derjenigen Völker, in deren Namen die Aussiedlungspolitik durchgeführt worden ist.«
*Der Verfasser geht sodann auf die bisherige Behandlung des Vertreibungsthemas in der Literatur ein, erwähnt die Stellungnahmen des russischen Literaturnobelpreisträgers (1970) Solzhenitsyn, deutsche Forschungen und den Ansatz in der »Host do domu«-Diskussion[4] von 1968, um dann das seitherige tschechische Schweigen zur Aufgabenstellung zu machen:*
»Für die tschechoslowakische Gesellschaftswissenschaft, für ihre verfolgten Einzelpersonen und Gruppen, entsteht die Pflicht, sich ehrlich und würdig mit dem Problem der Aussiedlung der tschechoslowakischen Deutschen auseinanderzusetzen, dem Volk zu helfen, sich von einer Schuld zu befreien, die in ein kollektives Schweigen und stille Billigung verhüllt ist, was das Regime letzten Endes in seinem Sinne als Unterstützung interpretiert. Aber auch hier, in der Gesamtheit des Volkes, zeichnet sich eine vor der Okkupation (von 1968) kaum bemerkbare Differenzierung ab: Anfang der siebziger Jahre, als im Zusammenhang mit der Normalisierung der Beziehungen zur BRD in einer begrenzten und streng geheimgehaltenen innerstaatlichen Meinungsumfrage die Frage gestellt worden ist: ›Was halten Sie von der Aussiedlung der tschechoslowakischen Deutschen?‹, hat mehr als ein Drittel der Befragten geantwortet, daß sie eine nutzlose, ökonomisch und moralisch schädliche Tat war. Die Aussiedlungspolitik wurde dabei im Prinzip verurteilt. Diese Meinungen sind nicht an die Öffentlichkeit gedrungen, das allgemeine Schweigen und Zögern angesichts dieses offenen Problems verlängert die Herrschaft einer moralisch untragbaren Situation.«

II. *Entwicklung der (sudeten)deutsch-tschechischen Beziehungen*
*Der Verfasser stellt zunächst fest:*
»Die Aussiedlung von drei Millionen tschechoslowakischen Deutschen (offizielle Quellen geben 2296000 Personen an) bedeutete die Aussiedlung tschechoslowakischer Bürger deutscher Nationalität.«
*Der Verfasser stellt sodann die Geschichte der Deutschen in Böhmen und Mähren seit dem 13. Jahrhundert dar und bezeichnet Konrad Henlein und Karl Hermann Frank als eine* »vorübergehende Anomalie ohne Zusammenhang mit dem echten Sinn der geschichtlichen Kontinuität der tschechoslowakischen Deutschen ... Fünf oder sieben Jahre der jüngsten geschichtlichen Entwicklung können nicht den Sinn und die Richtung von fünf bis sieben Jahrhunderten historischer Entwicklung der tschechoslowakischen Deutschen umkehren. So bedeutete die Aussiedlung der tschechoslowakischen Deutschen den Verzicht auf einen Teil der eigenen tschechoslowakischen Bevölkerung, auf die Zivilisation dieses Raumes, die sich in dieser geographisch-historischen Region entwickelt hat. Auch deswegen ist sie vor allem eine tschechoslowakische Angelegenheit, die nicht nur vom Standpunkt der Population (erst nach 40 Jahren wurde der Stand von 1935 – 15 Millionen Einwohner – erreicht), sondern auch von wirtschaftlichen, politischen und besonders moralischen Gesichtspunkten zu lösen ist.«

*Der Verfasser würdigt die Bereitschaft der Sudetendeutschen zur Zusammenarbeit mit der tschechoslowakischen Regierung nach 1919*[5]*, erinnert an die KPTs.-Parolen um 1930 nach Selbstbestimmung für die Sudetendeutschen*[6] *und fährt dann fort:*
»Die Schuld der tschechoslowakischen Deutschen an der Sprengung der ČSR ist in großem Maß auch die Schuld der Politik des Regimes und der Politik der Staatsregierungen, einschließlich der Politik des Präsidenten der ČSR. Was Präsident Dr. Eduard Beneš den tschechoslowakischen Deutschen in der Zeit der Not und Wirtschaftskrise im Jahre 1938 in einigen seiner Pläne vorgelegt hat[7], hätte schon viele Jahre früher vorgelegt werden sollen, was wieder in großem Maß Henleins Demagogie den Wind aus den Segeln genommen hätte.«
*Sodann konzipiert der Verfasser im Jahre 1945 denkbare Alternativen zur Vertreibung, kritisiert die willkürliche Zuweisung von Personen zu den auszuweisenden Sudetendeutschen und konfrontiert ihre Vertreibung mit den gegen die Ungarn aus der Slowakei 1945 ergriffenen Maßnahmen.*

III. *Kollektivschuld und Vertreibung*
*Der Verfasser setzt sich mit den Motiven der Vertreibungsbefürworter (u. a. der UdSSR) auseinander und beschreibt sodann die Vorgänge:*
»Die Aussiedlung der tschechoslowakischen Deutschen erfolgte in der Zeit der Freiheit des tschechischen und slowakischen Volkes. In dieser Zeit wurden die Aussiedlungen vorgenommen: Das Massaker von Aussig a. d. Elbe und der Brünner (südmährische) Todesmarsch sind nur die sichtbarsten Höhepunkte dieser Tragödie von Tausenden Geschlagener und Erschlagener während der ›wilden‹ Phase der Aussiedlung (Mai–November 1945); hinzu gehören Hunderte von Selbstmorden infolge der Aussiedlungen, das Wüten der ›Revolutionären Garde‹ in den Sammellagern, das keinesfalls hinter den faschistischen KZs zurückgeblieben ist[8] . . . Zu Menschenverbrennungen an Laternen in Prag und öffentlichen Hinrichtungen, die Kinder mitansehen mußten, ist es vor allem in den ersten Wochen nach der Befreiung gekommen: aber noch im Juli 1946 war es möglich, einen Deutschen öffentlich auf der Straße zu erschießen . . . Deutsche aller Schichten und Klassen wurden genauso behandelt, wie die Juden von deutschen Faschisten und von der Gestapo; einschließlich öffentlicher Kennzeichnung (Armbinden), besonderer Lebensmittelkarten, der erlaubt mitzunehmenden Menge von Personengepäck, Transporten in Güterwagen (›Viehwagen‹), Konzentrierung in Sammellagern[8]. Sie wurden genauso wie die Häftlinge in den KZs Nazideutschlands gegen Ende des Krieges behandelt, einschließlich Todesmärschen.
All dies wurde gegenüber tschechoslowakischen Deutschen angewandt, die sich nur durch ihre Nationalität schuldig gemacht hatten, und deswegen stellt es das erschütterndste Kapitel der tschechoslowakischen Geschichte dar. Die volle Verantwortung für dieses Wüten lastet auf den tschechoslowakischen Nachkriegsregierungen des Sozialdemokraten Zd. *(ěnek)* Fierlinger und des Kommunisten Klement Gottwald, auf den Machtorganen des Staates (unter der Leitung des Innenministers, des Kommunisten Nosek) und den Spezialeinheiten der tschechoslowakischen Armee (von Svoboda), die den Abschub organisiert und vollzogen haben. In einem allgemeinen Sinne kann man es aber auch als ein Scheitern des Volkes in einer Zeit, als andere Völker bereits befreit waren, bezeichnen. Die Entwicklung vieler retardierter Elemente in unserem Volksorganismus, die in der ersten Hälfte der fünfziger Jahre ihren Höhepunkt erreichten und in vieler Hinsicht bis heute fortleben, fängt nicht nach der kommunistischen Machtübernahme 1948, sondern bereits im Jahre 1945 an.«

IV. *Der Hauptinitiator: Edvard Beneš*
*Der Verfasser stellt die Rolle des Staatspräsidenten eingehend dar.*

V. *Der Hauptnutznießer: Die KPTs.*
*Der Verfasser begründet seine These.*

VI. *Wem hat die Vertreibung noch genützt?*
»Die Aussiedlung der tschechoslowakischen Deutschen wurde *(1945)* in der ganzen tschechoslowakischen Gesellschaft im allgemeinen als unvermeidlich und gerecht anerkannt«,
*ist die Eingangbewertung des Verfassers. Sodann stellt er das Verhalten Kardinal Berans, der die Vertreibung unterstützte, den scharfen Protesten gegenüber, die Kardinal Mindszenty dagegen einlegte, schildert die Kritik tschechoslowakischer Zeitschriften, um abschließend eine Kollektivschuld der Tschechen im Jahre 1945 an der Vertreibung ebenso abzulehnen, wie eine solche der Sudetendeutschen für die Vorgänge 1939 bis 1945.*

VII. *Die Vertreibung hat der Tschechoslowakei geschadet*
*Der Verfasser bezeichnet die Vertreibung für die Tschechoslowakei und ihre Gesellschaft als* »auf weite Sicht hin katastrophal«.

*Als Gründe dieser Beurteilung werden aufgeführt:*
1. *Außenpolitische Motive:*
»Um den mitteleuropäischen Raum, den die Tschechen und Slowaken bewohnen, wird so lange gekämpft werden, wie die beiden Großmächte *(gemeint: Deutschland und die Sowjetunion)* existieren, gleichgültig, ob sie siegreich oder besiegt, stark oder geschwächt sind. Und wenn also die Tschechen und Slowaken weiterhin okkupiert bleiben wollen, so werden sie passiv von der einen auf die andere Seite geschoben: falls sie jedoch nicht nur okkupiert sein wollten und doch eine gewisse Alternative von Freiheit und Selbständigkeit im Rahmen der Nachbarschaft der beiden Großmächte wählen sollten, so dürfen sie in ihrer Geschichte keine Präzedenzen schaffen, die ihnen von einer der Großmächte später als eine unbezahlbare Rechnung vorgelegt werden können. Im Sinne des Gleichgewichtes müssen sie ein reines Gewissen gegenüber beiden Nachbarländern bewahren und beide Alternativen der Zusammenarbeit mit beiden Großmächten in Bereitschaft haben, sich dabei nach ihrem Aufschwung oder Rückgang richtend. Durch die Aussiedlungen wurde jedoch die Möglichkeit zu beiden Alternativen zugunsten einer historisch vorgezogenen Alternative vernichtet. Besonders für die Tschechen wurde die deutsche Alternative zu einer Zusammenarbeit, zum Zusammenleben, zu einem garantierten Verhältnis, durch die Aussiedlungen vernichtet, und ihre Tragkraft, potentielle Kraft und Variabilität hat die östliche, russische Variante übernommen.«

2. *Verfall des politischen und gesellschaftlichen Wertsystems:*
*Die Art der Verwirklichung der Aussiedlung mit ihrer ganzen Brutalität hatte für die Entwicklung der Č(S)SR nach dem Kriege eine fatale Bedeutung, die bisher allgemein bagatellisiert wird:*
»Während der Aussiedlung ist es zu einer bisher nie dagewesenen Zerstörung von Werten, wertbildenden Systemen und zivilisatorischen Bindungen gekommen. Dieser Wertverlust war eine Folge der Nichtrespektierung und Mißachtung der Rechte der menschlichen Persönlichkeit, deren Würde und Mündigkeit, im Verständnis vom Menschen als Menschen. Den tschechoslowakischen Deutschen gegenüber durfte sich nach dem Mai 1945 jeder erlauben, was er wollte, niemand hat es verhindert, ein solches Verhalten wurde sogar von der Staatsmacht gebilligt und unterstützt. Und wenn dadurch die tschechoslowakische Bevölkerung gelernt hat, auf diese Art und Weise Fremde zu behandeln, wo war dann eine Garantie, daß sich die verübten Gewalttaten nicht auch gegen sie selbst richten würden? Einige Jahre später hat die Geschichte eine mehr als anschauliche Antwort auf diese Frage gegeben: Das Volk, das sich brutal gegenüber einem andern Volk verhalten hat, wird durch das Gift dieses Verbrechens selbst vergiftet . . . Während der ›Endlösung der deutschen Frage‹ in der Tschechoslowakei, d. h. während der Aussiedlung der tschechoslowakischen

Deutschen, hat sich in diesem Lande eine bis dahin nie dagewesene Gewalttätigkeit eingenistet, die sich die Tschechen und Slowaken in großem Maß angeeignet und die sie exekutiert haben . . .
Die Folgen für die Gesellschaft waren grauenhaft. Das, was die Untersuchungsbehörden und die ›Revolutionären Garden‹ in den deutschen Sammellagern nach dem Krieg gelernt hatten, schienen sie nach dem Jahre 1948 bereits gefestigt und vollendet in den Folterkammern von Jàchymov, Ruzyné oder Ilava[9] vorzufinden. Aus der Praxis einer permanenten Gewalt hat sich die kommunistische Macht gefestigt. Die Leute hatten die Empfindungen der ersten Okkupation noch in frischer Erinnerung, und fingen daher ganz logisch an, den neuen Herren zu fürchten, der getrampelt und geschrien, gebrandmarkt und geschlagen hat! Und aus einem völlig menschlichen Gesichtspunkt, nämlich aus Zivilisationsopportunismus, dieser Frucht der Totalität, gaben sie ihm ihre Stimmen, um Ruhe zu haben, und führten seinen Sieg herbei.«

3. *Ungeheure materielle Verluste:*
»Die gewaltsame Aussiedlung der tschechoslowakischen Deutschen brachte der tschechoslowakischen Gesellschaft nicht nur die Zerstörung der Beziehung zu menschlichen, nationalen und staatlichen Werten, sondern es hat sich hier auch eine Devastation der Beziehung zu jeglichen materiellen Werten herangebildet. Der ganze Besitz der Deutschen wurde durch ein einziges Dekret des Präsidenten der ČSR beschlagnahmt.[10] Der von Generationen von Familien gewonnene Besitz wurde durch ein Papier, durch eine Unterschrift weggenommen. In einem Staat von 15 Millionen Einwohnern wurde auf einen Schlag die bewegliche und unbewegliche Habe einem ganzen Fünftel der Bevölkerung abgenommen. Sie ist – von einem kleinen Anteil an Antifaschisten abgesehen – zu einem Ränzchen von 30 kg zusammengeschrumpft. Der tschechoslowakische Staat ist dadurch in die Rolle eines Räubers geraten, der den Besitz von Arm und Reich mit einem Schlag nur deswegen weggenommen hat, weil man sich des Verbrechens, einer Nationalität anzugehören, schuldig gemacht hat. Und dann verteilte der Staat diesen Besitz großzügig. So wurde den kleinen und großen Dieben eine solche kolossale Gelegenheit zum Stehlen gegeben, wie sie die Geschichte vorher nicht gekannt hat . . . Die Folge der Aussiedlungen war die Vernichtung enormer materieller Werte im Gebiet des tschechoslowakischen Staates. Ganze Exportzweige der Leichtindustrie, die im industriellen nordböhmischen Grenzgebiet konzentriert waren (Glas, Porzellan, Keramik, Bijouterie, Textil u. a.) wurden vernichtet. Tausende Hektar landwirtschaftlichen Bodens sind verwildert; sie sind entweder von der Armee besetzt worden oder man hat sich nicht um sie gekümmert . . . So sind Hunderte Dörfer und Städtchen von der Erdoberfläche verschwunden, die Felder wurden von Unkraut und Holzbestand überwachsen und die Wiesen sind versauert. Über vielen auseinanderfallenden Fabriken ragen tote Schornsteine. Die Grenzgebiete sind wirtschaftlich verödet, trotz aller Bemühungen der Regierung, sie wieder zu beleben. Ein Besucher der Tschechoslowakei, der an der bayerischen oder österreichischen Grenze eine zivilisierte Landschaft verläßt, kommt in eine andere Zivilisationszone, vergleichbar mit den zurückgebliebenen Teilen Asiens. Das Land, das von Generationen tschechoslowakischer Deutscher im Laufe der Jahrhunderte kultiviert worden war, wurde lieblos für Jahrzehnte hoffnungsloser Devastation ausgesetzt. Was hat das Volk vom Besitz der drei Millionen Deutschen profitiert? Diese Frage kann kaum positiv beantwortet werden. Es hat dadurch nicht nur moralischen, sondern auch materiellen Verlust erlitten.«

VIII. *Die Vertreibung: Tschechische Tragödie und Schuld*
»Die Aussiedlung der tschechoslowakischen Deutschen bedeutete die Verletzung eines elementaren Menschenrechtes: des Rechts auf ein Heim, des Rechts auf Heimat. Sofern wir uns heutzutage vehement zu den Menschenrechten bekennen und für ihre Einhaltung kämp-

fen, müssen wir das Recht auf ein Heim und auf die Heimat für ein erstrangiges Postulat nicht nur im gegenwärtigen, sondern auch im historischen Sinne anerkennen. Dadurch werden wir nicht zu Verteidigern der nazistischen und faschistischen Mörder, die den Namen des großen deutschen Volkes vor der Geschichte geschmäht haben. Sie sind bestraft worden, und die Geschichte wird noch über sie richten. Gleichzeitig dürfen wir aber nicht die Tatsache außer acht lassen, daß es in unserem Land, in unserer unmittelbaren Vergangenheit zu einem Verbrechen gekommen ist, das sich an uns in verschiedenen Formen bis heute rächt und unsere Zukunft und den Frieden unserer Nachkommen trübt.
Die Aussiedlung der tschechoslowakischen Deutschen ist nicht nur eine deutsche, sondern auch unsere eigene Tragödie, mit der und deren Folgen wir uns vor allem unter uns und für uns auseinandersetzen müssen. Was den Deutschen an Gutem und Bösem aus ihrer Geschichte gehört, das überlassen wir den Deutschen. Unsere Schuld müssen wir, falls wir die Fortsetzung der Tragödie nicht erleben wollen, selbst bekennen und sie mit voller Verantwortung wiedergutmachen.«
[11]

---

*Anmerkungen:*
[1] Der Verfasser dieser in slowakischer Sprache verfaßten Arbeit wurde später als Jan Mlynarik, Historiker aus Preßburg (geb. 1933) identifiziert, am 5. 5. 1981 in der ČSSR inhaftiert und im Dezember 1982 in die BR Deutschland ausgewiesen (vgl. »Süddeutsche Zeitung«; München, vom 22. 12. 1982).
[2] Vor den »DANUBIUS«-Thesen erschien in »Svědectvi« (Jg. 14, No. 55, S. 371 ff.) ein Artikel von Jan Přibam »Priběh a nedobrým koncem« [Eine Begebenheit mit ungutem Ende]:
Er enthielt eine Beschreibung der vornehmlich mit den Protektoratserfahrungen der Tschechen begründeten Vertreibung der Sudetendeutschen und Betrachtungen über die negativen Auswirkungen des Vorgangs auf Rechtsbewußtsein und Rechtssicherheit in der ČSR.
[3] Zur Begründung dieses Ausdruckes: Siehe S. 423.
[4] Siehe S. 364 ff.
[5] Zu den Belegen: Siehe S. 174 ff.
[6] Zu den Belegen: Siehe S. 176 f.
[7] Gemeint ist vermutlich auch der sog. »4. Plan« vom 5. 9. 1938; zum Text: Siehe S. 214 ff.
[8] Belegbeispiel: Siehe S. 296.
[9] Gemeint: Die ČSR-Zuchthäuser in St. Joachimsthal (Nordwestböhmen), Rusin (Vorort Prags) und Illan (Bezirk Silleia, Slowakei), in denen nach dem kommunistischen Putsch von 1948 tschechische und slowakische Gegner bzw. Opfer des KPTs.-Regimes inhaftiert und umgebracht wurden.
[10] Zum Text des Enteignungsdekretes vom 25. 10. 1945: Siehe S. 292.
[11] Nach Veröffentlichung der »DANUBIUS«-Thesen gab es eine weltweite Diskussion verschiedenster Autoren:
Zu ihnen gehörte Professor Luža (New Orleans), ein Sprecher der Charta 77 Ladislav Heydanek (Prag) sowie das Ex-Mitglied des ZK der KPTs. und spätere Eurokommunist Zdeněk Mlynař (Wien). In der Pariser Zeitschrift »Svědectvi« diskutierten, als ob es keinen Eisernen Vorhang gäbe, Prager Kommunisten verschiedener Generationen (der 30jährige Peter Uhl, zeitweise Sprecher der Gruppe Charta 77 und der 56jährige Luboš Kohout, früher Dozent, 1980 Hilfsarbeiter). Auch die »Viděnski Svobodoné Listy« [Wiener Freiheitliche Blätter], das Londoner »Pravo Lidu« [Volksrecht], das Prager »Rudé Pravo« [Rotes Recht] und die »Frankfurter Allgemeine Zeitung« öffneten dem Thema ihre Spalten. Die Qualität der Diskussion war unterschiedlich. (Zu Auszügen: Siehe S. 413 f., 416 f.)

---

*Quelle:*
»Svědectvi« [Zeugnis], *(Exiltschechoslowakische Zeitschrift)*; Paris, Jg. 15 (1978); No. 57, S. 105 ff.
Übersetzung: »Deutschland Archiv«; Bonn, No. 7/1979, S. 712 ff. (Hervorhebungen im Original).

## »Manifest '79« — 1979, 3. Juni[1]
## der Sudetendeutschen Landsmannschaft und des Sudetendeutschen Rates[1]:
*Die Sudetendeutschen bestehen auf ihrem Heimat- und Selbstbestimmungsrecht*

Sechzig Jahre nach der Verweigerung ihres Selbstbestimmungsrechts durch den Vertrag von St. Germain und länger als dreißig Jahre nach ihrer Vertreibung haben die Sudeten-

deutschen als Teil des deutschen Volkes ihren Zusammenhalt bewahrt. Sie trugen wesentlich dazu bei, die von ihnen mitgestalteten Gemeinwesen aus den Trümmern des Zweiten Weltkrieges auszubauen. Sie entwickelten darüber hinaus wegweisende Gedanken zur Gestaltung einer freien Zukunft der Völker und Volksgruppen.
Der 30. Sudetendeutsche Tag veranlaßt uns, die Sudetendeutschen, unseren Standort, unser Selbstverständnis, unsere Aufgaben und Ziele erneut kundzutun.

1. Seit dem Beginn des Atomzeitalters bleibt die Menschheit aufgerufen, die Gefahren des atomaren Untergangs durch ein gerechtes, friedliches Zusammenleben zu überwinden, das nur dann gesichert ist, wenn es auf einer Partnerschaft freier Völker und Volksgruppen beruht. Dieser auch von den Sudetendeutschen erarbeitete Leitgedanke muß die gleiche Bedeutung erlangen wie die von ihnen seit Jahrzehnten vertretenen Prinzipien des Selbstbestimmungsrechts und des Volksgruppenrechts.

2. Alle Völker und Volksgruppen haben das Recht auf Selbstbestimmung. Es erhält besondere Bedeutung dann, wenn sie ihre Heimat selbst kultiviert und durch friedliche Arbeit in Jahrhunderten geschaffen haben. Für die Sudetendeutschen trifft dies zu: Nicht mit dem Schwert des Soldaten, sondern mit dem Pflug des Bauern, als friedliche Bergleute und Bürger, Handwerker und Kaufleute haben ihre Vorfahren das Land geprägt und gestaltet.

3. Diese Leistungen begründen, unabhängig von Abkommen und Verträgen, den legitimen Anspruch der Sudetendeutschen auf ihre angestammte Heimat.

4. Die Vereinten Nationen haben diesen Anspruch anderen Völkern und Volksgruppen zuerkannt, so den Palästinensern die Forderungen »auf Rückkehr in ihre Heimstätten und auf Rückgabe des ihnen geraubten Vermögens« in der Resolution Nr. 3236 vom 22. November 1974[2]. Der Grundsatz »Gleiches Recht für alle« bewog uns, diesen Anspruch in der am 5. Dezember 1975 eingereichten Petition an die Vereinten Nationen[3] auch für die 3½ Millionen Sudetendeutschen zu erheben. Unsere Forderung kann nicht deshalb geringeres Gewicht haben, weil wir sie stets ohne Anwendung von Gewalt vertraten.
In einer besonderen Rechtsverwahrung bekunden wir unseren Anspruch auf das entzogene private und öffentliche Eigentum.

5. In einer Zeit, die zahlreichen Völkern und Volksgruppen Entkolonialisierung und Freiheit im Sinne des Selbstbestimmungsrechts brachte, dürfen weder das deutsche Volk noch Teile unseres Volkes von dieser Entwicklung ausgeschlossen bleiben. Es geht daher nicht an, die Rechte und Ansprüche der Sudetendeutschen zu verschweigen oder über sie ohne ihre Zustimmung zu verfügen. Die Lage in Europa – auch das Verhältnis zwischen Deutschland und der Tschechoslowakei – kann erst dann als normalisiert gelten, wenn auch die Rechte und Ansprüche der Sudetendeutschen beachtet werden.

6. Dem Recht auf die Heimat entspricht das Recht auf Wahrung der Identität. Diese zu hegen und zu erhalten steht allen Menschen zu, die sich zu einer gemeinsamen Heimat bekennen. Sie ist für uns Sudetendeutsche ein Teil der Identität des gesamten deutschen Volkes und begründet den Schutz durch den Staat. Er wurde in der Obhutserklärung des Deutschen Bundestages vom 14. Juli 1950[4] und in der Schirmherrschaft des Freistaates Bayern über die Sudetendeutschen, verkündet am 6. 6. 1954,[5] bekundet.

7. Wir verweisen auf die Feststellungen, die der Sudetendeutsche Rat und die Sudetendeutsche Landsmannschaft in den am 15. Januar/7. Mai 1961 veröffentlichten »Zwanzig Punkten zur Sudetenfrage«[6] getroffen haben und unterstreichen erneut unseren Wunsch, das deutsch-tschechische Verhältnis auf der Grundlage guter Nachbarschaft in eine echte

Partnerschaft zu verwandeln. Das ist nur mit den Sudetendeutschen, nicht aber ohne sie möglich.

8. Eine Partnerschaft setzt voraus, daß die beteiligten Völker Untaten verurteilen, die unter ihrem Namen begangen wurden. Die deutsche Seite hat dies getan und in zahlreichen Gerichtsverfahren berücksichtigt. Es ist an der Zeit, daß sich auch die tschechische Seite von den in ihrem Namen begangenen Untaten distanziert, vor allem aber den völkerrechtswidrigen Vorgang der Vertreibung klar und eindeutig verurteilt.
Wir begrüßen es, daß dies bereits von namhaften Persönlichkeiten und Gruppen des tschechischen Volkes ausgesprochen worden ist.

9. Die Vertreibung ist im 20. Jahrhundert zu einer Geißel der Völker geworden. Wir treten daher für ihr internationales Verbot ein.

10. Eines der Mittel, Vertreibungen zu verhindern, sind internationale Gesetze zum Schutze der Volksgruppen. Das Volksgruppenrecht ermöglicht auch den Menschen in Mehrvölkerstaaten, ein autonomes, kulturell erfülltes und wirtschaftlich gesichertes Leben zu führen.

11. Selbstbestimmung von Menschen, Volksgruppen und Völkern umschließt die Möglichkeit, sie in einer größeren Gemeinsamkeit mit anderen Völkern zu entfalten. Die Erfahrungen der Geschichte lehren gerade uns, die Sudetendeutschen, diesen Weg mit Umsicht und Willenskraft zu beschreiten. Sie bestärken unsere tatkräftige Mitwirkung beim Aufbau eines freien Westeuropas als den ersten Schritt zu Gesamt-Europa und zur Verwirklichung einer interkontinentalen Partnerschaft.

12. Ein freies Europa wird auch die angestammten Völker unseres Heimatraumes wieder zusammenführen und den Tatbestand beseitigen, daß die Sudetendeutschen aus ihrer Heimat vertrieben wurden, Tschechen und Slowaken aber ihre Freiheit verloren. Nicht Trennung, sondern Wiederbegegnung dient dem Wohle dieser Völker.

13. Im konkreten Verhältnis des deutschen Volkes zum tschechischen Volk betrachten wir jene Lösung als die beste, der beide Völker in freier Willensentscheidung zuzustimmen vermögen. Diese Lösung ist auch nach dem Prager Vertrag von 1973[7] noch zu finden.

14. Ein auf den Grundlagen des Rechts und der Freiheit entstandenes neues Europa wird auch die Länder unserer Heimat umschließen und vor allem jungen Menschen die Chance geben, das Sudetenland wieder zu einem gesunden und blühenden Kern unseres Erdteils zu gestalten.

Wir, die Sudetendeutschen des Jahres 1979, bekennen uns erneut zu unserer Heimat, zum Land unserer Herkunft. Wir werden weiterhin Wahrheit, Gerechtigkeit und Freiheit zur Grundlage unseres Handelns machen, damit ein friedliches Zusammenleben aller Völker möglich und eine freie Heimat in einem freien Europa Wirklichkeit wird.

---

*Anmerkungen:*
[1] Es handelt sich um einen Text, den eine gemeinsame Kommission von SL und SR verfaßte und der bei der Großkundgebung anläßlich des 30. Sudetendeutschen Tages (Pfingsten 1979, München) von den ca. 250000 Teilnehmern angenommen wurde.
[2] Zum Text: Siehe S. 449f.
[3] Zum Text: Siehe S. 393f.

[4] Zum Text: Siehe S. 315.
[5] Zum Text: Siehe S. 322 f.
[6] Zum Text: Siehe S. 346 ff.
[7] Zum Text: Siehe S. 381 f.

*Quelle:*
Eigene Aufzeichnung.

**Erklärung** **1979, 4. November**
**sudetendeutscher und tschechischer (Exil-Politiker)**
(Sog. Kommuniqué von Endorf[1]):
*Prinzip Selbstbestimmung, Verurteilung der Vertreibung*

1. Nach jahrhundertelangem Zusammenleben haben die Folgen des Zweiten Weltkrieges die Tschechen um ihre Freiheit, die Sudetendeutschen um ihre Heimat gebracht. Der Eiserne Vorhang trennt sie ebenso wie ganz Europa.
2. Die Tragödie der Völker einer gemeinsamen Heimat hat viele Ursachen. Eine der wichtigsten ist der übertriebene Nationalismus, der die legitimen Kräfte der nationalen Erweckung pervertierte. Deutsche und Tschechen sind für diese Entwicklung mitverantwortlich. Wir lehnen daher jede Art von nationalem Egoismus ab und vertreten das Prinzip der Partnerschaft freier Menschen und Völker. Wir verurteilen Diskriminierung und Entnationalisierung ebenso wie Aggression und Völkermord. Wir bekennen uns zu den Grund- und Menschenrechten – auch in den Beziehungen zwischen den Völkern.
3. Die Aussöhnung – die bereits in erfreulichem Umfang stattgefunden hat – begreifen wir als eine beiderseitige Bewältigung der Vergangenheit. Wir verurteilen Verbrechen, die im deutschen Namen am tschechischen Volk und ebenso jene Verbrechen, die im tschechischen Namen an den Sudetendeutschen begangen worden sind.
4. Wir lehnen entschieden jede Gewaltanwendung als Methode zur Lösung internationaler Probleme ab und betrachten die Selbstbestimmung in einem freien, föderalistisch vereinten Europa als tragendes Prinzip der Zukunft. Die europäische Integration ist daher Voraussetzung für eine friedliche und dauerhafte Lösung aller nationalen Probleme. Sie erfordert die geistige, moralische und politische Auseinandersetzung mit den Kräften des totalitären Kommunismus.
5. Die aus ihrer Heimat vertriebenen Sudetendeutschen verurteilen das dem tschechischen Volk insbesondere in der Protektoratszeit zugefügte schwere Unrecht und treten für dessen Freiheit und Selbstbestimmung ein. Ebenso verurteilen wir Tschechen die Vertreibung als Verbrechen gegen die Menschenrechte.
6. Wir bekunden unsere Solidarität mit allen, die sich unerschrocken zu den Prinzipien der Menschenrechte bekennen und sich für deren Verwirklichung auf der Grundlage der KSZE-Schlußakte von Helsinki[2] einsetzen. Wir verabscheuen insbesondere die gegen die Unterzeichner der »Charta '77«[3] und anderer Bürgerrechtsgruppen ergangenen Urteile und Unterdrückungsmaßnahmen.
7. Wir wollen in Zusammenarbeit zwischen Tschechen und Sudetendeutschen zur Klärung gemeinsamer wichtiger Fragen der Vergangenheit, Gegenwart und Zukunft beitragen. Deshalb wird ein tschechisch-sudetendeutscher Gesprächskreis gegründet, der sich um die Verwirklichung dieser Aufgaben bemühen soll.

*Anmerkungen:*
[1] In Endorf (Obby.) fand eine Tagung von Sudetendeutschen und Tschechen statt, an deren Schluß diese Erklärung veröffentlicht wurde.
[2] Zum Text: Siehe S. 51 ff.
[3] Zum Text der »Charta '77«: Siehe S. 395 ff.

*Quelle:*
Eigene Aufzeichnung.

**Leserbrief** **1979, Dezember**
**»Hraničař ve Svědectvi«:**
[**»Ein Grenzbewohner** *[Pseudonym]* **im Zeugnis«** [1]]
*Vertreibung der Sudetendeutschen ist nicht endgültig*

Ich wohne und lebe seit langer Zeit in den Sudeten und in einem Haus, welches früher den Deutschen gehörte. Habe ich also ein Recht in die Diskussion einzugreifen? Ich glaube, daß ich dieses Recht habe, auch wenn ich kein Intellektueller oder ein ehemaliger Politiker bin. Manche, wie ich im »Svědectvi« [1] las, bewerten die Vertreibung der Deutschen als eine endgültige Lösung, die im Interesse der Sicherheit und der Souveränität des tschechoslowakischen Staates notwendig war. [1] Da ich im einstigen Sudetenland wohne, sehe ich alles anders. Ich kann beim besten Willen nichts Positives an der Vertreibung der Deutschen aus diesem Gebiet erkennen. Das Hab und Gut der Deutschen wurde zum größten Teil gestohlen und bildete nicht den Grundstein zur ökonomischen Prosperität der Republik. Das Grenzgebiet ist verkommen, die einst herrlichen Wälder in einem erbärmlichen Zustand, die Wiesen sind schon zum Sumpf geworden, die Felder durch Unkraut überwuchert, oder dienen als militärische Übungsplätze. Das ganze Grenzland, mit Ausnahmen einiger Städte und Erholungszentren, stellt heute in Mitteleuropa eine absurde Kuriosität dar: Ein verwildertes Land.
Und wie es ist mit der Sicherheit, Souveränität und Integrität der heutigen Tschechoslowakei? Davon ist nicht viel übriggeblieben. Die sowjetische Weltmacht, die uns bei der Vertreibung der Deutschen im Jahr 1945 den Rücken deckte, ist später zum Totengräber unserer Freiheit, unserer Souveränität und unserer Integrität geworden. Jetzt sind wir nur ein Satellit im Machtbereich eines der ekelhaftesten Regimes auf diesem Planet und bleiben in ihm noch einige Zeit hängen. Ich will jetzt ganz offen fragen: Worüber schreibt ihr, oder besser gesagt, schwätzt ihr, tschechische Intellektuelle? Und wie ist es mit der »endgültigen historischen Lösung«? Die idiotische tschechische Politik hat 1945 einen Präzedenzfall geschaffen, der auch nach Jahrhunderten wie ein Bumerang auf die Köpfe unserer Enkelkinder einschlagen kann. Ich bin mit Ihnen, Milan Hübl, Professor Luža und Dr. Luboš Kohout [2] nicht einverstanden. Auch wenn ich mir wünschte, daß die Vertreibung der Deutschen eine endgültige Lösung wäre, weiß ich ganz genau: Sie ist es nicht!! Für unser Volk ist die Vertreibung eine offene Wunde, die immer noch eitert. Für mich, einen tschechoslowakischen Bürger, der im Grenzgebiet wohnt, bedeutet die Vertreibung der Deutschen aus ihrer Heimat nur eine zeitlich begrenzte Unterbrechung eines Zusammenlebens mit Bürgern deutscher Nationalität. Wehe uns, wenn sich diese Unterbrechung genau wie unsere »ewige Freundschaft« zur UdSSR ausdehnen sollte! Das wäre für uns schlimm! Sucht also schnell nach Alternativen und merkt euch: Wenn jemand unsere Ehre beschmutzt, dann sind es diejenigen, die die volle Verantwortung für die Vertreibung der Deutschen tragen und bis heute nicht klug und vernünftig reden und handeln können. Wir haben das Recht, Professor Luža zu fragen: Was habt ihr uns hier zu Hause hinterlassen? Als es 1948 hart auf hart im Kampf gegen die Kommunisten ging, seid ihr alle rechtzeitig nach Amerika geflohen und jetzt redet ihr in unserem Namen! Ihr habt unsere Existenz im Land, das auch wir als unsere Heimat betrachten, auf ewige Zeiten gefährlich gemacht. Wieso ist der Sozialdemokrat Luža, der entschiedene Antikommunist, so plötzlich mit dem linken Dogmatiker Hübl und Kohout einig geworden? Was vereint sie vom Moldauufer bis zum Karibischen Meer? Ja, das böse Gewissen wird wohl noch lange Zeit ein Phänomen jeder tschechischen Generation bleiben.

*Anmerkungen:*
[1] Der Verfasser bezieht sich auf die vornehmlich in der Pariser Zeitschrift »Svědectví« [ Zeugnis] (siehe S. 409) abgewickelte DANUBIUS-Folgediskussion.
Zum Ausgangstext: Siehe S. 405 ff.
[2] Teilnehmer dieser Diskussion.

*Quelle:*
Vervielfältigte Unterlage.

**Die »BOHEMUS«-Studie: 1980, Januar**
**Vertreibung weder »glücklich« noch »unausweichlich«, sondern »Tragödie«**

Vorwort der Redaktion
Das »Právo Lidu« [1] hat bisher in die Diskussion nicht eingegriffen, die zu Hause wie auch im Exil durch die Veröffentlichung der Danubius-Studie [2] über den Abschub (die Aussiedlung) der Deutschen aus der Tschechoslowakei in den Jahren 1945/46 hervorgerufen wurde. Neben einer Reihe von im Grunde zustimmenden Reaktionen hat die Studie auch den heftigen Widerspruch einer buntscheckig zusammengesetzten Gruppe hervorgerufen: Gegen die »Moralisierung der Geschichte« stellten sich Organe der Staatssicherheit (StB) [3], die anfingen, den Autor vehement zu suchen, das »Rudé právo« [4] und die »Tribuna« [5], aber auch eine Trinität der Prager Eurokommunisten-Historiker und einige Funktionäre von Exilorganisationen in Amerika.
Damit unser Schweigen nicht als Identifizierung mit dem gräßlichen Prinzip der Kollektivschuld und als nachträgliche Zustimmung zu den Hitler-Stalin-schen »Endlösungen« interpretiert werden kann, widmen wir diese außerordentliche Beilage des »Právo Lidu« der »Stellungnahme«, die von einem qualifizierten Prager Autorenkollektiv unter dem Pseudonym Bohemus ausgearbeitet wurde. Wir sind nämlich der Meinung, daß vor allem die Heimat, die bis heute unter den Folgen der aus der Pandora-Büchse des Abschubs in die Welt gelassenen Übels zu leiden hat, berechtigt und befähigt ist, ein angemessenes Urteil abzugeben.

*Es folgen umfangreiche Abschnitte mit folgenden Überschriften:*
– *Aus der Geschichte des tschechisch-deutschen Zusammenlebens*
– *Auf den Grundsätzen des Selbstbestimmungsrechtes*
– *Über das Wesen des Zweiten Weltkrieges*
– *Die politischen Folgen (innenpolitisch und außenpolitisch)*
– *Die wirtschaftlichen Folgen*
– *Die soziologisch-bevölkerungsmäßigen Folgen*
*Der letzte Abschnitt hat die Überschrift:*
Schlußfolgerungen
In der Einstellung der tschechischen Gesellschaft zur Aussiedlung der deutschen Bevölkerung erkennen wir also aus unbequem intimer Nähe einige ihrer Wesenszüge. Die entscheidende Rolle spielte hier vor allem die Unreife, insbesondere die politische: die unzulängliche Verwurzelung und Erfahrung mit der Demokratie und damit das unzureichende Vertrauen zu dieser, welches nicht zu überwinden war und wodurch es nicht gelang, das allgemeine Niveau des Fühlens, Denkens und Handelns der tschechischen Gesellschaft zu einer höheren, den damaligen Problemen entsprechenden Stufe zu führen. Dazu kam noch die bittere Erfahrung aus sechs Jahren Okkupation, während der die Nation an der eigenen Haut die bislang schwerste nationale Unterdrückung und die Wirksamkeit eines totalitären Druckes kennenlernte. Dies alles ließ die unglückselige Theorie von der Kollektivschuld des gesamten deutschen Volkes am Aufkommen und der gewaltsamen Expansion des Nazismus entstehen und belebte sie.

. . .
Wir sind selbstverständlich unter den demokratisch denkenden tschechischen Intellektuellen nicht die einzigen, welche die Ansicht vertreten, daß die Ausweisung der deutschen Bevölkerung in der Perspektive eines weiteren geschichtlichen Rückblicks nicht als eine glückliche, ja nicht einmal als eine unausweichliche Begebenheit erachtet werden darf. Es ist eher vonnöten, auf diese Lösung wie auf eine Tragödie zu blicken, welche zumindest erst noch genau beschrieben werden muß.
Denn es ist ja doch wohl eine Tragödie, wenn sich Nationen, die bisher durch Jahrhunderte gemeinsam lebten und vieles gemeinsam erreichten, sei es nun in Wettbewerb oder aber auch in gegenseitigen Konflikten oder Zusammenstößen, auf einmal trennen mußten . . .
Daß es eine dauerhafte Trennung sein sollte, ist eine nicht wegzudiskutierende Tatsache, ein machtpolitisches Faktum, bestätigt durch internationale Verträge und durch das gegenwärtige globale Kräfteverhältnis, und darum kann auch kein wie immer auch geartetes Offenlegen und schließlich auch gründliches Überprüfen der Aussiedlungsproblematik mit den Mitteln, die dem Historiker zur Verfügung stehen, von sich aus diesen Tatbestand ändern oder auch nur gefährden.
. . .
Die Aussiedlung der deutschen Bevölkerung aus der Tschechoslowakei war das Resultat einer verworrenen außen- und innenpolitischen Konstellation der Kräfte, wie sie sich zum Ende des Zweiten Weltkrieges herausgebildet hatte . . . Die politischen Parteien erlagen einer Massenpsychose und begaben sich – der Wählermassen wegen – auf den populäreren Weg der Aussiedlung, der Beschlagnahme des Eigentums und des Bodens, des Aberkennens der bürgerlichen Rechte für eine ganze Volksgruppe. Sie beabsichtigten, aus der Aussiedlung für sich politisches Kapital zu schlagen. Das aber gelang nur einer Partei unter ihnen.
Mit den anderen wurde schon bald nach nunmehr bewährtem Muster verfahren: sie wurden von der Teilhabe an der politischen Macht »abgeschoben«, aus allen wichtigeren Institutionen des öffentlichen Lebens. Einzelne – es ging aber um Millionen – wurden aus ihren wirtschaftlichen Positionen »ausgewiesen«, des Eigentums und des Bodens beraubt. Viele wurden dann ins Gefängnis »abgeschoben«, in die Lager für Zwangsarbeiter, schließlich sogar Kommunisten selbst.
Dieses alles, was geschehen ist, gibt uns Anlaß zu begreifen, daß die Grundwerte der Demokratie wahrhaft unteilbar sind. Darum auch haben wir diesen Standpunkt zum Problem der Aussiedlung der Deutschen formuliert.

---

*Anmerkungen:*
1 »Právo Lidu« [Volksrecht]; (Zeitschrift der tschechoslowakischen Sozialdemokraten im Exil), London.
2 Siehe S. 405 ff.
3 StB = Statni Bezpečnosti = Staatssicherheit.
4 »Rude Právo« (= Rotes Recht); Zentralorgan der KPTs., Prag.
5 »Tribuna« (= Tribüne); Zentralorgan der KP der Slowakei, Preßburg.

---

*Quelle:*
»Pravo Lidu« [Volksrecht], London, No. 1 (Januar) 1980;
Übersetzung in »Die Brücke« *(Wochenzeitung der sudetendeutschen Seliger-Gemeinde)*; München, 15. 3. 1980; S. 9 f.

**Artikel** **1980, Juni**
**von Jaroslav Strnad (tschechoslowakischer Exilpolitiker):**
*»Die Vertreibung der Deutschen – eine schwere Last der tschechischen Geschichte«*

Es könnte scheinen, daß der Abschub der deutschen Mitbürger aus der Nachkriegsrepublik, den die Opfer, ich denke zu Recht, nüchterner »Vertreibung« nennen, eine erledigte Sache sei, eine definitive, im Hinblick auf die drängenden aktuellen Probleme gänzlich unzeitgemäße Sache, die nur einige Historiker interessiere. Gegen eine Revision dieses Abschubs wird argumentiert, daß die Abgeschobenen (Vertriebenen) langsam, aber sicher ausstürben und ihre Nachkommen eine junge westdeutsche Generation würden, die in der DBR so fest Wurzeln schlage, daß ihr nicht einmal einfalle, dorthin zurückzukehren, wo ihre Vorfahren gelebt hätten; daß sich die erdrückende Mehrheit eine so solide Existenz aufgebaut habe, daß sie nicht einmal im Traum daran denke, erneut in einem fremden Land von vorne anzufangen. Und ich höre auch, daß die Tschechen angeblich »niemals die Rückkehr zulassen würden« und daß sich eine solche, auch wenn sie sie aus irgendeinem Grund erlauben wollten, in der Praxis wegen unermeßlicher Komplikationen, besonders vermögensrechtlicher Art, nicht durchführen ließe.
Hauptsächlich der erste Grund ist wahrscheinlich richtig: Nach einer Rückkehr in die Republik – selbstverständlich in eine von Kommunisten gesäuberte – sehnt sich heute nurmehr eine dünne Schicht »sudetendeutscher Politiker«, die in dieser Forderung einen reizvollen Wahlschlager sehen und sich bemühen, damit die Stimmen nicht allzu urteilsfähiger Wähler herauszuschlagen. In der sogenannten sozialistischen Republik wird darüber offiziell nicht diskutiert, die Rückkehr der Deutschen ist angeblich ein ausreichend zuverlässiges Schreckgespenst geworden, und weil die Kommunisten am Ruder sind (und ich fürchte, daß sie es auch noch einige Zeit sein werden), ist die Hoffnung, daß der Abschub anders bewertet werde, im Schwinden, und damit verliert auch die Idee einer Rückkehr von ihrer Dringlichkeit.
Und dennoch gingen gerade von dort, aus dem »Paradiesland« hinter den Stacheldrähten und Wachtürmen, in der letzten Zeit ernste Impulse zu einer neuen Betrachtung dieser »Episode« der tschechoslowakischen Nachkriegsgeschichte aus (Danubius in »Svědectví«[1], Bohemus in »Právo lidu«[2]) und elektrisierten die Exulanten zu leidenschaftlichen Polemiken. Die Impulse und die Reaktionen zeugen davon, daß dieses Kapitel nicht die »Historiker« von weitem angeht, sondern daß es im Bewußtsein (oder eher im Gewissen) wenigstens einiger Angehöriger des tschechischen Volkes brennt. Es sind deren nicht viele, aber Gott sei Dank, daß es sie gibt. Es ist notwendig, nach dem Grund zu forschen.
Der Abschub ist eine historische Tatsache, läßt sich nicht ungeschehen machen, und zwar nicht allein wegen der Unmöglichkeit, das Vermögen vollständig zurückzugeben. Er wird der ungenügenden politischen Voraussicht, der Reaktion auf die Leiden zugeschoben, durch die das Volk (nicht das ganze – denken wir nur an die tschechischen »Stachanowzen« in den Fabriken, die unaufhörlich für den Sieg des Reiches schufteten) in sechs Kriegsjahren hindurchging. Tatsache: die tschechischen Politiker, die im Ausland die Befreiung vorbereiteten, waren überhaupt nicht weise, blickten nicht allzu weit. Statt sich von humanistischen Idealen leiten zu lassen, erlagen sie ihrer beleidigten Eitelkeit und beglichen vermeintliche und tatsächliche Rechnungen. Und wir, die Bürger, klatschten ihnen Beifall, weil wir andere Interessen hatten oder uns auf leicht erworbene Besitztümer freuten. Frucht der Rachsucht waren nicht nur der Abschub der deutschen Mitbürger, sondern auch die beiden Retributionsdekrete, die rechtliche Unglaubwürdigkeit der Gesetze, die wieder galten und sich auf Taten bezogen, die zu einer Zeit begangen worden waren, als das Gesetz noch nicht erlassen war. Für die wirklichen Verbrechen genügte das normale Strafgesetzbuch, und die Paragraphen, die etwas so Undefinierbares wie die Versündigungen gegen die nationale Ehre betrafen, hatte kein Jurist zu stilisieren, kein demokratisches Parlament zu beschlie-

ßen. Waren die Retributionsdekrete eine Rache an den einzelnen, so war der Abschub eine globale Rache. »Die Sudetendeutschen«, sagte man, »wollten ›heim ins Reich‹, riefen Hitler herbei; mögen sie also dort sein, wohin sie das Herz zieht!« Die Nation fraß selbstverständlich diese These, wie man sagt, »samt der Spule«. War sie jedoch unbestritten?
Heute wissen wir durchaus sicher, daß Hitler keine Fünfte Kolonne brauchte. Und wenn unsere Deutschen bis zum letzten Mann ganz zuverlässige Bürger der Tschechoslowakischen Republik gewesen wären (was sie, meiner Seel', nicht waren), er hätte einen Vorwand für den Überfall gefunden, wie er ihn in anderen europäischen Ländern fand, die seinen verrückten Plänen hinderlich waren. Die Henleinleute erleichterten ihm freilich das Suchen nach Vorwänden. Sie ließen sich durch die ebenso lockende wie falsche Vorstellung von der nationalen Unabhängigkeit manipulieren. Aber haben wir denn nicht mit eigener Haut in der eigenen Republik 1946 und 1948 erlebt, wie leicht ein wendiger Propagandist die Massen für niedrige Absichten zu gewinnen vermag? Und wissen wir denn nicht schon hinreichend, daß die UdSSR keine Verbündeten in einem fremden Land, das ihr ein Dorn im Auge ist, braucht, damit sie es schlucken könne. So leicht ist das bei Diktatoren . . .
Bis auf ein paar einzelne Leute (an den Fingern ließen sie sich zusammenzählen) haben wir zu diesen niedrigen Rachetaten geschwiegen. Kaum einer ist sich bewußt geworden, daß sich der Abschub hätte individuell durchführen lassen: Wer sich nach dem Strafgesetz schuldig gemacht hatte (und deren gab es wahrlich genug), sollte verurteilt und allenfalls abgeschoben werden. Zeit dazu war reichlich.
Nur haben wir eben versagt. Und wir haben gleich zweimal versagt: Wir schwiegen zu dem illegalen »Eingriff in die Rechtssicherheit« (Bohemus[2]), und mit Schweigen duldeten wir auch die Brutalitäten der Internierungslager und den grandiosen staatlichen Diebstahl beim letzten Akt der Tragödie. Wir sollten dagegen protestieren, daß sich einige konkret auf das Schwejksche Sprichwort berufen: »Ihr habt uns den Hus verbrannt, so kriegt ihr eine übers Maul!« Kein Verbrechen, und sei es noch so schlimm, läßt sich durch Unrecht, durch ein anderes Verbrechen, kompensieren.
Der Abschub läßt sich nicht wieder gutmachen. Es ist traurig, daß sich deswegen manche stolz an die Brust schlagen und ganz ernsthaft sagen: »Da sind wir also damals doch Mordskerle gewesen.« Nicht einmal Weinen über die vergossene Milch ist da am Platz, denn Kollektivschuld ist Unsinn; an sie glauben nicht einmal die größten politischen Naivlinge. Es besteht jedoch ganz gewiß eine kollektive Sittlichkeit, die alle verpflichtet. Sehen wir endlich ein, daß wir mit dem Abschub in überflüssiger, unsittlicher, nicht vorausschauender und dummer Weise auf unsere bessere Vergangenheit gespuckt haben. Die Vertreibung der Deutschen aus der Nachkriegsrepublik wird eine ewige und unermeßlich schwere Last unserer Geschichte sein. Sie wird jedoch eine noch schwerere moralische Belastung sein, der wir uns nicht dadurch entledigen können, daß wir sie leugnen oder uns bemühen, aus ihr einen ruhmvollen Sieg zu machen. Sie war in Wirklichkeit ein schrecklicher Verlust. (Um argwöhnischen Spekulationen vorzubeugen: ich habe mich lange genug in Dachau aufgehalten – und zwar nicht des Schwarzhandels wegen. Und: ich lebe in der Schweiz.)

---

*Anmerkungen:*
1 Zum Text: Siehe S. 405ff.
2 Zum Text: Siehe S. 414f.

---

*Quelle:*
Strnad, Jaroslav: »Tauben in uns«, in »Československy zpravodaj« [Tschechoslowakischer Berichterstatter]«; *(Exiltschechoslowakische Zeitschrift in der Schweiz)*; Juni 1980.
Übersetzung: »Mitteilungen des Sudetendeutschen Archivs«; München; 61. Folge; Okt./Dez. 1980; S. 5ff.

**Entschließung** **1980, 1. November**
**der Bundesversammlung der (sudetendeutschen) Seliger-Gemeinde:**
*Rechte der Deutschen in der ČSSR verwirklichen!*

In der Tschechoslowakei leben nach amtlichen Angaben noch rund 75000 Deutsche (tatsächlich noch etwa 100000). Diesen in der alten Heimat verbliebenen Sudetendeutschen ist mit dem Verfassungsgesetz vom 1. Januar 1969[1] erstmals seit 1945 ein Minderheitenschutz zugebilligt worden. Dieses Gesetz gewährleistet den Deutschen unter anderem das Recht auf Bildung in der Muttersprache. In entsprechenden Richtlinien, die beispielsweise der für Böhmen zuständige Minister für Schulwesen am 1. 1. 1971 erlassen hat, wurde den Deutschen zugesichert, daß sie ihre Kinder an Grundschulen, in Sonderschulen, an Gymnasien und in Lehrlingsanstalten in ihrer Muttersprache unterrichten lassen können.
Trotz dieses verbrieften Rechtes folgten keine entsprechenden Maßnahmen. Es gibt in der Tschechoslowakei bisher nicht eine einzige Schulklasse mit deutscher Unterrichtssprache. Die Lage der Deutschen in der Tschechoslowakei unterscheidet sich auch in dieser Hinsicht nachteilig gegenüber den *(d. h. der Lage der)* Deutschen in Ungarn oder Rumänien.
Wir bitten die Bundesregierung[2], diesem Problem ihre besondere Aufmerksamkeit zu widmen, bei der Regierung in Prag zu intervenieren und das Problem nach Möglichkeit auch auf dem KSZE-Nachfolgetreffen in Madrid zur Sprache zu bringen. Wir bitten auch zu prüfen, wie weit das deutsch-tschechoslowakische Kulturabkommen Möglichkeiten bietet, den Deutschen in der ČSSR beizustehen. Die Seliger-Gemeinde ist an diesen Fragen besonders interessiert, da es sich bei dem überwiegenden Teil der heute noch in der Tschechoslowakei lebenden Deutschen um ehemalige Mitglieder der sudetendeutschen Sozialdemokraten handelt.

---

*Anmerkungen:*
[1] Zum Text: Siehe S. 369f.
[2] Die Entschließung wurde der Bundesregierung zugeleitet.

---

*Quelle:*
»Die Brücke« *(Wochenzeitung der sudetendeutschen Seliger-Gemeinde)*; München, 15. 11. 1980; S. 1.

**Regierungserklärung** **1982, 23. Oktober**
**von Bundeskanzler Kohl (CDU):**
*Ostverträge: Modus vivendi*

. . .
Jeder Mensch hat ein Recht, in seiner Heimat[1] leben zu dürfen.
. . .
Jede Bundesregierung muß der besonderen Verantwortung Rechnung tragen, die sich durch die Teilung unseres Landes und seine Lage an der Nahtstelle zum Osten ergibt. Aktive Friedenspolitik gegenüber den Staaten Mittel- und Osteuropas ist eine bleibende Aufgabe deutscher Außenpolitik. An erster Stelle steht für uns dabei das Interesse der Menschen.
(Zustimmung bei Abgeordneten der CDU/CSU.)
Auf der Grundlage der geschlossenen Verträge[2] und der Schlußakte von Helsinki[3] wird sich die Bundesregierung um echte Entspannung bemühen. Wir wollen das in unseren Kräften Stehende dazu beitragen, die Teilung Deutschlands und Europas, die schwere Last unserer Geschichte, für die betroffenen Menschen erträglicher zu machen und gute Beziehungen zu unseren Nachbarn in Mittel- und Osteuropa zu unterhalten.

. . .
Für uns alle gilt die Präambel des Grundgesetzes:
Das gesamte Deutsche Volk bleibt aufgefordert, in freier Selbstbestimmung die Einheit und Freiheit Deutschlands zu vollenden.
. . .
Der Wille des Grundgesetzes hat . . . auch in die Verträge mit den östlichen Nachbarn Eingang gefunden.
. . .
Mit dem Osten ist ein Modus vivendi vereinbart. Wir stehen zu diesen Verträgen, und wir werden sie nutzen als Instrumente aktiver Friedenspolitik.
. . .
Der Brief zur deutschen Einheit vom 12. August 1970, der zu den Vertragswerken gehört, formuliert unzweideutig das Ziel unserer Politik:
. . . auf einen Zustand des Friedens in Europa hinzuwirken, in dem das deutsche Volk in freier Selbstbestimmung seine Einheit wiedererlangt.
. . .

*Anmerkungen:*
[1] In den der Regierungserklärung vorausgegangenen Vereinbarungen zwischen CDU/CSU und FDP war auch festgelegt worden:
»Die Bundesregierung wird eine Initiative ergreifen, um im Ausland lebenden Deutschen das Wahlrecht zu gewähren.«
Vgl. »Süddeutsche Zeitung«; Nr. 224; München, 29. 9. 1982; S. 10.
[2] Zum zeitlichen Ablauf: Siehe S. 373 ff.; zum Text des Prager Vertrages vom 20. 6. 1973: Siehe S. 381 f.
[3] Zum Text: Siehe S. 51 ff.

*Quelle:*
»Das Parlament« *(Wochenzeitung)*; Bonn; Jg. 32, Nr. 42 v. 23. 10. 1982; S. 3 ff.

## Entschließung der (sudetendeutschen) Seliger-Gemeinde: *Münchner Abkommen erst ab 11. 12. 1973 ungültig*

**1982, 31. Oktober**

. . .
Wir erwarten von der SPD, daß sie die Heimatvertriebenen, Flüchtlinge und Spätaussiedler als »Zielgruppe« beachtet und anspricht.
. . .
Wir erwarten vom Sudetendeutschen Rat, daß ein gemeinsamer Standpunkt zum Heimat- und Selbstbestimmungsrecht der Sudetendeutschen erarbeitet wird, der zukunftsweisend ist und Gespräche zwischen den Sudetendeutschen und den Tschechen ermöglicht.
Wir erwarten vom Sudetendeutschen Rat, daß er die Gespräche mit dem tschechischen Exil[1] fortsetzt.
Wir erwarten vom Sudetendeutschen Rat, daß er dafür Sorge trägt, daß der Vertrag über das Münchner Abkommen zwischen der tschechoslowakischen Republik und der Bundesrepublik Deutschland[2] einheitlich dahingehend ausgelegt wird, daß das Münchner Abkommen mit dem Vertrag »nicht von Anfang an« für ungültig erklärt wurde, sondern daß das Münchner Abkommen erst vom Zeitpunkt des Vertrages, der am 11. Dezember 1973 geschlossen wurde, ungültig ist.
Wir unterstützen die Bestrebungen des tschechischen und slowakischen Volkes nach mehr Freiheit und Demokratie.
Wir fordern die tschechische Regierung auf, nach 45 Jahren den in der ČSSR lebenden

Deutschen die ihnen verfassungsmäßig zustehenden[3] nationalen und kulturellen Rechte endlich zu gewähren.
Wie das tschechische Volk haben auch die Sudetendeutschen ein Recht auf ihre Heimat.

*Anmerkungen:*
[1] Wie z. B. im sog. Endorfer Gespräch vom 4. 11. 1979; zum Gesprächsergebnis: Siehe S. 412f.
[2] Gemeint ist der Vertrag »über die gegenseitigen Beziehungen zwischen der Bundesrepublik Deutschland und der Tschechoslowakischen Sozialistischen Republik«; zum Text: Siehe S. 381f.
[3] Siehe S. 369f.

*Quelle:*
Vervielfältigte Originalunterlage.

**Rede** **1983, 1. Februar**
**von Außenminister Genscher[1]:**
*Prager Vertrag ist tragfähiges Fundament*

...
In diesem Jahr wird sich zum zehnten Male der Tag der Unterzeichnung des deutsch-tschechoslowakischen Vertrages[2] jähren. Wir haben uns mit diesem Vertrag gemeinsam auf den Weg der Verständigung begeben, um ein neues Kapitel der Beziehungen unserer Völker aufzuschlagen und damit einen Beitrag zum Frieden in Europa zu leisten.
Mit diesem Vertrag wurde ein tragfähiges Fundament für eine gedeihliche Entwicklung der Beziehungen zwischen der Bundesrepublik Deutschland und der Tschechoslowakischen Sozialistischen Republik gelegt. Die Grenze, die die Menschen unserer Länder auf schmerzvolle Weise trennte, ist wieder durchlässiger geworden. Der Briefwechsel über humanitäre Fragen hat es ermöglicht, daß viele Familien, die durch die Kriegs- und Nachkriegsereignisse getrennt worden waren, wieder zusammengeführt werden konnten.
Auch in Zukunft sollten Ausreiseanträge tschechoslowakischer Bürger, die auf Grund ihrer deutschen Nationalität die Aussiedlung wünschen, wohlwollend beurteilt werden.
...
Wir lassen uns in allen unseren Bemühungen von den Grundsätzen des Gewaltverzichtes, des Selbstbestimmungsrechtes der Völker und den Menschenrechten leiten, so wie sie in der Charta der Vereinten Nationen[3] und in der Schlußakte von Helsinki[4] verankert sind.
Die Bundesrepublik Deutschland leistet ihren Beitrag zu Stabilität und Frieden auch durch ihre gefestigte demokratische Ordnung, in der die Menschen frei von Angst und Verfolgung leben können. Wir scheuen keinen Vergleich, wenn mit den Maßstäben gemessen wird, die sich die Mitglieder der UNO und die Teilnehmer der KSZE gegeben haben.
Wir appellieren an alle Staaten, diese Prinzipien ebenfalls zur Richtschnur ihres Handelns zu machen und weltweit Mäßigung und Zurückhaltung zu üben. Die Botschaft, die von unserem Land ausgeht, an unsere Verbündeten wie an unsere Nachbarn, lautet: Die Deutschen wollen nichts anderes, als in Frieden und in Freiheit leben und arbeiten und wir wollen allen gute Nachbarn sein. Unsere Politik des Dialogs und der Zusammenarbeit ist langfristig angelegt und keinen konjunkturellen Schwankungen unterworfen.
Wir werden die von uns mit den Ländern des Warschauer Paktes geschlossenen Verträge nicht nur einhalten, was selbstverständlich ist, sondern auch weiterhin mit Leben erfüllen. Auf uns ist Verlaß, das Rad der Geschichte wird nicht zurückgedreht ...

*Anmerkungen:*
[1] Bei einem diplomatischen Abendessen in Prag.
[2] Am 11. 12. 1973; zum Text: Siehe S. 381f.

[3] Vom 26. 6. 1945; zum Text: Siehe S. 16.
[4] Vom 1. 8. 1975; zum Text: Siehe S. 51ff.

*Quelle:*
»Bulletin des Presse- und Informationsamtes der Bundesregierung«; Bonn; Nr. 16 v.5. 2. 1983; S. 153.

**Rede** **1983, 6. Februar**
**des Sprechers der Sudetendeutschen,**
**Staatssekretär Franz Neubauer**
**in der VII. Bundesversammlung der SL:**
*Auseinandersetzung mit Entspannungspolitik, Dank an DANUBIUS/Prof. Mlynasik, sudetendeutscher Generationenwandel*

...
Für uns hat ein schicksalhaftes Jahr begonnen. Wir stehen in der Weltpolitik wie auch in der deutschen Politik vor Entscheidungen von unabsehbarer und historischer Bedeutung. Ich meine die Genfer Abrüstungsverhandlungen über die Mittelstreckenraketen und die Bundestagswahl am 6. März.
...
Bundesinnenminister Fritz Zimmermann, den ich aus eigener langjähriger Erfahrung als einen zuverlässigen treuen Freund unserer Volksgruppe bezeichnen kann, hat vor einer Woche hier in München vor der Landesversammlung des Bundes der Vertriebenen sein Bekenntnis zur Selbstbestimmung in Freiheit und zur Einheit des ganzen deutschen Volkes abgelegt [1]. Er hat damit den Zorn der für die Zerreissung Deutschlands und die Vertreibung von 14 Millionen Deutschen verantwortlichen Machthaber im Kreml und ihrer Helfer in ihrem Machtbereich wie auch in der freien Welt erregt. Wir danken dem Bundesinnenminister für seine mutigen Worte, in denen wir den Beweis dafür sehen, daß er, wenn es darauf ankommt, auch unsere sudetendeutsche Sache mit dem gleichen Mut vertreten wird. Ich möchte in diesem Zusammenhang auch an die Entschlossenheit erinnern, mit der die Bayerische Staatsregierung in Erfüllung der Schirmherrschaft für die sudetendeutschen Belange anläßlich der Verhandlungen über den sogenannten Prager Vertrag [2] zwischen der Bundesrepublik und der Tschechoslowakei eingetreten ist...
Ich mußte auf diese historische Erinnerung zurückgreifen, um darzulegen, was auf uns zukommen könnte, wenn das Schicksal der Bundesrepublik in den Händen einer Bundesregierung ruht, deren Exponenten von einem »Wandel durch Annäherung« träumen und die in einer auf falschen Voraussetzungen und falschen Annahmen beruhenden Entspannungspolitik den besten Weg für Frieden und Sicherheit sehen. Wir haben in zwölf Jahren die bitteren Erfahrungen einer solchen Illusionspolitik machen können...
Es gibt wohl niemanden unter uns, der nicht für Entspannung zwischen West und Ost wäre, aber diese darf nicht auf der Einbahnstraße fahren und nur der einen Seite Vorteile gewähren. Sie muß vielmehr auf Gegenseitigkeit beruhen. Vor allem muß Entspannung unteilbar sein und auf einem annähernd militärischen Gleichgewicht zwischen den beiden großen Blöcken beruhen...
Wir wenden uns gegen die Verfälschung von Begriffen und Verdrehung der Tatsachen. Zu diesen Begriffen gehört auch der des Selbstbestimmungsrechts. Ministerpräsident Strauß hat in seiner letzten Regierungserklärung [3], in der er sich erneut zu den Verpflichtungen gegenüber dem Vierten Stamm Bayerns bekannte, das Selbstbestimmungsrecht für alle Völker und Volksgruppen, also auch für das deutsche Volk und die Vertriebenen, gefordert. Von gewissen deutschen Politikern hört man solche Forderungen gewöhnlich nur, wenn es sich um das Selbstbestimmungsrecht der Palästinenser handelt. Niemand von uns wird es ihnen verwehren wollen, aber wir sind dagegen, daß man die Verletzung ihres Selbstbe-

stimmungs- und Heimatrechts beklagt, während man das des deutschen Volkes, vor allem aber der deutschen Vertriebenen, ignoriert.
Wiegen die Rechte von dreieinhalb Millionen Sudetendeutschen weniger als die von dreieinhalb Millionen Palästinensern? Wegen letzteren haben die Vereinten Nationen, der Europarat und zahlreiche andere internationale Institutionen Resolutionen über Resolutionen gefaßt. Was aber hört man über die Verletzung der Rechte der Sudetendeutschen? Im Dezember 1975 überreichte eine Delegation unserer Landsmannschaft und des Sudetendeutschen Rates dem Generalsekretariat der Vereinten Nationen in New York und den bei der UNO akkreditierten Botschaften die Petition der Sudetendeutschen [4], mit der die Anerkennung des Heimat- und Selbstbestimmungsrechts sowie die Entschädigung des enteigneten Vermögens gefordert wurde. Dies entspricht den Prinzipien der allgemeinen Menschenrechte, wie sie in der Menschenrechtskonvention der Vereinten Nationen [5] wie auch in der Europäischen Konvention über die Menschenrechte und Grundfreiheiten [6] festgelegt sind. Außer höflichen Empfangsbestätigungen gab es dazu kein nennenswertes Echo. Man wußte wohl in New York – wie auch in Genf, wo unsere Delegation im Frühjahr danach vorsprach –, daß die damalige Bundesregierung, die deutsche Interessen bereits in den Ostverträgen preisgegeben hatte, gar nicht den Willen besaß, sich rückhaltslos für die aus ihrer Heimat vertriebenen Staatsbürger einzusetzen, weil dies die von ihr praktizierte Entspannungspolitik gefährdet hätte . . .
Die Behandlung der sudetendeutschen Frage durch die abgelöste Bundesregierung wie auch durch einen großen Teil der westlichen Öffentlichkeit war nicht zuletzt auch darauf zurückzuführen, daß es der Propaganda Prags und Moskaus gelungen war, unsere Vertreibung als »gerecht« und als Folge der »Unbotmäßigkeit« gegenüber dem tschechoslowakischen Obrigkeitsstaat hinzustellen.
Erst während des »Prager Frühlings« im Jahre 1968 wandten sich einige tschechische Zeitungen und Zeitschriften gegen die Vertreibung, aber nur unter dem wirtschaftlichen Gesichtspunkt, das heißt im Hinblick auf den Schaden, den die tschechoslowakische Wirtschaft durch sie erlitt. Der rechtliche und moralische Aspekt dieses Verbrechens gegen die Menschenrechte wurde nur in einer einzigen Zeitschrift angedeutet [7]. Diese wurde dafür nach der Besetzung des Landes durch die Sowjettruppen als eine der ersten verboten. Unter den Tschechen und Slowaken, die nach dieser Besetzung in den Westen flohen, konnte man eine Sinnesänderung zum Vertreibungsproblem feststellen. Es kam zu gemeinsamen Tagungen und Symposien von Sudetendeutschen auf der einen und Tschechen wie auch Slowaken auf der anderen Seite, auf denen die Frage der Vertreibung freimütig erörtert wurde [8].
Es war für uns aber eine Überraschung, daß die ernsthafteste und entschiedenste Verurteilung der Vertreibung von einem Mann kam, der unter dem Pseudonym »Danubius« im Dezember 1979 in der in Paris erscheinenden tschechischen Zeitschrift »Svědectvi« seine »Thesen zur Aussiedlung der tschechoslowakischen Deutschen« [9] veröffentlichte . . . Er heißt Prof. Jan Mlynarik . . .
Wir Sudetendeutschen haben seit der Vertreibung den Standpunkt vertreten, daß die Anerkennung der historischen Wahrheit die erste Voraussetzung für eine Aussöhnung zwischen uns und den Völkern der Tschechoslowakei sei. Prof. Mlynarik hat den Mut gehabt, diese historische Wahrheit auszusprechen, und er hat damit auch ein Signal gegeben, wie das lebhafte Echo bei den Tschechen diesseits und jenseits des Böhmerwaldes bewies. Ich möchte nur daran erinnern, daß ein halbes Jahr nach der Veröffentlichung des Aufsatzes von Mlynarik auch die in London erscheinende tschechische Zeitung »Pràvo lidu« unsere Vertreibung mit rechtlich und historisch begründeten Thesen verurteilte [10]. Unter dem Pseudonym »Bohemus« verbirgt sich ein Kollektiv von Historikern und Politologen, die heute noch in der Tschechoslowakei leben.
Das läßt darauf schließen, daß die Vertreibungsfrage zu einem Zentralproblem des Widerstandes gegen die kommunistische Gewaltherrschaft geworden ist. Für uns Sudetendeut-

sche bedeutet dies, daß die Wiederherstellung der demokratischen Ordnung in unserem Nachbarland, auf die wir hoffen, auch die Voraussetzung für eine Bereinigung des Vertreibungsproblems durch Prag sein wird.
Prof. Mlynarik hat in seiner Studie den terminus technicus »tschechoslowakische Deutsche« gebraucht. In seiner Pressekonferenz in München erklärte er kürzlich, das sei aus taktischen Gründen geschehen, denn der kommunistischen Propaganda sei es gelungen, den Begriff »Sudetendeutsche« verächtlich zu machen. Wir, liebe Freunde, sind stolz, diesen Namen tragen zu dürfen, denn wir sehen darin den Ausdruck unserer Schicksalsgemeinschaft, die durch den gemeinsamen nationalen Abwehrkampf und durch das gemeinsam erlittene Schicksal der Vertreibung geprägt wurde . . .
Ich betone das deshalb, weil wir heute im Zeichen des Generationenwechsels stehen. Die Bekennergeneration löst die Erlebnisgeneration ab. Damit übernimmt die jüngere Generation die Verpflichtung, die Tradition der Volksgruppe zu wahren und hochzuhalten. In den Monaten, seit ich das Sprecheramt ausübe, habe ich erst richtig erkannt, wie schwer diese Aufgabe ist und welche Kräfte sie erfordert, um sie zu erfüllen . . .

*Anmerkungen:*

1 Bundesinnenminister Zimmermann führte am 29. 1. 1983 u. a. aus:
»Die Vertriebenen können gewiß sein, daß die neue Bundesregierung sich nachhaltig für ihre Belange einsetzen wird. Sie wird im Sinne der Präambel des Grundgesetzes handeln, die die Verpflichtung zur Wahrung der nationalen und staatlichen Einheit ebenso zum Ausdruck bringt, wie die Verpflichtung, in freier Selbstbestimmung die Einheit und Freiheit Deutschlands zu vollenden. Sie wird ferner stets mit der gebotenen Deutlichkeit klarstellen, daß die Ostverträge und der Grundlagenvertrag mit der DDR weder eine Friedensregelung für ganz Deutschland vorwegnehmen, noch eine solche Regelung ersetzen. Dabei wird sie keinen Zweifel lassen, daß sie bei der Offenhaltung der deutschen Frage »von der im Grundgesetz vorausgesetzten, in ihm ‹verankerten‹ Existenz Gesamtdeutschlands bei einem deutschen (Gesamt-)Staatsvolk und einer (gesamt-)deutschen Staatsgewalt‹ ausgeht. Diese Rechtsposition hat die Bundesregierung erst kürzlich im Deutschen Bundestag mit aller Deutlichkeit klargestellt. Tendenzen, die deutsche Frage auf die Bundesrepublik Deutschland und die DDR zu beschränken und die ostdeutschen Gebiete jenseits von Oder und Neiße nicht einzubeziehen, wird es bei der neuen Bundesregierung nicht geben.
Wir werden auch keinen Zweifel daran aufkommen lassen, daß die Vertreibung von Deutschen und die entschädigungslose Enteignung ihres Grundeigentums sowie anderer Vermögenswerte völkerrechtswidrig ist.«

2 Vom 20. 6. 1973; zum Text: Siehe S. 381 f.

3 Vom 20. 10. 1982.

4 Vom 17. 1. 1975; zum Text: Siehe S. 393 f.

5 Vom 19. 12. 1966; zum Text: Siehe S. 46 f.

6 Vom 4. 11. 1950/16. 9. 1963; zum Text: Siehe S. 26 ff., 45.

7 »Hlas do domu« im Januar 1968; zum Text: Siehe S. 364 ff.

8 Texte dazu: Siehe S. 401 f., 412 f.

9 Vom Dezember 1978; siehe S. 405 ff.

10 Von Anfang 1980; zum Text: Siehe S. 414 ff.

*Quelle:*
Sudetendeutsche Landsmannschaft, Bundesverband (Hrsg.): »Beschluß- und Anordnungsblatt«; München, 15. Februar 1983.

**Bericht** **1983, 23. Juni**
**Bundeskanzler Kohls (CDU):**
**»Zur Lage der Nation im geteilten Deutschland«:**
*Menschenrechte und Selbstbestimmungsrecht auch für Deutsche*

Mit diesem Bericht zur Lage der Nation kehrt die Bundesregierung zum ursprünglichen Auftrag des Deutschen Bundestages zurück, alljährlich einen Bericht zur Lage der Nation im gespaltenen, im geteilten Deutschland vorzulegen.
In den siebziger Jahren hatte der Bericht nur noch den Titel »Bericht zur Lage der Nation« getragen. Der Hinweis auf das geteilte Deutschland war unterblieben. Der Schwerpunkt der Berichterstattung und damit auch der Diskussion hatte sich zunehmend auf die politische Lage der Bundesrepublik Deutschland verlagert.
Heute wenden wir uns wieder dem eigentlichen Zweck dieser Berichterstattung zu. Es geht um Deutschland. Es geht um Selbstbestimmung, um Menschenrechte, und es geht um die Einheit unserer geteilten Nation.
Wir finden uns nicht damit ab, daß deutschen Landsleuten das Recht auf Selbstbestimmung vorenthalten und daß ihre Menschenrechte verletzt werden.
Wir Deutsche finden uns mit der Teilung unseres Vaterlandes nicht ab.
Wir werden den Auftrag des Grundgesetzes zielstrebig und beharrlich weiter verfolgen, »in freier Selbstbestimmung die Einheit und Freiheit Deutschlands zu vollenden«. Wir resignieren nicht, denn wir wissen die Geschichte auf unserer Seite. Der gegenwärtige Zustand ist nicht unabänderlich.
Aus geschichtlicher Erfahrung sind wir uns bewußt, daß die Wiederherstellung der Einheit Deutschlands in Frieden und Freiheit nur im Rahmen einer gesamteuropäischen Friedensordnung zu verwirklichen ist.
Meine Damen und Herren, die Teilung Deutschlands ist immer zugleich die Teilung Europas. Deutschlandpolitik muß sich deshalb immer auch als Beitrag zum europäischen Einigungswerk und damit als europäische Friedenspolitik verstehen.
Die ersten, die nach dieser Einsicht gehandelt haben, waren die Vertriebenen und Flüchtlinge, die als Folge des Zweiten Weltkrieges ihre Heimat verloren hatten. Sie haben damals mit großem Lebensmut die Bundesrepublik Deutschland als ihre neue Heimat angenommen und mit aufgebaut.
Für die Überwindung der deutschen Teilung brauchen wir den Rückhalt im Atlantischen Bündnis und in der Europäischen Gemeinschaft. Das Bündnis und das geeinte Europa, wir brauchen sie mehr als andere.

Lage in Deutschland
1. Gemeinsame Geschichte
Es gibt zwei Staaten in Deutschland. Aber es gibt nur eine deutsche Nation. Ihre Existenz steht nicht in der Verfügung von Regierungen und Mehrheitsentscheidungen. Sie ist geschichtlich gewachsen, ein Teil der christlichen, der europäischen Kultur, geprägt durch ihre Lage in der Mitte des Kontinents.
Die deutsche Nation war vor dem Nationalstaat da, und sie hat ihn auch überdauert; das ist für unsere Zukunft wichtig.
. . .[1]

*Anmerkung:*
[1] An der folgenden Aussprache beteiligte sich auch der Vorsitzende der CDU/CSU-Fraktion Alfred Dregger. Er führte u. a. aus:
»Da wir uns zugleich zu Deutschland bekennen, bekennen wir uns auch zur Solidarität mit dem Teil der deutschen Nation, der nach dem Kriege aus der angestammten Heimat vertrieben worden ist.
(Beifall bei der CDU/CSU)

Leider, Herr Kollege Vogel, haben Ihre Freunde das in den letzten Jahren allzusehr vergessen.
(Wolfram, Recklinghausen, SPD: Das ist unverschämt!)
Bei dem Schlesier-Treffen jetzt in Hannover war wieder ein Bundesminister vertreten, seit 15 Jahren der erste Bundesminister.
(Hört! Hört! bei der CDU/CSU)
Meine Damen und Herren, man kann über 12 Millionen Menschen, die vertrieben worden sind und die trotz der Vertreibung als erste auf Rache und Vergeltung verzichtet haben, nicht in dieser Weise hinweggehen.
(Beifall bei der CDU/CSU)
Wir bekennen uns auch zur Solidarität mit denen, die in den abgetrennten Ostgebieten ausharren ...
Wir Deutschen in der Bundesrepublik Deutschland fühlen uns nicht nur für die Deutschen verantwortlich, die wie die Deutschen in der DDR und in den abgetrennten deutschen Ostgebieten mit uns die fortbestehende deutsche Staatsangehörigkeit teilen. Wir stehen auch den Deutschen bei, die loyale Glieder anderer Staatsvölker sind, die aber um ihre deutsche Sprache und Kultur kämpfen müssen. Das gilt insbesondere für die Deutschen in Ost- und Südosteuropa. Es galt zeitweise auch für die Südtiroler, deren Autonomie inzwischen gesichert scheint, wofür wir der Republik Italien dankbar sind ...
Dabei beanspruchen wir keine Ausschließlichkeitsrolle. Was z. B. die Republik Österreich für die ihr benachbarten Deutschen in Südtirol, aber auch für die mit ihr geschichtlich eng verbundenen Sudetendeutschen in großer innerer Souveränität moralisch leistet, findet unsere volle Genugtuung.
...
Vgl. »Das Parlament«; Bonn; Jg. 33, Nr. 28/29 (16./23. 7. 1983); S. 4.

*Quelle:*
»Bulletin des Presse- und Informationsamtes der Bundesregierung«; Bonn; Nr. 68 v. 24. 6. 1983; S. 629f.

## Entschließung — 1984, 9. Juni
## der Teilnehmer der Europa-Kundgebung des 35. Sudetendeutschen Tages in München:
*Schutz der Minderheiten, Rechte der Volksgruppen und Regionen*

Die Teilnehmer ...
– betonen, daß es u. a. die Sudetendeutschen waren, die in der Charta der Heimatvertriebenen [1] und im Wiesbadener Abkommen [2] mit den in der Freiheit lebenden Tschechen bereits 1950 Gewaltverzicht erklärt und Versöhnung angeboten haben,
– unterstreichen, daß auch heute, fast vier Jahrzehnte nach der Vertreibung, die Heimatvertriebenen unverbrüchlich an diesen Grundsätzen festhalten, die Aussöhnung und einen solchen Frieden in Freiheit anstreben, der nur auf der Grundlage der Europäischen Konvention der Menschenrechte [3] einschließlich des Rechtes auf die Heimat und des Schutzes vor Vertreibung [4] geschaffen werden kann.

Die Teilnehmer ...
2. fordern die Völker der Europäischen Gemeinschaft und ihre Vertreter auf, sich dessen bewußt zu sein, daß die derzeitige Europäische Gemeinschaft nur Teile der Westhälfte unseres Kontinents umschließt: Österreich, die Schweiz, die iberische Halbinsel und – mit Ausnahme Dänemarks – die skandinavischen Länder fehlen. Darüber hinaus muß die Europäische Gemeinschaft alles tun, um ihre Verantwortung gegenüber den Völkern Mittel- und Osteuropas wahrzunehmen und die Wiedervereinigung Europas vorzubereiten.
3. bitten die Partner in der Europäischen Gemeinschaft, im Rahmen dieser Verantwortung auch das Schicksal unseres mehrfach geteilten Volkes im Auge zu behalten und das Recht des deutschen Volkes auf freie Selbstbestimmung zu unterstützen.
4. wissen, daß eines der wesentlichen Probleme der europäischen Einigung der Schutz der Minderheiten und das Recht der Volksgruppen ist. Ein natürlich gewachsenes Europa muß Volksgruppen und Regionen zur Kenntnis nehmen.
5. erinnern daran, daß es der Mährische Ausgleich von 1905 [5] im sudetendeutschen Raum

war, der Grundsätze enthält, die wegweisend sein könnten für die zukünftigen Lösungen eines gerechten Volksgruppen- und Minderheitenrechtes.
Deshalb werden die Sudetendeutschen auch weiterhin im Rahmen der Föderalistischen Union Europäischer Volksgruppen (FUEV)[6] ihre Kräfte dafür einsetzen, daß diese Erfahrung in einer zu schaffenden »Europäischen Volksgruppen-Charta«[7] Berücksichtigung finden.

6. weisen darauf hin, daß Dr. Alfons Goppel dem Ersten Europäischen Parlament einen Bericht zum Volksgruppenproblem vorlegte, und fordern die Parlamentarier auf, seine Überlegungen in das Zweite Parlament erneut einzubringen, damit Völker, Volksgruppen und Regionen zu Bestandteilen der Europäischen Verfassung[7] werden.

. . .

---

*Anmerkungen:*
1 Vom 5. 8. 1950; zum Text: Siehe S. 24.
2 Vom 4. 8. 1950; zum Text: Siehe S. 316f.
3 Vom 4. 11. 1950; zum Text: Siehe S. 26ff.
4 Bezug auf das 4. Protokoll der Europäischen Konvention vom 16. 9. 1963; zum Text: Siehe S. 45.
5 Zum Vorgang und Inhalt: Siehe S. 96.
6 Text der letzten Fassung vom 16. 9. 1979: Siehe S. 59.
7 Texte zum Stand 1983/84: Siehe S. 65f.

---

*Quelle:*
Eigene Aufzeichnung.

## Rede von Bundespräsident Prof. Karl Carstens vor den Teilnehmern des 35. Sudetendeutschen Tages in München:

**1984, 10. Juni**

*Aufgaben der Landsmannschaften, insbesondere der SL*

Sehr gerne habe ich Ihre Einladung angenommen. Ich bekunde damit erneut meine Verbundenheit mit den Heimatvertriebenen. Diese Verbundenheit wird auch nach dem Ende meiner Amtszeit weiterbestehen[1].
Voller Bewunderung stehe ich, stehen wir alle, vor den großen Leistungen der Heimatvertriebenen. Trotz Verfolgung, Vertreibung und vielfältig erfahrenem Leid waren Sie zur Versöhnung mit den Völkern Osteuropas bereit.
Schon im Jahre 1950 haben Sie in der »Charta der deutschen Heimatvertriebenen«[2] verkündet, daß die Schrecken des Krieges und der Vertreibung nicht zu Grundlagen neuen Hasses und der Rache werden dürfen. Früh und eindeutig haben Sie vielmehr zur Versöhnung und Zusammenarbeit aufgerufen.

. . .

Heute erstreben wir in Westeuropa die Einigung der europäischen Länder in Frieden und Freiheit. In der Europäischen Gemeinschaft sind wir auf dem Weg zu diesem Ziel weit fortgeschritten. Aber die Gemeinschaft blickt über ihre Grenzen hinaus nach Osten. Sie strebt friedliche Zusammenarbeit mit den Völkern Osteuropas an. Hierbei kommt uns Deutschen und den deutschen Landsmannschaften eine besondere Rolle zu.
Die Landsmannschaften können uns alle daran erinnern, daß das Verhältnis von Deutschen und Tschechen, Deutschen und Polen, Deutschen und den anderen Völkern im Osten Europas ein Verhältnis von Nachbarn ist, die auf Jahrhunderte gemeinsamer Geschichte und ineinander verwobener Kultur zurückblicken. Dazu dienen auch die vielen Besuche der Heimatvertriebenen in der alten Heimat und die Kontakte mit den jetzt dort lebenden Menschen.

Die Landsmannschaften können in besonderem Maße dazu beitragen, den Gedanken der Versöhnung und Völkerfreundschaft fest einzupflanzen. Sie treten für die Bewahrung der Menschenrechte und Volksgruppenrechte ein. Sie haben darüber hinaus viele praktische Hilfen für Menschen in den Ostgebieten bereitgestellt. Ich begrüße dies ausdrücklich. Die Sudetendeutsche Landsmannschaft wird, wie alle Landsmannschaften der Vertriebenen, auch in der Zukunft segensreich wirken können.
Es hat mich gefreut zu erfahren, daß gerade bei den sudetendeutschen Organisationen, die die nachwachsenden Generationen sammeln, die Stammeszugehörigkeit keine unbedingte Voraussetzung für die Mitgliedschaft ist. Jeder, der sich diesem Volksteil verbunden fühlt, ist als Freund zur Mitarbeit eingeladen. So bleibt das sudetendeutsche Erbe nicht Sondergut eine Gruppe, sondern kann als wertvoller Besitz der gesamten Nation fruchtbar gemacht werden.
. . .

---

*Anmerkungen:*
[1] Die Amtszeit von Bundespräsident Carstens lief am 1. Juli 1984 aus.
[2] Vom 5. 8. 1950; zum Text: Siehe S. 24.

---

*Quelle:*
»Bulletin des Presse- und Informationsamtes der Bundesregierung«; Bonn, Nr. 71 v. 14. 6. 1984; S. 630f.

**Der Sudetendeutsche Rat: Was ist die Sudetenfrage?** **1984, Mitte**
*»Die Sudetenfrage Mitte der 80er Jahre«*

Die Sudetenfrage bezieht sich auf diese Sudetendeutschen und ihr rund 27000 km² umfassendes Heimatgebiet[1] . . ., das heute von der Tschechoslowakischen Sozialistischen Republik (Československá Socialistická Republika = ČSSR) beherrscht wird.
Dieses Sudetengebiet, vorher fast menschenleerer Urwald und Einöde, wurde vom 11. bis zum 13. Jahrhundert n. Chr. von Menschen deutscher Sprache besiedelt, erschlossen und kultiviert. Nach rund acht Jahrhunderten ständiger Seßhaftigkeit zählten ihre Nachfahren am Ende des Ersten Weltkrieges mehr als drei Millionen und stellten über 90 % der Bevölkerung des Sudetengebietes. 1919 wollten sich die Sudetendeutschen gemäß dem Selbstbestimmungsrecht gemeinsam mit den Deutsch-Österreichern der Deutschen Republik (von Weimar) anschließen. Die Siegermächte des Ersten Weltkrieges verboten den Anschluß durch Drohung mit Waffengewalt. Sie wiesen das Sudetengebiet einem neuen Staat zu, der gegenüber »seinen Deutschen« unter dem offiziellen Namen »Čechoslovakische Republik« (ČSR) auftrat. Durch die Verweigerung des Selbstbestimmungsrechtes für die Sudetendeutschen entstand die Sudetenfrage.
Der Vielvölkerstaat ČSR wurde trotz demokratischer Staatsstruktur von ca. 51 % Tschechen nur für Tschechen regiert. Dadurch verschärfte sich die Sudetenfrage. Abhilfebemühungen der Sudetendeutschen blieben erfolglos. Im Jahre 1938 wurde das Sudetengebiet ohne formelle Befragung der Sudetendeutschen durch Notenwechsel zwischen Frankreich/Großbritannien und der ČSR dem Deutschen Reich angeschlossen. Nach Drohung mit Beistandsentzug durch die Westmächte stimmte die ČSR der Abtretung zu. Damit schien die Sudetenfrage erledigt zu sein.
Nach dem Ende des Zweiten Weltkrieges wurde jedoch 1945 das Sudetengebiet wiederum der Tschechoslowakei zugewiesen. Auf Antrag der ČSR wurde darüber hinaus auf der Potsdamer Konferenz im August 1945 die Vertreibung (engl. »transfer«, tschech.: »odsun«) der etwa 3,5 Millionen Sudetendeutschen aus dem Sudetengebiet gestattet[2], bei deren Vor-

bereitung und Durchführung 1945/46 rund 250000[5] Sudetendeutsche umkamen. Die Vertreibung, ihre Begleitumstände und Folgen sind als Deportation von Angehörigen der Zivilbevölkerung aus besetzten Gebieten gemäß dem Statut des Internationalen Militärgerichtshofes in Nürnberg (vom 8. 8. 1945)[3], dem auch die ČSR beitrat, als Verbrechen gegen die Menschlichkeit bzw. Kriegsverbrechen zu bestrafen.
Die politische Führung der (seit 1960) ČSSR sowie ihre kommunistischen Verbündeten in Ost und West sehen zwar im »odsun« die Endlösung der Sudetenfrage. Demgegenüber betrachten die Sudetendeutschen trotz ihrer Vertreibung die Sudetenfrage als offen. Diese Auffassung wurde von der Entwicklung des rechtspolitischen Bewußtseins der Welt nach 1945, das sich auch in vielen (von der ČSSR unterstützten) Beschlüssen der Generalversammlung der Vereinten Nationen zur Palästinafrage ausdrückte, zunehmend eingeholt und abgedeckt. Mehr als ein Drittel der derzeit 157 Mitgliedsstaaten der Vereinten Nationen haben weniger Einwohner[4], als es Sudetendeutsche gibt.
Konkret stellt sich die Sudetenfrage Mitte der 80-er Jahre wie folgt dar: Die etwa 3,8 Millionen Sudetendeutschen (davon rund 2,7 Millionen in der Bundesrepublik Deutschland)[5] haben das Recht und erheben den Anspruch, das Sudetengebiet als ihr Heimatland tatsächlich zu besitzen. Sie wollen aufgrund ihres Heimatrechtes friedlich in das Sudetengebiet zurückkehren und ihre zukünftige politische Stellung und Zugehörigkeit aufgrund ihres Selbstbestimmungsrechtes selbst bestimmen.
Die Lösung der Sudetenfrage wird heute vornehmlich dadurch verhindert, daß die derzeitige Regierung der ČSSR ihr Eintreten für das Heimat- und Selbstbestimmungsrecht in anderen Teilen der Welt (z. B. Palästina) nicht auf die Sudetenfrage überträgt. Die Sudetendeutschen lehnen es auch bekanntlich entschieden und beharrlich ab, Gewalt zur Durchsetzung ihres berechtigten politischen Anspruchs anzuwenden, selbst in einer Zeit des Terrors und bewaffneter Auseinandersetzungen bei politischen Streitigkeiten. Diese Haltung hat die irrige Auffassung entstehen lassen, die Sudetendeutschen hätten auf ihre Heimat verzichtet. Demgegenüber ist aus dem »Manifest '79« der Sudetendeutschen Landsmannschaft und des Sudetendeutschen Rates[6] festzuhalten:
»Wir, die Sudetendeutschen des Jahres 1979, bekennen uns erneut zu unserer Heimat, zum Land unserer Herkunft. Wir werden weiterhin Wahrheit, Gerechtigkeit und Freiheit zur Grundlage unseres Handelns machen, damit ein friedliches Zusammenleben aller Völker möglich und eine freie Heimat in einem freien Europa Wirklichkeit wird.«

---

*Anmerkungen:*

1 Nachweis: Siehe S. 101; 103, Anm. 7.
An dieser Stelle des Beleges wird darüber hinaus auf eine Karte verwiesen. Diese ist in den vorliegenden »Dokumenten . . .« auf der hinteren, inneren Deckelseite wiedergegeben.
2 Zum Text vom 2. 8. 45: Siehe S. 290f.
3 Zum Text: Siehe S. 17f.
4 Zu den Zahlen: Siehe S. 476ff.
5 Vom 3. 6. 1979; zum Text: Siehe S. 409ff., hier S. 411.
6 Als Auswahl für Mitgliedstaaten der Vereinten Nationen (vgl. Paxton, John [Hrsg.]: »The Statesman's Yearbook 1980/81«, London, 1980) die Einwohnerzahlen zum Stand ca. 1978:

| | |
|---|---|
| Irland | 3,2 Mio |
| Nicaragua | 2,9 Mio |
| Libanon | 2,7 Mio |
| Cypern | 0,7 Mio |
| Grenada | 0,1 Mio |
| Naura (Insel im Pazifik) | 7200 |

Siehe auch die Flächenvergleiche auf S. 467.

---

*Quelle:*
Sudetendeutscher Rat (Hrsg.): »Die sudetendeutsche Frage«; 4. Aufl.; München, 1984; S. 3f.

# Teil IV

## Alternativen

Gibraltar, Nordjapan, Palästina, Falkland

# Gibraltar, Nordjapan, Palästina, Falkland

## I. Einführung

*1. »Zu dieser Politik gibt es keine (vernünftige) Alternative«* [1]

*Im Zusammenhang mit der gesamten (west-)deutschen Ostpolitik der 60er und 70er Jahre – und damit auch dem Prager Vertrag vom 20. 6. 1973* [2] *– wurde öfters behauptet, daß es zu dieser Politik keine vernünftige Alternative gäbe. Dem Pathos mancher dieser Aussagen entsprechend wurde der Beweis für sie nie erbracht. Er war auch unerbringbar, denn zu jeder Politik gibt es Alternativen. Es scheint jedoch weitgehend in Vergessenheit geraten zu sein, daß das Wesen der Politik darin besteht, aus stets vorliegenden Alternativen den optimalen Weg zu klar gesetzten Zielen zu suchen und zu finden.*

*2. Die Zukunft der Sudetenfrage*

*Die Feststellung, daß es auch zum Prager Vertrag vom 20. 6. 1973*[2] *keine Alternative gegeben habe, veranlaßt dazu, den Gegenbeweis zu erbringen. Dieser Gegenbeweis ist jedoch in den Rahmen dieser Sammlung zu stellen: Dem Benutzer sollen Hinweise auch zur Zukunft der Sudetenfrage gegeben werden.*

*Die Sudetenfrage sieht nach dem Prager Vertrag für den flüchtigen Betrachter, der zudem den Dingen oft fernsteht, deutlich anders aus, als vor diesem Vertrag. Das sog. »Sender/Empfänger«-Problem beginnt zu wirken.*

*3. Tatsächliche Aussage und verstandener Inhalt: Beispiel*

*Zwischen dem, was ein Kurzwellensender ausstrahlt, und dem, was nach Einwirkungen von atmosphärischen Störungen und irdischen Störsendern bei einem weit entfernten und schlecht eingestellten Empfänger ankommt, gibt es trotz Gleichzeitigkeit oft beträchtliche Unterschiede. Diese technische Erfahrung ist in der historisch-politischen Entwicklung über den Zeitablauf verstärkt wirksam. Der große Abstand zwischen dem Sachinhalt des Münchner Vertrages von 1938*[3] *und dem späteren Schlagwort »München« ist bekannt.*

*4. Die deutsche Ostpolitik nach etwa 1960 und der Prager Vertrag*

*Wenn dazukommt, daß die erklärten Motive verfolgter Politik rational unverständlich sind, reduziert sich diese sehr schnell auf den begreifbaren Rest.*

*Das gilt auch für den Prager Vertrag im Rahmen der nach etwa 1960 »neuen« deutschen Ostpolitik* [5] *aus der Sicht des Auslandes.*

*Aus Briefwechsel und Gesprächen mit auch zahlreichen Ausländern verschiedener Kontinente ist nachfolgend zunächst kurz zusammengefaßt, was bei den Empfängern nicht ankommen konnte: Es handelt sich um die Motive und Methoden.*

*a) Die Motive und Umstände*

| *Das Vorbringen der »neuen deutschen Ostpolitik«:* | *Auch im Ausland vertretene (und zum Teil belegte) Meinungen dazu:* |
|---|---|
| ● *Bloße Rechtsansprüche sind in der Politik bedeutungslos.* | ● *Rechtsansprüche haben politischen Wert auch über Jahrhunderte – wenn sie nicht aufgegeben werden.* |
| ● *Durch die Verbrechen der Nazis und den verlorenen Krieg sind alle Rechte ohnedies verspielt.* | ● *Politisches Verhalten und Rechtsansprüche sind verschiedene Dimensionen und nicht aufrechenbar.* |
| ● *Polen, Tschechen und Russen bewohnen Ostdeutschland seit Jahrzehnten. Sollen jetzt sie vertrieben werden?* | ● *Vertrieben werden können nur rechtmäßig Ansässige. Darüber hinaus wird man neue Wege des Zusammenlebens finden.* |
| ● *Durch den Verzicht nehmen wir den östlichen Völkern die Angst vor der deutschen Gefahr (und der UdSSR damit die Basis ihrer Herrschaft).* | ● *In totalitären Staaten sind die Meinungen der Menschen insgesamt irrelevant und beeinflussen weder Staatsparteien noch Armeen.* |
| ● *Für unsere Aufgabe (bedeutungsloser, verspielter und unmenschlicher) Ansprüche wird uns die UdSSR Gewaltverzicht und Nichteinmischung vertraglich unterschreiben.* | ● *Die UdSSR marschiert doch sogar bei Bündnispartnern ein (ČSSR, 1968). Was soll ihre Zusage wert sein, wenn sie darüber hinaus auch Art. 107 der UN-Charta (Eingriffsrecht) nicht aufgeben will?* |
| ● *Wenn wir den Frieden wollen, werden uns die anderen folgen.* | ● *Wer die Erfahrungen Chamberlains mit Hitler 1938/39 vergessen hat, ist dazu bestimmt, sie neuerlich zu erleiden.* |
| ● *Nachdem wir uns mit den Völkern Westeuropas versöhnt haben, muß das auch mit den Völkern in den Staaten Osteuropas erfolgen.* | ● *In Westeuropa mit Repräsentanten freier Völker als Gesprächspartner gab es die Rückgabe des Saargebietes und keine Vertreibung. In Osteuropa?* |
| ● *Wir müssen etwas tun und Zeichen setzen.* | ● *Niemand zwingt die Deutschen: Aktionismus wird auch durch Hektik nicht zu Politik.* |

*Wenn die vorgebrachten Motive einer Politik nicht begreifbar sind, werden ihr oft einfach andere Beweggründe zugesprochen. Das Ausland durfte daher bei der deutschen Ostpolitik v. a. innenpolitische Profilneurose vermuten.*
*Darüber hinaus: Die Weltöffentlichkeit sah im Februar 1972 den Besuch des US-Präsidenten Nixon im volksreichsten Staat des kommunistischen Machtbereichs, China, als einen säkularen Wechsel der politischen Weltszenerie an. Fast zeitsynchron*[4] *feilschten zweitrangige deutsche Diplomaten bei osteuropäischen KP-Gebietssekretären um politische Leerformeln. Man mußte daher die ohnedies in ihren Motiven unverstehbare deutsche Ostpolitik zusätzlich als provinziell, instinktlos und ohne jedes »timing« belächeln.*

*b) Die Inhalte*
*Die Bundesrepublik Deutschland war um 1970 aber auch einer der wichtigsten Handelspartner aller Staaten der Welt: Vertragstreue in z.B. Qualitäts- und Terminzusagen der Deutschen waren weltberühmt.*
*Wenn man schon die Motive der Ostpolitik dieses Staates nicht verstand und sich über die Methoden (still) amüsierte, so mußte man die Inhalte um so ernster nehmen. Das Ausland verstand und notierte gedanklich als »harten Kern« der gesamten Entwicklung:*
*Die Bundesrepublik Deutschland verzichtet*

- *ohne Zwang*
- *für alle Zeiten*

- *in völkerrechtlich ratifizierter Form*
- *auf fast die Hälfte Deutschlands und*
- *erkennt die nach Vertreibung und Abspaltung von fast 40 % der Deutschen*[5]
- *durch Dritte neugesetzten Grenzen freiwillig an,*

*weil es »zu dieser Politik keine Alternative« gäbe.*

*5. Die Alternative*

*Die Frage nach der Alternative ist die Frage nach dem Handlungsspielraum in einer geschichtlichen Periode. Nachdem ausreichend dargestellt wurde, »wie es eigentlich gewesen«* [6] *(Ranke), ist die Frage legitim, wie es hätte sein sollen.*

*Die Gefahr, sich bei der Beantwortung dieser Frage in spekulativen Wunschbildern zu verlieren oder überheblich festzulegen, wie Politiker hätten handeln sollen, ist dabei zu vermeiden.*

*Es geht nur darum, dem unhistorischen (und unlogischen) Anspruch entgegenzutreten, es habe keine Alternative gegeben.*

*Die grundsätzliche Alternative zur »neuen deutschen Ostpolitik« war ganz klar: Wenn nicht das getan bzw. vertraglich festgelegt werden kann, was den eigenen Zielen entspricht, ist es stets besser, nichts zu tun bzw. vertraglich festzulegen, als ohne Not die politischen Ziele des Anderen anscheinend zu übernehmen bzw. vertraglich zu akzeptieren:* »Es ist etwas anderes zu dulden und etwas anderes, ja zu sagen«, *meinte – bezogen auf die Anerkennung von Ostgrenze und Deutschenvertreibung – der Philosoph Karl Jaspers bereits 1947*[6]: »Kein Deutschland . . . wird in der Lage sein, *(dies)* vertraglich anzuerkennen.«

*Die »neue deutsche Ostpolitik« nach etwa 1960 hat jedoch genau diesen Anschein erweckt. Sicherlich sind nach offizieller Meinung der Bundesrepublik Deutschland die im Ausland notierten Inhalte, die oben gerafft wiedergegeben wurden, staats- und auch völkerrechtlich nicht gegeben. Es fand, so wird argumentiert, kein Verzicht statt. Ohne auf diese juristische Betrachtungsweise einzugehen, muß erkannt werden, daß sie für die politische Wertung wenig erheblich war.*

*Daher ist nachdrücklich daran zu erinnern, daß die Sudetendeutschen den Prager Vertrag vom 20. 6. 1973* [2] *stets als irrelevant ansahen; die Sudetendeutschen haben nicht verzichtet und gegen den Anschein protestiert.*[7] *Die Geschichte habe gelehrt, daß ohne Beteiligung der Betroffenen zwar Verträge geschlossen, aber keine wirklichen Regelungen von Fragen des Heimat- und Selbstbestimmungsrechtes erreicht werden können.*

*6. Von der Alternative zu den Alternativen*

*Die Alternative zur »neuen deutschen Ostpolitik« nach etwa 1960 war, nichts zu unterschreiben, was dem eigenen Rechtsanspruch schadet.*

*Diese Alternative haben die Sudetendeutschen für die Tschechen und Slowaken sowie sich selbst offen gehalten. Aus diesem Tatbestand führt eine klare Linie zu einigen faktischen Alternativen in der Welt: An den Beispielen Südspanien und Nordjapan werden bisher friedliche Abläufe aufgezeigt; die Beispiele Palästina und Falkland lassen durch das Wissen um Terror und Krieg ahnen, welches Sprengpotential in ungeregelten Fragen des Heimat- und Selbstbestimmungrechts auf den Augenblick seiner Entladung lauert.*

*Der (fast automatische) Einwand, daß hier Unvergleichbares verglichen werde, richtet sich regelmäßig gegen den, der diesen Einwand äußert: Mit Nordjapan und Südspanien werden viel kleinere Gebiete und Bevölkerungszahlen angesprochen als mit dem Sudetengebiet oder gar Mittel- und Ostdeutschland. Die mangelnde Ähnlichkeit liegt vielmehr in den Reaktionen der angesprochenen Völker auf die Herausforderungen durch das jeweilige Vertreibungsproblem: Obwohl es sich für Japaner und Spanier um marginale Probleme handelt, war die Antwort des jeweils betroffenen Volkes anders als die der Deutschen um 1970.*

*Wesentlich ist, daß der japanische Widerstand gegen den Verzicht auf seine Nordgebiete – wie bekannt – zu keinerlei Sanktionen der Sowjetunion führte. Der Außenhandel*

Nordjordan – Ostdeutschland – Südspanien: Einige gerundete Zahlen[1]:

| | | Japan abs. | Japan (%) | Deutschland[2] abs. | Deutschland[2] (%) | Spanien abs. | Spanien (%) |
|---|---|---|---|---|---|---|---|
| 1. Fläche (Tausend km$^2$) Gesamt | | 370 | (100) | 500 | (100) | 505 | (100) |
| Davon: Annektiert/abgespalten | | 5 | (1) | 250 | (50) | 5 | (1) |
| 2. Bevölkerung (in Mio) | | | | | | | |
| 1945 Gesamt: | | 75 | (100) | 74 | (100) | 27 | (100) |
| Davon: Vertrieben/abgespalten | | + 0 | (0,02) | 29 | (39) | + 0 | (0,02) |
| 1980 in freiem „Rest"-Gebiet | | 115 | | 62 | | 35 | |
| 3. Entwicklung Außenhandel (Mio. US $) | | | | | | | |
| mit der UdSSR | 1956 | 4 | | 122 | | | |
| | 1966 | 514 | | 380 | | | |
| | 1976 | 3418 | | 4387 | | | |

*Quellen:*
1 United Nations: »Statistical Yearbook«; Bd. 1958, 1968, 1978; New York, 1959/1969/1979; verschiedene Seiten.
United Nations: »Yearbook of International Trade Statistics«; New York, 1979; verschiedene Seiten.
Eigenes Archivmaterial.
2 für Fläche und Bevölkerung 1945: Staatsgebiet vom 31. 12. 1937 incl. Sudetengebiet, Memel, Danzig.

*zwischen der UdSSR und Japan entwickelte sich sogar deutlich besser als mit der Bundesrepublik Deutschland. Die Zwanglosigkeit des deutschen Verzichts hatte sich auch hier nicht bezahlt gemacht.*

*Interessant ist wohl auch, daß Heimat- und Selbstbestimmungsrecht durch Terror und Krieg wirksamer im Bewußtsein der Weltöffentlichkeit gehalten werden können, als durch das Bemühen um friedlichen Wandel zu mehr Recht und Gerechtigkeit: Von 4,4 Millionen Palästinensern (davon 1,7 Millionen in ihrem Heimatgebiet)[8] ist fast täglich zu lesen; 3,8 Millionen Sudetendeutsche werden kaum erwähnt. Die »friedlichen« Streitfälle Nordjapan und Gibraltar sind nicht einmal allen Experten bekannt[9], obwohl die Relevanz der dabei aufgeworfenen Probleme für die Frage der deutschen Vertriebenen offenkundig ist. Deswegen erscheint zunächst und vor den Dokumenten eine knappe Ablaufsschilderung erforderlich.*

*Die dann folgenden Dokumente belegen, daß die Fragen des Heimatrechtes auch von Nachkommen Vertriebener selbst nach Jahrhunderten bedeutungsvoll sind, sofern darauf zwischenzeitlich durch die Betroffenen oder ihre Rechtsnachfolger nicht verzichtet wurde. Die Sudetenfrage ist daher auch in diesem Sinne offen.*

*Die Offenheit der Sudetenfrage im Jahre 1984 ist jedoch nicht nur Anspruch. Man wird es vielmehr als Aufgabenstellung zu werten haben, wie das Selbstbestimmungsrecht einer »importierten« gegen das der »heimatberechtigten« Bevölkerung zu wägen ist – in Gibraltar und im Sudetengebiet. Sinn der Belegung von Alternativen ist daher nicht nur der heute nur historisch relevante nochmalige Nachweis, daß die um 1960 als neu bezeichnete deutsche Ostpolitik durchaus Alternativen hatte. Vorrangig geht es darum, Gedanken und Überlegungen zu Möglichkeiten und Grenzen friedlichen Wandels in der Zukunft anzuregen.*

---

*Anmerkungen:*
1 Eine der zahlreichen Belegmöglichkeiten: Siehe S. 402.
2 Zum Text: Siehe S. 381 ff.
3 Zum Text: Siehe S. 232 ff.
4 Zum Ablauf: Siehe S. 373 ff.

[5] Siehe die Zahlentabelle in diesem Abschnitt.
[6] In einem Brief vom 11. 3. 1947 an den Rektor der Universität Heidelberg, Karl Bauer. Vgl. »Frankfurter Allgemeine Zeitung«, Nr. 38 v. 15. 2. 1983; S. 17.
[7] Durch z. B. die Erklärungen vom 14. 7. 1973; zum Text: Siehe S. 384ff.
[8] Angaben der »Frankfurter Allgemeinen Zeitung«, Nr. 159 v. 14. 7. 1982; S. 2.
[9] Eine aktuelle Zusammenstellung: Blumenwitz, Dieter/Meissner, Boris (Hrsg.): »Das Selbstbestimmungsrecht der Völker und die deutsche Frage«; Köln, 1984.

## II. Nordjapan, Gibraltar

### *1. Nordjapan*

*Im Norden Japans gibt es einige kleine Inseln, die seit ihrer Erstbesiedlung um ca. 1820 zu Japan gehörten. Dies wurde von Rußland am 7. 2. 1855 im Vertrag von Shimoda anerkannt. 1945 verlor Japan als Folge der Niederlage im Zweiten Weltkrieg diese Inseln an die UdSSR. Die eingesessene Bevölkerung mußte das Land verlassen (= wurde vertrieben) und ging nach Japan; die UdSSR siedelte neue Menschen, darunter zahlreiche Soldaten, an.*

*1956* [1] *sagte die Sowjetunion Japan in einer gemeinsamen Erklärung anläßlich der Wiederaufnahme diplomatischer Beziehungen die Rückgabe zweier Inseln »gemäß dem Wunsche Japans und unter Berücksichtigung der Interessen des japanischen Staates« zu.*

*Die weitere Entwicklung steht zeitlich und sachlich vermutlich in einem gewissen Zusammenhang zur »neuen deutschen Ostpolitik«. 1960 wurde die UdSSR-Zusage von 1956 zurückgezogen. 1973 einigten sich die UdSSR und Japan noch auf die wenig präzise Formel, daß vor Abschluß eines Friedensvertrages* »gewisse, seit dem Ende des Zweiten Weltkrieges offene Fragen gelöst werden sollten«. *Seit 1975 lehnt die Sowjetunion auch diese Formulierung ab; es gebe keine offenen Fragen und schon gar nicht territoriale Probleme. Ende 1978 erklärte der sowjetische Botschafter in Tokio in einem Interview, die UdSSR habe* »nicht die Absicht, an Japan auch nur einen Stein, geschweige denn eine Insel abzutreten«, *um im Oktober 1979 Japan* »unbegründete territoriale Ansprüche« *vorzuwerfen.*

*Regierung und Öffentlichkeit Japans lehnten die Annexion Nordjapans und die Vertreibung seiner Einwohner seit 1945 ziemlich einmütig ab (z. B. in der Entschließung des japanischen »Bundestages« vom 20. 9. 1973* [2] *und in der Anfang 1981 erfolgten Erklärung des 7. Februar zum »Tag der Nordgebiete«* [3]*). 1979 bezeichneten in einer Repräsentativumfrage 68% der Japaner die Weigerung der UdSSR zur Lösung der Territorialfrage als Hauptgrund des gespannten Zustandes der japanisch-sowjetischen Beziehungen. Spannungsursache sei v. a. die sowjetische Annexion; nur die Gebietsrückgabe könne zur Entspannung als Basis eines dauerhaften Friedens führen. Die »Gesellschaft zur Lösung des Problems des Nordjapanischen Gebiets« mit Sitz in der Stadt Nemuro verbreitet in Japan für politische Werbung übliche Kopfbänder mit der Aufschrift: »Gebt unser Nordterritorium zurück!«*

*Trotz der relativ kleinen Bedeutung der nordjapanischen Inseln für das japanische Gesamtterritorium beharrte Japan auf seinem Standpunkt; ein Friedensvertrag mit der UdSSR kam v. a. wegen dieser Frage bis heute (Anfang 1984) nicht zustande.*

### *2. Gibraltar*

*Im Süden Spaniens liegt das Gebiet von Gibraltar. Es gehörte bis 711 zum spanischen Westgotenreich und nach der Rückgewinnung von den Mauren ab 1462 zum Königreich Kastilien, das im Königreich Spanien aufging. 1704 verlor Spanien im Zuge des Spanischen Erbfolgekrieges Gibraltar an Großbritannien. Es wurde festgelegt (Frieden von Utrecht, 13. 7. 1713), daß Großbritannien das Gebiet an Spanien zurückgeben müsse, wenn es jemals von Großbritannien aufgegeben würde.*

*Die eingesessene Bevölkerung, ungefähr 8000 Personen, hatte Gibraltar in den Kriegswir-*

*ren von 1704 verlassen und wurde an der Rückkehr gehindert (= »vertrieben«). Die Nachkommen dieser »Vertriebenen« verblieben unter Wahrung eines gewissen Zusammenhalts über Jahrhunderte bis in die Gegenwart in der südspanischen Umgebung ihrer Heimatstadt Gibraltar. Spanische Regierungen aller politischen Richtungen (Monarchisten, Republikaner, Volksfront, Faschisten, Demokraten) hielten den Anspruch auf Gibraltar über Jahrhunderte aufrecht.*
*In der Zeit der britischen Herrschaft ab 1704 wurden schubweise neue Menschen aus verschiedenen Gebieten der Welt nach Gibraltar verbracht bzw. von dort entfernt. Die derzeitige Bevölkerung stammt aus der Zeit um etwa 1850.*
*Im Jahre 1950 war in Gibraltar vom britischen Gouverneur ein »Legislativer Rat« mit vornehmlich beratender Funktion und 1954 auch eine Regierung eingesetzt worden. Ab 1960 wurden viele bisherige Kolonialgebiete europäischer Mächte unabhängig. Die Vereinten Nationen schalteten sich entsprechend ihrer Charta [4] ein: UN-GV-Entschließung 15/1514 vom 14. 12. 1960 [5] gab den Entkolonialisierungsbemühungen Rahmen und Basis. Darüber hinaus erhielt ein »Besonderer Ausschuß« von 24 Mitgliederstaaten, der die Entkolonialisierung mitsteuern sollte, als Aufgabenbereich auch Gibraltar zugewiesen [6].*
*1963 fanden erste Anhörungen vor diesem »24er Ausschuß« der UN statt. Es ging zunächst um die Frage, ob Gibraltar ein »sich-nicht-selbstregierendes Gebiet« sei. Diese Frage wurde von Spanien im Ausschuß bejaht, von Großbritannien verneint. England erweiterte jedoch wenig später (am 9. 6. 1964) Befugnisse und Zusammensetzung der Regierung und führte (am 10. 9. 1964) auch die ersten allgemeinen Wahlen (Wahlbeteiligung 76 %) in Gibraltar durch.*
*Ein wichtiger Punkt der Beratungen des 24er Ausschusses der UN im Jahre 1963 war die Frage gewesen, ob die derzeitige Bevölkerung Gibraltars berechtigt sei, das Selbstbestimmungsrecht für sich zu fordern. In der ersten Verhandlungsrunde vor dem Besonderen UN-Ausschuß (am 19. 9. 1963) hatte dies der »Chief Member of Gibraltar's Executive and Legislative Council«, Sir. I. Hassan, gefordert.*
*In der zweiten Verhandlungsrunde im Jahre 1964 wurde dem Besonderen UN-Ausschuß die Gegenposition dargestellt: Aus dem Bereich von Gibraltar sprach unter anderem der Bürgermeister einer 7 km von Gibraltar entfernten Stadt, in der viele Nachkommen der Gibraltesen von 1704 leben. Namens der* »Stadt San Roque, wo sich die ehrwürdige und loyale Stadt Gibraltar aufhält« *(so ihr offizieller Name), bestritt er, daß der derzeitigen Bevölkerung von Gibraltar das Selbstbestimmungsrecht zustünde [7]. Weitere Redner setzten sich mit der Frage auseinander, ob die derzeitige oder die Nachkommen der »heimatberechtigten« Bevölkerung Gibraltars die Träger des Selbstbestimmungsrechtes für das Gebiet Gibraltar seien [8].*
*Der 24er-Ausschuß kam dann am 16. 10. 1964 zur* »Übereinstimmung«, *daß Gibraltar ein* »Sich-nicht-selbstregierendes Gebiet« *sei. Er stellte* »widerstreitende Auffassungen« *zwischen Großbritannien und Spanien über* »Status und Situation des Gebietes Gibraltar« *fest und empfahl,* »unverzüglich Gespräche zu führen, um in Übereinstimmung mit den Prinzipien der Charta der Vereinten Nationen auf dem Verhandlungsweg eine Lösung zu finden, die den Bestimmungen der *(UN-GV)* Entschließung 15/1514 entspricht, die ausgedrückten Ansichten der Mitglieder des Ausschusses angemessen berücksichtigt und die Interessen der Bevölkerung des Gebiets ständig im Auge hat.« [9].
*Die Generalversammlung der UN forderte daraufhin Großbritannien durch Entschließung 21/2231 vom 30. 12. 1966 [10] auf, Gibraltar zu entkolonialisieren. Großbritannien antwortete mit einer spektakulären Aktion: Am 10. 9. 1967 wurde »in Durchführung einer UN-Entschließung über die Entkolonialisierung von Großbritannien eine Volksabstimmung abgehalten, in der festgestellt werden sollte, ob die Bevölkerung von Gibraltar glaube, daß ihre Interessen in der Erhaltung der Verbindung mit Großbritannien oder im Übergang zu spanischer Souveränität liege. Von 12762 Abstimmungsberechtigten entschieden sich 12138, die Verbindung mit Großbritannien zu erhalten; 44 wählten Spanien«* [11].

*Die UN antworteten darauf mit der Entschließung 21/2231 der Generalversammlung am 19. 12. 1967*[12]. Diese »erklärte die Abhaltung der Volksabstimmung vom 10. September 1967 durch die verwaltende Macht zu einer Umgehung der Bestimmungen« *von GV-Entschließungen und empfahl den Regierungen Spaniens und Großbritanniens, ohne Verzögerung die in der erwähnten Entschließung vorgesehenen direkten Verhandlungen aufzunehmen,* »um die koloniale Situation in Gibraltar zu beendigen und die Interessen der Bevölkerung bei der Beendigung dieser Lage zu sichern«. *Eine weitere Entschließung 22/2429*[13] *wies Großbritannien sogar an, Gibraltar bis 1. 10. 1969 zu räumen und an Spanien zurückzugeben.*

*Zwei weitere Ereignisse folgten: Großbritannien erließ am 30. 5. 1969 eine Verfassung, welche die »City of Gibraltar« zu einem »now-self-governing territory« machte, in dem der britische Gouverneur (im Gegensatz zu dem üblichen Dominion-Status) die oberste Gewalt hat.*

*Spanien seinerseits ging auf die Probleme der derzeitigen Bewohner Gibraltars ein und stellte »alle in Gibraltar geborenen und wohnhaften Personen« durch Verfassungsgesetz vom April 1967 den Spaniern gleich. Erwerb der spanischen Staatsbürgerschaft bzw. die Ansiedlung in Spanien wurde für diesen Personenkreis so erleichtert, daß die Formalitäten insgesamt Bagatellcharakter haben.*

*Die Frage Gibraltar wurde damit beiderseits offen gehalten. Die damit zusammenhängende Problemstellung, ob das Selbstbestimmungsrecht der rechtmäßigen oder der tatsächlich »zufälligen« Bevölkerung eines Gebietes zustehe, sollte jedoch später an anderer Stelle der Welt neuerlich bedeutungsvoll werden: Im Zusammenhang mit der Falkland-Krise zwischen Argentinien und Großbritannien befaßte sich der UN-Entkolonialisierungsausschuß im August 1982 wiederum mit dieser Frage*[14]. *Dabei war eine ziemliche Parallele zu den im Falle Gibraltar vorgebrachten Argumenten festzustellen.*

---

*Anmerkungen und Quellen:*

[1] Die Darstellung folgt v. a. Glaubitz, Joachim: »Schwerpunkte sowjetischer Japanpolitik 1978–1980«; Berichte des Bundesinstituts für ostwissenschaftliche und internationale Studien; Nr. 26; Köln, August 1980.

[2] Zum Text: Siehe S. 445.

[3] Jahrestag des Vertrages von Shimoda 1855, der die russisch-japanische Grenze nördlich der derzeit sowjetisch besetzten Inseln festlegte.

[4] Siehe S. 16.

[5] Zum Text: Siehe S. 39.

[6] United Nations: »List of Territories, which the ›Committee of Twenty-Four‹ is competent to examine«; Document Nr. ST/TRI/B, 1962/1/Add. 1.

[7] Zum Text: Siehe S. 439.

[8] Zum Text: Siehe S. 442ff.

[9] United Nations: Document Nr. A/AC. 109/SR. 291 v. 5. 11. 1964.

[10] Hier nicht wiedergegeben.

[11] Vgl. Paxton, John (Hrsg.): »The Statesman's Yearbook 1980/81«; London, 1980; S. 541.

[12] (UN GV:) »Resolutions adopted on the Reports of the Fourth Committee«; S. 55.
Abstimmungsergebnis: 73 (darunter Spanien) Ja, 19 (darunter Großbritannien) Nein, 27 Enthaltungen.

[13] Hier nicht wiedergegeben.

[14] Zu den Äußerungen: Siehe S. 458ff.

**Entschließung Nr. 194** **1948, 11. Dezember**
**der 3. Vollversammlung der Vereinten Nationen:**
*Das Rückkehrrecht der Palästinenser*

Die Generalversammlung
nach nochmaliger Beratung der Lage in Palästina
...
11) beschließt,
daß den Flüchtlingen, die in ihre Heimatorte zurückkehren und mit ihren Nachbarn in Frieden leben wollen, dies so bald wie möglich gestattet werden solle, und daß eine Entschädigung für das Eigentum derjenigen bezahlt werden solle, die sich gegen eine Rückkehr entscheiden und der Verlust oder die Beschädigung von Eigentum nach den Prinzipien des internationalen Rechts oder der Billigkeit von den verantwortlichen Regierungen oder Behörden ersetzt werden solle;
...

---

*Quelle:*
»Official Records of the Third Session of the General Assembly« (der Vereinten Nationen).

**Erklärung** **1955, 17. November**
**der polnischen[1] Regierung**
**vor dem Sonderausschuß der UN-Generalversammlung:**
*Für das Heimatrecht der arabischen Flüchtlinge aus Palästina*

Frau Domanska erinnerte an die Beschlüsse der Vollversammlung und meinte, daß Rückkehr in die Heimat und Schadenersatz stets Hauptgegenstand des Meinungsaustauschs gewesen sei. Es handle sich um ein sowohl politisches wie menschliches Problem – politisch insofern, als es zur Spannung im Nahen Osten beitrage; menschlich insofern, als viele Tausende unglückseliger Flüchtlinge, unter denen sich viele ganz kleine Kinder befänden, auf ungewisse Zeit unter den bedauernswertesten Bedingungen leben müßten.
Frau Domanska stimmte dem syrischen Vertreter bei, wonach weder Hilfeleistung noch Pläne zur Förderung der Selbsthilfe der Flüchtlinge die Frage endgültig lösen könnten. Die einzig zufriedenstellende Lösung liege in der Durchführung der Empfehlungen der Vollversammlung, insbesondere der Empfehlung Nr. 3/191[2] und 9/818 – Rückkehr in die Heimat. Die Vereinten Nationen könnten ihrer Verantwortung nicht ausweichen.

---

*Anmerkungen:*
[1] Zu einer von zahlreichen Änderungen der ČSSR-Regierung: Siehe S. 394.
[2] Siehe den vorhergehenden Beleg.

---

*Quelle:*
Bundesministerium für Vertriebene, Flüchtlinge und Kriegsgeschädigte (Hrsg.): »10 Jahre nach der Vertreibung«; Bonn, 1956; S. 203f.

**Erklärung** **1964, 22. September**
**von Dr. P. Hidalgo, Bürgermeister von San Roque (Südspanien)**
**vor dem Besonderen UN-Ausschuß in New York:**
*Gegen das Selbstbestimmungsrecht »importierter« Bevölkerung*

*Sr. Hidalgo schilderte zunächst die Vertreibung der »Heimatberechtigten« Gibraltars im Jahre 1704, sowie ihre spätere Niederlassung in und um San Roque, um dann auszuführen:*
Die Bevölkerung, die gegenwärtig in der Stadt Gibraltar unter britischer Besatzung lebt, hat das Recht auf Selbstbestimmung verlangt. Sie fordert, daß die Vereinten Nationen anerkennen, daß die jetzigen Bewohner des Felsens ein Volk mit eigener politischer Identität bilden, unabhängig von der des Vereinigten Königreiches und der Spaniens, und daß man sie als die wahren Besitzer des Gebietes, das sie so zufälligerweise bewohnen, betrachtet...
Namens der Einwohner des benachbarten Bezirks von Gibraltar beklage ich das Verlangen nach einer derartigen Ungeheuerlichkeit. Weit davon entfernt, dieses Problem zu lösen, würde man damit die Frage *(derart)* verschärfen, daß es später kaum möglich wäre, eine Lösung zu finden. Die Ursache zahlreicher und sehr ernster Spannungen und Konflikte würde entstehen.
...

*Quelle:*
UN-Dokument No. A/AC. 109/PV. 280.

**Erklärung** **1964, 23. September**
**von Professor (des Völkerrechts) B. Trelles**
**vor dem Besonderen UN-Ausschuß in New York:**
*Gegen das Selbstbestimmungsrecht »importierter« Bevölkerung*

... Man fordert von Ihnen, den Mitgliedern des *(Besonderen UN-)* Ausschusses, daß Sie Gibraltar das Recht auf Selbstbestimmung gewähren. Aber ich möchte, daß Sie vorsichtig sind. Dies ist ein neuartiger Zugang zum Problem »Selbstbestimmung«..., *(denn)* es hat *(vorher)* eine grundlegende bevölkerungsmäßige Veränderung in der Gibraltarzone stattgefunden: 1704 wurden die ursprünglichen Einwohner Gibraltars fast vollständig von den Eindringlingen vertrieben. Die Vertriebenen verließen Gibraltar, siedelten sich im Umland an und dachten nur daran, in ihre Stadt zurückzukehren... Lange Zeit lebten sie in Zelten und warteten auf den Zeitpunkt, an dem sie in ihre Stadt heimkehren konnten... *(Nach detaillierter Darstellung des Schicksals der »Heimatberechtigten« Gibraltars und ihrer »Erben«, sowie der Entwicklung der »Neusiedlung« in Gibraltar über die Generation hinweg kam Prof. Trelles zu folgender Zusammenfassung:)*... Ich würde sagen, daß niemand den leisesten Zweifel hegen kann – ich in meiner Eigenschaft als Professor für Internationales Recht habe jedenfalls nicht den geringsten Zweifel –, daß die Bevölkerung, die auf dem Felsen Gibraltar lebt, die Bevölkerung, die den Felsen seit dem Zeitpunkt der britischen Besetzung besetzt hält, als »vorgefertigte« Bevölkerung bezeichnet werden sollte, die dorthin auf Wunsch der Regierung in London verpflanzt worden ist; mit anderen Worten, daß das Hauptcharakteristikum dieser gibraltesischen Bevölkerung, wie Sie in meinem geschichtlichen Überblick erkennen konnten, ihr offensichtlich künstliches Wesen ist...

*Quelle:*
UN-Dokument Nr. A/AC. 109/PV. 280–281.

**Erklärung** **1964, 23. September**
**des Chefministers von Gibraltar, Sir Joshua Hassan,**
**vor dem Besonderen UN-Ausschuß in New York:**
*Für das Selbstbestimmungsrecht der tatsächlich anwesenden Bevölkerung*

...
Wir sind der Auffassung, daß nachdem im September vorigen Jahres diesem *(Besonderen UN-)* Ausschuß die Wünsche der Bevölkerung von Gibraltar bekannt wurden, Spanien erkannte, daß die Stimme wirklicher, existierender Menschen bei Ihnen wahrscheinlich weit größere Bedeutung erlangen würde, als alle denkbaren geschichtlichen, geographischen, wirtschaftlichen und rechtlichen Argumente, die Ihnen durch den geschätzten Vertreter Spaniens vorgetragen worden waren. Deswegen war es dieses Mal notwendig, zu versuchen, die Wirkung, die wir erzielt hatten, zu neutralisieren. Dies konnte nur durch die Vorstellung eines anderen menschlichen Faktors versucht werden. Uns scheint es, daß damals irgend jemand dachte, den *(Besonderen UN-)* Ausschuß mit der alten Geschichte der Gründung San Roques im Jahr 1704 beeindrucken zu können: Damit, wie bei Gibraltars Eroberung durch die Briten die spanische Bevölkerung die Stadt verließ und sich im angrenzenden Land niederließ; ... Auf solch unsicheren Grundlagen wollte Spanien seine Beweisführung zur Neutralisierung der Wirkung unserer Stellungnahmen vom letzten Jahr aufbauen und versuchen, das Problem zu verwirren und zu verzerren. Eine historische Leiche sollte dem *(Besonderen UN-)* Ausschuß auf den Weg seines Auftrages gelegt werden. Diese Geschichte von Gibraltar, das im Exil in San Roque lebt, ist nämlich nur ein Märchen. Es ist eine interessante – sogar eine rührende – Legende, für ein Gedicht oder eine Ballade von einem der vielen begnadeten Dichter geeignet, die die Literatur Spaniens verschönen. Es ist jedoch auf keinen Fall eine bedenkenswerte Überlegung für einen Ausschuß, der die ernste und verantwortungsvolle Pflicht übernommen hat, Maßnahmen zu empfehlen, die Leben und Zukunft menschlicher Wesen beeinflussen werden.
Einerseits, meine Herren, haben Sie eine Gemeinschaft von 25000 Personen, die ein friedliches, gedeihliches Leben führen und gute Beziehungen zu den spanischen Menschen auf der anderen Seite der Grenze unterhalten. Andererseits gibt es eine historische Kuriosität, die nicht die leiseste Beziehung zur Wirklichkeit hat, und die, lassen Sie mich das hinzufügen, für die Arbeit dieses Ausschusses gänzlich bedeutungslos ist ... Wenn es nicht um die Zukunft der Leute von Gibraltar ginge, wäre daher die ganze Situation lächerlich. Der Bürgermeister von San Roque hat geleugnet, daß das Ziel seines Erscheinens vor dem *(Besonderen UN-)* Ausschuß darin besteht, die *(derzeitigen)* Einwohner Gibraltars zu vertreiben, damit die Nachkommen der ursprünglichen Bewohner in die Heimstätten ihrer Vorfahren zurückkehren können. Was also ist dann das Ziel seines Erscheinens? Das hat man nicht geklärt. Es scheint uns, daß die Stellungnahmen der Petenten zum bereits vorgetragenen spanischen Standpunkt nichts neues beitragen könne. Sie haben eher beiläufig nur darum gebeten, daß Gibraltar Spanien zurückgegeben werde und daß der gegenwärtige Prozeß der Entkolonialisierung praktisch nicht fortgesetzt werde. Aber warum sollten die Petenten aus San Roque hier erscheinen und warum sollten sie die Legende vorbringen, daß die rechtmäßige Bevölkerung Gibraltars in San Roque wohne? Ich kann zwei Antworten vorschlagen: Erstens glaube ich, wie ich schon angedeutet habe, daß Spanien einen menschlichen Faktor in diese Debatte bringen wollte, um den Stellungnahmen der gibraltesischen Petenten, der lebenden Vertreter der lebenden Bevölkerung Gibraltars im letzten September entgegenzutreten oder sie zu neutralisieren ... Zweitens nehme ich an, daß ein weiterer Grund für das Erscheinen der Petenten aus San Roque die Absicht ist, das Problem zu verdunkeln und die Meinungen des Ausschusses zu verwirren. Sie sagen nicht, daß die Bevölkerung von San Roque in Gibraltar wiederangesiedelt werden sollte, aber dennoch wird Ihnen *(d. h. den Ausschußmitgliedern)* die Idee nahegebracht, daß sie die rechtmäßigen Be-

wohner und die derzeitige Bevölkerung Eindringlinge seien. Das gesamte bewohnbare Gebiet Gibraltars hat *(jedoch bereits)* eine Bevölkerungsdichte von 12000 pro Quadratmeile, eine der höchsten der Welt. Wir können uns nicht gegenseitig zusammendrängen, um für die Menschen von San Roque Platz zu schaffen. Wenn wir das könnten, würden wir, nur um dieser lächerlichen Situation ein Ende zu bereiten, eine Aufforderung an die Bevölkerung San Roques erwägen, zu uns zu kommen und bei uns zu leben ... Aber das ist nicht durchführbar. Es gibt einfach zu wenig Platz. Müssen wir also ausziehen und unsere und unserer Väter Heimstätten verlassen, um ihnen den Weg freizumachen? Das ist so ungeheuerlich wie lächerlich. Kann irgend jemand einen früheren Fall anführen, in dem ein Volk 260 Jahre an einem Ort seßhaft war und dann vertrieben wurde, um Platz zu schaffen für die vorherigen Bewohner? Ist das etwa ein übliches Verfahren? Was für schreckliche Umwälzungen würde es geben, wenn das so wäre. Spanien selbst ist ein Beispiel: Sollen wir die Vereinten Nationen auffordern, das Durcheinander der frühen spanischen Geschichte zu entwirren? *(Das würde bedeuten,)* die wirklichen direkten Nachkommen der fränkischen und gotischen Eindringlinge und ihrer Vorgänger, der Wandalen, Alaner und Sueven herauszufinden; *(dann)* die ihrer Vorgänger, der Römer, Griechen und Phönizier, und die *(Nachkommen der)* Menge von Stämmen, die Spanien vor ihnen bewohnten, so daß der ursprüngliche Wohnort von allen bestimmt werden kann und ihre jeweiligen Nachkommen dementsprechend umgesiedelt werden können. Es ist eine seltsame Tatsache, daß viele der Genuesen, die sich in Gibraltar ansiedelten und die zum größten Teil die Vorfahren der derzeitigen Bevölkerung Gibraltars sind, Genua aus sehr ähnlichen Motiven verließen, wie die spanische Bevölkerung im Jahre 1704 Gibraltar. Diese Genuesen verließen ihre Heimstätten, weil sie nicht unter der Herrschaft der napoleonischen Eindringlinge leben wollten. Müssen ihre Nachkommen jetzt nach Genua zurück? Sollen die Nachkommen des Aeneas wieder in Troja angesiedelt werden?

...

---

*Quelle:*
United Nations: Doc. No. A/AC, 109/PV. 281.

**Erklärung** **1964, September**
**des (kommunistischen) Weltjugendverbands**[1]**:**
*Für das Heimatrecht der Palästinenser*

Wir[1] erheben unsere Stimme für die schnellste Befriedigung der gerechten Ansprüche der Jugend und des Volkes von Palästina, die unter großen Entbehrungen leiden. Wir verlangen die Verwirklichung der UNO-Resolution, die das Recht der Palästina-Flüchtlinge betrifft, in ihre Heimat zurückzukehren[2] ...

---

*Anmerkungen:*
1 Aus der »Declaration du Forum de la Solidarité de la Jeunesse et des Etudiants dans la lutte pour l'Indépendence et la Libération Nationales pour la Paix« [Erklärung des Friedenssolidaritätsforums der Jugend und Studenten im Kampf für Unabhängigkeit und nationale Befreiung]; Moskau, 16.–23. 9. 1964.
2 Vom 11. 12. 1948; siehe S. 438.

---

*Quelle:*
Eigene Aufzeichnung.

**Erklärung** **1964, 2. Oktober**
**des venezolanischen Delegierten Sr. Diaz Gonzales**
**vor dem Besonderen UN-Ausschuß in New York:**
*»Ersitzung« führt nicht zum Selbstbestimmungsrecht*

... Deshalb ist es klar, daß es sich nicht darum handelt, jene Bevölkerung von Gibraltar ihrer kolonialen Fesseln zu entledigen, die sich als Siedler und als Untertanen der Verwaltungsmacht betrachtet, die in dem von ihr verwalteten Gebiet ansässig ist. Wir haben hier erlebt – in diesem Ausschuß einzigartig – wie ein Petent im Namen einer Bevölkerung erklärt, daß er zum Ausschuß nicht gekommen sei, um die Unabhängigkeit und Entkolonialisierung seines Gebietes zu beantragen, sondern ganz im Gegenteil, den Ausschuß zu bitten, den kolonialen Status fortzuführen und zu billigen. Sir Joshua Hassan antwortete auf eine Frage meiner Delegation mit Nachdruck, er wolle betonen, daß keine Änderung in der Oberherrschaft *(durch Großbritannien)* erwogen werden könnte.
...
So weit wir es beurteilen können, handelt es sich um die Entkolonisation jenes Gebiets gemäß *(UN-GV-)*Entschließung 15/1514.[1] Wir können wohl kaum derartige Beeinträchtigungen des Prinzips der Selbstbestimmung zulassen, um de facto Situationen wie die vorliegende zu unterstützen. Wir würden einen sehr gefährlichen Präzedenzfall schaffen, wenn die Vereinten Nationen, stillschweigend oder öffentlich, der Legalisierung einer solchen de facto Situation zustimmen würden. Irgendeine Siedlergruppe, oder irgendeine für ihre Untertanen handelnde Verwaltungsmacht könnte dann die Anwendung des Prinzips der Selbstbestimmung anrufen, um ihren Aufenthalt in einem Gebiet sicherzustellen, das sie nach Gewaltakten besetzt hatte, die Folge eines Abkommens oder sogar im Widerspruch zu den Bestimmungen eines Abkommens zu Lasten der territorialen Integrität eines anderen Staates waren.
...
In Übereinstimmung mit allen Delegierten sind wir überzeugt, daß der Fall Gibraltar der Fall eines Kolonialgebietes ist. Da es sich um ein Kolonialgebiet handelt, muß *(UN-GV-)* Entschließung 15/1514 angewendet werden, wobei jedoch (der Fall Gibraltar) zu jenen Fällen gehört, für die Paragraph 6 dieser Entschließung[1] vorgesehen ist. Daher muß dieser Fall unter Berücksichtigung dieses Paragraphen und der Prinzipien der Charta untersucht werden, besonders jenes Prinzips, das sich auf die territoriale Integrität der Mitgliedstaaten der Organisation bezieht.
...
Bevor es internationale Organisationen gab, wurden *(der derzeitigen Lage in)* Gibraltar vergleichbare Situationen, die durch einen Vertrag entstanden waren, durch Übereinkommen zwischen den Vertragspartnern gelöst.
...
Es gibt nichts, was die Erzielung *(vergleichbarer)* Übereinkommen hier und heute zum Wohl der internationalen Bedürfnisse und der Gerechtigkeit zwischen zwei Mitgliedstaaten *(d. h. Großbritannien und Spanien)*, die gute Beziehungen zueinander haben, verhindern könnte. Aus demselben Grund scheint es uns normal und menschlich, daß die Bewohner der Festung Gibraltar, die sich dort mit Zustimmung und unter dem Schutz der Verwaltungsmacht niederließen, und die dort das Zentrum ihrer Interessen und ihres Handels haben, ihre Position verteidigen und unter dem Schutz der Macht, deren Bürger oder Untertanen sie sind, bleiben wollen. Dies jedoch ändert keineswegs das Problem an sich, und ich möchte wagen, die folgende Frage zu stellen: Könnte – nicht der *(Besondere UN-)* Ausschuß mit seinen 24 Mitgliedern, sondern – jeder Einzelne von uns in seinem Innersten zugeben, daß das Prinzip der Selbstbestimmung beeinträchtigt und verzerrt werden sollte, um eine de facto Situation fortzuführen und das Grundprinzip des Respektes vor der territorialen Integrität

der Staaten zu ignorieren? Koloniale Gebiete, die einem anderen Staat abgestückelt wurden, können nicht anders entkolonialisiert werden, als durch Rückkehr zu dem Staat, von dem sie abgetrennt wurden.

...

Abschließend können wir wohl folgern, daß das Problem Gibraltar folgende Merkmale hat: Erstens ist es offensichtlich ein kolonialer Fall, der nach seiner Bestimmung unter die Zuständigkeit des Besonderen *(UN-)* Ausschusses fällt. Die *(UN-GV-)* Entschließung 15/1514[1] sollte auf diesen Fall angewendet werden.

Zweitens hat er *(d. h. der Fall Gibraltar)* als kolonialer Fall gewisse Aspekte, die ihn als einen der speziellen Fälle ausweisen, für die im Paragraph 6 der Entschließung 15/1514[1] vorgesorgt ist, und muß deshalb im Rahmen dieses Paragraphen beurteilt werden.

Drittens ist dies ein kolonialisiertes Gebiet und nicht der Fall einer kolonialisierten oder Kolonialbevölkerung. Es ist der typische Fall eines Gebietes, das von einem Staat abgetrennt und der Souveränität einer ausländischen Verwaltungsmacht unterstellt worden ist. Zusammen mit dem Problem eines Kolonialgebietes besteht das Problem der Interessen der in dem Gebiet ansässigen Bevölkerung. Der *(Besondere UN-)* Ausschuß kann diese Interessen nicht unberücksichtigt lassen, sondern muß ihnen gerechte und gebührende Aufmerksamkeit widmen.

Viertens gibt es in Verbindung mit dem kolonialen Fall eine Streitigkeit betreffs der Souveränität, die auf rechtlichen und geschichtlichen Argumenten beruht. Wie wir erklärt haben, kann der Ausschuß nicht umhin, diese Elemente in Betracht zu ziehen. Wir stimmen jedoch völlig mit dem Vertreter des Vereinigten Königreiches überein, daß der Ausschuß kein Gerichtshof mit der Ermächtigung ist, die Rechtssubstanz einer Streitigkeit zu untersuchen, oder Meinungsverschiedenheiten zwischen zwei Mitgliedstaaten zu besprechen. Wenn es jedoch unmöglich ist, eine zufriedenstellende Lösung eines Problems zu finden, weil insbesondere ein Streit besteht, kann der *(Besondere UN-)* Ausschuß in Übereinstimmung mit den Prinzipien der *(UN-)* Charta empfehlen, daß eine Lösung für das Problem gesucht werden sollte ...

*Anmerkung:*

[1] Vom 14. 12. 1960. Zum Text: Siehe S. 39.

*Quelle:*

UN-Dokument Nr. A/AC. 109/PV. 285.

**Erklärung** **1964, 5. Oktober**

**des tunesischen Delegierten M. Bouzayen**

**vor dem Besonderen UN-Ausschuß in New York:**

*Gegen Selbstbestimmungsrecht »importierter« Bevölkerung*

... Meine Delegation möchte daran erinnern, daß Gibraltar vor der britischen Besetzung eine spanische Stadt gewesen ist. Die Besetzer ließen die Stadt räumen, die von einer fremden Armee in Besitz genommen und der ausschließlichen Gewalt der britischen Regierung unterstellt wurde. Die ursprüngliche Bevölkerung wurde zum Abzug gezwungen und durch eine Mischbevölkerung aus allen Himmelsrichtungen ersetzt, die von der großen Garnison angezogen wurde. Die Behauptung, daß es eine geschichtliche Kontinuität in dieser Bevölkerung gibt, die 250 Jahre zurückgeht, ist eine Ansicht, die von vielen uns vorgelegten Belegen und historischen Tatsachen widerlegt wird.

Unser *(Besonderer UN-)* Ausschuß ist sich sicher darüber im klaren, daß diese Pseudonationalität der Gibralteser und dieses Pseudovolk von Gibraltar nie existiert haben und daß die gegenwärtige Bevölkerung Gibraltars nur als ein Kolonialvolk angesehen werden kann.

Gibraltar ist ohne jeden Zweifel ein Kolonialgebiet. Stellt jedoch die derzeitige Bevölkerung deshalb auch ein Kolonialvolk in der üblichen Bedeutung des Wortes dar, nämlich ‹ein Volk, das ausländischer Herrschaft untersteht, unter seiner Gewaltherrschaft leidet und mit allen ihm verfügbaren Mitteln gegen die Anwesenheit kämpft‹? Handelt es sich nicht um eine Bevölkerung, deren Interessen in denen der Besatzungsmacht aufgehen? Hier wurde alles mögliche versucht, uns dahin zu bringen, daß wir diese Betrachtungsweise annehmen, aber unser *(Besonderer UN-)* Ausschuß konnte die koloniale Tatsache nicht in erworbenes Recht verwandeln! Er konnte einer Bevölkerung, die – um einen historischen Ausdruck zu gebrauchen – im Kielwasser der Kolonialisten kam, nicht eine Nationalität übertragen, die nie existiert hat und die die Betroffenen, aus ihren eigenen Gründen, auf gewisse unbestimmte Vorstellungen von Ersitzungsrecht oder von Selbstbestimmung stützen möchten.
Spaniens Anspruch auf Gibraltar beginnt genau an jenem Tag, als dieses Gebiet von der anglo-niederländischen Flotte besetzt wurde, und es zeigt die Schwäche der Theorie, daß das Recht Spaniens auf Gibraltar einer Bevölkerung übergeben wird, die als Ergebnis einer Kolonialbesetzung kam und die zweifellos von selbstsüchtigen Motiven bewegt wird.
Diese Ersitzungsidee, die hier vorgebracht wurde, ist im bürgerlichen Recht nicht zulässig, und unser *(Besonderer UN-)* Ausschuß könnte sie kaum vertreten, ohne die Hoffnung der Kolonialvölker zu verraten und in internationale Beziehungen ein neues Prinzip einzuführen, das die derzeitige Welt in eine Brutstätte unlösbarer Konflikte verwandeln würde.
Meine Delegation denkt, daß das Prinzip der Selbstbestimmung, wie wichtig auch immer, so wie es in der Charta *(der UN)* [1] ausgedrückt und in *(UN-GV-)* Resolution 15/1514 [2] bekräftigt wird, auf eine Enklave nicht angewendet werden kann, die von einer importierten Bevölkerung bewohnt wird, deren Interessen mit denen der Besatzungsmacht verknüpft sind. Wir erkennen die Tatsache an, daß die Gesandtschaft Großbritanniens für dieses Prinzip eintritt und bedauern, daß wir diese Auslegung des Tatbestandes zurückweisen müssen. Realitäten der Geschichte, Geographie, Kultur und Wirtschaft widerlegen diese Auslegung grundsätzlich. Sie *(d. h. die Auslegung)* ist entfernt davon, die friedliche Beilegung der Streitigkeiten zu unterstützen und stellt vielmehr ein ernstes Hindernis für den Weltfrieden dar.
. . .

*Anmerkungen:*
[1] Zum Text: Siehe S. 16.
[2] Vom 14. 12. 1960. Zum Text: Siehe S. 39.

*Quelle:*
UN-Dokument Nr. A/AC. 109/PC. 286.

**Entschließung Nr. 242** [1] **1967, 22. November**
**des Sicherheitsrates der Vereinten Nationen:**
*Kein Gebietserwerb durch Krieg*

Der Sicherheitsrat
- seine fortdauernde Beunruhigung wegen der gefährlichen Lage im Mittleren Osten ausdrückend,
- die Unzulässigkeit eines Gebietserwerbs durch Krieg und die Notwendigkeit betonend, sich um einen gerechten und dauerhaften Frieden zu bemühen, in dem jeder Staat in seinem Gebiet in Sicherheit leben kann,
- weiters betonend, daß alle Mitgliedstaaten sich durch ihre Anerkennung der Charta [2] der Vereinten Nationen dazu verpflichtet haben, in Übereinstimmung mit Artikel 2 zu handeln,

1. bekräftigt, daß die Durchführung der Prinzipien der Charta die Schaffung eines gerech-

ten und beständigen Friedens im Mittleren Osten erfordern, wobei die beiden folgenden Grundsätze Anwendung finden sollten:

(I) Rückzug der Streitkräfte Israels aus den im kürzlichen Konflikt besetzten Gebieten;

(II) Beendigung aller (Gebiets-)Forderungen und Kriegszustände, sowie Respekt und Anerkennung der Souveränität, territorialen Integrität und politischen Unabhängigkeit jedes Staates im betreffenden Gebiet, sowie deren Recht, innerhalb von sicheren und anerkannten Grenzen frei von Bedrohungen oder Gewaltakten in Frieden zu leben;

2. bekräftigt weiterhin die Notwendigkeit
   a) der Garantie freier Schiffahrt auf den internationalen Wasserstraßen des Gebiets;
   b) der gerechten Lösung des Flüchtlingsproblems;
   c) der Garantie territorialer Unverletzbarkeit und politischer Unabhängigkeit jedes Staates im Gebiet, durch Maßnahmen einschließlich der Errichtung von entmilitarisierten Zonen;
3. fordert den Generalsekretär auf, einen Besonderen Vertreter zu bestimmen, der im Mittleren Osten Kontakt mit den betroffenen Staaten aufnimmt und aufrechterhält, um Übereinstimmung und Bemühungen für eine friedliche und anerkannte Lösung in Übereinstimmung mit den Bestimmungen und Grundsätzen dieser Entschließung zu unterstützen;
4. fordert den Generalsekretär auf, dem Sicherheitsrat so bald wie möglich über den Fortschritt der Bemühungen des Besonderen Vertreters zu berichten.

---

*Anmerkungen:*

[1] Die im Zusammenhang mit dieser Entschließung Nr. 242 oft angeführte UN-SR-Entschließung 338 vom 22. Oktober 1973 enthält v. a. die Aufforderung an die Beteiligten, die Entschließung 242 sofort nach dem Waffenstillstand (16. 11. 1973) durchzuführen.

[2] Zum Text: Siehe S. 16.

---

*Quelle:*
Official Records of the UN.

**Entschließung** **1973, 20. September**
**des japanischen »Bundestages«** [1]**:**
*Die nordjapanischen Inseln*

Es ist für das japanische Volk außerordentlich bedauernswert, daß unsere Nordgebiete, nämlich die Inseln Habomai, Shikotan, Kunshiri und Etorofu, die integrale Bestandteile Japans sind, nicht zurückgegeben wurden, obwohl mehr als ein Vierteljahrhundert seit dem Ende des Krieges vergangen ist. Deswegen wird beschlossen, die Regierung zu beauftragen[2], eine baldige Lösung der Frage unserer Nordgebiete anzustreben, um damit den Weg zu einem dauerhaften Frieden zwischen Japan und der Sowjetunion zu ebnen.

---

*Anmerkungen:*

[1] Ähnliche Entschließungen aus der gleichen Zeit liegen (unter Verwendung deutscher Begriffe) aus dem japanischen Bundesrat und allen Länderparlamenten vor.

[2] Ende 1980 erklärte die japanische Regierung den 7. Februar jedes Jahres zum »Tag der Nordgebiete«: An diesem Tag hatte 1855 der Vorgänger der heutigen UdSSR, das Kaiserreich Rußland, die heute umstrittenen Nordgebiete als Teil des Kaiserreiches Japan anerkannt.

---

*Quelle:*
(Japanische) Northern Territories Issue Association (Hrsg.): »Japan's Northern Territories«; Tokio 1974; S. 61.

**Erklärung**[1] **1973, 6. November**
**der EG-Außenminister zur Lage im Nahen Osten:**
*»Unzulässigkeit des Gebietserwerbs durch Gewalt«*

...

2.
Sie[2] hegen die feste Hoffnung, daß im Anschluß an die Verabschiedung der Resolution 338 vom 22. Oktober durch den Sicherheitsrat endlich Verhandlungen über die Wiederherstellung eines gerechten und dauerhaften Friedens im Nahen Osten mittels Verwirklichung aller Teile der Entschließung des Sicherheitsrats 242[3] beginnen werden ...

3.
Sie sind der Auffassung, daß eine Friedensvereinbarung insbesondere auf folgenden Punkten beruhen sollte:

I. Unzulässigkeit des Gebietserwerbs durch Gewalt,
II. Notwendigkeit, daß Israel die territoriale Besetzung beendet, die es seit dem Konflikt von 1967 aufrechterhalten hat,
III. Achtung der Souveränität, der territorialen Unversehrtheit und Unabhängigkeit eines jeden Staates in dem Gebiet sowie seines Rechts, in Frieden innerhalb sicherer und anerkannter Grenzen zu leben,
IV. Anerkenntnis, daß bei der Schaffung eines gerechten und dauerhaften Friedens die legitimen Rechte der Palästinenser berücksichtigt werden müssen.

...

*Anmerkungen:*
1 Die Erklärung wurde in Brüssel abgegeben.
2 Gemeint: Die neun Regierungen der EG.
3 Zum Text: Siehe S. 444.

*Quelle:*
Presse- und Informationsamt der Bundesregierung (Hrsg.): »Europäische politische Zusammenarbeit«; Bonn, 1978; S. 75f.

**Verlautbarung**[1] **1973, 15. Dezember**
**der Staats- und Regierungschefs der EG-Mitgliedsstaaten:**
*Die »legitimen Rechte der Palästinenser«*

...
Die Staats- und Regierungschefs bekräftigen die gemeinsame Haltung ihrer Regierungen zur Nahostfrage, wie sie der Erklärung vom 6. November 1973[2] ihren Niederschlag fand. Die jüngsten Ereignisse haben sie in ihrer Auffassung bestärkt, daß die Sicherheit aller Staaten in der Region, sei es Israels oder seiner arabischen Nachbarn, nur auf der vollen Verwirklichung der Sicherheitsratsresolution 242[3] in allen ihren Teilen, auch unter Berücksichtigung der legitimen Rechte der Palästinenser, beruhen kann.
...

*Anmerkungen:*
1 Die Verlautbarung wurde in Kopenhagen abgegeben.
2 Siehe vorhergehenden Beleg.
3 Zum Text: Siehe S. 444.

*Quelle:*
Presse- und Informationsamt der Bundesregierung (Hrsg.): »Europäische politische Zusammenarbeit«; Bonn, 1978; S. 89.

**Erklärung** **1974, 13. November**
**des Vorsitzenden des Exekutivausschusses**
**der Palästinensischen Befreiungsfront, Yasser Arafat,**
**vor der 29. Generalversammlung der Vereinten Nationen:**
*»Ich komme mit Ölzweig und Gewehr!«*

. . .
Dies ist eine sehr wichtige Gelegenheit: Das palästinensische Problem wird von den Vereinten Nationen untersucht. Wir halten diesen Vorgang für einen Fortschritt der Weltorganisation, wie für einen Sieg des Anliegens unseres Volkes. Er zeigt von neuem, daß die heutigen Vereinten Nationen anders sind als die Vereinten Nationen von gestern, so wie die heutige Welt nicht die Welt von gestern ist. Die heutigen Vereinten Nationen vertreten 138 Nationen, eine Anzahl, die den Willen der internationalen Gemeinschaft deutlicher widerspiegelt. Dadurch sind die Vereinten Nationen von heute befähigter, die in ihrer Charta [1] und der Allgemeinen Erklärung der Menschenrechte [2] festgehaltenen Prinzipien zu vertreten, sowie die Anliegen von Frieden und Gerechtigkeit zu unterstützen.
Unsere Völker beginnen jetzt, diese Veränderung zu fühlen . . .
Viele Völker, einschließlich unter anderem die von Zimbabwe, Namibia, Südafrika und Palästina, sind immer noch die Opfer von Unterdrückung und Gewalttätigkeit. Ihre Gebiete sind von bewaffneten Auseinandersetzungen beherrscht, die Imperialismus und Rassendiskriminierung als Formen der Aggression und des Terrors provoziert haben. Dies sind Beispiele von unterdrückten Völkern, die von unerträglichen Umständen zur Auseinandersetzung mit derartiger Unterdrückung gezwungen sind. Aber wo auch immer jene Auseinandersetzung geführt wird, ist sie legitim und gerecht. Es ist unbedingt erforderlich, daß die internationale Gemeinschaft diese Völker bei ihrem Kampf, bei der Durchsetzung ihrer rechtmäßigen Ansprüche, bei der Verwirklichung ihres Rechts auf Selbstbestimmung, unterstützt.
. . .
Nur durch derartige Anstrengungen kann dem Streben aller Völker eine reale Gestalt gegeben werden, einschließlich dessen von Völkern, deren Staaten solchen Bemühungen entgegenstehen . . . Würde nur einfach der Status quo erhalten, so würde die Welt zusätzlich zu wirtschaftlichen, menschlichen und Naturkatastrophen unter dauernden bewaffneten Konflikten zu leiden haben . . .
Wir leben in einer Zeit großartiger Veränderungen . . . Wir genießen den Vorzug, eine große geschichtliche Epoche miterleben zu können, die die Menschheit in einer neuen, von ihr geschaffenen Welt vorwärtsbringt. In dieser Welt werden die gerechten Anliegen den Sieg davontragen. Davon sind wir überzeugt.
Das palästinensische Problem gehört in dieses Erscheinungsbild von Emporkommen und Kampf. Palästina ist ein sehr wichtiges unter diesen Anliegen, für die viele unter Imperialismus und Aggression leidende Menschen unbeirrt kämpfen. Da ich hier heute vor der Generalversammlung stehe, darf und werde ich *(folgende Aussage)* nicht verabsäumen: Wenn mir die Gelegenheit gegeben wurde, mich an die Generalversammlung zu wenden, so muß die gleiche Gelegenheit auch allen anderen Befreiungsorganisationen gegeben werden. In ihrer Namen wie im Namen eines jeden Menschen, der für Freiheit und Selbstbestimmung eintritt, bitte ich die Generalversammlung dringend, ihren gerechten Anliegen die gleiche volle Beachtung zu gewähren, die sie zu Recht unserer Sache gewidmet hat. Ist eine solche Anerkennung erst einmal erfolgt, so gibt es danach eine sichere Grundlage für die Bewahrung des allgemeinen Friedens. Denn nur unter einem solchen Frieden kann eine neue Weltordnung andauern, unter der die Völker frei von Unterdrückung, Furcht, Terror und der Verweigerung ihrer Rechte leben können. Wie ich schon früher sagte, ist dies die wahre Perspektive für das palästinensische Problem . . .

. . .[3]
In meiner offiziellen Stellung als Vorsitzender der PLO und Führer der palästinensischen Revolution erkläre ich vor Ihnen, daß wir, wenn wir von unseren gemeinsamen Hoffnungen auf das Palästina von morgen sprechen, in unsere Perspektive alle jetzt in Palästina lebenden Juden miteinschließen, die dort mit uns in Frieden und ohne Diskriminierung leben wollen.
In meiner offiziellen Stellung als Vorsitzender der PLO und Führer der palästinensischen Revolution fordere ich die Juden auf, sich einer nach dem anderen von den trügerischen Versprechungen abzuwenden, die ihnen von zionistischer Ideologie und der israelischen Führung gemacht worden sind. Diese bieten den Juden nur ununterbrochenes Blutvergießen, endlosen Krieg und fortdauernde Sklaverei. Wir laden sie ein, aus ihrer moralischen Isolation in einen offeneren Bereich freier Entscheidung emporzusteigen, weit entfernt von den Bemühungen ihrer gegenwärtigen Regierung, ihnen einen Masadakomplex[4] einzupflanzen. Wir bieten ihnen die großzügigste Lösung an: Zusammenleben in einem System gerechten Friedens in unserem demokratischen Palästina.
In meiner offiziellen Stellung als Vorsitzender der PLO kündige ich hier an, daß wir nicht wünschen, auch nur einen einzigen weiteren Tropfen arabischen oder jüdischen Blutes zu vergießen[5] – auch wir wünschen kein weiteres Töten. Dieses würde enden, sobald ein gerechter Frieden auf den Grundlagen der Rechte, Hoffnungen und Bestrebungen unseres Volkes endgültig errichtet wäre.
In meiner offiziellen Stellung als Vorsitzender der PLO und Führer der palästinensischen Revolution rufe ich Sie *(d. h. die UN-Generalversammlung)* auf, unser Volk in seinem Kampf zur Erlangung seines Rechts auf Selbstbestimmung zu begleiten. Dieses Recht ist in der Charta der Vereinten Nationen[1] festgelegt und wurde immer wieder in Entscheidungen bekräftigt, die diese erhabene Organisation seit der Verfassung ihrer Charta angenommen hat. Weiterhin rufe ich Sie dazu auf, die Heimkehr unseres Volkes in sein Vaterland zu unterstützen, die Heimkehr aus einem unfreiwilligen, durch Waffengewalt, Gewaltherrschaft und Unterdrückung aufgezwungenem Exil, so daß wir unser Eigentum und unser Land wieder in Besitz nehmen dürfen und danach in unserem nationalen Heimatstaat leben, frei und unabhängig und im vollen Nutzen der Vorzüge eigener staatlicher Existenz. Erst dann können sich alle unsere Kräfte in den Hauptstrom menschlicher Zivilisation ergießen. Erst dann kann sich palästinensische Kreativität voll auf den Dienst am Menschen konzentrieren. Erst dann wird unser Jerusalem seine Rolle als friedliches Heiligtum für alle Religionen wieder übernehmen.
Ich rufe Sie auf, unser Volk in die Lage zu versetzen, staatliche unabhängige Souveränität in seinem eigenen Land zu errichten.
Heute bin ich mit einem Ölzweig und dem Gewehr des Freiheitskämpfers gekommen. Lassen Sie nicht zu, daß mir der Ölzweig aus der Hand fällt. Ich wiederhole: Lassen Sie mir nicht den Ölzweig aus der Hand fallen.
Krieg lodert in Palästina, und dennoch ist es in Palästina, wo der Frieden geboren werden wird.

---

[1] Zum Text: Siehe S. 16.
[2] Zum Text: Siehe S. 21 ff.
[3] Sodann schilderte Y. Arafat (auf ca. 16 Seiten Maschinenschrift-Manuskript) die Entwicklung des palästinensischen Problems aus seiner Sicht.
[4] Masada: Nach Ende des von römischen Legionen niedergeschlagenen jüdischen Aufstands in Palästina (70 n. Chr.; anschließend Verstreuung der Juden über die Welt) sammelten sich restliche Kämpfer (mit ihren Familien) im hoch liegenden Fort Masada am Rande des Toten Meeres. Als weiterer Widerstand hoffnungslos war, erfolgte keine Kapitulation; die Kämpfer töteten erst ihre Angehörigen, dann sich selbst – die letzten Lebenden stürzten sich von den Felsen selbst in den Tod (73 n. Chr.).
[5] Die Gesamtzahl der durch Terrorakte der PLO vor und nach dieser Rede direkt oder indirekt verur-

sachten Toten aller Nationen ist beträchtlich. Dazu Stellungnahme von Bundeskanzler Schmidt am 30. 4. 1981; zum Text: Siehe S. 457f.

*Quelle:*
United Nations – General Assembly – Twentyninth Session – 2282nd Meeting – 13. 11. 1974 – No. A/PV. 2282 – New York (vervielfältigte Unterlage).

**Entschließung Nr. 3236**[1] **1974, 22. November**
**der 29. Vollversammlung der Vereinten Nationen:**
*Die Rechte der Palästinenser*

Die Generalversammlung
- nach Betrachtung der Frage von Palästina,
- nach Anhörung der Stellungnahme der Palästinensischen Befreiungsorganisation, der Vertretung des palästinensischen Volkes[2],
- nach Anhörung anderer Stellungnahmen während der Debatte,
- tief besorgt, daß bis heute keine gerechte Lösung für das Problem Palästina gefunden wurde und erkennend, daß das Problem Palästina weiterhin den internationalen Frieden und die Sicherheit gefährdet,
- das Recht des palästinensischen Volkes auf Selbstbestimmung in Übereinstimmung mit der Charta der Vereinten Nationen anerkennend,
- mit dem Ausdruck tiefsten Bedauerns, daß dem palästinensischen Volk immer noch seine unveräußerlichen Rechte, vor allem das auf Selbstbestimmung, vorenthalten werden,
- geleitet von den Absichten und Prinzipien der Charta,
- hinweisend auf ihre einschlägigen Entscheidungen, die das Recht des palästinensischen Volkes auf Selbstbestimmung unterstreichen,

1. bekräftigt die unveräußerlichen Rechte des palästinensischen Volkes in Palästina, einschließlich
   a) des Rechts der Selbstbestimmung ohne Eingriffe von außen,
   b) des Rechts auf nationale Unabhängigkeit und Souveränität;
2. bekräftigt weiterhin das unveräußerliche Recht der Palästinenser, in ihre Heimstätten und zu ihrem Eigentum, von dem sie fortgejagt und vertrieben wurden, zurückzukehren und verlangt ihre Rückkehr;
3. betont, daß völliger Respekt für und Verwirklichung dieser unveräußerlichen Rechte des palästinensischen Volkes unerläßlich für die Lösung der Frage Palästina sind;
4. erkennt an, daß das palästinensische Volk ein Hauptbeteiligter bei der Errichtung eines gerechten und andauernden Friedens im Mittleren Osten ist;
5. bestätigt weiterhin das Recht des palästinensischen Volkes, seine Rechte mit allen Mitteln, die in Übereinstimmung mit den Absichten und Prinzipien der Charta der Vereinten Nationen stehen, wiederzuerlangen;
6. appelliert an alle Staaten und internationalen Organisationen, die Unterstützung des palästinensischen Volkes in seinem Kampf um Wiedererlangung seiner Rechte übereinstimmend mit der Charta zu verstärken;
7. fordert den Generalsekretär auf, Kontakt mit der Palästinensischen Befreiungsorganisation über alle Palästina betreffenden Fragen aufzunehmen;
8. fordert den Generalsekretär auf, der Generalversammlung über die Durchführung dieser Entschließung bei ihrer dreißigsten Sitzung Bericht zu erstatten;
9. beschließt, den Punkt ›Frage Palästina‹ in die vorläufige Tagesordnung der 30. Sitzung aufzunehmen.

*Anmerkungen:*
[1] Abstimmungsergebnis: 87 Ja, 8 Nein, 37 Enthaltungen; Bundesrepublik Deutschland: Nein.

[2] Durch Entschließung 3237 der 29. UN-Generalversammlung vom 22. 11. 1974 war der PLO (mit 105 : 4 : 20 Stimmen; Bundesrepublik Deutschland: Nein) der Beobachterstatus in der UN-Generalversammlung zuerkannt worden.
Vgl.: Vereinte Nationen (Hrsg.): »The International Status of the Palestinian People«; New York, 1979; S. 17.

*Quelle:*
Official Records of the United Nations.

**Entschließung Nr. 3376[1]** **1975, 10. November**
**der 30. Vollversammlung der Vereinten Nationen:**
*Die palästinensische Frage*

Die Generalversammlung
- auf ihre Entschließung 29/3236 vom 22. November 1974[2] hinweisend,
- den Bericht des Generalsekretärs über die Durchführung dieser Entschließung zur Kenntnis nehmend,
- in tiefer Betroffenheit, daß immer noch keine gerechte Lösung für das Problem Palästina gefunden wurde,
- die fortdauernde Bedrohung des internationalen Friedens und der Sicherheit durch das Problem Palästina anerkennend,

1. bekräftigt ihre Entschließung 29/3236;
2. drückt ihre tiefe Beunruhigung darüber aus, daß bis jetzt kein Fortschritt erzielt wurde zur
   a) Verwirklichung der unveräußerlichen Rechte des palästinensischen Volkes in Palästina, einschließlich des Rechts auf Selbstbestimmung ohne Einmischung von außen und des Rechts auf nationale Unabhängigkeit und Souveränität;
   b) Ausübung ihres unveräußerlichen Rechts auf Heimkehr in ihre Heimstätten und zu ihrem Eigentum, von dem sie fortgejagt und vertrieben wurden, durch die Palästinenser;
3. beschließt, einen Ausschuß zur Verwirklichung der unveräußerlichen Rechte des palästinensischen Volkes zu errichten, der aus 20 von der Generalversammlung bei der jetzigen Sitzung ernannten Mitgliedstaaten bestehen soll;
4. fordert den Ausschuß auf, ein Durchführungsprogramm zu entwerfen und der Generalversammlung vorzulegen, das das palästinensische Volk befähigen soll, seine in den Ziffern *1* und *2* der *(General-)*Versammlungsentschließung 29/3236[1] anerkannten Rechte geltend zu machen und dabei alle Befugnisse zu berücksichtigen, die den Hauptorganen der Vereinten Nationen durch die Charta zugewiesen wurden;

. . .

11. entscheidet, den Punkt »Problem Palästina« in die vorläufige Tagesordnung ihrer 31. Sitzung aufzunehmen.

*Anmerkungen:*
[1] Die Bundesrepublik Deutschland stimmte mit: Nein.
[2] Siehe vorhergehenden Beleg.

*Quelle:*
»United Nations – General Assembly – Thirtieth Session – 2399th Plenary Meeting-Agenda Item 27« (Vervielfältigte Unterlage).

**Entschließung Nr. 20**[1] **1976, 24. November**
**der 31. Vollversammlung der Vereinten Nationen:**
*Das Heimat- und Selbstbestimmungsrecht der Palästinenser*

Die Generalversammlung
- auf ihre Entschließung 30/3376[2] vom 10. November 1975 hinweisend,
- nach Erörterung des Berichts des Ausschusses zur Verwirklichung der unveräußerlichen Rechte des palästinensischen Volkes,
- in tiefer Betroffenheit, daß immer noch keine gerechte Lösung für das Problem Palästina gefunden wurde, wodurch dieses Problem weiterhin die Konfliktsituation im Mittleren Osten als Kernursache verschlimmert und den internationalen Frieden und die Sicherheit gefährdet,
- bekräftigend, daß ein gerechter und andauernder Friede im Mittleren Osten nicht erreicht werden kann ohne unter anderem eine gerechte Lösung des Problems Palästina, indem das palästinensische Volk in Übereinstimmung mit der Charta der Vereinten Nationen seine unveräußerlichen Rechte erhält, einschließlich des Rechts auf Heimkehr und des Rechts auf nationale Unabhängigkeit und Souveränität in Palästina,[3]

...

8. entscheidet, den Punkt »Problem Palästina« in die vorläufige Tagesordnung ihrer 32. Sitzung aufzunehmen.

---

*Anmerkungen:*
[1] Abstimmungsergebnis: 117 Ja, 14 Nein, 16 Enthaltungen; Bundesrepublik Deutschland: Nein.
[2] Siehe vorhergehenden Beleg.
[3] Die Formulierung dieses Absatzes wurde in den GV-Entschließungen 32/40 v. 2. 12. 1977, 33/28 v. 7. 12. 1978 und 34/65A v. 29. 11. 1979, mit ähnlichen Mehrheiten vollinhaltlich übernommen. Die Bundesrepublik Deutschland stimmte jeweils: Nein.

---

*Quelle:*
»United Nations – General Assembly – Thirtyfirst Session – 77th Plenary Meeting – Agenda Item 27« (vervielfältigte Unterlage).

**Erklärung des 8. Europäischen Rats**[1] **1977, 29. Juni**
**über den Nahen Osten:**
*Das palästinensische Heimatland*

...

2. Die Neun[2] haben in der Vergangenheit mehrfach, z. B. in ihren Erklärungen vom 6. November 1973[3], vom 28. September 1976 und vom 7. Dezember 1976, ihre Überzeugung dargelegt, daß eine Friedensregelung auf den Entschließungen 242[4] und 338 des Sicherheitsrates sowie auf folgendem beruhen sollte:
- Unzulässigkeit des Gebietserwerbs durch Gewalt,
- Notwendigkeit, daß Israel die territoriale Besetzung beendet, die es seit dem Konflikt von 1967 aufrechterhält,
- Achtung der Souveränität, der territorialen Integrität und der Unabhängigkeit eines jeden Staates in der Region sowie seines Rechts, in Frieden innerhalb sicherer und anerkannter Grenzen zu leben,
- Anerkennung, daß bei der Schaffung eines gerechten und dauerhaften Friedens die legitimen Rechte der Palästinenser berücksichtigt werden müssen.

Es bleibt ihre feste Überzeugung, daß alle diese Aspekte als ein Ganzes betrachtet werden müssen.

3. Die Neun haben ihre Überzeugung bekräftigt, daß der Konflikt im Nahen Osten nur gelöst werden kann, wenn das legitime Recht des palästinensischen Volkes auf effektiven Ausdruck seiner nationalen Identität in die Wirklichkeit umgesetzt wird, wobei der Notwendigkeit eines Heimatlandes für das palästinensische Volk Rechnung getragen wird. Sie sind der Auffassung, daß die Vertreter der Konfliktparteien, einschließlich des palästinensischen Volkes, in angemessener Weise, welche in Konsultation zwischen allen betroffenen Parteien festzulegen ist, an den Verhandlungen teilnehmen müssen. Im Rahmen einer Gesamtlösung muß Israel bereit sein, die legitimen Rechte des palästinensischen Volkes anzuerkennen, ebenso muß die arabische Seite bereit sein, das Recht Israels anzuerkennen, in Frieden innerhalb sicherer und anerkannter Grenzen zu leben. Durch gewaltsamen Gebietserwerb kann die Sicherheit der Staaten der Region nicht gewährleistet werden, sie muß vielmehr auf Friedensverpflichtungen gegründet sein, die alle betroffenen Parteien untereinander in der Absicht eingehen, wahrhaft friedliche Beziehungen herzustellen.
. . .

*Anmerkungen:*
[1] Die Erklärung wurde in London abgegeben.
[2] Gemeint: Die neun Regierungen der EG.
[3] Zum Text: Siehe S. 446.
[4] Zum Text: Siehe S. 444f.

*Quelle:*
Presse- und Informationsamt der Bundesregierung (Hrsg.): »Europäische politische Zusammenarbeit«; Bonn, 1978; S. 177f.

**Erklärung** **1977, 25. September**
**Außenminister Simonets (Belgien) für die 9 Mitgliedstaaten der EG vor der 32. UN-Generalversammlung:**
*Die Vertreter des palästinensischen Volkes*

. . .
Über die Lage im Nahen Osten sind die Neun weiterhin ernsthaft besorgt; sie sind im grundsätzlichen nach wie vor überzeugt, daß – wie sie bereits am 29. Juni 1977[1] erklärt haben – eine Regelung auf den Entschließungen 242[2] und 338 des Sicherheitsrats sowie den folgenden Grundprinzipien beruhen muß:
- Unzulässigkeit des Gebietserwerbs durch Gewalt,
- Notwendigkeit, daß Israel die territoriale Besetzung beendet, die es seit dem Konflikt von 1967 aufrechterhält,
- Achtung der Souveränität, der territorialen Integrität und der Unabhängigkeit eines jeden Staates in der Region sowie seines Rechts, in Frieden innerhalb sicherer und anerkannter Grenzen zu leben,
- Anerkennung, daß bei der Schaffung eines gerechten und dauerhaften Friedens die legitimen Rechte der Palästinenser berücksichtigt werden müssen.

Die Neun sind nach wie vor auch davon überzeugt, daß der Konflikt im Nahen Osten nur gelöst werden kann, wenn das legitime Recht des palästinensischen Volkes auf effektiven Ausdruck seiner nationalen Identität in die Wirklichkeit umgesetzt wird, wobei der Notwendigkeit eines Heimatlands für das palästinensische Volk Rechnung getragen wird.
Die Neun wiederholen ihre feste Überzeugung, daß alle diese Aspekte ein Ganzes darstellen.
Sie sind der Auffassung, daß die Vertreter der Konfliktparteien, einschließlich des palästinensischen Volkes, in angemessener Weise, welche in Konsultation zwischen allen betroffenen Parteien festzulegen ist, an den Verhandlungen teilnehmen müssen. Im Rahmen einer

Gesamtlösung muß Israel bereit sein, die legitimen Rechte des palästinensischen Volkes anzuerkennen, ebenso muß die arabische Seite bereit sein, das Recht Israels anzuerkennen, in Frieden innerhalb sicherer und anerkannter Grenzen zu leben.
...

*Anmerkungen:*
1 Siehe vorhergehenden Beleg.
2 Zum Text: Siehe S. 444f.

*Quelle:*
Presse- und Informationsamt der Bundesregierung (Hrsg.): »Europäische politische Zusammenarbeit«; Bonn, 1978; S. 188f.

**Erklärung** **1979, 26. März**
**der (west-)europäischen Neun zum Friedensvertrag zwischen Israel und Ägypten:**
*»Das Recht des palästinensischen Volkes auf ein Heimatland«*

Die neun Mitgliedstaaten der Gemeinschaft ... erinnern ... daran, wie sie es in ihrer Erklärung vom 29. Juni 1977[1] gesagt hatten, daß ein gerechter und dauerhafter Friede im Nahen Osten nur im Rahmen einer umfassenden Lösung hergestellt werden kann. Eine solche Lösung muß auf den Sicherheitsrats-Entschließungen 242[2] und 338 beruhen und das Recht des palästinensischen Volkes auf ein Heimatland in die Wirklichkeit umsetzen.
Sie nehmen in diesem Zusammenhang den von den Unterzeichnern des Vertrags bekundeten Willen zur Kenntnis, diesen Vertrag[3] nicht als Separatfrieden anzusehen, sondern als ersten Schritt in Richtung auf eine umfassende Lösung mit dem Zeil, 30 Jahren Feindschaft und Mißtrauen ein Ende zu setzen.
Ihr Wunsch ist, daß dieser Wille, dem sie besondere Bedeutung beimessen, sich bald in einem umfassenden Abkommen konkretisiert, an dem alle betroffenen Parteien, einschließlich der Vertreter des palästinensischen Volkes, teilnehmen sollten und das die internationale Gemeinschaft gutheißen könnte.
Die Neun geben der Hoffnung Ausdruck, daß alle betroffenen Parteien sich jeder Erklärung oder Handlungsweise enthalten, die dem Bemühen um Frieden zuwiderläuft, wie z. B. die israelische Siedlungspolitik in den besetzten Gebieten.

*Anmerkungen:*
1 Zum Text: Siehe S. 451f.
2 Zum Text: Siehe S. 444f.
3 Gemeint ist der Friedensvertrag zwischen Israel und Ägypten vom 26. 3. 1979.

*Quelle:*
Kommission der EG (Hrsg.): »Bulletin der Europäischen Gemeinschaften«; Brüssel; Jg. 12, Nr. 3 (März 1979); S. 97.

**Erklärung**[1] **1980, 13. Juni**
**des Europäischen Rates über den Nahen Osten:**
*»Das Selbstbestimmungsrecht des palästinensischen Volkes«*

2
...
4.
Ausgehend von diesen Grundlagen ist der Augenblick gekommen, die Anerkennung und Verwirklichung der beiden von der Völkergemeinschaft weltweit bejahten Prinzipien zu

fördern: des Existenzrechts und des Rechts auf Sicherheit aller Staaten der Region einschließlich Israels sowie der Gerechtigkeit für alle Völker, was die Anerkennung der legitimen Rechte des palästinensischen Volkes beinhaltet.

5.[3]
Alle Länder der Region haben das Recht, innerhalb sicherer, anerkannter und garantierter Grenzen in Frieden zu leben.
Die Garantien für die Friedensregelung sollten auf Beschluß des Sicherheitsrats durch die Vereinten Nationen und gegebenenfalls auf der Grundlage anderer gegenseitig vereinbarter Verfahren gegeben werden. Die Neun erklären sich bereit, sich im Rahmen einer umfassenden Regelung an einem System konkreter und bindender internationaler Garantien, einschließlich solcher an Ort und Stelle, zu beteiligen.

6.[3]
Das Palästinenserproblem, bei dem es sich nicht lediglich um ein Flüchtlingsproblem handelt, muß endlich eine gerechte Lösung finden. Das palästinensische Volk, das sich bewußt ist, als solches zu existieren, muß in die Lage versetzt werden, durch einen geeigneten und im Rahmen der umfassenden Friedensregelung definierten Prozeß sein Selbstbestimmungsrecht[4] voll auszuüben.

7.
Voraussetzung für die Verwirklichung dieser Ziele sind Zustimmung und Mitwirkung aller beteiligten Parteien hinsichtlich der Friedensregelung, die die Neun auf der Grundlage der in den oben erwähnten Erklärungen definierten Prinzipien sich zu fördern bemühen. Diese Prinzipien gelten für alle betroffenen Parteien, so auch für das palästinensische Volk und für die PLO, die an der Verhandlung beteiligt werden muß.
. . .

---

*Anmerkungen:*

[1] Die Erklärung wurde in Venedig abgegeben.

[2] Die Neun stellen hier fest, daß die gegenwärtige Lage dieses Gebietes durch wachsende Spannungen gekennzeichnet sei, Europa die Pflicht habe, eine besondere Rolle bei den friedlichen Lösungsbemühungen zu spielen, und beziehen sich dann auf UN-SR-Entschließung 242 (siehe S. 444f.) sowie ihre eigenen Erklärungen vom z. B. 29. 6. 1977 und 26. 3. 1979 (siehe S. 451f., 453).

[3] Bundesaußenminister Genscher sagte dem Außenminister Israels, Yitzhak Shamir anläßlich dessen Besuchs in Bonn am 17. 11. 1980 u. a.:
»Das Ziel aller Bemühungen muß es sein, einen umfassenden, dauerhaften und gerechten Frieden für den Nahen Osten herbeizuführen. Er kann nur durch Verhandlungen erreicht werden. In Venedig haben wir, zusammen mit unseren Partnern in der Europäischen Gemeinschaft, einen Beitrag zu dieser für uns alle so wichtigen Diskussion um Lösungsmöglichkeiten geleistet.
Wir haben zwei Elemente einer solchen Lösung besonders hervorgehoben: Die Verwirklichung des Rechtes eines jeden Staates in der Region, einschließlich Israels, innerhalb sicherer und anerkannter Grenzen frei von Drohungen und Akten der Gewalt in Frieden zu leben und die Verwirklichung der legitimen Rechte des palästinensischen Volkes, einschließlich seines Selbstbestimmungsrechts.
Voraussetzung für die Verwirklichung dieser Ziele sind Zustimmung und Mitwirkung aller beteiligten Parteien bei einer Friedensregelung. Denn nur auf d e n Frieden ist Verlaß, der freiwillig und in der Einsicht in alle Rechte und Verantwortungen eingegangen wird.«
Vgl. »Bulletin des Presse- und Informationsamtes der Bundesregierung«; Bonn; Nr. 123 v. 22. 11. 1980; S. 122f., (Hervorhebungen im Original).

[4] Dazu berichtete die »Frankfurter Allgemeine Zeitung« unter dem Titel »Zweifel an der Bonner Nahost-Politik« am 26. 6. 1980 unwidersprochen u. a.:
»Die Bundesregierung benutzt den Begriff der Selbstbestimmung für die Palästinenser. In der SPD-Fraktion halten dagegen Frau Renger, der Abgeordnete Holtz und die Fraktionsmehrheit an drei Voraussetzungen des Selbstbestimmungsrechtes fest, die bei den Palästinensern nicht vorhanden seien: Es müsse sich bei Israel um ein Unrechtsregime handeln, das ständig die Menschenrechte verletze; alle

anderen Mittel zur Veränderung der Unrechtslage müßten bereits ausgeschöpft sein; die Anwendung von Gewalt dürfe nicht zu schädlicheren Wirkungen führen als der zu bekämpfende Zustand. Der FDP-Politiker Hirsch wendet sich gegen die formelhafte Übertragung des Begriffes der Selbstbestimmung von der deutschen auf die nahöstliche Situation. Die Palästinenser hätten nie in einer staatlichen oder nationalen Einheit gelebt und könnten also keine Selbstbestimmung im Sinne einer Wiederherstellung staatlicher Einheit geltend machen; überdies werde die Selbstbestimmung im Falle der Palästinenser unter dem Einfluß der PLO kaum auf die Verwirklichung eines freiheitlichen demokratischen Rechtsstaates hinausluafen. Der CDU-Politiker Marx empfindet gegenüber der Anwendung des Selbstbestimmungsrechtes durch die Palästinenser Zweifel: Es sei fraglich, ob sich auch die Kinder der Palästina-Flüchtlinge darauf berufen könnten, und es sei ungeklärt, welche Rolle die Palästinenser-Organisation PLO bei einer Abstimmung einnehmen könne. Überdies müsse die Selbstbestimmung der Palästinenser mit dem Selbstbestimmungsrecht der Israelis in Einklang gebracht werden.
Für Schmidt und Genscher ist aus dem Abwägen außenpolitischer Opportunitäten trotz des in Deutschland positiv wirkenden Begriffes der Selbstbestimmung, auch in der Anwendung auf den Nahen Osten, ein parteipolitischer Balancegang geworden.«

*Quelle:*
»Bulletin des Presse- und Informationsamtes der Bundesregierung«; Bonn; Nr. 71 v. 17. 6. 1980; S. 599.

**Entschließung Nr. 2**[1] **1980, 29. Juli**
**der 7. Sondervollversammlung der Vereinten Nationen:**
*Die palästinensische Frage*

Die Generalversammlung
- nach Erörterung der palästinensischen Frage in einer Sondersitzung;
- überzeugt davon, daß das Scheitern der Bemühungen, diese Frage zu lösen, eine gefährliche Bedrohung des internationalen Friedens und der Sicherheit darstellt;

. . .[2]
- nach Anhörung der Stellungnahme des Vertreters der Palästinensischen Befreiungsfront, des Vertreters des palästinensischen Volkes[3];

1. ruft ihre Entschließungen 29/3236 und 29/3237 vom 22. 11. 1974[4] sowie alle anderen für die palästinensische Frage einschlägigen Entschließungen der UN in Erinnerung und bekräftigt sie;
2.[5] bekräftigt insbesondere, daß es gemäß der Charta und der einschlägigen Entschließungen der UN ohne den Rückzug Israels aus allen besetzten palästinensischen und anderen arabischen Gebieten einschließlich Jerusalems und ohne die Erzielung einer gerechten Lösung des palästinensischen Problems auf der Grundlage der Verwirklichung der unveräußerlichen Rechte des palästinensischen Volkes in Palästina keinen allgemeinen, gerechten und dauerhaften Frieden im Mittleren Osten geben kann;
3.[5] bekräftigt das unveräußerliche Recht der Palästinenser, in ihre Heimstätten und in ihr Eigentum in Palästina, aus denen sie vertrieben und entwurzelt wurden, zurückzukehren und fordert diese Rückkehr;
4.[5] bekräftigt ferner die unveräußerlichen Rechte des palästinensischen Volkes in Palästina, die beinhalten
   a) das Recht auf Selbstbestimmung ohne Einmischung von außen sowie auf nationale Unabhängigkeit und Souveränität;
   b) das Recht auf Errichtung eines eigenen, unabhängigen, souveränen Staates;
5. bekräftigt das Recht der Palästinensischen Befreiungsfront, des Vertreters des palästinensischen Volkes[3], auf gleichberechtigter Basis an allen Bemühungen, Beratungen und Konferenzen über die palästinensische Frage und die Lage im Mittleren Osten innerhalb der UN teilzunehmen;

6. bekräftigt das grundlegende Prinzip, daß Gebiete durch Gewaltanwendung nicht rechtsgültig erworben werden können;
7.[5] fordert Israel auf, vollständig und bedingungslos aus allen seit Juni 1967 besetzten palästinensischen und anderen arabischen Gebieten einschließlich Jerusalems abzuziehen, dabei alles Eigentum und die öffentliche Infrastruktur nicht anzutasten, und drängt darauf, daß dieser Rückzug aus allen besetzten Gebieten vor dem 15. November 1980 beginnt;

...

10. drückt ihre Opposition gegen alle Überlegungen und Pläne aus, die darauf abzielen, die Palästinenser außerhalb ihres Heimatlandes anzusiedeln;

...

---

*Anmerkungen:*

1 Abstimmungsergebnis 112 Ja, 7 Nein, 24 Enthaltungen; Bundesrepublik Deutschland: Enthaltung.
2 An dieser Stelle u. a. Bezugnahmen auf die UN-GV-Entschließungen 31/20 vom 24. 11. 1976 (zum Text: Siehe S. 451), 32/40 vom 2. 12. 1977, 33/28 vom 7. 12. 1978 und 34/65 vom 29. 11. 1979 (insgesamt vergleichbarer Inhalt).
3 Mit diesem Begriff wird das PLO-Vertretungsmandat in allen GV-Entschließungen seit 32/40 vom 2. 12. 1977 definiert.
4 Siehe S. 455f.
5 Die »Frankfurter Allgemeine Zeitung« vom 12. 8. 1980 veröffentlichte einen Leserbrief, in dem die Ziffern 2, 3, 4 und 7 der Entschließung so wiedergegeben wurden, daß es jeweils statt »Israel» »Sowjetunion«, statt »Palästina« »Deutschland« und statt »Jerusalem« »Berlin« hieß.
Die Überschrift lautete: »Wieviele Staaten stimmten für diese Resolution?«

---

*Quelle:*
»United Nations – General Assembly – Seventh emergency special session – Agenda Item 5« (vervielfältigte Unterlage).

## Bekanntmachung der Postverwaltung der Vereinten Nationen: *»Die unveräußerlichen Rechte des palästinensischen Volkes«*

**1981, 30. Januar**

Am 30. Januar 1981 gibt die Postverwaltung der Vereinten Nationen gemäß der Resolution der Generalversammlung drei Marken zum Thema ›die unveräußerlichen Rechte des palästinensischen Volkes‹ heraus.

Seit 1947 wurden verschiedene Gesichtspunkte der Palästinafrage vor die Generalversammlung gebracht, die 1974[1] die Rechte des palästinensischen Volkes bestätigte, einschließlich

a) das Recht der Selbstbestimmung ohne Eingriffe von außen;
b) das Recht für[2] nationale Unabhängigkeit und Souveränität und
c) die unveräußerlichen Rechte des palästinensischen Volkes in ihre Heimat und Besitztümer zurückzukehren, aus denen es vertrieben und entwurzelt wurde.

Ein vom Exekutivkomitee für die unveräußerlichen Rechte des palästinensischen Volkes aufgestelltes Programm, welches dem palästinensischen Volk ermöglichen soll, diese Rechte anzuwenden[3], wurde wiederholt von der Generalversammlung gutgeheißen.

Ausgabedatum: 30. Januar 1981

| | | | |
|---|---|---|---|
| Werte: | S.Fr. 0,80 | $ 0,15 | öS 4,– |
| Farben: | gelb, schwarz, rot, lila | grün, schwarz, gelb, rosa | grau, rot, gelb, lila |
| Auflage: | 1900000 | 1900000 | 2100000 |

*(Es folgen Angaben zu Format, Zähnung, Entwurf, Druck, Druckerei und Ersttagsumschlag dieser Briefmarkenausgabe, welche die Inschrift* »unveränderliche Rechte des palä-

stinensischen Volkes« *in französischer bzw. englischer bzw. deutscher Sprache tragen wird.)*

---

*Anmerkungen:*
[1] Zum Text: Siehe S. 449f.
[2] Vermutlich gemeint: auf.
[3] Zum Beschluß: Siehe S. 450.

---

*Quelle:*
Werbeblatt der »Postverwaltung der Vereinten Nationen«; Postfach 900; A-1400 Wien – Vereinte Nationen.

**Erklärung** **1981, 30. April**
**Bundeskanzler Schmidts:**
*Das Selbstbestimmungsrecht der Palästinenser*

Schmidt: ... Ich will noch einmal sagen, man kann nicht im Palästinenserkonflikt der einen Seite alle Moral zuerkennen und *(auf/vor)* der anderen Seite die Achseln zucken. Das geht nicht. Das geht insbesondere nicht, wenn man Deutscher ist, in einer geteilten Nation lebt und den moralischen Anspruch auf Selbstbestimmungsrecht des deutschen Volkes erhebt. Dann muß man auch den moralischen Anspruch auf Selbstbestimmungsrecht des palästinensischen Volkes anerkennen ...
Frage: Hätten wir ihn nicht verwirkt, den Anspruch, wenn wir ihn mit Bomben und Terror versuchten durchzusetzen?
Schmidt: Augenblick, Augenblick. Die sind nicht die einzigen, die Bomben werfen. Ich finde das schlimm, diesen Terrorismus, aber sie sind nicht die einzigen. Lassen Sie mich in bezug auf die PLO eins sagen: Wenn wir im Westen die PLO grundsätzlich als Terroristen betrachten und nicht lernen zu unterscheiden zwischen den verschiedenen Fraktionen innerhalb der PLO, PLO ist ja nichts weiter als eine Dachorganisation für die verschiedensten Organisationen, wenn wir das weiter so machen, dann ist das die sicherste Methode, die PLO in die Arme Moskaus zu treiben. Dies ist keine Vernunft. Ganz abgesehen davon, daß es für mich auch eine moralische Frage ist, ob wir gegenüber Vertriebenen und Flüchtlingen von der Westbank und von der Ostbank, wie man heutzutage sagt, also vom Westufer des Jordans und vom östlichen Ufer des Jordans, uns auf den Standpunkt stellen, das ginge uns weniger an.
Für mich ist das eine Tragödie griechischen Ausmaßes, daß nun endlich nach zweitausend Jahren die Juden ihren eigenen Staat wieder haben begründen können und daß es nicht möglich sein soll, ihn im Einvernehmen mit den Nachbarvölkern zu konsolidieren, zu sichern. Die Israeli müssen anerkennen eines Tages, daß die Palästinenser das Recht haben, über ihr eigenes Schicksal zu befinden, wer sie vertreten soll. Das kann niemand anders bestimmen als die Palästinenser selber. Und wenn sie einen eigenen Staat bilden sollten oder wollten, jedenfalls werden sie das zu entscheiden haben. Sie müssen das Recht haben zur staatlichen Selbstorganisation.
Und die Palästinenser müssen eines Tages anerkennen, daß die Israeli wie jedes andere Volk der Welt auch das Recht haben, in anerkannten, sicheren Grenzen zu leben als Staat. Und wenn sie nur beide aufeinander zugingen im Bewußtsein, daß sie beide noch eine Anerkennung vor sich haben gegenüber dem anderen, dann wäre manches gewonnen. Aber sie tun sich ja nicht einmal als Gesprächspartner gegenseitig bisher akzeptieren.
Für mich ist das eine Tragödie, denn ich möchte den Juden von Herzen wünschen, daß diese Staatsgründung Bestand hat und daß sie nicht gefährdet wird durch eine Politik, die nicht weit genug schaut.

*Quelle:*
»Bulletin des Presse- und Informationsamtes der Bundesregierung«; Bonn, Nr. 40 v. 6. 5. 1981; S. 346f.

**Erklärungen** **1982, 19./20. August**
**im Sonderausschuß der UN-Generalversammlung**
**über die Durchsetzung der Deklaration,**
**kolonialen Gebieten und Völkern Selbständigkeit zu gewähren[1]:**
*Diskussion zur Falkland- (bzw. Malwinen-)frage*

*In einer Geschäftsordnungsdebatte versuchten zunächst v. a. die Delegierten der UdSSR, der ČSSR und Afghanistans, das Auftreten der Repräsentanten der Falkländer, Mr. Cheek und Mr. Blake, zu verhindern. Der Ausschußvorsitzende, Mr. Abdulah (Trinidad und Tobago) bezeichnete sie als* »Vertreter der Bevölkerung des Gebietes, über das wir beraten«, *wies auf einen Präzedenzfall hin, die gegenteiligen Auffassungen zurück und erteilte dem ersten Vertreter das Wort:*

Mr. Cheek:
... Wir kommen als Vertreter der Ratsmitglieder der Falkland Inseln und wir sind beide[2] gewählte Mitglieder der Gesetzgebenden Versammlung ...
Wir wissen, daß dieser *(UN-)* Ausschuß stolze Erfolge bei seinem Eintreten für das Selbstbestimmungsrecht der Völker auf der ganzen Welt zu verzeichnen hat. Eine Reihe der Länder, die heute hier vertreten sind, haben ihre Unabhängigkeit in den letzten Jahren durch Inanspruchnahme dieses Rechtes erlangt. Viele Staaten haben sich unter der Schirmherrschaft unterschiedlicher Verwaltungsmächte Schritt für Schritt durch verschiedene Stadien von verfassungsmäßiger Ordnung zu einem unabhängigen Zustand hin entwickelt. Es gibt jedoch immer noch eine Anzahl von Gebieten, die aus eigener freier Entscheidung bestimmten, abhängige Territorien zu bleiben. Wir auf den Falklandinseln sind weder ein zahlenmäßig großes, noch wirtschaftlich mächtiges Volk, aber wir neigen zu der Meinung, eine freie demokratische Gesellschaft errichtet zu haben. Unsere Wurzeln reichen bis in das frühe neunzehnte Jahrhundert zurück. So kam mein Urgroßvater in den 1850er Jahren auf den Inseln an, und die Familie meiner Frau geht sogar bis auf 1841 zurück. Wir führten ein friedliches und eher genügsames Dasein, bis auf die letzten Monate ... Wir bedrohen niemanden. Wir bitten nur um die Möglichkeit, unser Leben in Ruhe und so, wie wir es wollen, zu führen ...
Im April dieses Jahres wurden wir aus heiterem Himmel von einer schwer bewaffneten Armee von fast 10000 Mann überfallen. Man erzählte uns, wir seien Überreste der Kolonialzeit, wir hätten kein Recht, über unsere eigene Zukunft zu bestimmen, und wir sollten uns damit abfinden, daß jetzt alle Entscheidungen über unser Leben vom argentinischen Militärkommandanten gefällt würden. Diese Vorstellung schien uns damals, genau wie heute noch, absurd und beleidigend. Der einzige Kolonialismus, dessen wir uns bewußt sind, ist der, den die Argentinier uns aufzwingen wollen – uns mit Gewalt zu unterjochen, uns unsere Handlungsweisen vorzuschreiben, ihre Kultur zu übernehmen, ihre Sprache und ihre nationalen Traditionen ...
Unsere Traditionen und unsere Kultur sind nicht argentinisch; es sind unsere eigenen, die sich aus britischen entwickelt haben. Wir Inselbewohner sind größtenteils britischer Herkunft, auch wenn wir Vertreter anderer Nationen in unserer Mitte aufgenommen und willkommen geheißen haben. Wir glauben an Toleranz, Gerechtigkeit und Demokratie. Alles, was wir von Argentinien wissen, deutet auf das Gegenteil hin. Wir haben ganz gewiß das Recht, zu sagen, wie wir leben wollen. Die Briten bieten uns den Schutz, der uns unseren ei-

genen Traum verwirklichen läßt. Für uns bedeuten sie keine Kolonialmacht, keine imperialistische Macht: Sie sind unsere Freunde, und wir sind ihnen mehr als dankbar dafür, daß sie unsere Rechte schützen, auch wie in den vergangenen Monaten, unter großen eigenen Opfern. Wir sind sicher, daß Großbritannien uns auf dem Weg zur Unabhängigkeit weiterhelfen wird, wenn wir ihn beschreiten wollen. Könnten wir das auch von Argentinien sagen, wenn wir eine Kolonie dieses Landes werden sollten – denn genau das würden wir sein? Wir glauben es nicht. Wir hoffen, daß dieser *(UN-)* Ausschuß sein ganzes Gewicht für unseren Wunsch geltend macht, unsere eigenen Entscheidungen über die Zukunft zu treffen. Früher konnten wir unsere Institutionen und unsere Lebensweise selbst entwickeln. Anscheinend können wir nur in Verbindung mit dem Vereinigten Königreich auf diesem Wege fortfahren. Deshalb appellieren wir an die Mitglieder dieses Ausschusses, ihren Einfluß gegen jene geltend zu machen, die gerne mit irgendeiner fehlgeleiteten Begründung behaupten, wir hätten kein Recht, über unser Leben selbst zu bestimmen. Wir auf den Falklandinseln glauben leidenschaftlich an das Ideal der Vereinten Nationen vom Selbstbestimmungsrecht. Wir erwarten von Ihnen allen, uns in dieser Überzeugung zu unterstützen . . .

Mr. Whyte, *(Vereinigtes Königreich von Großbritannien und Nordirland):*
. . . Meine Regierung hat in diesem Jahr bei zahlreichen Gelegenheiten ihre Überzeugung ausgedrückt, daß das Prinzip der Selbstbestimmung in diesem Falle nicht als ›irrelevant‹ oder ›unanwendbar‹ angesehen werden kann. Die Falkländer sind ein Volk. Sie sind eine dauernde Bevölkerung, deren Ursprünge auf den Inseln bis zum Anfang des 19. Jahrhunderts zurückreichen . . . Sie haben keine andere Heimat als die Falklandinseln, und sie haben andauernd, letztmalig im Oktober 1981, ihre Wünsche bezüglich ihres politischen Status in freien und fairen Wahlen ausgedrückt . . .
Argentinien hat die Inseln niemals effektiv kontrolliert. Ungefähr drei Jahre lang gab es im 18. Jahrhundert eine französische Siedlung auf den Falklands. Spanien hat die Inseln im 18. und 19. Jahrhundert rund 41 Jahre verwaltet. Die Regierung von Buenos Aires unterhielt um 1820 sechs Jahre lang – in ihren Worten – eine ›Kolonie‹. In keinem dieser Zeiträume entstand eine ansässige Gemeinschaft mit eigener Identität und Lebensanschauung. Erst die nach 1830 auf den Falkland Inseln eintreffende Bevölkerung hat über Generationen hinweg die Inseln besiedelt und eine lebensfähige, ländliche Wirtschaft unterhalten. Diese Inselbewohner, diese Einwohner müssen die erste Priorität für einen *(UN-)* Ausschuß haben, der sich mit Selbstbestimmung befaßt, und die Rechte dieser Menschen haben für meine Regierung die oberste Rangstufe. Ich zitiere den ersten Teil von Artikel 73 der *(UN-)* Charta:
»Mitglieder der UN, die die Verantwortung für die Verwaltung von Gebieten haben oder übernehmen, deren Völker volle Selbstregierung noch nicht erreicht haben, anerkennen das Prinzip, daß die Interessen der Einwohner dieser Gebiete Vorrang haben.«
Wie kann Argentinien behaupten, sich ernsthaft um die Interessen der Falkland-Einwohner zu kümmern . . .? Wir müssen meinen, daß die Interessen der Einwohner des Gebietes für die Regierung Argentiniens weit weniger wichtig sind, als ihre eigenen nationalistischen Wunschvorstellungen, die nicht auf gültigen Ansprüchen, sondern auf einer alten Mythologie aufgebaut sind. Welche Art von Welt würde dies sein, wenn jede Nation mit einem geschichtlichen Problem Ereignisse, die vor 150 Jahren stattfanden, mit Waffengewalt revidieren wollte? Keine internationale Grenze würde bestehen bleiben.
Meine Regierung schreibt die Geschichte nicht neu . . .

Mr. Sorensen Mosquera *(Venezuela):*
. . . Die koloniale Besatzungsmacht *(der Falklandinseln; d. h. Großbritannien)* hat behauptet, daß es für die Bewohner der Inseln, die britische Untertanen sind, notwendig sei, in Übereinstimmung mit dem Prinzip der Selbstbestimmung ihre Wünsche über die Zukunft

der Inseln zu äußern. Die Generalversammlung hat die Unterscheidung zwischen Kolonien und besetzten Gebieten eingeführt. Bei typischen Kolonien wird das Prinzip der Selbstbestimmung angewendet, bei besetzten Gebieten, so wie im Fall der Malwinen, wendet man das Prinzip der territorialen Unversehrtheit an. Das heißt, besetzte Territorien können nur durch Rückgabe an den Staat, von dem sie ursprünglich getrennt wurden, entkolonialisiert werden. Diese Unterscheidung wurde in Ziffer 6 der historischen Entschließung 15/1514[1], welche die Erhaltung territorialer Unversehrtheit zum Ziele hat, folgendermaßen klar festgelegt: *(folgt Zitat)*
Das Vereinigte Königreich selbst erkennt die Tatsache an, daß Selbstbestimmung eindeutig zu den Grundsätzen der Charta der Organisation gehört. Die koloniale Besatzungsmacht behauptet gleichzeitig, daß sie die Souveränität über die Malwinen besitzt, da sie diese seit 1833 verwaltet. Die Tatsachen, wie sie wirklich stattfanden, wurden eindeutig festgestellt. Die koloniale Besatzungsmacht entriß Argentinien die Malwinen und vertrieb 1833 sowohl die Bevölkerung als auch die argentinischen Zivil- und Militärbehörden, obwohl sie in diesem Gebiet nur Rechte ausübten, die ihnen rechtmäßig zustanden, seit sie ein unabhängiger Staat waren . . .

Mr. Muniz *(Argentinien):*
. . . Die 149 Jahre, die seit der Aggression Britanniens vergingen, ließen weder für die Rechte des Vereinigten Königreiches Gültigkeit entstehen, noch verleihen sie seiner Anwesenheit auf dieser Inselgruppe Legitimität . . .
Als allgemeine Regel wird das Recht auf Selbstbestimmung auf die Mehrzahl der Entkolonialisierungsfälle angewendet; so versteht Argentinien die Sachlage und wir unterstützen diese Ansicht. Unleugbar ist auch, daß ein illegitimer Gewaltakt von England im Jahre 1833, sofort gefolgt von der Vertreibung der argentinischen Bevölkerung des Gebietes und deren Ersatz durch eine Gruppe Staatsangehöriger der Besatzungsmacht, Englands Anspruch, seine Anwesenheit auf den Inseln durch dieses Recht zu rechtfertigen, für immer zerstörte. Denn das Recht auf Selbstbestimmung, dessen Rechtsstatus heute von der internationalen Gemeinschaft aufgrund der Arbeit der Vereinten Nationen allgemein anerkannt ist, und das sich trotz der Opposition der Kolonialmächte entwickelte, die diese grundlegende Prämisse nicht anerkennen wollten, ist die eine Sache; die Frage, wer die Ausübung des Rechtes auf Selbstbestimmung legitim in Anspruch nehmen kann, ist eine ganz andere Sache.
Im Verlauf der Debatten der Vereinten Nationen wurde sehr klar, daß es unmöglich ist, das Recht auf Selbstbestimmung der Völker hier anzuwenden, denn bei den Malwinen gibt es ganz einfach kein Volk, das Selbstbestimmung ausüben könnte.
In dieser Hinsicht ist daran zu erinnern, daß im Verlauf der Entkolonialisierungsbestrebungen der Vereinten Nationen die allgemeinen Merkmale von Völkern – und ich unterstreiche das Wort ›Völker‹ – auf die das Recht der Selbstbestimmung angewendet wird, entstanden sind. Diese Merkmale werden folgendermaßen zusammengefaßt:
Erstens, der Begriff ›Volk‹ bezeichnet eine gesellschaftliche Einheit, die eine deutliche Identität besitzt und ihre eigenen Charakteristika aufweist.
Zweitens, der Begriff beinhaltet eine Beziehung zu seinem Gebiet, auch wenn das fragliche Volk ungerechtfertigterweise daraus vertrieben und künstlich durch eine andere Bevölkerung ersetzt wurde.
Drittens, ein Volk darf nicht mit einer völkischen, religiösen oder sprachlichen Minderheit verwechselt werden, deren Existenz und Rechte im Artikel 27 der Internationalen Konvention der bürgerlichen und politischen Rechte[3] anerkannt wurde.
Aus diesen Merkmalen geht ganz klar hervor, daß eine ›Bevölkerung‹ kein ›Volk‹ ist. Die Resolutionen über die Malwinen sprechen stets von der ›Bevölkerung‹ dieser Inseln.
Ziffer 6 der UN-GV-Resolution 15/1514[1] schließt vom Konzept der Selbstbestimmung aus ›jeden Versuch zur teilweisen oder völligen Zerstörung der nationalen und territorialen

Einheit eines Landes. *(Dieses)* ist unvereinbar mit den in der UN-Satzung zum Ausdruck gebrachten Grundsätzen und Zielen‹.

Genau das versucht das Vereinigte Königreich im Fall der Malwinen zu tun und sich dabei hinter der tendenziösen und falschen Behauptung zu verstecken, die Wünsche seiner Siedler zu respektieren.

...

Daher glauben wir, daß das *(Selbstbestimmungs-)* Recht in jenen Fällen nicht sinnvoll angewendet wird, in denen

a) ein Teil des Gebietes eines unabhängigen Staates gegen den Willen seiner Bewohner durch Gewaltakt eines dritten Staates abgetrennt wurde – was bei den Malwinen zutrifft – und

b) in denen kein späteres internationales Abkommen die de-facto-Lage bestätigt, sondern ganz im Gegenteil der Staat, dessen Interessen beeinträchtigt wurden, gegen diese Lage stets protestierte.

Diese Überlegungen werden noch bedeutungsvoller, wenn die Bevölkerung als Ergebnis des Gewaltaktes vertrieben und durch verschiedene Gruppen von Staatsangehörigen der Besatzungsmacht ersetzt wurde.

Darüber hinaus würde die ungeprüfte Anwendung des Prinzips der Selbstbestimmung auch auf von Staatsangehörigen der Kolonialmacht dünn besiedelte Gebiete deren Schicksal in die Hände der gleichen Kolonialmacht legen, die sich unter Verletzung der fundamentalen Normen des internationalen Rechts und der Moral dort durch Gewalt eingenistet hat. Das würde dann schließlich zum absurden Fall der Selbstbestimmung für Kolonialmächte führen und ihnen die Handhabe bieten, ihre unrechtmäßige Anwesenheit in einem ihnen nicht gehörenden Gebiet zu legitimieren.

Das fundamentale Recht auf Selbstbestimmung darf, wie Argentinien wiederholt betonte, nicht dazu verwendet werden, um unrechtmäßigen Besitz unter irgendeiner Abdeckung durch die UN in volle Souveränität umzugestalten.

Die UN hat den angemessenen Weg zur Anwendung des *(Selbstbestimmungs-)* Rechtes sachverständig vorgezeichnet und den gegebenenfalls vorhandenen Vorrang des Rechtes auf territoriale Integrität über unzulässige Selbstbestimmung anerkannt.

...

Mr. Blanco *(Uruguay):*

...

Die britische Besetzung der *(Falkland-)* Inseln stellt keinen zulässigen Weg dar, die Souveränität über dieses Gebiet zu erlangen.

Besetzung mit dem Ziel, Souveränität zu erwerben, unterscheidet sich von bloßer Niederlassung oder Einrichtung. Um den gewünschten rechtlichen Effekt des Gebietserwerbs zu erzielen, muß das Gebiet als res nullius oder res derelictae anzusehen sein.

Im Falle der Inseln ist weder die eine noch die andere Lage gegeben. Es ist offensichtlich, daß es sich weder um ein Gebiet ohne Souveränität – res nullius – noch um ein verlassenes Gebiet – res derelictae – handelte. Dereliktion oder Aufgeben verlangt einen materiellen Vorgang physischen Charakters, wie etwa freiwilliges Aufgeben. Der vorliegende Hintergrund zeigt, daß es zu keiner Zeit einen argentinischen Aufgebenswunsch gab, sondern annähernd das Gegenteil.

...

Mit den im Zeitpunkt der Besetzung *(d. h. 1833)* verfügbaren diplomatischen, rechtlichen und körperlichen Mitteln wurde unverzüglich gefordert, die Besetzung der Inseln aufzugeben. Diese Forderung wurde in angemessenen Abständen bis heute wiederholt.

...

Die Besiedlungsvorgänge nach 1833 stehen im Gegensatz zu den eben erwähnten Prinzipien

der *(rechtmäßigen)* Gebietsbesetzung, weswegen diese Besiedlungen keine Grundlage für jenes Selbstbestimmungsrecht schaffen, daß die Charta *(der UN)* und die *(UN-GV-)* Resolution 15/1514[1] kolonialisierten Ländern und Völkern zusprach. Das Gegenteil anzunehmen würde darüber hinaus einen schwerwiegenden Präzedenzfall gegen kleine Völker bilden, deren Gebiet durch die Ansiedlung von Menschengruppen aus anderen Ländern zerlegt werden könnte.
...

Mr. Sanz *(Bolivien):*
...
Die hochgeschätzte Selbstbestimmung steht Gruppen von Menschen zu, die dem Kolonialjoch unterworfen waren, nicht aber Gebieten, die durch ausländische bewaffnete Besatzung von ihrer natürlichen und legitimen Souveränität abgetrennt wurden...

Mr. Sallu *(Sierra Leone):*
...
Meine Regierung vertritt die Auffassung, daß den Bewohnern der Falklandinseln Gelegenheit gegeben werden sollte, ihre eigene Zukunft in Übereinstimmung mit dem Prinzip der Selbstbestimmung zu entscheiden...

Mr. Kalina *(ČSSR):*[4]
...
Die tschechoslowakische Auffassung zu diesem Vorgang entwickelt sich aus der Tatsache, daß die Frage der Falklandinseln (Malwinen) zunächst und vor allem einen untrennbaren Bestandteil des Problems der Entkolonialisierung von Gebieten darstellt, die von den Kolonialmächten besetzt wurden... Um den Verhandlungstisch muß... ein Ende der Kolonialregime gefunden werden...

Mr. Joseph *(Australien):*
...
In allen Darlegungen *(der vorangegangenen Diskussion)* über Kolonialismus und eine koloniale Situation gab es nie auch nur eine Andeutung der Rechte der Falkländer auf Selbstbestimmung. Im Gegenteil: Diese Rechte wurden *(in der Diskussion)* ausdrücklich verweigert... sie seien auf die Falkland*(-Inseln)* nicht anwendbar... Es wurde dargelegt, daß die Falkländer eine importierte Bevölkerung sind, auf die das Prinzip der Selbstbestimmung nicht angewendet werden kann.
Australien kann dieses Argument nicht akzeptieren. Wie... festgestellt, sind die Einwohner der Falklandinseln eine dauernde Bevölkerung, deren Ursprünge in vielen Fällen bis auf den Anfang des vorigen Jahrhunderts zurückreichen. Die Tatsache, daß ihrer nur eine kleine Zahl ist, verringert nicht die Bedeutung, die sie der Wahl des von ihnen gewünschten Lebens und der Regierungsform zumessen. Sie müssen dieselben Beratungsrechte haben, wie andere Völker einschließlich derer, die andere kleine Inseln und Gebiete bewohnen... Wer dem nicht zustimmt, sollte die *(UN-)* Charta neuerlich durchlesen. Die grundsätzliche Bedeutung der Selbstbestimmung ist im ersten Artikel[5] anerkannt...
Es gab ein Spiel mit Worten über die unterschiedlichen Bedeutungen von »Volk« und »Bevölkerung«. Wir sehen keinen substantiellen Unterschied zwischen den Völkern oder Bevölkerungen, die von Europa im letzten Jahrhundert auf die Falklands kamen, jenen, die nach Argentinien reisten, oder jenen, die in mein eigenes Land kamen. Australien selbst ist eigentlich eine aus Einwanderung entstandene Gesellschaft. Das ist aber auch Argentinien. Das sind auch eine Reihe anderer lateinamerikanischer Staaten. Es ist meiner Delegation unfaßbar, wie 1982 das Argument aufgebaut werden kann, die Qualität der Gesellschaft auf

den Falklands sei im Unterschied zu anderen, durch Einwanderung entstandenen Gesellschaften zweitrangig.[6] Es gibt natürlich die *(mangelnde)* Größe dieser Gesellschaft, was jedoch, wie dargestellt, keine Begründung für die Versagung des Selbstbestimmungsrechtes sein kann . . .
Tatsache ist, daß die Inselbewohner keinen Wunsch gezeigt haben, ihre derzeitige Verwaltung, an der sie durch ihre gewählten Vertreter teilnehmen können, zu ändern. Sie einem ausländischen Diktat zu unterwerfen, noch schlimmer – es ihnen mit Gewalt aufzuerlegen – würde den Prinzipien völlig entgegenstehen, die der Unabhängigkeit von mehr als zwei Drittel der heutigen Mitgliedstaaten der UN zu Grunde lagen . . .

Mr. Muniz *(Argentinien):*
. . .
Eine sehr wichtige Sache, die in Australien oder Argentinien nicht erfolgte, ist, daß im Falle der Malwinen die Vertreibung der ursprünglichen Bevölkerung erfolgte. Daher kann man *(diese Fälle)* nicht miteinander vergleichen . . .

Mr. Whyte *(Vereinigtes Königreich):*
Ich möchte nur ganz kurz eine Anmerkung machen, die einige Sorge bei unseren abwesenden Nachbarn[7] aus den USA auslösen könnte. Der Vertreter Argentiniens hat gerade die Prinzipien der Selbstbestimmung und der territorialen Integrität in bezug zu den historischen Entscheidungen der Völker gesetzt. Wenn wir dies durchgängig tun und örtlich anwenden, scheinen mir die einzigen Menschen, die sichere Wohnsitze in den USA haben, jene zu sein, die indianischer oder mexikanischer Abstammung sind.
. . .

---

*Anmerkungen:*
[1] Zum Gesamttext der UN-Entschließung 15/1514: Siehe S. 39.
[2] Bezug auf den zweiten Delegierten, Mr. Blake.
[3] Zum Text: Siehe S. 46f.
[4] Der Beitrag geht auf die Kernfragen der Debatte, wem das Selbstbestimmungsrecht zusteht und in welchem Verhältnis es zum Recht auf territoriale Integrität steht, an keiner Stelle ein.
Vor Herrn Kalina sprach der Vertreter der UdSSR, nach ihm die Vertreter Bulgariens und Cubas. Aus allen diesen Beiträgen, d. h. aus allen Reden der Vertreter kommunistischer Staaten, ist die gleiche bemerkenswerte Abstinenz zu den zentralen Debattenthemen festzuhalten.
[5] Zum Text: Siehe S. 16.
[6] Im Original: »that there is something *ersatz* about the quality of the Falkland Society.«
[7] Mit der »Nachbarschaft« ist vermutlich die Sitzordnung im Ausschuß gemeint.

---

*Quelle:*
United Nations General Assembly: »Special committee on the situation with regard to the implementation of the declaration on the granting of independence ot colonial countries and peoples; Verbatim record of the 1226th meeting«, 19. und 20. 8. 1982; Aktenzeichen A/AC. 109/PV. 1224 und 1225; vervielfältigte Manuskripte; New York, 2., 10. 9. 1982.

# Teil V

## Anhänge

Anhang 1: Statistisches Material[1]
Anhang 2: Verzeichnis der Personen und Institutionen

*Anmerkung:*
[1] Eine **Karte** der Geographie- und Verwaltungseinheiten des böhmisch-mährisch-schlesischen Gebietes zum Stand **1800** ist auf dem vorderen Vorsatz zu finden.
Eine **Karte** der Verwaltungseinheiten und Nationalitätenverhältnisse zum Stand **1930** ist auf dem hinteren Vorsatz zu finden.

# Anhang 1:
# Statistisches Material

**Das Sudetengebiet** (= geschlossenes deutsches Sprachgebiet im böhm.-mähr. Raum) **im Vergleich zu anderen Gebietseinheiten:**

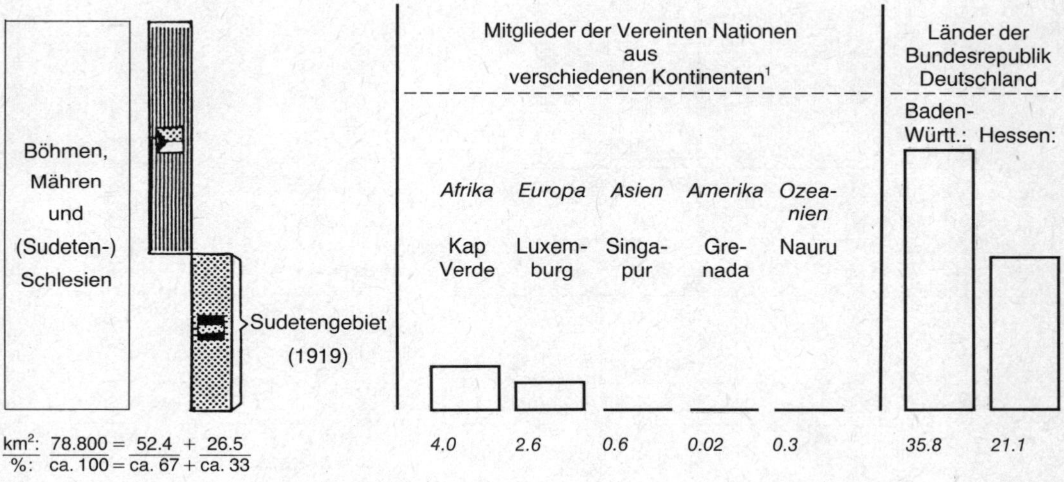


*Anmerkung:*
[1] Insgesamt rund 30 der 151 Mitgliedsstaaten der UN sind territorial kleiner, als das Sudetenland mit 26 500 km²

*Quellen:*
Bohmann, Alfred: »Das Sudetendeutschtum in Zahlen«; München, 1959; S. 7 ff.
Eigenes Archivmaterial.

## Die Bevölkerung nach Volkszugehörigkeit 1880–1960/70

① Böhmen, Mähren und (Sudeten-)Schlesien

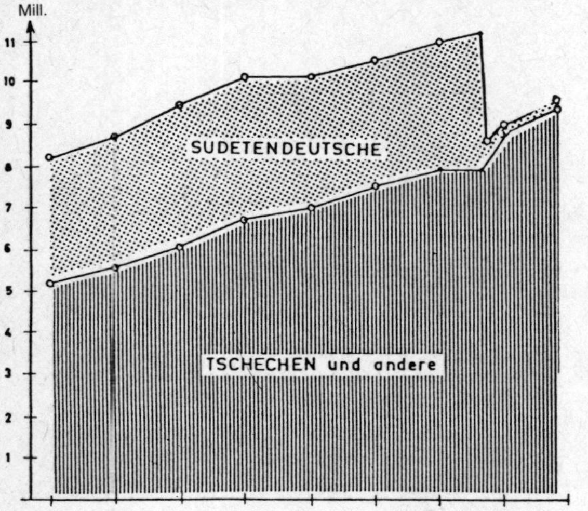


② Sudetenland

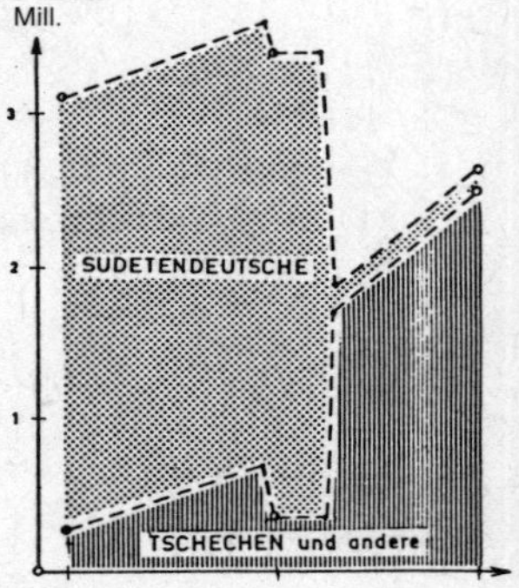


| 1880 | 1890 | 1900 | 1910 | 1921 | 1930 | 1940 | 1950 | 1960 | | 1919 | 1939 | 1959 |
|---|---|---|---|---|---|---|---|---|---|---|---|---|
| 8,2 | 8,7 | 9,4 | 10,1 | 10,0 | 10,5 | 10,8 | 8,9 | 9,6 | Gesamt (Millionen) | 3,3 | 3,4 | 2,6 |
| 2,9 | 3,1 | 3,5 | 3,5 | 3,1 | 3,1 | 3,2 | 0,2 | 0,2 | Sudetendeutsche (Millionen) | 3,1 | 3,1 | 0,2 |
| *36,0* | *35,9* | *35,4* | *35,0* | *30,3* | *29,2* | *30,8* | *1,8* | *1,7* | Anteil (%) | *93,0* | *90,0* | *5,7* |

| | Böhmen, Mähren u. (S.) Schlesien | Slowakei | Karpaten-Ukraine | Gesamt ČSR bzw. ČSSR | |
|---|---|---|---|---|---|
| ③ Die ČSR/ČSSR | Absolut (in gerund. Mio. Personen, Gesamt[1]) | | | | in % |
| 1921: *Gesamt* | *10,0* | *3,0* | *0,6* | *13,6* | *100* |
| Tschechen | 6,8 | | | 6,8 | 50 |
| Slowaken | | 2,0 | | 2,0 | 15 |
| Deutsche | 3,1 | 0,1 | | 3,2 | 23 |
| Ungarn, Ukrainer, Polen | 0,1 | 0,9 | 0,6 | 1,6 | 12 |
| 1930: *Gesamt* | *10,7* | *3,3* | *0,7* | *14,7* | *100* |
| Tschechen | 7,3 | 0,1 | | 7,4 | 51 |
| Slowaken | | 2,3 | | 2,3 | 16 |
| Deutsche | 3,2 | 0,1 | | 3,3 | 22 |
| Ungarn, Ukraine, Polen | 0,2 | 0,8 | 0,7 | 1,7 | 11 |
| 1950: *Gesamt* | *8,9* | *3,4* | Am 29. Juni 1945 an die UdSSR abgetreten | *12,3* | *100* |
| Tschechen | 8,3 | | | 8,3 | 68 |
| Slowaken | 0,2 | 3,0 | | 3,2 | 26 |
| Deutsche | 0,2 | | | 0,2 | 1 |
| Ungarn, Polen | 0,2 | 0,4 | | 0,6 | 5 |
| 1970: *Gesamt* | *9,8* | *4,5* | | *14,3* | *100* |
| Tschechen | 9,3 | | | 9,3 | 65 |
| Slowaken | 0,3 | 3,9 | | 4,2 | 29 |
| Deutsche | 0,1 | | | 0,1 | 1 |
| Ungarn, Polen | 0,1 | 0,6 | | 0,7 | 5 |

[1] Gewisse Abweichungen einzelner Zahlen, die über Rundungsdifferenzen hinausgehen, sind mit dem Unterschied zwischen staatsangehöriger und anwesender Bevölkerung zu erklären.

*Quellen:*

Bohmann, Alfred: »Das Sudetendeutschtum in Zahlen«, München, 1959; S. 7 ff., 125, 243 ff.
Dgl.: »Bevölkerung und Nationalitäten in der Tschechoslowakei« in »Menschen und Grenzen«; Bd. IV; Köln, 1975; S. 89 ff., 380 f.

## Die Sudetendeutschen: Eine kurzgefaßte statistische Übersicht

**1846–1980**

**Vorbemerkung**

Die nachfolgende Darstellung soll in äußerster Raffung einen Gesamtüberblick der Zahl der Sudetendeutschen (in Tausend Personen) von 1846–1980 anbieten. Eine detailliertere Darstellung für den Zeitraum 1939–1950 ist S. 477 ff. zu entnehmen.

Um trotz der Geschlossenheit der Darstellung ein Maximum an Informationen bieten zu können, ist in diesem Fall auf doe zahlreichen Anmerkungen besonders hinzuweisen.

Die Bedeutung der Fragestellung »Wieviel ›Sudetendeutsche‹ gab es wann wo und wieviel gibt es heute?« dürfte im Zusammenhang mit der Selbstbestimmungsfrage selbsterweislich sein.

| Zeitpunkt/-raum Vorgang | Sudetendeutsche[1]: Gesamt | davon: in Böhmen, Mähren, (Sudet.-)Schlesien | davon: in Deutschland: Bundesrepublik | davon: in Deutschland: SBZ/DDR | davon: in Österreich | davon: in anderen Gebieten | Quellen |
|---|---|---|---|---|---|---|---|
| 1846[2] | | 2,395 | | | | | Schätzung |
| 1880 | | 2,927 | Wanderungsbewegungen dieser Zeit (z. B. waren 1910 610.000 gebürtige Sudetendeutsche in Österreich-Ungarn außerhalb der Sudetenländer) blieben unberücksichtigt | | | | österr. Volkszählung |
| 1910 | | 3,492 | | | | | ts. Volkszählung |
| 1921 | | 2,973 | | | | | ts. Volkszählung |
| 1930 | | 3,071 | | | | | ts. Volkszählung |
| 1939 | 3,350 | 3,340 | | | | | v. a. Volkszählung des Deutschen Reiches |
| 1939–1950[3]: | | | | | | | |
| Geburten, natürl. Tote | +226 | | | | | | |
| Wehrmachtstote | −190 | | | | | | |
| Ungeklärter Verbleib = »Vertreibungsverlust« | 250 | | | | | | |
| 1950 | 3,126 | 230 | 1,850 | 880 | 140 | 26 | v. a. Volkszählung |
| 1950–1980: | | | | | | | |
| Geburten, natürliche Tote | +675[4] | + 30 | +420 | +180 | +30 | +15 | Rechnung[4] |
| Aussiedler aus ČSR/ČSSR | | +110 | +110 | | | | ergänzte Zählung[5] |
| Zonenflüchtlinge/Übersiedler | | | +360[6] | −360 | | | Schätzung |
| Weiterwanderer | | | + 50 | | −50 | | Schätzung |
| Auswanderer | | | − 90 | | | +90 | Schätzung |
| 1980 (gerundet) | 3,800 | 150[7] | 2,700[8] | 700[9] | 120[10] | 130[11] | |

*Anmerkungen:*

[1] Der Begriff »Sudetendeutsche« wird wegen der Übersichtlichkeit durchgehend verwendet. Zur Entstehung des Begriffes: Siehe S. 94.

Der Begriff ist in den einzelnen Zeitpunkten unterschiedlich definiert. Es handelt sich um natürliche Personen mit

1846: deutscher Umgangssprache in Böhmen, Mähren und (Sudeten-)Schlesien, den sog. »historischen Ländern«, durch Volkszählung/qualifizierte Schätzung festgestellt/ermittelt.

1910: deutscher Umgangssprache in den »historischen Ländern«, durch Volkszählung festgestellt;

1921: deutscher Muttersprache in den »historischen Ländern«, durch Volkszählung festgestellt;

1939: deutscher Volkszugehörigkeit in den »historischen Ländern«, vornehmlich (in den »Reichsangeschlossenen sudetendeutschen Gebieten«) durch Volkszählung festgestellt;

1950: deutscher Volkszugehörigkeit, die (oder deren Vater) am 1. 9. 39 seinen Wohnsitz in der ČSR (Grenzen vom 31. 12. 1937) hatte: In der Bundesrepublik Deutschland und der DDR durch Volkszählung und anschließender Herausrechnung der Karpatendeutschen ermittelt. (Diese Methode wird anschließend durch »39 in ČSR 37« abgekürzt.)

Die Erfassungsbegriffe sind so strukturiert, daß die einzelne Person zum »Sudetendeutschen« gemacht wird. Das subjektive Bekenntnis dieser einzelnen Person – gerade im Zusammenhang mit der Selbstbestimmungsfrage von erheblicher Bedeutung – kann in voller Ausprägung eigentlich nur für etwa 1921 bis ca. 1960 unterstellt werden.

Die Angaben für die anderen Gebiete sind qualifizierte Schätzungen.

[2] Die Wahl des zeitlichen Ausgangspunktes 1846 hat zwei Gründe:

Objektiv: 1846 wurden die ersten einigermaßen verläßlichen Schätzungen über die Nationalitätenverteilung in den (ab 1754 durchgeführten) Volkszählungen vorgenommen; formal wurde die Nationalität erst ab 1880 direkt in der Volkszählung erhoben.

Subjektiv: Zeitlich nahe bei 1846 – nämlich um 1848 – beginnt die Nationalität als Problem; siehe S. 78ff.

[3] Einzelheiten zu 1939–1950: Siehe S. 477ff.

[4] Gerechnete Ableitung; Rechenweg:

a) Belegte Basiszahl für 1939: 3340000 Personen; siehe S. 478 Zeile 1.3d;

b) 1939–1950: Geburtenüberschuß: 150000 + 76000 = 226000 Personen; siehe S. 478 Zeile 1.4 und 2.2;
d. h. in 11 Jahren der »Not«: ca. 6,8 %;

c) 1950–1980: Hochrechnung von 11 auf 30 Jahre in arithmetischer (d. h. zurückhaltender, müßte eigentlich geometrisch erfolgen) Rechenweise ergibt ca. 18,5 %.
In dieser Zeit »keine Not«, deswegen Ansatz: ca. 21,5 %.

d) Aufteilung der so erhaltenen Geamtzahl von 675000 auf Gebiete:
Überlegte Schätzung.

[5] Kontrolle: 1950–19**80**: offiziell 97000 Personen.

[6] Kontrolle: 1950–19**73**: 350000 Deutsche mit eigenem bzw. Wohnsitz des Vaters »39 in ČSR 37«.

[7] Kontrolle: 19**70**: 80526 lt. offizieller ČSSR-Statistik; wiedergegeben bei Bohmann »Menschen und Grenzen«.

[8] Kontrolle: Mai 19**70**: 2448000 Deutsche mit Wohnsitz »39 in ČSR 37«.

[9] Kontrolle: Ende 19**73**: 673000 Deutsche mit Wohnsitz »39 in ČSR 37«.

[10] Kontrolle: Ende 19**73**: 120000 Deutsche mit Wohnsitz »39 in ČSR 37«.

[11] Verteilen sich auf viele Länder der Welt.

*Quellen:*

Bohmann, Alfred: »Bevölkerung und Nationalitäten in der Tschechoslowakei«, in: »Menschen und Grenzen«; Band IV; Köln, 1975; S. 83, 89, 106, 270ff., 334f.

Dgl.: »Bevölkerungsbewegungen in Böhmen«; München, 1958; S. 66, 82.

Dgl.: »Sudetendeutschtum in Zahlen«; München, 1958; S. 7, 250, 252.

Neuhoff, Karl: »Die deutschen Vertriebenen in Zahlen«; Bonn, o. O. (nach 1976); S. 5ff., 21, 33.

Richter, Karl: »Statistische Übersichten«, in: »Handbuch der Geschichte der böhmischen Länder«; Hrsg. von Karl Bosl; Bd. III; Stuttgart, 1958; S. 448f.

Statistisches Bundesamt: »Die deutschen Vertreibungsverluste«; Wiesbaden/Stuttgart, 1958; S. 45, 329ff.

## Bodenreform[1] in der Tschechoslowakei 1919–1938

(Durchführung und Ergebnisse; Zahlen z. T. gerundet)

① *Das Sudetengebiet*
VOR und NACH der
Bodenreform:
Eigentum bei
Eigentümern von 1919

② *Bodenbilanz*
(in km²)

| | |
|---|---|
| Stand 1919 | 26.500 |
| − Bodenreform | 8.400 |
| + Bodenreform | 50 |
| Stand 1938 | 18.150 |
| *Verlust* | *8.350* |
| *d. h.* | *31,5 %* |

④ *Ergebnisbeispiel:*
Gemeinde Bowitz; Bezirk Netolitz:
115 ha verteilt; das Ergebnis:

| Einwohner | 1910 | 1930 |
|---|---|---|
| Deutsche | 192 | 29 |
| Tschechen | 8 | 143 |
| Se | 200 | 172 |

③ *Anspruch und Anteil*
Bis 1937 wurden rd. 12.700 km² Boden[2] verteilt.
Die Sudetendeutschen stellten ca. 29 %[2] der Bevölkerung

| | |
|---|---|
| Anspruch: | ca. 3.700 km² |
| Anteil: | ca. 50 km² |
| *Vorenthalten:* | *3.650 km²* |
| *dh.* | *98,5%* |

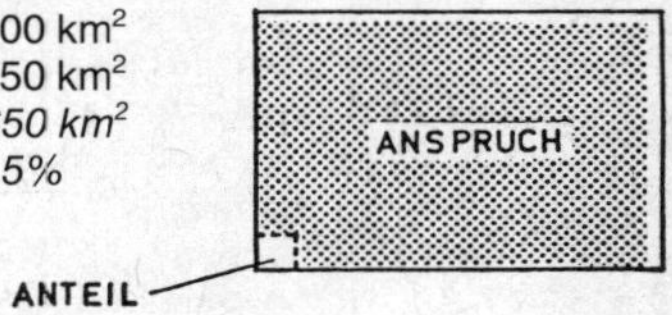


*Anmerkungen:*

[1] Gesetz der tschechoslowakischen Nationalversammlung vom 16. 4. 1919; zu deren Zusammensetzung und (Mangel an) Repräsentanz: Siehe S. 162.

[2] In Böhmen, Mähren und (Sudeten-)Schlesien.

*Quellen:*

Bohmann, Alfred: „Das Sudetendeutschtum in Zahlen“; München, 1959; S. 7, 9, 13, 62.
Wiskemann, Elizabeth: „Czechs and Germans“; London, 1938; S. 152.

**Arbeitslose in % der Bevölkerung**[1, 3] **1928–1937**

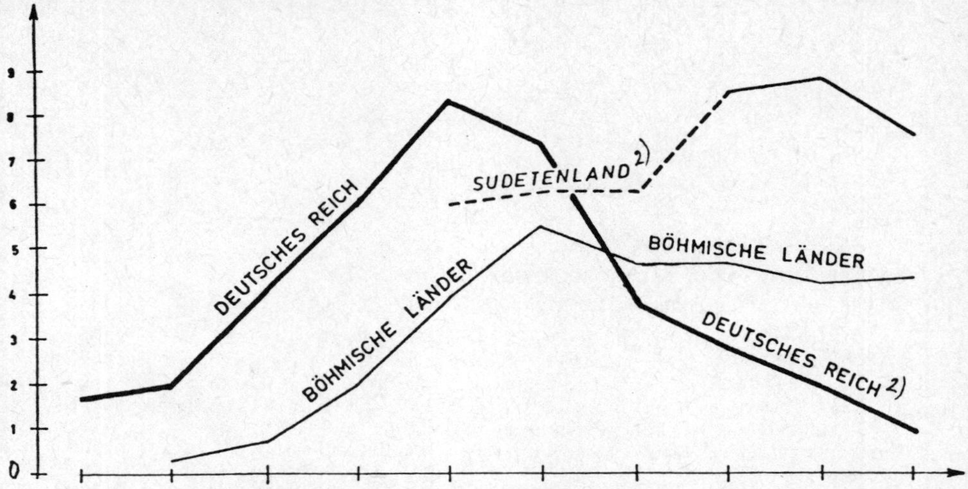


| | 1928 | 1929 | 1930 | 1931 | 1932 | 1933 | 1934 | 1935 | 1936 | 1937 |
|---|---|---|---|---|---|---|---|---|---|---|
| Deutsches Reich | 1,6 | 1,9 | 4,0 | 6,0 | 8,3 | 7,3 | 3,7 | 2,8 | 1,9 | 0,9 |
| Böhmische Länder | | 0,5 | 0,6 | 1,9 | 3,9 | 5,5 | 4,7 | 4,7 | 4,2 | 4,3 |
| Sudetengebiet | | | | | (6,0) | (6,3) | (6,3) | 8,5 | 8,3 | 7,5 |

*Anmerkungen:*

[1] Die Angaben können nur zur Orientierung dienen: Man kann z. B. bezweifeln, ob der Begriff »Arbeitsloser« zwischen der ČSR und dem Deutschen Reich vergleichbar ist (sogen. Genter-Modell gegen Sozialversicherungssystem). Gestrichelte Linien und Klammerzahlen sind überlegte Schätzungen.

[2] Grund für die Darstellungsweise, die sich um historische Relevanz bemüht, ist folgende Beobachtung des Zeitzeugen Wenzel Jaksch:
»Die wirtschaftliche Entwicklung zwischen 1933 und 1935 verlief in der Tschechoslowakei so, als ob ein böses Verhängnis waltete ... Die Arbeitslosigkeit, die in den tschechischen Gegenden überwunden war, hatte sich von 1933 bis 1935 in weiten Teilen des hochindustrialisierten Sudetenlandes stabilisiert. Das war nicht alles. Inzwischen hatten Hitler und Göring ihr Rüstungsprogramm anlaufen lassen. Aus dem Land der größten Arbeitslosigkeit wurde damit – wenigstens nach außen – ein Land der Vollbeschäftigung. Zwischen einem prosperierenden Innerböhmen und der Aufrüstungskonjunktur des Dritten Reiches lag das Kerngebiet der Sudetendeutschen in einem hoffnungslosen Notstand.«

[3] Zur Vermeidung von Mißverständnissen: Arbeitslose werden in neuerer Zeit »in % der abhängigen Erwerbspersonen« ausgedrückt. Vergleichbargemachte Werte für die Bundesrepublik Deutschland verdeutlichen,

| | 1950 | 1960 | 1970 | 1980 |
|---|---|---|---|---|
| Arbeitslose in % der Erwerbspersonen | 11,0 | 1,3 | 0,7 | 3,8 |
| Arbeitslose in % der Bevölkerung (= **Darstellung**) | 3,3 | 0,5 | 0,2 | 1,4 |

daß die obige Darstellung die Arbeitslosigkeit beträchtlich geringer darstellt, als dies bei Ansatz heutiger Begriffe üblich wäre.

*Quellen:*

Jaksch, Wenzel: »Europas Weg nach Potsdam«; Stuttgart, 1958; S. 270.
Statistisches Bundesamt: »Lange Reihen zur Wirtschaftsentwicklung«; Stuttgart, 1982; S. 40f.
Statistisches Bundesamt: »Zahlenkompaß«; Stuttgart, 1981; Tafel 2, 3.
Statistisches Reichsamt: »Statistische Jahrbuch für das Deutsche Reich 1938«; Berlin, 1938; S. 371.
Statistisches Staatsamt: »Statistisches Jahrbuch der Čechoslovakischen Republik 1938«; Prag, 1938; S. 20, 216.
Winkler, Erwin: »Die Tschechoslowakei im Spiegel der Statistik«; Karlsbad, 1937; S. 74.

**Bevölkerung und Staatsbedienstete in der Tschechoslowakei: Deutsche Anteile 1930[1] (gerundete Zahlen)** **1930**

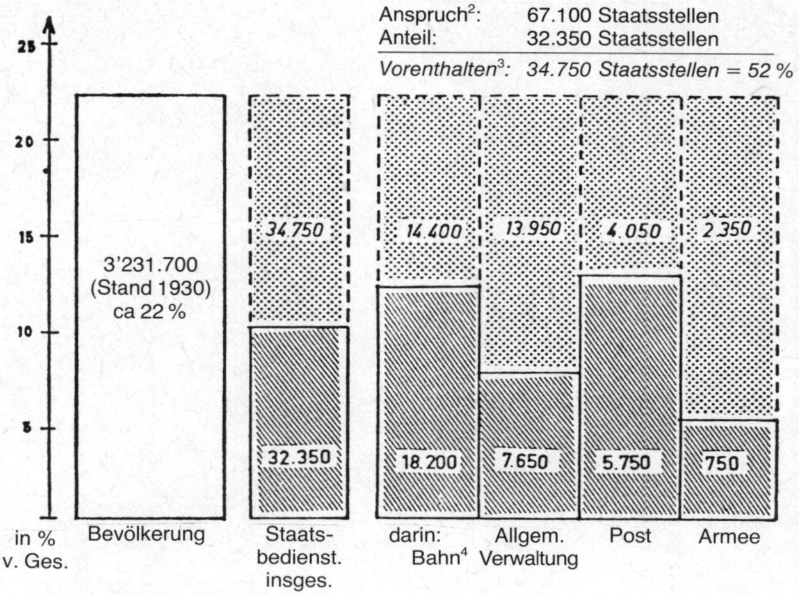


*Anmerkungen:*

[1] Im Jahre 1921 stellten die Deutschen ca. 62 700 Staatsbedienstete, d. h. ungefähr die ihnen nach dem Bevölkerungsanteil zustehende Zahl. Diese Stellenzahl ging in 9 Jahren um über 30 000 auf ungefähr die Hälfte zurück.

[2] Überschlägige Ermittlung:
In den hier dargestellten Zweigen der Staatsbediensteten (= Beamte und Angestellten) waren insgesamt rund 301 000 Personen tätig. Bei einem Anspruch in Höhe des Anteils an der Bevölkerung von 22,3 % ergibt sich eine Zahl von 67 100.

[3] Zum Bemühen sudetendeutscher Parteien im Jahre 1937, diese Benachteiligung auszugleichen: Siehe S. 190 f.

[4] Die Darstellung zeigt nur absolute Zahlen ohne Bewertung des Dienstranges. Die Deutschen wurden nämlich zusätzlich oft auf niedrige Ränge verwiesen. Ein Beispiel (für viele):
Von rund 122 500 Staatsbediensteten bei der Bahn waren ca. 18 200 (= etwa 15 %) Deutsche. Unter rund 2 900 »Leitern eines Bahnbetriebs- bzw. Bahnstationsamtes« waren aber nur 80 Deutsche, d. h. weniger als 3 %.

*Quelle:*
Bohmann, Alfred: »Das Sudetendeutschtum in Zahlen«; München, 1958; S. 13, 56 f.

**Unterwanderung der Sudetengebiete: 1910–1938**
**Beispiele – Einsatz des tschechoslowakischen öffentlichen Dienstes**

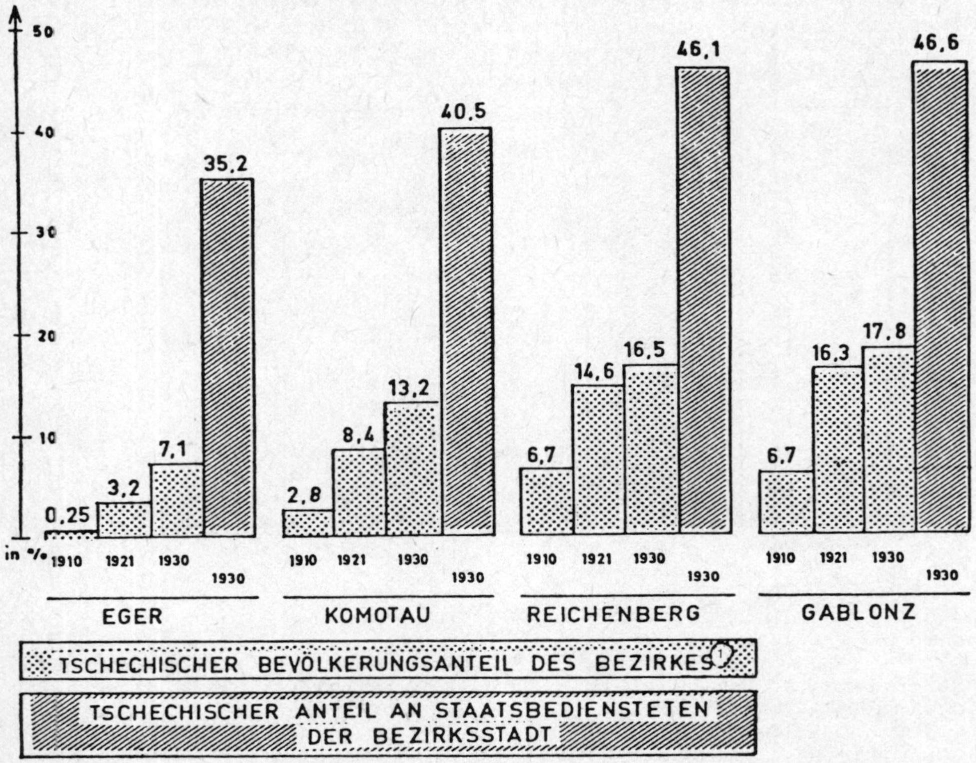


Kandidatenliste der tschechischen Wahlgruppe in Schluckenau zu den Gemeindewahlen im Juni 1938:

| | Name | Beruf | Zuzug |
|---|---|---|---|
| 1. | Woller, František | Steuersekretär | 1932 |
| 2. | Polivka, František | Postkontrolleur | 1931 |
| 3. | Brabec, Antonín | Postbeamter | 1932 |
| 4. | Kralik, Oldřich | Trafikant[2] | 1925 |
| 5. | Dudek, Jan | Finanzbeamter | 1933 |
| 6. | Pláček, Josef | Kanzleioffiziant | 1932 |
| 7. | Pilař, Emanuel | Straßenmeister | 1919 |
| 8. | Peno, Josef | Bahnbeamter | 1935 |
| 9. | Vykoukal, Josef | Finanzbeamter | 1935 |
| 10. | Valenta, Hynek | Finanzbeamter | 1937 |
| 11. | Chavalkovsky, Karel | Oberlehrer | 1935 |
| 12. | Drahonovsky, Jan | Postangestellter | 1929 |
| 13. | Rada, Jan | Eisenbahner | 1929 |
| 14. | Karnet, Stanislav | Eisenbahner | 1926 |
| 15. | Votruba, Leopold | Finanzbeamter | 1936 |

*Anmerkungen:*
[1] Begriff entspricht territorial etwa einem Landkreis.
[2] d. h. Inhaber einer Konzession des staatlichen Tabakmonopols.

*Quellen:*
Bohmann, Alfred: »Das Sudetendeutschtum in Zahlen«; München, 1959; S. 19f., 59.
Eigenes Archivmaterial.

## Wie die Sudetendeutschen politisch wählten 1920[1]–1938

(Auswertung der Zahl der Abgeordneten im ts. Abgeordnetenhaus)

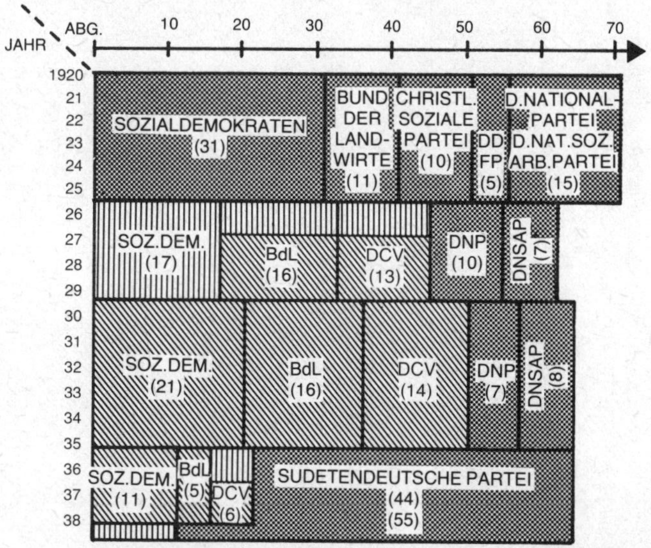


| Se | »Staatstragende« Parteien[1] Se | Regierung | Opposition | »Grundsatz«-Opp.[2] |
|---|---|---|---|---|
| 72[3]<br>*100 %* | – | – | – | 72<br>*100 %* |
| 63[3]<br>63<br>*100 %* | 46<br>46<br>*73 %* | –<br>29 | 46<br>17 | 17<br>17<br>*27 %* |
| 66<br>*100 %*<br>66 | 51<br>*77 %*<br>22 | 51<br><br>22 | –<br><br>– | 15<br>*23 %*<br>44[5] |
| 66<br>*100 %* | 11<br>*17 %* | – | 11 | 55[6]<br>*83 %*[7] |

PARTEIEN, die im betreffenden Zeitraum …

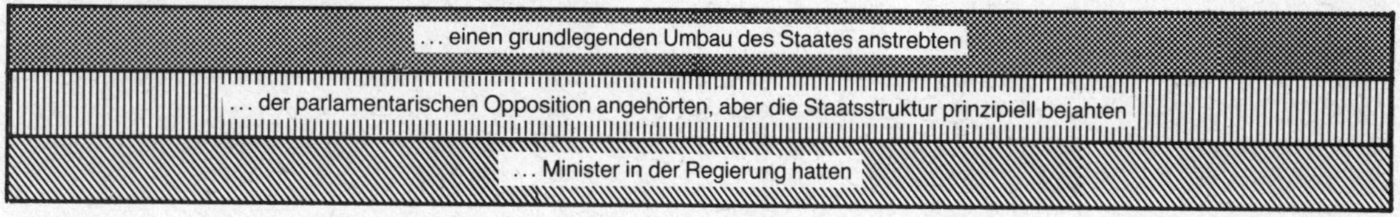

*Anmerkungen:*

[1] Bei den Wahlen zum österreichischen Reichsrat, die ab 1907 nach einem allgemeinen und gleichen Wahlrecht erfolgten, gab es bei den deutschen Abgeordneten in Böhmen, Mähren und (Österreichisch-) Schlesien folgende Mandatsverteilung:

| | 1907 | 1911 |
|---|---|---|
| Sozialdemokraten | 21 | 10 |
| Deutsche Linke | 14 | 11 |
| Deutsche Volkspartei | 13 | 11 |
| Agrarier, Christlich Soziale | 20 | 23 |
| Freialldeutsche, Deutschradikale | 13 | 22 |
| Freisoziale, D. Nationalpartei, D. Arbeiterpartei | 4 | 7 |
| Gesamt | 85 | 85 |

[2] Die »Staatstragenden« Parteien wurden auch als »Aktivisten« bezeichnet.
Zum Programm dieser Parteiengruppe: Siehe S. 170f., 174f., 187f., 190f.
Die Parteien der »Grundsatzopposition« wurden auch als »Negativisten« bezeichnet.
Zum Programm der DNSAP: Siehe S. 175f.

[3] Das Absinken der Mandatszahl von (1920) 72 auf (1925) 63 ist auf die Mandate der Kommunistischen Partei (gegründet 1923) zurückzuführen. Sie muß in nationalpolitischer Hinsicht als »negativste« Partei gegenüber der Tschechoslowakei bezeichnet werden.
Siehe S. 176f.

[4] Die Mandate der DNP und DNSAP, die im Herbst 1933 aufgelöst wurden (siehe S. 179f.), wurden im Sommer 1934 durch Regierungsentscheid auf die übrigen deutschen Parteien aufgeteilt; dies ist hier nicht nachvollzogen.

[5] Die »Sudetendeutsche Partei« (SdP) kann mindestens in den ersten Jahren ihres Bestehens entsprechend den Erklärungen vom 1. 10. 1933 (zum Text: Siehe S. 179) und 21. 10. 1934 (zum Text: Siehe S. 181 f.) und der Meinung der ČSR-Regierung (siehe S. 183, 212) auch als »staatstragende« Partei der Opposition gewertet werden.

[6] Der »Bund der Landwirte« (BdL) und die »Deutsche Christlich-Soziale Volkspartei« (DCV) schlossen sich im März 1938 der SdP an. Ihre Minister traten aus der Regierung aus und ihre Abgeordneten der SdP-Fraktion bei.
Zum Vorgang: Siehe S. 204ff.

[7] Bei Gemeindewahlen im Sommer 1938 erreichte die SdP über 90 % der Stimmen.
Siehe S. 212.

*Quellen:*

Bohmann, Alfred: »Das Sudetendeutschtum in Zahlen«; München, 1959; S. 84ff.;
eigenes Archivmaterial.

## Die sudetendeutsche Bevölkerungsbilanz 1930/39–1950

### Vorbemerkung

Die nachfolgende Übersicht mag makaber erscheinen: Hier werde – so kann gesagt werden – mit Tausenden von Toten in Anmerkungen umgegangen, als seien sie verlorene Glaskugeln oder verschrottete Pkws.

Das ist auch tatsächlich so: Verbrecherische Politik degradiert Menschen zu Gegenständen, über die lediglich die Angaben nicht so exakt sind, wie bei einer Produktions- oder Verschrottungsstatistik.

Die Statistik faßt zusammen, bildet Kategorien und kommt zu Ergebnissen. Sie ist wertneutral und lediglich dokumentierend, ähnlich dem Thermometer oder Barometer. Es obliegt dem (Ab-)Leser, aus dem dokumentierenden Instrument Statistik entsprechende Schlüsse zu ziehen.

### 1. Das Material und seine Darstellung

Die nachfolgende sudetendeutsche Bevölkerungsbilanz folgt dem Prinzip, daß von einer gesicherten Ausgangslage – hier i. d. R. die Volkszählung 1939 – zu einer ebenso gesicherten Endlage – hier i. d. R. die Volkszählung 1950 – übergeleitet wird. Dieses Grundprinzip wird, soweit irgend möglich, durch zusätzliche Feststellungen und Überlegungen abgesichert.

Als Material stehen verschiedene, auf den Volkszählungen aufbauende Darstellungen öffentlicher Stellen und ausgewiesener Wissenschaftler aus den Jahren 1957–1959 zur Verfügung; sie werden angegeben. Diese Materialien beziehen sich teilweise auf alle Deutschen in/aus der ČSR und nur teilweise auf die Sudetendeutschen allein. Deswegen muß in zwei Stufen dargestellt werden: Der Unterschied zwischen den Deutschen in/aus der ČSR und den »Sudetendeutschen« sind die Karpatendeutschen, d. h. die Deutschen aus der Slowakei.

Die Zeilenfolge der Darstellung folgt weitgehend dem Prinzip der Bevölkerungsbilanzen des Statistischen Bundesamtes. Sie wurde lediglich dort ergänzt, wo die Aussagefähigkeit im Sinne einer Dokumentation dies erfordert.

Das gilt vor allem für neues Material und den Vergleich mit den Meinungen von Personen, die das Ergebnis derartiger Darstellungen grundsätzlich bezweifeln: Hier wurde mit Prof. Luža ein Autor mit hohem Präzisionsgrad der Zahlenangaben herangezogen. Der Quervergleich macht deutlich, daß die Quelle seiner Aussage v. a. in der unzutreffenden Ausgangslage liegt.

### 2. Die Ergebnisse

Die Darstellung belegt, daß bei ca. 3,3 Millionen Sudetendeutscher Anfang Mai 1945 das Schicksal von rund 250 000 nicht geklärt werden konnte. Dieser sogenannte Vertreibungsverlust beträgt damit etwa 8 von Hundert.

Um alles relevante Material zur Beurteilung dieser Frage anzubieten, muß dies auch zur häufigen Feststellung erfolgen, daß die sudetendeutschen Verluste durch die tschechischen Verluste 1939–1945 bedingt seien.

Diese Feststellung macht zwar (oft unausgesprochen) die Sudetendeutschen für den NS-Terror verantwortlich und könnte darüberhinaus als Ansatz zur gleichfalls deutlich abzulehnenden »Aufrechnungsmentalität« mißverstanden werden.

Im Interesse unparteiischer Würdigung des Schicksals aller Menschen im böhmisch-mährischen Raum wird in angemessener Form trotzdem versucht (siehe S. 481 ff.), die tschechischen Verluste zu ermitteln.

Als Ergebnis ist festzuhalten, daß bei ca. 7,3 Millionen Tschechen im Jahre 1942 mit hoher Wahrscheinlichkeit im Zeitraum 1939–1945 rd. 50 000 Zivilpersonen aus unnatürlichen Gründen ums Leben kamen. Dieser sog. NS-Verlust beträgt etwa 0,7 von Hundert.

**Sudetendeutsche Bevölkerungsbilanz 1930/39 bis 1950**

(Angaben in Tausend Personen; Klammerzahlen: eigene Additionen; eckige Klammern: Zusatzangaben)

| | Anmer-kungen | Deutsche in/aus der ČSR – Die Angaben '57 | '58 | '59 | '75 | Gegenmein. '64 | Sudetendeutsche – Die Angaben '57 | '58 | '59 | '75 | Gewogene Aufstellung |
|---|---|---|---|---|---|---|---|---|---|---|---|
| | | 1 | 2 | 3 | 4 | 5 | 1 | 2 | 3 | 4 | |
| *Ausgangslage* | | | | | | | | | | | |
| 1.1 ČSR-Volkszählung Dezember 1930 | 7 | | | | | 3,232. | | | | | |
| 1.2 Natürl. Veränderungen 1930–1945 | 8 | | | | | +170. | | | | | |
| 1.3 Deutsche Volkszählungen/Ermittlungen 1939/40 | | | | | | | | | | | |
| a) »Reichsangeschlossene sd. Gebiete« (Mai 1939) | 9 | | | | | | 3,004. | 3,064. | 3,064. | 3,064. | 3,064. |
| b) »Protektorat Böhmen und Mähren« (Okt. 1940) | 10 | | | | | | 260. | 259. | 258. | 262. | 260. |
| c) Olsa-Gebiet | 11 | | | | | | 20. | – | 10. | 17. | 16. |
| d) Summe: Sudetendeutsche 1939/40 | | 3,284. | 3,323. | 3,332. | 3,343. | | 3,284. | 3,323. | 3,332. | 3,343. | 3,340. |
| e) dazu: Karpatendeutsche | | 155. | 154. | | 153. | | | | | | |
| f) Summe: Deutsche aus ČSR 1939/40 | | (3,439.) | 3,477. | | (3,496.) | | | | | | |
| 1.4 Natürliche Veränderungen 1939–1945 | 8 12 | (+167.) | +156. | | | | +151. | +151. | +163. | | +150. |
| 1.5 Zwischensumme: Natürlicher Stand 1945 | 13 | (3,606.) | 3,633. | | | 3,402. | ~ 3,5 | 3,474. | 3,495. | | 3,490. |
| 1.6 [Davon: namentlich belegt] | 6 | | | | [3,397.] | | | | | [3,284.] | |
| 1.7 Wehrmachttote 1939–1945 | 14 | – 215. | – 180. | | – 194. | – 215. | | – 175. | – 175. | – 189. | – 189. |
| 1.8 Getötete und emigrierte deutsche Juden | 15 | | | | | – 34. | | | | | |
| 1.9 Getötete sudetendeutsche Hitlergegner | 16 | | | | | | | | | | – 1. |
| 1 *Stand ca. August 1944 bzw. Mai 1945* | 17 | *3,391.* | *3,453.* | | | *3,153.* | | *3,299.* | *3,320.* | | *3,300.* |
| *Endstand 1950* | | | | | | | | | | | |
| 2.1 Deutsche in westlichen Aufnahmegebieten | 18 | 3,004. | 3,000. | 3,000. | | 3,006. | | 2,890. | 2,890. | | 2,890. |
| 2.2 Darin: Geburtenüberschuß 1945–1950 | 19 | – 95. | – 79. | | | – 79. | | – 76. | – 76. | | – 76. |
| 2.3 Zwischensumme: Mit Ziff. 1 vergleichbaren Stand | | 2,909. | 2,921. | | | 2,927. | | 2,814. | 2,814. | | 2,814. |
| 2.4 Dazu: In der ČSR zurückgeblieben/-gehalten | 20 | +250. | +250. | | | +215. | | +230. | +235. | | +230. |
| 2.5 Dazu: Kriegsgefangene, Internierte | 21 | + 6. | + 9. | | | + 9. | | + 5. | + 5. | | + 6. |
| 2 *Summe: Verbleib geklärt* | | *3,165.* | *3,180.* | | | *3,151.* | | *3,049.* | *3,054.* | | *3,050.* |
| 3 (= 1–2) *Verbleib ungeklärt – »Vertreibungsverlust«* | | *226.* | *273.* | | *292.* | *(2.)* | | *250.* | *266.* | | *250.* |
| *Übersicht: Stand 1950 nach Gebieten (= Se 2 + 2.2)* | | *3,260.* | *3,259.* | | | *3,230.* | | *3,125.* | *3,130.* | | *3,126.* |
| a) Kriegsgefangene, Internierte | 21 | 6. | 9. | | | 9. | | 5. | 5. | | 6. |
| b) In der ČSR | 20 | 250. | 250. | | | 215. | | 230. | 235. | | 230. |
| c) Im sonstigen westlichen Ausland | 21 | 30. | 24. | 24. | | 25. | | } 2,890. (c–f) | } 2,890. (c–f) | | ( 23.) |
| d) In Österreich | 22 | 140. | 142. | 142. | | 147. | | | | | (137.) |
| e) In der SBZ/DDR (und Ostberlin) | 23 | 916 | 916. | 916. | | 916. | | | | | (880.) |
| f) In der BR Deutschland (incl. Saar, Westberlin) | 23 | 1,918. | 1,918. | 1,918. | | 1,918. | | | | | (1,850.) |
| – Darin Bayern | | | 1,026. | 1,026. | | | | | | | |

*Quellen; Anmerkungen:*

[1] Schieder, Theodor (Hrsg.): »Die Vertreibung der deutschen Bevölkerung aus der Tschechoslowakei« als Band IV/1 der »Dokumentation der Vertreibung der Deutschen aus Ost-Mitteleuropa«; Bonn, 1957; S. 13ff., 134f.
Nachfolgend zitiert als »Dokumentation«.

[2] Statistisches Bundesamt: »Die deutschen Vertreibungsverluste«; Wiesbaden/Stuttgart, 1958; S. 45, 332ff.
Nachfolgend zitiert als »Vertreibungsverluste«.

[3] Bohmann, Alfred: »Das Sudetendeutschtum in Zahlen«; München, 1958; S. 133f., 252.
Nachfolgend zitiert als »Bohmann 1«.

[4] Bohmann, Alfred: »Bevölkerung und Nationalitäten in der Tschechoslowakei«, in: »Menschen und Grenzen«; Bd. IV; Köln, 1975; S. 220f., 432f., 461, 464.
Nachfolgend zitiert als »Bohmann 2«.

[5] Luža, Radomir: »The Transfer of the Sudeten Germans«; New York, 1964; S. 293ff.

[6] Zentralstelle des Kirchlichen Suchdienstes (Hrsg.): »Gesamterhebung zur Klärung des Schicksals der deutschen Bevölkerung in den Vertreibungsgebieten«; München, 1965; Bd. II, S. 427ff.; Bd. III, S. 472ff.
Der (1.) Deutsche Bundestag hatte am 25. 3. 1953 diese Gesamterhebung beschlossen. An ihr waren – auch im Zusammenhang mit der Durchführung des Lastenausgleichsgesetzes vom 14. 8. 1952 (siehe S. 29) – v. a. beteiligt der Deutsche Caritasverband und das Diakonische Werk (Innere Mission und Hilfswerk der Evangelischen Kirche in Deutschland) als Trägerverbände der im kirchlichen Suchdienst vereinigten 12 Heimatortkarteien, das Deutsche Rote Kreuz, der Verband der Landsmannschaften sowie der Bund der Vertriebenen.
Die sich über Jahre mit großem Aufwand hinziehende Arbeit konnte rd. 17,2 Millionen Deutsche in den Vertreibungsgebieten vor der Vertreibung namentlich feststellen, darunter ca. 3,4 Millionen Deutsche in der ČSR, von denen etwa 3,3 Millionen ihren Heimatwohnsitz um den 1. Mai 1945 in Böhmen, Mähren und (Sudeten-)Schlesien hatten.
Die statistischen Fortschreibungszahlen sind durch diesen Vorgang zu jeweils über 94 % mit tatsächlichen Namen belegt worden.

[7] Luža (S. 293) wählte noch 1964 diesen Ausgangspunkt, um sich mit einer frühen Darstellung (»Sudetendeutsche Zeitung«, München vom 14. 6. 1952) auseinanderzusetzen, die von 1930 ausging.

[8] D. h. Geburtenüberschuß, Zuzüge und Fortzüge (≈ sog. »Wanderungen«).

[9] a) Zahlendifferenz ist z. T. mit unterschiedlichem Gebietsbegriff zu erläutern.
b) Die Wohnbevölkerung gesamt wird mit 3,391 Mio. bzw. 3,408 Mio. Personen angegeben.
Die Differenz zu den ausgewiesenen Sudetendeutschen (rd. 390000 bzw. 330000 Personen) waren v. a. Tschechen.
Es erscheint wenig wahrscheinlich (siehe Anmerkung 13), daß sich darüber hinaus noch weitere zahlreiche Tschechen in der Zahl der Sudetendeutschen befanden.
c) In der Wohnbevölkerung gesamt – demnach außerhalb der ausgewiesenen Sudetendeutschen – wurden 2000 (so »Dokumentation«) bzw. 2600 (so Bohmann 1) Juden festgestellt.

[10] a) Bohmann 1 und 2 geben Zahlen für Oktober 1940 an. »Dokumentation« und »Vertreibungsverluste« rechnen auf Mai 1939 zurück.
b) Da die Zahl 1940 aus der vom NS-Regime auch rassisch strukturierten Lebensmittelkartenstatistik ermittelt wurde, können Juden hierin nicht enthalten sein.

[11] Bohmann 1 und 2 geben als Quelle Volkszählung 1930 an; »Dokumentation« rechnet auf Mai 1939 hoch.

[12] Die Angaben für die Sudetendeutschen in »Dokumentation« und »Vertreibungsverluste« mit 151000 setzen den Geburtenüberschuß der (ca. 300000–400000) Tschechen in den reichsangeschlossenen Gebieten ausdrücklich ab.

[13] Luža (S. 296) gibt die Zahl von 3,402 Mio. als Obergrenze an (»less than«).

[14] a) Luža bezog sich (S. 297) zunächst auf die Zahl der »Dokumentation« mit 215000. Die »Dokumentation« gibt als Basis nicht näher erläuterte »Berechnungen des Statistischen Bundesamtes« an und vermerkt zugleich: »Eine Errechnung der Vertreibungsverluste ist in nächster Zeit vom Statistischen Bundesamt zu erwarten.«
Diese Errechnung erschien ein Jahr später (»Vertreibungsverluste«), führte zum Ergebnis von 180000 und wurde von Luža zitiert. Er blieb bei der Zahl von 215000
b) Die Basis der Zahlen in Bohmann 2 sind neue Überrechnungen.

[15] a) Luža (S. 297ff.) stellt seine Überlegung in den Zeitzusammenhang ab 1930 und belegt die Zahl von 34000 (kurz zusammengefaßt) durch Ermittlung/Schätzung in folgenden Stufen:

- Zahl der Juden deutscher Nationalität in der Tschechoslowakei (und deren Nachfolgegebieten) im Dezember 1930 und im Frühjahr 1939;
- Gesamtzahl 1939–1945 ermordeter und emigrierter Juden aus dem Gebiet;
- Zahl der Überlebenden 1946/47 in der ČSR;
- Anteil deutscher an allen Juden in den Sudeten- bzw. Karpatenländern (1930).

b) Da die Angaben der »Dokumentation«, »Vertreibungsverluste« sowie bei Bohmann 1 und 2 von Zahlen 1939 und 1940 ausgehen, in denen Juden nicht enthalten sein dürften (siehe Anm. 9c, 10b), ist die Überlegung Lužas *für den hier vorliegenden Zusammenhang* ohne Belang.

c) Es ist jedoch bekannt, daß Sudetendeutsche wegen Verbergung/Unterstützung von Juden bestraft wurden, was auch durch Hilfe beim Erhalt des Status eines sog. »Ariers« (= Deutschen) erfolgt sein kann. Die Zahl derartiger Vorgänge dürfte jedoch unterhalb der Darstellungsebene dieser Rechnung liegen.

16 Lt. Mitteilung von Adolf Hasenöhrl, dem Vorsitzenden der »Seliger-Gemeinde« (11. 2. 1982), sind nach eingehenden Ermittlungen die Namen von etwa 855 sudetendeutschen Sozialdemokraten bekannt, die 1938 bis 1945 hingerichtet wurden oder im KZ starben.

17 Zeitpunkt vor Beginn der Vertreibungsmaßnahmen, die sich z. T. aus der Entwicklung des Frontverlaufes ergaben. Dieser erfaßte die Slowakei wegen des sog. Slowakischen Aufstandes bereits im August 1944, Nordmähren im Februar 1945 und die restlichen Gebiete bis zum Mai 1945.

18 In der Zahl von ca. 3 Mio. Deutschen aus der ČSR wurden ca. 110000 Karpatendeutsche errechnet, so daß sich 2890000 Sudetendeutsche ergaben.
Zur Volkszählung: Siehe Anm. 23.

19 Die Zahl 95000 für Deutsche aus der ČSR in der »Dokumentation« wird auf Berechnungen des Statistischen Bundesamtes zurückgeführt, das (siehe »Vertreibungsverluste«) die Angabe (wegen v. a. der besonderen Notlage der Vertriebenen in der Zeit nach 1945) auf 79000 reduzierte.
Luža übernahm die reduzierte Zahl.

20 Luža (S. 296) geht von der tschechoslowakischen Volkszählungszahl (1. 3. 1950) von 165000 aus und schätzt darüber hinaus ca. 50000 Sudetendeutsche in deutsch/tschechischen »Mischehen«.

21 Schätzungen.

22 Luža (S. 296) führt 142000 zwar auch an und bezieht sich für die verwendeten 147000 auf eine Angabe der »Sudetendeutschen Zeitung«, München vom 7. 6. 1952.

23 Die Volkszählung vom 13. 8. 1950 in der SBZ/DDR und vom 13. 9. 1950 in der Bundesrepublik Deutschland erhob den Begriff »Deutsche mit eigenem bzw. Wohnsitz des Vaters am 1. 9. 1939 in der ČSR in Grenzen vom 31. 12. 1937«.
Die Aufteilung der errechneten Zahl der Sudetendeutschen (siehe Anm. 18) auf die einzelnen Aufnahmegebiete ist Schätzung.

## Anhang: Die Tschechen 1939–1945

### 1. Die statistischen Unterlagen

Es ist bisher keine zusammenhängende tschechische Bevölkerungsbilanz (etwa 1930–1950) bekannt. Die Zahlen würden folgende Eckwerte ergeben:

| | Tschechen[1] In der gesamten ČSR | Tschechen[1] In Böhmen, Mähren u. Sudeten-Schlesien |
|---|---|---|
| 1930 | 7406 | 7265 |
| 1950 | 8384 | 8346 |

Bei genauer Analyse ist darüber hinaus zu erkennen, daß der tschechische Geburtenüberschuß, der von 1925 bis 1936 laufend zurückging (von 8,1 ‰ bis auf 2,2 ‰), in der Zeit des »Protektorats« 1940–1945 einen kräftigen Aufstieg erlebte (von 3,3 ‰ bis auf 7,1 ‰), der sich nach Kriegsende fortsetzte.[1]

### 2. Die Angaben

2.1. Bei der Darstellung vorhandener Angaben zur Zahl der tschechischen Kriegs- und Zivilverluste 1939–1945 müssen zunächst viele Aussagen vernachlässigt werden. Sie umfassen nämlich so vorgangsfremde Vorgänge wie

- die sudetendeutschen Kriegstoten in der Deutschen Wehrmacht 1939–1945[2] und/oder
- das Gesamtterritorium der ČSR sowie den tschechoslowakischen Anteil am Holocaust des jüdischen Volkes[3].

2.2. Andere Angaben sprechen nur mehr von Tschechen. Wenn man von einzelnen Überhöhungen[4] absieht, findet sich nunmehr mit ca. 36 700–ca. 70 000 tschechischen Ziviltoten bei beachtlicher Streubreite eine ziemliche Ähnlichkeit der Aussagen[5].

2.3. Charakteristisch für die Unsicherheit auf diesem Gebiet scheint, daß ein 1980 in deutscher Sprache erschienenes Sammelwerk ohne einen verbindenden Kommentar durch zwei Autoren in ihren jeweiligen Beiträgen sowohl das Zahlenpaar 36 700 bis 55 000 als auch die Angabe 250 000 wiedergibt[6].

### 3. Schlußbemerkung

Es sei nochmals darauf hingewiesen, daß hier keine Handreichung für »Aufrechnungen«, sondern ein Objektivierungsversuch eines tragischen Ablaufes vorliegt.

---

*Anmerkungen und Quellen:*

[1] Vgl. Bohmann, Alfred: »Bevölkerung und Nationalitäten in der Tschechoslowakei« in »Menschen und Grenzen«; Bd. IV; Köln, 1975; S. 97 ff., 279, 334 ff., 370 f., 380 f.

[2] a) Vgl. Köllmann, Wolfgang: »Raum und Bevölkerung in der Weltgeschichte«; 3. Aufl.; Bd. IV; Würzburg, 1965; S. 203:
Tschechoslowakei: 220 000 Zivilisten, 150 000 Soldaten.

b) Vgl. Deutscher Bundestag (Veranstalter): »Fragen an die deutsche Geschichte« (ständige Ausstellung im Berliner Reichstag); Abschnitt NS-Staat; Tafel: »Die Toten des Zweiten Weltkrieges«:
Tschechoslowakei: 215 000 Zivilisten, 150 000 Soldaten.

[3] a) »Archiv der Gegenwart«; Jg. 1946/47; S. 1121 A. Ein Zitat der tschechoslowakischen Nachrichtenagentur ČTK:
242 000 tschechoslowakische Staatsbürger im KZ getötet, 93 000 in Widerstandsbewegungen und in Truppen gefallen.

b) Czechoslovak Ministry of Information: »Czechoslovakia. Old Culture and New Life«; Prag, 1947; S. 17:
250 000 Tote (ohne weitere Angaben).

c) Chmela, Leopold: »The Economic Aspect of the German Occupation«; Prag, 1948; S. 135: 245000 Tote (ohne weitere Angaben).

d) »Encyclopedia Americana«; Nachtrag **1948**; S. 186:
242000 KZ-Tote; 93000 im Widerstand gefallen; 45000 Vermißte.
Vergleiche auch Anmerkung 5c.

e) Süddeutsche Zeitung, München, vom 4. 11. 1960: Bericht über Aussage von Professor Rudolf Bystricky in Prag:
360000 tote tschechoslowakische Staatsangehörige, davon 184000 Juden.

f) Malvezzi, Pietro: »Letzte Briefe zum Tode Verurteilter aus dem europäischen Widerstand«; München, 1962 (DTV 34); S. 265:
300000 Tote (ohne weitere Angaben).

g) Luža, Radomir: »The Transfer of the Sudeten Germans«; New York, 1964; S. 262:
»Es wird berichtet *(Bezug auf Anmerkung 3b, c),* daß ... in der Tschechoslowakei ... 250000 Menschen starben.«
Der Autor berichtet auch die Aussage der Anmerkung 5c.

4 a) Luža, Radomir: »Odsun« (Abschub); Wien, 1954; S. 19:
179000 tote Tschechen.

b) Lettrich, Josef: »The Sudeten German Question«; Einschaltung des US-Abgeordneten Rhodes in den »Congressional Record« der USA; 5. 8. 1954; S. A 5796 ff.:
Es ist Tatsache, daß die Nazis 180000 Tschechen ohne Grund töteten.

5

| Quelle | Aussage/Angabe | Hinweise |
|---|---|---|
| a) Seton-Watson, Hugh: »East European Revolution«; London, 1950; S. 149 (deutsch: »Die osteuropäische Revolution«; München, 1956; S. 138). | 38000 Tschechen »hingerichtet« | |
| b) Frumkin, Gregory: »Population changes in Europe since 1939«; New York, 1951; S. 50 | Mindestens 36700, höchstens 55000 tote Tschechen, davon ca. 20000 bis 30000 im KZ | Autor stützt sich auf »Bulletin des Tschechoslowakischen Statistischen Zentralamtes«, Prag, Ausgabe Dezember 1946, Januar 1948, Mai/Juni 1949. Hierbei keine Gesamtrechnung, sondern Addition bekannter Todesfälle (im »Protektorat« und den KZ's) sowie Beaufschlagung mit Unsicherheitsfaktor von 50 %. |
| c) »Encyclopedia Americana«; Ausgabe **1953**; Bd. VIII; S. 383. | 60000 Tschechen | Vgl. Anmerkung 3d. |
| d) Orbis Verlag: »Wissenswertes über die Tschechoslowakei«; Prag, 1958; S. 8 (englisch: »Facts about Czechoslovakia«; Prag, 1958; S. 10). | »6 Jahre Okkupation ... kosteten 75000 Menschenleben«. | |
| e) Dollinger/Jacobsen: »Die letzten 100 Tage«; München, 1965; S. 422. | 70000 »tschechische Ziviltote«, 20000 »tschechische Soldaten«. | |
| f) Hoensch, Jörg K.: »Geschichte der Tschechoslowakischen Republik 1918–1965«; Stuttgart, 1966; S. 112. | »über 36000 Opfer der deutschen Herrschaft« (im sogen. Protektorat). | |

| | | |
|---|---|---|
| g) Rhode, Gotthold: »Das Protektorat Böhmen und Mähren 1939–1945« in »Aus Politik und Zeitgeschichte« (Beilage zur Wochenzeitung »Das Parlament«); Bonn, Nr. B 11/64 vom 11. 3. 1964; S. 11. | Verlust »der tschechischen Bevölkerung im Protektorat durch politische Verfolgung und im KZ« 36000 bis 55000 Personen | – Autor bezieht sich auf Quelle Anmerkung 5b. – Angabe auch in gleichnamigen Aufsatz des Sammelwerkes »Das deutsch-tschechische Verhältnis seit 1918«; Stuttgart, 1969; S. 59–91, hier S. 82. – Vgl. Anmerkung 6. |

[6] Das Sammelwerk: »Geschichte der Tschechoslowakischen Republik 1918–1948«; Hrsg. v. Victor S. Mamatey und Radomir Luža; Wien, 1980.
Die Arbeiten:
Rhode, Gotthold: »Das Protektorat Böhmen und Mähren 1939–1945«; S. 314–340; hier S. 338: Aussage: 36700 bis 55000 Tote. (Siehe auch Anmerkung 10.)
Luža, Radomir: »Kampf zwischen Demokratie und Kommunismus 1945–1948«; S. 411–441; hier S. 421: Aussage: 250000 Tote. (Siehe auch Anmerkungen 1g, 3a.)

# Anhang 2: Verzeichnis der Personen und Institutionen

**Vorbemerkung***

Zusätzlich zum Inhaltsverzeichnis und Hinweisen bei den Dokumenten soll das nachfolgende Verzeichnis von Personen und Institutionen (d. h. z. B. Staaten, Parteien, Verbände) dem Benutzer das Auffinden ihn interessierender Dokumente erleichtern. Um das Verzeichnis in überschaubarem Umfang halten zu können, wurde bei seiner Zusammenstellung grundsätzlich gewissen einschränkenden Regeln gefolgt:

1. Die **Personen und Institutionen** sind nur mit jenen Seitenzahlen aufgeführt, auf denen sie zitiert sind. Es unterbleiben Hinweise auf andere Stellen, an denen sie als z. B. Empfänger oder Zeuge auftreten, erwähnt werden oder im Querverweis erscheinen.
2. Das Verzeichnis ist primär auf **Personen** abgestellt. Die relevanten biographischen Daten und Angaben über Tätigkeiten und Stellungen sollen die Beurteilung der Dokumente erleichtern.
3. Die alphabetische Einordung der Personen erfolgte nach ihrem Namen, die Einordung der **Institutionen** durchgehend nach dem kompletten Begriff des derzeitigen deutschen Sprachgebrauchs, d. h. nicht nach der Abkürzung, sondern dem vollen Wortlaut entsprechend. Auch für einige Querverweise ist von der Abkürzung (z. B. »BVP«) zum kompletten Begriff verwiesen (Beispiel: »BVP: → Bayerische Volkspartei«).
4. Bei Jahreszahlen des 20. Jahrhunderts wurde in eindeutigen Fällen auf den Vorsatz von 19.. verzichtet (d. h. z. B. 1919 = nur 19); ferner wurde für Querverweise das Zeichen → verwendet. Bei der Aufführung gewisser Titel, Funktionen und Staatsangehörigkeiten wurden, wie auch im Inhaltsverzeichnis, Abkürzungen verwendet (z. B. Ministerpräsident = Ministerpräs.). Das an sich oft erforderliche Verstehen von »Exil« entfiel. Diese Abkürzungen, die durch für ihre abgewandelten Formen (z. B. österr. = österreichisch, -e, -s, -r) stehen und, soweit erforderlich, auch im Inhaltsverzeichnis verwendet wurden, sind:

---

* Für besondere Unterstützung bei der Zusammenstellung der Angaben bedanke ich mich bei vielen Freunden, v. a. James T. Hable (USA), Adolf Hasenöhrl (Stuttgart), Harry S. Hochfelder (Großbritannien), Ernst Nittner (Flintsbach) und Günter Reichert (Bonn) sowie meiner Tochter stud.-phil. Susanne Habel (München). Natürlich liegen trotzdem alle Fehler und Auslassungen – mögen es wenige sein – in meiner Verantwortung. F P H.

| | |
|---|---|
| Abg. | Abgeordneter |
| all./All. | alliiert/Alliierte |
| bayr. | bayrisch |
| brit. | britisch |
| ČS(S)R | Československá (Socialistická) Republika = Tschechoslowakische (Sozialistische) Republik |
| d./D. | deutsch/Deuschland |
| d.-böhm. | deutsch-böhmisch |
| d.-österr. | deutsch-österreichisch |
| Dipl. | Diplomat |
| Emigr. | Emigration |
| E(W)G | Europäische (Wirtschafts-) Gemeinschaft |
| franz. | französisch |
| GV. | Generalversammlung der Vereinten Nationen |
| hess. | hessisch |
| HR. | Heimatrecht |
| itl. | italienisch |
| kath. | katholisch |
| KP | Kommunistische Partei |
| Kons. | Konservative Partei (in Großbritannien) |
| MdB | Mitglied des d. Bundestages |
| MdEP | Mitglied des europäischen Parlaments |
| MdL | Mitglied des Landtages |
| Ministerpräs. | Ministerpräsident |
| österr. | österreichisch |
| parl. | parlamentarisch |
| Pol./pol. | Politiker/politisch |
| Präs. | Präsident |
| prov. | provisorisch |
| sd./Sd. | sudetendeutsch/Sudetendeutscher |
| SR. | Selbstbestimmungsrecht |
| Staatspräs. | Staatspräsident |
| Staatssekr. | Staatssekretär |
| t./T. | tschechisch/Tscheche |
| ts./Ts. | tschechoslowakisch/Tschechoslowakei |
| t.-s. | tschecho-slowakisch |
| UdSSR | Union der Sozialistischen Sowjetrepubliken = Sowjetunion |
| UNO/UN | United Nations Organisation/United Nations = Vereinte Nationen |
| US(A) | United States (of America) = Vereinigte Staaten (von Amerika) |
| Vertr. | Vertreibung |
| Volksgr.R. | Volksgruppenrecht |

| | | | |
|---|---|---|---|
| | Boháč, Antonin | (ca. 1870–ca. 1935); ts. Historiker; ab ca. 08 Professor Universität Prag | 98 |
| | Böhm, Franz | (1908–1975); sd. Pol. (SL); ab 68 Vors. Bundesvorstand SL | 361 |
| | Böhmen | *[Geographisches Gebiet Mitteleuropas; bis 18 Kronland im Kaiserreich → Österr., 18/19 z. T. → Deutsch-Böhmen]* | |
| | Bogomolow, Alexander | (1900–1969); UdSSR-Dipl.; 41–44 Botschafter bei der ČSR-(Exil-)Regierung in London | 250, 252 |
| | Bouzayen, Pablo | Spanischer Dipl., 64 UN-Delegierter | 443 |
| | Brand, Walter | (1907–1980); sd. Pol. (SHF/SdP); 35 Chefredakteur SdP Zentralorgan »Zeit« und Beauftragter der SdP in London, Paris; 39–45 KZ Buchenwald, ab 47 → Witikobund | 311 |
| | Brandt, Willy | (*1913); [eigtl. Herbert Karl Frahm]; d. Pol. (SPD); 33–46 Emigr. (Nordeuropa), 57–66 Ministerpräs. Berlin, ab 64 Parteivors., 66–69 Außenmin., 70–73 Bundeskanzler | 269, 360 f., 372, 374 f., 380 |
| | Brentano, Heinrich v. | (1904–1964); d. Pol. (CDU); 55–56 Außenmin. | 32, 33 |
| | Brockdorff-Rantzau, Ulrich Graf v. | (1869–1928; d. Dipl.; 18/19 Außenmin. | 127, 132 |
| | Büttner, Albert H. | (1900–1967); d. kath. Priester (Erzdiözese Limburg); 32 Generalsekr. Reichsverband f. d. kath. Deutschtum im Ausland, 46 Leiter der reaktivierten »Kirchlichen Hilfsstelle« (München und Frankfurt) | 305 |
| BdL: | Bund der Landwirte | *[18–38: sudetendeutsche Partei]* | 122, 144, 184, 190, 204, 475 |
| BdV: | Bund der Vertriebenen | *[Ab 56: d. Organisation der Vertriebenen]* | |
| | Carstens, Karl | (*1914); d. Pol. (CDU); 60–66 Staatssekr. Auswärtiges Amt, 68–69 im Bundeskanzleramt; 76–79 Bundestagspräs., 79–84 Bundespräs. | 354, 426 |
| | Černý, Jaroslav | ts. Dipl., 45 Legationsrat Gesandschaft Wien, 46 Regierungssekr. | 294 |
| | Chamberlain, Sir Arthur Neville | (1869–1940); brit. Pol. (Kons.); 16–19 Min. f. nationalen Hilfsdienst, 23–29 Gesundheits-, 31–37 Finanz-, 37–40 Premiermin. | 203, 208, 218, 221, 222, 227, 232 |
| | »Charta 77« | *[Ab 77: ts. Menschen- und Bürgerrechtsbewegung]* | 395 |
| | Cheek, John E. | (*1939); ab 81 Mitglied »Legislative Council« Falkland-Inseln (Südatlantik); 82 Sprecher vor UN-»Kommittee der 24« Staaten zur Dekolonialisierung | 459 |
| CDU: | Christlich ... | Demokratische Union *[Ab 47: Partei in 4-Zonen-Deutschland]* | 305, 355, 374 |
| ČSR: | | → Tschechoslowakische Republik; ab 60 ČSSR | |
| CSU: | Christlich ... | Soziale Union *[Ab 46: Partei in → Bayern]* | 305, 349, 374 |
| | Chruschtschow, Nikita S. | (*1894); sowj. Pol. (KPdSU); 34 ZK-Mitglied, 39 Politbüro, 52 ZK-Präsidium, 53–64 1. Sekr., 58–64 Ministerpräs. | 31, 38 |
| | Churchill, Rhona | (1913–ca. 1970) brit. Journalistin; 45(–71?) »Daily Mail«, London | 293 |
| | Churchill, Sir Winston | (1874–1965); brit. Pol. (Liberaler/Kons.); ab 1900 Abge. 08–11 Handels-, 11–15 Marine-, 17–19 Munitions-, 19–21 Kriegs-, 21–22 Kolonial-, 24–29 Finanz-, 39–40 Marine-, 40–45 und 51–55 Premiermin. | 14, 251, 261, 266, 290 |
| | Clary-Aldringen, Alfons v. | (1887–1978); sd. Adeliger; 20–45 Verwalter seiner Güter in Teplitz (Nordböhmen), 45–78 in Venedig | 282 |
| | Clementis, Vladimír | (1902–1952); ts. Pol. (KPTs.); 40–45 Emigr. (England), 45–48 Staatssekr. Außenministerium, 48–50 Außenmin., hingerichtet | 288, 304 |

| | | | |
|---|---|---|---|
| | | – 1933–45: Regierung | 14, 201, 218, 227 ff., 232 ff. |
| | Deutschland | Bundesrepublik ... → Europarat, → EG, → KSZE, → UN | |
| | | – Parlament (Bundestag, Bundesrat) | 29, 31, 45, 70, 315, 323 f., 368, 374 f., 379 |
| | | – Parteien → CDU, → CSU, → FDP, → SPD | |
| | | – Regierung | 28, 32 f., 70, 336, 344, 351, 358, 360, 367, 372 ff., 380 f., 388, 390 f., 402, 418, 420, 423 f., 454, 457 |
| | | – Verfassung (Grundgesetz) | 23 |
| | | – ... verfassungsgericht, Bundes ... | 386, 397, 399 |
| | Deutschland | Rat der Evangelischen Kirche in ... | 356 |
| | Dohalský, Borek | ts. Dipl., 45/46 ts. Beauftragter in Wien | 295 |
| | Domanska, Jarmila | polnische Diplomatin, 55 UNO-Delegierte | 438 |
| | Dregger, Alfred | (*1920); d. Pol. (CDU); 56–70 Oberbürgermeister Fulda (Hessen), 67–82 Parteivors. Hessen, ab 82 Vors. Bundestagsfraktion CDU/CSU | 424 |
| | »Drei Mächte« | [der Besatzung bzw. des Schutzes der Bundesrepublik → Deutschland ab 49: → Frankreich, → Großbritannien, → USA] | 28, 323 |
| | Drtina, Prokop | (1900–1980); ts. Pol. (NSTs.); 41–44 Sekretär von → Beneš und Stellvertr. Vors. ts. Staatsrat, 45–58 Justizmin. und Mitglied des Parteivorstandes, dann politische Haft | 254, 276 |
| | Ducháček, Ivo | (*1913); ts. Pol. (VPTs.); 40–45 Emigr. (England), 43 Kabinettschef → Ripkas, 46–48 ts. Abg., ab 48 Emigr. (USA) | 271 |
| | Dufhues, Josef H. | (1908–1971); d. Pol. (CDU); 62–66 Geschäftsf. Parteivors. | 355 |
| | Ebert, Friedrich | (1871–1925); d. Pol. (SPD); 19–25 Reichspräsident | 124 |
| | Eden, Sir Robert A. | (*1897); brit. Pol. (Kons.); 35–38 und 40–45 Außenmin. | 250 ff., 255 ff., 266, 279 |
| | Ehard, Hans | (1887–1980); d. Pol. (CSU); 49–55 Parteivors., 46–54 und 60–62 bayr. Ministerpräs., 62–66 Justizmin. | 322 |
| | Erhard, Ludwig | (1887–1980); d. Pol. (CDU); 66–67 Parteivors., 63–66 Bundeskanzler | 351 f., 354, 358 |
| | Ermacora, Felix | (*1923); österr. Völkerrechtler und Pol. (ÖVP); ab 57 Professor, ab 60 Mitglied Europarat- und UN-Menschenrechts-Kommission, ab 71 österr. Abg., Präs. Kuratorium → INTEREG. | 60 |
| | Estland | *[Ab 20: Staat im Baltikum (Nordosteuropa), 40 von der UdSSR annektiert; → Völkerbund]* | 12 |
| E(W)G: | Europäische ... | (Wirtschafts-)Gemeinschaft *[Auf Dauer angelegter Zusammenschluß von dzt. 10 Staaten Europas]* | |
| | | – Parlament | 35, 64 f. |
| | | – Regierungen der Staaten; ggbf. Rat | 446, 451 ff. |
| | | – Verfassung (-sentwurf) | 65 f. |
| | Europarat | *[Loses Zusammenarbeitsverhältnis aller freiheitlich-demokratischen Staaten Europas]* | *26, 35, 37, 39, 45* |
| EAC: | European ... | Advisory Committee *[43–45: Einrichtung der Hauptalliierten zur Planung der Behandlung Deutschland nach dem 2. Weltkrieg]* | 259 ff. |

# Publikationsverzeichnis des Sudetendeutschen Archivs*

Stand Oktober 1984

*Einzelveröffentlichungen*

Günther, Oswald: Kirchen, Kapellen und Andachtsorte der Sudetenländer. – München 1958.
Teil 1: Erzdiözese Prag (Westböhmen). 71 S.
Teil 2: Diözese Budweis (Böhmerwald). 61 S.
Teil 3: Diözese Königgrätz (Ostböhmen/Ostsudetenland). 45 S.
Teil 4: Diözese Leitmeritz (Nordböhmen). 114 S.
Teil 5: Erzdiözese Breslau und Erzdiözese Olmütz (Nordmähren). 94 S.
Teil 6 und 7: Diözese Brünn und Diözese Königgrätz (Südmähren und mährische Sprachinseln). 37 S.

Kuhn, Heinrich: Zur Landeskunde der Tschechoslowakei. Bevölkerung, Verwaltungsgliederung, Ortsverzeichnis (Materialien zur Gegenwartskunde der Tschechoslowakei, Band 1). – München 1959. 192 S.

Habel, Fritz Peter: Dokumente zur Sudetenfrage. Im Auftrag der Hauptjugendführung der SDJ herausgegeben vom Sudetendeutschen Archiv. – München 1962 (3., erweiterte Auflage). 210 S.

Zur Vertreibung der Sudetendeutschen / The German Expellees from Czechoslovakia / Les Expulsés Allemands de Tchécoslovaquie / Los Expulsados Alemanes de Checoslovaquia. – Im Auftrag der Sudetendeutschen Landsmannschaft herausgegeben vom Sudetendeutschen Archiv. München 1959. 32 S.

Kunstschaffen um 1400 im Herzen Europas / L'art en Europe Centrale vers 1400 / Art in the Bohemian countries around 1400. – Herausgegeben vom Sudetendeutschen Archiv. Wien–München 1962. 48 Text-, 24 Bilds.

Sudetendeutsches Ortsnamenverzeichnis. Amtliches Gemeinde- und Ortsnamenverzeichnis der nach dem Münchner Abkommen vom 29. September 1938 (Grenzfestlegung vom 20. November 1938) zum Deutschen Reich gekommenen Sudetendeutschen Gebiete. – Herausgegeben vom Institut für Landeskunde in der Bundesanstalt für Landeskunde und Raumforschung. Bearbeitet vom Sudetendeutschen Archiv und Institut für Landeskunde mit Unterstützung des Collegium Carolinum. Bad Godesberg 1963. 374 S.

Verfall und Zerstörung der sudetendeutschen Heimatlandschaft seit 1945. Sudetendeutsches Bilder-Weißbuch. Bearbeitet vom Sudetendeutschen Archiv. – München 1965. 180 S.

Hofmann, Herbert: Das Heimatbuch von Roßbach mit seinen Nachbargemeinden Friedrichsreuth, Gottmannsgrün und Thonbrunn im Sudetenland. Herausgegeben vom Gemeinderat der heimatvertriebenen Bevölkerung des Marktes Roßbach und seiner Nachbargemeinden. – Hof/Saale 1959. 364 S., 4 Karten

Erbe und Leistung. Sudetendeutschtum in Bildern. Landschaft – Menschen – Kultur – Geschichte. Böhmen – Mähren – Schlesien. Bearbeitet vom Sudetendeutschen Archiv. – München 1970. 216 S.

---

* Thierschstraße 17, D-8000 München 22. Dort auch Informationen über Verlage und Preise.

Hemmerle, Rudolf: Heimat im Buch. Heimatbücher, Heimatbriefe, Kalender und Jahrbücher, 1945 bis 1970. – Herausgegeben vom Sudetendeutschen Archiv und Adalbert-Stifter-Verein, München 1970. 136 S., 1 Karte

Kostbarkeiten aus sudetendeutschen Heimatstuben und Heimatmuseen. Eine Ausstellung des Sudetendeutschen Archivs im Haus des Deutschen Ostens in München. – München 1973. 36 S.

Hans Watzlik 1879–1948. Gedächtnisausstellung im 25. Todesjahr. November 1973 – März 1974. Redigiert von Erhard J. Knobloch. – München 1973. 26 S., 5 Tafeln

Kuhn, Heinrich: Biographisches Handbuch der Tschechoslowakei. 5. Lieferung. – München 1975. (Lieferungen 1–4 vergriffen.)

Pirkl, Fritz: Aufgabe und Verpflichtung. Ausgewählte Reden und Aufsätze des Bayerischen Staatsministers für Arbeit und Sozialordnung zu Fragen der deutschen Heimatvertriebenen und des deutschen Ostens. – München 1975. 232 S.

Ohlbaum, Rudolf: Verdient um Österreich. Bedeutende Persönlichkeiten sudetenländischer Herkunft, 2. erweiterte Auflage. – München 1978. 95 S. *vergriffen*

Ohlbaum, Rudolf: Bayerns vierter Stamm – die Sudetendeutschen. Herkunft–Neubeginn–Persönlichkeiten. – München 1980. 126 S.

Grünwald, Leopold: Wandlung. Ein Altkommunist gibt zu Protokoll. – Wien 1980. 189 S.

Kern, Karl Richard: Heimat und Exil – von Böhmen nach Schweden. Erinnerungen und Bekenntnisse eines sudetendeutschen Sozialdemokraten. – Nürnberg 1980. 187 S.

Schwarz, Egon/Würfel, Alfred: Vom Genossenschaftsvermögen zur Sudetendeutschen Stiftung. – München 1980. 97 S., 1 Karte.

Kuhn, Heinrich: Einigkeit und Recht und Freiheit. Deutschland, Hessen und die Sudetendeutschen. – München 1981. 136 S.

Kuhn, Heinrich: Sudetendeutsche Heimatsammlungen. Museen – Archive – Galerien – Bibliotheken – Heimatstuben – Privatsammlungen. – München 1983. 284 S.

Franzel, Emil: Gegen den Wind der Zeit. Erinnerungen eines Unbequemen. – München 1983. 526 S.

Wann, Wolfgang: Der Rattenfänger von Hameln. Hamelner Landeskinder zogen aus nach Mähren. Bearbeitet von Walter Scherzer. – München 1984. 67 S. 2 Karten.

Pscheidt, Edgar/Tietz-Strödel, Marion (Bearb.): Eger – ehemals eine freie Reichsstadt. Geschichte-Kunstgeschichte. Katalog zur Ausstellung. Herausgegeben vom Egerer Landtag. – Amberg 1984. 283 S.

*Schriftenreihe des Sudetendeutschen Archivs*

Heft 1: Dissertation zur Problematik des böhmisch-mährischen Raumes. Folge 1. – München 1955. 43 S.

Heft 2: Dissertation zur Problematik des böhmisch-mährischen Raumes. Folge 2. – München 1956. 47 S.

Heft 3: Dissertation zur Problematik des böhmisch-mährischen Raumes. Folge 3. – München 1957. 57 S.

*Heimatkundliche Reihe des Sudetendeutschen Archivs*

Folge 1: Pikal, Viktor: Eine Gedenkrede anläßlich der 100-Jahrfeier der Erwerbung der Herrschaft Wiesenberg (Altvater) durch die Gebrüder Klein. – München 1958. 27 S.

Folge 2: Rollepatz, Karl: Senator Ing. Gustav Oberleitner, Bürgermeister der Stadt Mährisch-Schönberg (1871–1945). eine biographische Skizze. – München 1959. 23 S.

Folge 3: Rollepatz, Karl: Mährisch-Schönberg als Garnisonsstadt. – München 1967. 115 Text-, 4 Bilds.

*Veröffentlichungen des Sudetendeutschen Archivs*

1. Glassl, Horst: Der Mährische Ausgleich. – München 1967, 266 S., 5 Karten
2. Kratochvil, Anton: Die kommunistische Hochschulpolitik in der Tschechoslowakei. Geschichte und Analyse der Entwicklung bis zur Gegenwart. – München 1968. 271 S.
3. Kimminich, Otto: Das Münchner Abkommen in der tschechoslowakischen wissenschaftlichen Literatur seit dem Zweiten Weltkrieg. – München 1968. 112 S. *vergriffen*
4. Goldmann, Rüdiger: Die sudetendeutsche Frage auf der Pariser Friedenskonferenz. – München 1971. 140 S. *vergriffen*
5. Singbartl, Hartmut: Die Durchführung der deutsch-tschechoslowakischen Grenzregelung von 1938 in völkerrechtlicher und staatlicher Sicht. – München 1971. 110 S.
6. Reichert, Günter: Das Scheitern der Kleinen Entente. Internationale Beziehungen im Donauraum von 1933 bis 1938. – München: 1971. 186 S.
7. Kuhn, Heinrich: Zeittafel zur Geschichte der Kommunistischen Partei der Tschechoslowakei. – München 1973. 135 S.
8. Naudé, Horst: Erlebnisse und Erkenntnisse, Band I: Als politischer Beamter im Protektorat Böhmen und Mähren 1939–1945. – München 1975. 216 S.
9. Sladeček, Zdeněk: Struktur und Programm des tschechischen und slowakischen Exils. – München 1976. 108 S.
10. Naudé, Horst: Erlebnisse und Erkenntnisse, Bd. II: In amerikanischer und tschechischer Haft. – München1976. 95 S. *vergriffen*
11. Hencke, Andor: Augenzeuge einer Tragödie. Diplomatenjahre in Prag 1936–1939. – München 1977. 351 S. *vergriffen*
12. Grünwald, Leopold: Sudetendeutscher Widerstand gegen Hitler. Der Kampf gegen das nationalsozialistische Regime in den sudetendeutschen Gebieten 1938–1945. Bd. I. – München 1978. 180 S. *vergriffen*
13. Grünwald, Leopold: Im Kampf für Frieden und Freiheit. Sudetendeutscher Widerstand gegen Hitler. Bd. II. – München 1979. 180 S. *vergriffen*
14. Grünwald, Leopold: In der Fremde für die Heimat. Sudetendeutsches Exil in Ost und West. Bd. III. – München 1982. 184 S.
15. Welisch, Sophie A.: Die Sudetendeutsche Frage 1918–1928. München 1980. 137 S., 4 Karten.
16. Schmidt, Theoderich: Graslitz. Die Bevölkerung einer sudetendeutschen Stadt – einst und jetzt. – Karlstein/M. 1983. 372 S.
17. Jesser, Franz: Volkstumskampf und Ausgleich im Herzen Europas. Erinnerungen eines sudetendeutschen Politikers. Aufgezeichnet von Dr. Arthur Herr. – Nürnberg 1983. 238 S.
18. Harasko, Alois / Kuhn, Heinrich: Rudolf Lodgman von Auen. Ein Leben für Recht und Freiheit und die Selbstbestimmung der Sudetendeutschen. – Nürnberg 1984. 178 S.